出る順 マンション 管理士

2025年版

Deru-jun
Mansionkanrishi

合格の
れっく
LEC

分野別 過去問題集

はしがき

　本書は、2025年度マンション管理士試験の受験対策用過去問題集です。「2025年版 出る順 マンション管理士・管理業務主任者 合格テキスト」の姉妹編として作成されました。

【本書の特長】

● 法改正にしっかり対応！ 旧法下の改題対応！

　本書は2024年12月1日時点で施行されている法令、および同日時点で判明している2025年4月1日施行の法改正に基づいて記載されています。標準管理規約等の各種改正にしっかり対応しております。また、試験実施後、法改正等により変更が必要となった問題については、適宜問題を修正するとともに問題本文の後に（改題）と記しました。

● 直近10年分のすべての問題と解説を網羅

　2015年度（平成26年度）から2024年度（令和6年度）までの問題と解説（本書籍（8年分）＋購入者特典（2年分）合わせて全500問）を、網羅しています。

● 持ち運びに便利な「セパレート方式」、分野別に3分冊化（分冊背表紙シール付き）

　通勤・通学などの外出時に、持ち運びがしやすいように「セパレート方式」（分野ごとの分冊化）を採用しています。

　第1分冊：法令編上では「民法・その他法令」「区分所有法等」を、

　第2分冊：法令編下では、「標準管理規約」「適正化法」を、

　第3分冊：管理実務・会計・設備系編では、「管理実務」「会計」「建築・設備」「設備系法令」を、収録しています。

　また、取り外した分冊の背表紙に貼る「分冊背表紙シール」を付録として同梱しております。これを貼ると、取り外した際に生じた背の部分のほつれを補強でき、本を立て置きにする場合等には、分冊名が視認しやすくなります。ぜひ、ご利用ください。

本書は、講師、実務家等がわかりやすさを第一に解説を執筆しています。ぜひ、類書と見比べてください。解説文の中で特に重要な箇所には着色し、解答に至るポイントをスムーズに理解できるように工夫しました。また、LECの「2025年版 出る順 マンション管理士・管理業務主任者 合格テキストの参考ページ」を解説各肢に掲載しました。その肢で問われている知識や関連する知識も含まれていますので、間違えてしまった問題や知識が不十分と感じた箇所を復習する際にお役立てください。

● 充実のデータ

本試験後に実施したLEC解答オンラインリサーチの集計データから、問題ごとの重要度、難易度、正解率、肢別解答率を抽出し、掲載しています。このデータにより、弱点発見や現在の実力の診断をすることができます。

● 過去問学習法を収録

同じく過去問を学習しても、合格する人と合格できない人がいます。その原因は、ズバリ、過去問の学習の仕方にあります。そこで本書では「講師が教える本書を利用した過去問学習法」を収録しています。

このように、本書には、試験合格のための多くの情報、多様な工夫が満載です。2025年度マンション管理士試験合格のための必勝ツールとして「出る順 合格テキスト」とともに有効にご活用いただければ幸いです。

2025年2月吉日

株式会社　東京リーガルマインド
マンション管理士・管理業務主任者試験部

目　次

法令編 上（民法他・区分所有法等）

第1編　民法・その他法令

第2編　区分所有法等

本書の利用方法

■ 持ち運びに便利な「セパレート方式」

本書は、通勤・通学などの外出時に、持ち運びがしやすいように分冊できる「セパレート方式」を採用しています。

> 持ち運びに便利!

第①分冊：**法令編 上**（民法他・区分所有法等）
第②分冊：**法令編 下**（標準管理規約・適正化法）
第③分冊：**管理実務・会計・設備系編**

【セパレートの手順】

色紙

① 各冊子を区切っている青色の厚紙を本体に残し、分冊冊子をつまんでください。
② 冊子をしっかりとつかんで手前に引っ張り、取り外してください。

※青色の厚紙と分冊冊子は、のりで接着されていますので、丁寧に分解・取り外してください。なお、分解・取り外しの際の破損等による返品・交換には応じられませんのでご注意ください。

■ 使いやすさアップ!「分冊背表紙シール」

付録の「分冊背表紙シール」を分冊の背表紙に貼ることで、各冊子のタイトルが一目でわかり、使いやすさがアップします。

【付録 分冊背表紙シールの使い方】

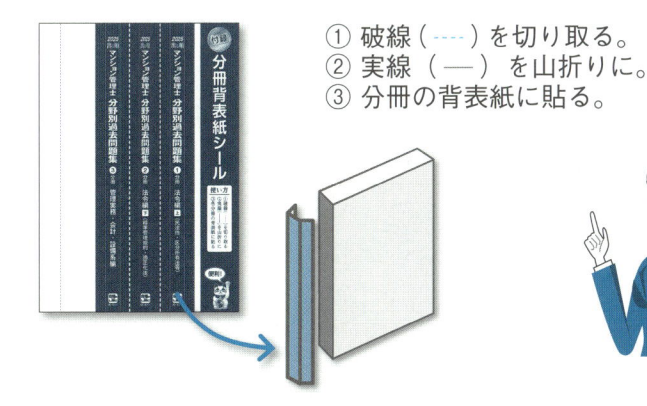

① 破線（----）を切り取る。
② 実線（—）を山折りに。
③ 分冊の背表紙に貼る。

> 見た目もきれい!

■ 問題ページ

出題項目

「分野」「科目」の次の階層として問題を分類しています。

正解チェック欄

どの問題を間違えたのか記録に残すことで、自分の弱点を把握できます。

重要度

各問題の見出しに、重要度を表すランクを **A B C** の3段階で表示し、特に重要な問題をひと目でわかるようにしました。

出題年度と問題番号

本試験での出題年度・問題番号です。資料編の「本試験出題年度索引」と対応しています。西暦と和暦の対応は以下のとおりです。

- 2015年→平成27年※
- 2016年→平成28年※
- 2017年→平成29年
- 2018年→平成30年
- 2019年→令和元年
- 2020年→令和2年
- 2021年→令和3年
- 2022年→令和4年
- 2023年→令和5年
- 2024年→令和6年

※購入者特典「分野別過去問題集プラス2」に掲載しています。

法令等の改正に対応

本試験実施後の法令等の改正により、内容が現行のものに一致しなくなった問題は、今後の出題予測を踏まえて、適宜改題しています。

※本書は、2024年12月1日時点で施行されている法令、および同日時点で判明している2025年4月1日施行の法改正等に基づいて記載されています。

---

⑧ 共用部分

2024年度 問2   Check ☐☐☐ 重要度 ▶ **A**

共用部分に関する次の記述のうち、区分所有法の規定によれば、正しいものの組合せはどれか。

ア 各共有者は、共用部分の全部について、その持分に応じた使用をすることができる。

イ 共用部分に関する物権変動は、登記していなくても第三者に対抗することができる。

ウ 共用部分の持分の割合は、各共有者の有する専有部分の床面積の割合によるが、規約で別段の定めをすることができる。

エ 共用部分の変更は、区分所有者及び議決権の各4分の3以上の多数による集会の決議で決するが、議決権の定数については、規約でその過半数まで減ずることができる。

1 アとイ
2 イとウ
3 ウとエ
4 エとア

解説ページ

ア 誤 共用部分の各共有者は、共用部分を~~その用方に従って~~使用することができる〈区13条〉。これは、各共有者は、その持分とは無関係に、共用部分を使用できることを意味する。
🐝 ①分冊 p234 **3** ～

イ 正 一般に、不動産に関する物権の得喪及び変更は、その登記をしなければ、第三者に対抗することができない〈民177条〉。もっとも、民法177条の規定は、共用部分には適用しない〈区11条3項〉。したがって、共用部分に関する物権変動は、登記していなくても第三者に対抗することができる。
🐝 ①分冊 p228 **3** ～

ウ 正 共用部分の各共有者の持分は、その有する専有部分の床面積の割合による〈区14条1項〉。もっとも、共用部分の持分割合の算定方法につき規約で別段の定めをすることができる〈同条4項〉。
🐝 ①分冊 p230 **3** ～

エ 誤 共用部分の変更（その形状又は効用の著しい変更を伴わないものを除く。）は、区分所有者及び議決権の各4分の3以上の多数による集会の決議で決する〈区17条1項本文〉。もっとも、この区分所有者の定数は、規約でその過半数まで減ずることができる〈同条項ただし書〉。
🐝 ①分冊 p248 **2** ～

以上より、正しいものの組合せはイとウとなり、本問の正解肢は2となる。

正解 2
（正解率**61%**）

肢別解答率
受験生はこう答えた！
肢	解答率
1	2%
2	61%
3	33%
4	4%

難易度 **普**

LEC 東京リーガルマインド　2025年版 出る順マンション管理士 過去問題集 ①分冊　**117**

第2編 区分所有法等 / 共用部分

合格テキスト参考ページ

「2025年版 出る順 マンション管理士・管理業務主任者合格テキスト」の参考ページを掲載しています。その肢で問われている知識や関連する周辺知識も含まれています。
【例】
🐝 ①分冊 p248 **2** ～
「25マン管・管業 合格テキスト①分冊 p248 **2** 共用部分の管理」を指します。

※参考ページがない肢もあります。

難易度

難・普・易の3段階であらわしています。

難 【正解率50%未満】
4～5問に1問の割合で正解できればよい問題です。

普 【正解率50%以上70%未満】
合否の分かれ目となる正解したい問題です。

易 【正解率70%以上】
必ず正解しなければならない問題です。

正解率

すべての解答者（採点不能者等を含む）の中で正解者が占める割合です。

正解番号

正解肢の番号です。

肢別解答率

受験者が間違えやすい肢が一目でわかります。本試験後に解答オンラインリサーチで集計したLEC独自のデータで、受験者の解答状況をリアルに反映しています。

※肢1～4の解答率を足しても100%にならないことがあります。これは、マークミス等による採点不能者が含まれていることによるものです。
※改題した問題の正解率・肢別解答率の数値は、参考として改題前の数値のまま掲載しています。

■ 資料編

●本試験データ編

本試験後、オンラインリサーチで集計した「得点分布グラフ」と「設問別正答率」を掲載しています。

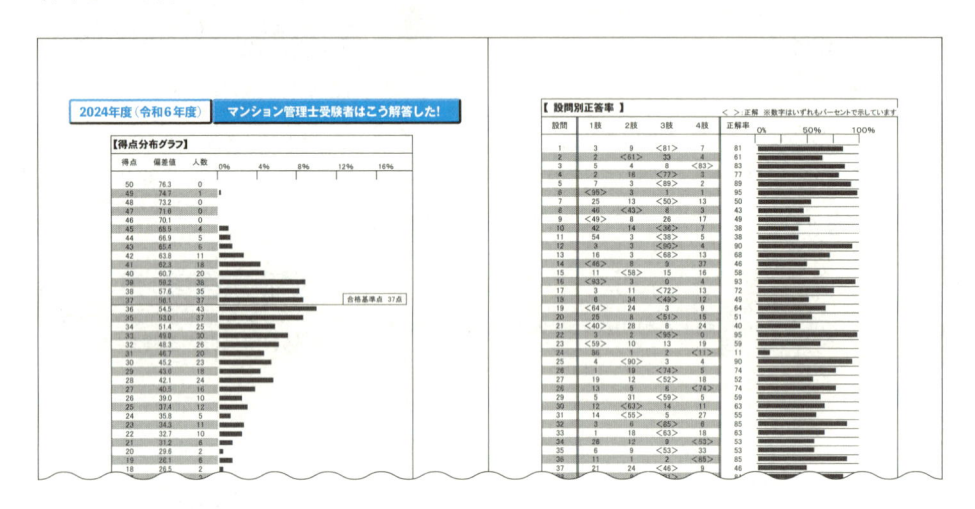

●本試験出題年度索引

各年度の本試験の問題番号から、本書でその問題が掲載されているページを調べることができます。

本試験出題年度索引	2024年度（令和6年度）マンション管理士試験

問	科目		重要度	難易度	掲載箇所		
					分冊	ページ数	番号
1	区分所有法等	総合	A	易	①	P 258	79
2	区分所有法等	共用部分	A	普	①	P 116	8
3	区分所有法等	敷地・敷地利用権	A	易	①	P 124	12
4	区分所有法等	管理者	A	易	①	P 148	24
5	区分所有法等	規約	A	易	①	P 168	34
6	区分所有法等	集会	A	易	①	P 190	45
7	区分所有法等	管理組合法人	A	普	①	P 158	29
8	区分所有法等	総合	A	普	①	P 260	80
9	区分所有法等	義務違反者に対する措置	A	難	①	P 132	16
10	区分所有法等	復旧・建替え	B	難	①	P 202	51
11	区分所有法等	被災マンション法	B	難	①	P 292	96
12	民法・その他	共有	A	易	①	P 46	23
13	民法・その他	債務不履行	A	普	①	P 44	22
14	民法・その他	総合	C	難	①	P 98	49
15	民法・その他	賃貸借	A	普	①	P 28	14
16	民法・その他	委任	A	易	①	P 34	17

問	科目		重要度	難易度	掲載箇所		
					分冊	ページ数	番号
26	標準管理規約	理事会	A	易	②	P 74	37
27	標準管理規約	総合	A	易	②	P 136	68
28	標準管理規約	費用の負担	A	易	②	P 22	11
29	標準管理規約	理事会	A	普	②	P 76	38
30	標準管理規約	総合	A	普	②	P 102	51
31	標準管理規約	団地型	B	普	②	P 90	45
32	標準管理規約	団地型	B	易	②	P 92	46
33	標準管理規約	総合	B	普	②	P 138	69
34	会計	計算書類	A	普	③	P 46	12
35	会計	税務	A	普	③	P 52	15
36	建築・設備	修繕工事・改修工事	B	易	③	P 164	54
37	建築・設備	その他	C	難	③	P 198	71
38	建築・設備	劣化・調査・診断	A	易	③	P 150	47
39	建築・設備	断熱	A	普	③	P 70	7
40	設備系総合	その他	C	易	③	P 298	37
41	建築・設備	耐震	A	普	③	P 172	58

■ 引用法令等略称一覧

解説文中において引用する頻度の高い法令等は、文章の読みやすさを考慮して、下記のとおり省略した本書独自の表記をしています。

正式名称	略称	正式名称	略称
民法	民	水道法	水
借地借家法	借	浄化槽法	浄
宅地建物取引業法	宅	環境省関係浄化槽法施行規則	浄規
宅地建物取引業法施行規則	宅規	電気工事士法	電工
住宅の品質確保等に関する法律	品	電気工事士法施行規則	電工規
建物の区分所有等に関する法律	区	電気事業法	電事
建物の区分所有等に関する法律施行規則	区規	電気事業法施行規則	電事規
マンションの建替え等の円滑化に関する法律	円	長期修繕計画作成ガイドライン	長ガ
マンションの建替え等の円滑化に関する法律施行令	円令	長期修繕計画作成ガイドラインコメント	長ガコ
マンションの建替え等の円滑化に関する法律施行規則	円規	マンションの修繕積立金に関するガイドライン	修ガ
被災区分所有建物の再建等に関する特別措置法	被	アフターサービス規準適用上の留意事項	ア規留
マンション標準管理規約（単棟型）	標規（単）	中高層住宅アフターサービス規準	ア規
マンション標準管理規約（単棟型）コメント	標規（単）コ	防犯に配慮した共同住宅に係る設計指針	防犯指針
マンション標準管理規約（団地型）	標規（団）	都市計画法	都計
マンション標準管理規約（団地型）コメント	標規（団）コ	建築基準法	建基
マンション標準管理規約（複合用途型）	標規（複）	建築基準法施行令	建基令
マンション標準管理規約（複合用途型）コメント	標規（複）コ	建築基準法施行規則	建基規
マンションの管理の適正化の推進に関する法律	適	消防法	消
マンションの管理の適正化の推進に関する法律施行規則	適規	消防法施行令	消令
マンションの管理の適正化を図るための基本的な方針	基本方針	消防法施行規則	消規
不動産登記法	不	特定共同住宅等における必要とされる防火安全性能を有する消防の用に供する設備等に関する省令	特定共同住宅消防設備令
不動産登記規則	不規		
会社法	会	高齢者、障害者等の移動等の円滑化の促進に関する法律	バリアフリー
民事訴訟法	民訴		
民事再生法	民再	自動車の保管場所の確保等に関する法律	自
破産法	破	自動車の保管場所の確保等に関する法律施行令	自令
マンション標準管理委託契約書	標契	警備業法	警
マンション標準管理委託契約書コメント	標契コ	警備業法施行規則	警規
個人情報保護法	個	エネルギーの使用の合理化及び非化石エネルギーへの転換等に関する法律	エ
個人情報保護法施行令	個令		
消費者契約法	消契	エネルギーの使用の合理化及び非化石エネルギーへの転換等に関する法律施行令	エ令
賃貸住宅管理業法	賃		
消費税法	消税	建築物の耐震改修の促進に関する法律	耐
所得税法	所税	建築物の耐震改修の促進に関する法律施行令	耐令
法人税法	法税	マンション耐震化マニュアル	耐マ

また、解説文中において、その記述直前に引用した法令等を繰り返し引用する場合、"同法"（法令）・"同"（法令以外の規定）と表記しています。

アプリの利用方法

本書は、デジタルコンテンツ（アプリ）と併せて学習ができます。
パソコン、スマートフォン、タブレット等でも問題演習が可能です。

■ 利用期間

利用開始日　2025 年 5 月 1 日
登録期限　　2025 年 11 月 29 日
利用期限　　登録から 7 ヶ月間

■ 動作環境（2025年1月現在）

【スマートフォン・タブレット】

● Android 8 以降
● iOS 10 以降

※ご利用の端末の状況により、動作しない場合があります。OS のバージョンアップ
　をされることで正常にご利用いただけるものもあります。

【パソコン】

● Microsoft Windows 10、11
　ブラウザ：Google Chrome、Mozilla Firefox、Microsoft Edge
● MacOS X
　ブラウザ：Safari

■ 利用方法

① タブレットまたはスマートフォンをご利用の場合は、GooglePlay または
AppStore で、「ノウン」と検索し、ノウンアプリをダウンロードしてください。

② パソコン、タブレット、スマートフォンの Web ブラウザで下記 URL にアクセスして「アクティベーションコード入力」ページを開きます。次ページ⑧に記載のアクティベーションコードを入力して「次へ」ボタンをクリックしてください。

［アクティベーションコード入力ページ］
https://knoun.jp/activate

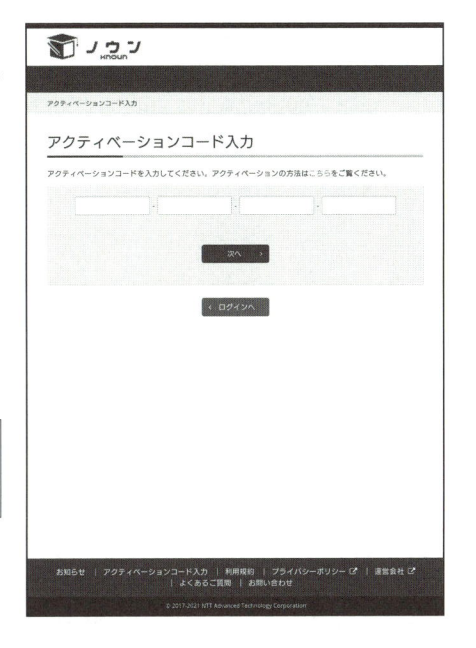

③ 「次へ」ボタンをクリックすると「ログイン」ページが表示されます。ユーザー I Dとパスワードを入力し、「ログイン」ボタンをクリックしてください。
ユーザー登録が済んでいない場合は、「ユーザー登録」ボタンをクリックします。

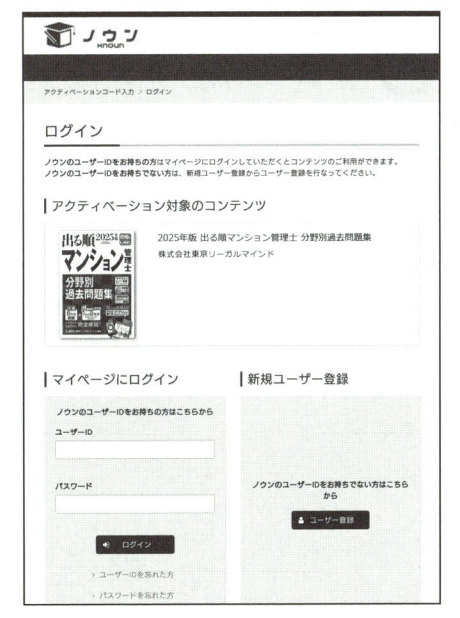

④ 「ユーザー登録」ページでユーザー登録を行ってください。

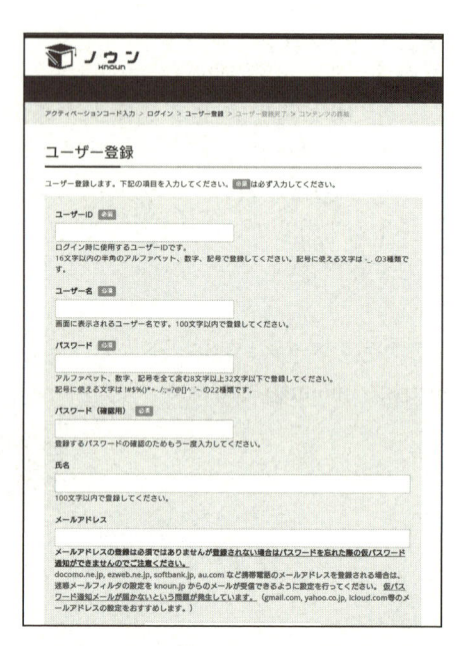

⑤ ログインまたはユーザー登録を行うと、コンテンツが表示されます。

⑥ 「学習開始」ボタンをクリックすると、タブレット及びスマートフォンの場合はノウンアプリが起動し、コンテンツがダウンロードされます。パソコンの場合は Web ブラウザで学習が開始されます。

⑦ 2回目以降は、パソコンをご利用の場合は下記の「ログイン」ページからログインしてご利用ください。タブレット及びスマートフォンをご利用の場合はノウンアプリから直接ご利用ください。

［ログインページ］

https://knoun.jp/login

 ⑧ アクティベーションコード

LECv-2025-Deru-9d6t

[ノウンアプリ　お問い合わせ窓口]

ログインやアプリの操作方法のお問い合わせについては、以下の方法にて承ります。

なお、回答は、メールにてお返事させていただきます。

○ノウンアプリのメニュー＜お問い合わせ＞から

○ノウン公式サイト　お問い合わせフォームから

　URL：https://knoun.jp/knounclient/ui/inquiry/regist

○メールから

　お問い合わせ先アドレス：support@knoun.jp

お電話でのお問い合わせはお受けしておりませんので、予めご了承ください。

※「ノウン」はNTTアドバンステクノロジ株式会社の登録商標です。
※記載された会社名及び製品名は、各社の商標または登録商標です。

マンション管理士 管理業務主任者 受験ガイダンス

1 マンション管理士・管理業務主任者とは

① マンション管理士

　「マンション管理士」とは、マンション管理士試験に合格し、国土交通大臣の登録を受け、マンション管理士の名称を用いて、専門的知識をもって、管理組合の運営その他マンションの管理に関し、管理組合の管理者等又はマンションの区分所有者等の相談に応じ、助言、指導その他の援助を行うことを業務（他の法律においてその業務を行うことが制限されているものを除く。）とする者をいう。

② 管理業務主任者

　「管理業務主任者」とは、管理業務主任者試験に合格し、国土交通大臣の登録を受け、管理業務主任者証の交付を受けた者をいう。マンション管理業者は、その事務所ごとに、事務所の規模を考慮して国土交通省令で定める数（事務所ごとに、30 管理組合につき 1 人以上）の成年者である専任の管理業務主任者を置かなければならない。

2 マンション管理士試験・管理業務主任者試験の制度

① 試験概要

(1) マンション管理士試験の試験概要

受験資格	なし
受験料	9,400円
願書受付	Web申込：8月上旬〜9月下旬 郵送申込：8月上旬〜8月下旬
試験日	例年11月最終日曜日
合格発表	例年1月上旬
出題形式	四肢択一のマークシート式
試験構成	50問出題を2時間で解答
一部免除	管理業務主任者試験合格者はマンション管理適正化法の5問免除
試験実施団体	（公財）マンション管理センター 電話番号　　03-3222-1611（試験案内専用） ホームページ　http://www.mankan.or.jp/

※令和6年度の試験要項に基づくものです。本年度の要項は各自でご確認ください。

(2) 管理業務主任者試験の試験概要

受験資格	なし
受験料	8,900円
願書受付	Web申込：例年8月上旬〜9月下旬 郵送申込：例年8月上旬〜下旬
試験日	例年12月第一日曜日
合格発表	例年1月中旬
出題形式	四肢択一のマークシート式
試験構成	50問出題を2時間で解答
一部免除	マンション管理士試験合格者はマンション管理適正化法の5問免除
試験実施団体	（一社）マンション管理業協会 電話番号　　03-3500-2720（試験研修部） ホームページ　http://www.kanrikyo.or.jp

※令和6年度の試験要項に基づくものです。本年度の要項は各自でご確認ください。

② 試験結果

(1) マンション管理士試験の結果（過去15年分）

	受験者数	合格者数	合格点	合格率
2010年度	17,704人	1,524人	37点	8.6%
2011年度	17,088人	1,587人	36点	9.3%
2012年度	16,404人	1,498人	34点	9.1%
2013年度	15,383人	1,265人	38点	8.2%
2014年度	14,937人	1,260人	36点	8.4%
2015年度	14,094人	1,158人	38点	8.2%
2016年度	13,737人	1,101人	35点	8.0%
2017年度	13,037人	1,168人	36点	9.0%
2018年度	12,389人	975人	38点	7.9%
2019年度	12,021人	991人	37点	8.2%
2020年度	12,198人	1,045人	36点	8.6%
2021年度	12,520人	1,238人	38点	9.9%
2022年度	12,209人	1,402人	40点	11.5%
2023年度	11,158人	1,125人	36点	10.1%
2024年度	10,955人	1,389人	37点	12.7%

(2) 管理業務主任者試験の結果（過去15年分）

	受験者数	合格者数	合格点	合格率
2010年度	20,620人	4,135人	36点	20.1%
2011年度	20,625人	4,278人	35点	20.7%
2012年度	19,460人	4,254人	37点	21.9%
2013年度	18,850人	4,241人	32点	22.5%
2014年度	17,443人	3,671人	35点	21.0%
2015年度	17,021人	4,053人	34点	23.8%
2016年度	16,952人	3,816人	35点	22.5%
2017年度	16,950人	3,679人	36点	21.7%
2018年度	16,249人	3,531人	33点	21.7%
2019年度	15,591人	3,617人	34点	23.2%
2020年度	15,667人	3,739人	37点	23.9%
2021年度	16,538人	3,203人	35点	19.4%
2022年度	16,217人	3,065人	36点	18.9%
2023年度	14,652人	3,208人	35点	21.9%
2024年度	14,850人	3,159人	38点	21.3%

③ 出題内容

(1) マンション管理士試験の想定出題内容

～マンション管理士試験受験案内　より～
① マンションの管理に関する法令及び実務に関すること
建物の区分所有等に関する法律、被災区分所有建物の再建等に関する特別措置法、マンションの建替え等の円滑化に関する法律、民法（取引、契約等マンション管理に関するもの）、不動産登記法、マンション標準管理規約、マンション標準管理委託契約書、マンションの管理に関するその他の法律（建築基準法、都市計画法、消防法、水道法、住宅の品質確保の促進等に関する法律等）　等
② 管理組合の運営の円滑化に関すること
管理組合の組織と運営（集会の運営等）、管理組合の業務と役割（役員、理事会の役割等）、管理組合の苦情対応と対策、管理組合の訴訟と判例、管理組合の会計　等
③ マンションの建物及び附属施設の構造及び設備に関すること
マンションの構造・設備、長期修繕計画、建物・設備の診断、大規模修繕　等
④ マンションの管理の適正化の推進に関する法律に関すること
マンションの管理の適正化の推進に関する法律、マンションの管理の適正化の推進を図るための基本的な方針　等

(2) 管理業務主任者試験の想定出題内容

～管理業務主任者試験受験申込案内書　より～
① 管理事務の委託契約に関すること
民法（「契約」及び契約の特別な類型としての「委託契約」を締結する観点から必要なもの）、マンション標準管理委託契約書　等
② 管理組合の会計の収入及び支出の調定並びに出納に関すること
簿記、財務諸表論　等
③ 建物及び附属設備の維持又は修繕に関する企画又は実施の調整に関すること
建築物の構造及び概要、建築物に使用されている主な材料の概要、建築物の部位の名称等、建築設備の概要、建築物の維持保全に関する知識及びその関係法令（建築基準法、水道法等）、建築物等の劣化、修繕工事の内容及びその実施の手続に関する事項　等
④ マンションの管理の適正化の推進に関する法律に関すること
マンションの管理の適正化の推進に関する法律、マンション管理適正化指針　等
⑤ ①から④に掲げるもののほか、管理事務の実施に関すること
建物の区分所有等に関する法律（管理規約、集会に関すること等管理事務の実施を行うにつき必要なもの）　等

【マンション管理をめぐる法律関係】

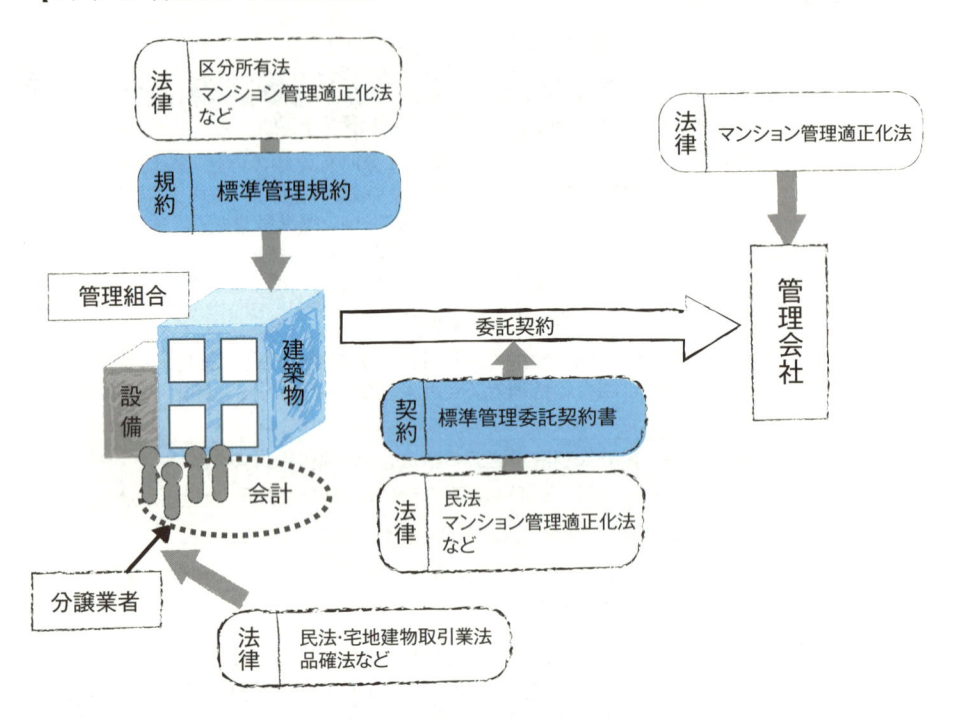

④ 2024年度試験出題状況

(1) 2024年度　マンション管理士試験の出題状況

分野	法令		管理実務・会計		建築・設備系	
出題数	32問		3問		15問	
出題科目	マンション管理適正化法	5問	管理実務	1問	建築・設備	10問
	区分所有法等	12問				
	標準管理規約	9問	会計	2問	設備系法令	5問
	民法その他法令	6問				

(2) 2024年度　管理業務主任者試験の出題状況

分野	法令		管理実務・会計		建築・設備系	
出題数	24問		14問		12問	
出題科目	マンション管理適正化法	5問	管理実務	10問	建築・設備	7問
	区分所有法等	6問				
	標準管理規約	9問	会計	4問	設備系法令	5問
	民法その他法令	4問				

ワンポイント

『法令』…「マンション管理適正化法」「区分所有法」「民法」「宅地建物取引業法」などの法律やこれらの法律と密接に関係する「標準管理規約」などの科目を便宜上、"法令"としています。
『管理実務・会計』…マンション管理の実務（標準管理委託契約書など）やマンションの会計に関する科目を便宜上、"管理実務・会計"としています。

講師が教える 過去問学習法

1 過去問学習とは？

① 過去問を解く必要性

　試験に合格するためには、その試験の合格に求められる知識と能力を身につける必要があります。この知識や能力を身につける方法は、人によって様々ですが、最も効率的にこれを身につけるための素材が「実際に過去の本試験で出題された問題」、すなわちそれは「過去問」であるといえます。

② データ分析と過去問

　過去問を解くことには、以下のような効果があります。
- ●本試験で要求されるレベルがわかる。
- ●優先的に学習すべき箇所がわかる。
- ●出題傾向がわかる、出題予想ができる。
- ●本試験の独特な言い回しに慣れる。
- ●自信がつく。etc…

　合格点は年度ごとに異なりますが、今までのデータから、全問題中8割（50点満点中40点）得点できれば、合格は確実といえます。とすれば、難問や奇問に学習時間を割くのは、得策とはいえません。試験が相対評価である以上、"他の受験者が解けるであろう問題は絶対に落とさない"姿勢が重要です。そのためには、信頼のおけるデータの分析が不可欠となります。本書には、「肢別解答率」、「得点分布グラフ」などの詳細なLECオリジナルデータを収めています。これは、10年間で約4,000名の受験者の協力に基づくもので、これらのデータにより、受験者全体における自分の実力を相対的に確認することができ、より効率の良い受験対策ができるようになります。

③ 過去問のオモテ学習法とウラ学習法

テキストや講義でインプット学習をして、過去問を解く、というようなオーソドックスな学習法のことを「過去問オモテ学習法」と呼ぶことにします。確実に合格を狙う方には、この方法をお奨めします。

これに対して、「過去問ウラ学習法」とは、過去問学習から勉強を始める学習法のことです。ウラ技的な要素があることから、こう名づけました。この方法は、あまりお奨めはできませんが、時間がなく、じっくり取り組むことができない方やオモテ学習法が性に合わない人向けのものです。

2 過去問オモテ学習法

① インプット（解法に必要な知識や理解を習得すること）してから解く

まず、テキストを読む、あるいは講義を聴きます。あるテーマの基礎学習を終えたら、その該当テーマの過去問を解きます（1回目）。本書がテーマ別の分類になっているのは、この点に配慮しているからです。この段階では、「学習内容が身についているかどうか」の確認に重点をおきましょう。

② 難易度を確認しながら解く

問題を解いた後は、答え合わせをしますが、はじめに、解説ページの難易度をチェックします。「易」の問題ができていない場合は、基本的な理解、知識が不十分ですので、必ずテキストに戻って復習しましょう。「普」の問題ができていない場合は、解説（特に正しくない文章の肢）を中心に復習します。ただし、解説そのものが理解できない場合には、テキストや条文まで戻って知識を確認する必要があります。「難」の問題ができていない場合は、正解肢を中心に解説を一読しておけばよいでしょう。

③ 繰り返し解く

過去問については、本試験までに、ほとんどの問題を正解できるようになっておく必要があります。一説によれば、学習した内容は、その日のうちに半分以上忘れ、6日後には約76%を失うといわれています（エビングハウスの忘却曲線）。そこで具体的な方策として、例えば3日後、さらに1週間後、1か月後というように、定期的に繰り返し解くことが効果的です。本書の「正解チェック欄」を有効に活用しましょう。

④ 肢ごとに解く

問題の解き方には、大別して正攻法と消去法があります。正攻法とは、正解肢を探す方法で、消去法とは、他の肢の正誤を判断して、残った肢を正解肢とする方法です。本番の試験では、時間との勝負が決め手となることもありますから、正解さえ出せばよいのですが、勉強している段階では、すべての肢につき理解しておく必要があります。各肢について、正誤の判断にとどまらず、基本原則、制度の趣旨までさかのぼってその理由までわかれば、クリアーといえます。

3 過去問ウラ学習法

過去問ウラ学習法は、本過去問集をテキスト代わりにして、過去問集中心に学習し、過去問集に情報を一元化する方法です。本書は、今年の本試験対策上特に重要と思われる平成27年度（2015年度）から令和6年度（2024年度）までの本試験問題計500問を網羅（購入者特典含む）しているため、効果的に利用すれば、基本書に代わる学習ツールとしての機能を期待できます。

① 過去問を読む

過去問オモテ学習法では、主に、習得した知識等が身についているかどうかを確認するために過去問を利用します。しかし、過去問ウラ学習法は、過去問集をテキスト代わりにも使用します。すなわち、過去問ウラ学習法は、問題を「解く」のではなく、「読む」ことが中心となります。

そこでまず、自分の知らない専門用語を書き出します。

② 過去問集に書き込む

　解説や参考書を利用して、書き出した専門用語の意味を調べて、書き込みます。このときのポイントは、解説のあるページ（右側）ではなく問題のあるページ（左側）に書き込むことです。これを繰り返すことにより、本過去問集が徐々にテキスト代わりになっていきます。

③ 予想問題を解く

　過去問ウラ学習法に基づいて過去問を検討すれば、本試験で出題される多くの範囲をつぶすことができます。しかし、さらに、今年度の本試験で新たに出題されるような問題についても備えておきたいという人は、ＬＥＣの演習講座や答練・公開模試等を同じように読んで書き込んでテキスト代わりにする、という作業を行えばよいでしょう。

④ 公開模試で解く力を養う

　このように、過去問ウラ学習法は、試験対策の学習の初期段階から、本試験で要求されるものが何かを探りつつ、それを一元的に補充する学習法であることから、極めて効率の良い学習法といえます。しかし、過去問ウラ学習法では、"問題を解く能力"を養うことができないということに注意する必要があります。

　本試験では、時間内に所定の問題数を解く必要があります。ですから、問題自体を解くための能力及び本試験と同様の50問を2時間で解く総合的な能力を、ＬＥＣの答練や公開模擬試験を相当数受けて、養う必要があります。

⬤ 過去問オモテ学習法と過去問ウラ学習法のイメージ図

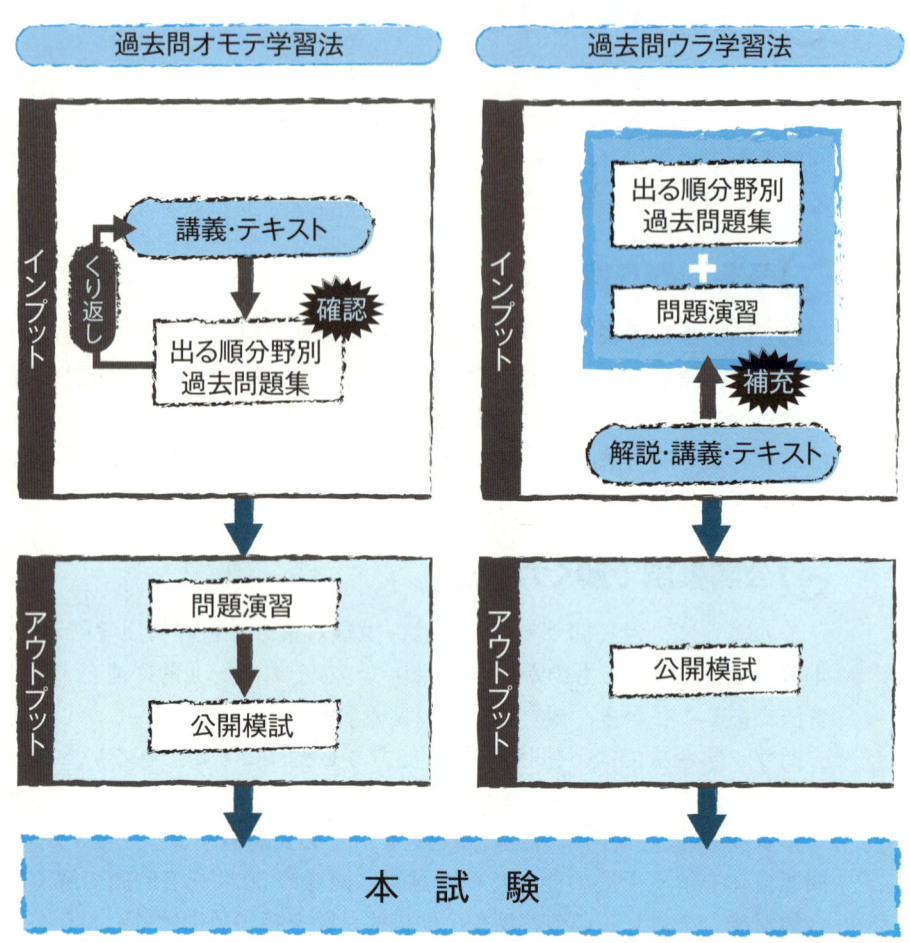

過去問オモテ学習法

インプット
- 講義・テキスト
- くり返し
- 確認
- 出る順分野別過去問題集

アウトプット
- 問題演習
- 公開模試

過去問ウラ学習法

インプット
- 出る順分野別過去問題集
- ＋
- 問題演習
- 補充
- 解説・講義・テキスト

アウトプット
- 公開模試

本　試　験

資料編

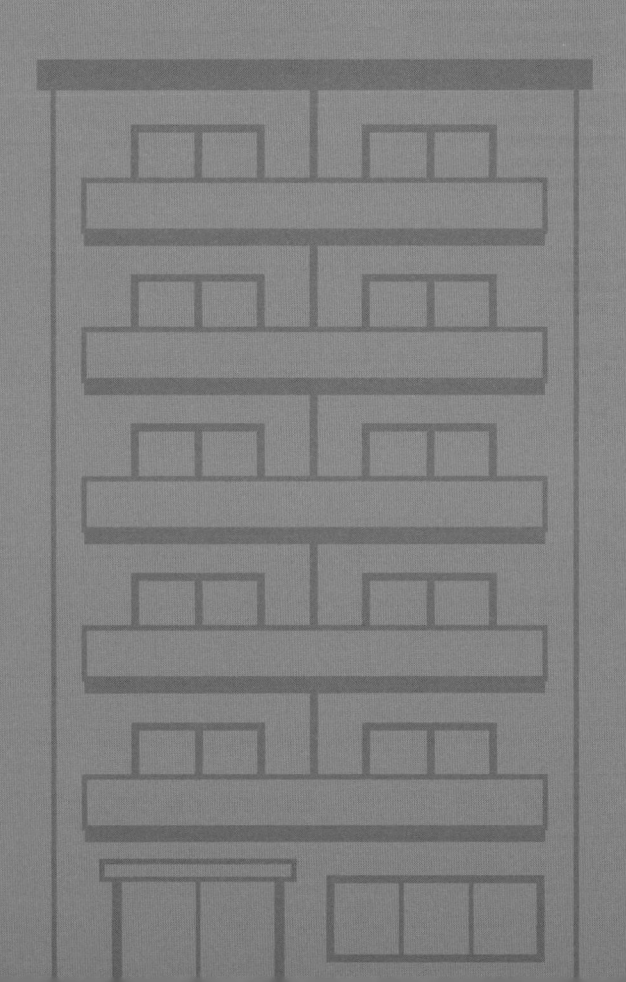

【得点分布グラフ】

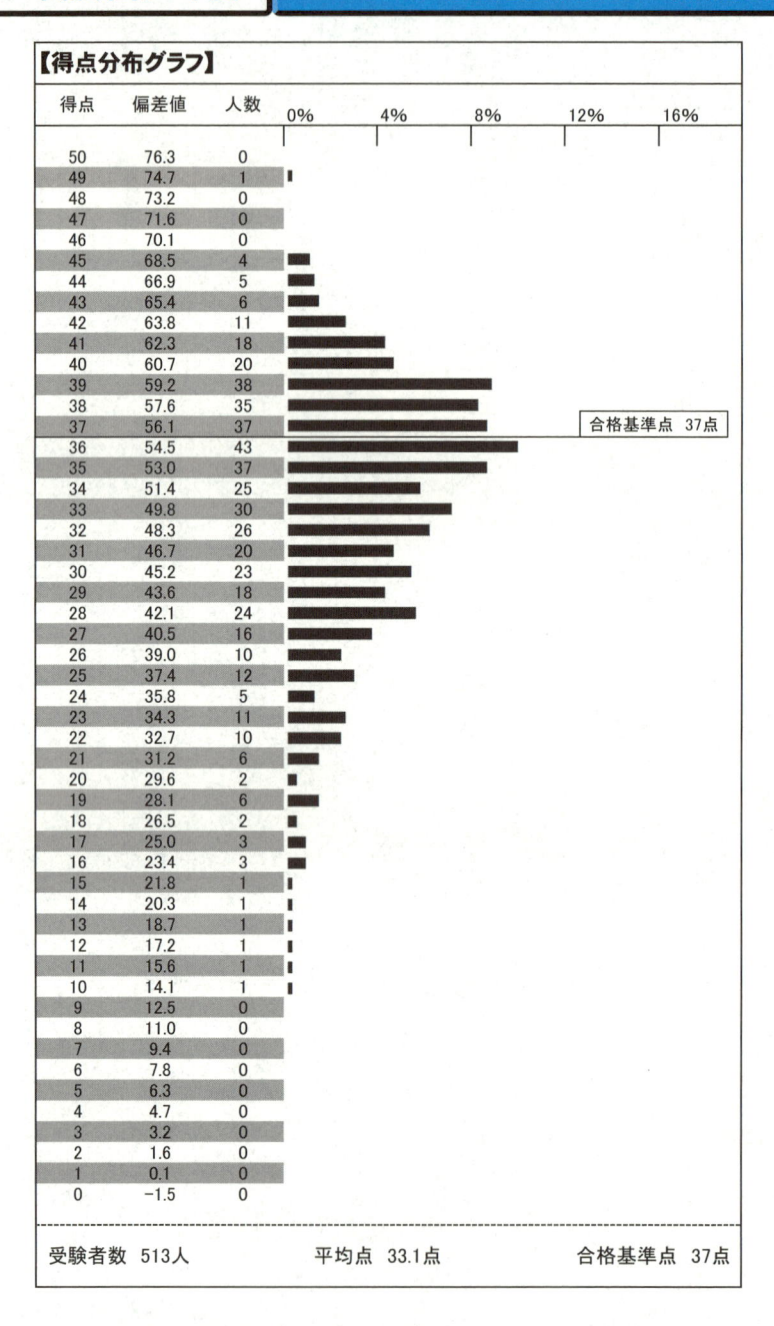

得点	偏差値	人数
50	76.3	0
49	74.7	1
48	73.2	0
47	71.6	0
46	70.1	0
45	68.5	4
44	66.9	5
43	65.4	6
42	63.8	11
41	62.3	18
40	60.7	20
39	59.2	38
38	57.6	35
37	56.1	37
36	54.5	43
35	53.0	37
34	51.4	25
33	49.8	30
32	48.3	26
31	46.7	20
30	45.2	23
29	43.6	18
28	42.1	24
27	40.5	16
26	39.0	10
25	37.4	12
24	35.8	5
23	34.3	11
22	32.7	10
21	31.2	6
20	29.6	2
19	28.1	6
18	26.5	2
17	25.0	3
16	23.4	3
15	21.8	1
14	20.3	1
13	18.7	1
12	17.2	1
11	15.6	1
10	14.1	1
9	12.5	0
8	11.0	0
7	9.4	0
6	7.8	0
5	6.3	0
4	4.7	0
3	3.2	0
2	1.6	0
1	0.1	0
0	-1.5	0

合格基準点　37点

受験者数　513人　　　平均点　33.1点　　　合格基準点　37点

＜　＞：正解　※数字はいずれもパーセントで示しています

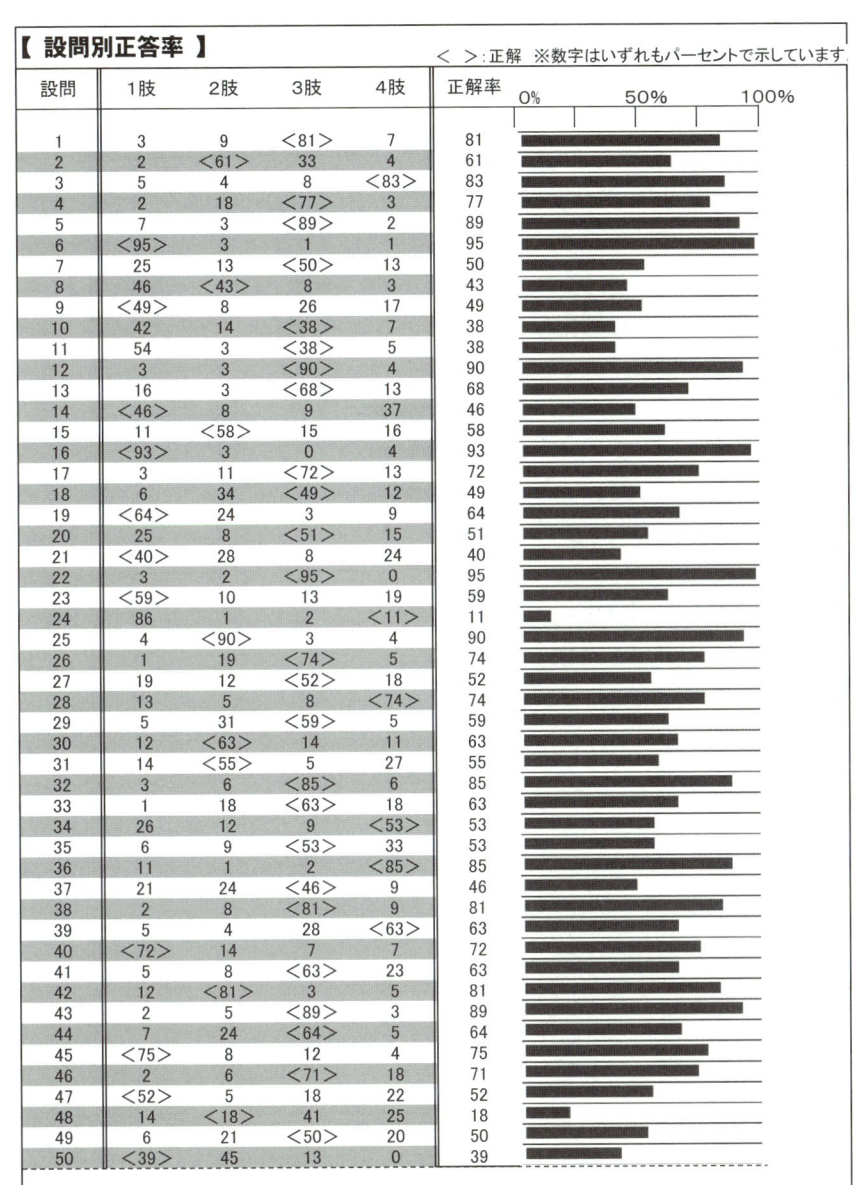

設問	1肢	2肢	3肢	4肢	正解率
1	3	9	＜81＞	7	81
2	2	＜61＞	33	4	61
3	5	4	8	＜83＞	83
4	2	18	＜77＞	3	77
5	7	3	＜89＞	2	89
6	＜95＞	3	1	1	95
7	25	13	＜50＞	13	50
8	46	＜43＞	8	3	43
9	＜49＞	8	26	17	49
10	42	14	＜38＞	7	38
11	54	3	＜38＞	5	38
12	3	3	＜90＞	4	90
13	16	3	＜68＞	13	68
14	＜46＞	8	9	37	46
15	11	＜58＞	15	16	58
16	＜93＞	3	0	4	93
17	3	11	＜72＞	13	72
18	6	34	＜49＞	12	49
19	＜64＞	24	3	9	64
20	25	8	＜51＞	15	51
21	＜40＞	28	8	24	40
22	3	2	＜95＞	0	95
23	＜59＞	10	13	19	59
24	86	1	2	＜11＞	11
25	4	＜90＞	3	4	90
26	1	19	＜74＞	5	74
27	19	12	＜52＞	18	52
28	13	5	8	＜74＞	74
29	5	31	＜59＞	5	59
30	12	＜63＞	14	11	63
31	14	＜55＞	5	27	55
32	3	6	＜85＞	6	85
33	1	18	＜63＞	18	63
34	26	12	9	＜53＞	53
35	6	9	＜53＞	33	53
36	11	1	2	＜85＞	85
37	21	24	＜46＞	9	46
38	2	8	＜81＞	9	81
39	5	4	28	＜63＞	63
40	＜72＞	14	7	7	72
41	5	8	＜63＞	23	63
42	12	＜81＞	3	5	81
43	2	5	＜89＞	3	89
44	7	24	＜64＞	5	64
45	＜75＞	8	12	4	75
46	2	6	＜71＞	18	71
47	＜52＞	5	18	22	52
48	14	＜18＞	41	25	18
49	6	21	＜50＞	20	50
50	＜39＞	45	13	0	39

＊　本データは、本試験終了後の解答オンラインリサーチにて、513名の受験者から集めたアンケートによるものです。

＊　肢1〜4の数字を足しても、100％にならない場合があります。
　　これは、記入上の不備（マークミス・ダブルマーク・採点不能など）によるものです。

＊　正解肢における数字は、正答率を四捨五入したものです。

本試験データ編

【得点分布グラフ】

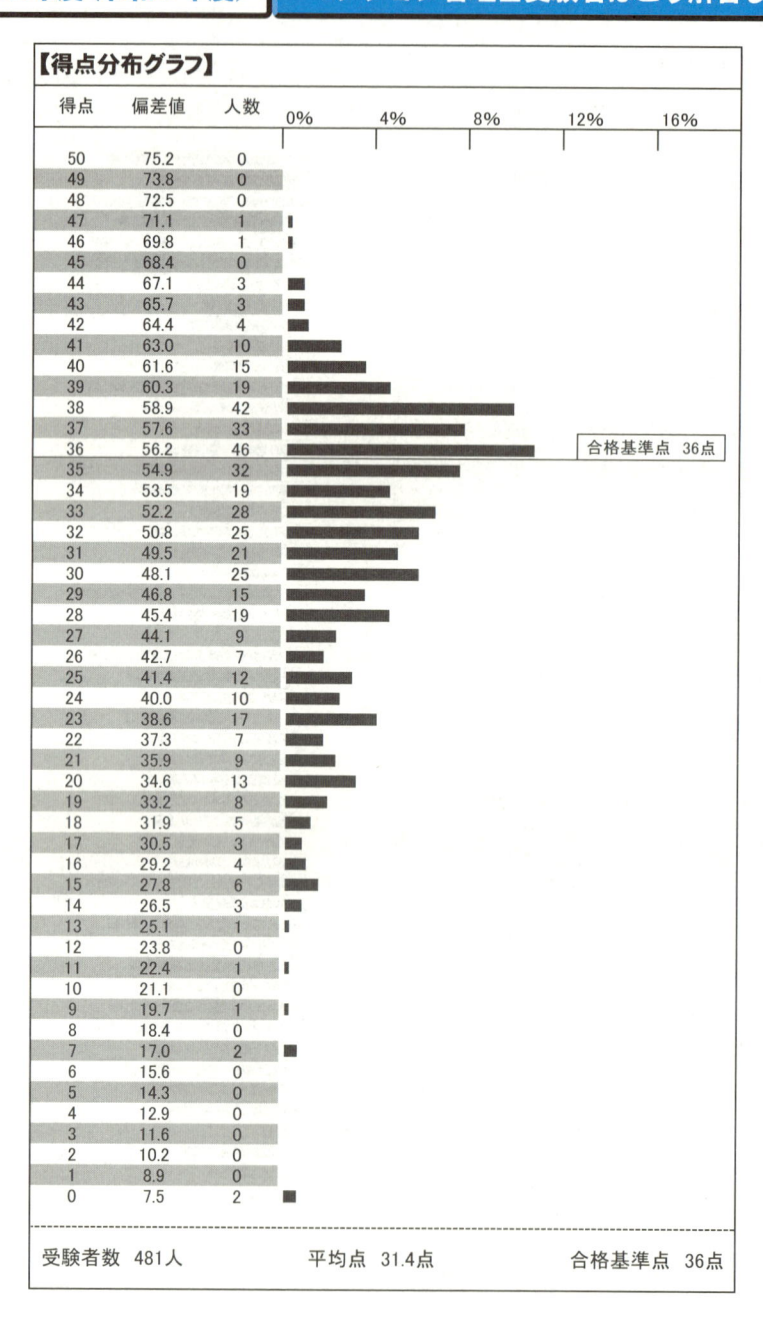

得点	偏差値	人数
50	75.2	0
49	73.8	0
48	72.5	0
47	71.1	1
46	69.8	1
45	68.4	0
44	67.1	3
43	65.7	3
42	64.4	4
41	63.0	10
40	61.6	15
39	60.3	19
38	58.9	42
37	57.6	33
36	56.2	46
35	54.9	32
34	53.5	19
33	52.2	28
32	50.8	25
31	49.5	21
30	48.1	25
29	46.8	15
28	45.4	19
27	44.1	9
26	42.7	7
25	41.4	12
24	40.0	10
23	38.6	17
22	37.3	7
21	35.9	9
20	34.6	13
19	33.2	8
18	31.9	5
17	30.5	3
16	29.2	4
15	27.8	6
14	26.5	3
13	25.1	1
12	23.8	0
11	22.4	1
10	21.1	0
9	19.7	1
8	18.4	0
7	17.0	2
6	15.6	0
5	14.3	0
4	12.9	0
3	11.6	0
2	10.2	0
1	8.9	0
0	7.5	2

合格基準点　36点

受験者数　481人　　　　平均点　31.4点　　　　合格基準点　36点

【 設問別正答率 】

<　＞：正解　※数字はいずれもパーセントで示しています

設問	1肢	2肢	3肢	4肢	正解率
1	＜90＞	3	5	2	90
2	13	33	＜37＞	17	37
3	10	25	41	＜24＞	24
4	8	16	＜73＞	3	73
5	4	8	＜67＞	21	67
6	4	5	＜89＞	2	89
7	17	＜74＞	8	1	74
8	29	＜21＞	1	48	21
9	5	3	＜43＞	50	43
10	＜50＞	9	18	23	50
11	5	5	6	＜85＞	85
12	11	19	28	＜43＞	43
13	6	＜60＞	24	9	60
14	8	6	＜75＞	11	75
15	7	19	4	＜70＞	70
16	7	＜80＞	4	9	80
17	＜14＞	38	44	4	14
18	10	＜25＞	6	58	25
19	5	4	＜81＞	11	81
20	36	18	4	＜41＞	41
21	41	＜50＞	6	3	50
22	12	＜58＞	9	21	58
23	7	＜67＞	14	12	67
24	3	＜68＞	15	14	68
25	＜90＞	3	4	4	90
26	8	29	＜59＞	4	59
27	8	2	31	＜59＞	59
28	5	3	20	＜72＞	72
29	11	14	18	＜57＞	57
30	19	5	＜68＞	8	68
31	8	7	＜83＞	2	83
32	12	51	＜19＞	18	19
33	22	34	＜37＞	6	37
34	3	20	＜73＞	4	73
35	5	23	8	＜64＞	64
36	10	＜62＞	10	18	62
37	3	4	＜92＞	2	92
38	31	＜48＞	15	5	48
39	10	2	＜69＞	18	69
40	7	7	23	＜63＞	63
41	＜79＞	3	12	6	79
42	＜63＞	24	3	9	63
43	8	＜76＞	6	10	76
44	11	12	＜61＞	15	61
45	5	＜81＞	10	3	81
46	2	5	32	＜57＞	57
47	2	10	＜54＞	30	54
48	8	3	＜77＞	7	77
49	＜54＞	33	8	0	54
50	19	55	＜19＞	3	19

＊　本データは、本試験終了後の解答オンラインリサーチにて、481名の受験者から集めたアンケートによるものです。

＊　肢1〜4の数字を足しても、100%にならない場合があります。
　これは、記入上の不備（マークミス・ダブルマーク・採点不能など）によるものです。

＊　正解肢における数字は、正答率を四捨五入したものです。

本試験データ編

【得点分布グラフ】

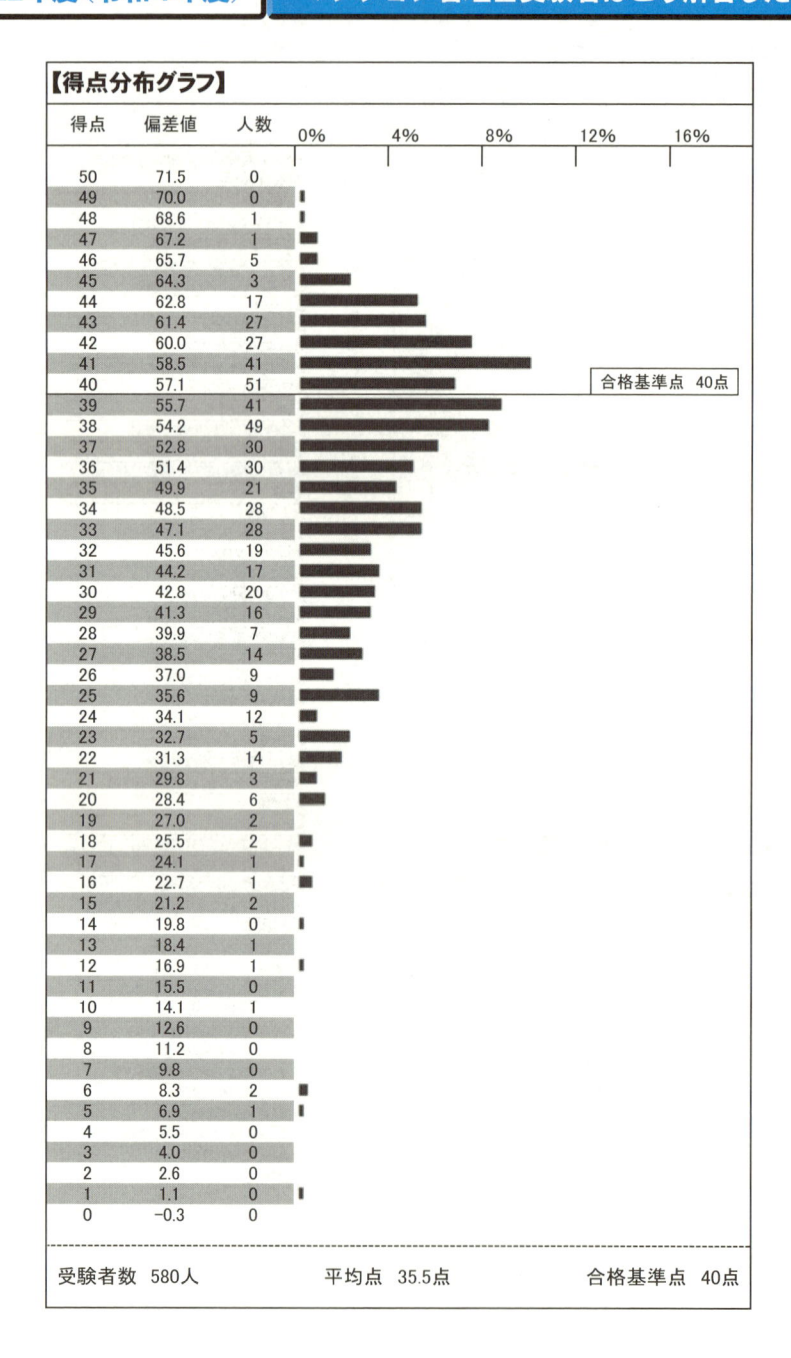

得点	偏差値	人数
50	71.5	0
49	70.0	0
48	68.6	1
47	67.2	1
46	65.7	5
45	64.3	3
44	62.8	17
43	61.4	27
42	60.0	27
41	58.5	41
40	57.1	51
39	55.7	41
38	54.2	49
37	52.8	30
36	51.4	30
35	49.9	21
34	48.5	28
33	47.1	28
32	45.6	19
31	44.2	17
30	42.8	20
29	41.3	16
28	39.9	7
27	38.5	14
26	37.0	9
25	35.6	9
24	34.1	12
23	32.7	5
22	31.3	14
21	29.8	3
20	28.4	6
19	27.0	2
18	25.5	2
17	24.1	1
16	22.7	1
15	21.2	2
14	19.8	0
13	18.4	1
12	16.9	1
11	15.5	0
10	14.1	1
9	12.6	0
8	11.2	0
7	9.8	0
6	8.3	2
5	6.9	0
4	5.5	0
3	4.0	0
2	2.6	0
1	1.1	0
0	−0.3	0

合格基準点　40点

受験者数　580人　　　平均点　35.5点　　　合格基準点　40点

【 設問別正答率 】

<　＞：正解　※数字はいずれもパーセントで示しています

設問	1肢	2肢	3肢	4肢	正解率
1	2	10	<71>	17	71
2	20	<51>	26	3	51
3	6	6	<80>	9	80
4	49	17	9	25	?
5	1	3	13	<83>	83
6	13	4	<78>	5	78
7	5	5	16	<75>	75
8	1	6	<89>	4	89
9	8	<27>	<62>	2	?
10	37	<52>	6	5	52
11	8	18	9	<65>	65
12	6	4	<84>	6	84
13	<65>	5	20	10	65
14	30	16	<43>	11	43
15	<75>	10	13	2	75
16	4	15	24	<57>	57
17	2	<81>	8	9	81
18	14	22	10	<55>	55
19	16	10	<66>	8	66
20	<70>	16	4	11	70
21	7	<78>	12	4	78
22	2	5	6	<87>	87
23	19	13	<63>	5	63
24	32	<52>	10	6	52
25	2	<81>	1	16	81
26	3	8	3	<87>	87
27	2	10	<87>	1	87
28	16	<75>	7	1	75
29	5	<73>	16	6	73
30	4	6	27	<63>	63
31	3	14	5	<77>	77
32	<35>	6	24	35	35
33	15	11	<68>	6	68
34	7	<84>	3	6	84
35	5	4	19	<72>	72
36	2	<57>	35	6	57
37	10	9	<67>	14	67
38	19	7	<67>	7	67
39	11	<65>	20	4	65
40	20	11	<63>	5	63
41	<63>	29	6	2	63
42	4	1	33	<62>	62
43	10	<72>	16	1	72
44	5	17	<75>	4	75
45	13	4	<82>	2	82
46	10	<62>	17	5	62
47	33	<52>	8	2	52
48	13	<36>	38	7	36
49	5	8	35	<46>	46
50	6	<67>	2	19	67

正解率　0%　50%　100%

＊　本データは、本試験終了後の解答オンラインリサーチにて、580名の受験者から集めたアンケートによるものです。

＊　肢1〜4の数字を足しても、100%にならない場合があります。
　　これは、記入上の不備（マークミス・ダブルマーク・採点不能など）によるものです。

＊　正解肢における数字は、正答率を四捨五入したものです。

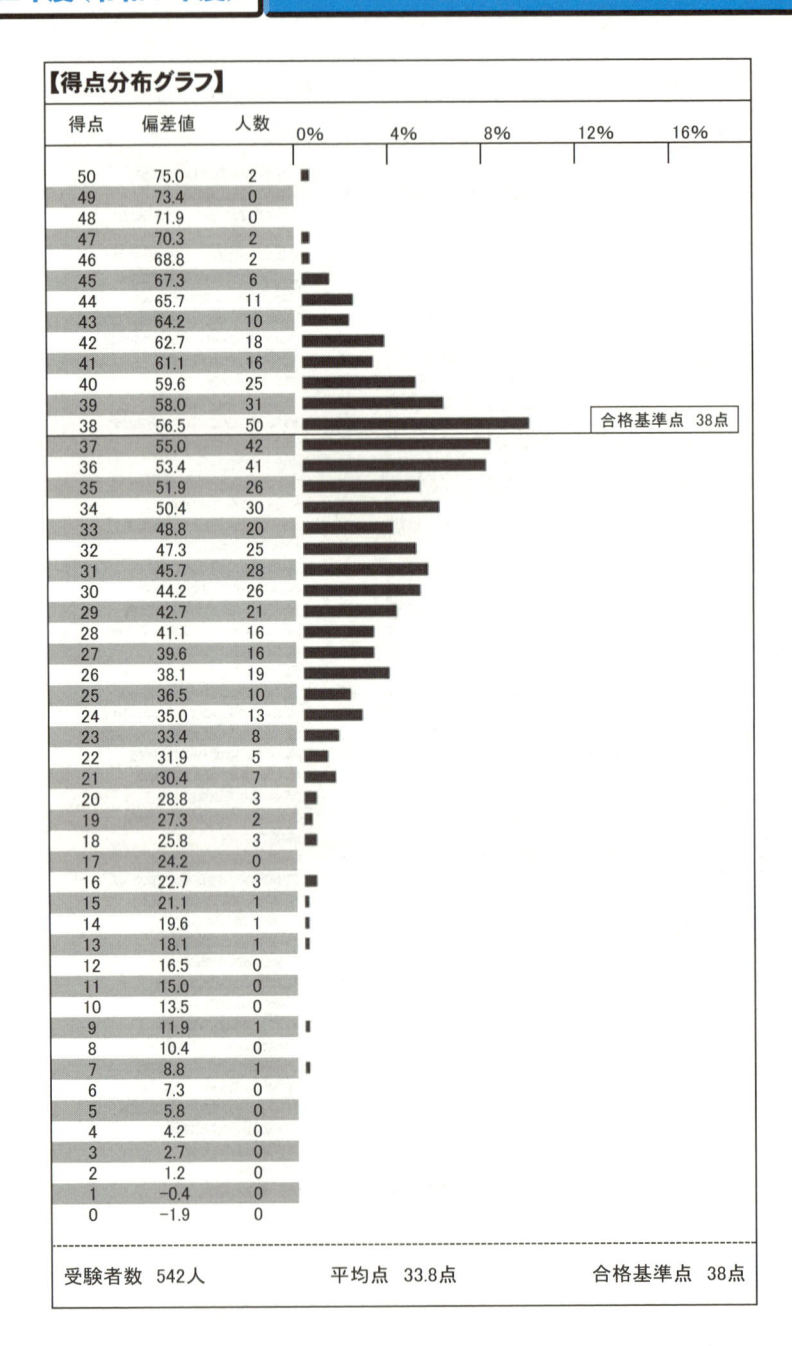

【得点分布グラフ】

得点	偏差値	人数
50	75.0	2
49	73.4	0
48	71.9	0
47	70.3	2
46	68.8	2
45	67.3	6
44	65.7	11
43	64.2	10
42	62.7	18
41	61.1	16
40	59.6	25
39	58.0	31
38	56.5	50
37	55.0	42
36	53.4	41
35	51.9	26
34	50.4	30
33	48.8	20
32	47.3	25
31	45.7	28
30	44.2	26
29	42.7	21
28	41.1	16
27	39.6	16
26	38.1	19
25	36.5	10
24	35.0	13
23	33.4	8
22	31.9	5
21	30.4	7
20	28.8	3
19	27.3	2
18	25.8	3
17	24.2	0
16	22.7	3
15	21.1	1
14	19.6	1
13	18.1	1
12	16.5	0
11	15.0	0
10	13.5	0
9	11.9	1
8	10.4	0
7	8.8	1
6	7.3	0
5	5.8	0
4	4.2	0
3	2.7	0
2	1.2	0
1	-0.4	0
0	-1.9	0

合格基準点　38点

受験者数　542人　　　　平均点　33.8点　　　　合格基準点　38点

【 設問別正答率 】

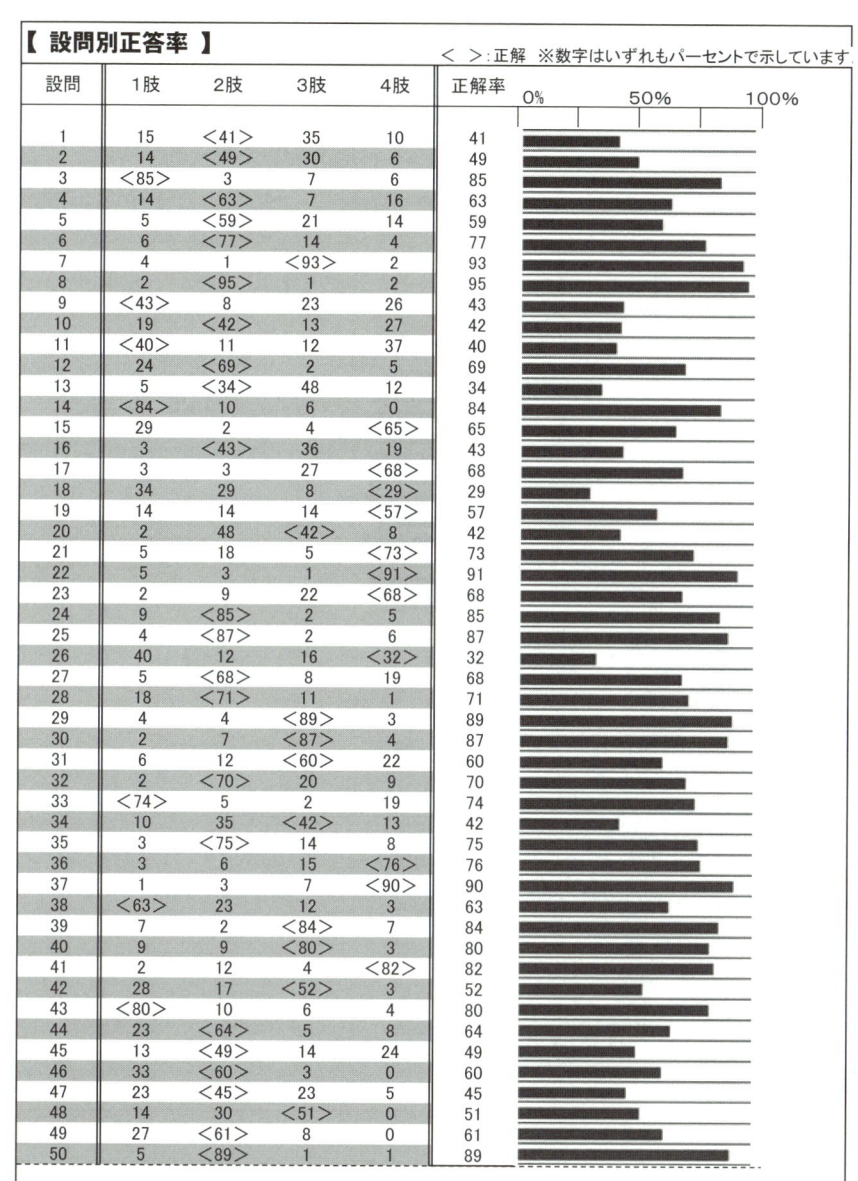

設問	1肢	2肢	3肢	4肢	正解率
1	15	＜41＞	35	10	41
2	14	＜49＞	30	6	49
3	＜85＞	3	7	6	85
4	14	＜63＞	7	16	63
5	5	＜59＞	21	14	59
6	6	＜77＞	14	4	77
7	4	1	＜93＞	2	93
8	2	＜95＞	1	2	95
9	＜43＞	8	23	26	43
10	19	＜42＞	13	27	42
11	＜40＞	11	12	37	40
12	24	＜69＞	2	5	69
13	5	＜34＞	48	12	34
14	＜84＞	10	6	0	84
15	29	2	4	＜65＞	65
16	3	＜43＞	36	19	43
17	3	3	27	＜68＞	68
18	34	29	8	＜29＞	29
19	14	14	14	＜57＞	57
20	2	48	＜42＞	8	42
21	5	18	5	＜73＞	73
22	5	3	1	＜91＞	91
23	2	9	22	＜68＞	68
24	9	2	＜85＞	5	85
25	4	＜87＞	2	6	87
26	40	12	16	＜32＞	32
27	5	＜68＞	8	19	68
28	18	＜71＞	11	1	71
29	4	4	＜89＞	3	89
30	2	7	＜87＞	4	87
31	6	12	＜60＞	22	60
32	2	＜70＞	20	9	70
33	＜74＞	5	2	19	74
34	10	35	＜42＞	13	42
35	3	＜75＞	14	8	75
36	3	6	15	＜76＞	76
37	1	3	7	＜90＞	90
38	＜63＞	23	12	3	63
39	7	2	＜84＞	7	84
40	9	9	＜80＞	3	80
41	2	12	4	＜82＞	82
42	28	17	＜52＞	3	52
43	＜80＞	10	6	4	80
44	23	＜64＞	5	8	64
45	13	＜49＞	14	24	49
46	33	＜60＞	3	0	60
47	23	＜45＞	23	5	45
48	14	30	＜51＞	0	51
49	27	＜61＞	8	0	61
50	5	＜89＞	1	1	89

* 本データは、本試験終了後の解答オンラインリサーチにて、542名の受験者から集めたアンケートによるものです。

* 肢1〜4の数字を足しても、100%にならない場合があります。
  これは、記入上の不備（マークミス・ダブルマーク・採点不能など）によるものです。

* 正解肢における数字は、正答率を四捨五入したものです。

本試験データ編

【得点分布グラフ】

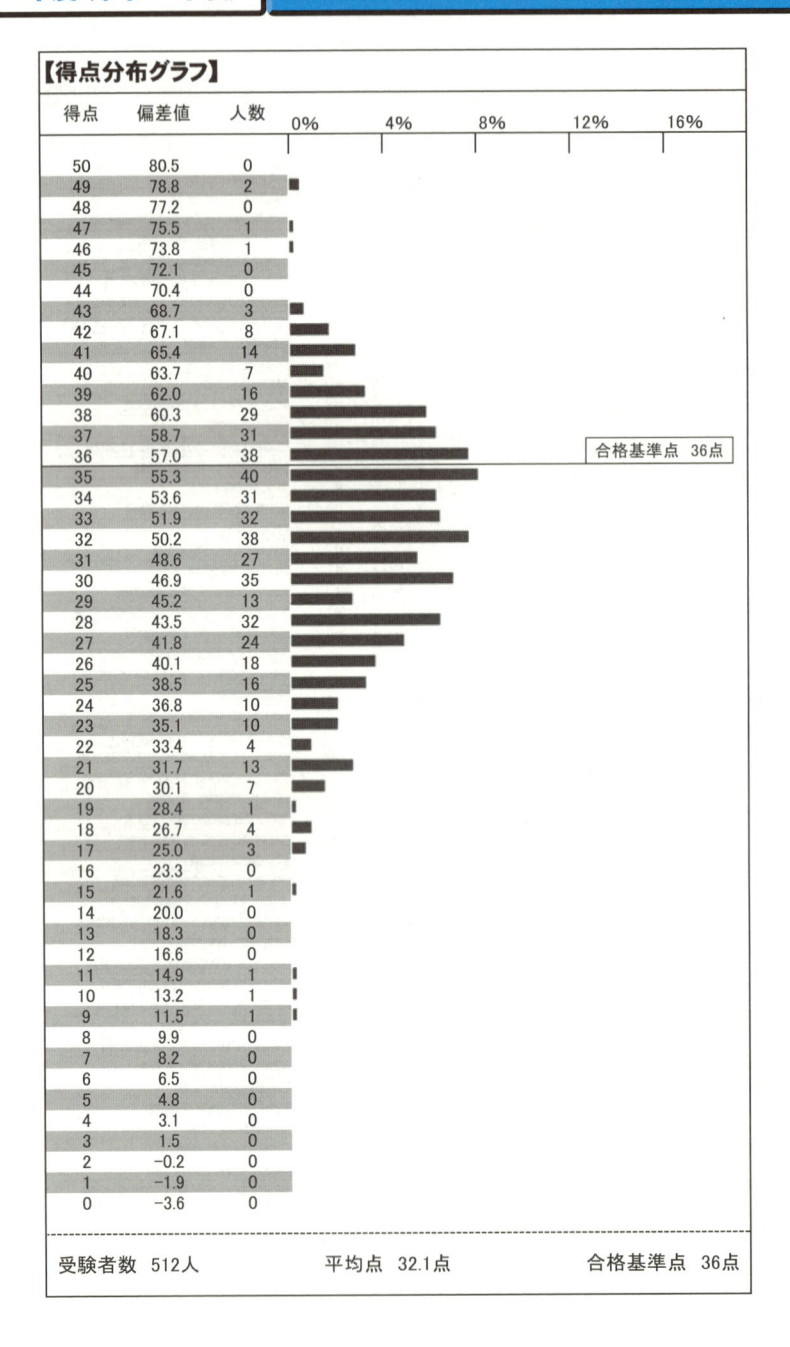

得点	偏差値	人数
50	80.5	0
49	78.8	2
48	77.2	0
47	75.5	1
46	73.8	1
45	72.1	0
44	70.4	0
43	68.7	3
42	67.1	8
41	65.4	14
40	63.7	7
39	62.0	16
38	60.3	29
37	58.7	31
36	57.0	38
35	55.3	40
34	53.6	31
33	51.9	32
32	50.2	38
31	48.6	27
30	46.9	35
29	45.2	13
28	43.5	32
27	41.8	24
26	40.1	18
25	38.5	16
24	36.8	10
23	35.1	10
22	33.4	4
21	31.7	13
20	30.1	7
19	28.4	1
18	26.7	4
17	25.0	3
16	23.3	0
15	21.6	1
14	20.0	0
13	18.3	0
12	16.6	0
11	14.9	1
10	13.2	1
9	11.5	1
8	9.9	0
7	8.2	0
6	6.5	0
5	4.8	0
4	3.1	0
3	1.5	0
2	-0.2	0
1	-1.9	0
0	-3.6	0

合格基準点　36点

受験者数　512人　　　平均点　32.1点　　　合格基準点　36点

< ＞：正解　※数字はいずれもパーセントで示しています

設問	1肢	2肢	3肢	4肢	正解率	0%〜50%〜100%
1	15	＜41＞	31	12	41	
2	＜35＞	19	20	26	35	
3	＜98＞	1	1	0	98	
4	＜65＞	1	33	1	65	
5	2	8	38	＜52＞	52	
6	2	＜51＞	45	3	51	
7	2	20	29	＜49＞	49	
8	4	0	6	＜90＞	90	
9	＜64＞	10	6	20	64	
10	32	17	＜42＞	9	42	
11	3	5	＜86＞	6	86	
12	29	＜39＞	25	7	39	
13	23	25	3	＜49＞	49	
14	33	＜46＞	13	7	46	
15	3	24	＜67＞	7	67	
16	＜83＞	2	4	10	83	
17	＜22＞	16	34	28	22	
18	15	31	＜27＞	28	27	
19	11	4	＜68＞	17	68	
20	6	23	＜64＞	6	64	
21	21	5	3	＜72＞	72	
22	5	＜87＞	5	4	87	
23	＜20＞	13	＜20＞	47	?	
24	＜59＞	9	6	27	59	
25	11	8	＜62＞	19	62	
26	56	＜31＞	5	8	31	
27	2	＜95＞	3	0	95	
28	6	5	1	＜88＞	88	
29	8	8	＜81＞	4	81	
30	12	35	＜52＞	1	52	
31	8	＜88＞	2	3	88	
32	3	＜77＞	6	15	77	
33	3	15	＜42＞	40	42	
34	3	10	13	＜74＞	74	
35	7	＜68＞	15	10	68	
36	＜33＞	23	20	23	33	
37	4	2	＜93＞	2	93	
38	3	16	＜76＞	6	76	
39	＜92＞	1	3	4	92	
40	＜71＞	14	9	7	71	
41	33	17	10	＜40＞	40	
42	16	＜50＞	29	5	50	
43	3	22	＜71＞	4	71	
44	21	10	37	＜32＞	32	
45	7	＜69＞	19	4	69	
46	＜61＞	30	7	0	61	
47	2	1	1	＜93＞	93	
48	20	＜69＞	8	0	69	
49	1	1	12	＜83＞	83	
50	1	＜3＞	59	34	59	

＊　本データは、本試験終了後の解答オンラインリサーチにて、512名の受験者から集めたアンケートによるものです。
＊　肢1〜4の数字を足しても、100%にならない場合があります。
　　これは、記入上の不備（マークミス・ダブルマーク・採点不能など）によるものです。
＊　正解肢における数字は、正答率を四捨五入したものです。

本試験データ編

【得点分布グラフ】

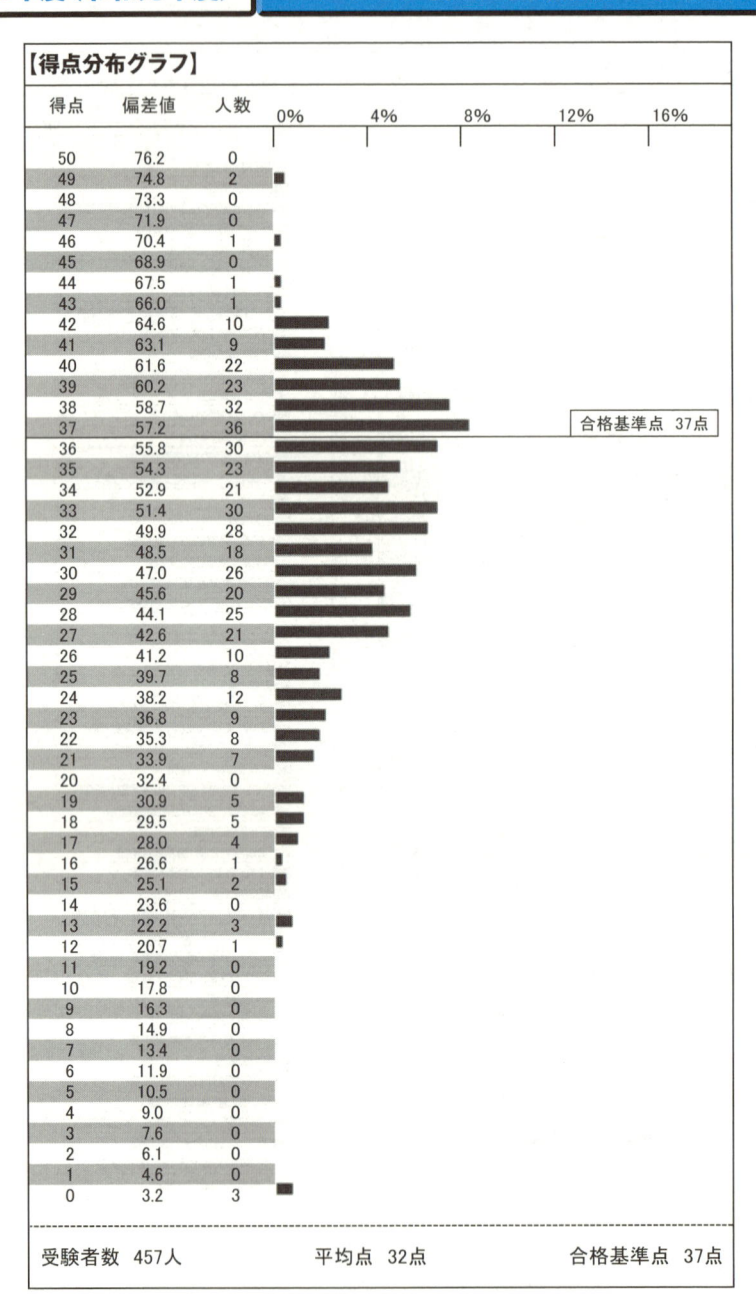

得点	偏差値	人数
50	76.2	0
49	74.8	2
48	73.3	0
47	71.9	0
46	70.4	1
45	68.9	0
44	67.5	1
43	66.0	1
42	64.6	10
41	63.1	9
40	61.6	22
39	60.2	23
38	58.7	32
37	57.2	36
36	55.8	30
35	54.3	23
34	52.9	21
33	51.4	30
32	49.9	28
31	48.5	18
30	47.0	26
29	45.6	20
28	44.1	25
27	42.6	21
26	41.2	10
25	39.7	8
24	38.2	12
23	36.8	9
22	35.3	8
21	33.9	7
20	32.4	0
19	30.9	5
18	29.5	5
17	28.0	4
16	26.6	1
15	25.1	2
14	23.6	0
13	22.2	3
12	20.7	1
11	19.2	0
10	17.8	0
9	16.3	0
8	14.9	0
7	13.4	0
6	11.9	0
5	10.5	0
4	9.0	0
3	7.6	0
2	6.1	0
1	4.6	0
0	3.2	3

合格基準点 37点

受験者数 457人　　　平均点 32点　　　合格基準点 37点

【 設問別正答率 】

< ＞：正解　※数字はいずれもパーセントで示しています

設問	1肢	2肢	3肢	4肢	正解率	0%　　　50%　　　100%
1	5	4	4	<87>	87.1	
2	6	<73>	20	1	73.1	
3	13	5	<76>	5	76.1	
4	<51>	18	21	10	50.5	
5	7	<45>	35	13	45.1	
6	3	14	<81>	1	81.0	
7	2	<88>	3	6	88.0	
8	4	1	2	<93>	92.6	
9	2	2	2	<92>	92.1	
10	<61>	14	14	11	60.6	
11	48	6	7	38	38.1	
12	<88>	0	3	9	87.7	
13	33	6	<47>	14	46.6	
14	20	<60>	3	17	59.5	
15	9	8	<68>	14	68.1	
16	1	27	2	<70>	69.6	
17	<42>	5	48	5	42.0	
18	10	28	<52>	9	52.3	
19	17	<54>	8	21	53.6	
20	4	12	13	<71>	71.1	
21	<39>	34	9	17	38.5	
22	65	6	<20>	8	19.9	
23	6	<48>	39	7	47.9	
24	1	14	<55>	29	54.7	
25	48	3	<46>	2	46.2	
26	7	<85>	5	2	84.9	
27	2	3	<89>	6	89.1	
28	10	8	3	<79>	79.2	
29	6	<45>	44	4	45.3	
30	<86>	1	0	12	86.0	
31	1	8	16	<74>	73.7	
32	3	13	62	<23>	22.5	
33	<64>	22	11	2	64.3	
34	5	11	<73>	11	72.9	
35	11	<76>	12	0	76.4	
36	62	<25>	9	3	24.9	
37	6	13	<70>	10	70.2	
38	<13>	9	68	10	12.7	
39	35	9	<45>	10	44.6	
40	<31>	46	5	17	31.3	
41	2	33	26	<39>	38.9	
42	4	8	4	<84>	83.8	
43	3	<90>	4	3	90.4	
44	<49>	4	35	11	49.2	
45	<79>	14	4	3	78.8	
46	0	2	24	<68>	68.4	
47	3	<87>	5	0	86.9	
48	3	1	7	<84>	83.6	
49	1	1	<75>	18	74.6	
50	<80>	3	3	9	79.5	

＊　本データは、本試験終了後の解答オンラインリサーチにて、457名の受験者から集めたアンケートによるものです。

＊　肢1～4の数字を足しても、100%にならない場合があります。
　これは、記入上の不備（マークミス・ダブルマーク・採点不能など）によるものです。

＊　正解肢における数字は、正答率を四捨五入したものです。

本試験データ編

【得点分布グラフ】

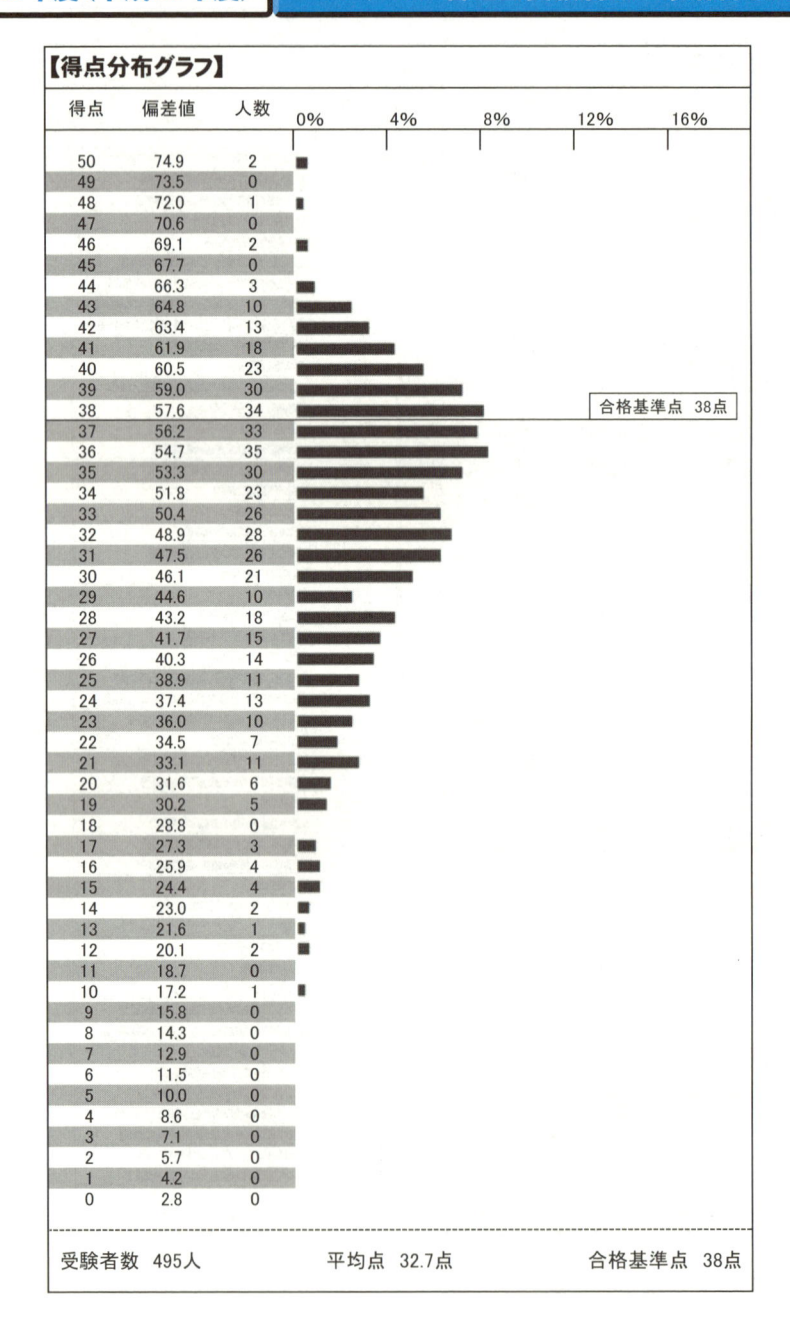

得点	偏差値	人数
50	74.9	2
49	73.5	0
48	72.0	1
47	70.6	0
46	69.1	2
45	67.7	0
44	66.3	3
43	64.8	10
42	63.4	13
41	61.9	18
40	60.5	23
39	59.0	30
38	57.6	34
37	56.2	33
36	54.7	35
35	53.3	30
34	51.8	23
33	50.4	26
32	48.9	28
31	47.5	26
30	46.1	21
29	44.6	10
28	43.2	18
27	41.7	15
26	40.3	14
25	38.9	11
24	37.4	13
23	36.0	10
22	34.5	7
21	33.1	11
20	31.6	6
19	30.2	5
18	28.8	0
17	27.3	3
16	25.9	4
15	24.4	4
14	23.0	2
13	21.6	1
12	20.1	2
11	18.7	0
10	17.2	1
9	15.8	0
8	14.3	0
7	12.9	0
6	11.5	0
5	10.0	0
4	8.6	0
3	7.1	0
2	5.7	0
1	4.2	0
0	2.8	0

合格基準点　38点

受験者数　495人　　　　平均点　32.7点　　　　合格基準点　38点

【 設問別正答率 】

<　　>：正解　※数字はいずれもパーセントで示しています

設問	1肢	2肢	3肢	4肢	正解率	0%〜50%〜100%
1	24	2	14	<61>	60.6	
2	6	2	9	<84>	84.0	
3	3	<89>	7	1	89.1	
4	3	1	3	<93>	93.3	
5	15	14	<61>	10	60.6	
6	<81>	13	2	4	80.8	
7	<83>	11	4	2	83.0	
8	<57>	4	31	8	57.2	
9	3	10	<39>	48	38.8	
10	17	<51>	17	15	51.3	
11	21	10	<64>	5	64.4	
12	15	<63>	5	17	62.8	
13	<78>	3	8	11	78.4	
14	7	9	22	<62>	61.6	
15	22	<37>	21	20	37.2	
16	14	7	<44>	35	43.6	
17	<80>	2	12	7	79.8	
18	12	27	16	<45>	45.1	
19	2	11	12	<75>	75.4	
20	6	5	16	<74>	73.7	
21	20	3	<44>	33	43.8	
22	17	<56>	9	18	56.2	
23	<55>	7	6	33	54.7	
24	6	1	<91>	2	90.5	
25	14	4	15	<66>	66.3	
26	8	25	39	<29>	28.9	
27	<64>	29	5	1	64.4	
28	<62>	22	12	3	62.4	
29	20	<67>	3	10	66.7	
30	<64>	26	9	1	63.6	
31	5	10	<76>	9	76.4	
32	11	15	5	<70>	69.7	
33	6	<73>	17	5	72.7	
34	<60>	9	18	13	59.8	
35	13	3	6	<78>	78.4	
36	0	1	<59>	40	58.6	
37	4	14	<69>	13	69.1	
38	2	<70>	8	20	69.9	
39	15	9	<56>	20	56.4	
40	8	19	<67>	7	67.1	
41	26	<17>	36	21	17.4	
42	9	<38>	27	26	38.4	
43	<83>	3	7	7	83.0	
44	2	<58>	15	25	58.0	
45	25	9	19	<47>	46.9	
46	27	2	<68>	1	68.1	
47	3	22	<71>	2	71.2	
48	<67>	17	14	0	67.3	
49	5	3	7	<83>	82.7	
50	3	<83>	3	9	83.1	

* 本データは、本試験終了後の解答オンラインリサーチにて、495名の受験者から集めたアンケートによるものです。

* 肢1〜4の数字を足しても、100%にならない場合があります。
　これは、記入上の不備（マークミス・ダブルマーク・採点不能など）によるものです。

* 正解肢における数字は、正答率を四捨五入したものです。

本試験データ編

【得点分布グラフ】

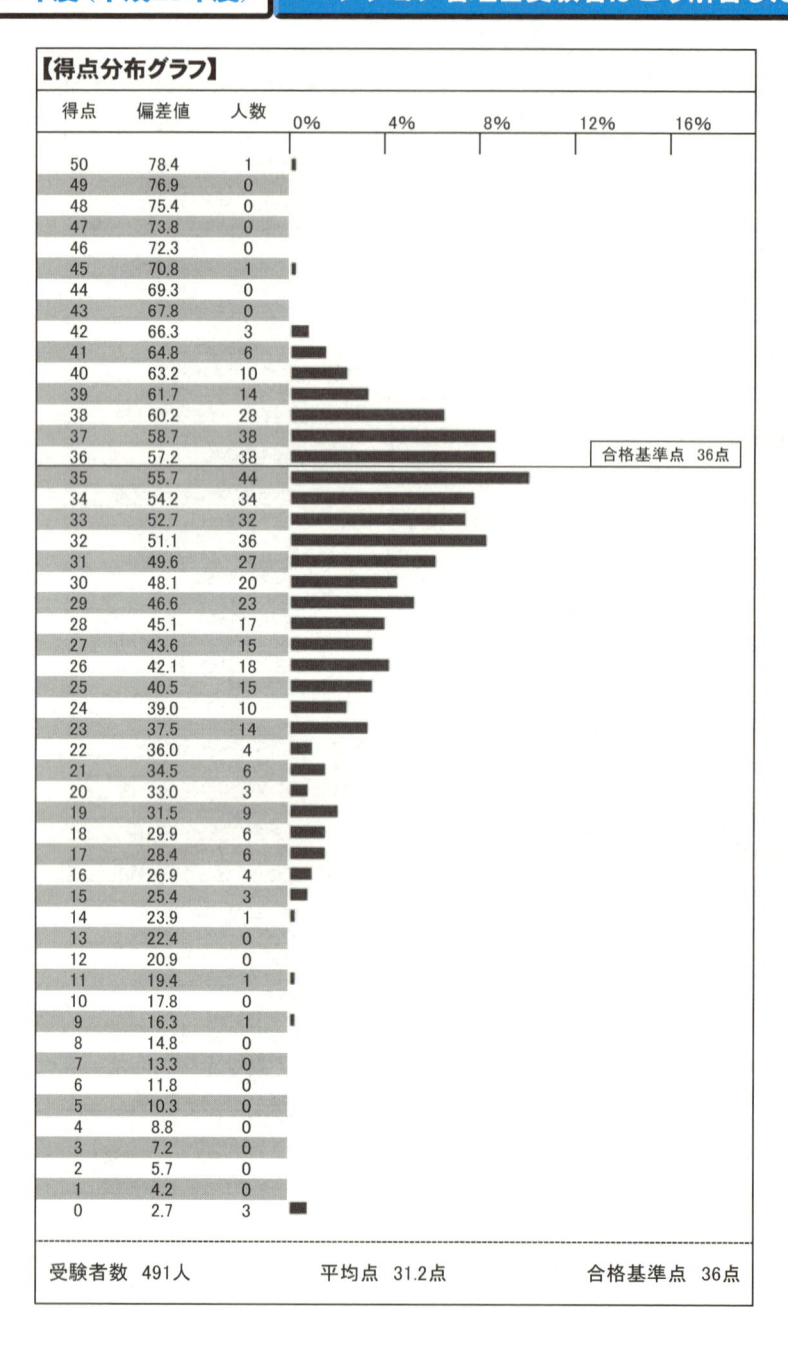

得点	偏差値	人数
50	78.4	1
49	76.9	0
48	75.4	0
47	73.8	0
46	72.3	0
45	70.8	1
44	69.3	0
43	67.8	0
42	66.3	3
41	64.8	6
40	63.2	10
39	61.7	14
38	60.2	28
37	58.7	38
36	57.2	38
35	55.7	44
34	54.2	34
33	52.7	32
32	51.1	36
31	49.6	27
30	48.1	20
29	46.6	23
28	45.1	17
27	43.6	15
26	42.1	18
25	40.5	15
24	39.0	10
23	37.5	14
22	36.0	4
21	34.5	6
20	33.0	3
19	31.5	9
18	29.9	6
17	28.4	6
16	26.9	4
15	25.4	3
14	23.9	1
13	22.4	0
12	20.9	0
11	19.4	1
10	17.8	0
9	16.3	1
8	14.8	0
7	13.3	0
6	11.8	0
5	10.3	0
4	8.8	0
3	7.2	0
2	5.7	0
1	4.2	0
0	2.7	3

合格基準点　36点

受験者数　491人　　　　平均点　31.2点　　　　合格基準点　36点

【 設問別正答率 】

<　　>：正解　※数字はいずれもパーセントで示しています。

設問	1肢	2肢	3肢	4肢	正解率	0%〜50%〜100%
1	67	1	6	＜26＞	25.7	
2	1	9	＜84＞	5	84.3	
3	26	21	＜45＞	7	45.0	
4	5	＜87＞	5	3	87.2	
5	11	1	5	＜83＞	82.9	
6	25	＜66＞	7	1	66.2	
7	8	1	6	＜85＞	84.9	
8	14	11	＜66＞	8	66.2	
9	31	23	＜39＞	7	38.5	
10	＜27＞	8	43	21	27.1	
11	＜16＞	7	61	16	15.9	
12	3	＜83＞	12	2	82.9	
13	＜76＞	11	5	8	76.4	
14	5	10	1	＜84＞	83.7	
15	＜60＞	5	27	8	59.7	
16	＜60＞	10	17	12	59.7	
17	2	＜87＞	4	7	86.6	
18	17	52	6	＜24＞	24.4	
19	14	＜35＞	38	12	35.4	
20	23	＜49＞	16	11	49.3	
21	＜27＞	15	10	＜47＞	？	
22	12	12	＜57＞	19	56.6	
23	2	30	＜64＞	3	64.4	
24	5	5	＜78＞	11	78.2	
25	＜79＞	13	3	5	78.6	
26	13	74	＜12＞	0	12.2	
27	＜86＞	3	8	2	86.2	
28	29	＜44＞	22	4	43.6	
29	5	12	＜77＞	5	77.4	
30	＜69＞	6	8	16	69.2	
31	6	＜55＞	29	10	54.8	
32	13	＜44＞	27	15	43.6	
33	6	5	20	＜69＞	68.6	
34	8	＜83＞	1	6	83.3	
35	4	12	11	＜72＞	72.1	
36	21	17	12	＜49＞	49.3	
37	＜18＞	7	59	15	17.9	
38	5	8	6	＜79＞	79.4	
39	3	9	19	＜69＞	68.8	
40	5	4	＜83＞	9	82.7	
41	＜75＞	12	1	11	74.9	
42	33	2	25	＜39＞	38.7	
43	＜63＞	17	9	10	62.7	
44	10	14	＜62＞	14	61.5	
45	＜48＞	25	9	17	48.3	
46	1	＜42＞	37	16	42.0	
47	9	7	19	＜62＞	61.5	
48	3	20	＜59＞	14	59.2	
49	3	19	＜52＞	23	51.5	
50	＜90＞	3	1	3	89.7	

＊　本データは、本試験終了後の解答オンラインリサーチにて、491名の受験者から集めたアンケートによるものです。
＊　肢1〜4の数字を足しても、100％にならない場合があります。
　　これは、記入上の不備（マークミス・ダブルマーク・採点不能など）によるものです。
＊　正解肢における数字は、正答率を四捨五入したものです。

本試験データ編

本試験出題年度索引　2024年度(令和6年度)マンション管理士試験

問	科目		重要度	難易度	掲載箇所		
					分冊	ページ数	番号
1	区分所有法等	総合	A	易	①	P 258	79
2	区分所有法等	共用部分	A	普	①	P 116	8
3	区分所有法等	敷地・敷地利用権	A	易	①	P 124	12
4	区分所有法等	管理者	A	易	①	P 148	24
5	区分所有法等	規約	A	易	①	P 168	34
6	区分所有法等	集会	A	易	①	P 190	45
7	区分所有法等	管理組合法人	A	普	①	P 158	29
8	区分所有法等	総合	A	難	①	P 260	80
9	区分所有法等	義務違反者に対する措置	A	難	①	P 132	16
10	区分所有法等	復旧・建替え	B	難	①	P 202	51
11	区分所有法等	被災マンション法	B	難	①	P 292	96
12	民法・その他	共有	A	易	①	P 46	23
13	民法・その他	債務不履行	A	普	①	P 44	22
14	民法・その他	総合	C	難	①	P 98	49
15	民法・その他	賃貸借	A	普	①	P 28	14
16	民法・その他	委任	A	易	①	P 34	17
17	民法・その他	相続	C	易	①	P 60	30
18	管理実務	不動産登記法	B	難	③	P 20	10
19	区分所有法等	マンション建替え円滑化法	B	普	①	P 276	88
20	設備系法令	都市計画法	B	普	③	P 240	8
21	設備系法令	建築基準法	A	難	③	P 256	16
22	設備系法令	水道法	A	易	③	P 272	24
23	設備系法令	消防法	A	普	③	P 288	32
24	建築・設備	防犯	A	難	③	P 130	37
25	標準管理規約	総合	A	易	②	P 134	67

注 ①…第1分冊 法令編上(民法他・区分所有法等)　②…第2分冊 法令編下(標準管理規約・適正化法)
③…第3分冊 管理実務・会計・設備系編

問	科目		重要度	難易度	掲載箇所		
					分冊	ページ数	番号
26	標準管理規約	理事会	A	易	②	P 74	37
27	標準管理規約	総合	A	普	②	P 136	68
28	標準管理規約	費用の負担	A	易	②	P 22	11
29	標準管理規約	理事会	A	普	②	P 76	38
30	標準管理規約	その他	A	普	②	P 102	51
31	標準管理規約	団地型	B	普	②	P 90	45
32	標準管理規約	団地型	B	易	②	P 92	46
33	標準管理規約	総合	B	普	②	P 138	69
34	会計	計算書類	A	普	③	P 46	12
35	会計	税務	A	普	③	P 52	15
36	建築・設備	修繕工事・改修工事	B	易	③	P 164	54
37	建築・設備	その他	C	難	③	P 198	71
38	建築・設備	劣化・調査・診断	A	易	③	P 150	47
39	建築・設備	断熱	A	普	③	P 70	7
40	設備系法令	その他	C	易	③	P 298	37
41	建築・設備	耐震	A	普	③	P 172	58
42	建築・設備	総合	C	易	③	P 218	81
43	建築・設備	総合	A	易	③	P 220	82
44	建築・設備	排水・通気・浄化槽	A	普	③	P 96	20
45	建築・設備	総合	A	易	③	P 222	83
46	適正化法	基本方針	A	易	②	P 202	31
47	適正化法	その他	A	普	②	P 216	38
48	適正化法	その他	A	難	②	P 218	39
49	適正化法	マンション管理士	A	普	②	P 162	11
50	適正化法	マンション管理業者	A	難	②	P 186	23

本試験出題年度索引

問	科目		重要度	難易度	掲載箇所		
					分冊	ページ数	番号
1	区分所有法等	定義	A	易	①	P 104	2
2	区分所有法等	総合	B	難	①	P 248	74
3	区分所有法等	総合	B	難	①	P 250	75
4	区分所有法等	総合	A	易	①	P 252	76
5	区分所有法等	共用部分	B	普	①	P 114	7
6	区分所有法等	集会	A	易	①	P 188	44
7	区分所有法等	総合	A	易	①	P 254	77
8	区分所有法等	義務違反者に対する措置	A	難	①	P 130	15
9	区分所有法等	復旧・建替え	B	難	①	P 200	50
10	区分所有法等	団地	B	普	①	P 218	59
11	区分所有法等	被災マンション法	B	易	①	P 290	95
12	民法・その他	その他	C	難	①	P 86	43
13	民法・その他	その他	C	普	①	P 88	44
14	民法・その他	売買	A	易	①	P 14	7
15	民法・その他	その他	C	易	①	P 90	45
16	民法・その他	その他	C	易	①	P 92	46
17	民法・その他	時効	B	難	①	P 40	20
18	区分所有法等	総合	C	難	①	P 256	78
19	区分所有法等	マンション建替え円滑化法	A	易	①	P 274	87
20	設備系法令	都市計画法	B	難	③	P 238	7
21	設備系法令	建築基準法	B	普	③	P 254	15
22	設備系法令	水道法	A	普	③	P 270	23
23	設備系法令	消防法	A	普	③	P 286	31
24	建築・設備	防犯	A	普	③	P 126	35
25	標準管理規約	用法・管理	A	易	②	P 14	7

注　①…第1分冊　法令編上（民法他・区分所有法等）②…第2分冊　法令編下（標準管理規約・適正化法）
　　③…第3分冊　管理実務・会計・設備系編

問	科目		重要度	難易度	掲載箇所		
					分冊	ページ数	番号
26	標準管理規約	総会	A	普	②	P 54	27
27	標準管理規約	総合	A	普	②	P 128	64
28	標準管理規約	役員	A	易	②	P 36	18
29	標準管理規約	総合	A	普	②	P 130	65
30	標準管理規約	総会	A	普	②	P 56	28
31	標準管理規約	総会	A	易	②	P 58	29
32	標準管理規約	総合	B	難	②	P 132	66
33	標準管理規約	団地型	B	難	②	P 88	44
34	会計	仕訳	A	易	③	P 30	4
35	会計	仕訳	A	普	③	P 32	5
36	建築・設備	長期修繕計画	A	普	③	P 114	29
37	建築・設備	長期修繕計画	A	易	③	P 116	30
38	建築・設備	修繕工事・改修工事	B	難	③	P 162	53
39	建築・設備	劣化・調査・診断	A	普	③	P 148	46
40	建築・設備	耐震	A	普	③	P 170	57
41	建築・設備	防犯	A	易	③	P 128	36
42	建築・設備	断熱	A	普	③	P 68	6
43	建築・設備	給水	A	易	③	P 82	13
44	建築・設備	排水・通気・浄化槽	A	普	③	P 94	19
45	建築・設備	総合	A	易	③	P 216	80
46	適正化法	その他	A	普	②	P 212	36
47	適正化法	基本方針	A	普	②	P 200	30
48	適正化法	その他	A	易	②	P 214	37
49	適正化法	マンション管理業者	A	普	②	P 182	21
50	適正化法	マンション管理業者	A	難	②	P 184	22

本試験出題年度索引

問	科目		重要度	難易度	掲載箇所		
					分冊	ページ数	番号
1	区分所有法等	共用部分	A	易	①	P 112	6
2	区分所有法等	敷地・敷地利用権	B	普	①	P 122	11
3	区分所有法等	管理者	A	易	①	P 142	21
4	区分所有法等	管理者	A	？	①	P 144	22
5	区分所有法等	管理者	A	易	①	P 146	23
6	区分所有法等	集会	A	易	①	P 182	41
7	区分所有法等	集会	A	易	①	P 184	42
8	区分所有法等	集会	A	易	①	P 186	43
9	区分所有法等	義務違反者に対する措置	A	？	①	P 128	14
10	区分所有法等	被災マンション法	B	普	①	P 288	94
11	区分所有法等	団地	B	普	①	P 216	58
12	民法・その他	総則	A	易	①	P 8	4
13	民法・その他	その他	A	普	①	P 82	41
14	民法・その他	その他	C	難	①	P 84	42
15	民法・その他	総合	A	易	①	P 96	48
16	民法・その他	賃貸借	A	普	①	P 26	13
17	民法・その他	相続	A	易	①	P 58	29
18	管理実務	不動産登記法	B	普	③	P 18	9
19	区分所有法等	マンション建替え円滑化法	B	普	①	P 272	86
20	設備系法令	都市計画法	C	易	③	P 236	6
21	設備系法令	建築基準法	A	易	③	P 252	14
22	設備系法令	水道法	A	易	③	P 268	22
23	設備系法令	消防法	A	普	③	P 284	30
24	設備系法令	警備業法	B	普	③	P 292	34
25	標準管理規約	用法・管理	A	易	②	P 10	5

注　①…第1分冊　法令編上（民法他・区分所有法等）　②…第2分冊　法令編下（標準管理規約・適正化法）
　　③…第3分冊　管理実務・会計・設備系編

問	科目		重要度	難易度	掲載箇所		
					分冊	ページ数	番号
26	標準管理規約	用法・管理	A	易	②	P 12	6
27	標準管理規約	費用の負担	A	易	②	P 20	10
28	標準管理規約	総会	A	易	②	P 48	24
29	標準管理規約	総会	A	易	②	P 50	25
30	標準管理規約	総会	A	普	②	P 52	26
31	標準管理規約	理事会	A	易	②	P 72	36
32	標準管理規約	団地型	C	難	②	P 86	43
33	標準管理規約	総合	B	普	②	P 126	63
34	会計	計算書類	A	易	③	P 42	10
35	会計	計算書類	A	易	③	P 44	11
36	建築・設備	長期修繕計画	A	普	③	P 112	28
37	建築・設備	劣化・調査・診断	B	普	③	P 144	44
38	建築・設備	防水	A	普	③	P 168	56
39	建築・設備	劣化・調査・診断	A	普	③	P 146	45
40	建築・設備	その他	C	普	③	P 194	69
41	建築・設備	建築構造	B	普	③	P 64	4
42	建築・設備	その他	C	普	③	P 196	70
43	建築・設備	排水・通気・浄化槽	B	易	③	P 92	18
44	建築・設備	給水	A	易	③	P 80	12
45	建築・設備	総合	A	易	③	P 214	79
46	適正化法	マンション管理士	A	普	②	P 160	10
47	適正化法	基本方針	A	普	②	P 198	29
48	適正化法	その他	B	難	②	P 208	34
49	適正化法	その他	B	難	②	P 210	35
50	適正化法	マンション管理業者	A	普	②	P 180	20

問	科目		重要度	難易度	掲載箇所		
					分冊	ページ数	番号
1	区分所有法等	総合	A	難	①	P 244	72
2	区分所有法等	総合	B	難	①	P 246	73
3	区分所有法等	管理組合法人	A	易	①	P 156	28
4	区分所有法等	管理者	A	普	①	P 140	20
5	区分所有法等	敷地・敷地利用権	A	普	①	P 120	10
6	区分所有法等	規約	A	易	①	P 166	33
7	区分所有法等	集会	A	易	①	P 180	40
8	区分所有法等	共用部分	A	易	①	P 110	5
9	区分所有法等	復旧・建替え	B	難	①	P 198	49
10	区分所有法等	団地	B	難	①	P 214	57
11	区分所有法等	被災マンション法	C	難	①	P 286	93
12	民法・その他	総則	A	普	①	P 6	3
13	民法・その他	時効	B	難	①	P 38	19
14	民法・その他	その他	A	易	①	P 76	38
15	民法・その他	その他	C	普	①	P 78	39
16	民法・その他	その他	B	難	①	P 80	40
17	民法・その他	賃貸借	A	普	①	P 24	12
18	管理実務	不動産登記法	C	難	③	P 16	8
19	区分所有法等	マンション建替え円滑化法	A	普	①	P 270	85
20	設備系法令	都市計画法	C	難	③	P 234	5
21	設備系法令	建築基準法	A	易	③	P 250	13
22	設備系法令	水道法	A	易	③	P 266	21
23	設備系法令	消防法	A	普	③	P 282	29
24	設備系法令	警備業法	B	易	③	P 290	33
25	標準管理規約	用法・管理	A	易	②	P 8	4

注　①…第1分冊　法令編⊥（民法他・区分所有法等）　②…第2分冊　法令編⊤（標準管理規約・適正化法）
　　③…第3分冊　管理実務・会計・設備系編

問	科目		重要度	難易度	掲載箇所		
					分冊	ページ数	番号
26	標準管理規約	総合	A	難	②	P 122	61
27	標準管理規約	理事会	A	普	②	P 70	35
28	標準管理規約	総合	A	易	②	P 124	62
29	標準管理規約	役員	A	易	②	P 34	17
30	標準管理規約	総会	A	易	②	P 46	23
31	標準管理規約	団地型	B	普	②	P 84	42
32	標準管理規約	複合用途型	C	易	②	P 96	48
33	標準管理規約	複合用途型	B	易	②	P 98	49
34	会計	計算書類	B	難	③	P 40	9
35	会計	税務	A	易	③	P 50	14
36	建築・設備	長期修繕計画	A	易	③	P 108	26
37	建築・設備	修繕工事・改修工事	A	易	③	P 160	52
38	建築・設備	劣化・調査・診断	A	普	③	P 142	43
39	建築・設備	長期修繕計画	A	易	③	P 110	27
40	建築・設備	その他	B	易	③	P 190	67
41	建築・設備	総合	A	易	③	P 210	77
42	建築・設備	その他	B	普	③	P 192	68
43	建築・設備	排水・通気・浄化槽	A	易	③	P 90	17
44	建築・設備	消防用設備等	A	普	③	P 98	21
45	建築・設備	総合	B	難	③	P 212	78
46	適正化法	マンション管理士	A	普	②	P 154	7
47	適正化法	マンション管理士	A	難	②	P 156	8
48	適正化法	マンション管理業者	A	普	②	P 176	18
49	適正化法	マンション管理業者	A	普	②	P 178	19
50	適正化法	マンション管理士	A	易	②	P 158	9

問	科目		重要度	難易度	掲載箇所		
					分冊	ページ数	番号
1	区分所有法等	総合	B	難	①	P 240	70
2	民法・その他	不法行為	B	難	①	P 48	24
3	区分所有法等	集会	A	易	①	P 178	39
4	区分所有法等	管理者	A	普	①	P 138	19
5	区分所有法等	規約	A	普	①	P 164	32
6	区分所有法等	管理組合法人	A	普	①	P 154	27
7	区分所有法等	総合	A	難	①	P 242	71
8	区分所有法等	義務違反者に対する措置	A	易	①	P 126	13
9	区分所有法等	復旧・建替え	A	普	①	P 196	48
10	区分所有法等	団地	B	難	①	P 212	56
11	区分所有法等	被災マンション法	B	易	①	P 284	92
12	民法・その他	総則	A	難	①	P 4	2
13	民法・その他	その他	A	難	①	P 72	36
14	民法・その他	その他	B	難	①	P 74	37
15	民法・その他	売買	A	普	①	P 12	6
16	民法・その他	賃貸借	A	易	①	P 22	11
17	民法・その他	相続	C	難	①	P 56	28
18	管理実務	不動産登記法	C	難	③	P 14	7
19	区分所有法等	マンション建替え円滑化法	B	普	①	P 268	84
20	設備系法令	都市計画法	A	普	③	P 232	4
21	設備系法令	建築基準法	B	易	③	P 248	12
22	設備系法令	水道法	B	易	③	P 264	20
23	設備系法令	消防法	A	?	③	P 280	28
24	建築・設備	防犯	A	普	③	P 124	34
25	標準管理規約	総合	A	普	②	P 114	57

注　①…第1分冊　法令編上（民法他・区分所有法等）　②…第2分冊　法令編下（標準管理規約・適正化法）
　　③…第3分冊　管理実務・会計・設備系編

問	科目		重要度	難易度	掲載箇所		
					分冊	ページ数	番号
26	標準管理規約	総合	B	難	②	P 116	58
27	標準管理規約	費用の負担	A	易	②	P 18	9
28	標準管理規約	総合	A	易	②	P 118	59
29	標準管理規約	総会	A	易	②	P 42	21
30	標準管理規約	その他	A	普	②	P 100	50
31	標準管理規約	総合	A	易	②	P 120	60
32	標準管理規約	総会	A	易	②	P 44	22
33	標準管理規約	理事会	A	難	②	P 68	34
34	会計	仕訳	A	易	③	P 28	3
35	会計	計算書類	A	普	③	P 38	8
36	建築・設備	劣化・調査・診断	C	難	③	P 140	42
37	建築・設備	防水	B	易	③	P 166	55
38	建築・設備	長期修繕計画	A	易	③	P 106	25
39	建築・設備	修繕工事・改修工事	C	易	③	P 158	51
40	建築・設備	建築構造	A	易	③	P 62	3
41	建築・設備	その他	B	難	③	P 186	65
42	建築・設備	その他	C	普	③	P 188	66
43	建築・設備	給水	A	易	③	P 78	11
44	建築・設備	排水・通気・浄化槽	A	難	③	P 88	16
45	建築・設備	総合	B	普	③	P 208	76
46	適正化法	マンション管理業者	A	普	②	P 174	17
47	適正化法	定義	A	易	②	P 144	2
48	適正化法	マンション管理士	A	普	②	P 152	6
49	適正化法	基本方針	A	易	②	P 196	28
50	適正化法	総合	A	普	②	P 220	40

本試験出題年度索引

問	科目		重要度	難易度	掲載箇所		
					分冊	ページ数	番号
1	区分所有法等	共用部分	A	易	①	P 106	3
2	区分所有法等	敷地・敷地利用権	A	易	①	P 118	9
3	区分所有法等	その他	A	易	①	P 230	65
4	区分所有法等	その他	A	普	①	P 232	66
5	区分所有法等	共用部分	B	難	①	P 108	4
6	区分所有法等	集会	A	易	①	P 176	38
7	区分所有法等	団地	A	易	①	P 208	54
8	区分所有法等	その他	A	易	①	P 234	67
9	区分所有法等	復旧・建替え	A	易	①	P 194	47
10	区分所有法等	団地	A	普	①	P 210	55
11	区分所有法等	被災マンション法	C	難	①	P 282	91
12	民法・その他	賃貸借	A	易	①	P 20	10
13	民法・その他	相続	B	難	①	P 54	27
14	民法・その他	その他	A	普	①	P 68	34
15	民法・その他	売買	B	普	①	P 10	5
16	民法・その他	請負	A	易	①	P 30	15
17	民法・その他	その他	C	難	①	P 70	35
18	管理実務	不動産登記法	C	普	③	P 12	6
19	区分所有法等	マンション建替え円滑化法	B	普	①	P 266	83
20	設備系法令	都市計画法	A	易	③	P 230	3
21	設備系法令	建築基準法	B	難	③	P 246	11
22	設備系法令	水道法	B	難	③	P 262	19
23	設備系法令	消防法	B	難	③	P 278	27
24	建築・設備	防犯	A	普	③	P 122	33
25	標準管理規約	用法・管理	B	難	②	P 4	2

注　①…第1分冊　法令編上（民法他・区分所有法等）　②…第2分冊　法令編下（標準管理規約・適正化法）
　　③…第3分冊　管理実務・会計・設備系編

問	科目		重要度	難易度	掲載箇所		
					分冊	ページ数	番号
26	標準管理規約	用法・管理	A	易	②	P 6	3
27	標準管理規約	理事会	A	易	②	P 66	33
28	標準管理規約	役員	A	易	②	P 30	15
29	標準管理規約	総合	B	難	②	P 110	55
30	標準管理規約	役員	A	易	②	P 32	16
31	標準管理規約	総合	A	易	②	P 112	56
32	標準管理規約	団地型	C	難	②	P 82	41
33	管理実務	標準管理委託契約書	A	普	③	P 6	3
34	会計	仕訳	A	易	③	P 26	2
35	会計	総合	A	易	③	P 54	16
36	建築・設備	長期修繕計画	C	難	③	P 104	24
37	建築・設備	劣化・調査・診断	A	易	③	P 136	40
38	建築・設備	劣化・調査・診断	C	難	③	P 138	41
39	建築・設備	修繕工事・改修工事	B	難	③	P 156	50
40	建築・設備	その他	C	難	③	P 182	63
41	建築・設備	建築構造	C	難	③	P 60	2
42	建築・設備	その他	A	易	③	P 184	64
43	建築・設備	給水	A	易	③	P 76	10
44	建築・設備	排水・通気・浄化槽	A	難	③	P 86	15
45	建築・設備	総合	A	易	③	P 206	75
46	適正化法	基本方針	B	普	②	P 194	27
47	適正化法	マンション管理業者	A	易	②	P 172	16
48	適正化法	その他	A	易	②	P 206	33
49	適正化法	マンション管理士	A	易	②	P 150	5
50	適正化法	管理業務主任者	A	易	②	P 188	24

問	科目		重要度	難易度	掲載箇所		
					分冊	ページ数	番号
1	区分所有法等	規約	A	普	①	P 160	30
2	区分所有法等	管理者	A	易	①	P 136	18
3	区分所有法等	規約	A	易	①	P 162	31
4	区分所有法等	定義	A	易	①	P 102	1
5	区分所有法等	その他	A	普	①	P 226	63
6	区分所有法等	その他	A	易	①	P 228	64
7	区分所有法等	集会	A	易	①	P 174	37
8	区分所有法等	管理組合法人	A	普	①	P 152	26
9	区分所有法等	総合	B	難	①	P 238	69
10	区分所有法等	団地	A	普	①	P 206	53
11	区分所有法等	被災マンション法	C	普	①	P 280	90
12	民法・その他	総則	A	普	①	P 2	1
13	民法・その他	その他	A	易	①	P 64	32
14	民法・その他	その他	C	普	①	P 66	33
15	民法・その他	賃貸借	B	難	①	P 18	9
16	民法・その他	委任	A	難	①	P 32	16
17	民法・その他	相続	C	易	①	P 52	26
18	管理実務	不動産登記法	C	難	③	P 10	5
19	区分所有法等	マンション建替え円滑化法	B	易	①	P 264	82
20	設備系法令	都市計画法	A	易	③	P 228	2
21	設備系法令	建築基準法	A	難	③	P 244	10
22	設備系法令	水道法	B	普	③	P 260	18
23	設備系法令	消防法	A	普	③	P 276	26
24	建築・設備	防犯	A	易	③	P 120	32
25	標準管理規約	費用の負担	A	普	②	P 16	8

注　①…第1分冊　法令編🈢（民法他・区分所有法等）　②…第2分冊　法令編🈭（標準管理規約・適正化法）
　　③…第3分冊　管理実務・会計・設備系編

問	科目		重要度	難易度	掲載箇所		
					分冊	ページ数	番号
26	標準管理規約	役員	B	難	②	P 28	14
27	標準管理規約	総合	A	普	②	P 108	54
28	標準管理規約	総会	A	普	②	P 40	20
29	標準管理規約	理事会	A	普	②	P 64	32
30	標準管理規約	会計	A	普	②	P 78	39
31	標準管理規約	団地型	B	易	②	P 80	40
32	標準管理規約	複合用途型	B	易	②	P 94	47
33	管理実務	標準管理委託契約書	B	易	③	P 4	2
34	会計	計算書類	A	普	③	P 36	7
35	会計	税務	B	易	③	P 48	13
36	建築・設備	その他	B	普	③	P 176	60
37	建築・設備	劣化・調査・診断	A	普	③	P 134	39
38	建築・設備	長期修繕計画	A	易	③	P 102	23
39	建築・設備	修繕工事・改修工事	B	普	③	P 154	49
40	建築・設備	総合	A	普	③	P 204	74
41	建築・設備	その他	C	難	③	P 178	61
42	建築・設備	建築材料	C	難	③	P 66	5
43	建築・設備	給水	A	易	③	P 74	9
44	建築・設備	排水・通気・浄化槽	A	普	③	P 84	14
45	建築・設備	その他	C	難	③	P 180	62
46	適正化法	マンション管理業者	A	普	②	P 168	14
47	適正化法	マンション管理業者	A	易	②	P 170	15
48	適正化法	マンション管理士	A	普	②	P 148	4
49	適正化法	基本方針	A	易	②	P 192	26
50	適正化法	定義	A	易	②	P 142	1

問	科目		重要度	難易度	掲載箇所		
					分冊	ページ数	番号
1	区分所有法等	その他	B	難	①	P 220	60
2	区分所有法等	その他	B	易	①	P 222	61
3	区分所有法等	その他	B	難	①	P 224	62
4	区分所有法等	管理者	A	易	①	P 134	17
5	区分所有法等	集会	A	易	①	P 170	35
6	区分所有法等	集会	A	普	①	P 172	36
7	区分所有法等	管理組合法人	A	易	①	P 150	25
8	区分所有法等	総合	A	普	①	P 236	68
9	区分所有法等	復旧・建替え	C	難	①	P 192	46
10	区分所有法等	団地	B	難	①	P 204	52
11	区分所有法等	被災マンション法	C	難	①	P 278	89
12	民法・その他	時効	A	易	①	P 36	18
13	民法・その他	賃貸借	A	易	①	P 16	8
14	民法・その他	債務不履行	A	易	①	P 42	21
15	民法・その他	総合	A	普	①	P 94	47
16	民法・その他	その他	A	普	①	P 62	31
17	民法・その他	相続	B	易	①	P 50	25
18	管理実務	不動産登記法	C	難	③	P 8	4
19	区分所有法等	マンション建替え円滑化法	C	難	①	P 262	81
20	設備系法令	都市計画法	B	難	③	P 226	1
21	設備系法令	建築基準法	A	?	③	P 242	9
22	設備系法令	水道法	A	普	③	P 258	17
23	設備系法令	消防法	A	普	③	P 274	25
24	建築・設備	防犯	A	易	③	P 118	31
25	標準管理規約	用法・管理	A	易	②	P 2	1

注　①…第1分冊　法令編上（民法他・区分所有法等）　②…第2分冊　法令編下（標準管理規約・適正化法）
　　③…第3分冊　管理実務・会計・設備系編

問	科目		重要度	難易度	掲載箇所		
					分冊	ページ数	番号
26	標準管理規約	役員	B	難	②	P 24	12
27	標準管理規約	役員	A	易	②	P 26	13
28	標準管理規約	総会	B	難	②	P 38	19
29	標準管理規約	理事会	A	易	②	P 60	30
30	標準管理規約	総合	A	普	②	P 104	52
31	標準管理規約	総合	A	普	②	P 106	53
32	管理実務	標準管理委託契約書	B	難	③	P 2	1
33	標準管理規約	理事会	A	普	②	P 62	31
34	会計	仕訳	A	易	③	P 24	1
35	会計	計算書類	A	易	③	P 34	6
36	建築・設備	劣化・調査・診断	A	難	③	P 132	38
37	設備系法令	その他	C	難	③	P 294	35
38	建築・設備	修繕工事・改修工事	B	易	③	P 152	48
39	建築・設備	長期修繕計画	A	普	③	P 100	22
40	建築・設備	建築構造	A	易	③	P 58	1
41	建築・設備	その他	B	易	③	P 174	59
42	設備系法令	その他	C	難	③	P 296	36
43	建築・設備	給水	A	普	③	P 72	8
44	建築・設備	総合	B	普	③	P 200	72
45	建築・設備	総合	B	難	③	P 202	73
46	適正化法	基本方針	A	難	②	P 190	25
47	適正化法	マンション管理士	A	普	②	P 146	3
48	適正化法	マンション管理業者	A	普	②	P 164	12
49	適正化法	その他	C	普	②	P 204	32
50	適正化法	マンション管理業者	A	易	②	P 166	13

● 書籍購入者特典のご案内 ●

　「2025年版 出る順マンション管理士 分野別過去問題集」をお買い上げいただきましてありがとうございました。

　WEBアンケートにお答えいただいた方に、「2025 マン管 分野別過去問題集プラス2」を発送いたします。

「2025 マン管 分野別過去問題集プラス2」をプレゼント!
2015・2016年度の2年分の分野別過去問題集!

（特典発送：2025年6月上旬より順次発送予定、WEBアンケート回答期限：2025年11月18日(火)まで）

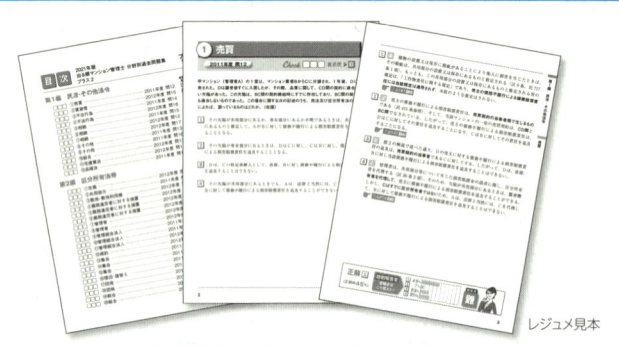

レジュメ見本

申込方法　パソコン・スマートフォンからお申し込みください。

アクセスはこちらから

二次元コードが読み込めない方はこちら↓
lec.jp/mankan/book/kakomon2025/

2025年度合格目標 答練・模試のご案内

基礎固め、実力チェック、総仕上げに！

答練・模試の解説には、本書籍『分野別過去問題集』同様、解説各肢に『合格テキスト』の参考ページを掲載しております。効果的に使って、知識の定着が図れます。

チャレンジ答練	全国公開模擬試験第1回	全国公開模擬試験第2回
[全1回] 7〜8月	[全1回] 9月〜10月	[全1回] 10月
答練（四肢択一×50問）/2時間　解説/1時間	答練（四肢択一×50問）/2時間　解説/1時間	模試（四肢択一×50問）/2時間　解説/1時間
LEC本試験リサーチで蓄積したデータから、試験では絶対に落とせない難易度「易」を中心としたオリジナル問題を出題！ 　成績処理サービスで現在の学習進捗レベルを確認しましょう。	チャレンジ答練からレベルアップ！他受験者と差がつく難易度「普」「難」を中心としたオリジナル問題を出題！ 　成績処理サービスで現在の本試験実戦レベルを確認しましょう。 　全国のLEC本校にて会場受験できます（一部除く）。	本試験直前期の模試受験により、残りの期間でどの知識を強化すべきか分析するのは大変重要です。 　個人成績表・総合成績表を活用して本試験対策の完成度を最終確認！ 　全国のLEC本校にて会場受験できます（一部除く）。

LEC2025年コース・講座の詳細は　｜ LEC　マン管　管業 ｜　検索

2025年版 出る順マンション管理士 分野別過去問題集

2014年4月10日　第1版　第1刷発行
2025年4月25日　第12版　第1刷発行

編著者●株式会社　東京リーガルマインド
　　　　LEC総合研究所　マンション管理士・管理業務主任者試験部

発行所●株式会社　東京リーガルマインド
　　　　〒164-0001　東京都中野区中野4-11-10
　　　　アーバンネット中野ビル
　　　　LECコールセンター　📞 0570-064-464
　　　　受付時間　平日9：30〜19：30/土・日・祝10：00〜18：00
　　　　※このナビダイヤルは通話料お客様ご負担となります。
　　　　書店様専用受注センター　TEL 048-999-7581 / FAX 048-999-7591
　　　　受付時間　平日9：00〜17：00/土・日・祝休み
　　　　www.lec-jp.com/

本文デザイン・イラスト●アップライン株式会社
印刷・製本●三美印刷株式会社

2025年合格目標　マンション管理士・

コース申込者全員特典

入門講座
全2回

マン管・管業共通
■全範囲

合格講座
全28回
マン管・管業共通

民法・その他法令 8回	区分所有法等 6回	標準管理規約 3回	適正化法 2回	実務・会計 3回	建築・設備系 6回

試験に必要な知識を基礎からしっかりと効率的に学べます。インプットした知識は、適時にサブテキスト「一問一答集」で確認し、正確な知識として定着を図ります。（デジタル学習アプリ付き）

マンション管理士・管理業務主任者　W合格のためのフルコース！

本コースは、知識ゼロから始めて無理なくマンション管理士・管理業務主任者の合格を目指すためのコースとなります。

本コースでは、「合格講座」でじっくりと知識をインプットし、適時にサブテキスト「一問一答集」（デジタル学習アプリ付き）で知識の確認・定着を図ります。学習開始時期に本試験形式での四肢択一に取り掛かっても効果は上がりません。この時期、「正解すること」よりも「着実に知識を身に付けること」に注力して、知識を定着させましょう。

その後に「過去問スタンダード演習講座」「チャレンジ答練」で、必須となる知識の習得・確認をします。さらに「実戦演習総まとめ講座」で知識の確認・整理を行い、問題を解くための力を養成します。

試験直前期には、「全国公開模擬試験」を受験していただきます。模擬試験の結果を通して、何を勉強すべきか確認することで、本試験までの限られた残り時間を有効に使うことが出来ます。

最後に、超直前期の「試験直前重要ポイント整理講座」を受講して、知識の最終確認とともに総仕上げを行いましょう。

LECのコースは、知識の理解、定着、演習、仕上げという工程が全て含まれています。無理・無駄のない合格へ向けて、"今"学習を開始しましょう！

※　通学クラスには、通学専用講座が2つ加わります。

お得な割引制度！

 **早期申込割引**
3月末まで
5%OFF
対象者：期間中にお申し込みの方
対象コース：マン管・管業 W合格コース通信／マン管・管業 W合格コース通学

※4/1（火）以降は一般価格（税込）での販売となります。

＋

宅建・マン管・管業賃貸管理士受験者割引
20%OFF
対象者：宅地建物取引士、マンション管理士、管理業務主任者、賃貸不動産経営管理士試験の受験者・合格者の方
対象コース：各種合格コース／マン管上級コース

or

LEC受講生割引
25%OFF
対象者：過去の累積支払い額が50,000円（税込）以上の場合（但し書籍代は除く）
対象コース：各種合格コース／マン管上級コース

管理業務主任者 W合格コース

6〜9月	過去問学習⇒知識の正確化・弱点補強	10〜11月	予行演習⇒総まとめ	11・12月

過去問スタンダード演習講座
全14回
マン管7回・管業7回

厳選した過去問を解いて必須知識を確実にします。

チャレンジ答練
全2回
マン管1回・管業1回

本試験で正解率の高い論点を中心に出題し、基礎力を確認します。

実戦演習総まとめ講座
全8回
マン管・管業共通6回＋マン管・管業重点分野各1回

オリジナル問題を通して解答力・実戦力を高めます。

全国公開模擬試験 第1回
全2回　マン管1回・管業1回
受験方法は会場か自宅か選択可能

合否をわけた論点を中心に出題し、解答力を養います。

全国公開模擬試験 第2回
全2回
マン管1回・管業1回
受験方法は会場か自宅か選択可能

本試験対策の完成度を最終確認・総仕上げにお役立てください。

試験直前重要ポイント整理講座
全2回
マン管・管業共通

問題・ポイント・図表で知識の整理・総まとめができます。

管理業務主任者・マンション管理士 本試験

2026年1月合格

こんな方におすすめ

法律に触れたことがなく不安

一からマン管・管業の学習を始める

W受験のためのフルコース！

1 マン管・管業の相互学習がW合格を引き寄せる！ 一気にW合格を狙う方へおすすめコース！

2 直前期の知識は効率重視！ マン管・管業を一緒に学習する！

---

①2025マンション管理士・管理業務主任者 W合格コース通信（全58回） 通信

【受講料】（税込）合格テキスト・分野別過去問題集付き

受講形態	一般価格（税込）	講座コード
通信（Ｗｅｂ動画＋スマホ＋音声ＤＬ）	115,500円	VB25702（模試会場） VB25701（模試自宅）
通信（ＤＶＤ）	143,000円	VB25704（模試会場） VB25703（模試自宅）
提携校通学（Ｗｅｂ動画＋スマホ＋音声ＤＬ）	132,000円	VB25701（模試自宅）
提携校通学（ＤＶＤ）	159,500円	VB25703（模試自宅）

②2025マンション管理士・管理業務主任者 W合格コース通学（全54回・通信全58回フォロー付） 通学

【受講料】（税込）合格テキスト・分野別過去問題集付き

受講形態		一般価格（税込）	講座コード
通学クラス（生講義） 渋谷駅前本校 梅田駅前本校	通学 (Web動画＋スマホ＋音声ＤＬ) フォロー付き	137,500円	VA25745（模試会場）
	通学 （ＤＶＤ）フォロー付き	165,000円	VA25746（模試会場）

講座詳細・お得な割引・お申込は　　LEC　マン管　管業　　検索

2025 マン管合格コース 管業合格コース

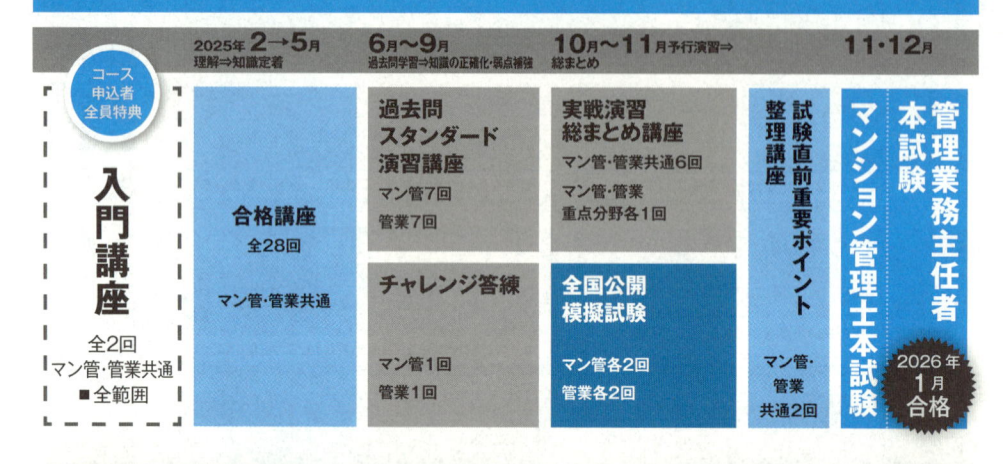

	2025年 2→5月 理解⇒知識定着	6月〜9月 過去問学習⇒知識の正確化・弱点補強	10月〜11月予行演習⇒ 総まとめ	11・12月
入門講座 全2回 マン管・管業共通 ■全範囲 _{コース申込者全員特典}	**合格講座** 全28回 マン管・管業共通	**過去問スタンダード演習講座** マン管7回 管業7回 **チャレンジ答練** マン管1回 管業1回	**実戦演習総まとめ講座** マン管・管業共通6回 マン管・管業重点分野各1回 **全国公開模擬試験** マン管各2回 管業各2回	**試験直前重要ポイント整理講座** マン管・管業共通2回 **マンション管理士本試験** **管理業務主任者本試験** 2026年1月合格

マンション管理士、管理業務主任者 専願合格のためのフルコース！

本コースは、知識ゼロから始めて無理なくマンション管理士試験または管理業務主任者試験の専願合格を目指すためのコースです。

「合格講座」でじっくりとインプットし、適時に「一問一答集」（デジタル学習アプリ付き）で知識の確認、定着を図ります。その後に「過去問スタンダード演習講座」「チャレンジ答練」で必須となる知識の習得・確認をします。さらに「実戦演習総まとめ講座」で知識の確認・整理を行います。試験直前期には、「全国公開模擬試験」「試験直前重要ポイント整理講座」で知識の最終確認とともに総仕上げをしましょう！

※　通学クラスには、通学専用講座が2つ加わります。

2025 マン管合格コース（全47回） 管業合格コース（全47回）

【受講料】（税込）合格テキスト・分野別過去問付き

受講形態		マンション管理士		管理業務主任者	
		一般価格（税込）	講座コード	一般価格（税込）	講座コード
通信	通信 （Web動画＋スマホ＋音声ＤＬ）	99,000円	VB25710 （模試会場）	99,000円	VB25706 （模試会場）
			VB25709 （模試自宅）		VB25705 （模試自宅）
	通信（ＤＶＤ）	121,000円	VB25712 （模試会場）	121,000円	VB25708 （模試会場）
			VB25711 （模試自宅）		VB25707 （模試自宅）
	提携校通学（Web動画＋スマホ＋音声ＤＬ）	110,000円	VB25709 （模試自宅）	110,000円	VB25705 （模試自宅）
	提携校通学（ＤＶＤ）	132,000円	VB25711 （模試自宅）	132,000円	VB25707 （模試自宅）
通学クラス （生講義） 渋谷駅前本校 梅田駅前本校	通学 （Web動画＋スマホ＋音声ＤＬ） フォロー付き	115,500円	VA25747 （模試会場）	115,500円	VA25749 （模試会場）
	通学 （ＤＶＤ）フォロー付き	137,500円	VA25748 （模試会場）	137,500円	VA25750 （模試会場）

2025マンション管理士上級コース

2025年 3→6月 最重要科目⇒知識のブラッシュアップ	7月〜9月 過去問学習⇒実戦力・解答力養成	10月〜11月 予行演習⇒総仕上げ	11月

上級コース合格ナビ講義
全1回
マン管
■全範囲

インプット系

区分所有法条文ローラー講座
全6回
マン管・管業共通
■区分所有法

標準規約・区分法対照解説講座
全3回
マン管・管業共通
■区分法・規約

演習・直前対策

過去問パーフェクト演習講座
マン管5回

実戦演習総まとめ講座
マン管・管業共通6回
＋
マン管重点分野1回

答練・模試

チャレンジ答練
マン管1回

全国公開模擬試験
マン管全2回

直前対策

試験直前重要ポイント整理講座
マン管・管業共通2回

設備系科目直前3点アップ講座
マン管・管業共通2回

マンション管理士本試験
2026年1月合格

選択と集中でこれまでの試験対策を変える！

本コースは、マンション管理士試験の学習経験という知識のアドバンテージを活かし、インプット・アウトプットともに選択と集中を効かせた講座構成で"合格"を目指すコースです。

まず始めに「上級コース合格ナビ講義」で近時のマン管試験の傾向とその具体的な対策、さらにスケジューリング等について丁寧に解説していきます。

インプットは、マン管試験の本丸である区分所有法・標準管理規約を集中的に学習します。「区分所有法条文ローラー講座」「標準規約・区分法対照解説講座」では、区分所有法・標準管理規約それぞれの条文に沿った逐条形式での講義により、ひとつひとつ、知識を整理・整頓し、この分野で高得点を狙えるよう土台をしっかり固めます。

続く「過去問パーフェクト演習講座」では、合否の分かれ目となった問題を中心に演習し、さらに「実戦演習総まとめ講座」で、問題を解く力を養成します。

「チャレンジ答練」「全国公開模擬試験」では、"十分な合格圏内の得点"が目標です。

直前期の「設備系科目直前3点アップ講座」と「試験直前重要ポイント整理講座」で知識の総点検をして万全の態勢で本試験を迎えましょう。

LECのマン管上級コースは、知識のブラッシュアップから、アウトプット、総仕上げまで精選された講座構成になっています。"揺ぎない合格"へ向けて、"今"学習を開始しましょう！

2025マンション管理士上級コース（全29回） 通信

【受講料】（税込）合格テキスト・分野別過去問付き

受講形態	一般価格（税込）	講座コード
通信（Ｗｅｂ動画・スマホ・音声ＤＬ）	77,000円	VB25714（模試会場）
通信（Ｗｅｂ動画・スマホ・音声ＤＬ）	77,000円	VB25713（模試自宅）
通信（ＤＶＤ）	93,500円	VB25716（模試会場）
通信（ＤＶＤ）	93,500円	VB25715（模試自宅）
提携校通学（Ｗｅｂ動画+スマホ+音声ＤＬ）	88,000円	VB25713（模試自宅）
提携校通学（ＤＶＤ）	104,500円	VB25715（模試自宅）

大好評の3分冊セパレート式（3in1）!
講座使用テキスト

出る順 合格テキスト

見やすいから解りやすい! 超効率的テキスト!

基礎から応用までしっかり解説し、圧倒的な情報量を豊富な図表と学習ポイントの掲載など、様々な工夫により正確な知識を体系的に理解できるよう、ノウハウを注ぎ込んでいます。

3分冊セパレート式なので携帯しやすい!
1冊の中が3つに分かれています。
「分野別過去問題集」内の同じ分野の持ち歩きが可能になって、イン⇔アウトがさらに効率的に!

※画像は制作中のイメージです。

3分冊セパレート式（3in1）
①法令編（上）②法令編（下）③管理実務・会計・設備系編
4,180円（税込）

工夫が満載、ここが便利!

2025年版 出る順マンション管理士・管理業務主任者 合格テキスト（3分冊セパレート式）

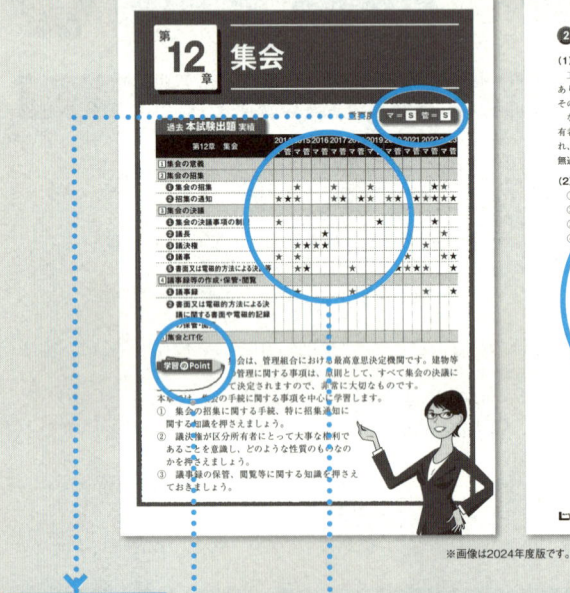

※画像は2024年度版です。

重要度を掲載
それぞれ試験別に、重要度を「S,A,B,C」の4段階にて示しています。

学習ポイントを掲載
学習する単元で、何を理解し、何を学ぶべきかが分かります。やみくもに学習するのではなく、ポイントが理解できるように学習しましょう。

出題頻度表を掲載
過去にいつ、どの項目が出題されたかが一目瞭然です。項目別に掲載していますので、出題頻度が高い分野を重点的に学習することができます。

図や表で分かりやすく説明
分かりにくい定義や条文の解説など、図や表を使って分かりやすく説明しています。学習が苦手な方でも理解しやすい教材を心がけています。

過去問出題年度を掲載
過去の本試験問題番号が示されています。解説本文を学習した直後に過去問を検討することで「使える知識」として身につけることができます。

出る順 分野別過去問題集

過去問分析なくして合格なし！

合計１０年分（※）・５００問の過去問を網羅。過去問の分析に有用なデータ（「肢別解答率」「合格テキスト参考ページ」「難易度」）が満載！試験対策の決定版です。

※10年分のうち、2015年度、2016年度分は、Webアンケートの特典となります。
※デジタル学習アプリ付き。

2025年版 出る順マンション管理士　分野別過去問題集
2025年版 出る順管理業務主任者　分野別過去問題集

３分冊セパレート式（３in1）

①法令編（上）②法令編（下）③管理実務・会計・設備系編
マンション管理士　2,750円（税込）
管理業務主任者　2,750円（税込）

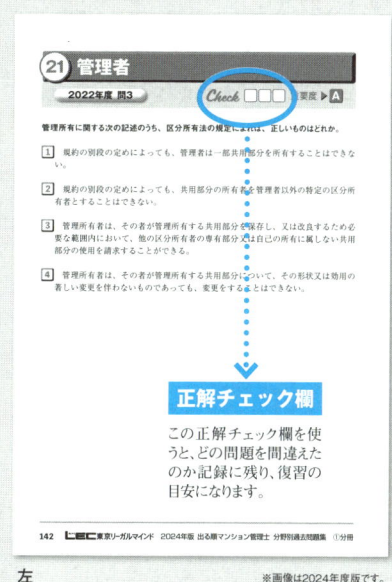

正解チェック欄

この正解チェック欄を使うと、どの問題を間違えたのか記録に残り、復習の目安になります。

左　　※画像は2024年度版です。　右

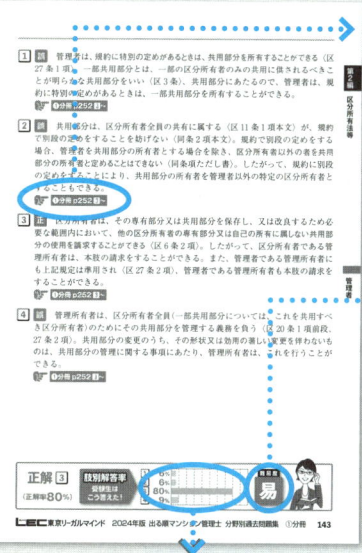

合格テキストの参考ページ

問の解説で正誤のポイントを確認したら、関連知識を固めるためにテキストで復習しましょう。
LECの過去問題集はテキストの参考ページが一目でわかります。
復習の際に該当箇所を都度探す手間が省けます。

難易度

難【正解率50%未満】
４～５問に1問の割合で正解できれば良い問題です。
普【正解率50%以上70%未満】
合否の分かれ目となる正解したい問題です。
易【正解率70%以上】
必ず正解しなければならない問題です。

肢別解答率

受験生が間違えやすい肢が一目でわかります。本試験後の解答オンラインリサーチで集計したLEC独自のデータですので受験生の解答状況をリアルに反映させています。

出る順一問一答集

知識の確実な定着を図るために、過去の本試験問題からピックアップした重要な肢とオリジナル問題を体系に沿って一問一答の形式でまとめました。

①法令編（上）②法令編（下）
③管理実務・会計・設備系編

※「合格講座」、「一問一答解きまくり講座」で使用するオリジナル問題集です。
「一問一答集」の一般販売はしておりません。
※デジタル学習アプリ付き。

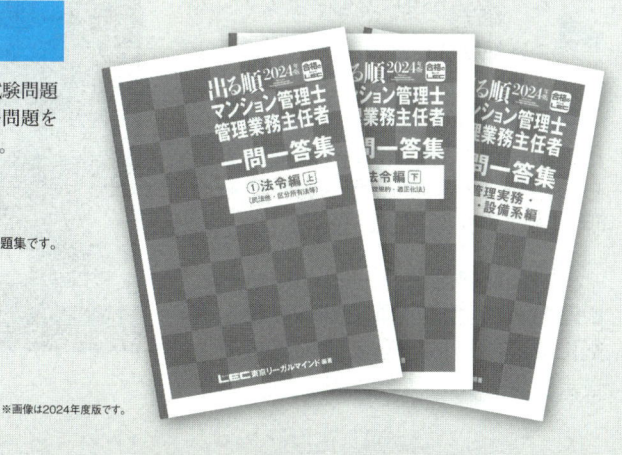

※画像は2024年度版です。

LEC (れっく) Webサイト ▷▷▷ **www.lec-jp.com/**

情報盛りだくさん！

 資格を選ぶときも，
講座を選ぶときも，
最新情報でサポートします！

≫ 最新情報
各試験の試験日程や法改正情報，対策講座，模擬試験の最新情報を日々更新しています。

≫ 資料請求
講座案内など無料でお届けいたします。

≫ 受講・受験相談
メールでのご質問を随時受付けております。

≫ よくある質問
LECのシステムから，資格試験についてまで，よくある質問をまとめました。疑問を今すぐ解決したいなら，まずチェック！

≫ 書籍・問題集（LEC書籍部）
LECが出版している書籍・問題集・レジュメをこちらで紹介しています。

 充実の動画コンテンツ！

ガイダンスや講演会動画，
講義の無料試聴まで
Webで今すぐCheck！

≫ 動画視聴OK
パンフレットやWebサイトを見てもわかりづらいところを動画で説明。いつでもすぐに問題解決！

≫ Web無料試聴
講座の第1回目を動画で無料試聴！気になる講義内容をすぐに確認できます。

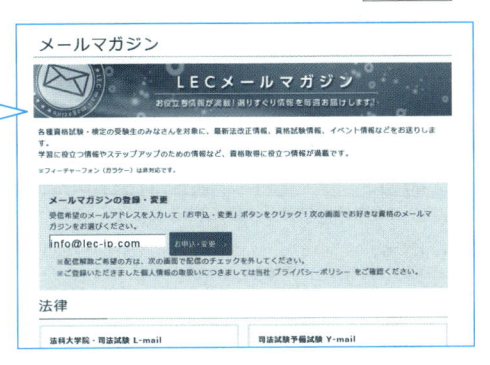
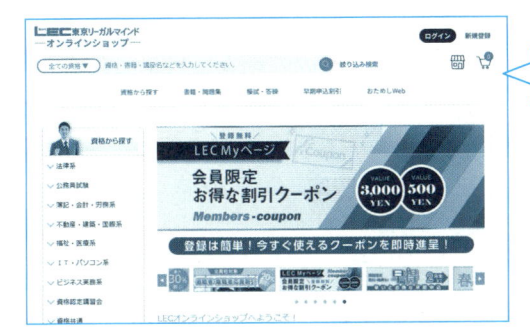

LEC 全国学校案内

LEC本校

■ 北海道・東北

札 幌本校　☎011(210)5002
〒060-0004 北海道札幌市中央区北4条西5-1　アスティ45ビル

仙 台本校　☎022(380)7001
〒980-0022 宮城県仙台市青葉区五橋1-1-10　第二河北ビル

■ 関東

渋谷駅前本校　☎03(3464)5001
〒150-0043 東京都渋谷区道玄坂2-6-17　渋東シネタワー

池 袋本校　☎03(3984)5001
〒171-0022 東京都豊島区南池袋1-25-11　第15野萩ビル

水道橋本校　☎03(3265)5001
〒101-0061 東京都千代田区神田三崎町2-2-15　Daiwa三崎町ビル

新宿エルタワー本校　☎03(5325)6001
〒163-1518 東京都新宿区西新宿1-6-1　新宿エルタワー

早稲田本校　☎03(5155)5501
〒162-0045 東京都新宿区馬場下町62　三朝庵ビル

中 野本校　☎03(5913)6005
〒164-0001 東京都中野区中野4-11-10　アーバンネット中野ビル

立 川本校　☎042(524)5001
〒190-0012 東京都立川市曙町1-14-13　立川MKビル

町 田本校　☎042(709)0581
〒194-0013 東京都町田市原町田4-5-8　MIキューブ町田イースト

横 浜本校　☎045(311)5001
〒220-0004 神奈川県横浜市西区北幸2-4-3　北幸GM21ビル

千 葉本校　☎043(222)5009
〒260-0015 千葉県千葉市中央区富士見2-3-1　塚本大千葉ビル

大 宮本校　☎048(740)5501
〒330-0802 埼玉県さいたま市大宮区宮町1-24　大宮GSビル

■ 東海

名古屋駅前本校　☎052(586)5001
〒450-0002 愛知県名古屋市中村区名駅4-6-23　第三堀内ビル

静 岡本校　☎054(255)5001
〒420-0857 静岡県静岡市葵区御幸町3-21　ペガサート

■ 北陸

富 山本校　☎076(443)5810
〒930-0002 富山県富山市新富町2-4-25　カーニープレイス富山

■ 関西

梅田駅前本校　☎06(6374)5001
〒530-0013 大阪府大阪市北区茶屋町1-27　ABC-MART梅田ビル

難波駅前本校　☎06(6646)6911
〒556-0017 大阪府大阪市浪速区湊町1-4-1
大阪シティエアターミナルビル

京都駅前本校　☎075(353)9531
〒600-8216 京都府京都市下京区東洞院通七条下ル2丁目
東塩小路町680-2　木村食品ビル

四条烏丸本校　☎075(353)2531
〒600-8413　京都府京都市下京区烏丸通仏光寺下ル
大政所町680-1　第八長谷ビル

神 戸本校　☎078(325)0511
〒650-0021 兵庫県神戸市中央区三宮町1-1-2　三宮セントラルビル

■ 中国・四国

岡 山本校　☎086(227)5001
〒700-0901 岡山県岡山市北区本町10-22　本町ビル

広 島本校　☎082(511)7001
〒730-0011 広島県広島市中区基町11-13　合人社広島紙屋町アネクス

山 口本校　☎083(921)8911
〒753-0814 山口県山口市吉敷下東 3-4-7　リアライズⅢ

高 松本校　☎087(851)3411
〒760-0023 香川県高松市寿町2-4-20　高松センタービル

松 山本校　☎089(961)1333
〒790-0003 愛媛県松山市三番町7-13-13　ミツネビルディング

■ 九州・沖縄

福 岡本校　☎092(715)5001
〒810-0001 福岡県福岡市中央区天神4-4-11
天神ショッパーズ福岡

那 覇本校　☎098(867)5001
〒902-0067 沖縄県那覇市安里2-9-10　丸姫産業第2ビル

■ EYE関西

EYE 大阪本校　☎06(7222)3655
〒530-0013　大阪府大阪市北区茶屋町1-27　ABC-MART梅田ビル

EYE 京都本校　☎075(353)2531
〒600-8413　京都府京都市下京区烏丸通仏光寺下ル
大政所町680-1　第八長谷ビル

LEC提携校

*提携校はLECとは別の経営母体が運営をしております。
*提携校は実施講座およびサービスにおいてLECと異なる部分がございます。

■ 北海道・東北

八戸中央校 【提携校】　☎0178(47)5011
〒031-0035　青森県八戸市寺横町13　第1朋友ビル
新教育センター内

弘前校 【提携校】　☎0172(55)8831
〒036-8093　青森県弘前市城東中央1-5-2
まなびの森　弘前城東予備校内

秋田校 【提携校】　☎018(863)9341
〒010-0964　秋田県秋田市八橋鯲沼町1-60
株式会社アキタシステムマネジメント内

■ 関東

水戸校 【提携校】　☎029(297)6611
〒310-0912　茨城県水戸市見川2-3079-5

所沢校 【提携校】　☎050(6865)6996
〒359-0037　埼玉県所沢市くすのき台3-18-4　所沢K・Sビル
合同会社LPエデュケーション内

日本橋校 【提携校】　☎03(6661)1188
〒103-0025　東京都中央区日本橋茅場町2-5-6　日本橋大江戸ビル
株式会社大江戸コンサルタント内

■ 北陸

新潟校 【提携校】　☎025(240)7781
〒950-0901　新潟県新潟市中央区弁天3-2-20　弁天501ビル
株式会社大江戸コンサルタント内

金沢校 【提携校】　☎076(237)3925
〒920-8217　石川県金沢市近岡町845-1
株式会社アイ・アイ・ピー金沢内

福井南校 【提携校】　☎0776(35)8230
〒918-8114　福井県福井市羽水2-701
株式会社ヒューマン・デザイン内

■ 中国・四国

松江殿町校 【提携校】　☎0852(31)1661
〒690-0887　島根県松江市殿町517　アルファステイツ殿町
山路イングリッシュスクール内

岩国駅前校 【提携校】　☎0827(23)7424
〒740-0018　山口県岩国市麻里布町1-3-3　岡村ビル　英光学院内

新居浜駅前校 【提携校】　☎0897(32)5356
〒792-0812　愛媛県新居浜市坂井町2-3-8
パルティフジ新居浜駅前店内

■ 九州・沖縄

佐世保駅前校 【提携校】　☎0956(22)8623
〒857-0862　長崎県佐世保市白南風町5-15　智翔館内

日野校 【提携校】　☎0956(48)2239
〒858-0925　長崎県佐世保市椎木町336-1　智翔館日野校内

長崎駅前校 【提携校】　☎095(895)5917
〒850-0057　長崎県長崎市大黒町10-10　KoKoRoビル
minatoコワーキングスペース内

高原校 【提携校】　☎098(989)8009
〒904-2163　沖縄県沖縄市大里2-24-1
有限会社スキップヒューマンワーク内

※上記は2025年2月1日現在のものです。

書籍の訂正情報について

このたびは，弊社発行書籍をご購入いただき，誠にありがとうございます。
万が一誤りの箇所がございましたら，以下の方法にてご確認ください。

1 訂正情報の確認方法

書籍発行後に判明した訂正情報を順次掲載しております。
下記Webサイトよりご確認ください。

www.lec-jp.com/system/correct/

2 ご連絡方法

上記Webサイトに訂正情報の掲載がない場合は，下記Webサイトの
入力フォームよりご連絡ください。

lec.jp/system/soudan/web.html

フォームのご入力にあたりましては，「Web教材・サービスのご利用について」の
最下部の「ご質問内容」に下記事項をご記載ください。

> ・対象書籍名（○○年版，第○版の記載がある書籍は併せてご記載ください）
> ・ご指摘箇所（具体的にページ数と内容の記載をお願いいたします）

ご連絡期限は，次の改訂版の発行日までとさせていただきます。
また，改訂版を発行しない書籍は，販売終了日までとさせていただきます。

※上記「2 ご連絡方法」のフォームをご利用になれない場合は，①書籍名，②発行年月日，③ご指摘箇所，を記載の上，郵送
にて下記送付先にご送付ください。確認した上で，内容理解の妨げとなる誤りについては，訂正情報として掲載させてい
ただきます。なお，郵送でご連絡いただいた場合は個別に返信しておりません。

送付先：〒164-0001 東京都中野区中野4-11-10 アーバンネット中野ビル
株式会社東京リーガルマインド 出版部 訂正情報係

> ・誤りの箇所のご連絡以外の書籍の内容に関する質問は受け付けておりません。
> また，書籍の内容に関する解説，受験指導等は一切行っておりませんので，あらかじめ
> ご了承ください。
> ・お電話でのお問合せは受け付けておりません。

講座・資料のお問合せ・お申込み

LECコールセンター 📞 0570-064-464

受付時間：平日9：30～19：30／土・日・祝10：00～18：00

※このナビダイヤルの通話料はお客様のご負担となります。
※このナビダイヤルは講座のお申込みや資料のご請求に関するお問合せ専用ですので，書籍の正誤に関
するご質問をいただいた場合，上記「2 ご連絡方法」のフォームをご案内させていただきます。

付録 分冊背表紙シール

使い方
① 破線（‥‥‥）を切り取る
② 実線（──）を山折りに
③ 各分冊の背表紙に貼る

便利！

2025 出る順 マンション管理士 分野別過去問題集 ③ 分冊 管理実務・会計・設備系編

2025 出る順 マンション管理士 分野別過去問題集 ② 分冊 法令編 下（標準管理規約・適正化法）

2025 出る順 マンション管理士 分野別過去問題集 ① 分冊 法令編 上（民法他・区分所有法等）

持ち運びに便利な「セパレート方式」

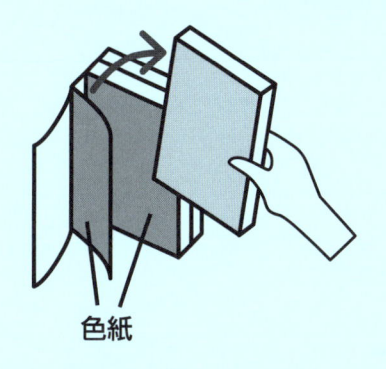

色紙

① この青色の厚紙を本体に残し、分冊冊子をつまんでください。
② 冊子をしっかりとつかんで手前に引っ張り、取り外してください。

※青色の厚紙と分冊冊子は、のりで接着されていますので、丁寧に分解・取り外してください。なお、分解・取り外しの際の破損等による返品・交換には応じられませんのでご注意ください。

使いやすさアップ！「分冊背表紙シール」

① 破線（----）を切り取る。
② 実線（—）を山折りに。
③ 分冊の背表紙に貼る。

持ち運びに便利！

出る順 マンション管理士

2025年版
Deru jun
Mansionkanrishi

合格の
れっく
LEC

分野別 過去問題集

① 分冊 **法令編** 上
（民法他・区分所有法等）

LEC東京リーガルマインド 編著

**2025年版
出る順マンション管理士 分野別過去問題集
法令編 [上] （民法他・区分所有法等）**

第①分冊

第1編　民法・その他法令

第2編　区分所有法等

第 1 編

民法・その他法令

年度別出題論点一覧

第1編　民法・その他法令	2015 H27	2016 H28	2017 H29	2018 H30	2019 R1	2020 R2	2021 R3	2022 R4	2023 R5	2024 R6
総則	1			1		1	1	1		
売買					1	1			1	
賃貸借		1	1	1	1	1	1	1		1
請負					1					
委任				1						1
時効			1				1		1	
債務不履行			1							
共有	1	1								1
不法行為		1				1				
相続	1	1	1	1	1	1		1		
その他	2	1	1	2	2	2	3	2	4	
総合		1	1					1		1
宅建業法										
品確法	1									
計	6	6	6	6	6	7	6	6	6	6

※表内の数字は出題問題数を指します。
※2015、2016年度は購入者特典の「分野別過去問題集プラス2」に掲載しています。

甲マンション 203 号室を所有している A は、高齢になり判断能力に不安を抱えていたところ、B との間で、B に高額の報酬を支払って同室の内装をリフォームしてもらう旨の請負契約（以下「本件請負契約」という。）を締結した。この場合に関する次の記述のうち、民法の規定及び判例によれば、誤っているものはどれか。

1　本件請負契約を締結した時に A に意思能力がなかった場合には、A は、意思能力を欠いていたことを理由として、本件請負契約の無効を主張することができる。

2　本件請負契約を締結した時に、A について後見開始の審判はなされていなかったが、A が精神上の障害により事理を弁識する能力を欠く常況にあった場合には、A は、行為能力の制限を理由として、本件請負契約を取り消すことができる。

3　B が、実際にはリフォームをする必要がないにもかかわらず、リフォームをしないと健康を害すると A をだまし、これにより A がリフォームをする必要があると誤信して本件請負契約を締結していた場合には、A は、B の詐欺を理由として、本件請負契約を取り消すことができる。

4　本件請負契約を締結する際に、B が、A の窮迫・軽率・無経験を利用して、相場よりも著しく高額な報酬の支払を A に約束させていた場合には、A は、公序良俗に違反することを理由として、本件請負契約の無効を主張することができる。

1 **正** 法律行為の当事者が意思表示をした時に**意思能力を有しなかったときは、その法律行為は、無効となる**〈民3条の2〉。Aは、請負契約締結時に意思能力を欠くので、これを理由に、本肢の請負契約の無効を主張することができる。
👉 ❶分冊 p24 **1**〜

2 **誤** **成年被後見人の法律行為は、取り消すことができる**〈民9条〉。ここで、成年被後見人とは、**後見開始の審判を受けた者**をいう〈民8条〉。Aは、後見開始の審判を受けておらず、本肢の請負契約締結時に、Aが成年被後見人であったとはいえない。したがって、Aは、行為能力の制限を理由に、本肢の請負契約を取り消すことはできない。
👉 ❶分冊 p24 **2**〜

3 **正** **詐欺又は強迫による意思表示は、取り消すことができる**〈民96条1項〉。Aは、Bにだまされ、リフォームする必要があると誤信して請負契約を締結しているから、Bの詐欺を理由に、本肢の請負契約を取り消すことができる。
👉 ❶分冊 p15 **2**〜

4 **正** **公の秩序又は善良の風俗に反する法律行為は、無効とする**〈公序良俗　民90条〉。**他人の窮迫、軽率又は無経験を利用し著しく過当な利益の獲得を目的とする法律行為**は、公序良俗に反する事項を目的とするものであり、無効となる〈大判昭和9.5.1〉。したがって、Aは、公序良俗に違反することを理由として、本肢の請負契約の無効を主張することができる。
👉 ❶分冊 p10 **1**〜

正解 2
（正解率63%）

肢別解答率
受験生はこう答えた！

1	15%
2	63%
3	5%
4	17%

難易度 普

Aは、甲マンションの1室を所有し、Aの子Bと同室に居住しているが、BがAから代理権を与えられていないにもかかわらず、Aの実印を押捺した委任状を作成し、Aの代理人と称して同室を第三者Cに売却する契約を締結し、登記も移転した。この場合に関する次の記述のうち、民法の規定及び判例によれば、正しいものはどれか。

1　Bが作成したAの委任状を真正なものとCが信じ、かつ信じたことに過失がないときには、当該売買契約は有効である。

2　当該売買契約締結後に、Aが死亡し、BがAを単独で相続した場合、売買契約は相続とともに当然有効となる。

3　Cが、マンションの同室をAC間の売買事情を知らないDに転売した場合、DがCの所有権登記を信じ、信じたことに過失もないときは、AはDに自らの権利を主張できない。

4　売買契約後にBに代理権がなかったことを知ったCが、Aに対し「7日以内に追認するかどうかを確答して欲しい」旨の催告をしたが、Aがその契約の内容を判断する能力があるにもかかわらず、その期間内に確答しなかったときは、その契約を追認したものとみなされる。

1 誤　代理権を有しない者が他人の代理人としてした契約は、本人がその追認をしなければ、**本人に対してその効力を生じない**〈民113条1項〉。Aが、Cに対し、Bに代理権を与えた旨を表示するなどした場合には、表見代理が成立する余地があるが、本肢の場合、そのような事情もないので、BC間の売買契約は、有効とはならない。

☞ ❶分冊 p31 **2**～

2 正　**無権代理人が本人を相続し本人と代理人との資格が同一人に帰するに至った場合**においては、**本人が自ら法律行為をしたのと同様な法律上の地位を生じたもの**と解する〈最判昭和40.6.18〉。したがって、BがAを単独で相続した場合、Bが自ら売買契約を締結したのと同様な法律上の地位を生じたものとなり、売買契約は相続とともに当然有効となる。

☞ ❶分冊 p31 **2**～

3 誤　**Cは、甲マンションの1室の所有権を取得していない**から、Dは、CD間の売買契約によっては、**所有権を取得することはできない**。したがって、Aは、Dに対し、甲マンションの1室の所有権を主張することができる。

☞ ❶分冊 p31 **2**～

4 誤　無権代理行為がされた場合において、相手方は、本人に対し、相当の期間を定めて、その期間内に追認をするかどうかを確答すべき旨の催告をすることができる〈民114条前段〉。この場合において、本人がその期間内に確答をしないときは、**追認を拒絶したものとみなす**〈同条後段〉。したがって、本肢の場合、Aは、追認を拒絶したものとみなされる。

☞ ❶分冊 p31 **2**～

正解 2
（正解率**39%**）

肢別解答率
受験生はこう答えた！

1	29%
2	39%
3	25%
4	7%

難易度 難

③ 総則

甲マンション203号室を所有するAは、Bとの間で、同室をBに売却する旨の契約（この問いにおいて「**本件売買契約**」という。）を結んだ。**本件売買契約の代金は同室の時価をかなり下回るものであった。** この場合に関する次の記述のうち、民法の規定によれば、正しいものはどれか。

1　AがBの詐欺によって本件売買契約をする意思表示をしていた場合であっても、Bの詐欺によって意思表示をしたことについてAに過失があったときは、Aは詐欺を理由として自己の意思表示を取り消すことができない。

2　Aが第三者Cの詐欺によって本件売買契約をする意思表示をしていた場合には、Bがその事実を知っていたか、知ることができたときに限り、Aは詐欺を理由として自己の意思表示を取り消すことができる。

3　AがBの強迫によって本件売買契約をする意思表示をしていた場合であっても、Bの強迫によって意思表示をしたことについてAに過失があったときは、Aは強迫を理由として自己の意思表示を取り消すことができない。

4　Aが第三者Dの強迫によって本件売買契約をする意思表示をしていた場合には、Bがその事実を知っていたか、知ることができたときに限り、Aは強迫を理由として自己の意思表示を取り消すことができる。

1 　**誤**　**詐欺又は強迫による意思表示**は、取り消すことができる〈民96条1項〉。Aは、Bの詐欺により意思表示をしているので、そのことにAに過失があったとしても、詐欺を理由として自己の意思表示を取り消すことができる。
☞ ❶分冊 p15 **2**〜

2 　**正**　相手方に対する意思表示について第三者が詐欺を行った場合においては、**相手方がその事実を知り、又は知ることができたときに限り**、その意思表示を取り消すことができる〈民96条2項〉。本肢の場合、AのBに対する意思表示についてCが詐欺を行っているから、Bがその事実を知り、又は知ることができたときに限り、Aは詐欺を理由として自己の意思表示を取り消すことができる。
☞ ❶分冊 p15 **2**〜

3 　**誤**　**詐欺又は強迫による意思表示**は、取り消すことができる〈民96条1項〉。Aは、Bの強迫により意思表示をしているので、そのことにAに過失があったとしても、強迫を理由として自己の意思表示を取り消すことができる。
☞ ❶分冊 p15 **2**〜

4 　**誤**　**詐欺又は強迫による意思表示**は、取り消すことができる〈民96条1項〉。Aは、Dの強迫により意思表示をしているので、本肢のような制限なく、これを理由として自己の意思表示を取り消すことができる。
☞ ❶分冊 p15 **2**〜

正解 2
（正解率**69%**）

肢別解答率
受験生はこう答えた！

1	24%	
2	69%	
3	2%	
4	5%	

難易度　**普**

Aは、Bとの間で、甲マンションの1室である202号室をBに売却する旨の売買契約を締結した。この場合に関する次の記述のうち、民法の規定によれば、誤っているものはどれか。

1 　Aは、本心では202号室を売却するつもりはなく売買契約を締結した場合において、Bがそのことを知り、又は知ることができたときは、売買契約は無効となる。

2 　Aは、本心では202号室を売却するつもりはなかったが、借入金の返済が滞り差押えを受ける可能性があったため、Bと相談のうえ、Bに売却したことにして売買契約を締結したときは、売買契約は無効となる。

3 　Bは、甲マンションの近くに駅が新設されると考えて202号室を購入したが、そのような事実がなかったときは、Bが駅の新設を理由に購入したことがAに表示されていなくても、Bは売買契約を取り消すことができる。

4 　Bは、知人のCによる詐欺により、202号室を購入することを決め、Aと売買契約を締結した場合において、BがCによる詐欺を理由に売買契約を締結したことをAが知らず、かつ、知ることもできなかったときは、Bは売買契約を取り消すことができない。

1 **正**　意思表示は、表意者がその真意ではないことを知ってしたときであっても、そのためにその効力を妨げられない〈民93条1項本文〉。もっとも、相手方がその意思表示が表意者の**真意ではないことを知り、又は知ることができたとき**は、その意思表示は、**無効**とする〈同条項ただし書〉。したがって、Aが本心では202号室を売却するつもりはなく、そのことをAが認識して売買契約を締結した場合において、Bがそのことを知り、又は知ることができたときは、売買契約は無効となる。

☞ **❶分冊 p15 2~**

2 **正**　**相手方と通じてした虚偽の意思表示は、無効**とする〈民94条1項〉。Aは、Bと相談のうえ、Bに売却したこととして売買契約を締結したので、売買契約は無効となる。

☞ **❶分冊 p15 2~**

3 **誤**　意思表示は、表意者が法律行為の基礎とした事情についてのその認識が真実に反する錯誤に基づくものであって、その錯誤が法律行為の目的及び取引上の社会通念に照らして重要なものであるときは、取り消すことができる〈民95条1項2号〉。この意思表示の取消しは、**その事情が法律行為の基礎とされていることが表示されていたときに限り**、することができる〈同条2項〉。Bは、駅の新設を理由に甲マンションの202号室を購入することとしたことをAに表示していないので、売買契約を取り消すことができない。

☞ **❶分冊 p15 2~**

4 **正**　詐欺又は強迫による意思表示は、取り消すことができる〈民96条1項〉。もっとも、相手方に対する意思表示について第三者が詐欺を行った場合においては、**相手方がその事実を知り、又は知ることができたときに限り**、その意思表示を取り消すことができる〈同条2項〉。Bは、Cの詐欺により、売買契約を締結しているが、BがCによる詐欺を理由に売買契約を締結したことをAが知らず、かつ、知ることもできなかったので、売買契約を取り消すことはできない。

☞ **❶分冊 p15 2~**

正解 3
（正解率**84%**）

肢別解答率
受験生はこう答えた！

肢	解答率
1	6%
2	4%
3	84%
4	6%

難易度 易

Aは、Bとの間で、甲マンション401号室を代金1,500万円でBに売却する旨の売買契約（この問いにおいて「本件契約」という。）を締結したが、同室はCの所有するものであった。この場合における次の記述のうち、民法の規定及び判例によれば、正しいものはどれか。（改題）

1 本件契約は、AがCから401号室の所有権を取得した時に、条件が成就して成立する。

2 Bは、本件契約の時に、401号室の所有権がAに属しないことを知っていた。この場合において、AがCから同室の所有権を取得してBに移転することができないときであっても、Bは、本件契約を解除することはできない。

3 Aは、本件契約の時に、401号室の所有権がCに属することを知っていたが、特にCと交渉をするなど必要な行為を怠っていた。この場合において、Aは、Cから同室の所有権を取得してBに移転することができないときは、Bに対して、損害を賠償しなければならない。

4 本件契約の締結後にAが死亡し、CがAを単独で相続した場合には、Cは、Bに対し、本件契約上の売主としての履行義務を拒むことができない。

1 誤　他人の権利を売買の目的としたときは、売主は、その権利を取得して買主に移転する義務を負う〈民561条〉。つまり、他人の権利を売買の目的としても、**売買契約は成立して**、売主は、上記の義務を負う。したがって、本件契約は、本件契約締結時に、成立する。
👉 **❶分冊 p44 ❸～**

2 誤　債務の全部の履行が不能であるときは、債権者は、履行の催告をすることなく、直ちに**契約の解除をすることができる**〈民542条1項1号〉。本肢の場合、Aは、Cから401号室の所有権を取得してBに移転することができなかったから、Bは、本件契約を解除することができる。
👉 **❶分冊 p44 ❸～**

3 正　債務者がその**債務の本旨に従った履行をしないとき**又は債務の履行が不能であるときは、債権者は、これによって生じた損害の賠償を請求することができる〈民415条1項〉。したがって、Aは、Bに対して、損害を賠償しなければならない。
👉 **❶分冊 p44 ❸～**

4 誤　**他人の権利の売主が死亡し、その権利者において売主を相続した場合**、権利者は、相続によって売主の義務ないし地位を承継しても、相続前と同様その権利の移転につき諾否の自由を保有し、信義則に反すると認められるような特別の事情のない限り、**売買契約上の売主としての履行義務を拒否することができる**〈最判昭和49.9.4〉。したがって、Cは、特別の事情がない限り、Bに対し、本件契約上の売主としての履行義務を拒むことができる。
👉 **❶分冊 p160 ❷～**

正解 ❸（正解率68%）

肢別解答率 受験生はこう答えた！

1	9%	
2	8%	
3	68%	
4	14%	

難易度 **普**

Aが、Bに対し、令和2年8月20日に中古マンションを売却し、Bが引渡しを受けた後に当該マンションの天井に雨漏りが発見された場合におけるAの責任に関する次の記述のうち、民法の規定によれば、正しいものはどれか。ただし、雨漏りにつきBの責めに帰すべき事由はなく、売買契約にAの責任についての特約はなかったものとする。

1　Bは、Aに対して、損害賠償請求をすることができ、また、契約の目的を達することができないときは契約解除をすることができるが、雨漏りの補修を請求することはできない。

2　Bが、Aに対して、雨漏りを発見した時から1年以内に損害額及びその根拠を示して損害賠償を請求しないときは、Bは損害賠償請求をすることができない。

3　Bが、Aに対して、相当の期間を定めて雨漏りを補修するよう催告をし、その期間内に補修がされない場合において、雨漏りの範囲や程度が売買契約及び取引上の社会通念に照らして軽微でないときは、Bは売買契約の解除をすることができる。

4　Bが、Aに対して、相当の期間を定めて雨漏りの補修の催告をし、その期間内に補修がされないときは、雨漏りについてAの責めに帰すべき事由がある場合に限り、Bは雨漏りの範囲や程度に応じて代金の減額を請求することができる。

1 **誤** 引き渡された目的物が種類、品質又は数量に関して契約の内容に適合しないものであるときは、買主は、売主に対し、**目的物の修補**、代替物の引渡し又は不足分の引渡しによる履行の追完を請求することができる〈民562条1項本文〉。したがって、Bは、Aに対し、雨漏りの補修も請求することができる。

☞ **❶分冊 p44 ❸〜**

2 **誤** 売主が種類又は品質に関して契約の内容に適合しない目的物を買主に引き渡した場合において、**買主がその不適合を知った時から1年以内にその旨を売主に通知しないとき**は、買主は、その不適合を理由として、履行の追完の請求、代金の減額の請求、損害賠償の請求及び契約の解除をすることができない〈民566条本文〉。したがって、Bは、雨漏りを発見した時から1年以内にその旨をAに通知すれば、損害賠償請求をすることができ、損害額及びその根拠を示して損害賠償を請求することまでは要しない。

☞ **❶分冊 p44 ❸〜**

3 **正** 売主が種類、品質又は数量に関して契約の内容に適合しない目的物を買主に引き渡した場合において、**相手方が相当の期間を定めてその履行の追完の催告をし、その期間内に履行の追完がないとき**は、相手方は、契約の解除をすることができる〈民564条、541条本文〉。もっとも、**その期間を経過した時における不適合がその契約及び取引上の社会通念に照らして軽微であるとき**は、この限りでない〈民564条、541条ただし書〉。したがって、本肢の場合、Bは、売買契約を解除することができる。

☞ **❶分冊 p107 ❹〜**

4 **誤** 引き渡された目的物が種類、品質又は数量に関して契約の内容に適合しないものである場合において、**買主が相当の期間を定めて履行の追完の催告をし、その期間内に履行の追完がないとき**は、買主は、その不適合の程度に応じて代金の減額を請求することができる〈民563条1項〉。要件として、**不適合が売主の責めに帰すべき事由によるものであることは求められていない**。したがって、本肢の場合、雨漏りについてAの責めに帰すべき事由がある場合に限らず、Bは、雨漏りの範囲や程度に応じて代金の減額を請求することができる。

☞ **❶分冊 p44 ❸〜**

正解 3
（正解率 **67%**）

肢別解答率 受験生はこう答えた！

1	3%
2	24%
3	67%
4	7%

難易度 普

Aが所有し、居住する甲マンションの101号室をBに3,000万円で売り渡す旨の契約を締結し、Bから手付金として300万円を受領した場合に関する次の記述のうち、民法の規定によれば、誤っているものはどれか。ただし、AB間の売買契約には、手付に関する特約はないものとする。

1 Aは、Bが履行の着手をする前に、Bに600万円を現実に提供すれば、Bがこれを受領しなくとも売買契約の解除をすることができる。

2 Bは、B自身が履行の着手をしても、Aが履行の着手をしなければ、手付金300万円を放棄して売買契約の解除をすることができる。

3 Aは、Bの債務不履行により売買契約を解除したときは、Bに手付金300万円を返還することなく、Bの債務不履行により生じた損害全額の賠償を請求することができる。

4 Aが履行の着手をする前に、Bが手付金300万円を放棄して売買契約の解除をしたときは、Aは、売買契約の解除によって300万円を超える損害が生じても、Bに対して損害賠償の請求はできない。

買主が売主に手付を交付したときは、**買主はその手付を放棄**し、**売主はその倍額を現実に提供**して、契約の解除をすることができる〈民557条1項本文〉。もっとも、その**相手方が契約の履行に着手した後は、この限りでない**〈同条項ただし書〉。

1 **正** 売主は、買主から交付された**手付の倍額を現実に提供**して、契約の解除をすることができる。したがって、Aは、Bが履行に着手する前に、Bに600万円を現実に提供すれば、Bがこれを受領しなくとも売買契約を解除することができる。
👉 **❶分冊 p48 4〜**

2 **正** **契約の相手方**が契約の履行に着手した後は、手付による解除をすることはできない。したがって、Bは、Aが履行に着手していなければ、自身が履行に着手していても、手付金300万円を放棄して売買契約を解除することができる。
👉 **❶分冊 p48 4〜**

3 **誤** 当事者の一方が、**相手方が債務を履行しないことを理由**に解除権を行使したときは、各当事者は、その**相手方を原状に復させる義務を負う**〈民545条1項本文〉。したがって、Aは、Bの債務不履行により売買契約を解除したときは、Bを原状に復させるため、Bに手付金300万円を返還しなければならない。
👉 **❶分冊 p48 4〜**

4 **正** 手付による解除をした場合、**手付金を超える額の損害が発生したとしても**、解除をした者は、**損害賠償を請求することはできない**。したがって、Aは、Bの手付による解除によって300万円を超える損害が生じたとしても、Bに対して、損害賠償を請求することはできない。
👉 **❶分冊 p48 4〜**

正解 3
（正解率**75%**）

肢別解答率
受験生はこう答えた！

1	8%
2	6%
3	75%
4	11%

難易度 **易**

Aがその所有する甲マンションの101号室をBに賃貸した場合に関する次の記述のうち、民法の規定及び判例によれば、正しいものはどれか。

1 Bが101号室を、Aの承諾を得ずにCに転貸した場合において、Bの転貸がAに対する背信行為と認めるに足りない特段の事情の存在をBが主張立証したときは、AはBとの賃貸借契約を解除できない。

2 Bが101号室を、Aの承諾を得てDに転貸したとき、Aは、Bに対して賃料の請求をすることができるが、Dに対して直接賃料の請求をすることはできない。

3 Bが101号室を、Aの承諾を得ずにEに転貸したとき、BE間の転貸借契約は無効である。

4 Bが101号室を、Aの承諾を得てFに転貸したときでも、AとBが賃貸借契約を合意解除すれば、Aは合意解除をもってFに対抗することができる。

1 **正** 　賃借人は、賃貸人の承諾を得なければ、その賃借権を譲り渡し、又は賃借物を転貸することができず〈民612条1項〉、この規定に違反して第三者に賃借物の使用又は収益をさせたときは、賃貸人は、契約の解除をすることができる〈同条2項〉。もっとも、賃借人が賃貸人の承諾なく第三者に賃借物の使用収益をさせた場合においても、**賃借人の当該行為が賃貸人に対する背信的行為と認めるに足らない特段の事情がある場合**においては、上記の**解除権は発生しない**〈最判昭和28.9.25〉。したがって、本肢の場合、解除権は生じず、AはBとの賃貸借契約を解除できない。

☞ **❶分冊 p59 5〜**

2 **誤** 　賃借人が賃貸人の承諾を得て賃借物を転貸したときは、**転借人は、賃貸人と賃借人との間の賃貸借に基づく賃借人の債務の範囲を限度として、賃貸人に対して転貸借に基づく債務を直接履行する義務を負う**〈民613条1項前段〉。したがって、**Dは、Aに対し、直接に賃料支払義務を負い**、Aは、Dに対して直接賃料を請求することができる。

☞ **❶分冊 p59 5〜**

3 **誤** 　賃貸人の承諾を得ずにした転貸借契約は、**転貸人と転借人との間では有効である**。したがって、BE間の転貸借契約は、当事者間においては有効である。

4 **誤** 　賃借人が適法に賃借物を転貸した場合には、賃貸人は、賃借人との間の賃貸借を合意により解除をしたことをもって**転借人に対抗することができない**〈民613条3項〉。したがって、Aは合意解除をもってFに対抗することができない。

正解 1
（正解率76%）

肢別解答率
受験生はこう答えた！

1	76%
2	11%
3	5%
4	8%

難易度 易

A が所有する甲マンションの 201 号室を B に賃貸した場合に関する次の記述のうち、民法及び借地借家法（平成 3 年法律第 90 号）の規定によれば、正しいものはどれか。ただし、AB 間の契約は定期建物賃貸借でないものとする。（改題）

1　AB 間の契約で賃貸期間を 2 年と定め、A 又は B が、相手方に対し、期間満了の 1 年前から 6 ヵ月前までの間に更新拒絶の通知をしなかったときは、従前と同一の賃貸期間とする契約として更新される。

2　AB 間の契約で賃貸期間を 10 ヵ月と定めたときは、A に借地借家法の定める正当の事由があると認められる場合には、A は期間満了の前でも B に解約の申入れをすることができる。

3　AB 間の契約で賃貸期間を 60 年と定めても、賃貸期間は 50 年とされる。

4　AB 間の契約で賃貸期間を定めなかったときは、A に借地借家法の定める正当の事由があると認められる場合には、A の解約の申入れにより、解約の申入れの日から 3 ヵ月を経過した日に、契約は終了する。

1 **誤**　建物の賃貸借について期間の定めがある場合において、当事者が期間の満了の1年前から6月前までの間に相手方に対して更新をしない旨の通知又は条件を変更しなければ更新をしない旨の通知をしなかったときは、従前の契約と同一の条件で契約を更新したものとみなす〈借26条1項本文〉。ただし、**更新後の建物の賃貸借の期間は、定めがないものとされる**〈同条項ただし書〉。したがって、本肢の契約は、期間の定めのないものとして更新される。

　　👉 **①分冊 p62 7〜**

2 **正**　**当事者が賃貸借の期間を定めなかったとき**は、各当事者は、いつでも解約の申入れをすることができる〈民617条1項前段〉。ここで、**期間を1年未満とする建物の賃貸借は、期間の定めがない建物の賃貸借とみなされる**〈借29条1項〉ことから、賃貸人は、正当の事由がある場合には、いつでも解約の申入れをすることができる〈借28条〉。ＡＢ間の賃貸借契約の賃貸期間は10か月と定められているから、期間の定めがないものとみなされ、Ａは、正当の事由がある場合には、いつでも解約の申入れをすることができる。

　　👉 **①分冊 p62 7〜**

3 **誤**　民法上、賃貸借の存続期間は、50年を超えることができず、契約でこれより長い期間を定めたときであっても、その期間は、50年とする〈民604条〉。もっとも、**この規定は、建物の賃貸借には適用されない**〈借29条2項〉。したがって、ＡＢ間の契約で賃貸期間を60年と定めた場合、**その定めに従って、賃貸期間は60年となる**。

　　👉 **①分冊 p62 7〜**

4 **誤**　建物の賃貸人が賃貸借の解約の申入れをした場合においては、建物の賃貸借は、**解約の申入れの日から6月を経過することによって終了する**〈借27条1項〉。したがって、Ａに正当の事由が認められる場合であっても、Ａの解約の申入れの日から3か月を経過した日には、契約は終了しない。

　　👉 **①分冊 p62 7〜**

正解 2
（正解率**37%**）

肢別解答率
受験生は
こう答えた！

肢	解答率
1	22%
2	37%
3	21%
4	20%

難易度 **難**

Aがその所有する甲マンションの101号室をBに賃貸した場合に関する次の記述のうち、民法及び借地借家法（平成3年法律第90号）の規定並びに判例によれば、誤っているものはどれか。（改題）

1　AとBとの間で、期間を3年として賃貸借契約を締結する場合に、契約の更新がないこととする旨を定めようとするときには、公正証書によって契約をしなければ、その旨の定めは無効となる。

2　Aが、Cに対し、101号室を書面によらずに贈与することとして、その所有権をCに移転し、登記したときは、AはCに対する贈与を解除できない。

3　Bは、Aの書面による承諾を得ていなくても、口頭による承諾を得ている場合は、Dに対し、101号室を転貸することができる。

4　Eが、Aに対し、Bの賃料債務を保証する場合には、書面又はその内容を記録した電磁的記録によってしなければ保証契約は効力を生じない。

1 **誤** 期間の定めがある建物の賃貸借をする場合においては、**公正証書による等書面によって契約をするとき**に限り、契約の更新がないこととする旨を定めることができる〈借38条1項前段〉。したがって、公正証書でない書面によって契約をする場合にも、契約の更新がないこととする旨を有効に定めることは可能である。

☞ **①分冊 p62 7～**

2 **正** 書面によらない贈与は、各当事者が解除することができる〈民550条本文〉。もっとも、**履行の終わった部分については、解除することができない**〈同条ただし書〉。ここで、不動産の贈与契約において、その不動産の所有権移転登記が経由されたときは、当該不動産の引渡しの有無を問わず、贈与の履行が終わったものと解される〈最判昭和40.3.26〉。本肢の場合、登記をしているから、履行が終わったと解され、Aは、Cに対する贈与を解除することができない。

3 **正** 賃借人は、**賃貸人の承諾を得なければ**、その賃借権を譲り渡し、又は賃借物を転貸することができない〈民612条1項〉。Bは、Aの口頭による承諾を得ていることから、Dに対し、101号室を転貸することができる。

☞ **①分冊 p59 5～**

4 **正** 保証契約は、**書面又は電磁的記録でしなければ、その効力を生じない**〈民446条2項、3項〉。

☞ **①分冊 p137 4～**

正解 1
（正解率**88%**）

肢別解答率
受験生はこう答えた！

1	88%
2	0%
3	3%
4	9%

難易度 易

甲マンション707号室を所有するAは、同室をBに賃貸する旨の契約（この問いにおいて「本件賃貸借契約」という。）を結び、同室をBに引き渡すとともに、Bから敷金の交付を受けた。この場合に関する次の記述のうち、民法の規定及び判例によれば、正しいものはどれか。

1　Bが交付した敷金は、本件賃貸借契約の存続中にBがAに対して負担する未払賃料債務だけでなく、本件賃貸借契約終了後、707号室をAに明け渡すまでにBがAに対して負担する不法占拠を理由とする賃料相当額の損害賠償債務をも担保する。

2　本件賃貸借契約が終了し、AがBに対して707号室の明渡しを請求した場合には、Bは、Aに対し、敷金の返還との同時履行を主張して同室の明渡しを拒むことができる。

3　Bが賃料の支払を怠っていることから、AがBに対してその賃料の支払を請求した場合には、Bは、Aに対し、敷金をその賃料の弁済に充てることを請求することができる。

4　Aが707号室をCに譲渡して所有権の移転登記をした後、本件賃貸借契約が終了して、同室がBからCに明け渡された場合には、Bは、Cに対し、敷金の返還請求権を行使することができない。

1 **正** 敷金とは、いかなる名目によるかを問わず、賃料債務その他の賃貸借に基づいて生ずる賃借人の賃貸人に対する金銭の給付を目的とする債務を担保する目的で、賃借人が賃貸人に交付する金銭をいう〈民622条の2第1項〉。「賃貸借に基づいて生ずる賃借人の賃貸人に対する金銭の給付を目的とする債務」としては、**賃貸借終了後賃貸目的物の明渡義務履行までに生ずる賃料相当損害金などの債権も含まれる**。したがって、Bが交付した敷金は、本件賃貸借契約終了後、707号室をAに明け渡すまでにBがAに対して負担する不法占拠を理由とする賃料相当額の損害賠償債務も担保する。

☞ **❶分冊 p57 ❸〜**

2 **誤** 賃貸人は、敷金を受け取っている場合において、**賃貸借が終了し、かつ、賃貸物の返還を受けたとき**は、賃借人に対し、その受け取った敷金の額から賃貸借に基づいて生じた賃借人の賃貸人に対する金銭の給付を目的とする債務の額を控除した残額を返還しなければならない〈民622条の2第1項1号〉。したがって、**敷金返還請求権が生じるのは、賃貸物を返還した後であるから**、Bは、Aに対し、敷金の返還との同時履行を主張して707号室の明渡しを拒むことはできない。

☞ **❶分冊 p57 ❸〜**

3 **誤** 賃借人は、賃貸借に基づいて生じた金銭の給付を目的とする債務を履行しないときは、賃貸人に対し、**敷金をその債務の弁済に充てることを請求することができない**〈民622条の2第2項後段〉。したがって、Bは、Aに対し、敷金を賃料の弁済に充てることを請求することはできない。

☞ **❶分冊 p57 ❸〜**

4 **誤** **賃貸借の対抗要件を備えた場合において、その不動産が譲渡され、賃貸人たる地位が譲受人に移転したとき**は、敷金の返還に係る債務は、**譲受人が承継する**〈民605条の2第4項、第1項〉。したがって、Aの敷金返還債務は、Cが承継し、Bは、Cに対し、敷金の返還請求権を行使することができる。

☞ **❶分冊 p53 ❷〜**

正解 1
（正解率**83%**）

肢別解答率
受験生はこう答えた！

肢	解答率
1	83%
2	2%
3	4%
4	10%

難易度 易

Aは、甲マンション404号室をBから賃借して居住していたが、存続期間の満了によってAB間の賃貸借契約は終了した。この場合に関する次の記述のうち、民法の規定によれば、誤っているものはどれか。

1 　Aの居住中に404号室に損傷が生じた場合であっても、その損傷が通常の使用収益によって生じた損耗に当たるときは、Bは、Aに対し、その損傷を原状に復するよう請求することができない。

2 　Aの居住中に404号室に損傷が生じた場合であっても、その損傷がAの責めに帰することができない事由によるものであるときは、Bは、Aに対し、その損傷を原状に復するよう請求することができない。

3 　Aが、賃貸借契約終了の2ヵ月前に、404号室に物を附属させていた場合であっても、その物を同室から分離することができないとき又は分離するのに過分の費用を要するときは、Aは、Bに対し、その物を収去する義務を負わない。

4 　Aが、賃貸借契約終了の2ヵ月前に、404号室についてBの負担に属する必要費を支出した場合であっても、その必要費の償還を請求しないまま賃貸借契約が終了し、同室をBに返還したときは、その後は、Aは、Bに対し、その必要費の償還を請求することができない。

1 **正** 　賃借人は、賃借物を受け取った後にこれに生じた損傷（**通常の使用及び収益によって生じた賃借物の損耗並びに賃借物の経年変化を除く。**）がある場合において、賃貸借が終了したときは、その損傷を原状に復する義務を負う〈民 621 条本文〉。本肢の損傷は、通常の使用収益によって生じたものであるから、Aは、その損傷を原状に復する義務を負わず、Bは、Aに対し、その損傷を原状に復するよう請求することはできない。

👉 **❶分冊 p53 ❷〜**

2 **正** 　賃借人は、賃借物を受け取った後にこれに生じた損傷（通常の使用及び収益によって生じた賃借物の損耗並びに賃借物の経年変化を除く。）がある場合において、賃貸借が終了したときは、その損傷を原状に復する義務を負う〈民 621 条本文〉。もっとも、その損傷が**賃借人の責めに帰することができない事由によるもの**であるときは、この限りでない〈同条ただし書〉。本肢の損傷は、Aの責めに帰することができない事由によるものであるから、Aは、その損傷を原状に復する義務を負わず、Bは、Aに対し、その損傷を原状に復するよう請求することはできない。

👉 **❶分冊 p53 ❷〜**

3 **正** 　賃借人は、賃借物を受け取った後にこれに附属させた物がある場合において、賃貸借が終了したときは、その附属させた物を**収去する義務を負う**〈民 622 条、599 条 1 項本文〉。もっとも、**賃借物から分離することができない物又は分離するのに過分の費用を要する物**については、この限りでない〈民 622 条、599 条 1 項ただし書〉。したがって、Aが 404 号室に附属させた物を同室から分離することができないとき又は分離するのに過分の費用を要するときは、Aは、Bに対し、その物を収去する義務を負わない。

👉 **❶分冊 p53 ❷〜**

4 **誤** 　賃借人は、賃借物について賃貸人の負担に属する必要費を支出したときは、賃貸人に対し、直ちにその償還を請求することができる〈民 608 条 1 項〉。この償還は、**賃貸人が賃貸物の返還を受けた時から 1 年以内に請求しなければならない**〈民 622 条、600 条 1 項〉。したがって、Aは、404 号室を返還したとしても、その時から 1 年間は、Bに対し、Bの負担に属する必要費の償還を請求することができる。

👉 **❶分冊 p53 ❷〜**

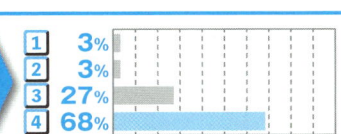

正解 4
（正解率 **68%**）

肢別解答率
受験生は
こう答えた！

肢	解答率
1	3%
2	3%
3	27%
4	68%

難易度

普

Aが所有する甲マンションの102号室を賃貸期間2年と定めて居住用としてBに賃貸した場合に関する次の記述のうち、民法及び借地借家法の規定によれば、誤っているものはどれか。

1 ＡＢ間の契約が、定期建物賃貸借でない場合、Ａが、Ｂに対し、期間満了の1年前から6ヵ月前までの間に更新をしない旨の通知又は条件を変更しなければ更新をしない旨の通知をしなかったときは、期間の定めのない賃貸借契約として更新される。

2 ＡＢ間の契約が、定期建物賃貸借である場合、Ａが、Ｂに対し、期間満了の1年前から6ヵ月前までの間に期間満了により契約が終了する旨の通知をしなかったときでも、Ｂは期間満了による契約の終了をＡに主張できる。

3 ＡＢ間の契約が、定期建物賃貸借でない場合、特約がない限り、Ｂは、Ａに対し、契約期間内に解約の申入れをすることはできない。

4 ＡＢ間の契約が、定期建物賃貸借である場合、特約がなくとも、Ａがその親族の介護をするため甲マンションの102号室を使用する必要が生じて、Ｂに対し、解約の申入れをしたときは、当該定期賃貸借契約は、解約の申入れの日から1ヵ月を経過することによって終了する。

1 **正** 建物の賃貸借について**期間の定めがある**場合において、当事者が期間の満了の**1年前から6月前**までの間に相手方に対して更新をしない旨の通知又は条件を変更しなければ更新をしない旨の通知をしなかったときは、**従前の契約と同一の条件で契約を更新**したものとみなす〈借26条1項本文〉。もっとも、その期間は、**定めがないものとする**〈同条項ただし書〉。ＡＢ間の契約は、賃貸期間2年の甲マンションの102号室の賃貸借であるから、Ａが、Ｂに対し、期間満了の1年前から6か月前までの間に更新をしない旨の通知又は条件を変更しなければ更新をしない旨の通知をしなかったときは、期間の定めのない賃貸借契約として更新される。

☞ **❶分冊 p62 7～**

2 **正** 定期建物賃貸借において、期間が1年以上である場合には、建物の賃貸人は、期間の満了の**1年前から6月前**までの間に建物の賃借人に対し期間の満了により建物の賃貸借が終了する旨の通知をしなければ、その終了を**建物の賃借人に対抗することができない**〈借38条6項本文〉。ＡＢ間の契約は、賃貸期間2年の甲マンションの102号室の定期建物賃貸借であるから、Ａが、Ｂに対し、期間満了の1年前から6か月前までの間に期間満了により契約が終了する旨の通知をしなかった場合、Ａは、期間満了による契約の終了をＢに主張することはできないものの、Ｂがこれを主張することは可能である。

☞ **❶分冊 p62 7～**

3 **正** 期間の定めのある賃貸借契約は、**解約権を留保していない限り**、当事者双方とも中途解約をすることはできない〈民618条〉。ＡＢ間の契約は、賃貸期間2年の甲マンションの102号室の賃貸借であるから、特約がない限り、Ｂは、Ａに対し、契約期間内に解約の申入れをすることはできない。

☞ **❶分冊 p61 6～**

4 **誤** 居住の用に供する建物の定期建物賃貸借（床面積が200㎡未満の建物に係るものに限る。）において、転勤、療養、親族の介護その他のやむを得ない事情により、**建物の賃借人が建物を自己の生活の本拠として使用することが困難となったとき**は、建物の賃借人は、建物の賃貸借の解約の申入れをすることができる〈借38条7項前段〉。ＡＢ間の契約は、甲マンションの102号室の定期建物賃貸借であるものの、Ａは甲マンションの102号室の賃貸人であるから、上記規定は適用されず、特約がなければ、解約の申入れをすることはできない。

☞ **❶分冊 p62 7～**

正解 4 （正解率57%）　**肢別解答率** 受験生はこう答えた！

1	4%
2	15%
3	24%
4	57%

難易度 普

甲マンションの 202 号室を所有するAが、202 号室をBに賃貸して引き渡し、その後、Bが、Aの承諾を得て 202 号室をCに転貸して引き渡した。この場合に関する次の記述のうち、民法の規定及び判例によれば、**誤っているもの**はどれか。

1 Aは、ＡＢ間の賃貸借に基づいてＢがＡに対して負う債務の範囲を限度として、Ｃに対し、ＢＣ間の転貸借に基づいてＣがＢに支払うべき賃料をＡに直接支払うよう請求することができる。

2 202 号室が修繕を要する状態になった場合には、Ｃは、Ａに対し、修繕義務の履行を請求することができる。

3 Ｃは、202 号室についてＢの負担に属する必要費を支出したときは、Ｂに対し、直ちにその償還を請求することができる。

4 Ｂの債務不履行によってＡＢ間の賃貸借契約が解除された場合には、Ａは、Ｃに対し、202 号室の明渡しを請求することができる。

1 **正**　賃借人が適法に賃借物を転貸したときは、転借人は、**賃貸人と賃借人との間の賃貸借に基づく賃借人の債務の範囲を限度として**、賃貸人に対して転貸借に基づく債務を直接履行する義務を負う〈民613条1項前段〉。Bは、Aの承諾を得て202号室をCに転貸していることから、「賃借人が適法に賃借物を転貸したとき」にあたり、Cは、AB間の賃貸借に基づくBの債務の範囲を限度として、Aに対してBC間の転貸借に基づく債務を直接履行する義務を負う。したがって、Aは、AB間の賃貸借に基づいてBがAに対して負う債務の範囲を限度として、Cに対し、BC間の転貸借に基づいてCがBに支払うべき賃料をAに直接支払うよう請求することができる。

☞ ❶分冊 p59 **5**~

2 **誤**　賃借人が適法に賃借物を転貸したときは、転借人は、賃貸人と賃借人との間の賃貸借に基づく賃借人の債務の範囲を限度として、賃貸人に対して転貸借に基づく債務を直接履行する義務を負う〈民613条1項前段〉。この規定は、**転貸借に基づく転貸人の債務を賃貸人が直接負担することを認める規定ではなく**、転借人は、転貸借に基づく転貸人の債務の履行を請求する場合、債務者である転貸人に対して請求する。したがって、202号室が修繕を要する状態になった場合には、Cは、Aに対し、修繕義務の履行を請求することはできない。

☞ ❶分冊 p53 **2**~

3 **正**　賃借人は、賃借物について賃貸人の負担に属する**必要費**を支出したときは、賃貸人に対し、**直ちに**その償還を請求することができる〈民608条1項〉。したがって、Cは、202号室についてBの負担に属する必要費を支出したときは、Bに対し、直ちにその償還を請求することができる。

☞ ❶分冊 p53 **2**~

4 **正**　転借権は、賃借人の賃借権の上に成立しているものであり、**賃借権が消滅すれば、転借権はその存在の基礎を失う**ことになるので、**賃貸借契約が解除により終了した場合**には、転借人は、原則として、賃貸人に対し、**転借権を対抗することができない**〈最判昭和36.12.21〉。したがって、Bの債務不履行によってAB間の賃貸借契約が解除された場合には、Cは、Aに対し、転借権を対抗できず、Aは、Cに対し、202号室の明渡しを請求することができる。

☞ ❶分冊 p61 **6**~

正解 2
（正解率58%）

肢別解答率
受験生は
こう答えた！

1	11%
2	58%
3	15%
4	16%

難易度 **普**

甲マンションの305号室を所有するAは、同室のキッチンの設備が老朽化したことから、業者Bとの間で、その設備を報酬100万円でリニューアルする旨の請負契約を締結した。この場合における次の記述のうち、民法の規定によれば、正しいものはどれか。（改題）

1 AB間での請負契約に係る別段の特約のない限り、Aは、Bがリニューアルの工事に着手するのと同時に、報酬100万円をBに支払わなければならない。

2 Bは、リニューアルの工事を完成させるまでの間であれば、いつでもAに生じた損害を賠償して請負契約を解除することができる。

3 Bがリニューアルの工事を完成させるまでの間にAが破産手続開始の決定を受けた場合であっても、Bは、請負契約を解除することができない。

4 Bはリニューアルの工事を完成させたがその工事の目的物に欠陥があり、その品質に関して契約の内容に適合せず、この契約不適合が重要でない場合において、その修補に過分の費用を要し、修補が不能であると評価されるときは、AはBに対し修補を請求することができない。

1 　**誤**　報酬は、**仕事の目的物の引渡しと同時に、**支払わなければならない〈民633条〉。

☞ **①**分冊 p72 **2**～

2 　**誤**　請負人が仕事を完成しない間は、**注文者は、**いつでも損害を賠償して契約の解除をすることができる〈民641条〉。請負人の側には、上記のような解除権は認められておらず、Bは、本肢の解除をすることはできない。

☞ **①**分冊 p76 **5**～

3 　**誤**　**注文者が破産手続開始の決定を受けたときは、**請負人又は破産管財人は、契約の解除をすることができる〈民642条1項前段〉。本肢の場合、Aが破産手続開始の決定を受けているから、Bは、請負契約を解除することができる。

☞ **①**分冊 p76 **5**～

4 　**正**　引き渡された仕事の目的物が種類、品質又は数量に関して契約の内容に適合しないものであるときは、注文者は、請負人に対し、仕事の目的物の修補、代替物の引渡し又は不足分の引渡しによる履行の追完を請求することができる〈民559条、562条1項〉。ただ、**債務の履行が契約その他の債務の発生原因及び取引上の社会通念に照らして不能であるときは、**債権者は、その債務の履行を請求することができない〈民412条の2第1項〉。本肢の場合、修補に過分の費用を要し、その修補は不能であると解され、Aは、Bに対し、欠陥の修補を請求することはできない。

☞ **①**分冊 p73 **4**～

正解 4
（正解率**70%**）

肢別解答率
受験生は
こう答えた！

1	1%
2	27%
3	2%
4	70%

難易度 **易**

甲マンションの 301 号室を所有する A が、長期間入院することとなり、その間の同室の日常的管理を 302 号室の B に委託した。この委託が準委任に当たるとされる場合に関する次の記述のうち、民法の規定によれば、正しいものはどれか。

1　B が報酬の特約をして管理を受託したときは、B は 301 号室を自己のためにすると同一の注意をもって管理すれば足りる。

2　B が報酬の特約をして管理を受託したときは、委託事務を処理するための費用の前払を請求することはできない。

3　B は、A に不利な時期であっても AB 間の委託契約を解除することができ、やむを得ない事由があれば A に損害が生じたときでも A の損害を賠償する義務は生じない。

4　A が後見開始の審判を受けたときは、AB 間の委託契約は終了する。

法律行為でない事務の委託（準委任）には、委任の規定が準用される〈民656条〉。以下、委任の規定のみを根拠として示す。

1 **誤** 準受任者は、準委任の本旨に従い、**善良な管理者の注意をもって**、準委任事務を処理する義務を負う〈民644条〉。したがって、Bは、善良なる管理者の注意をもって、301号室の管理を行わなければならない。

☞ **❶分冊 p79 ③～**

2 **誤** 準委任事務を処理するについて費用を要するときは、**準委任者は、準受任者の請求により、その前払をしなければならない**〈民649条〉。したがって、Bは、委託事務を処理するための費用の前払を請求することができる。

☞ **❶分冊 p78 ②～**

3 **正** 準委任は、各当事者が**いつでも**その解除をすることができる〈民651条1項〉。したがって、Bは、Aに不利な時期であってもAB間の委託契約を解除することができる。また、当事者の一方が相手方に不利な時期に準委任の解除をしたときは、その当事者の一方は、原則として、相手方の損害を賠償しなければならないが、**やむを得ない事由があったときは、この限りでない**〈同条2項〉。したがって、Bにやむを得ない事由があれば、Aに不利な時期に委託契約を解除しても、Aの損害を賠償する義務は生じない。

☞ **❶分冊 p80 ⑤～**

4 **誤** 準委任は、①準委任者又は準受任者の死亡、②準委任者又は準受任者が破産手続開始の決定を受けたこと、③**準受任者が後見開始の審判を受けたこと**によって終了する〈民653条〉。Aは準委任者であるから、Aが後見開始の審判を受けたとしても、③にあたらず、AB間の委託契約は終了しない。

☞ **❶分冊 p80 ④～**

正解 ③
（正解率**44%**）

肢別解答率
受験生はこう答えた！

1	14%
2	7%
3	44%
4	35%

難易度 **難**

Aは、甲マンションの406号室を所有しているが、これを売却したいと考えて、購入者の選定及びAとその者との間の売買契約の締結をBに委任した。この場合に関する次の記述のうち、民法の規定によれば、誤っているものはどれか。

1 Bは、Aからの委任を有償で受任した場合には、委任の本旨に従い、善良な管理者の注意をもって委任事務を処理する義務を負うが、無償で受任した場合には、その義務を負わない。

2 Bは、やむを得ない事由があるときは、第三者Cを復受任者として選任することができる。

3 Bは、Aの請求があるときは、いつでも委任事務の処理の状況を報告し、委任が終了した後は、遅滞なくその経過及び結果を報告しなければならない。

4 Bは、Aとの間の委任をいつでも解除することができる。

1 **誤**　受任者は、委任の本旨に従い、**善良な管理者の注意**をもって、委任事務を処理する義務を負う〈民644条〉。したがって、Bは、無償で406号室の購入者の選定及びAとその者との間の売買契約の締結を受任したとしても、善良な管理者の注意をもって委任事務を処理する義務を負う。

☞ **❶分冊 p79 ❸~**

2 **正**　受任者は、**委任者の許諾を得たとき、又はやむを得ない事由があるとき**でなければ、復受任者を選任することができない〈民644条の2第1項〉。したがって、Bは、やむを得ない事由があるときは、Cを復受任者として選任することができる。

☞ **❶分冊 p79 ❸~**

3 **正**　受任者は、**委任者の請求があるときは、いつでも**委任事務の処理の状況を報告し、委任が終了した後は、遅滞なくその経過及び結果を報告しなければならない〈民645条〉。したがって、Bは、Aの請求があるときは、いつでも委任事務の処理の状況を報告し、委任が終了した後は、遅滞なくその経過及び結果を報告しなければならない。

☞ **❶分冊 p79 ❸~**

4 **正**　委任は、**各当事者がいつでも**その解除をすることができる〈民651条1項〉。したがって、Bは、Aとの間の委任をいつでも解除することができる。

☞ **❶分冊 p80 ❺~**

正解 1
（正解率93%）

肢別解答率
受験生はこう答えた！

1	93%
2	3%
3	0%
4	4%

難易度 易

甲マンションの区分所有者Aが、管理組合（管理者B）に対し、管理費を滞納している場合における管理費債権の消滅時効に関する次の記述のうち、民法の規定及び判例によれば、正しいものはどれか。（改題）

1　BがAに対し管理費の支払請求訴訟を提起すれば、その訴えが却下された場合でも、時効は更新する。

2　管理費債権の一部について、すでに消滅時効が完成しているにもかかわらず、Aが時効完成の事実を知らないで、Bに対し、滞納額全額を支払う旨の承認書を差し入れたときは、以後、完成した当該消滅時効の主張は認められない。

3　Aが自ら破産手続開始の申立てをし、破産手続開始の決定がなされた場合、Bが滞納管理費債権について破産債権として届出をしただけでは、時効の完成は猶予されない。

4　BがAに対し書面で支払の催告を行う場合、内容証明郵便によるものでなければ、時効の完成猶予事由としての催告の効力は生じない。

1 **誤** 　裁判上の請求があった場合において、確定判決又は確定判決と同一の効力を有するものによって**権利が確定したとき**は、時効は、その時から**新たにその進行を始める**〈民147条2項〉。本肢の場合、訴えが却下され、管理費の支払請求権は、確定判決又は確定判決と同一の効力を有するものによって確定したわけではないので、時効は、更新しない。

👉 **❶分冊 p95 5~**

2 **正** 　債務者が、**自己の負担する債務について時効が完成した後に、債権者に対し債務の承認をした場合、時効完成の事実を知らなかったとき**でも、以後その債務についてその**完成した消滅時効の援用をすることはできない**〈最大判昭和41.4.20〉。したがって、本肢の場合、Aは、完成した消滅時効の主張をすることはできない。

👉 **❶分冊 p95 5~**

3 **誤** 　**破産手続参加**、再生手続参加又は更生手続参加があった場合には、その事由が終了する（確定判決又は確定判決と同一の効力を有するものによって権利が確定することなくその事由が終了した場合にあっては、その終了の時から6か月を経過する）までの間は、**時効は、完成しない**〈民147条1項4号〉。破産手続における破産債権の届出は、「破産手続参加」にあたり、その債権の時効の完成が猶予される。

👉 **❶分冊 p95 5~**

4 **誤** 　時効の完成猶予事由としての催告は、**内容証明郵便による必要はない**。したがって、BのAに対する支払の催告が内容証明郵便によるものでなくとも、時効の完成猶予事由としての催告の効力は生じる。

👉 **❶分冊 p95 5~**

正解 2 （正解率 **83%**）　**肢別解答率** 受験生はこう答えた！

1	3%
2	83%
3	12%
4	2%

難易度 **易**

滞納されているマンションの管理費（この問いにおいて「滞納管理費」という。）の消滅時効に関する次の記述のうち、民法の規定によれば、**誤っているもの**はどれか。

1 　管理組合が、管理費を滞納している区分所有者Aに対して、内容証明郵便をもって累積している滞納管理費分の支払の請求をした場合には、6ヵ月間の時効の完成猶予の効力が生じるが、その期間中になされた再度の支払の請求には、時効の完成猶予の効力が生じない。

2 　管理組合が、管理費を滞納している区分所有者Aに対する支払の催告に基づく時効の完成猶予期間を経過した後に、その支払額や支払方法について、あらためてAと協議を行う旨の合意が書面でなされたときには、その合意から1年を経過した時、協議期間を定めている場合にはその期間を経過した時、当事者の一方から相手方に対して協議の続行を拒絶する通知を書面で送付した場合にはその通知の到達から6ヵ月を経過した時、の最も早い時まで時効の完成猶予が認められる。

3 　管理費を滞納している区分所有者Aが自ら破産手続開始の申立てをし、破産手続開始の決定がなされた場合、管理組合が滞納管理費債権について破産債権として届出をしただけでは、時効の更新の効力は生じない。

4 　滞納管理費の存在が、確定判決又は確定判決と同一の効力を有するものによって確定した場合には、その時効期間は10年である。

1 **正**　催告があったときは、その時から6か月を経過するまでの間は、時効は、完成しない〈民150条1項〉。もっとも、**催告によって時効の完成が猶予されている間にされた再度の催告**は、時効の完成猶予の効力を**有しない**〈同条2項〉。したがって、管理組合による支払の請求により時効の完成猶予の効力が生じている期間中になされた再度の支払の請求には、時効の完成猶予の効力が生じない。

☞ **❶分冊 p95 5~**

2 **誤**　時効の完成猶予とは、本来の時効期間の満了時期を過ぎても、所定の時期を経過するまでは時効は完成しないということであり、**時効の完成前の制度である**。時効の完成猶予が生じた後、別の時効の完成猶予事由が生じることなく、時効の完成猶予期間が経過した場合、時効は完成する。協議を行う旨の書面による合意は、時効の完成猶予事由である〈民151条〉ものの、本肢の場合、催告に基づく時効の完成猶予期間を経過して時効が完成していることから、その後に、協議を行う旨の書面による合意を行ったとしても、時効の完成猶予は認められない。

☞ **❶分冊 p95 5~**

3 **正**　破産手続参加、再生手続参加又は更生手続参加があった場合において、**確定判決と同一の効力を有するものによって権利が確定したとき**は、時効は、その事由が終了した時から新たにその進行を始める〈民147条2項、1項4号〉。管理組合が滞納管理費債権につき破産債権の届出をした場合、破産法に規定する調査を経て破産債権が確定するので、上記の届出だけでは、確定判決と同一の効力を有するものによって権利が確定するとはいえず、時効の更新の効力は生じない。

☞ **❶分冊 p95 5~**

4 **正**　確定判決又は確定判決と同一の効力を有するものによって確定した権利については、10年より短い時効期間の定めがあるものであっても、**その時効期間は、10年とする**〈民169条1項〉。したがって、本肢の管理費債権の時効期間は10年である。

☞ **❶分冊 p95 5~**

正解 2
（正解率34%）

肢別解答率
受験生はこう答えた！

肢	%
1	5%
2	34%
3	48%
4	12%

難易度 **難**

甲マンションの 501 号室に居住するAは、令和 2 年 5 月 1 日午後 1 時、同室のベランダに干していた布団を誤って屋外に落としてしまい、Bが所有し運転していた自転車に落下した布団が当たり、同自転車が転倒し破損するとともに、転倒したBが負傷した。

その後、Bには後遺症が残ったものの、Bの治療が令和 2 年 7 月 31 日に終了し、同日に症状固定の診断を受けた場合に関する次の記述のうち、民法の規定及び判例によれば、正しいものはどれか。ただし、BはAが布団を誤って屋外に落としたことを事故当日に知っており、時効の更新事由あるいは完成猶予事由はないものとする。

1 BのAに対する人身傷害に係る損害賠償請求権は、令和 7 年 7 月 31 日の経過時に時効により消滅する。

2 BのAに対する自転車損傷に係る損害賠償請求権は、令和 7 年 5 月 1 日の経過時に時効により消滅する。

3 BのAに対する人身傷害に係る損害賠償請求権は、令和 7 年 5 月 1 日の経過時に時効により消滅する。

4 BのAに対する自転車損傷に係る損害賠償請求権は、令和 5 年 7 月 31 日の経過時に時効により消滅する。

不法行為による損害賠償の請求権は、被害者又はその法定代理人が**損害及び加害者を知った時から３年間**行使しないときは、時効によって消滅する〈民724条1号〉。もっとも、**人の生命又は身体を害する不法行為による損害賠償請求権**の場合、被害者又はその法定代理人が損害及び加害者を知った時から**５年間**行使しないときは、時効によって消滅する〈民724条の2〉。「損害及び加害者を知った時」とは、**被害者において、加害者に対する賠償請求をすることが事実上可能な状況の下に、それが可能な程度に損害及び加害者を知った時**を意味し〈最判昭和48.11.16〉、被害者が損害を知った時とは、**被害者が損害の発生を現実に認識した時**をいう〈最判平成14.1.29〉。
本問の場合、Bは、Aが布団を誤って屋外に落としたことを事故当日に知っていることから、「加害者を知った時」は、令和２年５月１日である。
【人身傷害に係る損害賠償請求権について】
負傷者が後遺障害について症状固定の診断を受けた場合、その診断を受けた時に、後遺障害の存在を現実に認識し、加害者に対する賠償請求をすることが事実上可能な状況の下に、それが可能な程度に損害の発生を知ったものといえる〈最判平成16.12.24〉。そうだとすると、本問の場合、Bは、令和２年７月31日に症状固定の診断を受けていることから、同日が「損害…を知った時」である。したがって、Bが損害及び加害者を知った時は、令和２年７月31日であり、BのAに対する人身傷害に係る損害賠償請求権は、その時から５年後である令和７年７月31日の経過時に時効によって消滅する。
【自転車損傷に係る損害賠償請求権について】
Bは、令和２年５月１日に自転車が損傷したことを現実に認識している。したがって、Bが損害及び加害者を知った時は、令和２年５月１日であり、BのAに対する自転車損傷に係る損害賠償請求権は、その時から３年後である令和５年５月１日の経過時に時効によって消滅する。

1 　**正**　　BのAに対する**人身傷害に係る損害賠償請求権**は、**令和７年７月31日**の経過時に時効により消滅する。
　　👉 **❶分冊 p95 ⑤〜**

2 　**誤**　　BのAに対する**自転車損傷に係る損害賠償請求権**は、**令和５年５月１日**の経過時に時効によって消滅する。
　　👉 **❶分冊 p95 ⑤〜**

3 　**誤**　　BのAに対する**人身傷害に係る損害賠償請求権**は、**令和７年７月31日**の経過時に時効により消滅する。
　　👉 **❶分冊 p95 ⑤〜**

4 　**誤**　　BのAに対する**自転車損傷に係る損害賠償請求権**は、**令和５年５月１日**の経過時に時効によって消滅する。
　　👉 **❶分冊 p95 ⑤〜**

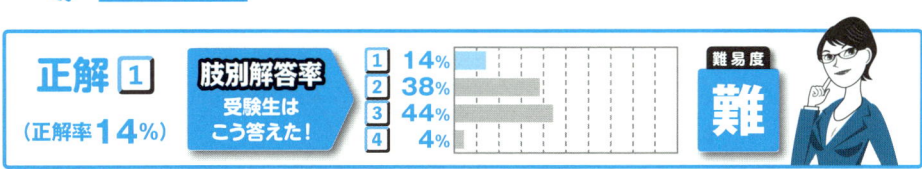

正解 **1**
（正解率**14%**）

肢別解答率
受験生はこう答えた！

1	14%
2	38%
3	44%
4	4%

難易度 **難**

AとBとの間で、甲マンション707号室を代金2,000万円でAがBに売却する旨の契約（以下「本件売買契約」という。）が結ばれた。その後、Bは代金全額をAに支払ったが、Aは履行期を過ぎても同室をBに引き渡していない。この場合に関する次の記述のうち、民法の規定及び判例によれば、正しいものはどれか。

1　BがAに対して707号室の引渡債務の強制履行を裁判所に請求するには、Aの責めに帰すべき事由によって同室の引渡しが遅滞している必要がある。

2　Aの責めに帰すべき事由によって707号室の引渡しが遅滞している場合において、BがAに対して履行遅滞による損害賠償を請求するには、相当の期間を定めて同室の引渡しを催告しなければならない。

3　Aの責めに帰すべき事由によって707号室の引渡しが遅滞している場合において、Bが履行遅滞を理由として本件売買契約を解除したときには、Bは、Aに対し、707号室の引渡しが遅滞したことによって生じた損害の賠償を請求することができない。

4　Aの責めに帰すべき事由によって707号室の引渡しが遅滞している場合において、Aが707号室をCに売却し、AからCへの同室の所有権移転登記がなされたときには、Bは、Aに対し、履行不能によって生じた損害の賠償を請求することができる。

1 **誤**　債務者が任意に債務の履行をしないときは、債権者は、民事執行法その他強制執行の手続に関する法令の規定に従い、直接強制、代替執行、間接強制その他の方法による履行の強制を裁判所に請求することができる〈民414条1項本文〉。これは、**債務者に帰責事由があるかどうかは問わない**。したがって、Bが707号室の引渡債務の強制履行を裁判所に請求するのに、Aの責めに帰すべき事由によって707号室の引渡しが遅滞している必要はない。

👉 **❶分冊 p104 1～**

2 **誤**　債務者がその責めに帰すべき事由によりその債務の本旨に従った履行をしないときは、債権者は、これによって生じた損害の賠償を請求することができる〈民415条1項〉。**これを行うのに、履行を催告する必要はない**。したがって、BがAに対し履行遅滞による損害賠償を請求するのに、相当の期間を定めて707号室の引渡しを催告する必要はない。

👉 **❶分冊 p104 2～**

3 **誤**　解除権の行使は、**損害賠償の請求を妨げない**〈民545条4項〉。したがって、Bは、履行遅滞により本件売買契約を解除したときにも、707号室の引渡しが遅滞したことによって生じた損害の賠償を請求することができる。

👉 **❶分冊 p107 4～**

4 **正**　債務の履行が不能であるときは、債権者は、これによって生じた損害の賠償を請求することができる〈民415条1項〉。ここで、不動産の二重売買において、売主が一方の買主に対して負担する債務は、特段の事情のない限り、**他方の買主に対する所有権移転登記が完了した時に履行不能となる**〈最判昭和35.4.21〉。したがって、本肢の場合、AのBに対する債務は履行不能となり、Bは、Aに対し、履行不能によって生じた損害の賠償を請求することができる。

👉 **❶分冊 p104 2～**

正解 4
（正解率84%）

肢別解答率
受験生は
こう答えた！

1	5%
2	10%
3	1%
4	84%

難易度 易

Aが、Bとの間で、甲マンションの404号室を代金1,500万円でBに売却する旨の契約を結んだ場合に関する次の記述のうち、民法の規定によれば、誤っているものはどれか。

1　Aが自己の債務について履行の提供をしたにもかかわらず、Bがその債務の履行を受けることを拒んだときは、Aは、履行の提供をした時からその引渡しをするまで、自己の財産に対するのと同一の注意をもって、404号室を保存すれば足りる。

2　BがAの債務の履行を受けることを拒んだことによって、その履行の費用が増加したときは、その増加額は、Bの負担となる。

3　Aが自己の債務について履行の提供をしたにもかかわらず、Bがその債務の履行を受けることを拒んだ場合において、履行の提供があった時以後にAB双方の責めに帰することができない事由によって404号室が滅失したときは、Aは、Bに対し、代金の支払を請求することができない。

4　Aが自己の債務について履行の提供をしたにもかかわらず、Bがその債務の履行を受けることを拒んだ場合において、履行の提供があった時以後にAB双方の責めに帰することができない事由によって404号室が滅失したときは、Bは、Aの債務の履行不能を理由として契約を解除することができない。

1 **正** 　債権者が債務の履行を受けることを拒み、又は受けることができない場合において、その債務の目的が**特定物の引渡しであるとき**は、債務者は、履行の提供をした時からその引渡しをするまで、**自己の財産に対するのと同一の注意**をもって、その物を保存すれば足りる〈民413条1項〉。Aの債務の目的は、404号室の引渡しであるから、Bが404号室の受領を拒んだ場合、Aは、履行の提供をした時からその引渡しをするまで、自己の財産に対するのと同一の注意をもって、404号室を保存すれば足りる。

2 **正** 　債権者が債務の履行を受けることを拒み、又は受けることができないことによって、その履行の費用が増加したときは、その増加額は、**債権者の負担**とする〈民413条2項〉。したがって、BがAの債務の履行を受けることを拒んだことによって、その履行の費用が増加したときは、その増加額は、Bの負担となる。

3 **誤** 　当事者双方の責めに帰することができない事由によって債務を履行することができなくなったときは、債権者は、反対給付の履行を拒むことができる〈民536条1項〉。ここで、債権者が債務の履行を受けることを拒み、又は受けることができない場合において、履行の提供があった時以後に当事者双方の責めに帰することができない事由によってその債務の履行が不能となったときは、その履行の不能は、**債権者の責めに帰すべき事由によるものとみなす**〈民413条の2第2項〉。したがって、本肢の場合、404号室が滅失し、Aが債務を履行することができなくなったのは、Bの責めに帰すべき事由によるものとみなされ、536条1項の適用はなく、Aは、売買契約に基づいて、Bに対し、代金の支払を請求することができる。

4 **正** 　債務の不履行が債権者の責めに帰すべき事由によるものであるときは、債権者は、契約の解除をすることはできない〈民543条〉。ここで、債権者が債務の履行を受けることを拒み、又は受けることができない場合において、履行の提供があった時以後に当事者双方の責めに帰することができない事由によってその債務の履行が不能となったときは、その履行の不能は、**債権者の責めに帰すべき事由によるものとみなす**〈民413条の2第2項〉。したがって、本肢の場合、404号室が滅失し、Aが債務を履行することができなくなったのは、Bの責めに帰すべき事由によるものとみなされ、Bは、Aの債務の履行不能を理由として契約を解除することはできない。

👉 **❶分冊 p107 ❹〜**

正解 ③
（正解率**68%**）

肢別解答率
受験生はこう答えた！

1	16%
2	3%
3	68%
4	13%

難易度

普

Aは、B及びCとともに甲マンションの102号室を共有しており、その共有持分は、Aが2分の1、B及びCがそれぞれ4分の1となっている。この場合に関する次の記述のうち、民法の規定によれば、正しいものはどれか。

1 Aは、B及びCの同意を得なければ、102号室の全体を使用することができない。

2 Aは、102号室を使用する場合には、自己の財産に対するのと同一の注意をもって、その使用をすれば足りる。

3 Aは、B及びCの同意を得ずに、102号室の保存行為を行うことができる。

4 Aは、B及びC双方の同意を得なければ、102号室の管理者を選任することができない。

1 **誤**　各共有者は、**共有物の全部**について、**その持分に応じた使用**をすることができる〈民249条1項〉。したがって、Aは、B及びCの同意を得ることなく、102号室の全体を使用することができる。

👉 **❶分冊 p118 4〜**

2 **誤**　共有者は、**善良な管理者の注意**をもって、共有物の使用をしなければならない〈民249条3項〉。したがって、Aは、102号室を使用する場合には、善良な管理者の注意をもって、使用しなければならない。

👉 **❶分冊 p118 4〜**

3 **正**　各共有者は、**単独で**保存行為をすることができる〈民252条5項〉。したがって、Aは、B及びCの同意を得ずに、102号室の保存行為を行うことができる。

👉 **❶分冊 p118 4〜**

4 **誤**　**共有物の管理者の選任は、共有物の管理に関する事項に含まれ**、各共有者の持分の価格に従い、その過半数で決する〈民252条1項前段〉。したがって、Aは、B又はCの同意を得れば、102号室の管理者を選任することができる。

👉 **❶分冊 p118 4〜**

正解 3
（正解率**90%**）

肢別解答率
受験生はこう答えた！

肢	解答率
1	3%
2	3%
3	90%
4	4%

難易度 **易**

甲マンション管理組合Aの組合員であるBが所有する住戸部分をCに賃貸していたところ、当該住戸の道路側の外壁タイルが自然に落下して、通行人Dが負傷した。この場合に関する次の記述のうち、民法（明治29年法律第89号）及び区分所有法の規定並びに判例によれば、誤っているものはどれか。

1　Dは、土地の工作物の設置又は保存の瑕疵（かし）によって損害を被ったとして、その工作物の共用部分の所有者である区分所有者全員に対して、その共有持分の範囲で分割債権として損害賠償請求することになる。

2　Cが、共用部分の維持管理に関与できる立場になく、損害の発生を防止するのに必要な注意を払う義務がない場合には、Dは、Cに対して損害賠償請求をすることはできない。

3　外壁タイルの落下原因が、大規模修繕工事において外壁タイル工事を実施した工事業者の施工不良にあっても、A及びAを構成する区分所有者全員が、Dに対して損害賠償責任を負うことになる。

4　甲マンションの建設当時から、建物としての基本的な安全性を欠いていることが原因である場合には、建物の建築を担った設計士、施工業者、工事監理者は、特段の事情がない限り、Dの損害について、それぞれ連帯して不法行為に基づく損害賠償責任を負うことになる。

土地の工作物の設置又は保存に瑕疵があることによって他人に損害を生じたときは、その工作物の占有者は、被害者に対してその損害を賠償する責任を負う〈工作物責任 民717条1項本文〉。ただし、占有者が損害の発生を防止するのに必要な注意をしたときは、所有者がその損害を賠償しなければならない〈同条項ただし書〉。

1 誤　区分所有者が共用部分の設置又は保存の瑕疵により工作物責任を負う場合、区分所有者全員が**連帯して債務を負う**ことになる。したがって、Dは、区分所有者全員に対して、その共有持分の範囲で分割債権として損害賠償請求をすることにはならない。

☞ ❶分冊 p151 **2**～

2 正　Cが、損害の発生を防止するのに必要な注意を払う義務がない場合、工作物責任を負うべき **「占有者」にあたらず**、Dは、Cに対して損害賠償請求をすることはできない。

☞ ❶分冊 p151 **2**～

3 正　占有者又は所有者は、損害の原因について他にその責任を負う者があったとしても、**工作物責任を免れることはできない**。本肢の場合、外壁タイルの落下原因は、工事業者の施工不良にあるが、これによっては免責されず、Aを構成する区分所有者全員は、Dに対して損害賠償責任を負うことになる。

☞ ❶分冊 p151 **2**～

4 正　建物の建築に携わる設計者、施工者及び工事監理者(以下併せて「設計・施工者等」という。)は、建物の建築に当たり、契約関係にない居住者等に対する関係でも、当該建物に建物としての基本的な安全性が欠けることがないように配慮すべき注意義務を負うと解するのが相当である。そして、**設計・施工者等がこの義務を怠ったために建築された建物に建物としての基本的な安全性を損なう瑕疵があり、それにより居住者等の生命、身体又は財産が侵害された場合**には、設計・施工者等は、不法行為の成立を主張する者が上記瑕疵の存在を知りながらこれを前提として当該建物を買い受けていたなど特段の事情がない限り、これによって生じた損害について**不法行為による賠償責任を負う**というべきである〈最判平成19.7.6〉。したがって、本肢の場合、甲マンションの建築を担った設計士、施工業者、工事監理者は、特段の事情がない限り、Dの損害について、それぞれ連帯して不法行為に基づく損害賠償責任を負うことになる。

☞ ❶分冊 p151 **2**～

正解 1
(正解率35%)

肢別解答率 受験生はこう答えた！

肢	解答率
1	35%
2	19%
3	20%
4	26%

難易度 **難**

甲マンションの102号室を所有するAが死亡し、Aの配偶者がB、Aの子がCのみ、Cの子がDのみである場合における次の記述のうち、民法の規定によれば、誤っているものはどれか。

1　CがAより先に死亡していたときは、B及びDが102号室の共同相続人となる。

2　Cが相続の放棄をしたときは、B及びDが102号室の共同相続人となる。

3　Cが相続人の欠格事由に該当したときは、B及びDが102号室の共同相続人となる。

4　C及びDがAより先に死亡していた場合において、Dに子Eのみがあるときは、B及びEが102号室の共同相続人となる。

1 正 **被相続人の配偶者は、常に相続人となる**〈民890条〉。また、**被相続人の子が、相続の開始以前に死亡したとき**、又は相続人の欠格事由に該当し、若しくは廃除によって、その相続権を失ったときは、**その者の子がこれを代襲して相続人となる**〈民887条2項本文〉。本肢の場合、Aの配偶者Bが相続人となる。また、Aの子Cが、Aの死亡時にすでに死亡しているので、Cの子Dが相続人となる。したがって、**B及びDが102号室の共同相続人となる**。

☞ ❶分冊 p160 **2**〜

2 誤 被相続人の子が、相続の開始以前に死亡したとき、又は相続人の欠格事由に該当し、若しくは廃除によって、その相続権を失ったときは、その者の子がこれを代襲して相続人となる〈民887条2項本文〉。**相続の放棄によっては、代襲相続は生じない**。したがって、Cが相続の放棄をした場合には、**Dは、相続人とならない**。

☞ ❶分冊 p162 **2**〜

3 正 **被相続人の配偶者は、常に相続人となる**〈民890条〉。また、被相続人の子が、相続の開始以前に死亡したとき、又は**相続人の欠格事由に該当し**、若しくは廃除によって、その相続権を失ったときは、**その者の子がこれを代襲して相続人となる**〈民887条2項本文〉。本肢の場合、Aの配偶者Bが相続人となる。また、Aの子Cが、相続人の欠格事由に該当し、その相続権を失っているので、Cの子Dが相続人となる。したがって、**B及びDが102号室の共同相続人となる**。

4 正 **被相続人の配偶者は、常に相続人となる**〈民890条〉。また、被相続人の子が、相続の開始以前に死亡したとき、又は相続人の欠格事由に該当し、若しくは廃除によって、その相続権を失ったときは、その者の子がこれを代襲して相続人となり〈民887条2項本文〉、**その代襲者が相続の開始以前に死亡したときは、その代襲者の子が相続人となる**〈同条3項〉。本肢の場合、Aの配偶者Bが相続人となる。また、Aの子C及びCの子Dが、Aの死亡時にすでに死亡しているので、Dの子Eが相続人となる。したがって、**B及びEが102号室の共同相続人となる**。

☞ ❶分冊 p160 **2**〜

正解 2
（正解率 **87%**）

肢別解答率 受験生はこう答えた！

1	2%
2	87%
3	4%
4	7%

難易度 **易**

甲マンション305号室を所有するAは、「305号室を娘Bに遺贈する。」という内容の遺言(以下「本件遺言」という。)をした。この場合に関する次の記述のうち、民法の規定及び判例によれば、誤っているものはどれか。

1 本件遺言が公正証書によってなされた場合には、本件遺言を撤回することはできない。

2 Aが本件遺言をした後に、「305号室を息子Cに遺贈する。」という内容の遺言をした場合には、本件遺言を撤回したものとみなされる。

3 本件遺言が自筆証書によってなされた場合において、Aが本件遺言をした後に、文面全面に斜線を引く等故意にその遺言書の文面全体を破棄する行為をしたときは、本件遺言を撤回したものとみなされる。

4 Aが本件遺言をした後に、305号室を友人Dに贈与した場合には、本件遺言を撤回したものとみなされる。

1 **誤**　遺言者は、いつでも、遺言の方式に従って、**その遺言の全部又は一部を撤回することができる**〈民 1022 条〉。したがって、Aは、遺言の方式に従って、本件遺言を撤回することができる。

☞ **❶分冊 p173 4〜**

2 **正**　**前の遺言が後の遺言と抵触するとき**は、その抵触する部分については、後の遺言で前の遺言を撤回したものとみなす〈民 1023 条 1 項〉。本件遺言は、後になされた本肢の遺言と抵触することから、撤回したものとみなされる。

☞ **❶分冊 p173 4〜**

3 **正**　**遺言者が故意に遺言書を破棄したとき**は、その破棄した部分については、遺言を撤回したものとみなす〈民 1024 条前段〉。本肢のAの行為は、「故意に遺言書を破棄した」ものであるから、Aは、本件遺言を撤回したものとみなされる。

☞ **❶分冊 p173 4〜**

4 **正**　前の遺言が後の遺言と抵触するときは、その抵触する部分については、後の遺言で前の遺言を撤回したものとみなす〈民 1023 条 1 項〉。この規定は、**遺言が遺言後の生前処分その他の法律行為と抵触する場合**に準用される〈同条 2 項〉。本件遺言は、後になされた本肢のAの贈与と抵触するから、撤回したものとみなされる。

☞ **❶分冊 p173 4〜**

正解 1
（正解率 80%）

肢別解答率
受験生は
こう答えた！

肢	解答率
1	80%
2	2%
3	12%
4	7%

難易度 易

甲マンションの 102 号室を所有する A が遺言することなく死亡し、A の相続人である B と C が A の遺産全てを B が相続する旨の遺産分割をした場合における次の記述のうち、民法の規定及び判例によれば、誤っているものはどれか。

1　A が D に対して、A の死亡前に、102 号室を譲渡したときは、D は所有権移転登記なくして B に対して 102 号室の所有権を主張できる。

2　A が E に対して、A の死亡前に、102 号室を譲渡し、BC 間の遺産分割後に、B が F に対して 102 号室を譲渡したときは、E は所有権移転登記なくして F に対して 102 号室の所有権を主張できない。

3　BC 間の遺産分割協議前に、C が G に対して C の法定相続分に当たる 102 号室の持分を譲渡し、G が所有権移転登記をしたときであっても、B は G に対して 102 号室全部の所有権を主張できる。

4　BC 間の遺産分割協議後に、C が H に対して C の法定相続分に当たる 102 号室の持分を譲渡したときは、B は遺産分割に基づく所有権移転登記なくして H に対して 102 号室に係る C の法定相続分の権利の取得を対抗できない。

1 **正**　不動産に関する物権の得喪及び変更は、その登記をしなければ、第三者に対抗することができない〈民177条〉。「第三者」とは、**当事者又はその包括承継人以外の者**であって、不動産に関する物権変動の登記の欠缺を主張する正当な利益を有するものをいう〈大連判明治41.12.15〉。Bは、Aの包括承継人であるから、「第三者」にあたらず、Dは、所有権移転登記なくして、Bに対して、102号室の所有権を主張できる。

☞ **❶分冊p116 ❸〜**

2 **正**　不動産に関する物権の得喪及び変更は、その登記をしなければ、第三者に対抗することができない〈民177条〉。**Fは、「第三者」にあたり**、Eは、所有権移転登記なくして、Fに対して、102号室の所有権を主張できない。

☞ **❶分冊p116 ❸〜**

3 **誤**　遺産の分割は、相続開始の時にさかのぼってその効力を生ずるが、第三者の権利を害することができない〈民909条〉。この「第三者」とは、**遺産分割前に現れた第三者**を指し、また、登記を備えていることを要する。本肢のGは遺産分割前に102号室の持分を取得し、登記を備えているから、「第三者」にあたり、Bは、Gに対して、102号室全部の所有権を主張できない。

☞ **❶分冊p160 ❷〜**

4 **正**　相続による権利の承継は、遺産の分割によるものかどうかにかかわらず、法定相続分を超える部分については、**登記、登録その他の対抗要件を備えなければ、第三者に対抗することができない**〈民899条の2第1項〉。本肢のHは「第三者」にあたり、Bは、遺産分割に基づく所有権移転登記をしなければ、Hに対して、102号室に係るCの法定相続分の権利の取得を対抗できない。

☞ **❶分冊p160 ❷〜**

正解 3
（正解率**47%**）

肢別解答率
受験生はこう答えた！

肢	解答率
1	33%
2	6%
3	47%
4	14%

難易度 **難**

相続

甲マンションの102号室にAとBが同居し、AがBと同居したまま令和2年7月1日に死亡した場合における次の記述のうち、民法の規定によれば、誤っているものはどれか。ただし、AにはBのほかに相続人がいるものとする。

1　Aが配偶者Bに対し令和2年6月1日に配偶者居住権を遺贈した場合でも、甲マンションの102号室がAとBとの共有であったときには、Bは配偶者居住権を取得しない。

2　甲マンションの102号室がAの所有であり、BがAの配偶者であっても、配偶者居住権を遺産分割によってBが取得するものとされず、また、配偶者居住権が遺贈あるいは死因贈与の目的とされていない場合には、Bは配偶者居住権を取得しない。

3　甲マンションの102号室がAの所有であり、Aが配偶者Bに対し令和2年6月1日に配偶者居住権を遺贈した場合でも、BがAの内縁の配偶者であったときには、Bは配偶者居住権を取得しない。

4　甲マンションの102号室がAの所有であり、BがAの配偶者であっても、AがBに対し令和元年6月1日に配偶者居住権を遺贈あるいは死因贈与した場合には、配偶者居住権を遺産分割によってBが取得するものとされない限り、Bは配偶者居住権を取得しない。

被相続人の配偶者は、被相続人の財産に属した建物に相続開始の時に居住していた場合において、遺産分割によって配偶者居住権を取得するものとされたとき、又は配偶者居住権が遺贈若しくは死因贈与の目的とされたときは、配偶者居住権を取得する〈民1028条1項〉。

1 **誤**　被相続人の配偶者は、被相続人の財産に属した建物に相続開始の時に居住していた場合において、配偶者居住権が遺贈の目的とされたときは、配偶者居住権を取得する〈民1028条1項2号〉。もっとも、**被相続人が相続開始の時に居住建物を配偶者以外の者と共有していた場合**には、配偶者居住権を取得することはできない〈同条項ただし書〉。102号室はＡとＢとの共有であり、**被相続人が相続開始の時に居住建物を配偶者と共有していた場合**であるから、Ｂは配偶者居住権を取得することができる。

　☞ **①分冊p174 5～**

2 **正**　配偶者居住権を遺産分割によってＢが取得するものとされず、また、配偶者居住権が遺贈あるいは死因贈与の目的とされていない場合には、**上記要件をみたさないため、Ｂは、配偶者居住権を取得しない。**

　☞ **①分冊p174 5～**

3 **正**　配偶者居住権を取得することができる「配偶者」とは、**法律上被相続人と婚姻をしていた配偶者をいい、内縁の配偶者を含まない。** Ｂは、Ａの内縁の配偶者であり、「配偶者」にあたらないため、配偶者居住権を取得しない。

　☞ **①分冊p174 5～**

4 **正**　配偶者居住権に関する規定は、令和2年4月1日に施行された。**配偶者居住権に関する規定は、この施行日前にされた遺贈については、適用されない**〈民法及び家事事件手続法の一部を改正する法律（平成30年法律72号）附則10条2項〉。本肢の遺贈あるいは死因贈与は、令和元年6月1日にされたものであるから、配偶者居住権に関する規定は適用されず、Ｂは、配偶者居住権を取得しない。

正解 1
（正解率22%）

肢別解答率
受験生はこう答えた！

1	22%	
2	16%	
3	34%	
4	28%	

難易度

難

㉙ 相続

甲マンション303号室の所有者Aが死亡し、Aの子であるB及びCがAを共同で相続した。Aの遺産は、303号室と現金1,000万円である。この場合に関する次の記述のうち、民法の規定及び判例によれば、正しいものはどれか。ただし、Aの遺言はないものとする。

1　ＢＣ間の遺産分割の協議により、303号室と1,000万円をＢが取得し、Ｃは何も取得しない旨の遺産分割をした場合、この協議は無効である。

2　ＢＣ間の遺産分割の協議により、303号室を売却して、その売却代金と1,000万円をＢＣで平等に分割する旨の遺産分割をすることができる。

3　ＢＣ間の遺産分割の協議により、303号室をＢが、1,000万円をＣがそれぞれ取得する旨の遺産分割が行われた。その後、ＢＣは、その協議の全部を合意によって解除し、改めて、異なる内容の遺産分割の協議をすることはできない。

4　ＢＣ間の遺産分割の協議により、303号室をＢが、1,000万円をＣがそれぞれ取得する旨の遺産分割が行われた。その後、Ｄからの認知の訴えが認められ、ＤもＡの共同相続人となった場合、ＢＣ間の遺産分割の協議はその効力を失い、Ｄを含めて再度の遺産分割の協議をしなければならない。

1 **誤** 協議による遺産分割は、共同相続人の合意があれば、**自由にその内容を定める**ことができる。したがって、Ｂが遺産を取得し、Ｃは何も取得しない旨の遺産分割も無効とならない。

👉 **①分冊 p160 2〜**

2 **正** 協議による遺産分割では、共同相続人の合意があれば、**自由にその方法を選択する**ことができる。したがって、303号室を売却して、その売却代金と1,000万円を分割する方法による遺産分割も可能である。

👉 **①分冊 p160 2〜**

3 **誤** 共同相続人の全員が、既に成立している遺産分割協議の全部又は一部を**合意により解除**した上、改めて遺産分割協議をすることは、法律上、当然には妨げられるものではない〈最判平成2.9.27〉。したがって、ＢＣは、遺産分割協議の全部を合意によって解除し、改めて、異なる内容の遺産分割の協議をすることができる。

👉 **①分冊 p160 2〜**

4 **誤** 相続の開始後認知によって相続人となった者が遺産の分割を請求しようとする場合において、他の共同相続人が既にその分割その他の処分をしたときは、**価額のみによる支払の請求権を有する**〈民910条〉。Ｄは、ＢＣ間の遺産分割の協議の後に、認知により相続人となった者であるから、ＢＣ間の遺産分割の協議はその効力を失わず、再度の遺産分割の協議をすることは義務づけられない。

👉 **①分冊 p160 2〜**

正解 2
（正解率**81**%）

肢別解答率
受験生はこう答えた！

肢	解答率
1	2%
2	81%
3	8%
4	9%

難易度 **易**

甲マンションの301号室を所有するAが管理費を滞納したまま死亡した場合における次の記述のうち、民法の規定によれば、誤っているものはどれか。

1　Aが死亡した際に、その相続人のあることが明らかでないときは、甲マンションの管理組合は、家庭裁判所に対し相続財産の清算人の選任を請求することができる。

2　Aの相続財産の清算人が選任されたときは、清算人は、家庭裁判所の許可を得なければ甲マンションの301号室を売却することはできない。

3　Aの相続財産の清算人が選任されたときは、清算人は、甲マンションの管理組合に対しAが生前に滞納した管理費を直ちに支払わなければならない。

4　Aが死亡した際に、その相続人はあるが、その所在が明らかでないときは、甲マンションの管理組合は、家庭裁判所に対し相続財産の管理人の選任を請求することができる。

1 **正**　相続人のあることが明らかでない場合には、家庭裁判所は、**利害関係人又は検察官の請求によって**、相続財産の清算人を選任しなければならない〈民952条1項〉。甲マンションの管理組合は、Aに対する管理費等債権を有し、利害関係人にあたるので、Aが死亡した際に、その相続人のあることが明らかでないときは、家庭裁判所に対し相続財産の清算人の選任を請求することができる。

2 **正**　相続財産の清算人は、①保存行為、②代理の目的である物又は権利の性質を変えない範囲内において、その利用又は改良を目的とする行為を行う権限を超える行為を必要とするときは、**家庭裁判所の許可を得て**、その行為をすることができる〈民953条、28条〉。甲マンションの301号室の売却は、上記①②を超えるので、清算人は、家庭裁判所の許可を得なければ、これを行うことはできない。

3 **誤**　相続財産の清算人が選任された場合、所定の手続に従って**相続財産の清算が行われる**。したがって、Aの相続財産の清算人が選任されたときは、清算人は、甲マンションの管理組合に対しAが生前に滞納した管理費を直ちに支払わなければならないわけではない。

4 **正**　家庭裁判所は、利害関係人又は検察官の請求によって、いつでも、**相続財産の管理人の選任その他の相続財産の保存に必要な処分**を命ずることができる〈民897条の2第1項本文〉。甲マンションの管理組合は、Aに対する管理費等債権を有し、利害関係人にあたるので、Aが死亡した際に、その相続人はあるが、その所在が明らかでないときは、家庭裁判所に対し相続財産の管理人の選任を請求することができる。

相続

正解 3
（正解率72%）

肢別解答率
受験生は
こう答えた！

1	3%
2	11%
3	72%
4	13%

難易度 **易**

Aは、甲マンション206号室を購入する際にB銀行から購入資金を借り受け、これを担保する目的で同室にBのための抵当権を設定し、その旨の登記がなされた。この場合に関する次の記述のうち、民法の規定によれば、正しいものはどれか。

1 抵当権設定登記後に、206号室が全焼し、保険会社からAに火災保険金が支払われた。この場合には、Bは、Aに支払われた火災保険金に対して、抵当権に基づく物上代位権を行使することができない。

2 抵当権設定登記後に、AがC銀行から金銭を借り受けるに当たり、206号室にCのための抵当権を設定する場合には、Bの承諾を得なければならない。

3 抵当権設定登記後に、Dが、206号室にBの抵当権が設定されていることを知らずに、Aから同室を購入しその旨の登記がなされた。この場合には、Dは、同室にBの抵当権が設定されていることにつき善意であったことを理由として、Bに対し、抵当権設定登記の抹消を請求することができる。

4 抵当権設定登記後に、Aが206号室をEに賃貸し、Eが同室に居住し始めた。その後、Bの抵当権の実行による競売において同室をFが買い受けた場合には、Eは、Fの買受けの時に直ちに同室をFに引き渡さなければならない。

1 **正** 抵当権は、その目的物の売却、賃貸、滅失又は損傷によって債務者が受けるべき金銭その他の物に対しても、行使することができる〈民372条、304条1項本文〉。もっとも、これを行うには、抵当権者は、**その払渡し又は引渡しの前に**差押えをしなければならない〈同条項ただし書〉。Bは、火災保険金の払渡しの前に差押えをしていないので、抵当権に基づく物上代位権を行使することができない。

☞ ❶分冊 p132 **2**〜

2 **誤** 抵当権が設定された不動産にさらに抵当権を設定するのに、すでに設定されている抵当権の抵当権者の**承諾を得る必要はない**。

3 **誤** 不動産に関する物権の得喪及び変更は、その登記をしなければ、第三者に対抗することができない〈民177条〉。Bの抵当権は、Dの所有権移転登記より先に登記されており、Dに対抗することができる。したがって、Dは、Bに対し、抵当権設定登記の抹消を**請求することはできない**。

☞ ❶分冊 p116 **3**〜

4 **誤** **抵当権者に対抗することができない賃貸借により抵当権の目的である建物の使用又は収益をする者であって競売手続の開始前から使用又は収益をするもの**は、その建物の競売における**買受人の買受けの時から6か月を経過するまで**は、その建物を買受人に**引き渡すことを要しない**〈民395条1項1号〉。したがって、Eは、Fの買受けの時から6か月を経過するまでは、206号室をFに引き渡す必要はなく、直ちにFに引き渡す必要はない。

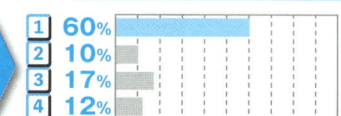

正解 **1**
（正解率**60%**）

肢別解答率
受験生はこう答えた！

1	60%	
2	10%	
3	17%	
4	12%	

難易度
普

Aは、弟Bが事業資金500万円の融資をC銀行から受けるに際して、Aが所有し、居住している甲マンションの103号室にC銀行のために抵当権を設定し、その登記もされた場合に関する次の記述のうち、民法及び区分所有法の規定によれば、正しいものはどれか。

1 Aは、BのC銀行に対する債務について、Bの意思に反してもC銀行に対して、第三者としての弁済をすることができる。

2 C銀行の抵当権の効力は、Aが有する共用部分の共有持分には及ばない。

3 C銀行の抵当権の実行により、Aが103号室の所有権を失った場合には、AはBに対して求償することはできない。

4 Aが103号室を売却するときは、C銀行の承諾を得なければならない。

1 **正** 債務の弁済は、第三者もすることができる〈民474条1項〉。もっとも、**弁済をするについて正当な利益を有する者でない第三者は、原則として、債務者の意思に反して弁済をすることができない**〈同条2項〉。Aは、物上保証人であり、**弁済をするについて正当な利益を有する者**であるから、債務者であるBの意思に反しても、BのC銀行に対する債務につき、C銀行に対して、第三者としての弁済をすることができる。

☞ ❶分冊 p88 **2**〜

2 **誤** **共用部分の共有者の持分は、その有する専有部分の処分に従う**〈区15条1項〉。本問では、Aは、103号室に抵当権を設定したのであるから、Aの有する共用部分の共有持分は、103号室の処分に従うことになる。したがって、C銀行の抵当権の効力は、**Aの有する共用部分の共有持分にも及ぶ**。

☞ ❶分冊 p232 **4**〜

3 **誤** 他人の債務を担保するため抵当権を設定した者は、その債務を弁済し、又は**抵当権の実行によって抵当不動産の所有権を失ったときは、債務者に対して求償権を有する**〈民372条、351条〉。したがって、本肢の場合、Aは、Bに対して、求償することができる。

4 **誤** 抵当権設定者は、**抵当権者の承諾を得ることなく**、抵当不動産を処分することができる。したがって、Aは、103号室を売却するときに、C銀行の承諾を得る必要はない。

☞ ❶分冊 p132 **2**〜

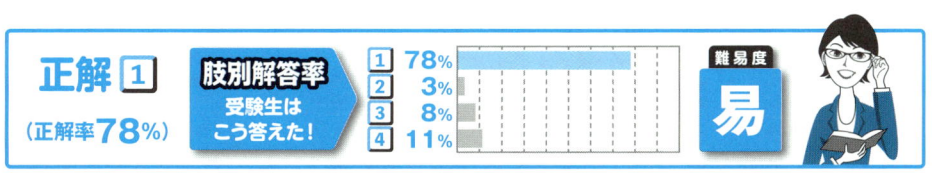

正解 **1**	肢別解答率			
（正解率78%）	受験生はこう答えた！	**1**	78%	
		2	3%	
		3	8%	
		4	11%	

難易度 **易**

Aがその所有する甲マンションの101号室を、賃料を月額10万円としてBに賃貸し、これを使用中のBが、Aに対し、5月分の賃料10万円の支払を怠った場合に関する次の記述のうち、民法の規定及び判例によれば、誤っているものはどれか。なお、AB間に相殺禁止の特約はないものとし、遅延利息については考慮しないものとする。

1 Bは101号室の敷金として20万円をAに差し入れているが、Bは、Aに対し、当該敷金返還請求権20万円のうち10万円と5月分の賃料10万円とを相殺することはできない。

2 Bが101号室の故障したガス給湯設備の修繕費用として適切である10万円を支出し、AB間に費用負担の特約がないときは、Bは、Aに対し、当該費用の償還請求権10万円と5月分の賃料10万円とを相殺することができる。

3 BがAに対し弁済期が到来した50万円の貸金債権を有しているとき、Bは、Aに対し、当該貸金債権と101号室の5月分の賃料10万円及びいまだ支払期限の到来していない6月から9月までの賃料40万円とを相殺することができる。

4 AがBに対して不法行為を行った結果、BがAに対する損害賠償債権30万円を有しているとき、Bは、Aに対し、損害賠償債権30万円のうち10万円と101号室の5月分の賃料10万円とを相殺することはできない。

2人が互いに同種の目的を有する債務を負担する場合において、双方の債務が弁済期にあるときは、各債務者は、その対当額について相殺によってその債務を免れることができる〈民505条1項本文〉。

1 **正** 賃借人が賃貸借に基づいて生じた金銭の給付を目的とする債務を履行しない場合において、賃借人は、賃貸人に対し、**敷金をその債務の弁済に充てることを請求することができない**〈民622条の2第2項後段〉。したがって、Bは、本肢の相殺をすることはできない。

☞ **❶分冊 p57 ❸~**

2 **正** 賃借人は、賃借物について賃貸人の負担に属する必要費を支出したときは、賃貸人に対し、直ちにその償還を請求することができる〈民608条1項〉。Bは、ガス給湯設備の修繕費用を支出して、Aに対する必要費償還請求権を取得していることから、これと未払賃料債権とを**相殺することができる**。

☞ **❶分冊 p91 ❹~**

3 **正** 6月から9月までの賃料債権は、支払期限が到来していないことから、そのままでは「双方の債務が弁済期にあるとき」とはいえない。しかし、債務者は、期限の利益を放棄することができる〈民136条2項本文〉。Bが、賃料債務につき期限の利益を放棄すれば、「双方の債務が弁済期にあるとき」にあたり、貸金債権と賃料債権とを**相殺することができる**。

☞ **❶分冊 p91 ❹~**

4 **誤** 悪意による不法行為に基づく損害賠償の債務又は人の生命若しくは身体の侵害による損害賠償請求の債務の**債務者**は、相殺をもって債権者に対抗することができない〈民509条〉。Bは、**不法行為に基づく損害賠償債権を有する者**であるから、上記規定は適用されず、損害賠償債権の一部と未払賃料債権とを**相殺することができる**。

☞ **❶分冊 p91 ❹~**

正解 4
（正解率62%）

肢別解答率
受験生は
こう答えた！

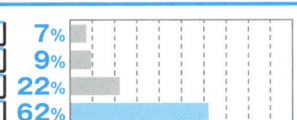

肢	割合
1	7%
2	9%
3	22%
4	62%

難易度 **普**

A がその所有する甲マンションの 301 号室を B に対して期間を3年と定めて賃貸し、C が B のために A との間で保証契約を締結した場合における次の記述のうち、民法の規定及び判例によれば、正しいものはどれか。（改題）

1 A と B との間で賃貸借契約が合意更新された場合、C は更新後も保証を継続する旨の意思表示をしない限り更新後の賃料債務については保証債務を負わない。

2 B の賃料不払により賃貸借契約が解除された場合、C は未納賃料のみならず、B が 301 号室を契約に基づき返還すべきところ返還しないことによって A が被った損害の賠償債務についても保証債務を負う。

3 C が B と連帯して保証する旨の特約があり、B の賃料不払により A が C に対して保証債務の履行を請求した場合、C は A に対し、まず B に対して履行の催告をするように請求することができる。

4 元本確定後、B の賃料債務が時効により消滅した場合であっても、C が保証債務の存在を承認したときには、C は保証債務を免れない。

1 誤　期間の定めのある建物の賃貸借において、賃借人のために保証人が賃貸人との間で保証契約を締結した場合には、反対の趣旨をうかがわせるような特段の事情のない限り、**保証人が更新後の賃貸借から生ずる賃借人の債務についても保証の責めを負う趣旨で合意がされたものと解され**、保証人は、賃貸人において保証債務の履行を請求することが信義則に反すると認められる場合を除き、更新後の賃貸借から生ずる賃借人の債務についても保証の責めを免れない〈最判平成9.11.13〉。したがって、Cは、特段の事情のない限り、更新後の賃料債務についても保証債務を負う。

👉 ❶分冊 p137 **4**〜

2 正　賃借人のために保証をした保証人は、賃借人の賃料不払による賃貸借契約の解除があった場合に、**賃借人が賃貸借物の返還義務を履行しなかったことにより賃貸人に被らせた損害の賠償責任を保証する**〈大判昭和13.1.31〉。したがって、Cは、本肢の損害の賠償債務についても保証債務を負う。

👉 ❶分冊 p137 **4**〜

3 誤　債権者が保証人に債務の履行を請求したときは、保証人は、まず主たる債務者に催告をすべき旨を請求することができる〈催告の抗弁　民452条本文〉。もっとも、保証人は、主たる債務者と**連帯して債務を保証したときは、催告の抗弁権を有しない**〈民454条〉。したがって、本肢の場合、Cは、Aに対し、まずBに対して履行の催告をするように請求することはできない。

👉 ❶分冊 p137 **4**〜

4 誤　保証債務は、主たる債務の履行を担保するためのものであるから、**主たる債務が消滅すれば、保証債務も消滅する**（付従性）。したがって、元本確定後、Bの賃料債務が時効により消滅した場合、Cの保証債務も消滅し、Cは、保証債務を免れる。

👉 ❶分冊 p137 **4**〜

正解 2
（正解率60%）

肢別解答率
受験生は
こう答えた！

1	20%
2	60%
3	3%
4	17%

難易度 **普**

甲マンションの201号室の区分所有者Aが死亡し、その配偶者Bと未成年の子Cが同室の所有権を相続し、BとCが各2分の1の共有持分を有し、その旨の登記がなされている場合における次の記述のうち、民法の規定及び判例によれば、正しいものはどれか。

1　Bが金融機関から自己を債務者として融資を受けるに当たり、201号室の区分所有権全部について抵当権を設定しようとする場合に、Cの持分に係る抵当権の設定については、BはCのために特別代理人を選任することを家庭裁判所に請求しなければならない。

2　Bが、Cに区分所有権全部を所有させるため、自己の持分を無償で譲渡する場合でも、BはCのために特別代理人を選任することを家庭裁判所に請求しなければならない。

3　201号室の区分所有権全部を第三者に売却する場合、Cの持分の売却について、BはCのために特別代理人を選任することを家庭裁判所に請求しなければならない。

4　201号室に係る固定資産税等の公租公課について、未成年者であるCが支払うに当たって、BはCのために特別代理人を選任することを家庭裁判所に請求しなければならない。

親権を行う父又は母とその子との利益が相反する行為については、親権を行う者は、その子のために特別代理人を選任することを家庭裁判所に請求しなければならない〈民826条1項〉。この「利益が相反する行為」に該当するかどうかは、親権者が子を代理してなした行為自体を外形的客観的に考察して判定すべきであり、当該代理行為をなすについての親権者の動機、意図をもって判定すべきでない〈最判昭和42.4.18〉。

1 **正**　親権者自身が金員を借り受けるにあたり、その債務につき子の所有不動産の上に抵当権を設定することは、「利益が相反する行為」にあたる〈最判昭和37.10.2〉。したがって、BはCのために特別代理人を選任することを家庭裁判所に**請求しなければならない**。

2 **誤**　親権者が自己の不動産を無償で子に譲渡する場合、「利益が相反する行為」にあたらない。したがって、BはCのために特別代理人を選任することを家庭裁判所に**請求することは義務づけられない**。

3 **誤**　この場合、売買契約の当事者はCと第三者であり、BとCとの利益は相反しない。したがって、BはCのために特別代理人を選任することを家庭裁判所に**請求することは義務づけられない**。

4 **誤**　子の公租公課の支払は、「利益が相反する行為」にあたらない。したがって、BはCのために特別代理人を選任することを家庭裁判所に**請求することは義務づけられない**。

正解 1
（正解率42%）

肢別解答率
受験生はこう答えた！

肢	解答率
1	42%
2	5%
3	48%
4	5%

難易度　難

Aが所有する甲マンション 201 号室には、AのBに対する債務を担保するためにBの抵当権が設定されている。この場合に関する次の記述のうち、民法の規定及び判例によれば、誤っているものはどれか。

1 Bの抵当権の効力は、Bの抵当権が設定された当時、既に 201 号室内に存在していた従物に及ぶ。

2 Bの抵当権について設定登記がされる前に、Cが、Aから 201 号室を賃借して同室の引渡しを受けていた場合において、Bの抵当権が実行されてDが同室を買い受け、Cに対して同室の明渡しを請求したときは、Cは、同室の賃借権を有することを理由にその請求を拒むことができる。

3 Bの抵当権が設定された後であっても、Aは、201 号室をEに賃貸し、Eから賃料を収取することができる。

4 201 号室にAのFに対する債務を担保するためにFの抵当権が設定された場合には、Bの抵当権とFの抵当権の順位は、抵当権設定契約の前後によって決まる。

1 **正** 　従物は、主物の処分に従う〈民 87 条 2 項〉。したがって、主物である 201 号室につき抵当権が設定された場合、その従物にも抵当権の効力が及ぶ。
 **①分冊 p132 ②〜**

2 **正** 　抵当権が実行された場合における買受人と抵当不動産の賃借人との優劣は、**抵当権の設定登記と賃借権の対抗要件との先後による。** 本肢の場合、C は、抵当権設定登記がなされる前に、201 号室の引渡しを受け、賃借権の対抗要件を具備している〈借 31 条〉から、同室の賃借権を有することを理由に同室の明渡しを拒むことができる。

3 **正** 　抵当権設定者は、**抵当権設定後も、抵当不動産の使用収益を行うことができる。** したがって、A は、抵当権設定後も、201 号室を E に賃貸し、E から賃料を収取することができる。
 **①分冊 p132 ②〜**

4 **誤** 　同一の不動産について数個の抵当権が設定されたときは、**その抵当権の順位は、登記の前後による**〈民 373 条〉。したがって、B の抵当権と F の抵当権の順位は、抵当権設定登記の前後による。
 **①分冊 p132 ②〜**

正解 4
（正解率 **49%**）

肢別解答率
受験生はこう答えた！

1	23%
2	25%
3	3%
4	49%

難易度 難

Aが所有する甲マンションの 301 号室をBに対して賃貸し、CがBの委託を受けてBのAに対する賃借人の債務についてAとの間で書面によって保証契約を締結した場合に関する次の記述のうち、民法の規定によれば、誤っているものはどれか。

1　AとCとの保証契約が令和元年5月1日に締結された場合、法人でないCが極度額を当該契約書面に記載せずに保証契約を締結したときは、その契約は有効である。

2　AとCとの保証契約が令和2年5月1日に締結された場合、法人であるCが極度額を当該契約書面に記載せずに保証契約を締結したときは、その契約は無効である。

3　AとCとの保証契約が令和2年5月1日に締結された場合、法人でないCが極度額を当該契約書面に記載せずに保証契約を締結したときは、その契約は無効である。

4　AとCとの保証契約が令和2年5月1日に有効に締結された場合、法人でないCがAに対してBの賃料支払状況に関する情報を求めたときは、Aは遅滞なくこれをCに提供しなければならない。

1 **正** 個人根保証契約は、極度額を定めなければ、その効力を生じない〈民465条の2第2項〉。もっとも、この規定は、令和2年4月1日以降に締結された保証契約に適用される規定であり、**本肢の保証契約には適用されない**。したがって、本肢の保証契約は、有効である。

☞ ❶分冊 p137 **4**〜

2 **誤** 個人根保証契約は、極度額を定めなければ、その効力を生じない〈民465条の2第2項〉。また、個人根保証契約の極度額の定めは、書面又は電磁的記録によらなければ、その効力を生じない〈同条3項、446条2項、3項〉。個人根保証契約とは、**根保証契約であって保証人が法人でないもの**である。本肢の保証契約は、法人であるCが保証人となるものであるから、個人根保証契約にあたらず、極度額の定めを契約書面に記載せず、極度額を定めていなかったものとされても、契約は無効とならない。

☞ ❶分冊 p137 **4**〜

3 **正** 個人根保証契約は、**極度額を定めなければ、その効力を生じない**〈民465条の2第2項〉。また、個人根保証契約の極度額の定めは、**書面又は電磁的記録によらなければ、その効力を生じない**〈同条3項、446条2項、3項〉。個人根保証契約とは、根保証契約であって保証人が法人でないものである。本肢の保証契約は、法人でないCが保証人となるものであるから、個人根保証契約にあたり、極度額の定めを契約書面に記載せず、極度額を定めていなければ、その効力を生じず、したがって、本肢の保証契約は無効となる。

☞ ❶分冊 p137 **4**〜

4 **正** **保証人が主たる債務者の委託を受けて保証をした場合**において、**保証人の請求があったとき**は、債権者は、保証人に対し、遅滞なく、主たる債務の元本及び主たる債務に関する利息、違約金、損害賠償その他その債務に従たる全てのものについての不履行の有無並びにこれらの残額及びそのうち弁済期が到来しているものの額に関する**情報を提供しなければならない**〈民458条の2〉。Cは、Bの委託を受けて、BのAに対する賃借人の債務について保証をしているから、Aは、Cからの請求があったときは、遅滞なく、Bの賃料支払状況に関する情報を提供しなければならない。

☞ ❶分冊 p137 **4**〜

正解 2
（正解率**46%**）

肢別解答率 受験生はこう答えた！

1	33%
2	46%
3	13%
4	7%

難易度 **難**

甲マンション102号室を所有するAは、Bとの間で、同室を代金1,000万円でBに売却する旨の契約を結んだ。その後、Aは、Cとの間で、同室を代金1,200万円でCに売却する旨の契約を結んだ。この場合に関する次の記述のうち、民法の規定及び判例によれば、誤っているものはどれか。

1 CがBよりも先に代金1,200万円をAに支払った場合であっても、BがCよりも先にAから102号室の引渡しを受けたときは、Bは同室の所有権の移転登記を備えなくても、Cに対し、同室の所有権を取得したことを対抗することができる。

2 BがCよりも先に代金1,000万円をAに支払い、CがBよりも先に102号室の引渡しを受けたが、両者とも同室の所有権の移転登記を備えていないとき、BもCも互いに、同室の所有権を取得したことを対抗することができない。

3 CがAとの売買契約を結んだ当時、Bが既に102号室をAから買い受けたことを知っており、かつ、CがBの登記の不存在を主張することが信義に反すると認められる事情がある場合には、Bは同室の所有権の移転登記を備えなくても、Cに対し、同室の所有権を取得したことを対抗することができる。

4 CがBよりも先にAから102号室の引渡しを受けた場合であっても、Bが同室の所有権の移転登記を備えたときは、Bは、Cに対し、同室の所有権を取得したことを対抗することができる。

不動産に関する物権の得喪及び変更は、**その登記をしなければ、第三者に対抗することができない**〈民177条〉。

1 **誤** 本肢の場合、**Bは、102号室の所有権の移転登記を備えていない**から、Cに対し、同室の所有権を取得したことを対抗することができない。
👉 **①分冊p116 ❸〜**

2 **正** 本肢の場合、**BもCも102号室の所有権の移転登記を備えていない**から、BもCも、互いに、同室の所有権を取得したことを対抗することができない。
👉 **①分冊p116 ❸〜**

3 **正** 「第三者」とは、当事者及びその包括承継人以外の者で登記の欠缺を主張する正当な利益を有する者をいう〈大連判明治41.12.15〉。実体上物権変動があった事実を知る者においてその物権変動についての登記の欠缺を主張することが信義に反するものと認められる事情がある場合には、その背信的悪意者は、登記の欠缺を主張するについて正当な利益を有しないものであって、民法177条に規定する**第三者にあたらない**〈最判昭和31.4.24〉。本肢のCは、Bの登記の不存在を主張することが信義に反すると認められる事情があるので、「第三者」にあたらず、Bは、同室の所有権の移転登記を備えなくても、Cに対し、同室の所有権を取得したことを対抗することができる。
👉 **①分冊p116 ❸〜**

4 **正** 本肢の場合、**Bは、102号室の所有権の移転登記を備えた**から、Cに対し、同室の所有権を取得したことを対抗することができる。
👉 **①分冊p116 ❸〜**

正解 ❶
（正解率**84%**）

肢別解答率 受験生はこう答えた！

肢	解答率
1	84%
2	10%
3	6%
4	0%

難易度 易

甲マンションの101号室を所有するAが管理費を滞納した場合の遅延損害金に関する次の記述のうち、民法の規定によれば、誤っているものはどれか。

1　甲マンションの管理規約に遅延損害金の利率の定めがない場合、Aが令和2年1月末日を支払期限とする管理費を滞納したときは、Aは、令和2年2月1日から支払済みまで年5%の割合による遅延損害金の支払義務を負う。

2　甲マンションの管理規約に遅延損害金の利率を年10%とする定めがある場合、Aが令和2年7月末日を支払期限とする管理費を滞納したときは、Aは、令和2年8月1日から支払済みまで年10%の割合による遅延損害金の支払義務を負う。

3　甲マンションの管理規約に遅延損害金の利率の定めがない場合、Aが令和3年1月末日を支払期限とする管理費を滞納したときは、Aは、令和3年2月1日から支払済みまで年3%の割合による遅延損害金の支払義務を負う。

4　甲マンションの管理規約に遅延損害金の利率を年1%とする定めがある場合、Aが令和3年7月末日を支払期限とする管理費を滞納したときは、Aは、令和3年8月1日から支払済みまで年3%の割合による遅延損害金の支払義務を負う。

1 **正** 金銭の給付を目的とする債務の不履行については、その損害賠償の額は、債務者が遅滞の責任を負った最初の時点における法定利率によって定める〈民419条1項本文〉。ここで、**現行民法の施行日（令和2年4月1日）前に債務者が遅滞の責任を負った場合**における遅延損害金を生ずべき債権に係る法定利率については、**改正前の法定利率（年5%）による**〈平成29年法律第44号附則17条3項〉。本肢の場合、管理費の支払期日は令和2年1月末日であり、その経過時にAは遅滞の責任を負う。したがって、遅延損害金の算定は、改正前の法定利率によることとなり、Aは、令和2年2月1日から支払済みまで年5%の割合による遅延損害金の支払義務を負う。

☞ **❶分冊 p104 ❷〜**

2 **正** 当事者は、債務の不履行について**損害賠償の額を予定することができる**〈民420条1項〉。本肢の場合、甲マンションの管理規約に遅延損害金の利率を年10%とする定めがあるので、損害賠償の額が予定されているといえる。したがって、Aは、損害賠償の額の予定に従い、令和2年8月1日から支払済みまで年10%の割合による遅延損害金の支払義務を負う。

☞ **❶分冊 p104 ❷〜**

3 **正** 金銭の給付を目的とする債務の不履行については、その損害賠償の額は、**債務者が遅滞の責任を負った最初の時点における法定利率によって**定める〈民419条1項本文〉。ここで、令和3年2月1日における法定利率は3%である〈民404条2項〉から、Aは、令和3年2月1日から支払済みまで年3%の割合による遅延損害金の支払義務を負う。

☞ **❶分冊 p104 ❷〜**

4 **誤** 当事者は、債務の不履行について**損害賠償の額を予定することができる**〈民420条1項〉。本肢の場合、甲マンションの管理規約に遅延損害金の利率を年1%とする定めがあるので、損害賠償の額が予定されているといえる。したがって、Aは、損害賠償の額の予定に従い、令和3年8月1日から支払済みまで年1%の割合による遅延損害金の支払義務を負う。

☞ **❶分冊 p104 ❷〜**

正解 4
（正解率65%）

肢別解答率
受験生はこう答えた！

肢	解答率
1	29%
2	2%
3	4%
4	65%

難易度 **普**

Aがその所有する甲マンションの301号室をBに賃貸し、CがBの賃料支払債務について連帯保証した場合に関する次の記述のうち、民法の規定及び判例によれば、誤っているものはどれか。

1　Bが賃料の支払を怠り、Aから保証債務の履行を請求されたCは、Aに対し、まずBに対して賃料支払の催告をするよう請求することはできない。

2　AB間の賃貸借契約において賃料債務についての遅延損害金の定めがない場合には、AC間の連帯保証契約において保証債務についてのみ遅延損害金を定めることはできない。

3　Bの賃料支払債務が時効により消滅した場合、Bが時効の利益を放棄しても、Cは自ら賃料支払債務の消滅時効を援用し、保証債務を免れることができる。

4　AがCに対して保証債務の履行を請求し、その時効の更新が生じても、AとBが別段の意思表示をしない限り、Bに対する時効更新の効力は生じない。

1 **正**　債権者が保証人に債務の履行を請求したときは、保証人は、まず主たる債務者に催告をすべき旨を請求することができる〈催告の抗弁　民452条〉。もっとも、**連帯保証人は、催告の抗弁をすることができない**〈民454条〉。したがって、Cは、Aに対し、まずBに対して賃料支払の催告をするよう請求することはできない。

👉 **❶分冊 p137 ④〜**

2 **誤**　保証人は、**その保証債務についてのみ、違約金又は損害賠償の額を約定することができる**〈民447条2項〉。したがって、ＡＢ間の賃貸借契約において賃料債務についての遅延損害金の定めがない場合であっても、ＡＣ間の保証契約において保証債務についてのみ遅延損害金を定めることができる。

👉 **❶分冊 p137 ④〜**

3 **正**　保証債務履行請求権は、主たる債務の履行を確保するためのものであるから、主たる債務が消滅した場合には、それに伴って消滅する（付従性）。ここで、時効は、当事者（**消滅時効にあっては、保証人、物上保証人、第三取得者その他権利の消滅について正当な利益を有する者を含む。**）が援用することができる〈民145条〉。Cは、Bの賃料支払債務の保証人であるから、自ら賃料支払債務の消滅時効を援用することができる。したがって、CがBの賃料支払債務の消滅時効を援用して賃料支払債務を消滅させた場合、付従性により、保証債務も消滅するので、Cは、保証債務を免れることができる。

👉 **❶分冊 p137 ④〜**

4 **正**　連帯保証人について生じた事由は、民法に特別の定めがある場合を除き、債権者及び主たる債務者が別段の意思を表示していなければ、**主たる債務者に対してその効力を生じない**〈民458条、441条〉。連帯保証人に対する請求について特別の定めはなく、債権者が連帯保証人に対して保証債務の履行を請求しても、主たる債務者に対して効力を生じない。そのため、AとBが別段の意思表示をしない限り、Cに対する履行の請求によっては、Bに対する時効の更新の効力は生じない。

👉 **❶分冊 p137 ④〜**

正解 2
（正解率43%）

肢別解答率
受験生は
こう答えた！

肢	解答率
1	3%
2	43%
3	36%
4	19%

難易度 **難**

Aは、Bとの間で、甲マンションの1室である501号室をBに売却する旨の売買契約を締結した。この場合に関する次の記述のうち、民法の規定及び判例によれば、誤っているものはどれか。

1　Aが501号室を退去した後に、居住するための権利を有しないCが同室に居住している場合、AからBへの501号室の区分所有権の移転登記が経由されていないときは、Bは、Cに対して、同室の明渡しを請求することができない。

2　AからBへの501号室の区分所有権の移転登記が経由されない間に、AがCに同室を売却する旨の売買契約を締結し、Cに同室が引き渡された場合において、AからB及びCのいずれに対しても同室の区分所有権の移転登記を経由していないときは、Bは、Cに対して同室を明け渡すように請求することができない。

3　AからBに501号室の区分所有権の移転登記を経由した後に、AがBの詐欺を理由にAB間の売買契約を取り消したが、その後にBがCに同室を売却する旨の売買契約を締結して、区分所有権の移転登記をBからCに経由し、Cが居住しているときは、Aは、Cに対して、同室の明渡しを求めることができない。

4　AからBに501号室の区分所有権の移転登記が経由された後に、AがBの代金未払いを理由にAB間の契約を解除したが、その解除の前にBがCに同室を売却する旨の売買契約を締結してCが居住している場合、区分所有権の移転登記がBからCに経由されていないときは、Aは、Cに対して、同室の明渡しを求めることができる。

不動産に関する物権の得喪及び変更は、その登記をしなければ、第三者に対抗することができない〈民177条〉。

1 **誤** **不法占有者は「第三者」に該当せず**、これに対しては登記がなくても所有権の取得を対抗することができる〈最判昭和25.12.19〉。Cは、501号室に居住するための権利を有しない不法占有者であり、第三者に該当しないから、Bは、501号室の区分所有権の移転登記を経由していなくても、Cに対して、同室の明渡しを請求することができる。
☞ **❶分冊 p116 ❸〜**

2 **正** Bは、501号室の区分所有権の**移転登記を経由していない**ので、Cに対して、同室を明け渡すように請求することができない。
☞ **❶分冊 p116 ❸〜**

3 **正** 詐欺により不動産の売買契約がなされたことを理由にその売買契約が取り消された場合、**不動産の所有権は売主に復帰**する。この物権変動は、**登記をしなければ第三者に対抗することができない**〈大判昭和17.9.30〉。Aは、AB間の売買契約を取り消し、501号室の所有権がAに復帰するものの、Aはその旨の登記をしていないので、Cに対して、同室の明渡しを求めることはできない。
☞ **❶分冊 p116 ❸〜**

4 **正** 当事者の一方がその解除権を行使したときは、各当事者は、その相手方を原状に復させる義務を負う〈民545条1項本文〉。もっとも、**第三者の権利を害することはできない**〈同条項ただし書〉。この「第三者」として保護を受けるためには、不動産の場合には、**登記を備えていることを必要とする**〈最判昭和33.6.14〉。Cは、501号室の区分所有権の移転登記を備えていないので、「第三者」にあたらず、Aは、Cに対して、同室の明渡しを求めることができる。
☞ **❶分冊 p107 ❹〜**

正解 **1** （正解率**65%**） **肢別解答率** 受験生はこう答えた！

肢	解答率
1	65%
2	5%
3	20%
4	10%

難易度 **普**

Aが所有する甲マンションの201号室を賃料月額20万円としてBに賃貸し、令和4年8月分の賃料をCがAに対して弁済しようとする場合に関する次の記述のうち、民法の規定によれば、誤っているものはどれか。

1 ＡＢ間の賃貸借契約において、Ｂ以外の第三者の賃料支払を禁止していたときは、Ｃが弁済をするについて正当な利益を有していても、ＡはＣの弁済を拒絶することができる。

2 ＡＢ間の賃貸借契約において、Ｂ以外の第三者の賃料支払を禁止又は制限していなかったときは、Ｃが弁済をするについて正当な利益を有していなくても、ＢがＣに弁済の委託をし、これをあらかじめＡに伝えていれば、ＡはＣの弁済を拒絶することができない。

3 ＡＢ間の賃貸借契約において、Ｂ以外の第三者の賃料支払を禁止又は制限していなかった場合、Ｃが弁済をするについて正当な利益を有していても、Ｃの弁済がＢの意思に反していることをＡが知っていたときは、ＡはＣの弁済を拒絶することができる。

4 ＡＢ間の賃貸借契約において、Ｂ以外の第三者の賃料支払を禁止又は制限していなかった場合、Ｃが弁済をするについて正当な利益を有していなくても、Ｃの弁済がＢの意思に反していることをＡが知らなかったときは、ＡはＣの弁済を受領することができる。

債務の弁済は、原則として、第三者もすることができる〈民 474 条 1 項〉。

1 **正** 債務の性質が第三者の弁済を許さないとき、又は**当事者が第三者の弁済を禁止**し、若しくは制限する旨の意思表示をしたときは、第三者は弁済をすることができない〈民 474 条 4 項〉。本肢の場合、ＡＢ間の賃貸借契約において、Ｂ以外の第三者の賃料支払を禁止しているので、Ｃは、弁済をするについて正当な利益を有していても、弁済をすることができず、ＡはＣの弁済を拒絶することができる。

☞ **❶分冊 p88 2～**

2 **正** 弁済をするについて**正当な利益を有する者でない第三者は、債権者の意思に反して弁済をすることができない**〈民 474 条 3 項本文〉。もっとも、その第三者が**債務者の委託**を受けて弁済をする場合において、そのことを**債権者が知っていたとき**は、この限りでない〈同条項ただし書〉。Ｃは、Ｂの賃料債務の弁済をするについて正当な利益を有していないものの、Ｂから弁済の委託を受けており、Ａは、Ｂからその旨を伝えられており、その旨を知っているから、Ｃは、弁済をすることができ、ＡはＣの弁済を拒絶することはできない。

☞ **❶分冊 p88 2～**

3 **誤** 弁済をするについて**正当な利益を有する者でない第三者は、債務者の意思に反して弁済をすることができない**〈民 474 条 2 項本文〉。Ｃは、Ｂの賃料債務の弁済をするについて正当な利益を有しているので、Ｂの意思に反して弁済をすることができ、Ａは、これを拒絶することはできない。

☞ **❶分冊 p88 2～**

4 **正** 弁済をするについて正当な利益を有する者でない第三者は、債務者の意思に反して弁済をすることができない〈民 474 条 2 項本文〉。もっとも、**債務者の意思に反することを債権者が知らなかったとき**は、この限りでない〈同条項ただし書〉。Ｃは、Ｂの賃料債務の弁済をするについて正当な利益を有していないものの、Ａは、Ｃの弁済がＢの意思に反していることを知らないので、Ｃは、弁済をすることができ、ＡはＣの弁済を受領することができる。

☞ **❶分冊 p88 2～**

正解 3 （正解率**43%**）

肢別解答率 受験生はこう答えた！

1	30%	
2	16%	
3	43%	
4	11%	

難易度 難

Aは、甲マンションの508号室を所有しているが、同室及び同室内の壁に飾ってあった風景画（この問いにおいて「絵画」という。）をBに賃貸した。この場合に関する次の記述のうち、民法の規定及び判例によれば、正しいものはどれか。

1 Bが死亡し、その後Bを単独で相続した子Cが、絵画をBの所有物であり相続財産に属するものであると過失なく信じて、現実に占有していたときは、Cは、即時取得により所有権を取得するため、AがCに絵画の返還を請求しても認められない。

2 Bが自らの所有物であると称してDに絵画を売却し、Dは、Bの所有物であると過失なく信じていた場合において、Bが絵画を以後Dのために占有する意思を表示してその現実の占有を継続したときは、Dは、即時取得により所有権を取得するため、AがDに絵画の返還を請求しても認められない。

3 Bが自らの所有物であると称してDに絵画を売却した場合において、絵画の引渡しを受けた当時、Bの所有物であると過失なく信じていたことをD自身で立証しない限り、Dは、即時取得により所有権を取得しないため、AがDに絵画の返還を請求すれば認められる。

4 無職のEがBが不在の間に508号室に侵入して絵画を盗み、Fに売却したところ、FがEの所有物であると過失なく信じていた場合において、絵画の占有が現実にEからFに移転されたときであっても、Aは、盗難の時から2年以内にFに絵画の返還を請求すれば認められる。

取引行為によって、平穏に、かつ、公然と動産の占有を始めた者は、善意であり、かつ、過失がないときは、即時にその動産について行使する権利を取得する〈即時取得民192条〉。

1 誤 Cは、相続によって絵画の占有を始めた者であり、「取引行為によって、平穏に、かつ、公然と動産の占有を始めた者」にあたらないため、即時取得によっては、絵画の所有権を取得しない。したがって、Aは、Cに対して、絵画の所有権に基づいて、絵画の返還を請求することができる。

2 誤 無権利者から動産の譲渡を受けた場合において、譲受人が即時取得によりその所有権を取得するためには、一般外観上従来の占有状態に変更を生ずるような占有を取得する必要があり、占有改定の方法（譲渡人が譲渡した動産を以後は譲受人の占有代理人として譲受人のために占有するとの意思を表示したことにより譲受人に代理占有を取得させる方法）による取得をもっては足らない〈最判昭和35.2.11〉。本肢の場合、Bが絵画を以後Dのために占有する意思を表示してその現実の占有を継続しており、Dは、占有改定の方法による占有を取得したにとどまり、「取引行為によって、平穏に、かつ、公然と動産の占有を始めた者」にあたらないため、即時取得によっては、絵画の所有権を取得しない。したがって、Aは、Dに対して、絵画の所有権に基づいて、絵画の返還を請求することができる。

3 誤 「過失がない」とは、物の譲渡人である占有者が権利者たる外観を有しているため、その譲受人が譲渡人にこの外観に対応する権利があるものと誤信し、かつこのように信ずるについて過失がないことを意味し、およそ占有者が占有物について行使する権利は、適法に有するものと推定する〈民188条〉以上、譲受人たる占有取得者が上記のように信ずるについて過失がないものと推定され、占有取得者自身において過失がないことを立証することを要しない〈最判昭和41.6.9〉。したがって、Dは、絵画の引渡しを受けた当時、絵画がBの所有物であると過失なく信じていたことにつき立証する必要はなく、自ら立証をしなくとも、即時取得により絵画の所有権を取得する可能性がある。したがって、Aは、Dに対して、絵画の所有権に基づいて、絵画の返還を請求することができるとは限らない。

4 正 即時取得の要件をみたした場合においても、占有物が盗品又は遺失物であるときは、被害者又は遺失者は、盗難又は遺失の時から2年間、占有者に対してその物の回復を請求することができる〈民193条〉。本肢の場合、絵画は、Eが盗んだものであるから、Aは、絵画の盗難の時から2年間、Fに対して、絵画の返還を請求することができる。

正解 4
（正解率43%）

肢別解答率
受験生はこう答えた！

肢	%
1	11%
2	19%
3	28%
4	43%

難易度 難

甲マンション301号室を所有するAは、その債権者Bを害することを知りつつ、301号室をCに贈与し、その旨の所有権移転登記がされた。Bが、Aのした贈与について、Cに対して詐害行為取消請求をする場合に関する次の記述のうち、民法の規定及び判例によれば、正しいものはどれか。

1 Bによる詐害行為取消請求に係る訴えは、AがBを害することを知って行為をした時から2年を経過したときは提起することができない。

2 BのAに対する債権がAのCに対する贈与の前の原因に基づいて生じたものではない場合には、Bは詐害行為取消請求をすることができない。

3 甲マンション301号室の時価が900万円、BのAに対する債権が400万円である場合には、Bは、400万円の限度においてのみ、Aのした贈与の取消しを請求することができる。

4 Bは、Cに対する詐害行為取消請求において、Aのした贈与の取消しとともに、直接自己に甲マンション301号室の所有権移転登記をするよう請求することができる。

債権者は、債務者が債権者を害することを知ってした行為（詐害行為）の取消しを裁判所に請求することができる〈詐害行為取消請求　民424条〉。

1 **誤**　詐害行為取消請求に係る訴えは、**債務者が債権者を害することを知って行為をしたことを債権者が知った時から2年**を経過したときは、提起することができない〈民426条前段〉。したがって、Bによる詐害行為取消請求に係る訴えは、AがBを害することを知って行為をした時から2年を経過したとしても、AがBを害することを知って行為をしたことをBが知った時から2年を経過していなければ、提起することができる。

2 **正**　債権者は、その**債権が詐害行為の前の原因に基づいて生じたものである場合に限り**、詐害行為取消請求をすることができる〈民424条3項〉。したがって、BのAに対する債権がAのCに対する贈与の前の原因に基づいて生じたものでない場合、Bは、詐害行為取消請求をすることはできない。

3 **誤**　債権者は、詐害行為取消請求をする場合において、債務者がした行為の目的が可分であるときは、**自己の債権の額の限度においてのみ**、その行為の取消しを請求することができる〈民424条の8第1項〉。Aの贈与は301号室を目的とするものであり、不可分であるから、Bは、制限なく、Aのした贈与の取消しを請求することができる。

4 **誤**　債権者は、受益者に対する詐害行為取消請求において、債務者がした行為の取消しとともに、その行為によって受益者に移転した財産の返還を請求することができる〈民424条の6第1項前段〉。債権者は、この財産の返還を請求する場合において、その返還の請求が**金銭の支払又は動産の引渡し**を求めるものであるときは、受益者に対してその支払又は引渡しを、**自己に対してすることを求めることができる**〈民424条の9第1項前段〉。Bは、Cに対する詐害行為取消請求において、Aの贈与の取消しとともに、301号室の所有権移転登記を請求しており、これは、金銭の支払又は動産の引渡しを求めるものではない。したがって、Bは、Cに対し、直接自己に301号室の所有権移転登記をするよう請求することはできない。

その他

 **正解** **2**
（正解率60%）

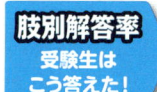 肢別解答率　受験生はこう答えた！

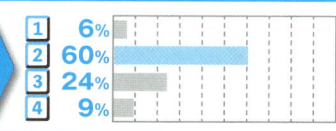

1	6%	
2	60%	
3	24%	
4	9%	

 難易度 **普**

甲マンション202号室を所有しているAは、友人であるBとの間で、同室を無償で貸す旨の使用貸借契約を締結し、Bに引き渡した。この場合に関する次の記述のうち、民法の規定によれば、正しいものはどれか。

1 使用貸借契約が書面でされていない場合には、Aは、書面によらない使用貸借であることを理由に、使用貸借契約を解除することができる。

2 災害によって202号室が損傷した場合には、Bは、Aに対し、その修繕を請求することができる。

3 使用貸借契約の締結後にBが死亡した場合には、使用貸借契約に基づく借主の地位はBの相続人に相続され、Bの相続人が202号室を無償で使用することができる。

4 使用貸借契約において、使用貸借の期間並びに使用及び収益の目的を定めなかったときは、Aは、いつでも使用貸借契約を解除することができる。

1 **誤**　貸主は、**書面による使用貸借である場合を除き、借主が借用物を受け取るまで、**使用貸借契約の解除をすることができる〈民593条の2〉。本問の場合、Bは、202号室の引渡しを受けているので、Aは、書面によらない使用貸借であることを理由に、使用貸借契約を解除することはできない。

2 **誤**　貸主は、借主が借用物を使用することを容認すれば足り、**借用物を修繕するなど、借用物を使用に適する状態とすることは義務づけられていない。**したがって、Bは、Aに対し、202号室の修繕を請求することはできない。

3 **誤**　使用貸借は、**借主の死亡によって終了する**〈民597条3項〉。したがって、使用貸借契約の締結後にBが死亡した場合、使用貸借契約は終了し、Bの相続人は、使用貸借契約に基づく借主の地位を相続しない。
☞ **❶分冊 p83 5〜**

4 **正**　当事者が使用貸借の**期間並びに使用及び収益の目的を定めなかったときは、貸主は、いつでも契約の解除をすることができる**〈民598条2項〉。したがって、使用貸借契約において、使用貸借の期間並びに使用及び収益の目的を定めなかったときは、Aは、いつでも使用貸借契約を解除することができる。
☞ **❶分冊 p84 6〜**

その他

正解 4
（正解率70%）

肢別解答率
受験生はこう答えた！

肢	%	
1	7%	
2	19%	
3	4%	
4	70%	

難易度 易

Aは、甲マンションの 202 号室を所有して居住しているが外国出張で不在にしており、Bは、その隣室である 203 号室を所有して居住しており在室していた。この場合に関する次の記述のうち、民法の規定によれば、誤っているものはどれか。なお、各記述におけるBの行為は、Aの意思や利益に明らかに反しないことを前提とする。

1 台風による強風で飛来物が衝突し 202 号室の窓ガラスが割れた場合には、Bは、Aから依頼を受けていなくても、割れた窓ガラスを修理することができるが、その修理作業は、最も Aの利益に適合する方法によって行わなければならない。

2 台風による強風で飛来物が衝突し 202 号室の窓ガラスが割れた場合には、Bは、Aから依頼を受けていなくても、割れた窓ガラスを修理することができるが、その修理費用は、Bが負担しなければならない。

3 台風による強風で飛来物が衝突し 202 号室の窓ガラスが割れた場合には、Bは、Aから依頼を受けていなくても、割れた窓ガラスを修理することができるが、そのことをAが知らない場合には遅滞なくAに通知しなければならない。

4 202 号室の室内で火災が発生していたため、Bがやむを得ずベランダから進入し、202 号室の窓ガラスを割って室内に入り消火作業をした場合には、BはAに窓ガラスの修理費用を支払う必要はない。

義務なく他人のために事務の管理を始めた者は、その事務の性質に従い、最も本人の利益に適合する方法によって、その事務の管理をしなければならない〈事務管理　民697条1項〉。この場合、義務なく他人の事務の管理を始めた者は、違法性を阻却され、適法に他人の事務の管理を行うことができる。

1 正　義務なく他人のために事務の管理を始めた者は、**最も本人の利益に適合する方法によって、その事務の管理をしなければならない**。したがって、Bが202号室の割れた窓ガラスの修理を行う場合、その修理作業は、最もAの利益に適合する方法によって行わなければならない。

2 誤　義務なく他人のために事務の管理を始めた者は、**本人のために有益な費用を支出したときは、本人に対し、その償還を請求することができる**〈民702条1項〉。「本人のために有益な費用」には、必要費が含まれる。したがって、Bは、202号室の割れた窓ガラスの修理を行った場合、その修理費用の償還をAに請求することができ、Aは、これを負担しなければならない。

3 正　義務なく他人のために事務の管理を始めた者は、本人が既に知っている場合を除き、事務管理を始めたことを**遅滞なく本人に通知しなければならない**〈民699条〉。したがって、Bは、202号室の割れた窓ガラスの修理を行った場合において、Aがそのことを知らないときは、その旨を遅滞なくAに通知しなければならない。

4 正　義務なく他人のために事務の管理を始めた者は、**本人の身体、名誉又は財産に対する急迫の危害を免れさせるために事務管理をしたとき**は、悪意又は重大な過失があるのでなければ、**これによって生じた損害を賠償する責任を負わない**〈民698条〉。Bは、202号室の窓ガラスを割って消火作業を行い、Aに損害を生じさせているが、これは、202号室が焼損することを免れさせるために行ったものであるから、Aに窓ガラスの修理費用を支払う必要はない。

正解 2
（正解率80%）

肢別解答率
受験生は
こう答えた！

1	7%
2	80%
3	4%
4	9%

難易度
易

Aが所有する甲マンションの301号室に欠陥（排水管の腐食）があった場合に関する次の記述のうち、民法の規定によれば、誤っているものはどれか。（改題）

1 ＡＢ間の賃貸借契約に基づき、Ｂが賃借人となった301号室に欠陥があったときは、特約のない限り、Ｂは、Ａに対し、欠陥について損害賠償の請求をすることができ、又は賃貸借契約の解除をすることができるが、当該排水管の修繕を請求することはできない。

2 ＡＣ間の負担付でない使用貸借契約に基づき、Ｃが借主となった301号室に欠陥があったものの、ＡＣ双方がその欠陥に気づいておらず、特に301号室に求められる品質等について合意をしていなかった場合、特約のない限り、Ｃは、Ａに対し、契約不適合責任を追及することができない。

3 Ａが死亡し、相続人Ｄ及びＥの遺産分割協議に基づき、Ｄが単独で取得した301号室に欠陥があったときは、共同相続人であるＥは、Ｄに対し、売主と同じく、その相続分に応じて担保の責任を負う。

4 Ｆが強制競売によって取得した301号室に欠陥があったときは、Ｆは、Ａに対し、品質に関する不適合について代金減額の請求をすることはできない。

1 **誤** 賃貸人は、賃貸物の使用及び収益に**必要な修繕をする義務を負う**〈民606条1項〉。したがって、Bは、Aに対し、排水管の修繕を請求することができる。
☞ **①分冊 p53 ②~**

2 **正** 貸主は、使用貸借の目的である物又は権利を、使用貸借の目的として**特定した時の状態**で引き渡し、又は移転することを約したものと推定する〈民596条、551条1項〉。AC間の使用貸借では、301号室に求められる品質等について合意をしていなかったことから、Aは、使用貸借の目的として特定された契約締結時の301号室の状態で引き渡すことを約したものと推定される。したがって、Aは、契約の内容に適合する301号室を引き渡したことから、Cは、Aに対し、契約不適合責任を追及することはできない。
☞ **①分冊 p82 ②~**

3 **正** 各共同相続人は、他の共同相続人に対して、**売主と同じく、その相続分に応じて担保の責任を負う**〈民911条〉。したがって、Eは、Dに対して、売主と同じく、その相続分に応じて担保の責任を負う。

4 **正** 民事執行法その他の法律の規定に基づく競売によって買い受けた物に**種類又は品質に関する不適合**があった場合、その買受人は、債務者に対し、不適合を理由とする契約の解除及び代金の減額請求をすることは**できない**〈民568条4項〉。本問の301号室には排水管の腐食という品質に関する不適合があるにとどまるので、Fは、Aに対し、品質に関する不適合について代金減額の請求をすることはできない。

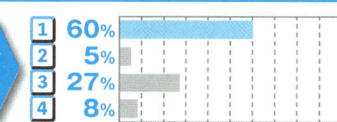

正解 **1**
（正解率**60%**）

肢別解答率
受験生はこう答えた！
1	60%
2	5%
3	27%
4	8%

難易度 **普**

総合

甲マンション302号室を所有している**A**が各種の契約をする場合に関する次の記述のうち、民法及び借地借家法（平成3年法律第90号）の規定によれば、誤っているものはどれか。

1 Aが、Bとの間で、302号室をBに贈与する旨の贈与契約を成立させるためには、書面によって契約をする必要がある。

2 Aが、Cとの間で、302号室を無償でCに貸す旨の使用貸借契約を成立させるためには、302号室の引渡しをする必要はない。

3 Aが、Dとの間で、302号室を賃料月額10万円でDに賃貸する旨の賃貸借契約を成立させるためには、302号室の引渡しをする必要はない。

4 Aが、Eとの間で、302号室を賃料月額10万円でEに賃貸する旨の定期建物賃貸借の契約を成立させるためには、書面によって契約をする必要がある。

1　**誤**　**贈与**は、当事者の一方がある財産を無償で相手方に与える**意思を表示**し、**相手方が受諾**をすることによって、その効力を生ずる〈民549条〉。したがって、Aが、Bとの間で、302号室をBに贈与する旨の贈与契約を成立させるためには、書面によって契約をする必要はない。

2　**正**　**使用貸借**は、当事者の一方がある物を**引き渡すことを約**し、相手方がその受け取った物について無償で使用及び収益をして契約が終了したときに**返還をすることを約する**ことによって、その効力を生ずる〈民593条〉。したがって、Aが、Cとの間で、302号室を無償でCに貸す旨の使用貸借契約を成立させるためには、302号室の引渡しをする必要はない。

👉 **❶分冊 p82 ❶〜**

3　**正**　**賃貸借**は、当事者の一方がある物の**使用及び収益を相手方にさせることを約**し、相手方がこれに対してその**賃料を支払う**こと及び引渡しを受けた物を契約が終了したときに**返還することを約する**ことによって、その効力を生ずる〈民601条〉。したがって、Aが、Dとの間で、302号室を賃料月額10万円でDに賃貸する旨の賃貸借契約を成立させるためには、302号室の引渡しをする必要はない。

👉 **❶分冊 p53 ❶〜**

4　**正**　**期間の定めがある建物の賃貸借**をする場合においては、公正証書による等**書面によって契約をするときに限り**、契約の更新がないこととする旨を定めることができる〈借38条1項〉。したがって、Aが、Eとの間で、302号室を賃料月額10万円でEに賃貸する旨の定期建物賃貸借の契約を成立させるためには、書面によって契約をする必要がある。

👉 **❶分冊 p62 ❼〜**

 **正解 1**
（正解率75%）

 肢別解答率　受験生はこう答えた！

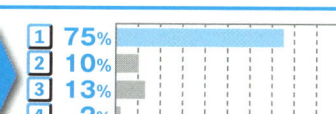

1	75%
2	10%
3	13%
4	2%

 難易度　**易**

総合

甲マンションの101号室を所有者Aから賃借したBが、その不注意により風呂の浴槽から溢水させて同室内の床を水浸しにしたため、床の修繕が必要になった場合における次の記述のうち、民法の規定及び判例によれば、誤っているものはどれか。ただし、101号室は契約の内容に適合していない点はなかったものとする。

1 Aは、Bに対し、損害賠償請求をすることができるが、その損害賠償請求権は、Bの溢水によって床の修繕が必要になったことをAが知った時から3年間行使しないときは時効によって消滅する。

2 Aは、Bに対し、損害賠償請求をすることができるが、Bがこれに応じないときは、Aは、BがAに差し入れた敷金を損害賠償債務の弁済に充てることができる。

3 BがAに床の修繕が必要である旨を通知したにもかかわらず、Aが相当の期間内に必要な修繕をしないときには、Bは自らその修繕をすることができる。

4 不注意により風呂の浴槽から溢水させた者がBではなく、Bの同居の配偶者Cであった場合には、Aに対し、Cが損害賠償責任を負うとともに、Bも損害賠償責任を負う。

債務者がその債務の本旨に従った履行をしないとき又は債務の履行が不能であるときは、債権者は、これによって生じた損害の賠償を請求することができる〈債務不履行による損害賠償　民415条1項〉。Bは、101号室を善良な管理者の注意をもって保存する必要がある〈民400条〉ところ、その不注意により風呂の浴槽から溢水させて同室内の床を水浸しにしたことから、民法415条1項に基づいて、Aに対し、債務不履行による損害賠償責任を負う。

1 **誤**　債権は、債権者が**権利を行使することができることを知った時から5年間**行使しないときは、時効によって消滅する〈民166条1項1号〉。Bは、債務不履行による損害賠償責任を負うので、Aは、Bに対し、損害賠償請求をすることができる。債務不履行による損害賠償請求権には、上記規定が適用されるので、Bの溢水によって床の修繕が必要になったことをAが知った時から3年間行使しなかったとしても、債務不履行による損害賠償請求権は時効によっては消滅しない。

☞ ①分冊 p95 **5**〜

2 **正**　賃貸人は、賃借人が**賃貸借に基づいて生じた金銭の給付を目的とする債務**を履行しないときは、敷金をその債務の弁済に充てることができる〈民622条の2第2項前段〉。Bが負担する債務不履行による損害賠償債務は、「賃借人が賃貸借に基づいて生じた金銭の給付を目的とする債務」にあたり、Aは、BがAに差し入れた敷金を損害賠償債務の弁済に充てることができる。

☞ ①分冊 p57 **3**〜

3 **正**　賃借物の修繕が必要である場合において、**賃借人が賃貸人に修繕が必要である旨を通知し、又は賃貸人がその旨を知った**にもかかわらず、賃貸人が相当の期間内に必要な修繕をしないときは、賃借人は、その修繕をすることができる〈民607条の2第1号〉。本肢の場合、101号室の床は修繕が必要であるから、BがAにその旨を通知したにもかかわらず、Aが相当の期間内に必要な修繕をしないときには、Bは、自らその修繕をすることができる。

☞ ①分冊 p53 **2**〜

4 **正**　Cは、不注意により風呂の浴槽から溢水させ、101号室の床を水浸しにしているから、不法行為による損害賠償責任を負う。また、上記のとおり、債務者がその債務の本旨に従った履行をしないとき又は債務の履行が不能であるときは、債権者は、これによって生じた損害の賠償を請求することができる。もっとも、その**債務の不履行が契約その他の債務の発生原因及び取引上の社会通念に照らして債務者の責めに帰することができない事由**によるものであるときは、この限りでない〈民415条1項ただし書〉。賃借人の同居人は、賃借人としての義務の履行を補助する者であるから、Cの不注意により風呂の浴槽から溢水させたとしても、Bの責めに帰することができない事由によるものとはいえず、Bは、債務不履行による損害賠償責任を負う。したがって、Cが不注意により風呂の浴槽から溢水させ、101号室の床を水浸しにした場合、Aに対し、Cが不法行為による損害賠償責任を負うとともに、Bも債務不履行による損害賠償責任を負う。

☞ ①分冊 p104 **2**〜

正解 1
（正解率46%）

肢別解答率
受験生はこう答えた！

1	46%
2	8%
3	9%
4	37%

難易度 **難**

memo

第2編

区分所有法等

年度別出題論点一覧

第2編　区分所有法等	2015 H27	2016 H28	2017 H29	2018 H 30	2019 R1	2020 R2	2021 R3	2022 R4	2023 R5	2024 R6
定義				1					1	
共用部分	1	1			2		1	1	1	1
敷地・敷地利用権					1		1	1		1
義務違反者に対する措置	1	1				1		1	1	1
管理者	1	1	1	1		1	1	3		
管理組合法人	1	2	1	1		1	1			1
規約		2		2		1	1			1
集会	2		2	1	1	1	1	3	1	
復旧・建替え			1		1	1	1		1	1
団地	1	1	1	1	2	1	1	1	1	
その他		1	3	2	3					
総合	3	1	1	1		2	2		5	2
マンション建替え円滑化法	1	1	1	1	1	1	1	1	1	1
被災マンション法			1	1	1	1	1	1	1	1
計	11	11	12	12	12	11	12	12	13	12

※表内の数字は出題問題数を指します。
※2015、2016年度は購入者特典の「分野別過去問題集プラス2」に掲載しています。

区分所有法の定める建物及びその敷地に関する定義によれば、次の記述のうち、正しいものの組合せは、1〜4のうちどれか。

ア 建物の敷地には、建物が所在する土地のほか、それと一体として管理又は使用する土地で規約により建物の敷地とされたものも含まれる。

イ 専有部分は、規約により共用部分とすることができるが、附属の建物については、規約により共用部分とすることはできない。

ウ 専有部分は、区分所有権の目的たる建物の部分であり、その用途は、住居、店舗、事務所又は倉庫に供することができるものに限られる。

エ 専有部分を所有するための建物の敷地に関する権利である敷地利用権には、所有権だけでなく賃借権や地上権も含まれる。

1 アとイ

2 イとウ

3 ウとエ

4 エとア

ア 　**正**　建物の敷地とは、**建物が所在する土地**及び**規約により建物の敷地とされた土地**をいう〈区2条5項〉。したがって、建物が所在する土地は、建物の敷地にあたる。また、**区分所有者が建物及び建物が所在する土地と一体として管理又は使用をする庭、通路その他の土地**は、規約により建物の敷地とすることができる〈区5条1項〉ので、建物が所在する土地と一体として管理又は使用する土地で規約により建物の敷地とされた土地も、建物の敷地に含まれる。

　☞ ①分冊 p236 ①〜

イ 　**誤**　区分所有権の目的となり得る建物の部分及び**附属の建物**は、規約により共用部分とすることができる〈区4条2項前段〉。したがって、専有部分のほか、附属の建物も、規約により共用部分とすることができる。

　☞ ①分冊 p228 ②〜

ウ 　**誤**　専有部分とは、区分所有権の目的たる建物の部分をいう〈区2条3項〉。ここで、区分所有権の目的たる建物の部分は、一棟の建物にある構造上区分された数個の部分であって、**独立して住居、店舗、事務所又は倉庫その他建物としての用途に供することができるもの**である〈区1条〉。したがって、専有部分の用途は、建物としての用途であれば足り、本肢のように限定されていない。

　☞ ①分冊 p224 ②〜

エ 　**正**　敷地利用権とは、**専有部分を所有するための建物の敷地に関する権利**をいう〈区2条6項〉。所有権だけでなく、賃借権や地上権に基づいて、専有部分を所有することは可能であるから、**賃借権や地上権も敷地利用権にあたる**。

　☞ ①分冊 p236 ①〜

以上より、正しいものの組合せはエとアであり、本問の正解肢は4となる。

正解 4
（正解率93%）

肢別解答率
受験生はこう答えた！

1	3%
2	1%
3	3%
4	93%

難易度 **易**

次の記述のうち、区分所有法の規定によれば、誤っているものはどれか。

1 専有部分は、規約により共用部分とすることができるが、附属の建物は、規約により共用部分とすることはできない。

2 区分所有者が建物及び建物が所在する土地と一体として管理又は使用する土地は、規約により建物の敷地とすることができる。

3 区分所有者の数人で建物の敷地を所有する場合には、その所有権は「敷地利用権」である。

4 専有部分に属しない建物の附属物は、「共用部分」である。

1 **誤** 区分所有権の目的となり得る建物の部分及び**附属の建物**は、規約により**共用部分**とすることができる〈区4条2項前段〉。
☞ **①分冊 p228 2~**

2 **正** 区分所有者が建物及び建物が所在する土地と**一体として管理又は使用をする庭、通路その他の土地**は、規約により**建物の敷地**とすることができる〈区5条1項〉。
☞ **①分冊 p236 1~**

3 **正** 敷地利用権とは、**専有部分を所有するための建物の敷地に関する権利**をいう〈区2条6項〉。区分所有者が有する建物の敷地の所有権は、専有部分を所有するためのものであり、敷地利用権にあたる。
☞ **①分冊 p236 1~**

4 **正** 共用部分とは、専有部分以外の建物の部分、**専有部分に属しない建物の附属物**及び規約により共用部分とされた附属の建物をいう〈区2条4項〉。
☞ **①分冊 p218 2~**

正解 1
（正解率90%）

肢別解答率 受験生はこう答えた！
1	90%
2	3%
3	5%
4	2%

難易度 **易**

規約に関する次の記述のうち、区分所有法の規定によれば、その効力が認められないものの組合せはどれか。

ア 構造上区分所有者の全員又はその一部の共用に供されるべき建物の部分を専有部分とする規約の定め

イ 区分所有権の目的とすることができる建物の部分及び附属の建物を共用部分とする規約の定め

ウ 管理組合法人における理事の任期を3年とする規約の定め

エ 共用部分の変更（その形状又は効用の著しい変更を伴わないものを除く。）は、区分所有者の4分の3以上の多数で、かつ議決権の3分の2以上の多数による集会の決議で決するとする規約の定め

1 アとイ
2 イとウ
3 ウとエ
4 エとア

ア 認められない　数個の専有部分に通ずる廊下又は階段室その他構造上区分所有者の全員又はその一部の共用に供されるべき建物の部分は、**区分所有権の目的とならないものとする**〈区4条1項〉。このように、構造上区分所有者の全員又はその一部の共用部分に供されるべき建物の部分は、区分所有権の目的とならないから、専有部分とすることはできない。したがって、本肢の規約の定めは、その効力が認められない。

☞ ❶分冊 p228 ❷~

イ 認められる　区分所有権の目的とすることができる建物の部分及び附属の建物は、**規約により**、共用部分とすることができる〈区4条2項〉。

☞ ❶分冊 p228 ❷~

ウ 認められる　理事の任期は、2年とする〈区49条6項本文〉。もっとも、**規約で3年以内において別段の期間を定めたとき**は、その期間とする〈同条項ただし書〉。

☞ ❶分冊 p291 ❸~

エ 認められない　共用部分の変更（その形状又は効用の著しい変更を伴わないものを除く。）は、区分所有者及び議決権の各4分の3以上の多数による集会の決議で決する〈区17条1項本文〉。もっとも、この**区分所有者の定数**は、規約でその過半数まで減ずることができる〈同条項ただし書〉。本肢の規約の定めは、議決権の定数を減ずるものであるから、その効力が認められない。

☞ ❶分冊 p248 ❷~

以上より、その効力が認められないものの組合せはエとアであり、本問の正解肢は4となる。

正解 4 （正解率87%）	肢別解答率 受験生はこう答えた！	1	5%
		2	4%
		3	4%
		4	87%

難易度 易

一部の区分所有者のみの共用に供されるべきことが明らかな共用部分（この問いにおいて「一部共用部分」という。）の管理に関する次のマンション管理士の説明のうち、区分所有法の規定によれば、誤っているものはどれか。

1 一部共用部分の管理のうち、区分所有者全員の利害に関係するものは、一部共用部分を共用する一部の区分所有者だけで行うことはできません。

2 一部共用部分の管理は、区分所有者全員の規約に定めがあるものを除き、これを共用すべき区分所有者のみで行うことになります。

3 すべての一部共用部分について、その管理のすべてを区分所有者全員で行う場合には、一部の区分所有者のみで構成される区分所有法第3条に規定される区分所有者の団体は存在しないことになります。

4 一部共用部分に関する事項で区分所有者全員の利害に関係しないものについての区分所有者全員の規約の設定は、当該一部共用部分を共用すべき区分所有者の4分の1を超える者又はその議決権の4分の1を超える議決権を有する者が反対したときは、することができません。

1 **正** 一部共用部分の管理のうち、**区分所有者全員の利害に関係するもの**又は区分所有者全員の規約に定めがあるものは**区分所有者全員**で、その他のものはこれを共用すべき区分所有者のみで行う〈区16条〉。本肢の一部共用部分の管理は、区分所有者全員で行うものであり、一部共用部分を共用する一部の区分所有者だけで行うことはできない。
👉 **❶分冊 p253 4～**

2 **誤** 一部共用部分の管理のうち、**区分所有者全員の利害に関係するもの**又は区分所有者全員の規約に定めがあるものは**区分所有者全員**で、その他のものはこれを共用すべき区分所有者のみで行う〈区16条〉。したがって、一部共用部分の管理のうち、区分所有者全員の利害に関係するものは、これを区分所有者全員で行う。
👉 **❶分冊 p253 4～**

3 **正** **一部の区分所有者のみの共用に供されるべきことが明らかな共用部分（一部共用部分）をそれらの区分所有者が管理するとき**は、その区分所有者は、全員で、これを管理するための団体を構成する〈区3条後段〉。本肢の場合、一部共用部分の管理のすべてを区分所有者全員で行うので、一部の区分所有者のみで構成される区分所有法3条に規定される区分所有者の団体は存在しない。
👉 **❶分冊 p253 4～**

4 **正** 一部共用部分の管理に関する事項で区分所有者全員の利害に関係しないものについての区分所有者全員の規約の設定、変更又は廃止は、**当該一部共用部分を共用すべき区分所有者の4分の1を超える者又はその議決権の4分の1を超える議決権を有する者が反対したときは**、することができない〈区31条2項〉。
👉 **❶分冊 p253 4～**

正解 2
（正解率**45%**）

肢別解答率 受験生はこう答えた！

1	7%
2	45%
3	35%
4	13%

難易度 **難**

5 共用部分

次の記述のうち、区分所有法の規定によれば、規約で別段の定めをすることができないものはどれか。

1　各区分所有者による共用部分の保存行為について、管理者を通じて行うこと。

2　共用部分の変更についての決議要件を、その変更の内容が軽微なものか重大なものかにかかわらず、区分所有者及び議決権の各過半数に減ずること。

3　各住戸の面積等の差が軽微な場合において、共用部分の負担と収益の配分を、住戸数を基準に按分すること。

4　一部共用部分について、これを共用すべき区分所有者の共有とするのではなく、区分所有者全員の共有とすること。

1 できる　共用部分の保存行為は、**各共有者がすることができる**〈区18条1項ただし書〉。もっとも、この点につき**規約で別段の定めをすることができる**〈同条2項〉。したがって、本肢のような規約の定めをすることができる。
☞ **❶分冊 p248 ❷〜**

2 できない　共用部分の変更（その形状又は効用の著しい変更を伴わないものを除く。）は、**区分所有者及び議決権の各4分の3以上の多数による**集会の決議で決する〈区17条1項本文〉。もっとも、この**区分所有者の定数は、規約でその過半数まで減ずることができる**〈同条項ただし書〉。したがって、共用部分の重大変更の決議要件を、区分所有者及び議決権の各過半数に減ずる旨の規約の定めをすることはできない。
☞ **❶分冊 p301 ❶〜**

3 できる　共用部分の各共有者は、**規約に別段の定めがない限り**その持分に応じて、共用部分の負担に任じ、共用部分から生ずる利益を収取する〈区19条〉。したがって、本肢のような規約の定めをすることができる。
☞ **❶分冊 p301 ❶〜**

4 できる　一部共用部分は、**これを共用すべき区分所有者の共有に属する**〈区11条1項ただし書〉。もっとも、この点につき**規約で別段の定めをすることができる**〈同条2項本文〉。したがって、本肢のような規約の定めをすることができる。
☞ **❶分冊 p253 ❹〜**

正解 ❷
（正解率95%）

肢別解答率
受験生はこう答えた！

1	2%
2	95%
3	1%
4	2%

難易度 **易**

次に掲げる事項のうち、区分所有法の規定によれば、「共用部分」であるものはいくつあるか。

ア 専有部分以外の建物の部分

イ 専有部分に属しない建物の附属物

ウ 専有部分のある建物の敷地

エ 規約により共用部分と定められた附属の建物

1 一つ

2 二つ

3 三つ

4 四つ

共用部分とは、次に掲げるものをいう〈区2条4項〉。

① 専有部分以外の建物の部分
② 専有部分に属しない建物の附属物
③ 規約により共用部分とされた附属の建物

ア **共用部分である** ①にあたり、**共用部分である**。
　👉 **①分冊 p228 ①~**

イ **共用部分である** ②にあたり、**共用部分である**。
　👉 **①分冊 p228 ①~**

ウ **共用部分でない** 上記①~③のいずれにもあたらず、**共用部分でない**。
　👉 **①分冊 p228 ①~**

エ **共用部分である** ③にあたり、**共用部分である**。
　👉 **①分冊 p228 ①~**

以上より、共用部分であるものはア、イ、エの三つであり、本問の正解肢は3となる。

正解 3
（正解率 **71%**）

肢別解答率
受験生は
こう答えた！

1	2%	
2	10%	
3	71%	
4	17%	

難易度 **易**

AとBはいずれも甲マンションの区分所有者である。Aが、塔屋及び外壁（いずれも共用部分である。）と自ら所有する専有部分とをあわせて第三者に賃貸して賃料を得ている場合において、Bが、Aに対して、塔屋及び外壁のうち、自らの持分割合に相当する部分について不当利得の返還請求権を行使できるかどうか等に関する次の記述のうち、判例によれば、誤っているものはどれか。なお、甲マンションの規約には、管理者が共用部分の管理を行い、共用部分を特定の区分所有者に無償で使用させることができる旨の定めがあるものとする。

1 区分所有者全員の共有に属する共用部分を第三者に賃貸することは、共用部分の管理に関する事項に当たる。

2 一部の区分所有者が共用部分を第三者に賃貸して得た賃料のうち各区分所有者の持分割合に相当する部分につき生ずる不当利得返還請求権は、各区分所有者に帰属する。

3 区分所有者の団体は、区分所有者の団体のみが各区分所有者の持分割合に相当する部分につき生ずる不当利得返還請求権を行使することができる旨を集会で決議することはできない。

4 甲マンションの規約の定めは、区分所有者の団体のみが各区分所有者の持分割合に相当する部分につき生ずる不当利得返還請求権を行使することができる旨を含むものと解することができる。

1 **正** 　共用部分の管理に関する事項は、原則として、集会の決議で決する〈区18条1項〉。**共用部分を第三者に賃貸することは共用部分の管理に関する事項にあたる**〈最判平成27.9.18〉。

2 **正** 　一部の区分所有者が共用部分を第三者に賃貸して得た賃料のうち各区分所有者の持分割合に相当する部分につき生ずる不当利得返還請求権は、**各区分所有者に帰属する**〈最判平成27.9.18〉。

3 **誤** 　区分所有者の団体は、**区分所有者の団体のみ**が一部の区分所有者が共用部分を第三者に賃貸して得た賃料のうち各区分所有者の持分割合に相当する部分につき生ずる**不当利得返還請求権を行使することができる旨を集会で決議**し、又は規約で定めることができる〈最判平成27.9.18〉。

4 **正** 　区分所有者の団体の執行機関である**管理者が共用部分の管理を行い、共用部分を使用させることができる旨**の集会の決議又は**規約の定め**がある場合には、上記の集会の決議又は規約の定めは、**区分所有者の団体のみ**が一部の区分所有者が共用部分を第三者に賃貸して得た賃料のうち各区分所有者の持分割合に相当する部分につき生ずる**不当利得返還請求権を行使することができる旨を含む**ものと解される〈最判平成27.9.18〉。

正解 3
（正解率67%）

肢別解答率
受験生はこう答えた！

肢	解答率
1	4%
2	8%
3	67%
4	21%

難易度
普

共用部分に関する次の記述のうち、区分所有法の規定によれば、正しいものの組合せはどれか。

ア 各共有者は、共用部分の全部について、その持分に応じた使用をすることができる。

イ 共用部分に関する物権変動は、登記していなくても第三者に対抗することができる。

ウ 共用部分の持分の割合は、各共有者の有する専有部分の床面積の割合によるが、規約で別段の定めをすることができる。

エ 共用部分の変更は、区分所有者及び議決権の各4分の3以上の多数による集会の決議で決するが、議決権の定数については、規約でその過半数まで減ずることができる。

1 アとイ
2 イとウ
3 ウとエ
4 エとア

ア 誤 　共用部分の各共有者は、共用部分を**その用方に従って**使用することができる〈区13条〉。これは、各共有者は、その持分とは無関係に、共用部分を使用できることを意味する。

👉 ❶分冊 p234 **5**〜

イ 正 　一般に、不動産に関する物権の得喪及び変更は、その登記をしなければ、第三者に対抗することができない〈民177条〉。もっとも、**民法177条の規定は、共用部分には適用しない**〈区11条3項〉。したがって、共用部分に関する物権変動は、登記していなくても第三者に対抗することができる。

👉 ❶分冊 p228 **2**〜

ウ 正 　共用部分の各共有者の持分は、その有する専有部分の床面積の割合による〈区14条1項〉。もっとも、共用部分の持分割合の算定方法につき**規約で別段の定めをすることができる**〈同条4項〉。

👉 ❶分冊 p230 **3**〜

エ 誤 　共用部分の変更（その形状又は効用の著しい変更を伴わないものを除く。）は、区分所有者及び議決権の各4分の3以上の多数による集会の決議で決する〈区17条1項本文〉。もっとも、この**区分所有者の定数**は、規約でその過半数まで減ずることができる〈同条項ただし書〉。

👉 ❶分冊 p248 **2**〜

以上より、正しいものの組合せはイとウとなり、本問の正解肢は2となる。

正解 2
（正解率**61%**）

肢別解答率
受験生は
こう答えた！

1	2%
2	61%
3	33%
4	4%

難易度
普

規約により建物の敷地とされた土地に関する次の記述のうち、区分所有法の規定によれば、正しいものはいくつあるか。

ア　規約により建物の敷地とすることができる土地には、区分所有者が建物及び建物が所在する土地と一体として管理又は使用をする庭、通路、駐車場等の土地も含む。

イ　規約により建物の敷地とされた土地の管理は、民法（明治29年法律第89号）の定めるところによるのであり、区分所有法の定めるところによるのではない。

ウ　建物の所在する土地が建物の一部の滅失により建物が所在する土地以外の土地となったときは、その土地は、規約で建物の敷地と定められたものとみなされる。

エ　建物が所在する土地の一部が分割により建物が所在する土地以外の土地となったときは、その土地は、改めて規約で定めなければ建物の敷地とすることができない。

1 一つ

2 二つ

3 三つ

4 四つ

ア 正 　区分所有者が**建物及び建物が所在する土地と一体として管理又は使用をする庭、通路その他の土地**は、規約により建物の敷地とすることができる〈区5条1項〉。したがって、本肢の土地は、規約により建物の敷地とすることができる土地に含まれる。

☞ **①分冊 p236 ①〜**

イ 誤 　建物の敷地又は共用部分以外の附属施設（これらに関する権利を含む。）が区分所有者の共有に属する場合には、その敷地又は附属施設の管理に関する事項は、**区分所有法18条1項が準用され**、集会の決議で決する〈区21条〉。

☞ **①分冊 p254 ⑤〜**

ウ 正 　建物が所在する土地が建物の一部の滅失により建物が所在する土地以外の土地となったときは、その土地は、**規約で建物の敷地と定められたものとみなす**〈区5条2項前段〉。

☞ **①分冊 p236 ①〜**

エ 誤 　建物が所在する土地の一部が分割により建物が所在する土地以外の土地となったときは、その土地は、**規約で建物の敷地と定められたものとみなす**〈区5条2項後段〉。本肢の土地は、改めて規約で定めなかったとしても、規約で建物の敷地と定められたものとみなされる。

☞ **①分冊 p236 ①〜**

以上より、正しいものはア、ウの二つであり、本問の正解肢は2となる。

	肢別解答率 受験生はこう答えた！		
正解 ②（正解率73%）	1	6%	
	2	73%	
	3	20%	
	4	1%	

難易度 **易**

専有部分と敷地利用権の分離処分の禁止に関する次の記述のうち、区分所有法の規定によれば、誤っているものはどれか。

1 　敷地利用権が数人で有する所有権その他の権利である場合には、規約に別段の定めがない限り、区分所有者は、その有する専有部分とその専有部分に係る敷地利用権とを分離して処分することができない。

2 　敷地利用権が数人で有する所有権その他の権利である場合には、一筆の土地の一部について専有部分とその専有部分に係る敷地利用権とを分離して処分することを認める規約を設定することができない。

3 　敷地利用権が数人で有する所有権その他の権利である場合の専有部分とその専有部分に係る敷地利用権との分離処分禁止に違反する処分は、分離処分禁止の登記がなされていない場合、その無効を善意の相手方に主張することができない。

4 　最初に建物の専有部分の全部を所有する者は、その有する専有部分とその専有部分に係る敷地利用権とを分離して処分することができるとの規約を公正証書により設定することができる。

1 **正** **敷地利用権が数人で有する所有権その他の権利である場合**には、規約に別段の定めがない限り、区分所有者は、その有する専有部分とその専有部分に係る敷地利用権とを**分離して処分することができない**〈区22条1項〉。
☞ ❶分冊 p240 **3**～

2 **誤** 敷地利用権が数人で有する所有権その他の権利である場合には、区分所有者は、その有する専有部分とその専有部分に係る敷地利用権とを分離して処分することができない〈区22条1項本文〉。もっとも、規約に別段の定めがあるときは、分離して処分することができる〈同条項ただし書〉。この規約の定めは、**敷地利用権たる権利の一部についてすることもできる**。
☞ ❶分冊 p240 **3**～

3 **正** 敷地利用権が数人で有する所有権その他の権利である場合において、専有部分とその専有部分に係る敷地利用権との分離処分禁止に違反する専有部分又は敷地利用権の処分については、分離して処分することができない専有部分及び敷地利用権であることを登記していなければ、**その無効を善意の相手方に主張することができない**〈区23条〉。
☞ ❶分冊 p240 **3**～

4 **正** 最初に建物の専有部分の全部を所有する者は、**公正証書により**、その有する専有部分とその専有部分に係る敷地利用権とを分離して処分することができる旨の規約を設定することができる〈区32条、22条1項ただし書〉。
☞ ❶分冊 p304 **2**～

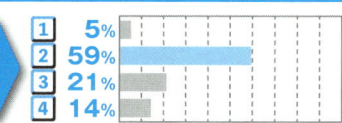

正解 **2**	肢別解答率 受験生はこう答えた！		
（正解率**59%**）	**1**	5%	
	2	59%	
	3	21%	
	4	14%	

難易度 **普**

区分所有建物の敷地に関する次の記述のうち、区分所有法及び不動産登記法（平成16年法律第123号）の規定によれば、正しいものはいくつあるか。

ア 借地上の区分所有建物における敷地利用権の場合には、専有部分と敷地利用権の分離処分禁止の原則は適用されない。

イ 敷地を専有部分の底地ごとに区画して別の筆とし、それぞれの区分所有者が当該区画について単独で所有権を有しているタウンハウス形式の区分所有建物の場合には、専有部分の登記簿の表題部に敷地権は表示されない。

ウ 土地の共有者全員で、その全員が区分所有する建物を建てた場合には、規約に別段の定めがない限り、敷地の共有持分は各区分所有者の専有面積の割合となる。

エ 区分所有法の敷地には、区分所有者が建物及び建物が所在する土地と一体として管理又は使用をする庭、通路その他の土地で規約に定めたものも含む。

☐1 一つ

☐2 二つ

☐3 三つ

☐4 四つ

ア 　**誤**　　敷地利用権が**数人で有する所有権その他の権利**である場合には、区分所有者は、その有する専有部分とその専有部分に係る敷地利用権とを分離して処分することができない〈区22条1項〉。借地上の区分所有建物における敷地利用権は賃借権などの借地の利用権であり、これは上記「その他の権利」にあたり、本肢の場合にも専有部分と敷地利用権の分離処分禁止の原則が適用される。

☞ **❶分冊 p240 ❸~**

イ 　**正**　　敷地権とは、区分建物についての敷地利用権（**登記**されたものに限る。）であって、区分所有者の有する**専有部分と分離して処分することができないもの**をいう〈不44条1項9号〉。本肢の場合、それぞれの区分所有者が専有部分の底地を単独で所有しているので、区分所有法22条1項の「敷地利用権が数人で有する所有権その他の権利である場合」にあたらず、専有部分と敷地利用権の分離処分は禁止されない。したがって、本肢の敷地利用権は、敷地権にあたらず、専有部分の登記簿の表題部に敷地権は表示されない。

☞ **❸分冊 p69 ❻~**

ウ 　**誤**　　**建物の専有部分の全部を所有する者の敷地利用権が単独で有する所有権その他の権利である場合**、各専有部分に係る敷地利用権の割合は、規約に別段の定めがない限り、区分所有法14条1項から3項までの規定により算定される割合（専有部分の床面積の割合）による〈区22条3項、2項〉。本肢の場合、建物の敷地である土地が共有され、区分所有者が複数あるので、上記規定は適用されず、敷地の共有持分が各区分所有者の専有面積の割合となるとは限らない。

☞ **❶分冊 p240 ❷~**

エ 　**正**　　建物の敷地とは、**建物が所在する土地及び規約により建物の敷地とされた土地**をいう〈区2条5項〉。ここで、規約により建物の敷地とすることができる土地は、**区分所有者が建物及び建物が所在する土地と一体として管理又は使用をする庭、通路その他の土地**である〈区5条1項〉から、区分所有法の敷地には、区分所有者が建物及び建物が所在する土地と一体として管理又は使用をする庭、通路その他の土地で規約に定めたものを含むことになる。

☞ **❶分冊 p236 ❶~**

以上より、正しいものはイ、エの二つであり、本問の正解肢は2となる。

正解 2
（正解率**51%**）

肢別解答率
受験生は
こう答えた！

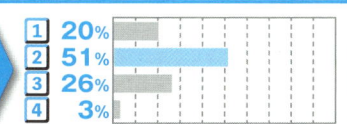
1	20%	
2	51%	
3	26%	
4	3%	

難易度
普

甲マンションの区分所有者はA、B及びCの3名（この問いにおいて「Aら」という。）である。また、同マンションの敷地利用権は、Aらが準共有する賃借権であり、規約には、専有部分と専有部分に係る敷地利用権の分離処分の可否に関する定めは設けられていない。Aらは、甲マンションの敷地の所有者であるXとの間で、土地賃貸借契約を締結している。この場合に関する次の記述のうち、区分所有法及び民法の規定並びに判例によれば、正しいものはどれか。

1　Aは、賃借権の準共有持分を処分することについて、Xの承諾を得れば、専有部分と専有部分に係る敷地利用権の準共有持分とを分離して処分することができる。

2　Aが専有部分を専有部分に係る敷地利用権とともに第三者に譲渡するには、敷地利用権の譲渡についてB及びCの同意を得なければならない。

3　Aが専有部分をDに賃貸した場合、AがXから賃借している甲マンションの敷地をDに転貸をしたことになる。

4　Xが敷地をYに譲渡し、敷地の賃貸人たる地位がYに移転した場合であっても、当該敷地の所有権の移転の登記をしなければ、Yは賃貸人の地位をAらに対抗することができない。

1 誤 **敷地利用権が数人で有する所有権その他の権利である場合**には、区分所有者は、その有する専有部分とその専有部分に係る敷地利用権とを分離して処分することができない〈区22条1項本文〉。Aの敷地利用権は賃借権の準共有持分であるから、「敷地利用権が数人で有する…その他の権利である場合」にあたり、Aは、Xの承諾を得たとしても、その有する専有部分と専有部分に係る敷地利用権の準共有持分とを分離して処分することはできない。

☞ **❶分冊 p240 ❸〜**

2 誤 賃借人は、**賃貸人の承諾**を得なければ、その賃借権を譲り渡し、又は賃借物を転貸することができない〈民612条1項〉。したがって、Aが専有部分を専有部分に係る敷地利用権とともに第三者に譲渡するには、敷地利用権の譲渡についてB及びCの同意を得る必要はない。

☞ **❶分冊 p59 ❺〜**

3 誤 賃借人が賃借地上に築造した建物を第三者に賃貸しても、**土地賃借人は建物所有のため自ら土地を使用しているものである**から、賃借地を第三者に転貸したとはいえない〈大判昭和8.12.11〉。したがって、Aが専有部分をDに賃貸したとしても、AがXから賃借している甲マンションの敷地をDに転貸したことにはならない。

☞ **❶分冊 p59 ❺〜**

4 正 賃貸借の対抗要件を備えた場合において、その不動産が譲渡されたときは、その不動産の賃貸人たる地位は、その譲受人に移転する〈民605条の2第1項〉。Aらは、甲マンションの敷地上に登記された専有部分を有している場合、Yに対しても、甲マンションの敷地の借地権を対抗することができる〈借10条1項〉ことから、Xが甲マンションの敷地をYに譲渡すると、Xの賃貸人たる地位はYに移転する。もっとも、この**賃貸人たる地位の移転は、賃貸物である不動産について所有権の移転の登記をしなければ、賃借人に対抗することができない**〈民605条の2第3項〉。したがって、Xが敷地をYに譲渡し、敷地の賃貸人たる地位がYに移転した場合であっても、当該敷地の所有権の移転の登記をしなければ、Yは賃貸人たる地位をAらに対抗することができない。

☞ **❶分冊 p58 ❹〜**

正解 4
（正解率**83%**）

肢別解答率
受験生は
こう答えた！

肢	解答率
1	5%
2	4%
3	8%
4	83%

難易度 易

マンションにおいて共同の利益に反する行為をした義務違反者に対する措置に関する次の記述のうち、区分所有法の規定によれば、正しいものはどれか。

1　共同の利益に反する行為の停止の請求、専有部分の使用の禁止の請求、区分所有権の競売の請求及び占有者に対する専有部分の引渡し請求は、いずれも訴えをもってしなければならない。

2　占有者が共同の利益に反する行為をした場合には、占有者に対して、専有部分の引渡しを請求することはできるが、その行為の停止を請求することはできない。

3　規約に定めがあれば、区分所有者及び議決権の各４分の３以上の多数による集会における決議を経ることなく、専有部分の使用の禁止の請求をすることができる。

4　区分所有権の競売の請求が認められた場合に、その判決に基づく競売の申立ては、その判決が確定した日から６月を経過したときは、することができない。

1 誤 区分所有者が区分所有者の共同の利益に反する行為をした場合又はその行為をするおそれがある場合には、他の区分所有者の全員又は管理組合法人は、区分所有者の共同の利益のため、その行為を停止し、その行為の結果を除去し、又はその行為を予防するため必要な措置を執ることを請求することができる〈区57条1項〉。この請求は、他の請求とは異なり、**訴えによらずにすることができる。**
☞ **①分冊 p267 3〜**

2 誤 占有者が区分所有者の共同の利益に反する行為をした場合又はその行為をするおそれがある場合には、他の区分所有者の全員又は管理組合法人は、区分所有者の共同の利益のため、**その行為を停止し、その行為の結果を除去し、又はその行為を予防するため必要な措置を執ることを請求することができる**〈区57条4項、1項〉。
☞ **①分冊 p267 3〜**

3 誤 区分所有者が区分所有者の共同の利益に反する行為をした場合又はその行為をするおそれがある場合において、その行為による区分所有者の共同生活上の障害が著しく、共同の利益に反する行為の停止等の請求によってはその障害を除去して共用部分の利用の確保その他の区分所有者の共同生活の維持を図ることが困難であるときは、他の区分所有者の全員又は管理組合法人は、**集会の決議に基づき**、訴えをもって、相当の期間の当該行為に係る区分所有者による専有部分の使用の禁止を請求することができる〈区58条1項〉。この集会の決議は、規約によっても、省略することはできない。
☞ **①分冊 p269 4〜**

4 正 区分所有権の競売の請求を認容する判決に基づく競売の申立ては、**その判決が確定した日から6月を経過したとき**は、することができない〈区59条3項〉。
☞ **①分冊 p271 5〜**

正解 4
（正解率90%）

肢別解答率
受験生は
こう答えた！

1	4%
2	0%
3	6%
4	90%

難易度 易

マンションにおいて共同の利益に反する行為（この問いにおいて「義務違反行為」という。）を行う者に関する次の記述のうち、区分所有法の規定によれば、正しいものはいくつあるか。

ア 区分所有者及び議決権の過半数による集会の決議があれば、義務違反行為を行う区分所有者に対し、他の区分所有者の全員が訴えをもって当該義務違反行為の停止を請求することができる。

イ 区分所有者及び議決権の各3分の2以上の多数による集会の決議があれば、義務違反行為を行う区分所有者に対し、他の区分所有者の全員が訴えをもって当該区分所有者の専有部分の使用の禁止を請求することができる。

ウ 区分所有者及び議決権の各4分の3以上の多数による集会の決議があれば、義務違反行為を行う区分所有者に対し、他の区分所有者の全員が訴えをもって当該区分所有者の区分所有権及び敷地利用権の競売を請求することができる。

エ 義務違反行為を行う占有者に対し、当該占有者が占有する専有部分の区分所有者以外の区分所有者の全員が訴えをもって当該占有者が占有する専有部分の使用又は収益を目的とする契約の解除及びその専有部分の引渡しを請求する場合、あらかじめ集会において当該占有者に弁明の機会を与えなければならない。

1 一つ
2 二つ
3 三つ
4 四つ

ア **正** 　区分所有者が区分所有者の共同の利益に反する行為をした場合又はその行為をするおそれがある場合には、他の区分所有者の全員又は管理組合法人は、区分所有者の共同の利益のため、その**行為を停止**し、その行為の結果を除去し、又はその行為を予防するため必要な措置を執ることを請求することができる〈区 57 条 1 項〉。この訴えを提起するには、集会の決議によらなければならない〈同条 2 項〉。この集会の決議は、区分所有法又は規約に別段の定めがない限り、**区分所有者及び議決権の各過半数**で決する〈区 39 条 1 項〉。

👉 **❶分冊 p267 ❸〜**

イ **誤** 　区分所有者が区分所有者の共同の利益に反する行為をした場合又はその行為をするおそれがある場合において、その行為による区分所有者の共同生活上の障害が著しく、区分所有法 57 条 1 項に規定する共同の利益に反する行為の停止等の請求によってはその障害を除去して共用部分の利用の確保その他の区分所有者の共同生活の維持を図ることが困難であるときは、他の区分所有者の全員又は管理組合法人は、集会の決議に基づき、訴えをもって、相当の期間の当該行為に係る区分所有者による**専有部分の使用の禁止**を請求することができる〈区 58 条 1 項〉。この集会の決議は、**区分所有者及び議決権の各 4 分の 3 以上**の多数です る〈同条 2 項〉。

👉 **❶分冊 p269 ❹〜**

ウ **正** 　区分所有者が区分所有者の共同の利益に反する行為をした場合又はその行為をするおそれがある場合において、その行為による区分所有者の共同生活上の障害が著しく、他の方法によってはその障害を除去して共用部分の利用の確保その他の区分所有者の共同生活の維持を図ることが困難であるときは、他の区分所有者の全員又は管理組合法人は、集会の決議に基づき、訴えをもって、当該行為に係る区分所有者の**区分所有権及び敷地利用権の競売**を請求することができる〈区 59 条 1 項〉。この集会の決議は、**区分所有者及び議決権の各 4 分の 3 以上**の多数でする〈同条 2 項、58 条 2 項〉。

👉 **❶分冊 p271 ❺〜**

エ **正又は誤** 　占有者が区分所有者の共同の利益に反する行為をした場合又はその行為をするおそれがある場合において、その行為による区分所有者の共同生活上の障害が著しく、他の方法によってはその障害を除去して共用部分の利用の確保その他の区分所有者の共同生活の維持を図ることが困難であるときは、区分所有者の全員又は管理組合法人は、集会の決議に基づき、訴えをもって、当該行為に係る占有者が占有する**専有部分の使用又は収益を目的とする契約の解除及びその専有部分の引渡し**を請求することができる（区分所有法 60 条 1 項）。この集会の決議をするには、あらかじめ、**当該占有者に対し、弁明する機会を与えなければならない**（同条 2 項、58 条 3 項）。弁明する機会を与える方法は、文理上、特に制約はないので、集会において弁明する機会を与えることは義務づけられていない。これを重視すると、本肢は誤っていることになる。ただ、一般的に、弁明する機会を与える方法は、集会の席上で決議前に当該行為者に弁明させる方法によることが望ましいと解されており、これを重視すると、本肢は正しいことになる。

👉 **❶分冊 p273 ❻〜**

以上より、正しいものはア、ウの二つ又はア、ウ、エの三つであり、本問の正解肢は 2 又は 3 となる。
（※本解説は、公益財団法人マンション管理センターの発表のとおり正解肢を 2 又は 3 とし、解説を作成しております。）

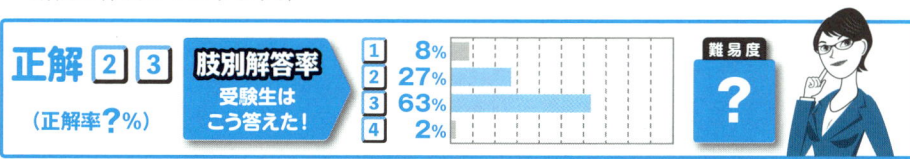

正解 **2** **3**　（正解率 **？**%）

肢別解答率 受験生はこう答えた！

1	8%	
2	27%	
3	63%	
4	2%	

難易度 **？**

甲マンション101号室はAが所有し、同室に隣接する102号室はBが所有して居住しているところ、101号室の室内には段ボール、空ペットボトル、ビニール袋に詰めたゴミなどがため込まれてこれらが積み上がった状況となり、悪臭などによってBを含むマンションの居住者に著しい迷惑が及んでいる。この状況のもとで、甲マンションの管理者又はBが講ずることができる措置に関する次の記述のうち、区分所有法及び民法の規定によれば、誤っているものはどれか。

1 甲マンションの管理者は、管理規約に訴訟の提起についての定めがあったとしても、集会の決議がなければ、Aに対して、101号室の室内のゴミなどの除去を求める訴えを提起することはできない。

2 甲マンションの管理者は、Aの所在を知ることができない場合には、裁判所に対して、101号室の専有部分と共用部分の共有持分を対象として、所有者不明建物管理人による管理を命ずる処分を求めることができる。

3 Bは、Aによる101号室の管理が不適当であることによって自らの健康を害して通院、治療が必要となった場合には、Aに対して損害賠償を請求することができる。

4 Bは、Aによる101号室の管理が不適当であることによって自らの権利が害されている場合であっても、裁判所に対して、101号室の専有部分と共用部分の共有持分を対象として、管理不全建物管理人による管理を命ずる処分を求めることはできない。

区分所有者は、建物の保存に有害な行為その他建物の管理又は使用に関し**区分所有者の共同の利益に反する行為をしてはならない**〈区 6 条 1 項〉。本問の A の行為は、B を含むマンションの居住者に著しい迷惑を及ぼすものであり、建物の使用に関し区分所有者の共同の利益に反する行為であるといえる。

1　正　　**管理者**又は集会において指定された区分所有者は、**集会の決議により**、他の区分所有者の全員のために、区分所有法 57 条に規定する**共同の利益に反する行為の停止等を請求する訴えを提起することができる**〈区 57 条 3 項〉。これは、集会の決議によらなければならず、規約によることはできない。したがって、甲マンションの管理者は、集会の決議がなければ、A に対して、区分所有法 57 条に基づいて、101 号室の室内のゴミなどの除去を求める訴えを提起することはできない。

☞　❶分冊 p267 **3**～

2　誤　　**所有者不明建物管理命令**に関する規定は、**専有部分及び共用部分には適用しない**〈区 6 条 4 項、民 264 条の 8〉。したがって、甲マンションの管理者は、裁判所に対して、101 号室の専有部分と共用部分の共有持分を対象として、所有者不明建物管理人による管理を命ずる処分を求めることはできない。

☞　❶分冊 p126 **5**～

3　正　　**故意又は過失によって他人の権利又は法律上保護される利益を侵害した者は、これによって生じた損害を賠償する責任を負う**〈民 709 条〉。A は、故意により、101 号室にゴミをため込むなど管理を適切に行わず、これにより、B の健康を害していることから、B は、A に対して、損害賠償を請求することができる。

☞　❶分冊 p150 **1**～

4　正　　**管理不全建物管理命令**に関する規定は、**専有部分及び共用部分には適用しない**〈区 6 条 4 項、民 264 条の 14〉。したがって、B は、裁判所に対して、101 号室の専有部分と共用部分の共有持分を対象として、管理不全建物管理人による管理を命ずる処分を求めることはできない。

☞　❶分冊 p127 **6**～

正解 2
（正解率 21%）

肢別解答率
受験生はこう答えた！

肢	解答率
1	29%
2	21%
3	1%
4	48%

難易度　**難**

第 2 編　区分所有法等
義務違反者に対する措置

マンション内で共同の利益に反する行為を行っている者に対する他の区分所有者全員からの専有部分の使用禁止の請求に関する次の記述のうち、区分所有法、民法及び民事執行法の規定によれば、誤っているものはどれか。

1 共同の利益に反する行為を行う区分所有者に対する専有部分の使用禁止の請求は、共同の利益に反する行為による区分所有者の共同生活上の障害が著しく、行為の差止めを請求されても区分所有者が任意に従わない場合にはじめて認められる。

2 共同の利益に反する行為を行う区分所有者に対して専有部分の使用禁止を請求する訴えが提起され、専有部分の使用禁止を命じる判決が確定した場合でも、使用禁止を命じられた専有部分の区分所有者は、専有部分を第三者に賃貸することができる。

3 専有部分を賃借している占有者が区分所有者の共同の利益に反する行為を行い、その行為のために生じる共同生活上の障害が著しいとしても、当該占有者に対して専有部分の使用禁止を請求することはできない。

4 確定判決によって専有部分の使用禁止が命じられたにもかかわらず命令に従わない区分所有者に対する強制執行は、命令に従わない期間に応じて一定の額の金銭を他の区分所有者全員に支払わせるという方法によって行うことができる。

区分所有者が区分所有者の共同の利益に反する行為をした場合又はその行為をするおそれがある場合において、その**行為による区分所有者の共同生活上の障害が著しく**、区分所有法57条に規定する共同の利益に反する**行為の停止等の請求によってはその障害を除去して共用部分の利用の確保その他の区分所有者の共同生活の維持を図ることが困難であるとき**は、他の区分所有者の全員又は管理組合法人は、**集会の決議に基づき、訴えをもって**、相当の期間の当該行為に係る区分所有者による専有部分の使用の禁止を請求することができる〈区58条1項〉。

1 誤 区分所有法57条に規定する共同の利益に反する**行為の停止等の請求をしていなかったとしても**、区分所有法57条に規定する共同の利益に反する行為の停止等の請求では区分所有者の共同生活の維持を図ることが困難であると認められる場合には、専有部分の使用禁止の請求をすることができる。

👉 **❶分冊 p269 4~**

2 正 専有部分の使用禁止の請求を認容する判決が確定した場合、区分所有者の共同の利益に反する行為をした区分所有者は、相当の期間、専有部分を使用することを禁止されるにとどまり、**専有部分を第三者に賃貸することを禁止されていない**。したがって、使用禁止を命じられた専有部分の区分所有者は、専有部分を第三者に賃貸することができる。

👉 **❶分冊 p269 4~**

3 正 専有部分の使用禁止の請求は、**区分所有者**に対して行うものである。したがって、専有部分を賃借している占有者が区分所有者の共同の利益に反する行為を行っていたとしても、専有部分の使用禁止を請求することはできない。

👉 **❶分冊 p269 4~**

4 正 作為又は不作為を目的とする債務で代替執行ができないものについての強制執行は、執行裁判所が、債務者に対し、遅延の期間に応じ、又は相当と認める一定の期間内に履行しないときは直ちに、債務の履行を確保するために相当と認める一定の額の金銭を債権者に支払うべき旨を命ずる方法により行う〈民執172条1項〉。専有部分の使用を禁止された区分所有者は、**専有部分を使用しないという義務を負い、この義務は代替執行ができない**ので、確定判決によって専有部分の使用禁止が命じられたにもかかわらず命令に従わない区分所有者に対する強制執行は、本肢の方法によって行うことができる。

正解 1
（正解率 49%）

肢別解答率 受験生はこう答えた！

肢	解答率
1	49%
2	8%
3	26%
4	17%

難易度 難

管理者の職務に関する次の記述のうち、区分所有法及び民法の規定によれば、誤っているものはどれか。

1　管理者の職務に関する代理権に加えた制限は、善意の第三者に対抗することができない。

2　管理者は、規約の定めや集会の決議によらなくても、当然にその職務に関して区分所有者のために原告又は被告となることができる。

3　管理者が職務を行うに当たって費用を要するときは、管理者は、委任の規定に従い、前払でその費用を請求することができる。

4　管理者がその職務を行うため自己の過失なくして損害を受けたときは、管理者は、委任の規定に従い、その賠償を請求することができる。

1 **正** 管理者は、その職務に関し、区分所有者を代理する〈区26条2項前段〉。この管理者の代理権に加えた制限は、**善意の第三者に対抗することができない**〈同条3項〉。

☞ **①分冊 p280 2~**

2 **誤** 管理者は、**規約又は集会の決議により**、その職務に関し、区分所有者のために、原告又は被告となることができる〈区26条4項〉。

☞ **①分冊 p280 2~**

3 **正** 管理者は、その事務を処理するについて費用を要するときは、**その前払を請求することができる**〈区28条、民649条〉。

☞ **①分冊 p280 2~**

4 **正** 管理者は、その**事務を処理するため自己に過失なく損害を受けたとき**は、その**賠償を請求することができる**〈区28条、民650条3項〉。

☞ **①分冊 p280 2~**

正解 2
（正解率**87%**）

肢別解答率
受験生は
こう答えた！

1	5%
2	87%
3	5%
4	3%

難易度 易

管理者に関する次の記述のうち、区分所有法の規定によれば、正しいものはどれか。

1　集会の決議がなくとも、各区分所有者は、管理者の選任を裁判所に請求することができる。

2　管理者は、集会において、毎年1回一定の時期に、その事務に関する報告をしなければならないが、規約の定めにより書面の送付をもって報告に代えることができる。

3　管理者は、集会の決議により原告又は被告となったときは、遅滞なく、区分所有者にその旨を通知しなければならない。

4　管理者は、規約に特別の定めがあるときは、共用部分を所有することができる。

1 誤　区分所有者は、規約に別段の定めがない限り**集会の決議によって**、管理者を選任し、又は解任することができる〈区25条1項〉。管理者の選任は、上記手続によるものであり、**裁判所に選任を請求することはできない**。

☞ **①分冊 p280 ②～**

2 誤　管理者は、**集会において**、毎年1回一定の時期に、その事務に関する報告をしなければならない〈区43条〉。上記のとおり、報告は集会において行わなければならず、**規約の定めによっても、この報告に代えて、書面を送付することはできない**。

☞ **①分冊 p280 ②～**

3 誤　管理者は、**規約又は集会の決議により**、その職務に関し、区分所有者のために、原告又は被告となることができる〈区26条4項〉。管理者は、**規約により**原告又は被告となったときは、遅滞なく、区分所有者にその旨を通知しなければならない〈同条5項〉。したがって、集会の決議により原告又は被告となった場合には、その旨を通知することは義務づけられていない。

☞ **①分冊 p280 ②～**

4 正　管理者は、**規約**に特別の定めがあるときは、共用部分を所有することができる〈区27条1項〉。

☞ **①分冊 p252 ③～**

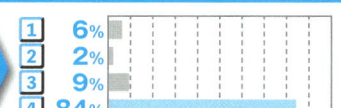

正解 **4**
（正解率**84%**）

肢別解答率
受験生は
こう答えた！

肢	解答率
1	6%
2	2%
3	9%
4	84%

難易度
易

区分所有する者が複数名である甲マンションにおいて、区分所有者Aが管理者である場合の管理者の立場等に関する次の記述のうち、区分所有法及び民法の規定によれば、**誤って**いるものはどれか。

1 Aは、やむを得ない事由があるときでなければ、管理者としての事務を第三者に委任することはできない。

2 Aは、管理者としての事務を処理するについて費用を要するときは、管理組合に対して事務処理費用の前払いを請求することができる。

3 Aは、甲マンションの敷地が区分所有者の共有又は準共有に属しない場合には、敷地に関して、これを保存し、集会の決議を実行し、並びに規約で定めた行為をする権限を有しない。

4 Aがその職務を行うため自己の過失なくして損害を受けたときは、Aは、委任の規定に従い、管理組合に対してその賠償を請求することができる。

区分所有法及び規約に定めるもののほか、管理者の権利義務は、委任に関する規定に従う〈区28条〉。

1 誤 受任者は、**委任者の許諾を得たとき、又はやむを得ない事由があるときでなければ、**復受任者を選任することができない〈民644条の2第1項〉。したがって、Aは、管理組合の承諾を得たときにも、管理者としての事務を第三者に委任することができる。

☞ **①分冊 p280 2～**

2 正 **委任事務を処理するについて費用を要するとき**は、委任者は、受任者の請求により、**その前払をしなければならない**〈民649条〉。したがって、Aは、管理者としての事務を処理するについて費用を要するときは、管理組合に対して事務処理費用の前払いを請求することができる。

☞ **①分冊 p280 2～**

3 正 管理者は、共用部分並びに**建物の敷地又は共用部分以外の附属施設（これらに関する権利を含む。）が区分所有者の共有に属する場合における当該建物の敷地及び附属施設**を保存し、集会の決議を実行し、並びに規約で定めた行為をする権利を有し、義務を負う〈区26条1項〉。したがって、Aは、甲マンションの敷地が区分所有者の共有又は準共有に属しない場合には、敷地に関して、保存等を行う権限を有しない。

☞ **①分冊 p280 2～**

4 正 受任者は、委任事務を処理するため**自己に過失なく損害を受けたとき**は、委任者に対し、**その賠償を請求することができる**〈民650条3項〉。したがって、Aは、その職務を行うため自己の過失なくして損害を受けたときは、管理組合に対し、その賠償を請求することができる。

☞ **①分冊 p280 2～**

正解 1
（正解率65%）

肢別解答率 受験生はこう答えた！

肢	解答率
1	65%
2	1%
3	33%
4	1%

難易度 普

管理者による管理所有に関する次の記述のうち、区分所有法の規定によれば、誤っているものはどれか。

1 規約において、法定共用部分だけでなく規約共用部分についても管理所有の対象とすることができる。

2 規約で管理者が建物の敷地及び附属施設を所有すると定めることにより、管理者はこれらの管理に必要な行為を行う権限を有する。

3 管理者による管理所有が規約で定められている場合、管理者は、共用部分につき損害保険契約を締結することができる。

4 管理者による管理所有が規約で定められていても、管理所有の対象としている共用部分の保存行為については、管理者だけでなく、共用部分を共有する各区分所有者がすることができる。

1 **正** 管理者は、規約に特別の定めがあるときは、**共用部分**を所有することができる〈区27条1項〉。**規約共用部分も共用部分であるから**、規約共用部分についても管理所有の対象とすることができる。

👉 **❶分冊 p252 ⑧～**

2 **誤** 管理者は、規約に特別の定めがあるときは、**共用部分**を所有することができる〈区27条1項〉。建物の敷地及び附属施設を管理者の所有とすると定めることはできない。

👉 **❶分冊 p252 ⑧～**

3 **正** 管理所有者である管理者は、区分所有者全員のために**その共用部分を管理する義務を負う**〈区27条2項、20条1項前段〉。共用部分につき損害保険契約をすることは、**共用部分の管理に関する事項とみなされる**〈区18条4項〉から、管理所有者である管理者は、共用部分につき損害保険契約を締結することができる。

👉 **❶分冊 p252 ⑧～**

4 **正** 共用部分の保存行為は、**各共有者がすることができる**〈区18条1項ただし書〉。したがって、管理者とは別に、区分所有者も共用部分の保存行為をすることができる。

👉 **❶分冊 p248 ②～**

正解 2
（正解率63%）

肢別解答率
受験生は
こう答えた！

1	14%
2	63%
3	7%
4	16%

難易度 **普**

管理所有に関する次の記述のうち、区分所有法の規定によれば、正しいものはどれか。

1 規約の別段の定めによっても、管理者は一部共用部分を所有することはできない。

2 規約の別段の定めによっても、共用部分の所有者を管理者以外の特定の区分所有者とすることはできない。

3 管理所有者は、その者が管理所有する共用部分を保存し、又は改良するため必要な範囲内において、他の区分所有者の専有部分又は自己の所有に属しない共用部分の使用を請求することができる。

4 管理所有者は、その者が管理所有する共用部分について、その形状又は効用の著しい変更を伴わないものであっても、変更をすることはできない。

1 **誤** 管理者は、**規約に特別の定めがあるときは、共用部分を所有することができる**〈区27条1項〉。一部共用部分とは、一部の区分所有者のみの共用に供されるべきことが明らかな共用部分をいい〈区3条〉、共用部分にあたるので、管理者は、規約に特別の定めがあるときは、一部共用部分を所有することができる。

☞ **①分冊 p252 ③〜**

2 **誤** 共用部分は、区分所有者全員の共有に属する〈区11条1項本文〉が、**規約で別段の定め**をすることを妨げない〈同条2項本文〉。規約で別段の定めをする場合、管理者を共用部分の所有者とする場合を除き、**区分所有者以外の者を共用部分の所有者と定めることはできない**〈同条項ただし書〉。したがって、規約に別段の定めをすることにより、共用部分の所有者を管理者以外の特定の区分所有者とすることもできる。

☞ **①分冊 p252 ③〜**

3 **正** 区分所有者は、その専有部分又は共用部分を保存し、又は改良するため必要な範囲内において、**他の区分所有者の専有部分又は自己の所有に属しない共用部分の使用を請求することができる**〈区6条2項〉。したがって、区分所有者である管理所有者は、本肢の請求をすることができる。また、管理者である管理所有者にも上記規定は準用され〈区27条2項〉、管理者である管理所有者も本肢の請求をすることができる。

☞ **①分冊 p252 ③〜**

4 **誤** 管理所有者は、区分所有者全員（一部共用部分については、これを共用すべき区分所有者）のためにその共用部分を管理する義務を負う〈区20条1項前段、27条2項〉。共用部分の変更のうち、**その形状又は効用の著しい変更を伴わないもの**は、共用部分の管理に関する事項にあたり、管理所有者は、これを行うことができる。

☞ **①分冊 p252 ③〜**

	正解 **3**	肢別解答率		
	（正解率80%）	受験生はこう答えた！	1	6%
			2	6%
			3	80%
			4	9%

難易度 **易**

甲マンションにおける管理者が区分所有者Aである場合の管理者の立場等に関する次の記述のうち、区分所有法及び民法（明治29年法律第89号）の規定によれば、正しいものはどれか。ただし、規約に別段の定めはないものとする。

1　Aは、集会の決議を経ることなく、共用部分の保存行為をするとともにその形状又は効用の著しい変更を伴わない変更をすることができる。

2　Aは、甲マンションの大規模修繕工事について、自己の利益を図る目的で請負契約を締結して工事代金を支払ったとしても、当該契約が集会の決議に基づき締結したものであれば、善良な管理者の注意義務違反を問われることはない。

3　Aは、規約又は集会の決議により、その職務に関し、区分所有者のために原告となることができるが、その場合には、遅滞なく、区分所有者にその旨を通知しなければならない。

4　甲マンションの敷地が、区分所有者の共有又は準共有に属しない場合、Aは甲マンションの敷地に関して、これを保存し、集会の決議を実行し、並びに規約で定めた行為をする権限を有する。

1 **誤** 管理者は、共用部分並びに区分所有者の共有に属する建物の敷地及び共用部分以外の附属施設を**保存**し、集会の決議を実行し、並びに規約で定めた行為をする権利を有し、義務を負う〈区26条1項〉。したがって、Aは、集会の決議を経ることなく、共用部分の変更をすることはできない。

☞ **①分冊 p252 ③~**

2 **誤** 管理者は、委任の本旨に従い善良な管理者の注意をもって管理事務を処理する義務を負う〈区28条、民644条〉。理事長は、その職務の遂行に当たり、自己の私的な利益を追求してはならず、私的利益を目的として職務を遂行することは、管理組合に対する**善管注意義務違反にあたり**、これによって管理組合に生じた損害を賠償する責めに任ずる。当該職務の遂行が総会又は理事会の決議に基づくものであったことは、賠償責任を免れる理由にはならない〈東京高判令和1.11.20〉。したがって、Aは、甲マンションの大規模修繕工事について、自己の利益を図る目的で請負契約を締結して工事代金を支払った場合、当該契約が集会の決議に基づき締結したものであっても、善良な管理者の注意義務違反を問われる場合がある。

3 **誤** 管理者は、規約又は集会の決議により、その職務に関し、区分所有者のために、原告又は被告となることができる〈区26条4項〉。管理者は、**規約により**原告又は被告となったときは、遅滞なく、区分所有者にその旨を通知しなければならない〈同条5項〉。したがって、Aは、集会の決議により、その職務に関し、区分所有者のために原告となった場合には、区分所有者にその旨を通知することは義務づけられない。

☞ **①分冊 p280 ②~**

4 **誤** 管理者は、**共用部分並びに区分所有者の共有に属する建物の敷地及び共用部分以外の附属施設**を保存し、集会の決議を実行し、並びに規約で定めた行為をする権利を有し、義務を負う〈区26条1項〉。したがって、甲マンションの敷地が区分所有者の共有又は準共有に属しない場合、Aは、甲マンションの敷地に関し、これを保存し、集会の決議を実行し、並びに規約で定めた行為をする権限を有しない。

☞ **①分冊 p280 ②~**

（※本解説は、公益財団法人マンション管理センターの発表のとおり正解なしとし、解説を作成しております。）

正解なし
（正解率**？**%）

肢別解答率
受験生は
こう答えた！

1	49%
2	17%
3	9%
4	25%

難易度
？

23 管理者

2022年度 問5　Check □□□　重要度 ▶ A

次に掲げる事項のうち、区分所有法の規定によれば、管理者の職務（区分所有者を代理するものも含む。）に当たるものはいくつあるか。

ア　共用部分につき損害保険契約をした場合における、同契約に基づく保険金額の請求及び受領

イ　共用部分について生じた不当利得による返還金の請求及び受領

ウ　規約の保管

エ　集会における毎年１回一定の時期に行う管理者の事務に関する報告

1 一つ
2 二つ
3 三つ
4 四つ

ア 当たる 　管理者は、**共用部分等に係る損害保険契約**に基づく保険金額並びに共用部分等について生じた損害賠償金及び不当利得による返還金の**請求及び受領**に関し、区分所有者を代理する〈区26条2項後段〉。
👉 ❶分冊 p280 ❷〜

イ 当たる 　管理者は、共用部分等に係る損害保険契約に基づく保険金額並びに共用部分等について生じた損害賠償金及び**不当利得による返還金の請求及び受領**に関し、区分所有者を代理する〈区26条2項後段〉。
👉 ❶分冊 p280 ❷〜

ウ 当たる 　規約は、**管理者が保管**しなければならない〈区33条1項本文〉。
👉 ❶分冊 p280 ❷〜

エ 当たる 　管理者は、**集会において、毎年1回**一定の時期に、その**事務に関する報告**をしなければならない〈区43条〉。
👉 ❶分冊 p280 ❷〜

以上より、管理者の職務(区分所有者を代理するものも含む。)に当たるものはア、イ、ウ、エの四つであり、本問の正解肢は4となる。

正解 4
(正解率**83**%)

肢別解答率
受験生はこう答えた！

1	1%	
2	3%	
3	13%	
4	83%	

難易度 **易**

管理者に関する次の記述のうち、区分所有法の規定及び判例によれば、正しいものはいくつあるか。

ア 区分所有者は、規約に別段の定めがない限り集会の決議によって管理者を選任することができるが、区分所有者以外の者を管理者に選任することもできる。

イ 管理者に不正な行為その他その職務を行うに適しない事情があっても、区分所有者の5分の1以上で議決権の5分の1以上を有するものでなければ、その解任を裁判所に請求することができない。

ウ 集会で複数の理事を選任し、理事長は理事会で理事の互選で選任する旨を規約で定めた場合において、当該規約に解任の定めがない場合であっても、理事会決議で理事長の職を解き理事とすることは、当該規約に違反するとはいえない。

エ 管理者は、規約又は集会の決議により、その職務に関し、区分所有者のために、原告又は被告となることができる。

1 一つ
2 二つ
3 三つ
4 四つ

ア 　**正**　区分所有者は、規約に別段の定めがない限り集会の決議によって、管理者を選任し、又は解任することができる〈区 25 条 1 項〉。**区分所有法上、管理者の資格につき定めはなく**、区分所有者以外の者を管理者に選任することもできる。
👉 **❶分冊 p280 ②〜**

イ 　**誤**　管理者に不正な行為その他その職務を行うに適しない事情があるときは、**各区分所有者**は、その解任を裁判所に請求することができる〈区 25 条 2 項〉。したがって、区分所有者は、区分所有者の 5 分の 1 以上で議決権の 5 分の 1 以上を有するものでなくとも、管理者の解任を裁判所に請求することができる。
👉 **❶分冊 p280 ②〜**

ウ 　**正**　理事長を区分所有法に定める管理者とし、役員である理事に理事長等を含むものとした上、役員の選任及び解任について総会の決議を経なければならないとする一方で、**理事は、組合員のうちから総会で選任し、その互選により理事長を選任する旨の定めがある規約**を有する管理組合においては、理事の互選により選任された理事長につき、理事の過半数の一致により理事長の職を解くことができる〈最判平成 29.12.18〉。したがって、本肢の規約を定めた管理組合において、理事の過半数による理事会の決議により理事長の職を解き理事とすることは、当該規約に違反するとはいえない。

エ 　**正**　管理者は、**規約又は集会の決議により**、その職務に関し、区分所有者のために、原告又は被告となることができる〈区 26 条 4 項〉。
👉 **❶分冊 p280 ②〜**

以上より、正しいものはア、ウ、エの三つであり、本問の正解肢は 3 となる。

正解 ③
（正解率 77%）

肢別解答率
受験生はこう答えた！

1	2%
2	18%
3	77%
4	3%

難易度 **易**

管理組合法人に関する次の記述のうち、区分所有法の規定によれば、正しいものはどれか。

1　区分所有者以外の利害関係人は、裁判所に対する仮理事の選任の請求を行うことができない。

2　管理組合法人の成立前の集会の決議、規約及管理者の職務の範囲内の行為は、管理組合法人には効力を生じない。

3　管理組合法人の財産をもつてその債務を完済することができないときは、規約に別段の定めがない限り、区分所有者は等しい割合でその債務の弁済の責めに任ずる。

4　理事が欠けた場合又は規約で定めた理事の員数が欠けた場合には、任期の満了又は辞任により退任した理事は、新たに選任された理事（仮理事を含む。）が就任するまで、なおその職務を行う。

1 **誤**　理事が欠けた場合において、事務が遅滞することにより損害を生ずるおそれがあるときは、裁判所は、**利害関係人又は検察官の請求により**、仮理事を選任しなければならない〈区49条の4第1項〉。したがって、区分所有者以外の利害関係人も、裁判所に対する仮理事の選任の請求を行うことができる。

👉 **❶分冊 p291 ❸〜**

2 **誤**　管理組合法人の成立前の集会の決議、規約及び管理者の職務の範囲内の行為は、管理組合法人につき**効力を生ずる**〈区47条5項〉。

👉 **❶分冊 p287 ❶〜**

3 **誤**　管理組合法人の財産をもってその債務を完済することができないときは、規約に別段の定めがない限り、区分所有者は、**共用部分の持分割合と同一の割合で**、その債務の弁済の責めに任ずる〈区53条1項〉。したがって、区分所有者は、等しい割合でその債務の弁済の責めに任ぜられるとは限らない。

👉 **❶分冊 p297 ❹〜**

4 **正**　**理事が欠けた場合又は規約で定めた理事の員数が欠けた場合**には、**任期の満了又は辞任により退任した理事**は、新たに選任された理事(仮理事を含む。)が就任するまで、なおその職務を行う〈区49条7項〉。

👉 **❶分冊 p291 ❸〜**

正解 **4**
（正解率**85%**）

肢別解答率
受験生は
こう答えた！

1	8%
2	1%
3	6%
4	85%

難易度 **易**

管理組合法人の理事及び監事に関する次の記述のうち、区分所有法の規定によれば、正しいものはどれか。

1　管理組合が主たる事務所の所在地において登記をすることによって管理組合法人となる場合において、管理組合法人の監事については登記はなされない。

2　代表権のある理事が管理組合法人所有の土地の一部を購入しようとする場合、当該理事は、他の理事全員の承諾を得た上で管理組合法人の代表者として当該売買契約を締結しなければならない。

3　複数の理事がいる管理組合法人において、理事全員が共同して管理組合法人を代表する旨が規約によって定められている場合、そのうちの理事一人と管理組合法人との間で利益相反事項が生じるときには、当該利益相反事項と関わりのない他の理事が管理組合法人を代表することができる。

4　理事が欠けた場合において、事務が遅滞することにより損害を生ずるおそれがあるときには裁判所によって仮理事が選任されるが、監事が欠けた場合には、事務が遅滞することにより損害を生ずるおそれがあるときであっても裁判所による仮監事の選任はなされない。

1 **正**　管理組合は、区分所有者及び議決権の各４分の３以上の多数による集会の決議で法人となる旨並びにその名称及び事務所を定め、かつ、その主たる事務所の所在地において登記をすることによって法人となる〈区47条１項〉。この登記において登記すべき事項は、①目的及び業務、②名称、③事務所の所在場所、④代表権を有する者の氏名、住所及び資格、⑤存続期間又は解散の事由を定めたときは、その期間又は事由、⑥共同代表の定めがあるときは、その定めである〈組合等登記令２条２項〉。**監事に関する事項は、上記のいずれにもあたらず、登記はされない。**

☞ **❶分冊 p287 ❶～**

2 **誤**　管理組合法人と理事との利益が相反する事項については、**監事が管理組合法人を代表する**〈区51条〉。本肢の土地の売買は、理事がその地位を利用して不当に安く購入して管理組合法人に損害を被らせるおそれがあり、「管理組合法人と理事との利益が相反する事項」にあたり、監事が管理組合法人の代表者として、売買契約を締結する。

☞ **❶分冊 p291 ❸～**

3 **誤**　管理組合法人と理事との利益が相反する事項については、監事が管理組合法人を代表する〈区51条〉。ここで、複数の理事があり、その複数の理事が共同して管理組合法人を代表する場合において、理事の１人と管理組合法人との間に利益相反が生じるときは、**監事が管理組合法人を代表すると解される。**

☞ **❶分冊 p291 ❸～**

4 **誤**　理事が欠けた場合において、事務が遅滞することにより損害を生ずるおそれがあるときは、裁判所は、利害関係人又は検察官の請求により、**仮理事を選任しなければならない**〈区49条の４第１項〉。この規定は、監事に準用され〈区50条４項〉、本肢の場合、上記規定に基づいて、裁判所による仮監事の選任がなされることがある。

☞ **❶分冊 p291 ❸～**

正解 ❶
（正解率57％）

肢別解答率
受験生は
こう答えた！

1	57%
2	4%
3	31%
4	8%

難易度
普

27 管理組合法人

2020年度 問6　Check □□□　重要度 ▶ A

甲マンション管理組合法人の解散事由に関する次の記述のうち、区分所有法の規定によれば、正しいものはいくつあるか。

ア　甲マンション建物の全部滅失

イ　分譲業者Aによる甲マンションの全区分所有権の買取り

ウ　甲マンション管理組合法人の破産手続開始決定

エ　集会における区分所有者及び議決権の各４分の３以上の多数決決議

1　一つ

2　二つ

3　三つ

4　四つ

管理組合法人は、以下の事由によって解散する〈区55条1項〉。

① 建物(一部共用部分を共用すべき区分所有者で構成する管理組合法人にあっては、その共用部分)の全部の滅失
② 建物に専有部分がなくなったこと。
③ 集会の決議

ア　**正**　本肢の事由は、**①にあたる**。
　🖝 **❶分冊 p298 ⑤~**

イ　**誤**　本肢の事由は、**上記のいずれにもあたらない**。
　🖝 **❶分冊 p298 ⑤~**

ウ　**誤**　本肢の事由は、**上記のいずれにもあたらない**。
　🖝 **❶分冊 p298 ⑤~**

エ　**正**　本肢の事由は、**③にあたる**。この集会の決議は、**区分所有者及び議決権の各4分の3以上の多数**でする〈区55条2項〉。
　🖝 **❶分冊 p298 ⑤~**

以上より、正しいものはア、エの二つであり、本問の正解肢は2となる。

正解 ②
（正解率**51%**）

肢別解答率
受験生はこう答えた！

1	2%
2	51%
3	45%
4	3%

難易度 **普**

管理組合法人に関する次の記述のうち、区分所有法の規定によれば、誤っているものはどれか。

1　管理組合法人の理事は、規約又は集会の決議により、管理組合法人の事務に関し、区分所有者のために、原告又は被告となることができる。

2　管理組合法人は、区分所有者名簿を備え置き、区分所有者の変更があるごとに必要な変更を加えなければならない。

3　管理組合法人は、建物の全部の滅失又は建物に専有部分がなくなったことのほか、区分所有者及び議決権の各４分の３以上の多数の集会の決議によっても解散する。

4　管理組合法人は、代表理事がその職務を行うについて第三者に加えた損害を賠償する責任を負う。

1 **誤** **管理組合法人**は、規約又は集会の決議により、その事務に関し、区分所有者のために、原告又は被告となることができる〈区47条8項〉。理事は、原告又は被告となることはできない。

☞ ❶分冊 p288 **2**〜

2 **正** 管理組合法人は、**区分所有者名簿を備え置き**、区分所有者の変更があるごとに必要な変更を加えなければならない〈区48条の2第2項〉。

☞ ❶分冊 p288 **2**〜

3 **正** 管理組合法人は、①建物（一部共用部分を共用すべき区分所有者で構成する管理組合法人にあっては、その共用部分）の全部の滅失、②建物に専有部分がなくなったこと、③**集会の決議**によって解散する〈区55条1項〉。③の集会の決議は、**区分所有者及び議決権の各4分の3以上の多数**でする〈同条2項〉。

☞ ❶分冊 p298 **5**〜

4 **正** 管理組合法人は、**代表理事その他の代表者がその職務を行うについて第三者に加えた損害**を賠償する責任を負う〈区47条10項、一般社団法人及び一般財団法人に関する法律78条〉。

正解 1
（正解率**85%**）

肢別解答率
受験生はこう答えた！

肢	解答率
1	85%
2	3%
3	7%
4	6%

難易度

易

管理組合の法人化を検討しているマンションの管理者に対する次の助言のうち、区分所有法の規定及び判例によれば、**誤っているもの**はどれか。

1 理事に事故があり理事会に出席できないときはその配偶者に限って理事会に代理出席させることができる旨の規約を定めることができます。

2 理事が数人選任された場合に、別段の定めがないときは、どの理事も管理組合法人を代表することができます。

3 理事の代理権は集会決議や規約によって制限することができ、登記していれば善意の第三者にもその制限を対抗することができます。

4 携帯電話基地局（アンテナ）設置のためにマンションの屋上について賃貸借契約を締結した場合、設置料収入については普通法人並みに課税されます。

1 **正** 管理組合法人が、その規約によって、代表権のある理事のほかに複数の理事を定め、理事会を設けた場合において、「理事に事故があり、理事会に出席できないときは、その配偶者又は1親等の親族に限り、これを代理出席させることができる。」と規定する**規約の条項は、違法でない**〈最判平成 2.11.26〉。
👉 **❶分冊 p291 ❸〜**

2 **正** 理事が数人あるときは、**各自管理組合法人を代表する**〈区 49 条 4 項〉。もっとも、規約若しくは集会の決議によって、管理組合法人を代表すべき理事を定め、若しくは数人の理事が共同して管理組合法人を代表すべきことを定め、又は規約の定めに基づき理事の互選によって管理組合法人を代表すべき理事を定めることができる〈同条 5 項〉。したがって、理事が数人選任された場合に、別段の定めがないときは、どの理事も管理組合法人を代表することができる。
👉 **❶分冊 p291 ❸〜**

3 **誤** 理事の代理権は、規約又は集会の決議により制限することができる。もっとも、**理事の代理権に加えた制限は、善意の第三者に対抗することができない**〈区 49 条の 2〉。したがって、理事の代理権を規約又は集会の決議によって制限した場合、登記をしていても、善意の第三者にその制限を対抗することはできない。
👉 **❶分冊 p291 ❸〜**

4 **正** 管理組合法人は、法人税法その他法人税に関する法令の規定の適用については、公益法人等とみなされ〈区 47 条 13 項〉、**収益事業を行う場合に限り**、法人税を納める義務を負う〈法税 4 条 1 項ただし書〉。携帯電話基地局設置のためにマンションの屋上について賃貸借契約を締結し、賃料を受け取ることは、収益事業にあたり、法人税を課される。また、携帯電話基地局設置のためにマンションの屋上について賃貸借契約を締結し、賃料を受け取る場合、消費税を課される。したがって、管理組合法人が、携帯電話基地局設置のためにマンションの屋上について賃貸借契約を締結した場合、設置料収入については普通法人並みに課税される。
👉 **❸分冊 p156 ❶〜**

正解 ❸ （正解率 **50%**）

肢別解答率 受験生はこう答えた！

肢	解答率
1	25%
2	13%
3	50%
4	13%

難易度 普

規約

2018年度 問1   Check ☐☐☐   重要度 ▶ **A**

規約に関する次の記述のうち、区分所有法の規定によれば、正しいものはどれか。

1 規約の設定、変更又は廃止については、集会を招集してその集会の決議によってこれを設定、変更又は廃止をする以外の方法は認められていない。

2 規約の設定、変更又は廃止が一部の区分所有者の権利に特別の影響を及ぼすべきときは、当該区分所有者は、規約の設定、変更又は廃止の決議に賛成した区分所有者に対し、自己の区分所有権等を時価で買い取るべきことを請求することができる。

3 一部共用部分の管理は、区分所有者全員の利害に関係するもの以外は、これを共用すべき区分所有者のみで行う。

4 規約は、管理者がないときは、建物を使用している区分所有者又はその代理人が保管しなければならないが、保管する者の選任は、集会の決議によるほか規約で定めることもできる。

1 **誤**　規約の設定、変更又は廃止は、区分所有者及び議決権の各4分の3以上の多数による集会の決議によってする〈区31条1項前段〉。このほか、最初に建物の専有部分の全部を所有する者は、**公正証書により**、所定の事項につき規約を設定することができる〈区32条〉。また、**書面又は電磁的方法による決議**や**書面又は電磁的方法による合意**によることもできる〈区45条〉。したがって、集会の決議以外の方法によって規約の設定等を行うことも認められている。

👉 **❶分冊 p304 2~**

2 **誤**　規約の設定、変更又は廃止が一部の区分所有者の権利に特別の影響を及ぼすべきときは、その承諾を得なければならない〈区31条1項後段〉。規約の設定等につき、本肢のような**買取請求の制度は設けられていない**。

3 **誤**　一部共用部分の管理のうち、区分所有者全員の利害に関係するもの又は**区分所有者全員の規約に定めがあるもの**は区分所有者全員で、その他のものはこれを共用すべき区分所有者のみで行う〈区16条〉。したがって、一部共用部分の管理のうち、区分所有者全員の規約に定めがあるものの中には、一部共用部分の管理であって、区分所有者全員の利害に関係するもの以外のものもあるが、これを共用すべき区分所有者のみで行わない。

👉 **❶分冊 p253 4~**

4 **正**　管理者がない場合、建物を使用している区分所有者又はその代理人で**規約又は集会の決議で定めるもの**が規約を保管しなければならない〈区33条1項〉。したがって、規約を保管する者の選任は、集会の決議によるほか、規約によることもできる。

👉 **❶分冊 p306 4~**

正解 4 （正解率61%）　**肢別解答率** 受験生はこう答えた！　1 24%　2 2%　3 14%　4 61%　**難易度 普**

マンションの駐車場が区分所有者の共有に属する敷地上にあり、その駐車場の一部が分譲時の契約等で特定の区分所有者だけが使用できるものとして有償の専用使用権が設定されている場合、使用料を増額するために規約を変更する集会の決議及び特別の影響について、区分所有法及び民法（明治29年法律第89号）の規定並びに判例によれば、次のうち正しいものはどれか。

1 　駐車場の使用が管理組合と専用使用権者との間の駐車場使用契約という形式を利用して行われている場合には、管理組合は、専用使用権者の承諾を得ずに規約又は集会の決議をもって、使用料を増額することはできない。

2 　区分所有法第31条に規定されている特別の影響を及ぼすべきときに当たるのは、規約の設定、変更等の必要性及び合理性とこれによって一部の区分所有者が受ける不利益とを比較衡量し、区分所有関係の実態に照らして、その不利益が区分所有者の受忍すべき限度を超える場合である。

3 　使用料の増額について、増額の必要性及び合理性が認められ、かつ、増額された使用料が区分所有関係において社会通念上相当な額であると認められる場合であっても、使用料の増額に関する規約の設定、変更等は専用使用権者の権利に特別の影響を及ぼすものとなるため、区分所有法第31条の規定により専用使用権者の承諾が必要となる。

4 　専用使用権者が訴訟において使用料増額の効力を裁判で争っている場合であっても、裁判所の判断を待つことなく、専用使用権者が増額された使用料の支払に応じないことを理由に駐車場使用契約を解除し、その専用使用権を失わせることができる。

1 **誤** 専用使用権が区分所有者全員の共有に属するマンション敷地の使用に関する権利である場合、これが分譲された後は、管理組合と組合員たる専用使用権者との関係においては、区分所有法の規定の下で、規約及び集会の決議による団体的規制に服すべきものであり、管理組合は、同法の定める手続要件に従い、**規約又は集会の決議をもって、専用使用権者の承諾を得ることなく使用料を増額することができる**〈最判平成10.10.30〉。このことは、駐車場の使用が管理組合と専用使用権者との間の駐車場使用契約という形式を用いて行われている場合であっても、基本的に異なるところはない〈最判平成10.10.30〉。

2 **正** 規約の設定、変更又は廃止が一部の区分所有者の権利に**特別の影響を及ぼすべきときは、その承諾を得なければならない**〈区31条1項後段〉。この「特別の影響を及ぼすべきとき」とは、**規約の設定、変更等の必要性及び合理性とこれによって一部の区分所有者が受ける不利益とを比較衡量し、当該区分所有関係の実態に照らして、その不利益が区分所有者の受忍すべき限度を超えると認められる場合**をいう〈最判平成10.10.30〉。

☞ **①分冊 p304 2~**

3 **誤** 規約の設定、変更又は廃止が一部の区分所有者の権利に特別の影響を及ぼすべきときは、その承諾を得なければならない〈区31条1項後段〉。使用料の増額についていえば、使用料の増額は一般的に専用使用権者に不利益を及ぼすものであるが、増額の必要性及び合理性が認められ、かつ、増額された使用料が当該区分所有関係において社会通念上相当な額であると認められる場合には、**専用使用権者は使用料の増額を受忍すべきであり**、使用料の増額に関する規約の設定、変更等は専用使用権者の権利に**「特別の影響」を及ぼすものではない**〈最判平成10.10.30〉。したがって、本肢の場合には、**専用使用権者の承諾が必要となるとはいえない**。

☞ **①分冊 p304 2~**

4 **誤** 専用使用権者が訴訟において使用料増額の効力を争っているような場合には、裁判所の判断を待つことなく、専用使用権者が増額された使用料の支払に応じないことを理由に駐車場使用契約を解除し、その専用使用権を失わせることは、契約の解除を相当とするに足りる特段の事情がない限り、**許されない**〈最判平成10.10.30〉。

正解 2
（正解率**89%**）

肢別解答率 受験生はこう答えた！

肢	%
1	3%
2	89%
3	7%
4	1%

難易度 易

法人でない管理組合の規約の保管及び閲覧に関する次の記述のうち、区分所有法及び民法の規定並びに判例によれば、正しいものはいくつあるか。

ア 規約は、管理者がいる場合には管理者が、管理者がいない場合には、現に建物を使用している区分所有者又はその代理人の中から、規約又は集会の決議によって保管する者を定めて保管しなければならない。

イ 規約を保管する者は、建物内の見やすい場所に保管場所を掲示し、利害関係人の閲覧請求に対して、正当な理由なしに、規約の閲覧を拒んではならない。

ウ 区分所有権を第三者に譲渡して移転登記も済ませた者は、利害関係を有する閲覧請求権者には該当しない。

エ 規約を電磁的記録で作成・保管している場合は、当該電磁的記録に記録された情報の内容を紙面又は出力装置の映像面に表示する方法により表示したものを閲覧させる。

1 一つ
2 二つ
3 三つ
4 四つ

ア 〔正〕 規約は、管理者が保管しなければならない〈区33条1項本文〉。もっとも、**管理者がないときは、建物を使用している区分所有者又はその代理人で規約又は集会の決議で定めるもの**が保管しなければならない〈同条項ただし書〉。
☞ ❶分冊 p306 **4**〜

イ 〔正〕 規約の保管場所は、**建物内の見やすい場所に掲示しなければならない**〈区33条3項〉。また、規約を保管する者は、利害関係人の請求があったときは、正当な理由がある場合を除いて、規約の閲覧（規約が電磁的記録で作成されているときは、当該電磁的記録に記録された情報の内容を法務省令で定める方法により表示したものの当該規約の保管場所における閲覧）を**拒んではならない**〈同条2項〉。
☞ ❶分冊 p306 **4**〜

ウ 〔正〕 規約を保管する者は、**利害関係人の請求があったとき**は、正当な理由がある場合を除いて、規約の閲覧（規約が電磁的記録で作成されているときは、当該電磁的記録に記録された情報の内容を法務省令で定める方法により表示したものの当該規約の保管場所における閲覧）を拒んではならない〈区33条2項〉。「利害関係人」には、**区分所有権を第三者に譲渡して移転登記を済ませた者は含まれない**。
☞ ❶分冊 p306 **4**〜

エ 〔正〕 規約を保管する者は、利害関係人の請求があったときは、正当な理由がある場合を除いて、規約の閲覧（**規約が電磁的記録で作成されているときは、当該電磁的記録に記録された情報の内容を法務省令で定める方法により表示したものの当該規約の保管場所における閲覧**）を拒んではならない〈区33条2項〉。
☞ ❶分冊 p306 **4**〜

以上より、正しいものはア、イ、ウ、エの四つであり、本問の正解肢は4となる。

正解 4（正解率52%）　**肢別解答率** 受験生はこう答えた！

1	2%
2	8%
3	38%
4	52%

難易度 **普**

区分所有法の規定によれば、規約に関する次の記述のうち、正しいものはどれか。

1　建物の管理又は使用に関する区分所有者相互間の事項を規約で定めることができるのは、専有部分以外の建物の部分、専有部分に属しない建物の附属物及び共用部分とされた附属の建物の管理又は使用に関する事項に限られる。

2　規約は、書面又は電磁的記録（電子的方式、磁気的方式その他人の知覚によっては認識することができない方式で作られる記録であって、電子計算機による情報処理の用に供されるものとして法務省令で定めるものをいう。）により、これを作成しなければならない。

3　最初に建物の専有部分の全部を所有する者は、公正証書により、構造上一部の区分所有者の共用に供されるべき建物の部分を専有部分とする旨の規約を設定することができる。

4　管理者がいる場合、規約に定めることにより、管理者が指名した者を規約の保管者とすることができる。

1 **誤** 規約は、**建物又はその敷地若しくは附属施設の管理又は使用に関する**区分所有者相互間の事項につき定めることができる〈区 30 条 1 項〉。したがって、本肢で挙げられた共用部分のほか、専有部分、建物の敷地又は附属施設の管理又は使用に関する事項につき規約を定めることができる。

☞ **❶分冊 p301 ❶~**

2 **正** 規約は、**書面又は電磁的記録により**、これを作成しなければならない〈区 30 条 5 項〉。

☞ **❶分冊 p306 ❹~**

3 **誤** 数個の専有部分に通ずる廊下又は階段室その他構造上区分所有者の全員又はその一部の共用に供されるべき建物の部分は、**区分所有権の目的とならないもの**とする〈区 4 条 1 項〉。したがって、規約によっても、本肢の建物の部分を専有部分とすることはできない。

☞ **❶分冊 p304 ❷~**

4 **誤** 規約は、管理者があるときは、**管理者が保管しなければならない**〈区 33 条 1 項本文〉。したがって、管理者があるときは、規約によっても、管理者以外の者を規約の保管者とすることはできない。

☞ **❶分冊 p306 ❹~**

規約

正解 2（正解率**77%**）

肢別解答率 受験生はこう答えた！

1	6%
2	77%
3	14%
4	4%

難易度 **易**

区分所有者全員で共有する敷地上にマンションの駐車場があり、規約によってその駐車場の一部を特定の区分所有者だけが使用できる旨の有償の専用使用権が設定されている。この場合における使用料増額の規約変更に関する次の記述のうち、区分所有法の規定及び判例によれば、**誤っているもの**はどれか。ただし、専用使用権者の専用使用権は、管理組合との駐車場使用契約に基づくものとする。

1 専用使用権者に特別の影響を及ぼすべきときは、専用使用権者の承諾を得ることなく規約を変更して、使用料を増額することはできない。

2 特別の影響を及ぼすべきときとは、規約の設定、変更等の必要性及び合理性とこれによって一部の区分所有者が受ける不利益とを比較衡量し、区分所有関係の実態に照らして、その不利益が区分所有者の受忍すべき限度を超えると認められる場合である。

3 使用料についての増額の必要性及び合理性が認められ、かつ、増額された使用料が区分所有関係において社会通念上相当な額であると認められる場合であっても、使用料の増額に関する規約の変更は専用使用権者の権利に特別の影響を及ぼすものになる。

4 専用使用権者が訴訟で使用料増額の効力を争っている場合には、裁判所の判断を待つことなく、専用使用権者が増額された使用料の支払に応じないことを理由に駐車場使用契約を解除し、その専用使用権を失わせることは、契約の解除を相当とするに足りる特段の事情がない限り許されない。

1 **正** 　規約の設定、変更又は廃止が一部の区分所有者の権利に**特別の影響を及ぼすべきとき**は、その承諾を得なければならない〈区31条1項後段〉。本問の専用使用権者は、区分所有者であるから、専用使用権者に特別の影響を及ぼすべきときは、専用使用権者の承諾を得ることなく規約を変更して、使用料を増額することはできない。

☞ ❶分冊 p304 **2**〜

2 **正** 　区分所有法31条1項後段に規定する「特別の影響を及ぼすべきとき」とは、**規約の設定、変更等の必要性及び合理性とこれによって一部の区分所有者が受ける不利益とを比較衡量し、当該区分所有関係の実態に照らして、その不利益が区分所有者の受忍すべき限度を超えると認められる場合**をいう〈最判平成10.10.30〉。

☞ ❶分冊 p304 **2**〜

3 **誤** 　使用料の増額が「特別の影響を及ぼすべきとき」にあたるかについていえば、使用料の増額は一般的に専用使用権者に不利益を及ぼすものであるが、増額の必要性及び合理性が認められ、かつ、増額された使用料が当該区分所有関係において社会通念上相当な額であると認められる場合には、**専用使用権者は使用料の増額を受忍すべきであり**、使用料の増額に関する規約の設定、変更等は専用使用権者の権利に**「特別の影響」を及ぼすものではない**〈最判平成10.10.30〉。

☞ ❶分冊 p304 **2**〜

4 **正** 　専用使用権者が訴訟において使用料増額の効力を争っているような場合には、裁判所の判断を待つことなく、専用使用権者が増額された使用料の支払に応じないことを理由に駐車場使用契約を解除し、その専用使用権を失わせることは、契約の解除を相当とするに足りる特段の事情がない限り、**許されない**〈最判平成10.10.30〉。

☞ ❶分冊 p304 **2**〜

正解 3
（正解率89%）

肢別解答率
受験生はこう答えた！

1	7%
2	3%
3	89%
4	2%

難易度 易

集会の招集に関する次の記述のうち、区分所有法の規定によれば、正しいものの組合せはどれか。

ア 集会の招集の通知をする場合において、会議の目的たる事項が規約の変更の決議であるときは、その議案の要領をも通知しなければならない。

イ 管理者がないときは、裁判所は、区分所有者の請求により、集会を招集する者を選任して、その者に集会を招集させることができる。

ウ 区分所有者の5分の1以上で議決権の5分の1以上を有するものは、管理者に対し、会議の目的たる事項を示して、集会の招集を請求することができるが、この定数は、規約で増減することができる。

エ 集会の招集の通知は、会日より少なくとも1週間前に、会議の目的たる事項を示して、各区分所有者に発しなければならないが、この期間は、規約で伸縮することができる。

1 アとイ
2 イとウ
3 ウとエ
4 エとア

ア 　**正**　集会の招集の通知をする場合において、会議の目的たる事項が**規約の設定、変更又は廃止**であるときは、その**議案の要領をも通知しなければならない**〈区35条5項、31条1項〉。

☞ **①分冊 p310 ②～**

イ 　**誤**　裁判所が、集会を招集する者を選任し、その者に集会を招集させる旨の**規定はない**。

☞ **①分冊 p310 ②～**

ウ 　**誤**　区分所有者の5分の1以上で議決権の5分の1以上を有するものは、管理者に対し、会議の目的たる事項を示して、集会の招集を請求することができる〈区34条3項本文〉。もっとも、この定数は、規約で**減ずることができる**〈同条項ただし書〉。したがって、この定数は、**規約によっても増すことはできない**。

☞ **①分冊 p310 ②～**

エ 　**正**　集会の招集の通知は、会日より少なくとも1週間前に、会議の目的たる事項を示して、各区分所有者に発しなければならない〈区35条1項本文〉。もっとも、この期間は、規約で**伸縮することができる**〈同条項ただし書〉。

☞ **①分冊 p310 ②～**

以上より、正しいものの組合せはエとアであり、本問の正解肢は4となる。

正解 4
（正解率83%）

肢別解答率
受験生は
こう答えた！

1	11%
2	1%
3	5%
4	83%

難易度 易

甲マンション301号室の区分所有者Aが、専有部分をBに賃貸している場合の次の記述のうち、区分所有法の規定によれば、正しいものはいくつあるか。

ア　規約を変更し専有部分を居住目的以外には使用禁止とすることについて集会で決議する場合、301号室を事務所として使用しているBは、利害関係を有するとして集会に出席して当該規約変更に関する意見を述べることはできない。

イ　共用部分に係る大規模修繕工事の負担金増額について集会で決議する場合、Bは利害関係を有するとして集会に出席して当該決議に関する意見を述べることはできない。

ウ　規約を変更し毎月の管理費を増額することについて集会で決議する場合、管理費相当分を負担しているBは、利害関係を有するとして集会に出席して当該規約変更に関する意見を述べることができる。

エ　規約を変更しペットの飼育を禁止することについて集会で決議する場合、301号室でペットを飼育しているBは、利害関係を有するとして集会に出席して当該規約変更に関する意見を述べることができる。

1　一つ

2　二つ

3　三つ

4　四つ

区分所有者の承諾を得て専有部分を占有する者は、会議の目的たる事項につき利害関係を有する場合には、集会に出席して意見を述べることができる〈区44条1項〉。区分所有者の承諾を得て専有部分を占有する者は、建物又はその敷地若しくは附属施設の使用方法につき、区分所有者が規約又は集会の決議に基づいて負う義務と同一の義務を負う〈区46条2項〉から、これらの使用方法につき利害関係を有するといえる。他方、区分所有者の承諾を得て専有部分を占有する者は、共用部分等の管理を行う者ではないから、この点につき利害関係を有するとはいえない。

ア　誤　専有部分を居住目的以外に使用することができないこととする規約の変更は、**専有部分の使用方法**に関するものであるから、Bは、**利害関係を有し**、集会に出席して意見を述べることができる。
☞ ❶分冊 p325 ❷～

イ　正　共用部分に係る大規模修繕工事の負担金増額は、**共用部分の管理**に関するものであるから、Bは、**利害関係を有しておらず**、集会に出席して意見を述べることができない。
☞ ❶分冊 p325 ❷～

ウ　誤　管理費を増額する旨の規約の変更は、**共用部分等の管理**に関するものであるから、Bは、**利害関係を有しておらず**、集会に出席して意見を述べることができない。なお、Bは、管理費相当分を負担していることから、事実上利害関係を有しているとはいえるが、ここにいう「利害関係」とは法律上の利害関係をいい、Bは、管理費債務を負担していないことから、このような「利害関係」を有するとはいえない。
☞ ❶分冊 p325 ❷～

エ　正　ペットの飼育を禁止する旨の規約の変更は、**建物の使用方法**に関するものであるから、Bは、**利害関係を有し**、集会に出席して意見を述べることができる。
☞ ❶分冊 p325 ❷～

以上より、正しいものはイ、エの二つであり、本問の正解肢は2となる。

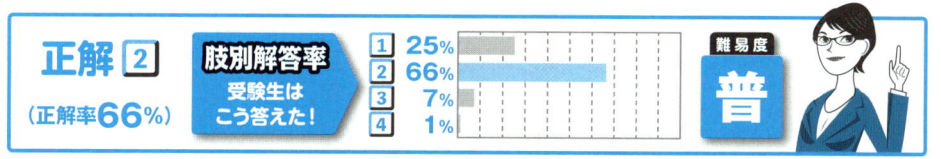

正解 **2**
（正解率66%）

肢別解答率　受験生はこう答えた！

肢	解答率
1	25%
2	66%
3	7%
4	1%

難易度　**普**

集会の決議における電磁的方法の利用に関する次の記述のうち、区分所有法の規定によれば、誤っているものはどれか。ただし、規約に別段の定めはないものとする。

1 区分所有法又は規約により集会において決議をすべき場合において、電磁的方法による決議をするためには、区分所有者の４分の３以上の承諾がなければならない。

2 集会を招集すべき者は、電磁的方法による決議を行うときには、回答の期限とされている日よりも少なくとも１週間前に、会議の目的たる事項を示して、各区分所有者に通知を発しなければならない。

3 区分所有法又は規約により集会において決議すべきものとされた事項については、区分所有者全員の電磁的方法による合意があったときは、電磁的方法による決議があったものとみなされる。

4 区分所有法又は規約により集会において決議すべきものとされた事項についての電磁的方法による決議は、集会の決議と同一の効力を有する。

1 **誤** 　区分所有法又は規約により集会において決議をすべき場合において、**区分所有者全員の承諾があるときは**、書面又は電磁的方法による決議をすることができる〈区45条1項本文〉。したがって、区分所有者の4分の3以上の承諾では足りない。

👉 ❶分冊 p315 ❸～

2 **正** 　集会を招集すべき者は、書面又は電磁的方法による決議を行うときは、**回答の期限とされている日より少なくとも1週間前に**、会議の目的たる事項を示して、各区分所有者に通知を発しなければならない〈区45条5項、35条1項〉。

3 **正** 　区分所有法又は規約により集会において決議すべきものとされた事項については、区分所有者全員の書面又は電磁的方法による合意があったときは、**書面又は電磁的方法による決議があったものとみなす**〈区45条2項〉。

👉 ❶分冊 p315 ❸～

4 **正** 　区分所有法又は規約により集会において決議すべきものとされた事項についての書面又は電磁的方法による決議は、**集会の決議と同一の効力を有する**〈区45条3項〉。

👉 ❶分冊 p315 ❸～

正解 **1**（正解率**83%**）	肢別解答率 受験生はこう答えた！			難易度 **易**
	1	83%		
	2	11%		
	3	4%		
	4	2%		

集会招集手続きに関する次の記述のうち、区分所有法の規定によれば、正しいものはいくつあるか。ただし、規約に別段の定めはないものとする。

ア　区分所有者の５分の１以上で議決権の５分の１以上を有するものが、管理者に対し、会議の目的たる事項を示して、集会の招集を請求した。

イ　区分所有者が法所定の手続きに従い管理者に対して集会の招集を請求したにもかかわらず、管理者が２週間経過しても集会の招集の通知を発しなかったため、その請求をした区分所有者が集会を招集した。

ウ　専有部分が二人の共有に属する場合、議決権を行使すべき者が定められていなかったときは、管理者は、集会の招集の通知を共有者の双方に発しなければならない。

エ　管理者がないときに、区分所有者の５分の１以上で議決権の５分の１以上を有するものが、集会の招集をした。

1　一つ
2　二つ
3　三つ
4　四つ

ア 　**正**　区分所有者の5分の1以上で議決権の5分の1以上を有するものは、管理者に対し、会議の目的たる事項を示して、集会の招集を請求することができる〈区34条3項〉。

👉 ①分冊 p310 ②～

イ 　**正**　区分所有者が所定の手続に従い管理者に対して集会の招集を請求した場合において、2週間以内にその請求の日から4週間以内の日を会日とする集会の招集の通知が発せられなかったときは、その請求をした区分所有者は、集会を招集することができる〈区34条4項〉。集会の招集の請求に対し、管理者が2週間経過しても集会の招集の通知を発しない場合、「2週間以内にその請求の日から4週間以内の日を会日とする集会の招集の通知が発せられなかったとき」にあたり、その請求をした区分所有者は、集会を招集することができる。

👉 ①分冊 p310 ②～

ウ 　**誤**　専有部分が数人の共有に属するときは、集会の招集の通知は、議決権を行使すべき者（その者がないときは、共有者の1人）にすれば足りる〈区35条2項〉。本肢の場合、議決権を行使すべき者がないので、管理者は、共有者の1人に集会の招集の通知をすれば足りる。

👉 ①分冊 p310 ②～

エ 　**正**　管理者がないときは、区分所有者の5分の1以上で議決権の5分の1以上を有するものは、集会を招集することができる〈区34条5項〉。

👉 ①分冊 p310 ②～

以上より、正しいものはア、イ、エの三つであり、本問の正解肢は3となる。

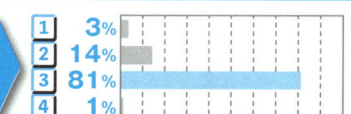

正解 **3**
（正解率81%）

肢別解答率
受験生はこう答えた！

1	3%
2	14%
3	81%
4	1%

難易度 **易**

総会の招集について説明した次の文章について、区分所有法の規定及び判例によれば、〔 ア 〕～〔 エ 〕の中に入るべき用語の組合せとして、適切なものはどれか。

　総会の招集通知においては、通常は、〔 ア 〕を示せば足りますが、〔 イ 〕など一定の重要事項を決議するには、そのほかに〔 ウ 〕をも通知するべきであるとされています（区分所有法第35条第5項）。その趣旨は、区分所有者の権利に重要な影響を及ぼす事項を決議する場合には、区分所有者が予め十分な検討をした上で総会に臨むことができるようにするほか、〔 エ 〕も書面によって議決権を行使することができるようにして、議事の充実を図ろうとしたことにあると考えられます。そのような法の趣旨に照らせば、前記〔 ウ 〕は、事前に賛否の検討が可能な程度に議案の具体的内容を明らかにしたものである必要があるものと考えられます。

	〔 ア 〕	〔 イ 〕	〔 ウ 〕	〔 エ 〕
1	会議の目的たる事項	規約の改正	議案の要領	総会に出席しない組合員
2	会議の目的たる事項	建替え	議決権行使の手続	利害関係人
3	議題	共用部分の変更	会議の目的たる事項	占有者
4	議案の要領	管理者の選任	議題	総会に出席しない組合員

完成文は、以下のとおりである。

> 総会の招集通知においては、通常は、〔**ア＝会議の目的たる事項**〕を示せば足りますが、〔**イ＝規約の改正**〕など一定の重要事項を決議するには、そのほかに〔**ウ＝議案の要領**〕をも通知するべきであるとされています（区分所有法第35条第5項）。その趣旨は、区分所有者の権利に重要な影響を及ぼす事項を決議する場合には、区分所有者が予め十分な検討をした上で総会に臨むことができるようにするほか、〔**エ＝総会に出席しない組合員**〕も書面によって議決権を行使することができるようにして、議事の充実を図ろうとしたことにあると考えられます。そのような法の趣旨に照らせば、前記〔**ウ＝議案の要領**〕は、事前に賛否の検討が可能な程度に議案の具体的内容を明らかにしたものである必要があるものと考えられます。

以上から、ア＝会議の目的たる事項、イ＝規約の改正、ウ＝議案の要領、エ＝総会に出席しない組合員であり、本問の正解肢は1となる。

☞ ❶分冊 p310 ②〜

集会

正解 ① （正解率**98%**）

肢別解答率 受験生はこう答えた！

1	98%
2	1%
3	1%
4	0%

難易度 **易**

電磁的方法（電子情報処理組織を使用する方法その他の情報通信の技術を利用する方法であって法務省令で定めるものをいう。この問いにおいて同じ。）による議決権行使又は決議に関する次の記述のうち、区分所有法の規定によれば、誤っているものはどれか。

1 区分所有者は、規約又は集会の決議により、集会の議事について書面による議決権の行使に代えて、電磁的方法によって議決権を行使することができる。

2 区分所有者全員の承諾を得て電磁的方法による決議をした場合に、その決議は、集会の決議と同一の効力を有する。

3 電磁的方法による決議をする場合には、電磁的方法による回答の期日とされている日より少なくとも3週間前までに、会議の目的たる事項を示して各区分所有者に通知を発しなければならない。

4 区分所有者全員の電磁的方法による合意があったときは、電磁的方法による決議があったものとみなされ、その決議は、集会の決議と同一の効力を有する。

1 正　区分所有者は、**規約又は集会の決議により**、書面による議決権の行使に代えて、電磁的方法によって議決権を行使することができる〈区39条3項〉。
☞ **①分冊 p315 3~**

2 正　区分所有法又は規約により集会において決議すべきものとされた事項についての書面又は電磁的方法による決議は、**集会の決議と同一の効力を有する**〈区45条3項〉。
☞ **①分冊 p315 3~**

3 誤　書面又は電磁的方法による決議を行う旨の通知は、規約に別段の定めがなければ、**回答の期日とされている日より少なくとも1週間前に**、会議の目的たる事項を示して、各区分所有者に発しなければならない〈区45条5項、35条1項本文〉。
☞ **①分冊 p315 3~**

4 正　区分所有法又は規約により集会において決議すべきものとされた事項については、区分所有者全員の書面又は電磁的方法による合意があったときは、**書面又は電磁的方法による決議があったものとみなす**〈区45条2項〉。書面又は電磁的方法による決議は、集会の決議と同一の効力を有する〈同条3項〉から、書面又は電磁的方法による合意は、集会の決議と同一の効力を有することになる。
☞ **①分冊 p315 3~**

正解 3
（正解率93%）

肢別解答率
受験生はこう答えた！

1	4%
2	1%
3	93%
4	2%

難易度 **易**

区分所有法に定める電磁的記録及び電磁的方法に関する次の記述のうち、同法の規定によれば、誤っているものはどれか。

1 電磁的記録とは、電子的方式、磁気的方式その他人の知覚によっては認識することができない方式で作られる記録であって、電子計算機による情報処理の用に供されるものとして法務省令で定めるものをいう。

2 電磁的方法とは、電子情報処理組織を使用する方法その他の情報通信の技術を利用する方法であって法務省令で定めるものをいう。

3 集会の議事録を電磁的記録により作成するためには、規約による規定又は集会の決議が必要である。

4 規約により集会において決議すべきものとされた事項については、区分所有者全員の書面又は電磁的方法による合意があったときは、書面又は電磁的方法による決議があったものとみなす。

1 正　電磁的記録とは、**電子的方式、磁気的方式その他人の知覚によっては認識することができない方式で作られる記録**であって、電子計算機による情報処理の用に供されるものとして法務省令で定めるものをいう〈区30条5項〉。
☞ ①分冊 p306 **4**～

2 正　電磁的方法とは、**電子情報処理組織を使用する方法その他の情報通信の技術を利用する方法**であって法務省令で定めるものをいう〈区39条3項〉。
☞ ①分冊 p315 **3**～

3 誤　集会の議事については、議長は、書面又は電磁的記録により、議事録を作成しなければならない〈区42条1項〉。議長は、**規約又は集会の決議によらずに、**電磁的記録により、集会の議事録を作成することができる。
☞ ①分冊 p319 **4**～

4 正　区分所有法又は規約により集会において決議すべきものとされた事項については、**区分所有者全員の書面又は電磁的方法による合意があったときは、**書面又は電磁的方法による決議があったものとみなす〈区45条2項〉。
☞ ①分冊 p315 **3**～

正解 3
（正解率 **78%**）

肢別解答率
受験生は
こう答えた！

1	13%
2	4%
3	78%
4	5%

難易度 **易**

甲マンション 101 号室の所有者Aが死亡し、Aの相続人である妻Bと子Cは、遺産分割協議中である。この場合に関する次の記述のうち、区分所有法及び民法の規定並びに判例によれば、誤っているものはどれか。

1　BとCが集会において議決権を行使すべき者一人を定めていないときは、集会を開催するに当たって、集会の招集者は、BとCのいずれか一方に集会の招集通知をすれば足りる。

2　Cが未成年の高校生であったとしても、BとCが合意をすれば、Cを議決権を行使すべき者と定めることができる。

3　BとCが、Bを議決権行使者と定める旨の合意をし、管理組合に議決権行使者をBとする旨の通知をしていない場合であっても、Bは議決権行使者の指定を受けたことを証明することにより、議決権を行使することができる。

4　Cは甲マンション 101 号室に居住しておらず、Bが同号室に居住している場合で、BとCが、Cを議決権行使者と定める合意をし、Cの住所を記載して書面で通知した場合であっても、規約に特別の定めがあるときは、集会の招集の通知は、建物内の見やすい場所に掲示してすることができる。

1 **正** 専有部分が数人の共有に属するときは、集会の招集の通知は、議決権を行使すべき者（その者がないときは、共有者の1人）にすれば足りる〈区35条2項〉。BとCは、集会において議決権を行使すべき者1人を定めていないので、集会の招集者は、BとCの**いずれか一方**に集会の招集通知をすれば足りる。

👉 **①分冊 p310 ②〜**

2 **正** 専有部分が数人の共有に属するときは、共有者は、議決権を行使すべき者1人を定めなければならない〈区40条〉。議決権を行使すべき者は、他の共有者の代理人であり、**代理人は行為能力者である必要はない**〈民102条〉から、Cが未成年者であったとしても、BとCの合意により、Cを議決権を行使すべき者と定めることができる。

👉 **①分冊 p310 ②〜**

3 **正** 専有部分が数人の共有に属するときは、共有者は、**議決権を行使すべき者1人を定めなければならない**〈区40条〉。これを通知することは義務づけられておらず、Bは、議決権を行使すべき者の指定を受けたことを証明して、議決権を行使することができる。

👉 **①分冊 p315 ③〜**

4 **誤** **建物内に住所を有する区分所有者又は集会の招集の通知を受けるべき場所を通知しない区分所有者**に対する集会の招集の通知は、**規約に特別の定め**があるときは、**建物内の見やすい場所に掲示**してすることができる〈区35条4項前段〉。Cは、甲マンション101号室に居住しておらず、また、集会の招集の通知を受ける場所としてCの住所を通知していることから、「建物内に住所を有する区分所有者又は集会の招集の通知を受けるべき場所を通知しない区分所有者」のいずれにもあたらず、規約に特別の定めがあったとしても、Cに対する集会の招集の通知は、建物内の見やすい場所に掲示してすることはできない。

👉 **①分冊 p310 ②〜**

正解 ④ （正解率75%）

肢別解答率 受験生はこう答えた！

1	5%
2	5%
3	16%
4	75%

難易度 易

集会において次の事項を決議する場合、区分所有法の規定によれば、議案の要領の通知を要しないものはどれか。ただし、招集手続の省略について、区分所有者全員の同意を得ていないものとする。

1 区分所有建物の一部の階段室をエレベーター室へ変更すること。

2 管理員室を廃止して、来客用の宿泊室に転用すること。

3 管理者を解任すること。

4 建物の価格の2分の1を超える部分が滅失したときに、滅失した共用部分を復旧すること。

集会の招集の通知をする場合において、会議の目的たる事項が以下の決議事項であるときは、その**議案の要領**をも通知しなければならない〈区35条5項〉。

① 共用部分の変更(その形状又は効用の著しい変更を伴わないものを除く。)
② 規約の設定、変更又は廃止
③ 大規模一部滅失があった場合における共用部分の復旧
④ 建替え
⑤ 団地内の専有部分のある建物につき団地の規約を定めることについての各棟の承認
⑥ 団地内の2以上の専有部分のある建物の建替えについて一括して建替え承認決議に付すること

1 **要する** 区分所有建物の一部の階段室をエレベーター室へ変更することは、**①にあたり**、議案の要領の通知を要する。
👉 **❶分冊 p310 2~**

2 **要する** 管理員室を廃止して、来客用の宿泊室に転用することは、**①にあたり**、議案の要領の通知を要する。
👉 **❶分冊 p310 2~**

3 **要しない** 管理者の解任は、上記の**いずれにもあたらず**、議案の要領の通知を要しない。
👉 **❶分冊 p310 2~**

4 **要する** 建物の価格の2分の1を超える部分が滅失したときに、滅失した共用部分を復旧することは、**③にあたり**、議案の要領の通知を要する。
👉 **❶分冊 p310 2~**

正解 3 （正解率**89%**）

肢別解答率 受験生はこう答えた！

1	1%
2	6%
3	89%
4	4%

難易度 易

集会に関する次の記述のうち、区分所有法の規定によれば、誤っているものはどれか。ただし、規約に別段の定めはないものとする。

1 区分所有者の5分の1以上で議決権の5分の1以上を有するものは、管理者に対し、会議の目的たる事項を示して、集会の招集を請求することができる。

2 集会の議事に係る区分所有者の議決権は、書面で、又は代理人によって行使することができる。

3 集会の招集の通知をする場合において、会議の目的たる事項が、管理者の選任であるときは、その議案の要領をも通知しなければならない。

4 専有部分が数人の共有に属するときは、共有者は、集会において議決権を行使すべき者一人を定めなければならない。

1 **正** 区分所有者の5分の1以上で議決権の5分の1以上を有するものは、管理者に対し、会議の目的たる事項を示して、集会の招集を請求することができる〈区34条3項〉。

☞ **❶分冊 p310 ❷〜**

2 **正** 集会の議決権は、書面で、又は代理人によって行使することができる〈区39条2項〉。

☞ **❶分冊 p315 ❸〜**

3 **誤** 集会の招集の通知をする場合において、会議の目的たる事項が①共用部分の重大変更、②規約の設定等、③大規模一部滅失があった場合における滅失した共用部分の復旧、④建替え、⑤団地内の専有部分のある建物につき団地の規約を定めることについての承認、⑥建替え承認決議に係る一括付議であるときは、その議案の要領をも通知しなければならない〈区35条5項〉。管理者の選任は、上記のいずれにもあたらず、これを会議の目的とする集会の招集の通知をする場合において、議案の要領を通知する必要はない。

☞ **❶分冊 p310 ❷〜**

4 **正** 専有部分が数人の共有に属するときは、共有者は、集会において議決権を行使すべき者1人を定めなければならない〈区40条〉。

正解 3
（正解率89%）

肢別解答率
受験生はこう答えた！

1	4%
2	5%
3	89%
4	2%

難易度 易

次の集会の議事のうち、区分所有法の規定によれば、区分所有者及び議決権の各過半数で決することができるものの組合せとして正しいものはどれか。

ア 形状又は効用の著しい変更を伴わない共用部分の変更

イ 規約に別段の定めがない共用部分の管理

ウ 規約で決議に必要な議決権を過半数と定めた場合の共用部分の形状又は効用の著しい変更

エ 建物の滅失部分の価格の割合が2分の1を超える場合の共用部分の復旧

1 アとイ
2 イとウ
3 ウとエ
4 エとア

ア できる　共用部分の管理に関する事項は、原則として、**集会の決議で決する**〈区18条1項本文〉。集会の議事は、**区分所有法又は規約に別段の定めがない限り**、区分所有者及び議決権の各過半数で決する〈区39条1項〉。したがって、形状又は効用の著しい変更を伴わない共用部分の変更は、集会において、区分所有者及び議決権の各過半数で決することができる。

☞ **❶分冊 p315 ❸~**

イ できる　共用部分の管理に関する事項は、原則として、集会の決議で決する〈区18条1項本文〉。集会の議事は、**区分所有法又は規約に別段の定めがない限り**、区分所有者及び議決権の各過半数で決する〈区39条1項〉。したがって、規約に別段の定めがない共用部分の管理は、集会において、区分所有者及び議決権の各過半数で決することができる。

☞ **❶分冊 p315 ❸~**

ウ できない　共用部分の変更(その形状又は効用の著しい変更を伴わないものを除く。)は、区分所有者及び議決権の各4分の3以上の多数による集会の決議で決する〈区17条1項本文〉。もっとも、この**区分所有者の定数**は、規約でその過半数まで減ずることができる〈同条項ただし書〉。したがって、本肢の規約の定めは無効であり、共用部分の形状又は効用の著しい変更は、集会において、区分所有者及び議決権の各過半数で決することはできない。

☞ **❶分冊 p315 ❸~**

エ できない　建物の価格の2分の1を超える部分が滅失したときは、集会において、**区分所有者及び議決権の各4分の3以上の多数**で、滅失した共用部分を復旧する旨の決議をすることができる〈区61条5項〉。したがって、建物の滅失部分の価格の割合が2分の1を超える場合の共用部分の復旧は、集会において、区分所有者及び議決権の各過半数で決することはできない。

☞ **❶分冊 p315 ❸~**

以上より、区分所有者及び議決権の各過半数で決することができる集会の議事の組合せはアとイであり、本問の正解肢は1となる。

正解 1（正解率95%）

肢別解答率 受験生はこう答えた！

1	95%
2	3%
3	1%
4	1%

難易度　**易**

議決権及び共用部分の持分割合が等しいA、B、C及びDの区分所有者からなる甲マンションにおいて、地震によって建物価格の2分の1を超える部分が滅失したために、集会で滅失した共用部分の復旧が議案とされ、区分所有者及び議決権の各4分の3以上の多数で、滅失した共用部分を復旧する旨の決議がなされた（決議では、A、B及びCは決議に賛成し、Dは決議に賛成しなかった）。この場合の区分所有者の買取請求権行使に関する次の記述のうち、区分所有法の規定によれば、正しいものはどれか。ただし、その決議の日から2週間以内に買取指定者の指定がなされなかったものとする。

1 DがAに対して買取請求権を行使し、裁判所がAの請求によってAの代金支払についての期限の許与を認めた場合には、Aの代金支払義務とDの所有権移転登記及び引渡しの義務は、同時履行の関係に立つ。

2 DがBに対して買取請求をした場合におけるBからCに対する再買取請求は、復旧決議の日から2月以内にしなければならない。

3 DがCに対して買取請求をし、CがA及びBに対して再買取請求をしたときには、A、B及びCがDの有する建物及びその敷地に関する権利を3分の1ずつ取得する。

4 地震による甲マンションの一部滅失によって、Dの専有部分が失われている場合には、Dは、買取請求権を行使することはできない。

建物の価格の２分の１を超える部分が滅失し、滅失した共用部分を復旧する旨の集会の決議がなされた場合において、買取指定者の指定がされず、その決議の日から２週間が経過したときは、その決議に賛成しなかった者は、決議賛成者の全部又は一部に対し、建物及びその敷地に関する権利を時価で買い取るべきことを請求することができる〈買取請求 区61条7項前段〉。この請求を受けた決議賛成者は、その請求の日から２月以内に、他の決議賛成者の全部又は一部に対し、決議賛成者以外の区分所有者を除いて算定した区分所有法14条に定める割合（共用部分の持分割合）に応じて当該建物及びその敷地に関する権利を時価で買い取るべきことを請求することができる〈再買取請求 同条項後段〉。

1 誤 買取請求がなされると、その請求をした者と請求を受けた者との間で、売買契約が成立し、請求を受けた者は、代金支払義務を負う。もっとも、買取請求がされた場合において、裁判所は、買取請求を受けた区分所有者の請求により、その代金の支払につき相当の期限を許与することができる〈区61条15項〉。これにより、代金支払義務は、許与された期限まで履行する必要がなくなり、請求をした者の所有権移転登記及び引渡しの義務の先履行となる。したがって、Ａの代金支払義務とＤの所有権移転登記及び引渡しの義務は、**同時履行の関係に立たない**。

☞ **❶分冊 p329 ❷～**

2 誤 ＢからＣへの再買取請求は、**ＤのＢに対する買取請求があった日から**２月以内にしなければならない。

☞ **❶分冊 p329 ❷～**

3 正 再買取請求は、「決議賛成者以外の区分所有者を除いて算定した区分所有法14条に定める割合に応じて当該建物及びその敷地に関する権利」を時価で買い取るべきことを請求するものである。Ａ、Ｂ、Ｃ及びＤの共用部分の持分割合が等しいことから、決議賛成者以外の区分所有者であるＤを除いて算定したＡ、Ｂ及びＣの区分所有法14条に定める割合（共用部分の持分割合）は３分の１ずつとなる。したがって、ＣがＡ及びＢに対して再買取請求をした場合、それぞれＤの有する建物及びその敷地に関する権利の３分の１を目的とする売買契約が成立し、Ａ、Ｂ及びＣは、Ｄの有する建物及びその敷地に関する権利を**３分の１ずつ取得する**。

☞ **❶分冊 p329 ❷～**

4 誤 買取請求は、建物及びその敷地に関する権利を時価で買い取るべきことを請求するものである。Ｄは、建物の一部滅失により専有部分を失ったが、共用部分の共有持分及び敷地利用権を有していると解され、これらについて**買取請求権を行使することができる**。

☞ **❶分冊 p329 ❷～**

正解 3（正解率39%）	肢別解答率 受験生はこう答えた！		難易度 難
	1	31%	
	2	23%	
	3	39%	
	4	7%	

マンションの一部が滅失した場合のマンションの復旧又は建替えに関する次の記述のうち、区分所有法の規定によれば、**誤っているもの**はどれか。

1　マンションの滅失が建物の価格の2分の1以下に相当する部分の滅失であるときは、各区分所有者が滅失した共用部分を復旧することができるが、復旧の工事に着手するまでに集会において復旧又は建替えの決議があった場合はこの限りでない。

2　マンションの滅失が建物の価格の2分の1を超えるときは、復旧の決議をした集会の議事録には、その決議についての各区分所有者の賛否をも記載し、又は記録しなければならない。

3　建替え決議をするときは、決議事項の一つとして、建物の取壊し及び再建建物の建築に要する費用の概算額を定めなければならないが、併せて、その費用の分担に関する事項についても定める必要がある。

4　建替え決議を会議の目的とする集会を招集した者は、区分所有者からの要請がなければ、当該招集の際に通知すべき事項についての説明会を開催する必要はない。

1 **正** 建物の価格の2分の1以下に相当する部分が滅失したときは、各区分所有者は、滅失した共用部分及び自己の専有部分を復旧することができる〈区61条1項本文〉。もっとも、共用部分については、**復旧の工事に着手するまでに、滅失した共用部分を復旧する旨の集会の決議、建替え決議又は団地内の建物の一括建替え決議があったとき**は、この限りでない〈同条項ただし書〉。

☞ ❶分冊 p329 **2**〜

2 **正** 建物の価格の2分の1を超える部分が滅失したときは、集会において、滅失した共用部分を復旧する旨の決議をすることができる〈区61条5項〉。この決議をした集会の議事録には、**その決議についての各区分所有者の賛否をも記載し、又は記録しなければならない**〈同条6項〉。

☞ ❶分冊 p329 **2**〜

3 **正** 建替え決議においては、①再建建物の設計の概要、②**建物の取壊し及び再建建物の建築に要する費用の概算額**、③②の費用の分担に関する事項、④再建建物の区分所有権の帰属に関する事項を定めなければならない〈区62条2項〉。

☞ ❶分冊 p332 **3**〜

4 **誤** 建替え決議を会議の目的とする集会を招集した者は、当該集会の会日より少なくとも1月前までに、当該招集の際に通知すべき事項について区分所有者に対し説明を行うための**説明会を開催しなければならない**〈区62条6項〉。したがって、区分所有者からの要請がない場合にも、これを開催する必要がある。

☞ ❶分冊 p332 **3**〜

復旧・建替え

正解 4
（正解率92%）

肢別解答率
受験生はこう答えた！

1	2%
2	2%
3	2%
4	92%

難易度 易

共用部分及び敷地の共有持分の割合が等しいA、B、C及びDの区分所有者からなるマンション（この問いにおいて「甲マンション」という。）が地震によって滅失した場合に関する次の記述のうち、区分所有法及び民法の規定によれば、正しいものの組合せはどれか。ただし、同地震は、被災マンション法に基づいて政令の指定を受けた大規模災害ではないものとする。

ア 甲マンションの全部が滅失した場合には、A、B、C及びDのいずれの者も、他の者に対し、甲マンションの敷地について、分割を請求することができる。

イ 甲マンションの滅失がその建物の価格の2分の1を超える部分に相当する部分の滅失である場合に、復旧に反対した区分所有者Aは、復旧に賛成した区分所有者の全員に対して、Aの建物及び敷地に関する権利を時価で買い取るべきことを請求することができるが、復旧に賛成した区分所有者のいずれか一人に対して請求することもできる。

ウ 甲マンションの滅失がその建物の価格の2分の1以下に相当する部分の滅失である場合において、共用部分の復旧は常に集会の決議によるものとし、区分所有者単独での共用部分の復旧は認めないとする旨の規約を設定することはできない。

エ 甲マンションの滅失がその建物の価格の2分の1以下に相当する部分の滅失である場合において、区分所有者Bが自己の専有部分の復旧の工事に着手するまでに復旧の決議があったときは、Bは、単独で専有部分の復旧をすることはできない。

1 アとイ
2 イとウ
3 ウとエ
4 エとア

ア 　正　　区分所有関係がある場合には、建物の敷地の分割請求は、専有部分と敷地利用権の分離処分にあたり、禁止されるが、本肢の場合、甲マンションの全部が滅失し、**区分所有関係がない**。そのため、各共有者は、いつでも共有物の分割を請求することができる〈民256条1項本文〉。したがって、A、B、C及びDは、甲マンションの敷地について、**分割を請求することができる**。

👉 ❶分冊 p118 **4**〜

イ 　正　　建物の価格の2分の1を超える部分に相当する部分の滅失があり、滅失した共用部分を復旧する旨の集会の決議があった場合において、その決議の日から2週間を経過したときは、決議賛成者以外の区分所有者は、**決議賛成者の全部又は一部に対し**、建物及びその敷地に関する権利を時価で買い取るべきことを請求することができる〈区61条7項前段〉。「決議賛成者の全部又は一部」に対し請求をすることができるから、Aは、復旧に賛成した区分所有者全員に対して請求することも、復旧に賛成した区分所有者のいずれか1人に対して請求することもできる。

👉 ❶分冊 p329 **2**〜

ウ 　誤　　建物の価格の2分の1以下に相当する部分が滅失した場合には、集会において、滅失した共用部分を復旧する旨の決議をすることができる〈区61条3項〉。もっとも、**規約で別段の定めをすることができる**〈同条4項〉。したがって、本肢のような規約を設定することも可能である。

👉 ❶分冊 p329 **2**〜

エ 　誤　　建物の価格の2分の1以下に相当する部分が滅失したときは、各区分所有者は、滅失した共用部分及び**自己の専有部分を復旧することができる**〈区61条1項本文〉。したがって、Bは、専有部分の復旧をすることができる。

👉 ❶分冊 p329 **2**〜

以上より、正しいものの組合せはアとイであり、本問の正解肢は1となる。

正解 **1**
（正解率**64%**）

肢別解答率
受験生はこう答えた！

1	**64%**
2	10%
3	6%
4	20%

難易度 **普**

マンションの建替え決議及びその後の手続に関する次の記述のうち、区分所有法の規定によれば、**誤っているもの**はどれか。

1 建替え決議があったときは、集会を招集した者は、建替え決議に賛成しなかった区分所有者（その承継人を含む。）に対し、建替え決議の内容により建替えに参加するか否かを回答すべき旨を、決議の日から2月以内に書面で催告しなければならない。

2 建替え決議に賛成した各区分所有者、建替え決議の内容により建替えに参加する旨を回答した各区分所有者及び区分所有権又は敷地利用権を買い受けた各買受指定者（区分所有法第63条第4項に規定する買受指定者をいう。この問いにおいて同じ。）（これらの者の承継人を含む。）は、建替え決議の内容により建替えを行う旨の合意をしたものとみなされる。

3 建替え決議に賛成した各区分所有者若しくは建替え決議の内容により建替えに参加する旨を回答した各区分所有者（これらの者の承継人を含む。）又は買受指定者は、建替え決議で建替えに反対する旨の投票をし、その後建替えに参加するか否かの書面による催告に対し無回答で催告期間を終えた区分所有者（その承継人を含む。）に対して、催告期間満了の日から2月以内に、区分所有権及び敷地利用権を時価で売り渡すべきことを請求することができる。

4 売渡請求権の行使により区分所有権又は敷地利用権を売り渡した者は、正当な理由もなく建替え決議の日から2年以内に建物の取壊しの工事が着手されない場合には、この期間の満了の日から6月以内に、その区分所有権又は敷地利用権を現在有する者に対して、買主が支払った代金に相当する金銭を提供して、これらの権利を売り渡すべきことを請求することができる。

1 **誤** 建替え決議があったときは、集会を招集した者は、**遅滞なく**、建替え決議に賛成しなかった区分所有者（その承継人を含む。）に対し、建替え決議の内容により建替えに参加するか否かを回答すべき旨を書面で催告しなければならない〈区63条1項〉。

☞ **❶分冊 p332 ❸〜**

2 **正** 建替え決議に賛成した各区分所有者、建替え決議の内容により建替えに参加する旨を回答した各区分所有者及び区分所有権又は敷地利用権を買い受けた各買受指定者（これらの者の承継人を含む。）は、**建替え決議の内容により建替えを行う旨の合意をしたものとみなす**〈区64条〉。

3 **正** 建替え決議の内容により建替えに参加するか否かの書面による催告に回答すべき期間が経過したときは、建替え決議に賛成した各区分所有者若しくは建替え決議の内容により建替えに参加する旨を回答した各区分所有者（これらの者の承継人を含む。）又は買受指定者は、催告に回答すべき期間の満了の日から2月以内に、**建替えに参加しない旨を回答した区分所有者（その承継人を含む。）に対し**、区分所有権及び敷地利用権を時価で売り渡すべきことを請求することができる〈区63条5項〉。建替え決議の内容により建替えに参加するか否かの書面による催告を受けたが催告に回答すべき期間内に回答しなかった区分所有者は、**建替えに参加しない旨を回答したものとみなす**〈同条4項〉から、建替え決議で建替えに反対する旨の投票をし、その後建替えに参加するか否かの書面による催告に対し無回答で催告期間を終えた区分所有者に対して、売渡請求をすることができる。

☞ **❶分冊 p332 ❸〜**

4 **正** **正当な理由なく建替え決議の日から2年以内に建物の取壊しの工事に着手しない場合**には、売渡請求により区分所有権又は敷地利用権を売り渡した者は、**この期間の満了の日から6月以内に**、買主が支払った代金に相当する金銭をその区分所有権又は敷地利用権を現在有する者に提供して、これらの権利を売り渡すべきことを請求することができる〈区63条7項〉。

☞ **❶分冊 p332 ❸〜**

正解 1
（正解率**43%**）

肢別解答率
受験生は
こう答えた！

1	43%
2	8%
3	23%
4	26%

難易度 難

甲マンションの集会においてマンションの建替え決議が成立した。Eは建替え決議に賛成した区分所有者であり、A、B、C及びDはいずれも建替え決議に賛成しなかった区分所有者である。決議後、集会招集者が建替え決議に賛成しなかった区分所有者に対して建替え決議の内容により建替えに参加するか否かを回答すべき旨を書面で催告した場合の取扱いに関する次の記述のうち、区分所有法及び民法の規定によれば、正しいものはどれか。

1   Aが催告を受けた日から2月以内に回答しなかった場合には、Aは、建替えに参加する旨を回答したものとみなされる。

2   Bが催告を受けた日から2月以内に建替えに参加する旨を回答した場合であっても、EはBに対して、区分所有権及び敷地利用権を時価で売り渡すべきことを請求することができる。

3   Cが建替えに参加しない旨を回答し、EがCに区分所有権及び敷地利用権を時価で売り渡すべきことを請求した場合において、EはCに対して建物の移転登記手続の履行を求めるためには、売買代金を提供しなければならない。

4   Dが建替えに参加しない旨を回答し、EがDに区分所有権及び敷地利用権を時価で売り渡すべきことを請求した場合において、Dが建物の明渡しによりその生活上著しい困難を生ずるおそれがあるときは、裁判所は、代金の支払又は提供の日から1年を超えない範囲内において、Eに対する移転登記手続をする義務について相当の期限を許与することができる。

1 **誤** 建替え決議の内容により建替えに参加するか否かを回答すべき旨の催告を受けた区分所有者は、催告を受けた日から**2月以内**に回答しなければならない〈区63条3項〉。この期間内に回答しなかった区分所有者は、**建替えに参加しない旨を回答したものとみなす**〈同条4項〉。

☞ **①分冊 p332 8~**

2 **誤** 区分所有者が建替え決議の内容により建替えに参加するか否かを回答すべき旨の催告を受けた日から2月を経過したときは、建替え決議に賛成した各区分所有者若しくは建替え決議の内容により建替えに参加する旨を回答した各区分所有者(これらの者の承継人を含む。)又は買受指定者は、上記期間の満了の日から2月以内に、**建替えに参加しない旨を回答した区分所有者**(その承継人を含む。)**に対し、区分所有権及び敷地利用権を時価で売り渡すべきことを請求することができる**〈区63条5項〉。Bは、建替えに参加する旨を回答しているから、Eは、Bに対して、区分所有権及び敷地利用権を時価で売り渡すべきことを請求することはできない。

☞ **①分冊 p332 8~**

3 **正** 双務契約の当事者の一方は、**相手方がその債務の履行を提供するまでは、自己の債務の履行を拒むことができる**〈民533条本文〉。EがCに区分所有権及び敷地利用権を時価で売り渡すべきことを請求した場合、EC間に**売買契約が成立**する。したがって、Cは、Eが売買代金を提供するまでは、建物の移転登記手続の履行を拒むことができ、Eは、これを求めるためには、売買代金を提供しなければならない。

☞ **①分冊 p106 8~**

4 **誤** 建替え決議の内容により建替えに参加しない旨を回答した区分所有者に対して、区分所有権及び敷地利用権を時価で売り渡すべき旨の請求があった場合において、建替えに参加しない旨を回答した区分所有者が建物の明渡しによりその**生活上著しい困難を生ずるおそれがあり、かつ、建替え決議の遂行に甚だしい影響を及ぼさないものと認めるべき顕著な事由があるときは、裁判所は、その者の請求により、代金の支払又は提供の日から1年を超えない範囲内において、建物の明渡しにつき相当の期限を許与することができる**〈区63条6項〉。したがって、裁判所は、代金の支払又は提供の日から1年を超えない範囲内において、Eに対する移転登記手続をする義務について相当の期限を許与することはできない。

☞ **①分冊 p332 8~**

正解 ③
(正解率**43%**)

肢別解答率
受験生はこう答えた！

1	5%	
2	3%	
3	43%	
4	50%	

難易度
難

マンションにおいて、建物の価格の2分の1を超える部分が滅失した場合の復旧の決議（この問いにおいて「復旧決議」という。）に関する次の記述のうち、区分所有法の規定によれば、正しいものはどれか。

1 復旧決議を会議の目的とする集会を招集するときは、当該集会の会日より少なくとも2月前に招集通知を発しなければならない。

2 復旧決議の日から4月を経過したときは、決議に賛成した区分所有者（その承継人を含む。この問いにおいて「決議賛成者」という。）以外の区分所有者は、決議賛成者又は買取指定者（区分所有法第61条第8項に規定する買取指定者をいう。この問いにおいて同じ。）に対して、自己の建物及びその敷地に関する権利を時価で買い取るべきことを請求することができない。

3 買取指定者が買取代金に係る債務の全部又は一部を弁済しない場合において、決議賛成者（買取指定者となったものを除く。）が買取指定者に資力があり、かつ、執行が容易であることを証明できないときは、決議賛成者は連帯してその債務の全部又は一部の弁済の責めに任ずる。

4 各区分所有者が、他の区分所有者に対し、建物及びその敷地に関する権利を時価で買い取るべきことを請求することができるのは、建物の一部が滅失した日から2年を経過しても復旧決議又は建替え決議がなされなかったときである。

1 **誤** 集会の招集の通知は、会日より少なくとも**1週間前**に、会議の目的たる事項を示して、各区分所有者に発しなければならない〈区35条1項本文〉。建物の価格の2分の1を超える部分が滅失した場合における滅失した共用部分の復旧を決する集会を招集する際の招集の通知に特別の定めはなく、復旧決議を会議の目的とする集会を招集するときも、上記規定に従い、集会の会日より少なくとも1週間前にその招集の通知を発すれば足りる。

☞ **❶分冊 p329 ❷〜**

2 **誤** 建物の価格の2分の1を超える部分が滅失し、滅失した共用部分を復旧する旨の集会の決議があった場合において、その**決議の日から2週間を経過したとき**は、決議賛成者以外の区分所有者は、決議賛成者又は買取指定者に対し、建物及びその敷地に関する権利を時価で買い取るべきことを請求することができる〈区61条7項前段、8項〉。滅失した共用部分を復旧する旨の決議をした集会を招集した者又は買取指定者は、決議賛成者以外の区分所有者に対し、**4月以上**の期間を定めて、買取請求をするか否かを確答すべき旨の催告をすることができ〈同条11項〉、この催告を受けた区分所有者は、**上記期間を経過したとき**は、買取請求をすることができない〈同条13項〉。したがって、決議賛成者以外の区分所有者が買取請求をすることができなくなるのは、最短で、復旧決議の日から2週間と4月を経過した時であり、復旧決議の日から4月を経過しただけでは、買取請求をする余地がある。

☞ **❶分冊 p329 ❷〜**

3 **正** 買取指定者が買取請求に基づく売買の代金に係る債務の全部又は一部の弁済をしないときは、決議賛成者(買取指定者となったものを除く。)は、**連帯してその債務の全部又は一部の弁済の責めに任ずる**〈区61条10項本文〉。もっとも、**決議賛成者が買取指定者に資力があり、かつ、執行が容易であることを証明したとき**は、この限りでない〈同条項ただし書〉。

☞ **❶分冊 p329 ❷〜**

4 **誤** 建物の価格の2分の1を超える部分が滅失した場合において、建物の一部が滅失した日から**6月以内**に滅失した共用部分を復旧する旨の集会の決議、建替え決議又は団地内の建物の一括建替え決議がないときは、各区分所有者は、他の区分所有者に対し、建物及びその敷地に関する権利を時価で買い取るべきことを請求することができる〈区61条14項〉。

☞ **❶分冊 p329 ❷〜**

正解 ③
(正解率**38%**)

肢別解答率
受験生はこう答えた！

肢	解答率
1	42%
2	14%
3	38%
4	7%

難易度 難

一団地内に下図のとおり、専有部分のある建物であるA棟、B棟及び附属施設である集会所が存在し、A棟及びB棟の団地建物所有者が土地及び附属施設である集会所を共有している。この場合に関する次の記述のうち、区分所有法の規定によれば、誤っているものはどれか。

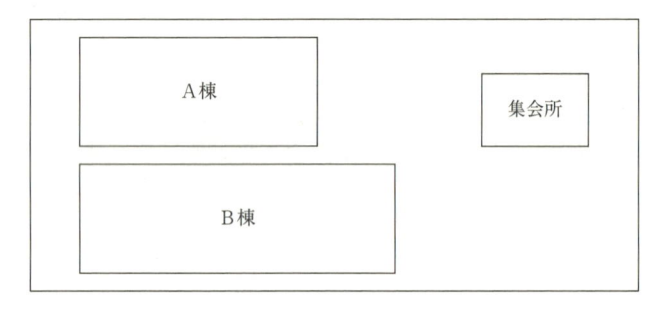

1 集会所は、当然にA棟及びB棟の団地建物所有者によって構成される団地管理組合における団地共用部分となる。

2 A棟及びB棟の団地建物所有者によって構成される団地管理組合は、当然に集会所の管理を行う。

3 A棟については、A棟の区分所有者だけによる管理を行うものとしたままで、B棟については、A棟及びB棟の団地建物所有者によって構成される団地管理組合が管理を行うものとすることはできない。

4 A棟及びB棟の団地建物所有者によって構成される団地管理組合がA棟及びB棟の管理を行うものとする場合において、A棟の管理とB棟の管理について、規約で異なる内容を定めることができる。

1 **誤** 一団地内の附属施設たる建物は、**団地の規約により**団地共用部分とすることができる〈区67条1項前段〉。したがって、本肢の集会所は、**団地の規約の定めがなければ、団地共用部分とならない。**

👉 **①分冊 p351 ③〜**

2 **正** 団地建物所有者がその団地内の附属施設を共有することによって生じた団地管理組合は、**当然に、その附属施設を管理する**〈区65条〉。したがって、A棟及びB棟の団地建物所有者によって構成される団地管理組合は、**当然に集会所の管理を行う。**

👉 **①分冊 p351 ③〜**

3 **正** 団地内にある専有部分のある建物は、団地の規約により、団地管理組合の管理をすることとすることができる。この規約を設定する場合、専有部分のある建物の全部につきそれぞれ集会における区分所有者及び議決権の各4分の3以上の多数による決議がなければならない〈区68条1項2号〉。これは、**団地内に存する専有部分のある建物全部を一括して団地管理組合で管理することのみ認めるものである。**したがって、本肢のように、B棟のみを団地管理組合の管理対象とすることはできない。

👉 **①分冊 p351 ③〜**

4 **正** 団地内にある専有部分のある建物は、団地の規約により、団地管理組合で管理をすることとすることができる。この場合、**専有部分のある建物の用途、構造等に応じて、それらの管理につき異なる内容を定めることは可能である。**したがって、A棟の管理とB棟の管理について、規約で異なる内容を定めることができる。

正解 1
（正解率27%）

肢別解答率
受験生はこう答えた！

肢	解答率
1	27%
2	8%
3	43%
4	21%

難易度 難

一筆の敷地上に、甲棟、乙棟、丙棟が存在している。甲棟及び乙棟は戸建て住宅、丙棟は専有部分のある建物であり、また、甲棟の所有者はA、乙棟の所有者はB、丙棟の区分所有者はC、D、Eである。敷地は、A、B、C、D、Eが共有している。この場合の団地管理組合に関する次の記述のうち、区分所有法の規定によれば、正しいものはどれか。ただし、乙棟の建替えは他に特別の影響を及ぼさないものとする。

1 団地管理組合は、団地管理組合の集会において、共有持分の4分の3以上を有するものが承認し、かつ、Aの同意があれば、甲棟を管理するための団地規約を定める決議をすることができる。

2 Bが乙棟を取り壊し、かつ、従前の乙棟の所在地に新たに建物を建築しようとする場合には、団地管理組合の集会において議決権の4分の3以上の多数による承認の決議を得なければならない。

3 団地管理組合が規約を定めて丙棟の管理を行っている場合に、地震によって丙棟の建物の価格の2分の1以下に相当する部分が滅失したときに、その滅失した共用部分を復旧しようとするときは、団地管理組合の集会において、滅失した共用部分を復旧する旨の決議をする必要がある。

4 団地管理組合は、団地管理組合の集会において、区分所有者及び議決権の各5分の4以上の多数で、団地内建物のすべてにつき一括して、その全部を取り壊し、かつ、同一敷地上に新たに建物を建築する旨の決議をすることができる。

1 **誤**　団地規約で定めることができる事項は、①**団地建物所有者の共有に属する一団地内の土地又は附属施設**、②**一団地内の土地又は附属施設が当該団地内の一部の建物の所有者の共有に属する場合における当該土地又は附属施設**（専有部分のある建物以外の建物の所有者のみの共有に属するものを除く。）、③**団地内の専有部分のある建物**の管理又は使用に関する団地建物所有者相互間の事項である〈区66条、30条1項〉。**甲棟は戸建て住宅であり、その管理に関する事項は上記のいずれにもあたらないので、甲棟を管理するための団地規約を設定することはできない。**

☞ **❶分冊 p351 ❸～**

2 **正**　**一団地内にある数棟の建物（団地内建物）の全部又は一部が専有部分のある建物であり、かつ、その団地内の特定の建物の所在する土地が団地内建物の団地建物所有者の共有に属する場合**においては、その特定の建物を建て替えるときは、団地管理組合の集会において**議決権の4分の3以上**の多数による承認の決議を得なければならない〈区69条1項〉。本問の場合、一団地内の建物である丙棟が専有部分のある建物であるから、「一団地内にある建物の…一部が専有部分のある建物」であり、また、建替えの対象である乙棟の敷地はA、B、C、D、Eの共有であるから、「団地内の特定の建物の所在する土地が団地内建物の団地建物所有者の共有に属する場合」である。したがって、乙棟を建て替える場合には、団地管理組合の集会において議決権の4分の3以上の多数による承認の決議を得なければならない。

☞ **❶分冊 p352 ❹～**

3 **誤**　**復旧及び建替えに関する規定は、団地に準用されない**〈区66条参照〉。したがって、団地管理組合の集会において、丙棟の滅失した共用部分を復旧する旨の決議をすることはできない。

☞ **❶分冊 p351 ❸～**

4 **誤**　**団地内建物の全部が専有部分のある建物であり**、かつ、当該団地内建物の敷地が当該団地内建物の区分所有者の共有に属する場合において、当該団地内建物について管理対象とする旨の団地規約が定められているときは、団地管理組合の集会において、当該団地内建物の区分所有者及び議決権の各5分の4以上の多数で、当該団地内建物につき一括して、その全部を取り壊し、かつ、当該団地内建物の敷地若しくはその一部の土地又は当該団地内建物の敷地の全部若しくは一部を含む土地に新たに建物を建築する旨の決議をすることができる〈団地内の建物の一括建替え決議　区70条1項〉。本肢の団地には、戸建て住宅である甲棟、乙棟があることから、「団地内建物の全部が専有部分のある建物」であるとはいえず、団地内の建物の一括建替え決議をすることはできない。

☞ **❶分冊 p357 ❺～**

| 正解 **2**
（正解率 **51%**） | 肢別解答率
受験生は
こう答えた！ | **1** 17%
2 51%
3 17%
4 15% | 難易度
普 |   |

団地管理組合法人に関する次の記述のうち、区分所有法の規定によれば、誤っているものはどれか。

1 団地管理組合法人は、団地共用部分に係る損害保険契約に基づく保険金額の請求及び受領について、団地建物所有者を代理する。

2 団地管理組合法人の理事は、特定の行為の代理を他人に委任することを、規約又は集会の決議によって禁止されることはない。

3 団地管理組合法人の監事は、財産の状況又は業務の執行について、法令若しくは規約に違反し、又は著しく不当な事項があると認め、これを報告するために必要があるときは、集会を招集することができる。

4 団地管理組合法人は、団地建物所有者及び議決権の各4分の3以上の多数による集会の決議によって解散することができる。

1 **正** 団地管理組合法人は、**土地等**又は規約により団地で管理することとした団地内の一部の建物の所有者の共有に属する土地及び附属施設若しくは規約により団地で管理することとした団地内の専有部分のある建物の共用部分に係る損害保険契約に基づく保険金額の請求及び受領に関し、**団地建物所有者を代理する**〈区66条、47条6項〉。団地共用部分は、「土地等」にあたり、団地管理組合法人は、本肢の請求及び受領について、団地建物所有者を代理する。

☞ **①分冊 p288 2〜**

2 **誤** 理事は、**規約又は集会の決議によって禁止されていないときに限り**、特定の行為の代理を他人に委任することができる〈区66条、49条の3〉。したがって、団地管理組合法人の理事は、特定の行為の代理を他人に委任することを、規約又は集会の決議によって禁止されることがある。

☞ **①分冊 p291 3〜**

3 **正** 監事は、**財産の状況又は業務の執行について、法令若しくは規約に違反し、又は著しく不当な事項があると認めるとき**は、集会に**報告しなければならず**〈区66条、50条3項3号〉、これを行うため必要があるときは、**集会を招集することができる**〈区66条、50条3項4号〉。

☞ **①分冊 p291 3〜**

4 **正** 団地管理組合法人は、**集会の決議**によって解散する〈区66条、55条1項3号〉。この集会の決議は、**団地建物所有者及び議決権の各4分の3以上の多数**でする〈区66条、55条2項〉。

☞ **①分冊 p298 5〜**

団地

A棟、B棟（いずれも分譲マンションで区分所有建物）及びC棟（賃貸マンションで単独所有建物）の三棟が所在する土地がこれらの建物の所有者の共有に属しており、その共有者全員で団地管理組合を構成している。この場合におけるA棟の建替え承認決議に関する次の記述のうち、区分所有法の規定によれば、誤っているものはどれか。なお、既にA棟の区分所有者の集会において、A棟の建替えが議決されているものとする。

1 団地管理組合の集会において、A棟の建替え承認決議を得るためには、議決権の4分の3以上の多数の賛成が必要であり、各団地建物所有者の議決権は、その有する建物又は専有部分の床面積の割合による。

2 A棟の区分所有者は、A棟の区分所有者の集会において建替え決議に賛成しなかった場合でも、団地管理組合の集会におけるA棟の建替え承認決議では、全員が賛成したものとみなされる。

3 建替え承認決議に係るA棟の建替えがB棟の建替えに特別の影響を及ぼすべきときは、A棟の建替えは、団地管理組合の建替え承認決議に係る集会において、B棟の区分所有者全員の議決権の4分の3以上の議決権を有する区分所有者の賛成を得なければ行うことができない。

4 建替え承認決議に係るA棟の建替えがC棟の建替えに特別の影響を及ぼすべきときは、A棟の建替えは、C棟の所有者の賛成を得なければ行うことができない。

1 **誤**　建替え承認決議をする場合、集会において議決権の4分の3以上の多数によらなければならない。その集会における各団地建物所有者の議決権は、規約に別段の定めがある場合であっても、**建替えの対象となる建物の所在する土地（これに関する権利を含む。）の持分の割合**による〈区69条2項〉。

☞ **❶分冊 p352 4〜**

2 **正**　建替えの対象となる建物が専有部分のある建物である場合における当該建物の団地建物所有者は、建替え承認決議においては、**いずれもこれに賛成する旨の議決権の行使をしたものとみなす**〈区69条3項〉。したがって、団地管理組合の集会におけるA棟の建替え承認決議においては、A棟の区分所有者は、全員が賛成したものとみなされる。

☞ **❶分冊 p352 4〜**

3 **正**　建替え承認決議に係る建替えがその対象となる建物以外の**専有部分のある建物（以下「当該他の専有部分のある建物」という。）の建替えに特別の影響を及ぼすべきとき**は、建替え承認決議に係る集会において当該他の専有部分のある建物の**区分所有者全員の議決権の4分の3以上の議決権を有する区分所有者が当該建替え承認決議に賛成しているとき**に限り、建替え承認決議に係る建替えをすることができる〈区69条5項1号〉。本肢の場合、A棟の建替えは、団地管理組合の建替え承認決議に係る集会において、B棟の区分所有者全員の議決権の4分の3以上の議決権を有する区分所有者の賛成を得なければ行うことができない。

☞ **❶分冊 p352 4〜**

4 **正**　建替え承認決議に係る建替えがその対象となる建物以外の**専有部分のある建物以外の建物（以下「当該他の建物」という。）の建替えに特別の影響を及ぼすべきとき**は、建替え承認決議に係る集会において当該他の建物の**所有者が当該建替え承認決議に賛成しているとき**に限り、建替え承認決議に係る建替えをすることができる〈区69条5項2号〉。本肢の場合、A棟の建替えは、C棟の所有者の賛成を得なければ行うことができない。

☞ **❶分冊 p352 4〜**

団地

正解 1
（正解率 **61%**）

肢別解答率
受験生は
こう答えた！

1	61%
2	14%
3	14%
4	11%

難易度
普

一筆の敷地上に、甲棟、乙棟及び丙棟があり、いずれの棟も専有部分のある建物である。また、敷地は区分所有者全員で共有している。この場合において、甲棟を取り壊し、かつ、従前の甲棟の所在地に新たに建物を建築すること（この問いにおいて「甲棟の建替え」という。）についての、団地管理組合の集会における建替え承認決議に関する次の記述のうち、区分所有法の規定によれば、誤っているものはどれか。ただし、甲棟の建替えは、他の棟の建替えに特別の影響を及ぼさないものとする。

1 団地管理組合の集会において建替え承認決議を行う場合には、団地管理組合の規約で別段の定めがある場合にも、規約で定められる議決権割合ではなく、敷地の持分の割合によって決議の成否が判定される。

2 甲棟の建替えを実施するためには、団地管理組合の集会において議決権の4分の3以上の多数による建替え承認決議を得なければならない。

3 団地管理組合の集会において建替え承認決議を行う場合には、集会を招集した者は、集会の会日より少なくとも1月前までに、団地内建物所有者に対し建替えに関する説明会を開催しなければならない。

4 甲棟の建替え決議が適法に成立したときには、甲棟の建替え決議において甲棟の区分所有者Aが建替えに反対をしていたとしても、その後の団地管理組合の集会における甲棟についての建替え承認決議においては、Aはこれに賛成する旨の議決権の行使をしたものとみなされる。

1 **正** 団地内の建物の建替え承認決議を行う集会における各団地建物所有者の議決権は、団地管理組合の規約に別段の定めがある場合であっても、**建替えを行うべき建物の所在する土地（これに関する権利を含む。）の持分の割合による**〈区69条2項〉。

☞ **❶分冊 p352 ❹〜**

2 **正** 団地内の建物の建替え承認決議は、**議決権の4分の3以上の多数によってする**〈区69条1項〉。

☞ **❶分冊 p352 ❹〜**

3 **誤** 団地内の建物の建替え承認決議を行う場合には、**説明会を開催することは義務づけられていない**〈区69条参照〉。

☞ **❶分冊 p352 ❹〜**

4 **正** 建替えを行うべき建物が専有部分のある建物である場合におけるその建物の団地建物所有者は、建替え承認決議においては、**いずれもこれに賛成する旨の議決権の行使をしたものとみなす**〈区69条3項本文〉。本肢の場合、甲棟では、建替え決議が適法に成立しており、Aは、その区分所有者であるから、建替え承認決議においては、これに賛成する旨の議決権の行使をしたものとみなされる。

☞ **❶分冊 p352 ❹〜**

正解 3
（正解率**42%**）

肢別解答率
受験生はこう答えた！

1	32%
2	17%
3	42%
4	9%

難易度 難

一団地内の附属施設たる建物を規約によって団地共用部分と定めることに関する次の記述のうち、区分所有法の規定によれば、誤っているものはどれか。

1　一団地内の附属施設たる建物が専有部分であっても、団地建物所有者は、その附属施設たる建物について、規約によって団地共用部分とすることができる。

2　一団地内の附属施設たる建物が、団地建物所有者の全部ではなく、一部の共有に属するものである場合であっても、団地建物所有者は、規約によって団地共用部分とすることができる。

3　一団地内の附属施設たる建物について団地共用部分とする規約を設定した場合には、その旨の登記をしなければ、団地共用部分であることをもって第三者に対抗することはできない。

4　一団地内の附属施設たる建物を団地共用部分とする規約の設定は、団地建物所有者及びその議決権の各4分の3以上の多数による集会の決議によってする。

1 **正**　一団地内の附属施設たる建物（**区分所有権の目的となり得る建物の部分を含む。**）は、規約により団地共用部分とすることができる〈区67条1項前段〉。したがって、一団地内の附属施設たる建物が専有部分であっても、これを団地共用部分とすることができる。

☞ **❶分冊 p351 ❸~**

2 **誤**　一団地内の附属施設たる建物は、団地共用部分とする場合、**団地建物所有者全員の共有に属するものでなければならない。**

☞ **❶分冊 p351 ❸~**

3 **正**　一団地内の附属施設たる建物を団地共用部分とした場合においては、**その旨の登記をしなければ**、これをもって**第三者に対抗することができない**〈区67条1項後段〉。

☞ **❶分冊 p351 ❸~**

4 **正**　規約の設定、変更又は廃止は、**団地建物所有者及び議決権の各4分の3以上の多数**による集会の決議によってする〈区66条、31条1項前段〉。

☞ **❶分冊 p344 ❷~**

正解 2
（正解率42%）

肢別解答率
受験生は
こう答えた！

1	19%
2	42%
3	13%
4	27%

難易度 **難**

一団地内にA棟及びB棟（いずれも専有部分のある建物）があり、団地の敷地はA棟及びB棟の各区分所有者の共有である場合に関する次の記述のうち、区分所有法の規定によれば、誤っているものはどれか。

1　A棟の区分所有者は、A棟の集会の決議があれば、A棟の管理のための規約を定めることができる。

2　団地内の区分所有建物に係る管理事項について、一部のみを団地管理組合で行い、その余を各棟の管理組合で行うものと定めることができる。

3　団地管理組合において、A棟及びB棟の管理又は使用について団地管理規約（区分所有法第66条において準用する同法第30条第1項の規約をいう。以下、この問いにおいて同じ。）が定められている場合であっても、A棟の区分所有者の集会で、A棟の管理組合における管理者を定めることができる。

4　団地管理規約に団地共用部分の定めを設けることにより、団地管理組合の管理者を団地共用部分の所有者と定めることができる。

1 **正** 規約の設定、変更又は廃止は、区分所有者及び議決権の各4分の3以上の多数による集会の決議によってする〈区31条1項前段〉。団地が成立した場合においても、**各棟の管理組合は存続**し、A棟の区分所有者は、A棟の集会の決議があれば、**A棟の管理のための規約を定めることができる。**
☞ ❶分冊 p351 **3**～

2 **正** 団地内の専有部分のある建物の管理は、団地の規約により、団地管理組合で行うこととすることができる〈区68条1項2号〉。この規約を定める場合、団地内の専有部分のある建物の管理に関するすべての事項を定める必要はなく、**一部のみ**を団地管理組合で行うこととすることも可能である。
☞ ❶分冊 p351 **3**～

3 **正** 区分所有者は、規約に別段の定めがない限り集会の決議によって、管理者を選任し、又は解任することができる〈区25条1項〉。団地内の専有部分のある建物の管理を団地管理組合で行うこととした場合においても、**各棟の管理組合は存続し、各棟で管理者を定めることができる。**
☞ ❶分冊 p351 **3**～

4 **誤** **管理者の管理所有**について規定する区分所有法27条は、**団地に準用されない**〈区66条参照〉。したがって、団地管理規約に団地共用部分の定めを設けても、団地管理組合の管理者を団地共用部分の所有者と定めることはできない。
☞ ❶分冊 p351 **3**～

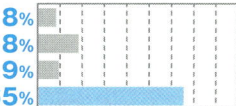

正解 **4**
（正解率**65%**）

肢別解答率
受験生はこう答えた！

肢	解答率
1	8%
2	18%
3	9%
4	65%

難易度 **普**

団地内に専有部分のある建物であるA棟及びB棟があり、団地の敷地は団地建物所有者の共有に属し、その共有者全員で構成する団地管理組合において、規約が定められている。この場合に関する次の記述のうち、区分所有法の規定によれば、誤っているものはどれか。

1 A棟及びB棟が所在する土地は、当然にA棟及びB棟の団地建物所有者によって構成される団地管理組合における団地共用部分となる。

2 A棟及びB棟の団地建物所有者によって構成される団地管理組合がA棟及びB棟の管理を行うものとする場合において、A棟の管理とB棟の管理について、規約で異なる内容を定めることができる。

3 団地内建物の一括建替え決議を行おうとする場合、団地建物所有者の集会において、団地内建物の区分所有者及び議決権の各5分の4以上の多数の賛成を得るとともに、A棟及びB棟ごとに区分所有者の3分の2以上の者であって議決権の合計の3分の2以上の議決権を有するものが賛成することが必要である。

4 団地内建物の一括建替え決議を行おうとする場合、再建団地内建物の区分所有権の帰属に関する事項についても、議案として決議しなければならない。

1 誤　一団地内の附属施設たる建物（区分所有権の目的となり得る建物の部分を含む。）は、**規約により団地共用部分とすることができる**〈区67条1項前段〉。したがって、A棟及びB棟が所在する土地は、団地共用部分とならない。

👉　**❶分冊 p351 ❸～**

2 正　団地内の専有部分のある建物の管理は、団地の規約により、団地管理組合で行うこととすることができる〈区68条1項2号〉。このような扱いをする場合、**専有部分のある建物のすべてを管理の対象としなければならない**が、その全部について**必ずしも同一内容の規約を定めなければならないわけではない**。したがって、A棟の管理とB棟の管理について、規約で異なる内容を定めることができる。

👉　**❶分冊 p344 ❷～**

3 正　団地内の建物の一括建替え決議は、**団地建物所有者の集会**において、団地内建物の**区分所有者及び議決権の各5分の4以上**の多数によらなければならない〈区70条1項本文〉。また、その集会において、**各団地内建物ごと**に、それぞれその**区分所有者の3分の2以上**の者であって、**議決権の合計の3分の2以上の議決権を有するものがその一括建替え決議に賛成しなければならない**〈同条項ただし書〉。

👉　**❶分冊 p357 ❺～**

4 正　団地内の建物の一括建替え決議においては、**再建団地内建物の区分所有権の帰属に関する事項を定めなければならない**〈区70条3項5号〉。

👉　**❶分冊 p357 ❺～**

正解 1
（正解率50%）

肢別解答率
受験生はこう答えた！

1	50%
2	9%
3	18%
4	23%

難易度　**普**

区分所有法第3条に規定する区分所有者の団体（この問いにおいて「3条の団体」という。）に関する次の記述のうち、区分所有法の規定及び判例によれば、正しいものはどれか。

1 　一棟の建物に二以上の区分所有者が存する場合には、管理者が定められず、かつ、規約が設定されていなくても、3条の団体が成立し、権利能力のない社団が存在する。

2 　3条の団体は、区分所有権を有する者がその構成員となる団体であり、区分所有権を有さずにマンションに居住している者は、集会の決議及び規約に拘束されることはない。

3 　特定の区分所有者が、建物の管理又は使用に関し区分所有者の共同の利益に反する行為を行い、その行為による共同生活上の障害が著しい場合には、その区分所有者について、区分所有権を保持させたままで3条の団体の構成員の資格を失わせることができる。

4 　一部の区分所有者のみの共用に供されるべきことが明らかな共用部分（この問いにおいて「一部共用部分」という。）があっても、区分所有者全員の利害に関係する一部共用部分の管理のすべてを区分所有者全員で行う場合には、一部の区分所有者のみで構成される3条の団体は存在しない。

1 **誤** 権利能力のない社団というためには、団体としての組織を備え、多数決の原則が行われ、構成員の変更にもかかわらず団体そのものが存続し、その組織によって代表の方法、総会の運営、財産の管理その他団体としての主要な点が確定しているものでなければならない〈最判昭和39.10.15〉。管理者が定められず、かつ、規約が設定されていない場合、その3条の団体は、上記要件をみたさず、**権利能力のない社団にあたらない場合がある**。

2 **誤** 占有者は、建物又はその敷地若しくは附属施設の使用方法につき、区分所有者が**規約又は集会の決議に基づいて負う義務と同一の義務を負う**〈区46条2項〉。占有者は、区分所有権を有さずにマンションに居住している者にあたり得るが、上記のとおり、集会の決議及び規約に拘束される。
☞ **❶分冊 p324 ❶~**

3 **誤** 区分所有者は、全員で、建物並びにその敷地及び附属施設の管理を行うための団体を構成する〈区3条前段〉。区分所有者は、3条の団体の構成員であり、**区分所有権を保持させたまま、3条の団体の構成員の資格を失わせることはできない**。
☞ **❶分冊 p280 ❶~**

4 **正** 一部の区分所有者のみの共用に供されるべきことが明らかな共用部分（一部共用部分）をそれらの区分所有者が管理するときは、その区分所有者は、全員で、これを管理するための団体を構成する〈区3条後段〉。本肢の場合、一部共用部分の管理のすべてを区分所有者全員で行うので、一部の区分所有者のみで構成される3条の団体は**存在しない**。

正解 4
（正解率26%）

肢別解答率 受験生はこう答えた！

1	67%
2	1%
3	6%
4	26%

難易度 難

甲マンション101号室の所有権がAからBに移転した場合に関する次の記述のうち、区分所有法の規定及び標準管理規約によれば、正しいものはどれか。

1 Aが管理費を滞納していた場合、AB間の合意があれば、BはAの滞納管理費を承継しないことができ、管理組合から請求があっても支払を拒否することができる。

2 Bは、仲介業者からAに管理費の滞納があると聞いていたので、滞納管理費の支払には応じるが、甲マンションの規約に定める遅延損害金については、責任はAにあるとして支払を拒否することができる。

3 Aがその所有時に甲マンションの規約で定めた義務に違反する行為を行い、規約に定める違約金としての弁護士費用の支払を怠っていた場合、Bはその弁護士費用を支払う義務がある。

4 Bが、101号室の抵当権の実行による競売において同室を買受け、AからBへの所有権の移転が行われた場合、Aが滞納していた管理費はBに承継されない。

規約又は集会の決議に基づき生じる債権は、債務者たる区分所有者の特定承継人に対しても行うことができる〈区8条〉。標準管理規約(単棟型)上、区分所有者は、管理費を負担することとされている〈標規(単)25条1項〉。したがって、本問の管理費請求権は、「規約に…基づき生じる債権」であり、債務者たる区分所有者の特定承継人に対しても行うことができることになる。

1 **誤**　債務者たる区分所有者とその特定承継人との合意によっても、区分所有法8条の適用を免れることはできない。したがって、ＡＢ間の合意があっても、Ｂは、Ａの滞納管理費を承継し、その支払を**拒否することはできない**。

　　👉 **❶分冊 p259 ❷〜**

2 **誤**　特定承継人は、管理費等債権だけでなく、その**遅延損害金についても、区分所有法8条に基づいて責任を負う**と解されている〈東京地判平成25.12.6〉。したがって、Ｂは、遅延損害金についても支払を拒否することはできない。

　　👉 **❶分冊 p259 ❷〜**

3 **正**　区分所有者等が規約に違反したときは、法的措置を講ずることができ〈標規(単)67条3項〉、違約金としての弁護士費用を請求することができる〈同条4項〉。このように、違約金としての弁護士費用の請求権は規約に基づくものであるから、「規約…に基づき生じる債権」にあたり、特定承継人にも行使することができる。したがって、Ｂは、**弁護士費用を支払う義務があるといえる**。

　　👉 **❶分冊 p259 ❷〜**

4 **誤**　「特定承継人」とは、区分所有者から売買、贈与等の個々の原因に基づいて区分所有権を承継取得する者をいい、競売の買受人もこれにあたる。したがって、Ｂは、特定承継人にあたり、Ａが滞納していた管理費はＢに**承継される**。

　　👉 **❶分冊 p259 ❷〜**

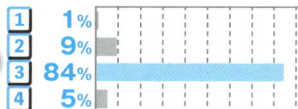

正解 3（正解率84%）

肢別解答率 受験生はこう答えた！

1	1%
2	9%
3	84%
4	5%

難易度 **易**

Aは、その所有する甲マンションの2階202号室について、上階の排水管から発生した水漏れによって被害を受けたことを理由に、損害賠償を請求することにした。この場合に関する次の記述のうち、区分所有法及び民法（明治29年法律第89号）の規定によれば、誤っているものはどれか。

1 漏水の原因が甲マンションの3階部分にある排水管の設置又は保存の瑕疵によるものであることが立証された場合には、Aは、排水管が共用部分に属するものであることを立証しなくても、管理組合に対して損害賠償を請求することができる。

2 漏水による損害賠償の責任を管理組合が負う場合には、管理組合は、敷地及び共用部分等の管理に要する経費に充てるために納入された管理費等を、賠償金に充当することを集会で決議することができる。

3 Aが受けた水漏れの損害については、3階部分の排水管の設置又は保存に瑕疵があることによって生じたものであることが区分所有法上推定される。

4 漏水の原因が202号室の直上階にある3階302号室の専有部分内に存する排水管の設置又は保存の瑕疵による場合において、302号室を賃借し居住しているCが損害の発生を防止するのに必要な注意をしたときは、同室の所有者Bが損害賠償の義務を負う。

土地の工作物の設置又は保存に瑕疵があることによって他人に損害が生じたときは、その工作物の占有者は、被害者に対してその損害を賠償する責任を負う〈民717条1項本文〉。ここで、建物の設置又は保存に瑕疵があることにより他人に損害を生じたときは、その瑕疵は、共用部分の設置又は保存にあるものと推定する〈区9条〉。

1 **正** 区分所有法9条は、瑕疵のある部分は明らかであるが、その部分が専有部分であるか共用部分であるか明らかでない場合にも、適用されるものであると解されている。したがって、**本問の排水管が共用部分に属することは、区分所有法9条により推定され**、Aは、排水管が共用部分に属するものであることを立証しなくても、共用部分である排水管の設置又は保存に瑕疵があることによってAに損害が生じたとして、**管理組合に対して損害賠償を請求することができる。**
☞ ❶分冊 p260 ❸〜

2 **正** 共用部分の管理に関する事項は、規約に別段の定めがなければ、集会の決議による〈区18条1項本文〉。管理組合が負う**賠償責任の履行は、「共用部分の管理に関する事項」にあたり**、管理費を賠償金に充当することを**集会で決議することができる。**

3 **誤** 区分所有法9条は、建物の設置又は保存に瑕疵があることにより損害が発生したことを前提に、その瑕疵が共用部分の設置又は保存にあると推定するものであり、建物の設置又は保存に瑕疵があることにより損害が発生したこと自体は推定されない。したがって、Aが受けた水漏れの損害が、3階部分の排水管の設置又は保存に瑕疵があることによって生じたことは、**区分所有法上推定されない。**
☞ ❶分冊 p260 ❸〜

4 **正** 土地の工作物の設置又は保存に瑕疵があることによって他人に損害が生じたときは、その工作物の占有者は、被害者に対してその損害を賠償する責任を負う〈民717条1項本文〉が、**占有者が損害の発生を防止するのに必要な注意をしたときは、所有者がその損害を賠償しなければならない**〈同条項ただし書〉。したがって、本肢の場合、302号室の所有者であるBが損害賠償の義務を負う。
☞ ❶分冊 p151 ❷〜

正解 3
（正解率45%）

肢別解答率 受験生はこう答えた！

1	26%
2	21%
3	45%
4	7%

難易度 難

未納の管理費等の回収や義務違反者に対する措置に関する次の記述のうち、区分所有法及び民法の規定によれば、誤っているものはどれか。

1 未納の管理費等に係る債権は、区分所有法第7条に規定する先取特権の実行としての担保不動産競売を申し立てることにより、他の一般債権者に優先して弁済を受けることができる。

2 区分所有法第7条に規定する先取特権は、不動産について登記をしなくても、特別担保を有しない債権者に対抗することができるが、登記をした第三者に対しては、この限りでない。

3 管理者は、区分所有法第59条の規定による区分所有権及び敷地利用権の競売について、規約又は集会の決議により、訴えをもって請求することができる。

4 区分所有法第59条の規定による競売請求の判決に基づく競売の申立ては、その判決が確定した日から6ヵ月以内に行わなければならない。

1 **正** 区分所有者は、**規約又は集会の決議に基づき他の区分所有者に対して有する債権**について、債務者の区分所有権（共用部分に関する権利及び敷地利用権を含む。）及び建物に備え付けた動産の上に先取特権を有する〈区7条1項前段〉。**管理費等債権は、上記先取特権の被担保債権にあたり**、先取特権の実行として担保不動産競売を申し立てることにより、他の一般債権者に優先して弁済を受けることができる。

🖐 **①分冊 p257 1〜**

2 **正** 区分所有法7条に規定する先取特権は、**不動産について登記をしなくても、特別担保を有しない債権者に対抗することができる**〈区7条2項、民336条本文〉。もっとも、**登記をした第三者**に対しては、この限りでない〈区7条2項、民336条ただし書〉。

🖐 **①分冊 p257 1〜**

3 **誤** 管理者又は集会において指定された区分所有者は、**集会の決議により**、他の区分所有者の全員のために、区分所有法59条に規定する区分所有権の競売の請求につき訴えを提起することができる〈区59条2項、57条3項〉。したがって、管理者は、規約の定めによっては、本肢の請求につき訴えを提起することはできない。

🖐 **①分冊 p271 5〜**

4 **正** 区分所有法59条に規定する区分所有権の競売の請求を認容する判決に基づく競売の申立ては、**その判決が確定した日から6月を経過したときは**、することができない〈区59条3項〉。したがって、本肢の競売の申立ては、その判決が確定した日から6か月以内に行わなければならない。

🖐 **①分冊 p271 5〜**

正解 3 （正解率61%） **肢別解答率** 受験生はこう答えた！ 1 15% 2 14% 3 61% 4 10% 難易度 **普**

マンションの登記に関する次の記述のうち、区分所有法及び不動産登記法（平成16年法律第123号）の規定によれば、誤っているものはどれか。ただし、団地管理組合である場合を除くものとする。

1 マンションの登記簿において、一つの登記記録に建物の専有部分と敷地権とが共に登記されることはない。

2 マンションの登記簿の表題部（専有部分の建物の表示）の登記記録において、専有部分は登記されるが、法定共用部分は登記事項ではないので、登記されることはない。

3 専有部分を規約により共用部分とした場合に、その旨の登記をしなければ、これをもって第三者に対抗することはできない。

4 管理組合法人が成立するためには、区分所有者及び議決権の各4分の3以上の多数による集会の決議で法人となる旨並びにその名称及び事務所を定め、登記をすることが必要である。

1 **誤**　区分建物である建物の登記記録は「一棟の建物の表題部」と「区分建物の表題部」とがあり、「区分建物の表題部」は、**「専有部分の建物の表示欄」、「敷地権の表示欄」などにわかれている**〈不規別表3〉。したがって、マンションの登記簿において、1つの登記記録に建物の専有部分と敷地権とがともに登記されることはある。

2 **正**　「区分建物の表題部」のうち「専有部分の建物の表示欄」には、「不動産番号欄」、「家屋番号欄」、「建物の名称欄」、「種類欄」、「構造欄」、「床面積欄」、「原因及びその日付欄」、「登記の日付欄」があり〈不規別表3〉、**専有部分についてその欄に対応する事項が登記される。**他方、建物の表示に関する登記の登記事項として、法定共用部分に関する事項は挙げられておらず〈不44条1項参照〉、**法定共用部分に関する事項は登記されない。**

3 **正**　区分所有権の目的となり得る建物の部分及び附属の建物は、規約により共用部分とすることができる〈区4条2項前段〉。この場合には、**その旨の登記をしなければ、これをもって第三者に対抗することができない**〈同条項後段〉。
☞ **①分冊 p228 2～**

4 **正**　管理組合は、区分所有者及び議決権の各4分の3以上の多数による集会の決議で法人となる旨並びにその名称及び事務所を定め、かつ、その主たる事務所の所在地において**登記をすることによって法人となる**〈区47条1項〉。
☞ **①分冊 p287 1～**

正解 1
（正解率**81%**）

肢別解答率
受験生はこう答えた！

1	81%
2	13%
3	2%
4	4%

難易度
易

区分所有法第7条の先取特権に関する次の記述のうち、区分所有法及び民法の規定によれば、正しいものはどれか。

1 区分所有者が有する区分所有法第7条の先取特権の被担保債権は、共用部分、建物の敷地又は共用部分以外の建物の附属施設につき他の区分所有者に対して有する債権に限られる。

2 管理者が、管理組合との間に報酬を受ける特約がある場合において、管理組合に対して有する報酬債権は、区分所有法第7条の先取特権の対象となる。

3 区分所有法第7条の先取特権は、債務者が専有部分を賃貸しているときは、民法第304条の物上代位により賃料に対して行使できる。

4 区分所有法第7条の先取特権の目的物は、債務者の区分所有権に限らず、債務者の全ての財産である。

区分所有者は、共用部分、建物の敷地若しくは共用部分以外の建物の附属施設につき他の区分所有者に対して有する債権又は規約若しくは集会の決議に基づき他の区分所有者に対して有する債権について、債務者の区分所有権（共用部分に関する権利及び敷地利用権を含む。）及び建物に備え付けた動産の上に先取特権を有する〈区7条1項前段〉。

1 誤 区分所有者が有する区分所有法7条の先取特権の被担保債権は、上記のとおりであり、本肢の**債権に限られない**。

👉 **❶分冊 p257 ❶〜**

2 誤 管理者又は管理組合法人は、その職務又は業務を行うにつき区分所有者に対して有する債権について、先取特権を有する〈区7条1項後段〉。管理者の報酬債権は、**上記債権にあたらない**と解されている。

👉 **❶分冊 p257 ❶〜**

3 正 先取特権は、その目的物の売却、賃貸、滅失又は損傷によって債務者が受けるべき金銭その他の物に対しても、**行使することができる**〈民304条本文〉。

👉 **❶分冊 p132 ❷〜**

4 誤 区分所有法7条の先取特権の目的物は、**債務者の区分所有権（共用部分に関する権利及び敷地利用権を含む。）及び建物に備え付けた動産**であり、債務者の全ての財産ではない。

👉 **❶分冊 p257 ❶〜**

正解 3
（正解率 76%）

肢別解答率
受験生はこう答えた！

1	13%
2	5%
3	76%
4	5%

難易度 **易**

Aは、Bの所有する専有部分について、Bから賃借し、敷金を差し入れた上で、引渡しを受けてその使用を始めたが、Bが敷地利用権を有していなかったことから、専有部分の収去を請求する権利を有するCが、Bに区分所有権を時価で売り渡すべきことを請求する通知（この問いにおいて「本件通知」という。）を行った。この場合における次の記述のうち、民法及び区分所有法の規定並びに判例によれば、誤っているものはどれか。

1 本件通知の後に、AがCの承諾を得てDに対して賃借権を譲渡したときには、敷金に関するAの権利義務関係はDに承継される。

2 本件通知前にAがBに対して賃料を支払っていなかった場合、BのAに対する未払いの賃料債権は、債権譲渡がなされなければ、BからCに移転しない。

3 賃貸人の地位がBからCに移転したとしても、Cは、所有権の移転登記を経なければ、Aに対して、賃料請求をすることはできない。

4 本件通知がBに到達することによって、Bの承諾がなくても、BとCの間に専有部分及び共用部分の持分を売買対象とした売買契約成立の効果が生じることとなる。

敷地利用権を有しない区分所有者があるときは、その専有部分の収去を請求する権利を有する者は、その区分所有者に対し、区分所有権を時価で売り渡すべきことを請求することができる〈区10条〉。法令の規定による賃貸借の対抗要件を備えた場合において、その不動産が譲渡されたときは、その不動産の賃貸人たる地位は、その譲受人に移転する〈民605条の2第1項〉。

1 **誤** 賃貸人は、敷金を受け取っている場合において、賃借人が適法に賃借権を譲り渡したときは、賃借人に対し、その受け取った敷金の額から賃貸借に基づいて生じた賃借人の賃貸人に対する金銭の給付を目的とする債務の額を控除した残額を返還しなければならない〈民622条の2第1項2号〉。したがって、敷金に関するAの権利義務関係は、**敷金の返還により終了し、Dに承継されない。**
👉 **①分冊 p59 5～**

2 **正** 個別具体的に生じた賃料債権は、賃貸人たる地位が移転しても、**債権譲渡がなされなければ、新賃貸人に移転しない。** したがって、BのAに対する未払いの賃料債権は、債権譲渡がなされなければ、BからCに移転しない。

3 **正** 民法605条の2第1項の規定による賃貸人たる地位の移転は、賃貸物である不動産について所有権の移転の登記をしなければ、**賃借人に対抗することができない**〈民605条の2第3項〉。したがって、Cは、所有権の移転登記を経なければ、Aに対して、賃料請求をすることはできない。
👉 **①分冊 p53 2～**

4 **正** 上記のとおり、Cは、Bに対する区分所有権売渡請求権を有する。区分所有権売渡請求権は、形成権(権利者の一方的意思表示によって法律関係の変動を生じさせることができる権利)の性質を有するから、**その意思表示が相手方に到達すれば、これによって売買契約成立の効果が生じる。** したがって、本件通知がBに到達することによって、Bの承諾がなくとも、BC間に売買契約成立の効果が生じる。
👉 **①分冊 p245 5～**

正解 1
(正解率 **51%**)

肢別解答率
受験生はこう答えた！

1	51%
2	18%
3	21%
4	10%

難易度 **普**

甲マンションの管理組合 A の組合員 B は、101 号室の区分所有権の購入に際して、C 銀行から融資を受けて C のために抵当権を設定し登記を行い、また、現在は同室を D に賃貸して賃料収入を得ている。B は極めて長期間管理費等を滞納しており、滞納額も多額となったため、A が再三にわたり督促をしているが、B は一切無視し続けている。この場合における次の記述のうち、区分所有法、民法、不動産登記法（平成 16 年法律第 123 号）及び民事執行法（昭和 54 年法律第4号）の規定によれば、誤っているものはどれか。

☐1 B 及び D は、101 号室について、C の承諾を得なくても賃借権の登記をすることができる。

☐2 B の管理費等の滞納が原因で、建物の修繕に重大な支障が生じるような状況に至っている場合は、B の滞納は、建物の管理に関し区分所有者の共同の利益に反する行為に該当する。

☐3 B の区分所有権及び敷地利用権の最低売却価額で滞納管理費等を回収できる見込みがない場合でも、A は区分所有法第 59 条の規定による競売を請求することができる。

☐4 C が抵当権の実行として 101 号室を競売し、E が当該競売における手続きを経て買受人となった場合には、A は、E に対して、滞納管理費等を請求することはできない。

1 **正** 抵当権設定者は、**抵当権者の承諾を得ずに**、抵当不動産の使用、収益及び処分をすることができる。したがって、B及びDは、101号室について、Cの承諾を得なくても賃借権の登記をすることができる。

☞ ❶分冊 p62 **7**～

2 **正** 区分所有者は、建物の保存に有害な行為その他建物の管理又は使用に関し区分所有者の共同の利益に反する行為をしてはならない〈区6条1項〉。区分所有者の管理費等の滞納は、滞納によって、**共用部分等の管理に要する費用が不足し、管理が不十分になったり**、他の区分所有者が**立て替えたりしなければならない事態になるような場合**には、区分所有者の共同の利益に反する行為に該当する〈大阪高判平成14.5.16参照〉。

☞ ❶分冊 p265 **1**～

3 **正** 区分所有法59条に基づく競売は、区分所有者の共同の利益に反する行為を行った区分所有者から区分所有権をはく奪することを目的とし、競売の申立人に対する配当を予定していないので、**競売による買受可能価額が手続費用及び優先債権の見込額の合計額に満たず、申立人の債権を回収できる見込みがない場合でも、競売を行うことができる**〈東京高決平成16.5.20〉。

☞ ❶分冊 p267 **3**～

4 **誤** 管理費等債権は、債務者たる区分所有者の特定承継人に対しても行うことができる〈区8条〉。「特定承継人」とは、区分所有者から、売買、贈与等の個々の原因に基づいて区分所有権を承継取得する者をいい、**強制執行や担保権の実行による売却**を原因として、区分所有権を承継取得する者も含まれる〈東京地判平成9.6.26〉。Eは、特定承継人であるから、Aは、Eに対して、滞納管理費等を請求することができる。

☞ ❶分冊 p259 **2**～

正解 4
（正解率 **93**%）

肢別解答率 受験生はこう答えた！

1	4%
2	1%
3	2%
4	93%

難易度 **易**

集会の決議及び規約の定めに関する次の記述のうち、区分所有法の規定によれば、誤っているものはどれか。

1 管理組合法人の解散は、建物の全部滅失及び専有部分がなくなった場合を除き、区分所有者及び議決権の各４分の３以上の多数の集会の決議によることが必要であり、規約で集会の決議以外の方法で決するものと定めることはできない。

2 管理者の選任及び解任は、集会の決議によるほか、規約で別段の定めをすることができる。

3 共同の利益に反する行為の停止の請求についての訴訟の提起は、集会の決議によるほか、規約で集会の決議以外の方法で決するものと定めることができる。

4 管理者がない場合の規約の保管については、建物を使用している区分所有者又はその代理人のうちから、規約又は集会の決議で定められたものがこれに当たる。

1 **正**　管理組合法人は、①建物（一部共用部分を共用すべき区分所有者で構成する管理組合法人にあっては、その共用部分）の全部の滅失、②建物に専有部分がなくなったこと、③区分所有者及び議決権の各4分の3以上の多数による集会の決議によって解散する〈区55条〉。③につき、規約で**集会の決議以外の方法で決するものと定めることはできない**。

👉 **❶分冊 p298 5~**

2 **正**　区分所有者は、**規約に別段の定めがない限り**集会の決議によって、管理者を選任し、又は解任することができる〈区25条1項〉。

👉 **❶分冊 p280 2~**

3 **誤**　共同の利益に反する行為の停止等の請求についての訴訟を提起するには、**集会の決議によらなければならない**〈区57条2項〉。規約によっても、**これを変更することはできない**。

👉 **❶分冊 p267 3~**

4 **正**　管理者がないときは、規約は、**建物を使用している区分所有者又はその代理人で規約又は集会の決議で定めるもの**が保管しなければならない〈区33条1項ただし書〉。

👉 **❶分冊 p306 4~**

正解 3
（正解率 **66%**）

肢別解答率
受験生はこう答えた！

1	14%
2	11%
3	66%
4	8%

難易度

普

管理組合及び管理組合法人に関する次の記述のうち、区分所有法の規定によれば、正しいものはいくつあるか。

ア　規約を保管する者は、正当な理由がある場合を除き、利害関係人から請求のあった当該規約の閲覧を拒んではならない。

イ　集会の議事録の保管場所は、建物内の見やすい場所に掲示しなければならない。

ウ　管理者が集会の議事録の保管をしなかったときは、20万円以下の過料に処せられる。

エ　管理組合法人は、居住者名簿を備え置き、居住者の変更があるごとに必要な変更を加えなければならない。

1 一つ
2 二つ
3 三つ
4 四つ

ア 正 規約を保管する者は、利害関係人の請求があったときは、正当な理由がある場合を除いて、**規約の閲覧を拒んではならない**〈区33条2項〉。
 ❶分冊 p306 **4**~

イ 正 集会の議事録の保管場所は、建物内の見やすい場所に**掲示しなければならない**〈区42条5項、33条3項〉。
 ❶分冊 p319 **4**~

ウ 正 集会の議事録は、管理者があるときは、**管理者が保管しなければならない**〈区42条5項、33条1項本文〉。この規定に違反して、管理者が集会の議事録を保管しなかったときは、管理者は、**20万円以下の過料に処する**〈区71条1号〉。
 ❶分冊 p319 **4**~

エ 誤 管理組合法人は、**区分所有者名簿**を備え置き、区分所有者の変更があるごとに必要な変更を加えなければならない〈区48条の2第2項〉。
 ❶分冊 p288 **2**~

以上より、正しいものはア、イ、ウの三つであり、本問の正解肢は3となる。

正解 3
（正解率**39%**）

肢別解答率
受験生はこう答えた！

1	3%
2	10%
3	39%
4	48%

難易度 **難**

第2編 区分所有法等

総合

規約共用部分及び規約敷地に関する次の記述のうち、区分所有法の規定によれば、誤っているものはどれか。

1 マンション内に、上層階専用、下層階専用の二基のエレベーターがあり、それぞれが一部共用部分である場合に、その大規模修繕については、区分所有者全員の規約で定め、清掃等の日常の管理や使用方法については、区分所有者全員の利害に関係しないものとしてそれぞれ上層階、下層階の区分所有者の規約で定めることができる。

2 一部共用部分に関する事項で区分所有者全員の利害に関係しないものについての区分所有者全員の規約の設定、変更又は廃止は、当該一部共用部分を共用すべき区分所有者の4分の3以上で、かつ、議決権の4分の3以上の賛成を要する。

3 未利用の規約敷地の一部について、特定の区分所有者に対して特に有利な条件で、かつ、排他的に使用収益をする権利を規約で設定する場合には、その集会の決議に当たり、他の区分所有者全員の承諾を得なければならない。

4 建物が所在する土地の一部が分割により建物が所在する土地以外の土地となったときは、規約に別段の定めがない限り、専有部分との分離処分が禁止される。

1　**正**　建物又はその敷地若しくは附属施設の管理又は使用に関する区分所有者相互間の事項は、区分所有法に定めるもののほか、規約で定めることができる〈区30条1項〉。一部共用部分であるエレベーターの大規模修繕に関する事項は、「建物…の管理…に関する区分所有者相互間の事項」であるから、区分所有者全員の規約で定めることができる。また、**一部共用部分に関する事項で区分所有者全員の利害に関係しないもの**は、区分所有者全員の規約に定めがある場合を除いて、**これを共用すべき区分所有者の規約で定めることができる**〈同条2項〉。一部共用部分であるエレベーターの清掃等は、区分所有者全員の利害に関係しないものであり、区分所有者全員の規約に定めがないので、上層階、下層階の区分所有者の規約で定めることができる。

☞ **①分冊 p304 2~**

2　**誤**　規約の設定、変更又は廃止は、区分所有者及び議決権の各4分の3以上の多数による集会の決議によってする〈区31条1項前段〉。もっとも、一部共用部分に関する事項で区分所有者全員の利害に関係しないものについての区分所有者全員の規約の設定、変更又は廃止は、**当該一部共用部分を共用すべき区分所有者の4分の1を超える者又はその議決権の4分の1を超える議決権を有する者が反対したときは、することができない**〈同条2項〉。これは、一部共用部分を共用すべき区分所有者の4分の3以上で、かつ、議決権の4分の3以上の賛成を要するものではない。

☞ **①分冊 p304 2~**

3　**正**　規約の設定、変更又は廃止が**一部の区分所有者の権利に特別の影響を及ぼすべきときは、その承諾を得なければならない**〈区31条1項後段〉。本肢の規約は、特定の区分所有者に排他的に使用収益をする権利を与えるもので、他の区分所有者にとっては、規約敷地の使用を制約されることから、「一部の区分所有者の権利に特別の影響を及ぼすべきとき」にあたり、本肢の規約を設定する場合、他の区分所有者全員の承諾を得なければならない。

☞ **①分冊 p304 2~**

4　**正**　**敷地利用権が数人で有する所有権その他の権利である場合**には、区分所有者は、規約に別段の定めがあるときを除き、**その有する専有部分とその専有部分に係る敷地利用権とを分離して処分することができない**〈区22条1項〉。ここで、建物が所在する土地の一部が分割により建物が所在する土地以外の土地となったときは、その土地は、規約で建物の敷地と定められたものとみなす〈区5条2項後段〉ことから、本肢の土地は、依然として、建物の敷地であり、敷地利用権が数人で有する所有権その他の権利であり、規約に別段の定めがなければ、専有部分との分離処分は禁止される。

☞ **①分冊 p236 1~**

正解 2
（正解率41%）

肢別解答率
受験生はこう答えた！

肢	解答率
1	15%
2	41%
3	31%
4	12%

難易度　難

総合

甲マンション101号室の所有者Aが死亡し、遺産分割協議によって同室は長男Cの単独所有とされた。同室についてはAが遺言でAと同居していた妻Bのために配偶者居住権を設定しており、Aが死亡した後にも、Bは、Cの承諾のもとに、配偶者居住権に基づいて同室の居住を継続している。この場合に関する次の記述のうち、区分所有法及び民法の規定並びに判例によれば、誤っているものはどれか。

1　Bは、会議の目的たる事項に利害関係を有していれば、甲マンションの集会に出席して意見を述べることができる。

2　甲マンションの集会で決議された規約のうち、建物又はその敷地若しくは附属施設の使用方法に当たらない事項に関する定めについては、Bにはその効力は及ばない。

3　Cは、101号室に係る固定資産税を、納付期限が迫っていたため自ら納付したが、これについてはBに対して求償することができる。

4　Bが建物の管理又は使用に関し区分所有者の共同の利益に反する行為を行っていた場合には、甲マンションの管理組合は、集会の決議によってBの配偶者居住権を消滅させることができる。

1 **正**　区分所有者の承諾を得て専有部分を占有する者は、**会議の目的たる事項につき利害関係を有する場合**には、集会に出席して意見を述べることができる〈区44条1項〉。Bは、Cの承諾のもとに、配偶者居住権に基づいて101号室を占有しているから、会議の目的たる事項に利害関係を有していれば、甲マンションの集会に出席して意見を述べることができる。

☞ **①分冊 p325 2〜**

2 **正**　占有者は、**建物又はその敷地若しくは附属施設の使用方法につき**、区分所有者が規約又は集会の決議に基づいて負う義務と同一の義務を負う〈区46条2項〉。したがって、建物又はその敷地若しくは附属施設の使用方法に当たらない事項に関する規約の定めは、Bにはその効力は及ばない。

☞ **①分冊 p325 2〜**

3 **正**　配偶者居住権が設定されている場合、**配偶者は、居住建物の通常の必要費を負担する**〈民1034条1項〉。ここで、「通常の必要費」には、居住建物の固定資産税も含まれると解される〈最判昭和36.1.27〉。したがって、101号室に係る固定資産税は、Bが負担すべきものであるから、Cが代わりに納付した場合、Bに対して、求償することができる。

☞ **①分冊 p174 5〜**

4 **誤**　管理組合が配偶者居住権を集会の決議により消滅させることができる旨は**定められておらず**、甲マンションの管理組合は、Bの配偶者居住権を消滅させることはできない。

☞ **①分冊 p174 5〜**

正解 4
（正解率49%）

肢別解答率
受験生は
こう答えた！

肢	割合
1	2%
2	20%
3	29%
4	49%

難易度 **難**

総合

Aは、甲地、乙地及び丙地の3筆の土地にまたがり、それぞれの上に、構造上、利用上も区分され、独立して住居の用途に供することができる建物の部分を有する1棟の建物（いわゆるタウンハウス）を建築し、甲地上の建物の部分（①）をA自身の居住用として使用し、乙地上の建物の部分（②）をBに、丙地上の建物の部分（③）をCにそれぞれ分譲した。ただし、Aは、乙地をBに、丙地をCにそれぞれ賃貸しているものとする。

この場合に関する次の記述のうち、区分所有法及び民法（明治29年法律第89号）の規定によれば、正しいものはいくつあるか。

ア この1棟の建物について、A、B、Cの全員によって区分所有法第3条に規定する区分所有者の団体が組織される。

イ 敷地利用権について、BとCは、乙地及び丙地の賃借権の準共有者となる。

ウ Bは、建物の部分を第三者に譲渡する場合、その敷地利用権の譲渡について、Aの承諾が必要である。

エ Cは、建物の部分の敷地利用権に、Aの承諾を得て抵当権を設定することができる。

甲　地	乙　地	丙　地
①	②	③

1 一つ

2 二つ

3 三つ

4 四つ

ア | **正** | **区分所有者**は、全員で、建物並びにその敷地及び附属施設の管理を行うための団体を構成する〈区3条前段〉。本問の1棟の建物は、構造上、利用上区分され、独立して住居の用途に供することができる建物の部分①②③があり、Aは、このうち②③を分譲しているから、A、B及びCは区分所有者であり、全員で、区分所有法3条に規定する区分所有者の団体を組織する。

👉 **❶分冊 p280 1～**

イ | **誤** | Bの敷地利用権は、AB間の賃貸借契約に基づく乙地の賃借権である。また、Cの敷地利用権は、AC間の賃貸借契約に基づく丙地の賃借権である。**いずれも、準共有となっていない。**

👉 **❶分冊 p236 1～**

ウ | **正** | 賃借人は、**賃貸人の承諾を得なければ**、その賃借権を譲り渡し、又は賃借物を転貸することができない〈民612条1項〉。Bの敷地利用権は、AB間の賃貸借契約に基づく乙地の賃借権であるから、これを譲渡する場合、Aの承諾を得なければならない。

👉 **❶分冊 p59 5～**

エ | **誤** | 抵当権の目的は、**不動産の所有権又は地上権若しくは永小作権**である。Cの敷地利用権は、AC間の賃貸借契約に基づく丙地の賃借権であり、上記のいずれにもあたらないため、抵当権を設定することはできない。

👉 **❶分冊 p236 1～**

以上より、正しいものはア、ウの二つであり、本問の正解肢は2となる。

正解 2
（正解率41%）

肢別解答率
受験生は
こう答えた！

1	15%
2	41%
3	35%
4	10%

難易度
難

総合

共有物分割請求権の行使に関する次の記述のうち、区分所有法及び民法の規定によれば、正しいものはいくつあるか。

ア　民法では、5年を超えない期間内は、共有物の分割をしない旨の契約をすることを妨げられていないが、当該契約の更新は認められない。

イ　区分所有建物の専有部分以外の建物の部分を共有する区分所有者は、当該建物の部分について、共有物分割請求権を行使することができない。

ウ　区分所有建物の専有部分を共有する区分所有者は、当該専有部分について、共有物分割請求権を行使することができない。

エ　区分所有建物の専有部分を規約により共用部分とした場合、当該規約共用部分を共有する区分所有者は、当該規約共用部分について共有物分割請求権を行使することができない。

1 一つ
2 二つ
3 三つ
4 四つ

ア 誤 共有者は、5年を超えない期間内は分割をしない旨の契約をすることができ〈民256条1項ただし書〉、これを**更新することができる**〈同条2項本文〉。
☞ ❶分冊 p118 ❹～

イ 正 **共用部分の分割を請求することはできない。**専有部分以外の建物の部分は共用部分である〈区2条4項〉から、本肢の区分所有者は、この建物の部分につき、共有物分割請求権を行使することはできない。
☞ ❶分冊 p230 ❸～

ウ 誤 各共有者は、いつでも**共有物の分割を請求することができる**〈民256条1項本文〉。したがって、本肢の区分所有者は、専有部分につき、共有物分割請求権を行使することができる。
☞ ❶分冊 p118 ❹～

エ 正 **共用部分の分割を請求することはできない。**規約共用部分は共用部分である〈区2条4項〉から、本肢の区分所有者は、この建物の部分につき、共有物分割請求権を行使することはできない。
☞ ❶分冊 p230 ❸～

以上より、正しいものはイ、エの二つであり、本問の正解肢は2となる。

正解 2
（正解率49%）

肢別解答率 受験生はこう答えた！

肢	解答率
1	14%
2	49%
3	30%
4	6%

難易度 難

管理組合、団地管理組合及び管理組合法人に関する次の記述のうち、区分所有法及び民法（明治29年法律第89号）の規定によれば、誤っているものはいくつあるか。ただし、規約に別段の定めはないものとする。

ア 法定共用部分を専有部分とする場合には、これについて、その共有者全員の同意が必要である。

イ 管理組合及び団地管理組合においては、その職務に関し、管理者が区分所有者を代理し、管理組合法人においては、その事務に関し、代表権のある理事が共同して区分所有者を代理する。

ウ 管理組合及び団地管理組合の管理者を共用部分の管理所有者とする規約を定めることができるが、管理組合法人の理事を共用部分の管理所有者とする規約を定めることはできない。

エ 共同利益背反行為に該当する行為により当該義務違反者に対して区分所有権の競売請求に係る訴訟を提起するため、管理組合及び団地管理組合の管理者、並びに管理組合法人の代表権のある理事を訴訟担当者として選任することは、それぞれの集会で決議することができる。

1 一つ
2 二つ
3 三つ
4 四つ

ア **正** いわゆる法定共用部分とは、構造上区分所有者の全員又はその一部の共用に供されるべき建物の部分をいい〈区4条1項〉、そのままでは、構造上、独立して住居、店舗、事務所又は倉庫その他建物としての用途に供することができないため、専有部分とすることはできない〈区2条3項、1項、1条〉。もっとも、法定共用部分を、**共有者全員の同意**により、**構造上、独立して建物としての用途に供することができる建物の部分に変更**して〈民251条1項〉、専有部分とすることは可能である。したがって、法定共用部分を専有部分とする場合には、上記の変更を行うため、その共有者全員の同意が必要である。

イ **誤** **管理組合法人**は、その事務に関し、**区分所有者を代理する**〈区47条6項前段〉。したがって、管理組合法人の場合、管理組合法人自体が区分所有者を代理し、代表権のある理事は、区分所有者を代理しない。
　👉 **❶分冊 p288 ❷～**

ウ **誤** 団地につき、管理所有に関する規定は準用されておらず〈区66条参照〉、**団地管理組合の管理者**を共用部分の**管理所有者とする規約を定めることはできない**。
　👉 **❶分冊 p351 ❸～**

エ **誤** 団地につき、義務違反者に対する措置に関する規定は準用されておらず〈区66条参照〉、区分所有法59条に規定する区分所有権の競売請求に係る訴訟を提起するため、団地管理組合の管理者を訴訟担当者として選任することを、**団地管理組合の集会で決議することはできない**。
　👉 **❶分冊 p351 ❸～**

以上より、誤っているものはイ、ウ、エの三つであり、本問の正解肢は3となる。

正解 3
（正解率**37%**）

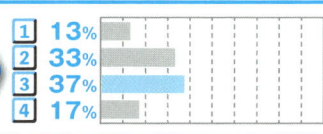

肢別解答率
受験生はこう答えた！

1	13%
2	33%
3	37%
4	17%

難易度 **難**

共用部分等の管理及び変更に関する次の記述のうち、区分所有法の規定によれば、正しいものはいくつあるか。ただし、共用部分の変更が専有部分の使用に特別の影響を及ぼすことはないものとする。

ア 共用部分の変更（その形状又は効用の著しい変更を伴わないものを除く。）は、集会において区分所有者及び議決権の各４分の３以上の多数の決議で決するが、区分所有者の定数は、規約でその過半数まで減ずることができる。

イ 共用部分の管理に関する事項は、共用部分の変更（その形状又は効用の著しい変更を伴わないものを除く。）の場合を除いて、集会における区分所有者及び議決権の各過半数の決議で決するが、規約において、集会出席者の過半数で決すると定めることもできる。

ウ 共用部分以外の附属施設で区分所有者の共有に属するもの（これに関する権利を含む。）の変更（その形状又は効用の著しい変更を伴わないものを除く。）は、集会において区分所有者及び議決権の各４分の３以上の多数の決議で決するが、区分所有者の定数は、規約でその過半数まで減ずることができる。

エ 区分所有者の共有に属する建物の敷地（これに関する権利を含む。）の各共有者は、規約に別段の定めがない限りその持分に応じて、建物の敷地の負担に任じ、建物の敷地から生ずる利益を収取する。

1 一つ

2 二つ

3 三つ

4 四つ

ア 　**正** 　共用部分の変更（その形状又は効用の著しい変更を伴わないものを除く。）は、区分所有者及び議決権の各**4分の3以上**の多数による集会の決議で決する〈区17条1項本文〉。もっとも、この**区分所有者の定数**は、規約でその**過半数まで減ずることができる**〈同条項ただし書〉。

　　　👉 **①分冊 p248 ②～**

イ 　**正** 　共用部分の管理に関する事項は、原則として、区分所有者及び議決権の各**過半数**による集会の決議で決する〈区18条1項〉。もっとも、**規約で別段の定め**をすることは妨げられず〈同条2項〉、規約において、これを集会出席者の過半数で決すると定めることもできる。

　　　👉 **①分冊 p248 ②～**

ウ 　**正** 　建物の敷地又は共用部分以外の附属施設（これらに関する権利を含む。）が区分所有者の共有に属する場合、これらの変更（その形状又は効用の著しい変更を伴わないものを除く。）は、区分所有者及び議決権の各**4分の3以上**の多数による集会の決議で決する〈区21条、17条1項本文〉。もっとも、この**区分所有者の定数**は、規約でその**過半数まで減ずることができる**〈区21条、17条1項ただし書〉。

　　　👉 **①分冊 p254 ⑤～**

エ 　**正** 　建物の敷地又は共用部分以外の附属施設（これらに関する権利を含む。）が区分所有者の共有に属する場合、各共有者は、規約に別段の定めがない限りその**持分に応じて、これらの負担に任じ、これらから生ずる利益を収取する**〈区21条、19条〉。

　　　👉 **①分冊 p254 ⑤～**

以上より、正しいものはア、イ、ウ、エの四つであり、本問の正解肢は4となる。

正解 4
（正解率 24%）

肢別解答率
受験生はこう答えた！

1	10%
2	25%
3	41%
4	24%

難易度 **難**

次の記述のうち、区分所有法の規定によれば、規約に別段の定めとして規定することができないものはどれか。

1　集会の議長について、管理者及び集会を招集した区分所有者以外の者を選任すること。

2　敷地利用権が数人で有する所有権その他の権利である場合に、区分所有者が、その有する専有部分とその専有部分に係る敷地利用権とを分離して処分すること。

3　管理所有者が、共用部分の変更（その形状又は効用の著しい変更を伴わないものを除く。）を行うこと。

4　区分所有者全員の利害に関係しない一部共用部分を、区分所有者全員の管理にすること。

1 **できる**　集会においては、**規約に別段の定めがある場合及び別段の決議をした場合を除いて**、管理者又は集会を招集した区分所有者の1人が議長となる〈区41条〉。したがって、集会の議長について、管理者及び集会を招集した区分所有者以外の者を選任することを規約に規定することができる。

☞ **①分冊 p315 ❸~**

2 **できる**　敷地利用権が数人で有する所有権その他の権利である場合には、区分所有者は、その有する専有部分とその専有部分に係る敷地利用権とを分離して処分することができない〈区22条1項本文〉。もっとも、**規約で別段の定めをすることができる**〈同条項ただし書〉。

☞ **①分冊 p240 ❸~**

3 **できない**　**管理所有者**は、**共用部分の変更（その形状又は効用の著しい変更を伴わないものを除く。）をすることができない**〈区20条2項、27条2項〉。この規定に反して、規約で別段の定めをすることはできない。

☞ **①分冊 p252 ❸~**

4 **できる**　一部共用部分に関する事項で**区分所有者全員の利害に関係しないもの**は、区分所有者全員の規約に定めがある場合を除いて、これを共用すべき区分所有者の**規約で定めることができる**〈区30条2項〉。したがって、区分所有者全員の利害に関係しない一部共用部分を、区分所有者全員の管理にすることを規約に規定することができる。

☞ **①分冊 p253 ❹~**

正解 3
（正解率**73%**）

肢別解答率
受験生はこう答えた！

肢	解答率
1	8%
2	16%
3	73%
4	3%

難易度 **易**

甲マンションにおいて、区分所有者Aが所有する101号室をBに賃貸している場合に関する次の記述のうち、民法、区分所有法及び借地借家法（平成3年法律第90号）の規定によれば、誤っているものはいくつあるか。ただし、甲マンションの規約においては、専有部分を専ら住宅として使用するものとし、他の用途に供してはならないとされている他には、別段の定めはないものとする。

ア Aは賃貸業を営む事業者で、101号室には居住せずに、Bに同室を居住用として賃貸して賃料収入を得る営業行為を行っていたとしても、Aの行為は、甲マンションの用途違反には該当しない。

イ 甲マンションの管理組合で建替え決議がなされたため、AB間の賃貸借契約が期間満了するに際して、AがBに対して更新を拒絶した場合、Bは建替え決議遵守義務があるので、借地借家法による正当事由の有無を判断することなくAB間の賃貸借は終了する。

ウ AB間の賃貸借契約に基づいて管理費等の支払義務はBにある旨を、あらかじめAから甲マンションの管理組合に届け出てBの銀行口座から自動的に引き落とされていた場合であっても、甲マンションの管理組合は、Aに対して滞納されている管理費等の請求をすることができる。

エ 甲マンション管理組合の集会を開催する場合、会議の目的たる事項についてBが利害関係を有しない場合であっても、Bのために、甲マンションの管理組合は、甲マンションの見やすい場所に、その集会の招集通知を掲示しなければならない。

1 一つ

2 二つ

3 三つ

4 四つ

ア 　**正**　Aは、Bに101号室を賃貸して居住させている。Bは、**住宅として101号室を使用**しているから、Aの行為は、専有部分を専ら住宅として使用するとの甲マンションの用途に反するものではない。

イ 　**誤**　期間の定めがある建物の賃貸借につき賃貸人が更新をしない旨の通知をする場合、その通知は、**正当の事由があると認められるとき**でなければ、することができない〈借28条、26条1項〉。ここで、建替え決議は、専有部分の賃貸借に何らの影響も及ぼさず、**専有部分の賃借人に義務を課すものではない**。したがって、Aは、101号室の賃貸借につき更新をしない旨をBに通知する場合、**正当事由の有無が判断される**。

　　👉 **①分冊 p62 7～**

ウ 　**正**　**区分所有者**は、規約に基づいて、**管理費等債務を負う**。したがって、甲マンションの管理組合は、Aに対して滞納されている管理費等の請求をすることができる。Bは、Aに代わって、Aの管理費等債務を弁済しているにすぎず、本肢の事情があったとしても、滞納されている管理費等につき、Aが管理費等債務を免れるものではない。

エ 　**誤**　**区分所有者の承諾を得て専有部分を占有する者**が会議の目的たる事項につき**利害関係を有する場合**には、集会を招集する者は、区分所有者に対して集会の招集の通知を発した後遅滞なく、集会の日時、場所及び会議の目的たる事項を**建物内の見やすい場所に掲示しなければならない**〈区44条2項〉。Bは、会議の目的たる事項について利害関係を有していないので、甲マンションの管理組合は、甲マンションの見やすい場所に、その集会の招集通知を掲示する必要はない。

　　👉 **①分冊 p325 2～**

以上より、誤っているものはイ、エの二つであり、本問の正解肢は2となる。

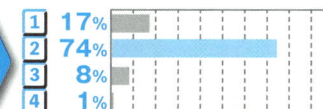

正解 ② （正解率**74%**）　**肢別解答率** 受験生はこう答えた！

1	17%
2	74%
3	8%
4	1%

難易度 **易**

滞納となっている管理費の回収のため、管理者が、区分所有法第7条の先取特権（この問いにおいて「先取特権」という。）に基づき滞納者が所有する敷地権付き区分建物を目的とする担保不動産競売の申立てをする場合に関する次の記述のうち、区分所有法、民法、民事執行法（昭和54年法律第4号）及び不動産登記法（平成16年法律第123号）の規定によれば、誤っているものはどれか。

1 敷地権付き区分建物の登記記録の乙区に第一順位の抵当権が登記されている場合、先取特権は優先順位において抵当権に劣後する。

2 敷地権付き区分建物の当該建物のみを目的とする先取特権の登記を申請することができる。

3 敷地権付き区分建物の登記記録の乙区にあらかじめ先取特権の登記がなされていなくても、担保不動産競売の申立てをすることができる。

4 滞納者が死亡し、敷地権付き区分建物につき相続を原因とする所有権移転登記がなされていない場合、管理者が相続人に代位して当該登記を申請することができる。

1 **正** 区分所有法7条に規定する先取特権は、**登記した抵当権を有する第三者に対して、対抗することができない**〈区7条2項、民336条ただし書〉。本肢の抵当権は、登記されているので、区分所有法7条に規定する先取特権は、優先順位においてこれに劣後する。

☞ **①分冊 p257 ①~**

2 **誤** 敷地権付き区分建物には、原則として、**当該建物のみの所有権の移転を登記原因とする所有権の登記又は当該建物のみを目的とする担保権に係る権利に関する登記をすることができない**〈不73条3項本文〉。したがって、敷地権付き区分建物の当該建物のみを目的とする区分所有法7条に規定する先取特権の登記を申請することはできない。

☞ **③分冊 p71 ⑦~**

3 **正** 区分所有法7条に規定する先取特権の実行は、**その存在を証する文書を提出して行うことができる**〈民執181条1項4号〉。したがって、区分所有法7条に規定する先取特権が登記されていなくても、担保不動産競売の申立てをすることができる。

4 **正** **債権者は、自己の債権を保全するため必要があるときは、債務者に属する権利を行使することができる**〈民423条1項本文〉。管理費債務は、相続により、相続人が負担することから、管理者は、管理費債権を保全するため、相続人に代位して敷地権付き区分建物につき相続を原因とする所有権移転登記を申請することができる。

正解 2（正解率25%）

肢別解答率 受験生はこう答えた！

肢	%
1	10%
2	25%
3	6%
4	58%

難易度 **難**

管理組合及び団地管理組合に関する次の記述のうち、区分所有法の規定によれば、誤っているものはどれか。

1 区分所有者は、全員で、建物並びにその敷地及び附属施設の管理を行うための団体を構成する。

2 区分所有者には、集会の開催、規約の設定、管理者の選任が義務付けられるわけではないが、これらを行う場合には、区分所有法の定めるところによる。

3 一部の区分所有者のみの共用に供されることが明らかな一部共用部分の管理は、当然に一部共用部分を共用する区分所有者の団体で行う。

4 一団地内に数棟の建物があって、その団地内の土地又は附属施設（これらに関する権利を含む。）がそれらの建物の所有者（専有部分のある建物にあっては、区分所有者）の共有に属する場合には、それらの所有者は、全員で、土地、附属施設及び専有部分のある建物の管理を行うための団体を構成する。

1 **正** 区分所有者は、全員で、建物並びにその敷地及び附属施設の管理を行うための団体を構成する〈区3条前段〉。

👉 **❶分冊 p280 1~**

2 **正** 区分所有者は、全員で、建物並びにその敷地及び附属施設の管理を行うための団体を構成し、**区分所有法の定めるところにより、集会を開き、規約を定め、及び管理者を置くことができる**〈区3条前段〉。したがって、区分所有者は、集会を開き、規約を定め、及び管理者を置くことを義務づけられているわけではないが、これらを行う場合、区分所有法の定めるところによる。

👉 **❶分冊 p280 1~**

3 **誤** 一部共用部分の管理のうち、**区分所有者全員の利害に関係するもの又は区分所有者全員の利害に関係しないものであって区分所有者全員の規約に定めがあるもの**は**区分所有者全員**で、その他のものはこれを共用すべき区分所有者のみで行う〈区16条〉。したがって、一部共用部分の管理であっても、区分所有者全員で行う場合があり、当然に一部共用部分を共用する区分所有者の団体で行うとはいえない。

👉 **❶分冊 p253 4~**

4 **正** 一団地内に数棟の建物があって、その団地内の**土地又は附属施設**(これらに関する権利を含む。)が**それらの建物の所有者(専有部分のある建物にあっては、区分所有者)の共有に属する場合**には、それらの所有者は、全員で、その団地内の土地、附属施設及び専有部分のある建物の管理を行うための団体を構成する〈区65条〉。

👉 **❶分冊 p344 2~**

正解 3
(正解率 **81**%)

肢別解答率
受験生は
こう答えた!

1	3%
2	9%
3	81%
4	7%

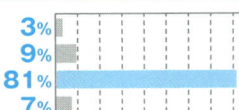

難易度 **易**

総合

2024年度 問8

Check ☐☐☐　重要度 ▶ A

甲マンションの区分所有者Aは、長期間にわたって管理費等を滞納し、管理組合の運営に重大な支障が生じている。この場合に関する次の記述のうち、区分所有法及び民法の規定によれば、誤っているものはいくつあるか。

ア　Aが区分所有権をBに譲渡した場合、甲マンションの管理組合は、Aに対してのみならずBに対しても滞納金の支払を請求することができる。

イ　他の区分所有者の全員又は管理組合法人は、集会の決議に基づき、訴えをもって、Aの区分所有権及び敷地利用権の競売を請求することができるが、当該決議をするには、あらかじめ、Aに対し、弁明する機会を与えなければならない。

ウ　滞納金に係る債権を担保するためにAが建物に備え付けた動産の上に先取特権が発生し、この先取特権は動産保存の先取特権と同等の優先順位を有する。

エ　区分所有法第7条に基づく先取特権の実行によってその債権の満足を得ることができるとしても、他の区分所有者の全員又は管理組合法人は、区分所有法第59条に基づく競売請求をすることができる。

1 一つ
2 二つ
3 三つ
4 四つ

ア 　**正**　　管理費等債権は、債務者たる**区分所有者の特定承継人に対しても行うことができる**〈区8条〉。特定承継人とは、区分所有者から売買、贈与等の個々の原因に基づいて区分所有権を承継取得する者をいう。Aが区分所有権をBに譲渡した場合、Bは、特定承継人にあたるので、甲マンションの管理組合は、Aに対してのみならずBに対しても滞納金の支払を請求することができる。

👉 **①分冊 p259 ②〜**

イ 　**正**　　区分所有者が区分所有者の共同の利益に反する行為をした場合又はその行為をするおそれがある場合において、**その行為による区分所有者の共同生活上の障害が著しく、他の方法によってはその障害を除去して共用部分の利用の確保その他の区分所有者の共同生活の維持を図ることが困難であるとき**は、他の区分所有者の全員又は管理組合法人は、**集会の決議に基づき、訴えをもって**、当該行為に係る区分所有者の区分所有権及び敷地利用権の競売を請求することができる〈区59条1項〉。本問の場合、Aの管理費等の滞納は、長期間にわたり、管理組合の運営に重大な支障を生じるものであるから、区分所有者の共同の利益に反する行為にあたり、他の区分所有者の全員又は管理組合法人は、集会の決議に基づき、訴えをもって、Aの区分所有権及び敷地利用権の競売を請求することができる。この際、集会の決議をするには、あらかじめ、**当該区分所有者に対し、弁明する機会を与えなければならない**〈同条2項、同法58条3項〉。したがって、集会の決議をするには、あらかじめ、Aに対し、弁明する機会を与えなければならない。

👉 **①分冊 p271 ⑤〜**

ウ 　**誤**　　管理費等債権が生じた場合、債務者の区分所有権（共用部分に関する権利及び敷地利用権を含む。）及び建物に備え付けた動産の上に先取特権が生じる〈区7条1項前段〉。この先取特権は、優先権の順位及び効力については、**共益費用の先取特権とみなす**〈同条2項〉。共益費用の先取特権は、一般の先取特権の1つであり〈民306条〉、**動産保存の先取特権に劣後する**〈民329条2項〉。したがって、Aが建物に備え付けた動産の上に生じた先取特権は、動産保存の先取特権と同等の優先順位を有しない。

エ 　**誤**　　区分所有者が区分所有者の共同の利益に反する行為をした場合又はその行為をするおそれがある場合において、**その行為による区分所有者の共同生活上の障害が著しく、他の方法によってはその障害を除去して共用部分の利用の確保その他の区分所有者の共同生活の維持を図ることが困難である**ときは、他の区分所有者の全員又は管理組合法人は、集会の決議に基づき、訴えをもって、当該行為に係る区分所有者の区分所有権及び敷地利用権の競売を請求することができる〈区59条1項〉。「他の方法によってはその障害を除去して共用部分の利用の確保その他の区分所有者の共同生活の維持を図ることが困難であること」との要件については、同法59条が行為者の区分所有権を剥奪し、区分所有関係から終局的に排除するものであることからすれば、上記要件に該当するか否かについては厳格に解すべきであり、滞納した管理費等の回収は、本来は同法7条の先取特権の行使によるべきであって、同法59条1項の上記要件を満たすためには、同法7条における先取特権の実行やその他被告の財産に対する強制執行によっても滞納管理費等の回収を図ることができず、もはや同条の競売による以外に回収の途がないことが明らかな場合に限るものと解する（東京地判平成18.6.27）。本肢の場合、区分所有法7条に基づく先取特権の実行によって管理費等債権の満足を得ることができるので、区分所有法59条1項の要件をみたさず、他の区分所有者の全員又は管理組合法人は、区分所有法59条に基づく競売請求をすることはできない。

👉 **①分冊 p271 ⑤〜**

以上より、誤っているものはウ、エの二つであり、本問の正解肢は2となる。

正解 2　（正解率**43%**）　　**肢別解答率** 受験生はこう答えた！　1 46%　2 43%　3 8%　4 3%　　難易度 **難**

マンション敷地売却組合（この問いにおいて「組合」という。）が施行するマンション敷地売却事業に関する次の記述のうち、マンションの建替え等の円滑化に関する法律（平成14年法律第78号）の規定によれば、正しいものはいくつあるか。

ア 組合が分配金取得計画について認可を申請しようとするときは、分配金取得計画について、あらかじめ、総会において出席組合員の議決権及び敷地利用権の持分の価格の各4分の3以上の特別の議決を経る必要がある。

イ 組合が分配金取得計画について認可を申請しようとするときは、分配金取得計画について、あらかじめ、売却マンションについて賃借権を有する者の同意を得なければならない。

ウ 分配金取得計画においては、売却マンション又はその敷地の明渡しにより当該売却マンション又はその敷地に関する権利（組合員の有する区分所有権及び敷地利用権を除く。）を有する者で、権利消滅期日において当該権利を失うもの（売却マンション又はその敷地を占有している者に限る。）の受ける損失の額を定めなければならない。

エ 分配金取得計画においては、組合員が取得することとなる分配金の価額を定めなければならない。

1 一つ
2 二つ
3 三つ
4 四つ

ア 　誤　　マンション敷地売却組合は、分配金取得計画の認可を申請しようとするときは、分配金取得計画について、あらかじめ、総会の議決を経なければならない〈円141条2項本文〉。この総会の議決は、**出席者の議決権の過半数で決する**〈円129条、29条1項〉。

　　　👉　❶分冊 p382 4〜

イ 　誤　　マンション敷地売却組合は、分配金取得計画の認可を申請しようとする場合において、**売却マンションの敷地利用権が賃借権であるときは、売却マンションの敷地の所有権を有する者の同意**を得なければならない〈円141条2項本文〉。同意は、上記の者から得なければならないものの、売却マンションについて賃借権を有する者の同意を得ることは義務づけられない。

　　　👉　❶分冊 p382 4〜

ウ 　正　　分配金取得計画には、**売却マンション又はその敷地の明渡しにより、当該売却マンション又はその敷地に関する権利（組合員の有する区分所有権及び敷地利用権を除く。）を有する者で、権利消滅期日において当該権利を失う者（売却マンション又はその敷地を占有している者に限る。）が受ける損失の額**を定めなければならない〈円142条1項5号〉。

エ 　正　　分配金取得計画には、**組合員が取得することとなる分配金の価額**を定めなければならない〈円142条1項3号〉。

以上より、正しいものはウ、エの二つであり、本問の正解肢は2となる。

正解 2
（正解率 35%）

肢別解答率
受験生はこう答えた！

1　14%
2　35%
3　38%
4　12%

難易度 **難**

マンションの建替え等の円滑化に関する法律（平成14年法律第78号）の規定による、マンション敷地売却組合（この問いにおいて「組合」という。）が施行するマンション敷地売却事業に関する次の記述のうち、誤っているものはどれか。

1 マンション敷地売却決議においては、売却による代金の見込額を定めなければならない。

2 組合は、分配金取得計画の認可を受けたときは、遅滞なくその旨を公告し、及び関係権利者に関係事項を書面で通知しなければならない。

3 分配金取得計画に定める権利消滅期日以後においては、売却マンション及びその敷地に関しては、売却マンション及びその敷地に関する権利について、組合の申請により必要な登記がされるまでの間は、他の登記をすることができない。

4 総会の議決により組合を解散する場合の当該議決については、分配金取得計画に定める権利消滅期日後に限り行うことができる。

1 **正**　マンション敷地売却決議においては、①買受人（マンション敷地売却組合が設立された場合にあっては、マンション敷地売却組合から要除却認定マンションを買い受ける者）となるべき者の氏名又は名称、②**売却による代金の見込額**、③分配金の額の算定方法に関する事項を定めなければならない〈円108条2項〉。

👉 **❶分冊 p382 ❹~**

2 **正**　マンション敷地売却組合は、**分配金取得計画若しくはその変更の認可を受けたとき**、又は分配金取得計画について国土交通省令で定める軽微な変更をしたときは、遅滞なく、国土交通省令で定めるところにより、その旨を**公告し**、及び関係権利者に関係事項を**書面で通知しなければならない**〈円147条1項〉。

3 **正**　権利消滅期日以後においては、売却マンション及びその敷地に関しては、これらに関する権利についてマンション敷地売却組合の申請により必要な登記がされるまでの間は、**他の登記をすることができない**〈円150条2項〉。

4 **誤**　マンション敷地売却組合は、総会の議決により解散する〈円137条1項2号〉。この議決は、**権利消滅期日前**に限り行うことができる〈同条2項〉。

正解 ④（正解率**75%**）　肢別解答率 受験生はこう答えた！　**1** 2%　**2** 11%　**3** 12%　**4** 75%　難易度 **易**

LEC東京リーガルマインド　2025年版 出る順マンション管理士 分野別過去問題集　①分冊　**265**

マンション建替組合（この問いにおいて「組合」という。）が施行するマンション建替事業に関する次の記述のうち、マンションの建替え等の円滑化に関する法律（平成14年法律第78号）の規定によれば、誤っているものはどれか。

1 理事及び監事は、特別の事情があるときは、組合員以外の者のうちから総会で選任することができる。

2 総会の決議事項のうち、権利変換計画及びその変更、組合の解散については、組合員の議決権及び持分割合の各5分の4以上の多数による決議が必要である。

3 組合は、権利変換計画の認可の申請に当たり、あらかじめ総会の議決を経るとともに、施行マンション又はその敷地について権利を有する者（組合員を除く。）及び隣接施行敷地がある場合における当該隣接施行敷地について権利を有する者の同意を得なければならない。

4 組合は、権利変換期日後マンション建替事業に係る工事のため必要があるときは、施行マンション又はその敷地（隣接施行敷地を含む。）を占有している者に対し、明渡しの請求をした日の翌日から起算して30日を経過した後の日を期限として、その明渡しを求めることができる。

1 **正** 理事及び監事は、組合員(法人にあっては、その役員)のうちから総会で選挙する〈円21条1項本文〉。もっとも、特別の事情があるときは、**組合員以外の者のうちから総会で選任することができる**〈同条項ただし書〉。
　☞ **❶分冊 p366 2~**

2 **誤** 組合の解散は、組合員の議決権及び持分割合の**各4分の3以上**で決する〈円30条1項、27条9号〉。
　☞ **❶分冊 p366 2~**

3 **正** 組合がマンション建替事業を施行する場合、組合は、権利変換計画の認可を申請しようとするときは、権利変換計画について、あらかじめ、**総会の議決を経る**とともに施行マンション又はその敷地について権利を有する者(組合員を除く。)及び隣接施行敷地がある場合における当該隣接施行敷地について権利を有する者の**同意を得なければならない**〈円57条2項〉。
　☞ **❶分冊 p366 2~**

4 **正** 施行者は、権利変換期日後マンション建替事業に係る工事のため必要があるときは、施行マンション又はその敷地(隣接施行敷地を含む。)を占有している者に対し、期限を定めて、その明渡しを求めることができる〈円80条1項〉。この期限は、**上記の明渡しの請求をした日の翌日から起算して30日を経過した後の日で**なければならない〈同条2項〉。

正解 2
(正解率 54%)

肢別解答率
受験生は
こう答えた!

肢	解答率
1	17%
2	54%
3	8%
4	21%

難易度 **普**

マンション敷地売却組合（この問いにおいて「組合」という。）が実施するマンション敷地売却事業に関する次の記述のうち、マンションの建替え等の円滑化に関する法律（平成14年法律第78号）の規定によれば、誤っているものはどれか。

1 組合には、役員として、理事3人以上及び監事2人以上を置く。また、役員として、理事長1人を置き、理事の互選により選任する。

2 組合は、その名称中にマンション敷地売却組合という文字を用いなければならない。

3 組合員の数が30人を超える場合は、総会に代わってその権限を行わせるために総代会を設けることができる。

4 組合員及び総代は、定款に特別の定めがある場合を除き、各1個の議決権及び選挙権を有する。

1 **正**　マンション敷地売却組合には、役員として、**理事3人以上及び監事2人以上**を置く〈円126条1項〉。また、マンション敷地売却組合には、役員として、**理事長1人**を置き、**理事の互選により**これを定める〈同条2項〉。

2 **正**　マンション敷地売却組合は、**その名称中にマンション敷地売却組合という文字を用いなければならない**〈円119条1項〉。

3 **誤**　**組合員の数が50人を超える**マンション敷地売却組合は、総会に代わってその権限を行わせるために総代会を設けることができる〈円131条1項〉。
☞ **❶分冊 p366 ②〜**

4 **正**　マンション敷地売却組合の組合員及び総代は、定款に特別の定めがある場合を除き、**各1個の議決権及び選挙権を有する**〈円133条1項〉。

正解 3
（正解率 **68**%）

肢別解答率
受験生は
こう答えた！

肢	解答率
1	11%
2	4%
3	68%
4	17%

難易度 普

マンション建替組合（この問いにおいて「組合」という。）が施行するマンション建替事業に関する次の記述のうち、マンションの建替え等の円滑化に関する法律（平成14年法律第78号）の規定によれば、誤っているものはどれか。

1 組合において、権利変換計画について総会の議決があったときは、組合は、当該議決があった日から2月以内に、当該議決に賛成しなかった組合員に対し、区分所有権及び敷地利用権を時価で売り渡すべきことを請求することができる。

2 組合は、権利変換期日後遅滞なく、施行再建マンションの敷地（保留敷地を含む。）につき、権利変換後の土地に関する権利について必要な登記を申請しなければならない。

3 組合は、権利変換計画の認可を申請しようとするときは、権利変換計画について、あらかじめ、総会の議決を経るとともに施行マンション又はその敷地について権利を有する者（組合員を除く。）及び隣接施行敷地がある場合における当該隣接施行敷地について権利を有する者の同意を得なければならない。

4 組合は、権利変換計画に基づき補償金を支払う必要がある者に対して、権利変換期日後遅滞なく当該補償金を支払わなければならない。

1 **正** マンション建替組合において、権利変換計画について総会の議決があったときは、マンション建替組合は、**当該議決があった日から2月以内に**、当該議決に賛成しなかった組合員に対し、区分所有権及び敷地利用権を時価で売り渡すべきことを請求することができる〈円64条1項〉。

👉 **❶分冊 p366 ❷〜**

2 **正** 施行者は、**権利変換期日後遅滞なく**、施行再建マンションの敷地（保留敷地を含む。）につき、権利変換後の土地に関する権利について必要な登記を申請しなければならない〈円74条1項〉。

👉 **❶分冊 p366 ❷〜**

3 **正** マンション建替組合がマンション建替事業を施行する場合において、マンション建替組合は、権利変換計画の認可を申請しようとするときは、権利変換計画について、あらかじめ、**総会の議決を経る**とともに施行マンション又はその敷地について権利を有する者（組合員を除く。）及び隣接施行敷地がある場合における当該隣接施行敷地について権利を有する者の**同意を得なければならない**〈円57条2項〉。

👉 **❶分冊 p366 ❷〜**

4 **誤** 施行者は、施行マンションに関する権利又はその敷地利用権を有する者で、マンション建替え円滑化法の規定により、権利変換期日において当該権利を失い、かつ、当該権利に対応して、施行再建マンションに関する権利又はその敷地利用権を与えられないものなどに対し、その補償として、**権利変換期日までに**、補償金を支払わなければならない〈円75条〉。

👉 **❶分冊 p366 ❷〜**

正解 4（正解率**57%**）

肢別解答率 受験生はこう答えた！

1	14%
2	14%
3	14%
4	57%

難易度 **普**

敷地分割組合（この問いにおいて「組合」という。）が実施する敷地分割事業に関する次の記述のうち、マンションの建替え等の円滑化に関する法律（平成14年法律第78号）の規定によれば、誤っているものはどれか。

1　特定要除却認定を受けた場合においては、団地内建物を構成する特定要除却認定を受けたマンションの敷地（当該特定要除却認定マンションの敷地利用権が借地権であるときは、その借地権）の共有者である当該団地内建物の団地建物所有者（この問いにおいて「特定団地建物所有者」という。）及び議決権の各5分の4以上の多数で、敷地分割決議をすることができる。

2　敷地権利変換計画においては、除却マンション敷地となるべき土地に現に存する団地内建物の特定団地建物所有者に対しては、除却敷地持分が与えられるように定めなければならない。

3　敷地権利変換手続開始の登記があった後においては、組合員は、当該登記に係る団地内建物の所有権及び分割実施敷地持分を処分するときは、都道府県知事の承認を得なければならない。

4　総会の決議により組合を解散する場合は、組合員の議決権及び分割実施敷地持分の割合の各4分の3以上で決する。

1 **正** 特定要除却認定を受けた場合においては、団地建物所有者集会において、特定団地建物所有者及び議決権の**各5分の4以上**の多数で、敷地分割決議（当該特定団地建物所有者の共有に属する団地内建物の敷地又はその借地権を分割する旨の決議）をすることができる〈円115条の4第1項〉。

☞ **❶分冊 p393 5〜**

2 **正** 敷地権利変換計画においては、除却マンション敷地となるべき土地に現に存する団地内建物の**特定団地建物所有者に対しては、除却敷地持分が与えられる**ように定めなければならない〈円193条1項〉。

☞ **❶分冊 p393 5〜**

3 **誤** 敷地権利変換手続開始の登記があった後においては、組合員は、当該登記に係る団地内建物の所有権及び分割実施敷地持分を処分するときは、国土交通省令で定めるところにより、**敷地分割組合の承認**を得なければならない〈円189条2項〉。

☞ **❶分冊 p393 5〜**

4 **正** 敷地分割組合の解散は、**組合員の議決権及び分割実施敷地持分の割合の各4分の3以上**で決する〈円179条、177条8号〉。

正解 3
（正解率**66%**）

肢別解答率
受験生は
こう答えた！

肢	解答率	
1	16%	
2	10%	
3	66%	
4	8%	

難易度
普

マンション建替事業に関する次の記述のうち、マンションの建替え等の円滑化に関する法律（平成14年法律第78号）の規定によれば、**誤っているもの**はどれか。

1　建替え合意者は、5人以上共同して、定款及び事業計画を定め、都道府県知事（市の区域内にあっては、当該市の長。）の認可を受けてマンション建替組合を設立することができる。

2　マンション建替組合において、施行マンション（マンション建替事業を施行する現に存するマンションをいう。以下同じ。）の建替え合意者はすべて組合員となり、マンションの一の専有部分が数人の共有に属するときは、その数人を一人の組合員とみなす。

3　権利変換計画の変更は、組合員の議決権及び持分割合の各過半数で決することができる。

4　組合設立に係る認可の公告があったときは、施行マンションの区分所有権又は敷地利用権を有する者は、その公告があった日から30日以内に、施行者に対し、権利の変換を希望せず、自己の有する区分所有権又は敷地利用権に代えて金銭の給付を希望する旨を申し出ることができる。

1 **正**　建替え合意者は、**5人以上**共同して、**定款及び事業計画を定め**、国土交通省令で定めるところにより、**都道府県知事**（市の区域内にあっては、当該市の長）の**認可**を受けてマンション建替組合を設立することができる〈円9条1項〉。
👉 **❶分冊 p366 ❷~**

2 **正**　施行マンションの建替え合意者等（その承継人（組合を除く。）を含む。）は、すべてマンション建替組合の組合員とする〈円16条1項〉。また、**マンションの一の専有部分が数人の共有に属するときは、その数人を1人の組合員とみなす**〈同条2項〉。
👉 **❶分冊 p366 ❷~**

3 **誤**　権利変換計画及びその変更は、組合員の議決権及び持分割合の各**5分の4以上**で決する〈円30条3項〉。
👉 **❶分冊 p366 ❷~**

4 **正**　組合設立に係る認可の公告又は個人施行者の施行の認可の公告があったときは、施行マンションの区分所有権又は敷地利用権を有する者は、その**公告があった日**から起算して**30日以内**に、施行者に対し、権利の変換を希望せず、自己の有する区分所有権又は敷地利用権に代えて金銭の給付を希望する旨を申し出ることができる〈円56条1項〉。
👉 **❶分冊 p366 ❷~**

正解 3
（正解率**81%**）

肢別解答率
受験生はこう答えた！

1	5%
2	4%
3	81%
4	11%

難易度 易

マンションの建替え等の円滑化に関する法律（平成14年法律第78号）に関する次の記述のうち、正しいものはどれか。

1 分配金取得計画の決定及び変更にあっては、総会の議決で決することができる。

2 定款の変更のうち参加組合員に関する事項の変更にあっては、組合員の議決権及び敷地利用権の持分の価格の各4分の3以上で決する必要がある。

3 組合員が会議の目的である事項及び招集の理由を記載した書面を組合に提出して総会の招集を請求する場合には、総組合員の過半数の同意を得る必要がある。

4 マンション建替組合の設立の認可の申請をしようとする建替え合意者は、組合の設立について、建替え合意者の5分の4以上の同意を得なければならない。

1 **正**　**分配金取得計画及びその変更**については、総会の議決を経なければならない〈円128条7号〉。

☞ **①分冊 p382 4~**

2 **誤**　マンション建替組合において、定款の変更のうち参加組合員に関する事項の変更は、組合員の議決権及び持分割合の各4分の3以上で決する〈円30条1項、27条1号、円令13条1項2号〉。**持分割合とは、マンション建替組合の専有部分が存しないものとして算定した施行マンションについての区分所有法14条に定める割合であり、敷地利用権の持分割合と一致するとは限らない。**

☞ **①分冊 p366 2~**

3 **誤**　マンション建替組合の組合員が**総組合員の5分の1以上**の同意を得て、会議の目的である事項及び招集の理由を記載した書面をマンション建替組合に提出して総会の招集を請求したときは、理事長は、その請求のあった日から起算して20日以内に臨時総会を招集しなければならない〈円28条3項〉。

4 **誤**　マンション建替組合の設立の認可の申請をしようとする建替え合意者は、マンション建替組合の設立について、建替え合意者の**4分の3以上**の同意(同意した者の区分所有法38条の議決権の合計が、建替え合意者の同条の議決権の合計の4分の3以上となる場合に限る。)を得なければならない〈円9条2項〉。

☞ **①分冊 p366 2~**

正解 1
（正解率**64%**）

肢別解答率
受験生は
こう答えた！

肢	解答率
1	64%
2	24%
3	3%
4	9%

難易度 普

大規模な火災、震災その他の災害で政令で定めるものにより区分所有建物の全部が滅失した場合における被災区分所有建物の敷地に関する次の記述のうち、民法及び被災区分所有建物の再建等に関する特別措置法（平成7年法律第43号）の規定によれば、誤っているものはどれか。

1　区分所有建物に係る敷地利用権（区分所有法第2条第6項に規定する敷地利用権をいう。）が数人で有する所有権その他の権利であったときにその権利を有する者（以下「敷地共有者等」という。）は、政令の施行の日から起算して3年が経過する日までの間は、集会を開き、規約を定め、及び管理者を置くことができる。

2　敷地共有者等の集会を招集する者が、敷地共有者等の所在を知ることができない場合には、集会の招集の通知は、滅失した区分所有建物の敷地内の見やすい場所に掲示することによって行うことができる。

3　敷地共有者等のうち5分の1を超える議決権を有する者は、政令の施行の日から起算して1月を経過する日の翌日以後当該施行の日から起算して3年を経過する日までの間に、敷地の共有物分割の請求をすることができる。

4　敷地共有者等の集会において敷地売却決議をするときは、売却の相手方となるべき者の氏名又は名称及び売却による代金の見込額を定めなければならない。

1 誤 大規模な火災、震災その他の災害で政令で定めるものにより区分所有建物の全部が滅失した場合において、その建物に係る敷地利用権が数人で有する所有権その他の権利であったときは、その権利を有する者(以下「敷地共有者等」という。)は、その政令の施行の日から起算して3年が経過する日までの間は、**集会を開き、及び管理者を置くことができる**〈被2条〉。したがって、敷地共有者等は、集会を開き、管理者を置くことはできるが、**規約を定めることはできない**。
☞ ❶分冊 p405 ❸～

2 正 敷地共有者等集会を招集する者が**敷地共有者等の所在を知ることができないとき**は、その通知は、滅失した区分所有建物に係る**建物の敷地内の見やすい場所に掲示してすることができる**〈被3条2項〉。

3 正 大規模な火災、震災その他の災害で政令で定めるものにより全部が滅失した区分所有建物に係る敷地共有者等は、その政令の施行の日から起算して1月を経過する日の翌日以後当該施行の日から起算して3年を経過する日までの間は、敷地共有持分等に係る土地又はこれに関する権利について、分割の請求をすることができない〈被6条1項本文〉。もっとも、**5分の1を超える議決権を有する敷地共有者等が分割の請求をする場合**その他再建決議、敷地売却決議又は団地内の建物が滅失した場合における一括建替え等決議をすることができないと認められる顕著な事由がある場合は、**分割の請求をすることができる**〈同条項ただし書〉。

4 正 敷地売却決議においては、①**売却の相手方となるべき者の氏名又は名称**、②**売却による代金の見込額**を定めなければならない〈被5条2項〉。
☞ ❶分冊 p405 ❸～

正解 1
(正解率 **16%**)

肢別解答率
受験生はこう答えた!

1	16%
2	7%
3	61%
4	16%

難易度 **難**

大規模な火災、震災その他の災害で政令で定めるものにより、区分所有建物の全部が滅失した場合における、被災区分所有建物の敷地共有者等の集会に関する次の記述のうち、被災区分所有建物の再建等に関する特別措置法（平成7年法律第43号）の規定によれば、誤っているものはどれか。

1 　敷地共有者等の集会を開くに際し、敷地共有者等に管理者がない場合の集会の招集権者は、議決権の5分の1以上を有する敷地共有者等であって、この定数を規約で減ずることはできない。

2 　敷地共有者等の集会を招集するに当たり、敷地共有者等の所在を知ることができないときは、集会の招集の通知を、滅失した区分所有建物に係る建物の敷地内の見やすい場所に掲示してすることができるが、敷地共有者等の所在を知らないことについて過失があったときは、到達の効力を生じない。

3 　区分所有建物の全部が滅失した後に敷地共有者等が敷地共有持分等を譲渡した場合であっても、滅失の当時にその敷地共有持分等を有していた者は敷地共有者等の集会における議決権を有する。

4 　集会における再建決議によって建築する建物は、滅失した区分所有建物に係る建物の敷地若しくはその一部の土地又は当該建物の敷地の全部若しくは一部を含む土地上に建築しなければならない。

1 **正**　管理者がないときは、議決権の5分の1以上を有する敷地共有者等は、敷地共有者等集会を招集することができる〈被3条、区34条5項本文〉。区分所有法34条5項には、「ただし、この定数は、規約で減ずることができる。」とのただし書があるが、被災マンション法では、このただし書を準用しない。したがって、**上記定数を規約によって減ずることはできない。**

👉 **❶分冊 p405 ❸～**

2 **正**　敷地共有者等集会を招集する者が敷地共有者等（敷地共有者等集会の招集の通知を受けるべき場所を通知したものを除く。）の所在を知ることができないときは、敷地共有者等集会の招集の通知は、滅失した区分所有建物に係る建物の敷地内の見やすい場所に掲示してすることができる〈被3条2項〉。この場合には、その通知は、掲示をした時に到達したものとみなされるが、敷地共有者等集会を招集する者が**当該敷地共有者等の所在を知らないことについて過失があったときは、到達の効力を生じない**〈同条3項〉。

3 **誤**　**敷地共有者等集会の議決権を有する者は、敷地共有者等であり**〈被3条、区38条〉、敷地共有者等とは、敷地共有持分等を有する者である〈被2条〉。区分所有建物の全部が滅失した後に、敷地共有者等が敷地共有持分等を他に譲渡した場合には、その譲渡人は、敷地共有持分等を有する者でなくなり、**敷地共有者等でなくなる。**したがって、本肢の譲渡人は、敷地共有者等でなく、敷地共有者等集会の議決権を有しない。

4 **正**　敷地共有者等集会においては、敷地共有者等の議決権の5分の4以上の多数で、**滅失した区分所有建物に係る建物の敷地若しくはその一部の土地又は当該建物の敷地の全部若しくは一部を含む土地**に建物を建築する旨の決議（再建決議）をすることができる〈被4条1項〉。したがって、再建決議によって建築する建物は、滅失した区分所有建物に係る建物の敷地若しくはその一部の土地又は当該建物の敷地の全部若しくは一部を含む土地上に建築しなければならない。

👉 **❶分冊 p405 ❸～**

正解 ❸
（正解率**64%**）

肢別解答率
受験生はこう答えた！

肢	解答率
1	21%
2	10%
3	64%
4	5%

難易度
普

大規模な火災、震災その他の災害で政令で定めるものにより区分所有建物の一部が滅失した場合において、当該政令の施行の日から起算して1年を経過する日までの間に、被災区分所有建物の再建等に関する特別措置法（平成7年法律第43号）及び区分所有法の定めるところにより開催される区分所有法第34条の規定による集会（この問いにおいて「区分所有者集会」という。）に関する次の記述のうち、これらの法律の規定によれば、正しいものはどれか。

1 区分所有者集会の招集の通知は、区分所有者が災害前に管理者に対して通知を受けるべき場所を届け出ていた場合には、その場所に宛ててすることができる。

2 区分所有者集会の招集の通知は、当該集会を招集する者が区分所有者の所在を知っていたときであっても、区分所有建物又はその敷地内の見やすい場所に掲示してすることができる。

3 区分所有建物に係る敷地利用権が数人で有する所有権その他の権利であるときは、区分所有者集会において、区分所有者、議決権及び当該敷地利用権の持分の価格の各4分の3以上の多数で、当該区分所有建物及びその敷地を売却する旨の決議をすることができる。

4 区分所有建物の滅失が建物の価格の2分の1を超える場合には、区分所有者集会において、区分所有者及び議決権の各4分の3以上の多数で、滅失した共用部分を復旧する旨の区分所有法に基づく措置を決議することができる。

1 **誤** 区分所有者集会の招集の通知は、区分所有者が政令で定める**災害が発生した時以後に**管理者に対して通知を受けるべき場所を通知したときは、その場所に宛ててすれば足りる〈被8条2項前段〉。
👉 **❶分冊 p409 4〜**

2 **誤** 区分所有者集会を招集する者が区分所有者（区分所有者集会の招集の通知を受けるべき場所を通知したものを除く。）の所在を**知ることができないときは**、その招集の通知は、当該区分所有建物又はその敷地内の見やすい場所に掲示してすることができる〈被8条3項〉。
👉 **❶分冊 p409 4〜**

3 **誤** 政令で定める災害により区分所有建物の価格の2分の1を超える部分が滅失した場合において、当該区分所有建物に係る敷地利用権が数人で有する所有権その他の権利であるときは、区分所有者集会において、区分所有者、議決権及び当該敷地利用権の持分の価格の**各5分の4以上の多数で**、当該区分所有建物及びその敷地（これに関する権利を含む。）を売却する旨の決議（建物敷地売却決議）をすることができる〈被9条1項〉。
👉 **❶分冊 p409 4〜**

4 **正** 建物の価格の2分の1を超える部分が滅失したときは、集会において、区分所有者及び議決権の各4分の3以上の多数で、**滅失した共用部分を復旧する旨の決議をすることができる**〈区61条5項〉。
👉 **❶分冊 p329 2〜**

正解 4
（正解率**38%**）

肢別解答率 受験生はこう答えた！

1	48%
2	6%
3	7%
4	38%

難易度 難

大規模な火災、震災その他の災害で政令で定めるものにより、その一部が滅失（区分所有法第 61 条第 1 項本文に規定する場合（小規模滅失）を除く。）したマンションの建物及びその敷地の売却の決議（この問いにおいて「売却決議」という。）に関する次の記述のうち、被災マンション法及び民法の規定によれば、誤っているものはどれか。ただし、マンションの敷地利用権は、数人で有する所有権その他の権利とする。

1 区分所有者は、区分所有者、議決権及び敷地利用権の持分の価格の各 5 分の 4 以上の多数による売却決議があれば、建物と敷地利用権の両方を売却することができる。

2 売却決議を行うための区分所有者集会の招集については、規約をもってしても、その発出から会日までの期間を 2 ヵ月間よりも短縮することはできない。

3 敷地利用権が土地の賃借権である場合にも、借地権設定者の同意を得ずに、建物及びその敷地の賃借権を売却することができる。

4 区分所有者集会において売却決議がなされても、専有部分の賃借権は当然には消滅しない。

1 **正**　政令で定める災害により区分所有建物の一部が滅失した場合（小規模一部滅失の場合を除く。）において、当該区分所有建物に係る敷地利用権が数人で有する所有権その他の権利であるときは、区分所有者集会において、区分所有者、議決権及び当該敷地利用権の持分の価格の各5分の4以上の多数で、**当該区分所有建物及びその敷地（これに関する権利を含む。）を売却する旨の決議**（以下「建物敷地売却決議」という。）をすることができる〈被9条1項〉。この決議は、区分所有建物及びその敷地（これに関する権利を含む。）を売却する旨の決議であるから、これにより、建物と敷地利用権の両方を売却することができる。
👉 **❶分冊 p409 4〜**

2 **正**　建物敷地売却決議を会議の目的とする区分所有者集会を招集するときは、集会の招集の通知は、**当該区分所有者集会の会日より少なくとも2月前に発しなければならない**〈被9条4項〉。この期間は、**規約によっても短縮することはできない。**
👉 **❶分冊 p409 4〜**

3 **誤**　賃借人は、**賃貸人の承諾を得なければ**、その賃借権を譲り渡し、又は賃借物を転貸することができない〈民612条1項〉。したがって、敷地利用権が土地の賃借権である場合には、借地権設定者の同意を得なければ、敷地の賃借権を売却することはできない。
👉 **❶分冊 p62 7〜**

4 **正**　建物敷地売却決議は、**区分所有者及びその承継人に対してのみ効力を生じる。**したがって、建物敷地売却決議があったとしても、賃借人に影響はなく、専有部分の賃借権は、当然には、消滅しない。
👉 **❶分冊 p405 3〜**

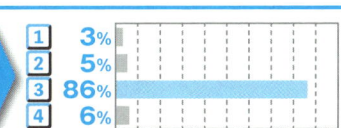

正解 3（正解率86%）	肢別解答率 受験生はこう答えた！ 1 3% 2 5% 3 86% 4 6%

難易度 **易**

大規模な火災、震災その他の災害で政令で定めるものにより、区分所有建物の全部が滅失した場合において、区分所有建物の敷地利用権を有する者（この問いにおいて「敷地共有者等」という。）が開く集会で建物を建築する旨の決議（この問いにおいて「再建決議」という。）を行うことに関して、被災マンション法の規定によれば、誤っているものはどれか。ただし、区分所有建物の敷地利用権は数人で有する所有権その他の権利とする。

1 　区分所有建物の全部が滅失した場合、区分所有建物において管理者として定められていた者は、敷地共有者等によって管理者と定められていなくても、再建決議をするための集会を招集することができる。

2 　区分所有建物の全部の滅失が、直接に災害によるものではなく、災害により一部が滅失した後に区分所有者によって適切に手続きをとった上で取り壊された場合であっても、建物を建築する旨の再建決議をすることができる。

3 　敷地共有者等の集会において、決議手続きや説明会の開催等について規約を定めることはできない。

4 　敷地共有者等の集会においては、敷地共有者等の議決権の5分の4以上の多数の賛成で建物の再建を決議することができるのであり、決議に際しては、賛成する敷地共有者等の数が5分の4に足りていなくても決議することができる。

1 **誤** 敷地共有者等集会は、管理者が招集する〈被3条、区分所有法34条1項〉。この管理者は、**敷地共有者等が、敷地共有者等集会の決議によって、選任するものである**〈被3条、区分所有法25条1項〉。

☞ **①分冊 p405 ③～**

2 **正** 敷地共有者等集会においては、敷地共有者等の議決権の5分の4以上の多数で、再建決議をすることができる〈被4条1項〉。ここで、敷地共有者等集会は、大規模な火災、震災その他の災害で政令で定めるものにより区分所有建物の全部が滅失した場合(**その災害により区分所有建物の価格の2分の1を超える部分が滅失した場合において、当該区分所有建物が取壊し決議又は区分所有者全員の同意に基づき取り壊されたときを含む。**)において開くことができる〈被2条〉。したがって、災害により区分所有建物の大規模一部滅失がありこれを区分所有者によって適切に手続をとった上で取り壊された場合であっても、敷地共有者等集会を開いて、再建決議をすることができる。

3 **正** 大規模な火災、震災その他の災害で政令で定めるものにより区分所有建物の全部が滅失した場合(その災害により区分所有建物の2分の1を超える部分が滅失した場合において、当該区分所有建物が取壊し決議又は区分所有者全員の同意に基づき取り壊されたときを含む。)において、その建物に係る敷地利用権が数人で有する所有権その他の権利であったときは、敷地共有者等は、その政令の施行の日から起算して3年が経過する日までの間は、被災マンション法の定めるところにより、**集会を開き、及び管理者を置くことができる**〈被2条〉。しかし、規約を定めることはできない。

4 **正** 敷地共有者等集会においては、**敷地共有者等の議決権の5分の4以上の多数で**、再建決議をすることができる〈被4条1項〉。したがって、敷地共有者等の議決権の5分の4以上の多数の賛成が得られれば、賛成する敷地共有者等の数が敷地共有者等の数の5分の4に足りていなくても決議することができる。

☞ **①分冊 p405 ③～**

正解 1
（正解率 **40%**）

肢別解答率
受験生は
こう答えた！

1	40%	
2	11%	
3	12%	
4	37%	

難易度 難

大規模な火災、震災その他の災害で政令で定めるもの（この問いにおいて「政令指定災害」という。）により、その全部又は一部が滅失（区分所有法第61条第1項本文に規定する場合（小規模滅失）を除く。）した場合の被災マンション法第3条の規定による敷地共有者等集会（この問いにおいて「敷地共有者等集会」という。）に関する次の記述のうち、被災マンション法及び民法の規定によれば、正しいものはどれか。

1 敷地共有者等集会の構成員は、政令指定災害によって全部又は一部が滅失した建物の区分所有者及び区分所有者以外の敷地の共有者である。

2 政令指定災害により、区分所有建物の一部が滅失した後、区分所有者全員の同意によって区分所有建物の全部を取り壊したときにも、政令の施行の日から起算して3年が経過する日までの間は、敷地共有者等集会を開くことが認められる。

3 敷地共有者等集会においては、滅失した区分所有建物に係る建物の敷地若しくはその一部の土地又は当該建物の敷地の全部若しくは一部を含む土地の管理に係る規約を定めることができる。

4 敷地共有者等が所在不明となっている場合に、敷地共有者等集会の招集の通知をするためには、民法第98条に定める公示送達による方法（裁判所の掲示場に掲示し、かつ、その掲示があったことを官報に掲載する方法）によらなければならない。

1 **誤** 敷地共有者等集会とは、敷地共有者等が置く管理者及び敷地共有者等が開く集会であり〈被3条1項〉、その構成員は、**敷地共有者等**である。敷地共有者等とは、敷地共有持分等を有する者をいい、敷地共有持分等とは、全部滅失した区分所有建物に係る敷地利用権が数人で有する所有権その他の権利である場合におけるその権利の共有持分又は準共有持分をいう〈被2条〉。ここで、敷地利用権とは、専有部分を所有するための建物の敷地に関する権利をいい〈区2条6項〉、区分所有者以外の敷地の共有者は、敷地共有者等にあたらず、敷地共有者等集会の構成員ではない。

☞ **①分冊 p405 ❸〜**

2 **正** 大規模な火災、震災その他の災害で政令で定めるものにより区分所有建物の全部が滅失した場合(その災害により区分所有建物の価格の2分の1を超える部分が滅失した場合において、**当該区分所有建物が取壊し決議又は区分所有者全員の同意に基づき取り壊されたときを含む。**)において、その建物に係る敷地利用権が数人で有する所有権その他の権利であったときは、敷地共有者等は、その政令の施行の日から起算して3年が経過する日までの間は、被災マンション法の定めるところにより、集会を開き、及び管理者を置くことができる〈被2条〉。したがって、政令指定災害により、区分所有建物の大規模一部滅失があった後、区分所有者全員の同意によって区分所有建物の全部を取り壊したときにも、政令指定災害により区分所有建物の全部が滅失した場合に含まれ、政令の施行の日から起算して3年が経過する日までの間は、敷地共有者等集会を開くことが認められる。

☞ **①分冊 p405 ❸〜**

3 **誤** 大規模な火災、震災その他の災害で政令で定めるものにより区分所有建物の全部が滅失した場合(その災害により区分所有建物の価格の2分の1を超える部分が滅失した場合において、当該区分所有建物が取壊し決議又は区分所有者全員の同意に基づき取り壊されたときを含む。)において、その建物に係る敷地利用権が数人で有する所有権その他の権利であったときは、敷地共有者等は、その政令の施行の日から起算して3年が経過する日までの間は、被災マンション法の定めるところにより、**集会を開き、及び管理者を置く**ことができる〈被2条〉。規約を定めることはできない。

☞ **①分冊 p405 ❸〜**

4 **誤** 敷地共有者等集会を招集する者が敷地共有者等(敷地共有者等集会の招集の通知を受けるべき場所を通知したものを除く。)の所在を知ることができないときは、その招集の通知は、**滅失した区分所有建物に係る建物の敷地内の見やすい場所に掲示**してすることができる〈被3条2項〉。したがって、敷地共有者等が所在不明となっている場合であっても、敷地共有者等集会の招集の通知は、公示送達によることは義務づけられていない。

☞ **①分冊 p405 ❸〜**

正解 2
(正解率 **52%**)

肢別解答率
受験生はこう答えた！

1	37%
2	52%
3	6%
4	5%

難易度 **普**

大規模な火災、震災その他の災害で政令で定めるものにより区分所有建物の全部が滅失した場合において、区分所有建物の敷地利用権を有する者（この問いにおいて「敷地共有者等」という。）が開く集会で建物を建築する旨の決議（この問いにおいて「再建決議」という。）を行った場合、建物を再建することに関する次の記述のうち、被災マンション法の規定によれば、誤っているものはどれか。なお、区分所有建物に係る敷地利用権は数人で有する所有権その他の権利であったものとする。

1 敷地共有者等が開く集会においては、敷地共有者等の議決権の5分の4以上の多数によって、再建決議をすることができる。

2 敷地共有者等が開く集会においては、区分所有建物の全部が滅失した後に区分所有建物の敷地利用権を第三者に譲渡した敷地共有者等は、再建決議における議決権を有しない。

3 敷地共有者等が開く集会においては、滅失した区分所有建物の敷地の一部を含み、かつ滅失した区分所有建物の敷地ではない土地を含む土地上に、新たに建物を建築する旨の再建決議をすることができる。

4 滅失した区分所有建物の敷地利用権に設定されていた抵当権は、再建決議がなされて建物が再建された場合には消滅する。

1 **正**　**敷地共有者等集会**においては、敷地共有者等の**議決権の5分の4以上**の多数で、**再建決議**（滅失した区分所有建物に係る建物の敷地若しくはその一部の土地又は当該建物の敷地の全部若しくは一部を含む土地に建物を建築する旨の決議）をすることができる〈被4条1項〉。

👉 **①分冊 p405 ③～**

2 **正**　各敷地共有者等は、敷地共有者等集会の議決権を有する〈被3条、区38条〉。敷地共有者等とは、**敷地共有持分等を有する者**をいい、敷地共有持分等とは、**全部滅失した区分所有建物に係る敷地利用権が数人で有する所有権その他の権利である場合におけるその権利の共有持分又は準共有持分**をいう〈被2条〉。したがって、区分所有建物の全部が滅失した後に区分所有建物の敷地利用権を第三者に譲渡した敷地共有者等は、敷地共有者等でなくなり、再建決議における議決権を有しない。

👉 **①分冊 p405 ③～**

3 **正**　敷地共有者等集会においては、敷地共有者等の議決権の5分の4以上の多数で、再建決議（**滅失した区分所有建物に係る建物の敷地若しくはその一部の土地又は当該建物の敷地の全部若しくは一部を含む土地**に建物を建築する旨の決議）をすることができる〈被4条1項〉。滅失した区分所有建物の敷地の一部を含み、かつ滅失した区分所有建物の敷地ではない土地を含む土地は、「当該建物の敷地の…一部を含む土地」にあたり、この土地上に、新たに建物を建築する旨の再建決議をすることができる。

👉 **①分冊 p405 ③～**

4 **誤**　再建決議による建物の再建は、**敷地利用権に設定されていた抵当権に影響を及ぼさない**。したがって、再建決議による建物の再建があったとしても、敷地利用権に設定されていた抵当権は消滅しない。

正解 **4**
（正解率**85%**）

肢別解答率
受験生はこう答えた！

1	5%	
2	5%	
3	6%	
4	85%	

難易度
易

大規模な火災、震災その他の災害で政令で定めるものにより、区分所有建物の全部が滅失した場合において、区分所有建物の敷地利用権を有する者（この問いにおいて「敷地共有者等」という。）が開く敷地共有者等集会（この問いにおいて「集会」という。）に関する次の記述のうち、被災区分所有法の規定によれば、誤っているものはどれか。ただし、区分所有建物の敷地利用権は数人で有する所有権その他の権利とする。

1 集会の招集者は、敷地共有者等に対して、書面又は電磁的方法によらずに、口頭によって招集通知を行うことができる。

2 集会の招集の通知は、敷地共有者等が政令で定める災害が発生した時以後に管理者に対して通知を受けるべき場所を届け出ていた場合には、その場所に宛ててすることができる。

3 滅失した区分所有建物の専有部分を区分所有者の承諾を得て占有していた者は、集会に出席して意見を述べることができる。

4 区分所有建物の全部が滅失した後の敷地を保存し、及び集会の決議を実行するため、集会の決議によって、管理者を選任することができる。

1 **正** 敷地共有者等集会の招集の通知は、会日より少なくとも1週間前に、会議の目的たる事項を示して、各敷地共有者等に発しなければならない〈被3条、区35条1項本文〉。**通知の方法は、特に規定されておらず**、集会の招集者は、敷地共有者等に対して、書面又は電磁的方法によらずに、口頭によって招集を通知することができる。

👉 **❶分冊 p405 ❸〜**

2 **正** 敷地共有者等集会の招集の通知は、敷地共有者等が**管理者に対して通知を受けるべき場所を通知したとき**はその場所にあててすれば足りる〈被3条、区35条3項〉。

👉 **❶分冊 p405 ❸〜**

3 **誤** 区分所有法上、区分所有者の承諾を得て専有部分を占有する者は、会議の目的たる事項につき利害関係を有する場合には、集会に出席して意見を述べることができる〈区44条1項〉。もっとも、この規定は、**敷地共有者等集会には準用されておらず**〈被3条参照〉、滅失した区分所有建物の専有部分を区分所有者の承諾を得て占有していた者は、敷地共有者等集会に出席して意見を述べることはできない。

👉 **❶分冊 p405 ❸〜**

4 **正** 敷地共有者等は、**敷地共有者等集会の決議によって**、管理者を選任し、又は解任することができる〈被3条、区25条1項〉。

👉 **❶分冊 p405 ❸〜**

正解 3
（正解率**38%**）

肢別解答率
受験生はこう答えた！

1	54%
2	3%
3	38%
4	5%

難易度 難

memo

memo

●「解答かくしシート」で解答・解説を隠そう！
　問題を解く前に解答・解説が見えないようにしたい方は、
　「解答かくしシート」をご利用ください。

解答かくしシート

持ち運びに便利な「セパレート方式」

色紙

① この青色の厚紙を本体に残し、分冊冊子をつまんでください。
② 冊子をしっかりとつかんで手前に引っ張り、取り外してください。

※青色の厚紙と分冊冊子は、のりで接着されていますので、丁寧に分解・取り外してください。なお、分解・取り外しの際の破損等による返品・交換には応じられませんのでご注意ください。

使いやすさアップ！「分冊背表紙シール」

① 破線（----）を切り取る。
② 実線（――）を山折りに。
③ 分冊の背表紙に貼る。

持ち運びに便利！

出る順 マンション管理士

2025年版
Deru-jun
Mansionkanrishi

合格の
れっく
LEC

分野別 過去問題集

② 分冊 **法令編** 下
（標準管理規約・適正化法）

LEC 東京リーガルマインド 編著

**2025年版
出る順マンション管理士 分野別過去問題集
法令編 下 （標準管理規約・適正化法）**

第②分冊

第3編　マンション標準管理規約

第4編　マンション管理適正化法

第3編

マンション標準管理規約

年度別出題論点一覧

第3編 マンション標準管理規約	2015 H27	2016 H28	2017 H29	2018 H 30	2019 R1	2020 R2	2021 R3	2022 R4	2023 R5	2024 R6
用法・管理	1	5	1		2		1	2	1	
費用の負担		1		1		1		1		1
役員	1	2	2	1	2		1		1	
総会	2		1			2	1	3	3	
理事会	1	1	2	1	1	1	1	1		2
会計	1	1		1						
団地型	1			1	1		1	1	1	2
複合用途型	1			1			2			
その他						1				1
総合	2		2	1	2	4	2	1	3	3
計	10	10	8	8	8	9	9	9	9	9

※表内の数字は出題問題数を指します。
※2015、2016年度は購入者特典の「分野別過去問題集プラス2」に掲載しています。

甲マンションの 302 号室の区分所有者Aが、断熱性の向上のために窓ガラスの改良を行いたい旨の工事申請書を管理組合の理事長に提出した。この場合の理事長の各々の対応に関する次の記述のうち、標準管理規約によれば、適切なものはどれか。

1　理事長は、2ヵ月後に管理組合で実施することが決定している計画修繕工事に申請内容の工事が含まれているので、申請を不承認とする旨を、理事会決議を経て、Aに回答した。

2　理事長は、当分の間、管理組合で計画修繕工事の予定がないため申請を受け付けるとともに、申請書の添付書類として施工予定業者からの仕様書及び見積書を提出するようAに回答した。

3　理事長は、当分の間、管理組合で計画修繕工事の予定がなく、かつ、当該工事の実施に当たっては、Aの責任と負担において実施することが条件であることから、理事長の判断により申請を承認する旨Aに回答し、次回の理事会でその承認の報告をすることとした。

4　理事長は、当分の間、管理組合で計画修繕工事の予定はないが、申請内容が既設のサッシへの内窓の増設であり、専有部分内の工事であって共用部分や他の専有部分に影響を与えるおそれはないことから、申請の必要がない旨Aに回答した。

共用部分のうち各住戸に附属する窓枠、窓ガラス、玄関扉その他の開口部に係る改良工事であって、防犯、防音又は断熱等の住宅の性能の向上等に資するものについては、管理組合がその責任と負担において、計画修繕としてこれを実施する〈標規(単)22条1項〉。もっとも、区分所有者は、管理組合が当該工事を速やかに実施できない場合には、あらかじめ理事長に申請して書面による承認を受けることにより、当該工事を当該区分所有者の責任と負担において実施することができる〈同条2項〉。

1 **適切**　本肢の場合、申請内容の工事は2か月後に管理組合で実施するので、「管理組合が当該工事を速やかに実施できない場合」とはいえない。したがって、申請を不承認とすることは可能である。

☞ ❷分冊 p36 **1**～

2 **不適切**　区分所有者は、窓ガラス等の改良につき申請をする場合、設計図、仕様書及び工程表を添付した申請書を理事長に提出しなければならない〈標規(単)22条3項、17条2項〉。したがって、見積書の提出を求めることは適切でない。

☞ ❷分冊 p36 **1**～

3 **不適切**　理事長は、窓ガラス等の改良に関する申請について、理事会の決議により、その承認又は不承認を決定しなければならない〈標規(単)22条3項、17条3項〉。したがって、理事長の判断で申請を承認することはできない。

☞ ❷分冊 p36 **1**～

4 **不適切**　「共用部分のうち各住戸に附属する窓枠、窓ガラス、玄関扉その他の開口部に係る改良工事であって、防犯、防音又は断熱等の住宅の性能の向上等に資するもの」の工事の具体例としては、防犯・防音・断熱性等により優れた複層ガラスやサッシ等への交換、既設のサッシへの内窓又は外窓の増設等が考えられる〈標規(単)コ22条関係⑥〉。本肢の工事は、標準管理規約(単棟型)22条に規定する工事にあたり、理事長への申請を要するものである。

☞ ❷分冊 p36 **1**～

正解 1
（正解率 **79%**）

肢別解答率
受験生はこう答えた！

肢	解答率
1	79%
2	13%
3	3%
4	5%

難易度 **易**

区分所有者が専有部分の修繕等を行おうとする場合における次の記述のうち、標準管理規約によれば、適切でないものはどれか。

1 共用部分又は他の専有部分に影響を与えるおそれがない専有部分の修繕等を行おうとする場合には、理事長の承認を受けなくても実施することができる。

2 専有部分の間取りを変更しようとする場合には、理事長への承認の申請書に、設計図、仕様書及び工程表を添付する必要がある。

3 主要構造部にエアコンを直接取り付けようとする場合には、あらかじめ、理事長にその旨を届け出ることにより、実施することができる。

4 専有部分の床をフローリング仕様に変更しようとして理事長への承認の申請をする場合、承認の判断に際して調査等により特別な費用がかかるときは、申請者に負担させることが適当である。

区分所有者は、その専有部分について、修繕等であって共用部分又は他の専有部分に影響を与えるおそれのあるものを行おうとするときは、あらかじめ、理事長にその旨を申請し、書面による承認を受けなければならない〈標規(単)17条1項〉。

1 適切　区分所有者は、標準管理規約(単棟型)17条1項の承認を要しない修繕等のうち、工事業者の立入り、工事の資機材の搬入、工事の騒音、振動、臭気等工事の実施中における共用部分又は他の専有部分への影響について管理組合が事前に把握する必要があるものを行おうとするときは、あらかじめ、理事長にその旨を**届け出なければならない**〈標規(単)17条7項〉。また、上記「工事の実施中における共用部分又は他の専有部分への影響」がなければ、届出も不要である。したがって、共用部分又は専有部分に影響を与えるおそれがない専有部分の修繕等を行おうとする場合、**理事長の承認を受ける必要はない**。
☞ ❷分冊 p26 **5**～

2 適切　区分所有者は、専有部分の修繕等であって共用部分又は他の専有部分に影響を与えるおそれのあるものを行う旨の申請をする場合、**設計図、仕様書及び工程表を添付した**申請書を理事長に提出しなければならない〈標規(単)17条2項〉。
☞ ❷分冊 p26 **5**～

3 不適切　修繕等のうち、標準管理規約(単棟型)17条1項の承認を必要とするものの具体例としては、床のフローリング、ユニットバスの設置、**主要構造部に直接取り付けるエアコンの設置**、配管(配線)の枝管(枝線)の取付け・取替え、間取りの変更等がある〈標規(単)コ17条関係②〉。
☞ ❷分冊 p26 **5**～

4 適切　承認の判断に際して、調査等により特別な費用がかかる場合には、**申請者に負担させることが適当である**〈標規(単)コ17条関係⑥〉。
☞ ❷分冊 p26 **5**～

正解 3　（正解率**46%**）

肢別解答率　受験生はこう答えた！
肢	解答率
1	48%
2	3%
3	46%
4	2%

難易度 難

規約が標準管理規約の定めと同一である甲マンション管理組合では、計画修繕工事で給水管の更新工事を行う予定である。これに関し、理事長が理事会の席上で行った次の説明のうち、標準管理規約によれば、適切なものはどれか。

1 給水管の更新工事に際し、共用部分である本管と専有部分である枝管の工事を一体として行う場合には、現規約には一体として管理組合が工事を行う旨の規定がないため、規約をその旨変更した上で当該工事を実施する必要があります。

2 給水管の更新工事に際し、共用部分である本管と専有部分である枝管の工事を一体として行う場合には、専有部分に係るものの費用については各区分所有者が実費に応じて負担すべきです。

3 給水管の更新工事には修繕積立金を充当することになりますが、修繕積立金を取り崩すには、総会で組合員総数及び議決権総数の各4分の3以上の決議が必要となります。

4 給水管の更新工事は共用部分の変更に該当するので、工事を実施するには、総会で組合員総数及び議決権総数の各4分の3以上の決議が必要となります。

1 **不適切** 専有部分である設備のうち共用部分と構造上一体となった部分の管理を共用部分の管理と**一体として行う必要があるとき**は、管理組合がこれを行うことができる〈標規(単)21条2項〉。このように、標準管理規約(単棟型)には、共用部分である本管と専有部分である枝管の工事を一体として管理組合が行う旨の規定がある。

☞ ②分冊 p36 **1**～

2 **適切** 配管の取替え等に要する費用のうち専有部分に係るものについては、**各区分所有者が実費に応じて負担すべきものである**〈標規(単)コ21条関係⑦〉。

☞ ②分冊 p36 **1**～

3 **不適切** 一定年数の経過ごとに計画的に行う修繕に充てるための修繕積立金の取崩しは、総会の決議を経なければならない〈標規(単)48条10号〉。これは、**出席組合員の議決権の過半数で決する**〈同47条2項〉。

☞ ②分冊 p67 **4**～

4 **不適切** 計画修繕工事に関し、鉄部塗装工事、外壁補修工事、屋上等防水工事、**給水管更生・更新工事**、照明設備、共聴設備、消防用設備、エレベーター設備の更新工事は**普通決議で実施可能と考えられる**〈標規(単)コ47条関係⑥キ〉。

☞ ②分冊 p67 **4**～

正解 2
(正解率 **85%**)

肢別解答率
受験生は
こう答えた！

肢	解答率	
1	7%	
2	85%	
3	5%	
4	2%	

難易度 易

区分所有者の一人が、その専有部分及びこれに附属する部分につき修繕等をする場合の手続きに関する次の記述のうち、標準管理規約によれば、適切でないものはどれか。

1 専有部分の床のフローリング工事の申請があった場合、理事長が承認又は不承認の決定を行うに当たっては、構造、工事の仕様、材料等により共用部分や他の専有部分への影響が異なるので、専門的知識を有する者への確認が必要である。

2 理事長の承認を受けた修繕等の工事後に、当該工事により共用部分や他の専有部分に影響を生じたときには、管理組合の責任と負担により必要な措置を講じなければならない。

3 理事長の承認を要しない修繕等であっても、工事業者の立入りや工事の騒音等工事の実施中における共用部分又は他の専有部分への影響について管理組合が事前に把握する必要があるものを行おうとするときは、あらかじめ理事長にその旨を届け出なければならない。

4 専有部分の内装工事とあわせて防犯上の観点から玄関扉を交換する工事の申請があった場合において、管理組合が計画修繕として同等の工事を速やかに実施できないときには、申請者はあらかじめ理事長の書面による承認を受けることにより、当該工事を自己の責任と負担において実施することができる。

1 **適切** 区分所有者は、その専有部分について、修繕等であって共用部分又は他の専有部分に影響を与えるおそれのあるものを行おうとするときは、あらかじめ、理事長にその旨を申請し、書面による承認を受けなければならない〈標規(単)17条1項〉。フローリング工事の場合、構造、工事の仕様、材料等により影響が異なるので、承認を行うに当たっては、**専門家への確認が必要である**〈同コ17条関係⑤〉。

👉 **②分冊 p26 5〜**

2 **不適切** 書面による承認を受けた修繕等の工事後に、当該工事により共用部分又は他の専有部分に影響が生じた場合は、**当該工事を発注した区分所有者の責任と負担により必要な措置をとらなければならない**〈標規(単)17条6項〉。

👉 **②分冊 p26 5〜**

3 **適切** 区分所有者は、書面による承認を要しない修繕等のうち、工事業者の立入り、工事の資機材の搬入、工事の騒音、振動、臭気等工事の実施中における共用部分又は他の専有部分への影響について管理組合が事前に把握する必要があるものを行おうとするときは、あらかじめ、**理事長にその旨を届け出なければならない**〈標規(単)17条7項〉。

👉 **②分冊 p26 5〜**

4 **適切** 共用部分のうち各住戸に附属する窓枠、窓ガラス、玄関扉その他の開口部に係る改良工事であって、防犯、防音又は断熱等の住宅の性能の向上等に資するものについては、管理組合がその責任と負担において、計画修繕としてこれを実施するものとする〈標規(単)22条1項〉。区分所有者は、**管理組合が上記の工事を速やかに実施できない場合**には、**あらかじめ理事長に申請して書面による承認を受けることにより**、当該工事を当該区分所有者の責任と負担において実施することができる〈同条2項〉。

👉 **②分冊 p36 1〜**

正解 2
（正解率87%）

肢別解答率
受験生はこう答えた！

1	4%	
2	87%	
3	2%	
4	6%	

難易度 **易**

配管設備の工事等に関する次のマンション管理士の意見のうち、標準管理規約によれば、適切でないものはどれか。

1　共用部分配管設備の清掃等に要する費用は、共用設備の保守維持費として管理費を充当することが可能です。

2　共用部分の配管の取替えはそれだけでかなり多額の費用がかかるため、特別決議により実施する必要があります。

3　共用部分の配管の取替えと専有部分の配管の取替えを同時に行うことにより、専有部分の配管の取替えを単独で行うよりも費用が軽減される場合には、これらについて一体的に工事を行うことも考えられます。

4　あらかじめ長期修繕計画において専有部分の配管の取替えについて記載し、その工事費用を修繕積立金から拠出することについて規約に規定しておくことにより、修繕積立金を取り崩すことができます。

1 **適切** 配管の清掃等に要する費用については、**共用設備の保守維持費**として**管理費を充当**することが可能である〈標規(単)コ 21 条関係⑦〉。
☞ ❷分冊 p36 **1**～

2 **不適切** 計画修繕工事として行う給水管更生・更新工事は、いわゆる**普通決議で実施可能**と考えられる〈標規(単)コ 47 条関係⑥キ〉。
☞ ❷分冊 p36 **1**～

3 **適切** 共用部分の配管の取替えと専有部分の配管の取替えを同時に行うことにより、専有部分の配管の取替えを単独で行うよりも費用が軽減される場合には、これらについて**一体的に工事を行うことも考えられる**〈標規(単)コ 21 条関係⑦〉。
☞ ❷分冊 p36 **1**～

4 **適切** 費用軽減が見込めるため、共用部分の配管の取替えと専有部分の取替えを同時に行う場合には、**あらかじめ長期修繕計画において専有部分の配管の取替えについて記載**し、その工事費用を**修繕積立金から拠出することについて規約に規定する**〈標規(単)コ 21 条関係⑦〉。これにより、専有部分の配管の取替えに要する費用に充てるため、修繕積立金を取り崩すことができる。
☞ ❷分冊 p36 **1**～

正解 2
（正解率 **81%**）

肢別解答率 受験生はこう答えた！

1	2%
2	81%
3	1%
4	16%

難易度 **易**

盗難被害が発生したマンションの管理組合における今後の防犯対策に関する次の記述のうち、標準管理規約によれば、適切でないものはどれか。

1 マンションやその周辺における防災・防犯活動のうち、その経費に見合ったマンションの資産価値の向上がもたらされるもので、建物並びにその敷地及び附属施設の管理の範囲内で行われる活動については、管理組合で実施することができる。

2 1階部分の住戸の区分所有者から、住戸の窓や扉等の開口部につき防犯機能を強化するための改良工事を、当該区分所有者の責任と負担において実施する旨の申出があった場合において、管理組合が当該工事を速やかに実施できないときは、理事長は、理事会の決議を経て当該工事の実施の承認をすることができる。

3 共用部分に防犯カメラを設置する工事や敷地内に防犯灯を設置する工事は、総会の普通決議により実施可能である。

4 現在空室となっている住戸に不審者が出入りをしているとの通報があった場合には、理事長は、当該住戸の区分所有者に対し請求をすることなく、直ちに当該住戸に立ち入り、室内を確認することができる。

1 **適切**　マンションやその周辺における美化や清掃、景観形成、防災・防犯活動、生活ルールの調整等で、その経費に見合ったマンションの資産価値の向上がもたらされる活動は、それが区分所有法3条に定める**管理組合の目的である「建物並びにその敷地及び附属施設の管理」の範囲内**で行われる限りにおいて可能である〈標規(単)コ27条関係②〉。
☞ **②分冊 p53 1〜**

2 **適切**　区分所有者は、管理組合が共用部分のうち各住戸に附属する窓枠、窓ガラス、玄関扉その他の開口部に係る改良工事であって、防犯、防音又は断熱等の住宅の性能の向上等に資するものを**速やかに実施できない場合**には、あらかじめ理事長に申請して**書面による承認**を受けることにより、当該工事を当該**区分所有者の責任と負担において**実施することができる〈標規(単)22条2項〉。理事長は、その申請について、**理事会の決議**により、その承認又は不承認を決定する〈同条3項、17条3項〉。
☞ **②分冊 p36 1〜**

3 **適切**　防犯化工事として行う防犯カメラ、防犯灯の設置工事は、いわゆる**普通決議により、実施可能**と考えられる〈標規(単)コ47条関係⑥ウ〉。
☞ **②分冊 p67 4〜**

4 **不適切**　理事長は、災害、事故等が発生した場合であって、**緊急に立ち入らないと共用部分等又は他の専有部分に対して物理的に又は機能上重大な影響を与えるおそれがあるとき**は、専有部分又は専用使用部分に自ら立ち入り、又は委任した者に立ち入らせることができる〈標規(単)23条4項〉。本肢の場合、「緊急に立ち入らないと共用部分等又は他の専有部分に対して物理的に又は機能上重大な影響を与えるおそれがある」とまではいえず、空室となっている住戸の区分所有者に対し、請求をすることなく、直ちに当該住戸に立ち入り、室内を確認することはできない。
☞ **②分冊 p36 1〜**

正解 4（正解率87%）

肢別解答率 受験生はこう答えた！

1	3%
2	8%
3	3%
4	87%

難易度 易

マンションの修繕や改良工事に関する次の記述のうち、標準管理規約によれば、適切なものはどれか。

1　区分所有者は、専有部分の排水管（枝管）の取替え工事を行おうとするときに、設計図、仕様書及び工程表を添付した申請書を理事長に提出して書面による承認を得た場合には、承認の範囲内で、専有部分の修繕等に係る共用部分の工事を行うことができる。

2　台風により窓ガラスが割れたため専有部分に雨が吹き込んでいる場合であっても、当該専有部分の区分所有者は、事前に理事長に申請して書面による承認を受けたうえで、窓ガラスの張替え工事を実施する必要がある。

3　専有部分に設置されている窓ガラスは、当該専有部分の区分所有者が専用使用権を有しているため、経年劣化した窓ガラスの交換工事は、当該区分所有者の負担において行うことになり、管理組合の負担において行うことはない。

4　区分所有者が、断熱性向上のために窓枠と窓ガラスの交換工事を行う場合、あらかじめ理事長に申請して書面による承認を受ければ、工事を実施することができ、その費用については、管理組合に対して請求することができる。

1 **適切**　専有部分の修繕等につき理事長の承認があったときは、区分所有者は、承認の範囲内において、**専有部分の修繕等に係る共用部分の工事を行うことができる**〈標規（単）17条4項〉。

☞ ❷分冊 p26 **5**〜

2 **不適切**　区分所有者は、原則として、敷地及び共用部分等の保存行為を行うことができない〈標規（単）21条3項本文〉。もっとも、専有部分の使用に支障が生じている場合において、**緊急を要するときは**、当該専有部分を所有する**区分所有者は、これらの保存行為を行うことができる**〈同条項ただし書〉。例えば、台風等で住戸の窓ガラスが割れた場合に、専有部分への雨の吹き込みを防ぐため、割れたものと同様の仕様の窓ガラスに張り替えるときは、上記例外にあたり〈同コ21条関係⑧〉、本肢の区分所有者は、**理事長の承認を受けることなく**、窓ガラスの張替え工事を実施することができる。

☞ ❷分冊 p36 **1**〜

3 **不適切**　バルコニー等の保存行為のうち、通常の使用に伴うものについては、専用使用権を有する者がその責任と負担においてこれを行わなければならない〈標規（単）21条1項ただし書〉。しかし、**計画修繕等**については、**管理組合がその責任と負担において行わなければならない**〈同コ21条関係③〉。専有部分に設置されている窓ガラスは、「バルコニー等」に含まれ〈同14条1項〉、その交換工事を計画修繕として行う場合、管理組合の負担において行う。

☞ ❷分冊 p36 **1**〜

4 **不適切**　区分所有者は、管理組合が共用部分のうち各住戸に附属する窓枠、窓ガラス、玄関扉その他の開口部に係る改良工事であって、防犯、防音又は断熱等の住宅の性能の向上等に資するものを速やかに実施できない場合には、あらかじめ理事長に申請して書面による承認を受けることにより、当該工事を当該**区分所有者の責任と負担において実施する**ことができる〈標規（単）22条2項〉。したがって、本肢の区分所有者は、窓枠と窓ガラスの交換工事を実施することができるものの、自らその費用を負担しなければならず、管理組合に対してこれを請求することはできない。

☞ ❷分冊 p36 **1**〜

正解 1
（正解率90%）

肢別解答率
受験生はこう答えた！

肢	解答率
1	90%
2	3%
3	4%
4	4%

難易度 **易**

住居専用の単棟型マンションの管理組合における管理費等の取扱いに関する次の記述のうち、標準管理規約によれば、適切なものはどれか。

1 建物の建替えに係る合意形成に必要となる事項の調査費用については管理費から支出することとされているが、各マンションの実態に応じて、修繕積立金から支出する旨を規約に定めることもできる。

2 一定年数の経過ごとに計画的に行う修繕及び不測の事故その他特別の事由により必要となる修繕については修繕積立金を充当し、敷地及び共用部分等の変更については管理費を充当する。

3 駐車場使用料その他の敷地及び共用部分等に係る使用料は、管理組合の通常の管理に要する費用に充てるほか、修繕積立金として積み立てる。

4 管理費等の額については、各区分所有者の共用部分の共有持分に応じて算出するものとし、使用頻度等は勘案しない。

1 **不適切**　建物の建替え及びマンション敷地売却に係る合意形成に必要となる事項の調査に要する経費には、**修繕積立金を充てる**〈標規(単)28 条 1 項 4 号〉。
☞ ❷分冊 p44 **2**〜

2 **不適切**　一定年数の経過ごとに計画的に行う修繕に要する経費には、**修繕積立金を充てる**〈標規(単)28 条 1 項 1 号〉。また、不測の事故その他特別の事由により必要となる修繕に要する経費には、**修繕積立金を充てる**〈同条項 2 号〉。さらに、敷地及び共用部分等の変更に要する経費には、**修繕積立金を充てる**〈同条項 3 号〉。
☞ ❷分冊 p44 **2**〜

3 **不適切**　駐車場使用料その他の敷地及び共用部分等に係る使用料は、**それらの管理に要する費用に充てる**ほか、修繕積立金として積み立てる〈標規(単)29 条〉。
☞ ❷分冊 p44 **2**〜

4 **適切**　管理費等の額については、**各区分所有者の共用部分の共有持分に応じて**算出する〈標規(単)25 条 2 項〉。管理費等の負担割合を定めるに当たっては、**使用頻度等は勘案しない**〈同コ 25 条関係①〉。
☞ ❷分冊 p44 **2**〜

正解 4
（正解率66%）

肢別解答率
受験生はこう答えた！

肢	解答率
1	14%
2	4%
3	15%
4	66%

難易度 **普**

9 費用の負担

2020年度 問27　Check □□□　重要度 ▶ A

管理費及び修繕積立金の取扱いに関する次の記述のうち、標準管理規約によれば、適切でないものはいくつあるか。

ア　未収金の増加で管理費が不足するようになったが、修繕積立金に余裕があるので、その一部を管理費に充当した。

イ　管理費に余剰が生じたので、その余剰は、翌年度における管理費に充当した。

ウ　地震保険の保険料が以前より高額になってきたので、その支払に充てるため、修繕積立金を取り崩した。

エ　修繕工事を前提とする建物劣化診断費用の支払に充てるため、修繕積立金を取り崩した。

1 一つ
2 二つ
3 三つ
4 四つ

ア 　**不適切**　修繕積立金は、**所定の特別の管理に要する経費**に充当する〈標(単)28条1項〉。管理費を充当すべき通常の管理に要する経費には充当しない。
👉 ❷分冊 p97 **2**〜

イ 　**適切**　収支決算の結果、**管理費に余剰を生じた場合**には、その余剰は**翌年度における管理費**に充当する〈標規(単)61条1項〉。
👉 ❷分冊 p97 **2**〜

ウ 　**不適切**　共用部分等に係る火災保険料、地震保険料その他の損害保険料には、**管理費を充当する**〈標規(単)27条5号〉。修繕積立金を充当することはできず、これを取り崩すことはできない。
👉 ❷分冊 p44 **2**〜

エ 　**適切**　修繕工事の前提としての劣化診断(建物診断)に要する経費の充当については、修繕工事の一環としての経費であることから、**原則として修繕積立金から取り崩す**〈標規(単)コ32条関係④〉。
👉 ❷分冊 p44 **2**〜

以上より、適切でないものはア、ウの二つであり、本問の正解肢は2となる。

正解 2
（正解率**95%**）

肢別解答率
受験生はこう答えた！

1	2%
2	95%
3	3%
4	0%

難易度 **易**

修繕積立金を取り崩して充当することができる経費に関する次の記述のうち、標準管理規約によれば、適切でないものはどれか。

1　建物の建替え及びマンション敷地売却に係る合意形成に必要となる事項の調査費用

2　敷地及び共用部分等の管理に関し、区分所有者全体の利益のために特別に必要となる管理費用

3　WEB 会議システムで理事会が開催できるようにするための理事全員分の器材一括購入費用

4　不測の事故により必要となる修繕費用

管理組合は、各区分所有者が納入する修繕積立金を積み立てるものとし、積み立てた修繕積立金は、次に掲げる特別の管理に要する経費に充当する場合に取り崩すことができる〈標規(単)28条1項〉。

① 一定年数の経過ごとに計画的に行う修繕
② 不測の事故その他特別の事由により必要となる修繕
③ 敷地及び共用部分等の変更
④ 建物の建替え及びマンション敷地売却に係る合意形成に必要となる事項の調査
⑤ その他敷地及び共用部分等の管理に関し、区分所有者全体の利益のために特別に必要となる管理

1 適切 本肢の費用は、上記④にあたる。
☞ ❷分冊 p44 **2**~

2 適切 本肢の費用は、上記⑤にあたる。
☞ ❷分冊 p44 **2**~

3 不適切 本肢の費用は、上記のいずれにもあたらない。
☞ ❷分冊 p44 **2**~

4 適切 本肢の費用は、上記②にあたる。
☞ ❷分冊 p44 **2**~

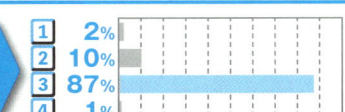

正解 **3**
（正解率 **87%**）

肢別解答率
受験生は
こう答えた！

1	2%
2	10%
3	87%
4	1%

難易度 **易**

建替え及びマンション敷地売却に係る合意形成やそれらの計画等に必要な経費の取扱いに関する次の記述のうち、標準管理規約によれば、適切でないものはどれか。

1 マンション敷地売却決議を行うための総会の招集に係る費用は、管理費から充当することができる。

2 建替えに係る合意形成の前提として必要な修繕・改修と建替えとの比較検討に要する費用を、建替えに反対している者が負担した金額も含めて、修繕積立金から取り崩すことができる。

3 マンションの建替え等の円滑化に関する法律第102条第2項第1号から第3号の特定要除却認定を受ける状態にあるかどうかを調査するための費用を、マンション敷地売却に反対している者が負担した金額も含めて、修繕積立金から取り崩すことができる。

4 区分所有法第62条第1項の建替え決議後において、マンションの建替え等の円滑化に関する法律第9条のマンション建替組合の設立に係る定款及び事業計画を定めるための費用を、管理組合の消滅時に建替え不参加者に帰属する分の金額も含めて、修繕積立金から取り崩すことができる。

1 **適切** 管理組合の運営に要する費用には、**管理費を充てることができる**〈標規（単）27 条 10 号〉。総会の招集に係る費用は、管理組合の運営に要する費用にあたり、これには、管理費を充当することができる。

☞ ②分冊 p44 ②〜

2 **適切** 建物の建替え及びマンション敷地売却に係る合意形成に必要となる事項の調査に要する費用には、**修繕積立金を取り崩して充当する**〈標規（単）28 条 1 項 4 号〉。建替えに係る合意形成の前提として必要な修繕・改修と建替えとの比較検討に要する費用は、上記の費用にあたる。また、上記の調査は、管理組合が行うことから、建替えに反対している者が負担した金額も含めて、修繕積立金を取り崩すことができる。

☞ ②分冊 p44 ②〜

3 **適切** 建物の建替え及びマンション敷地売却に係る合意形成に必要となる事項の調査に要する費用には、修繕積立金を取り崩して充当する〈標規（単）28 条 1 項 4 号〉。特定要除却認定を受ける状態にあるかどうかを調査するための費用は、上記の費用にあたる。また、上記の調査は、管理組合が行うことから、**建替えに反対している者が負担した金額も含めて**、修繕積立金を取り崩すことができる。

☞ ②分冊 p44 ②〜

4 **不適切** 建替え決議又は建替えに関する区分所有者全員の合意の後であっても、マンション建替組合の設立の認可までの間において、建物の建替えに係る計画又は設計等に必要がある場合には、その経費に充当するため、管理組合は、**修繕積立金から管理組合の消滅時に建替え不参加者に帰属する修繕積立金相当額を除いた金額を限度**として、修繕積立金を取り崩すことができる〈標規（単）28 条 2 項〉。したがって、本肢の費用に充てるために、管理組合の消滅時に建替え不参加者に帰属する修繕積立金相当額を含めて、修繕積立金を取り崩すことはできない。

☞ ②分冊 p44 ②〜

正解 4
（正解率 74%）

肢別解答率 受験生はこう答えた！

1	13%
2	5%
3	8%
4	74%

難易度 易

12 役員

2017年度 問26　　Check □□□　重要度 ▶ B

役員の選任等に関する次の記述のうち、標準管理規約によれば、適切でないものはいくつあるか。

ア　役員は半数改選とし、役員の任期を２年とする旨を規約に定めることができる。

イ　外部専門家を役員として選任できることとした場合、外部専門家が役員に選任された後に組合員となり、その後、その外部専門家が組合員でなくなったときは、当然に役員としての地位を失う。

ウ　正当な理由もなく恒常的に理事会を欠席している監事は、理事会の決議により解任することができる。

エ　理事の選任は総会の決議によるものとし、選任された理事の間で各理事の役職を決定する。

1 一つ

2 二つ

3 三つ

4 四つ

ア 適切 役員は、**半数改選とすることもでき**、この場合、役員の任期は **2 年**とする〈標規（単）コ 36 条関係②〉。
☞ ❷分冊 p58 **3**～

イ 不適切 外部専門家を役員として選任できることとする場合、選任（再任を除く。）の時に組合員であった役員が組合員でなくなった場合には、その役員はその地位を失う〈標規（単）36 条 4 項〉。本肢の**外部専門家である役員は、「選任（再任を除く。）の時に組合員であった役員」でない**から、上記規定は適用されず、本肢のような経緯で、組合員でなくなったとしても、当然には、役員としての地位を失わない。
☞ ❷分冊 p58 **3**～

ウ 不適切 役員の選任及び解任は、**総会の決議を経なければならない**〈標規（単）48 条 2 号〉。したがって、監事の解任は、総会の決議によって行う。
☞ ❷分冊 p67 **4**～

エ 不適切 理事長、副理事長及び会計担当理事は、理事会の決議によって理事のうちから**選任し、又は解任する**〈標規（単）35 条 3 項〉。したがって、理事会の決議によらずに、選任された理事の間で各理事の役職を決定することはできない。
☞ ❷分冊 p58 **3**～

以上より、適切でないものはイ、ウ、エの三つであり、本問の正解肢は 3 となる。

正解 3
（正解率 **12%**）

肢別解答率
受験生はこう答えた！

1	13%
2	74%
3	12%
4	0%

難易度 **難**

理事会において、次期通常総会に提出する役員選任の議案書作成に当たり、役員の選任要件について意見を求められたマンション管理士が行った次の助言のうち、標準管理規約によれば、適切でないものはどれか。

1 管理組合や現理事長等との間で管理組合運営に関し裁判中である区分所有者A氏は、役員とはなれないことから、役員候補者から外すべきです。

2 禁固刑に処せられ、その刑の執行が終わって5年が経過している区分所有者B氏は、役員候補者になり得ます。

3 細則において、派遣元の法人が銀行取引停止処分を受けている場合は外部専門家として役員となることができないとされているので、それに該当する外部専門家であるC氏は、役員候補者から外すべきです。

4 区分所有者D氏は、破産者でしたが既に復権を得ているとのことなので、役員候補者になり得ます。

次のいずれかに該当する者は、役員となることができない〈標規（単）36条の2〉。

①　精神の機能の障害により役員の職務を適正に執行するに当たって必要な認知、判断及び意思疎通を適切に行うことができない者又は破産者で復権を得ない者

②　禁錮以上の刑に処せられ、その執行を終わり、又はその執行を受けることがなくなった日から5年を経過しない者

③　暴力団員等

また、外部の専門家からの役員の選任について、標準管理規約（単棟型）35条4項に基づき定める細則において、次のような役員の欠格条項を定める〈同コ36条の2関係②〉。

ア　個人の専門家の場合

・　マンション管理に関する各分野の専門的知識を有する者から役員を選任しようとする場合にあっては、マンション管理士の登録の取消し又は当該分野に係る資格についてこれと同様の処分を受けた者

イ　法人から専門家の派遣を受ける場合（アに該当する者に加えて）

次のいずれかに該当する法人から派遣される役職員は、外部専門家として役員となることができない。

・　銀行取引停止処分を受けている法人

・　管理業者の登録の取消しを受けた法人

1　不適切　Aは、上記のいずれにもあたらないので、**役員となり得る**。
👉 ❷分冊 p58 ❸〜

2　適切　Bは、禁錮刑に処せられているものの、その刑の執行が終わって5年を経過していることから、上記②にあたらず、**役員となり得る**。
👉 ❷分冊 p58 ❸〜

3　適切　Cは、上記イにあたり、**役員となり得ない**。
👉 ❷分冊 p58 ❸〜

4　適切　Dは、破産者であったが、既に復権を得ているので、上記①にあたらず、**役員となり得る**。
👉 ❷分冊 p58 ❸〜

正解 **1**
（正解率86%）

肢別解答率
受験生は
こう答えた！

1	86%
2	3%
3	8%
4	2%

難易度　易

役員の選任等に関する標準管理規約及び標準管理規約コメントの規定によれば、標準管理規約の本文には規定されていないが、管理組合の規約で定めることもできるとされている事項は、次のうちいくつあるか。ただし、外部専門家を役員として選任できることとしていない場合とする。

ア　組合員である役員が転出、死亡等により任期途中で欠けた場合には、組合員から補欠の役員を理事会の決議で選任することができるとすること。

イ　理事の員数を、○～○名という枠により定めること。

ウ　役員が任期途中で欠けた場合に備え、あらかじめ補欠を定めておくことができるとすること。

エ　役員の資格要件に居住要件を加えること。

1 一つ
2 二つ
3 三つ
4 四つ

ア **できる**　標準管理規約（単棟型）では、本肢のような規定はない。もっとも、**組合員である役員が転出、死亡その他の事情により任期途中で欠けた場合には、組合員から補欠の役員を理事会の決議で選任することができると、規約に規定することもできる**〈標規（単）コ 36 条関係④〉。

　　　❷分冊 p58 ❸～

イ **できる**　標準管理規約（単棟型）35 条 1 項では、「理事（理事長、副理事長、会計担当理事を含む。以下同じ。）　○名」との規定がある。もっとも、理事の員数は、**○～○名という枠により定めることもできる**〈標規（単）コ 35 条関係②〉。

　　　❷分冊 p58 ❸～

ウ **できる**　標準管理規約（単棟型）では、本肢のような規定はない。もっとも、役員が任期途中で欠けた場合、総会の決議により新たな役員を選任することが可能であるが、外部の専門家の役員就任の可能性や災害時等緊急時の迅速な対応の必要性を踏まえると、**規約において、あらかじめ補欠を定めておくことができる旨規定するなど、補欠の役員の選任方法について定めておくことが望ましい**〈標規（単）コ 36 条関係④〉。

　　　❷分冊 p58 ❸～

エ **できる**　標準管理規約（単棟型）では、「理事及び監事は、総会の決議によって、組合員のうちから選任し、又は解任する。」と規定され、役員の資格要件として居住要件は定められていない〈標規（単）35 条 2 項〉。もっとも、それぞれのマンションの実態に応じて、「○○マンションに現に居住する組合員」とするなど、**居住要件を加えることも考えられる**〈同コ 35 条関係①〉。

　　　❷分冊 p58 ❸～

以上より、標準管理規約の本文には規定されていないが、管理組合の規約で定めることもできるとされている事項はア、イ、ウ、エの四つであり、本問の正解肢は 4 となる。

正解 ④
（正解率 **29%**）

肢別解答率　受験生はこう答えた！

1	8%
2	25%
3	39%
4	29%

難易度 **難**

役員資格について、規約により区分所有者であることを要件としている管理組合において、理事の1名が2年間の任期の途中で住宅を売却して外部に転出した場合の取扱いに関する次の記述のうち、標準管理規約によれば、適切なものはどれか。

1　外部に転出した理事が理事長であった場合、改めて総会で後任の理事長の選任を決議する必要があるが、それまでの間は理事会の決議で仮の理事長を選任してその職に当たらせる。

2　外部に転出した理事は、後任の理事が就任するまでの間は、引き続き理事として理事会に参加し、議決権を行使することができる。

3　外部に転出した理事の補欠となった役員の任期は、補欠として就任した時点からの2年間となる。

4　外部に転出した理事の補欠について、組合員から補欠の役員を理事会の決議で選任することができると、規約に規定することもできる。

1 **不適切** 副理事長は、理事長を補佐し、理事長に事故があるときは、その職務を代理し、**理事長が欠けたときは、その職務を行う**〈標規(単)39条〉。後任の理事長が選任されるまでは、副理事長が理事長の職務に当たる。
☞ ❷分冊 p58 **3**〜

2 **不適切** **任期の満了又は辞任によって退任する役員**は、後任の役員が就任するまでの間引き続きその職務を行う〈標規(単)コ36条3項〉。組合員でなくなったことにより退任する場合、「任期の満了又は辞任によって退任する」わけではないので、その理事であった者は、理事の職務を行わない。
☞ ❷分冊 p58 **3**〜

3 **不適切** 補欠の役員の任期は、**前任者の残任期間**とする〈標規(単)コ36条2項〉。
☞ ❷分冊 p58 **3**〜

4 **適切** 組合員である役員が転出、死亡その他の事情により任期途中で欠けた場合には、組合員から補欠の役員を**理事会の決議で選任することができると、規約に規定することもできる**〈標規(単)コ36条関係④〉。
☞ ❷分冊 p58 **3**〜

正解 **4**	肢別解答率 受験生はこう答えた！		
(正解率**79%**)	**1**	10%	
	2	8%	
	3	3%	
	4	79%	

難易度 **易**

監事の職務や権限に関する次の記述のうち、標準管理規約によれば、適切なものの組合せはどれか。

ア 監事は、理事会に出席し、必要があると認めるときは、意見を述べなければならず、また、理事が不正の行為をし、又は当該行為をするおそれがあると認めるときは、遅滞なく、その旨を理事会に報告しなければならない。

イ 理事が不正な行為をし、又は当該行為をするおそれがあると認めるときは、監事は、理事長に対し理事会を招集するよう請求することができるが、一定期間内に理事長が招集しないときは、その請求をした監事が理事会を招集することができる。

ウ 監事は理事会への出席義務があるが、監事が出席しなかった場合には、理事の半数以上が出席していたとしても、理事会における決議等は無効となる。

エ 監事は、理事長が解任され、後任の理事長が選任されていない間に、区分所有者の一人が、規約で禁止している民泊事業（住宅宿泊事業法（平成29年法律第65号）に定める住宅宿泊事業をいう。）を行っていることが確認できたときは、当該区分所有者に対し、規約違反行為の是正等のために必要な勧告等を行うことができる。

1 アとイ

2 イとウ

3 ウとエ

4 エとア

ア 適切 監事は、**理事会に出席し**、必要があると認めるときは、**意見を述べなければ
ならない**〈標規(単)41条4項〉。監事は、**理事が不正の行為をし、若しくは当該行為
をするおそれがあると認めるとき**、又は法令、規約、使用細則等、総会の決議若しく
は理事会の決議に違反する事実若しくは著しく不当な事実があると認めるとき
は、遅滞なく、その旨を**理事会に報告しなければならない**〈同条5項〉。

☞ ❷分冊 p58 ❸～

イ 適切 監事は、**理事が不正の行為をし、若しくは当該行為をするおそれがあると認め
る場合**、又は法令、規約、使用細則等、総会の決議若しくは理事会の決議に違反
する事実若しくは著しく不当な事実があると認める場合において、必要があると
認めるときは、理事長に対し、**理事会の招集を請求することができる**〈標規(単)41
条6項〉。上記請求があった日から5日以内に、その請求があった日から2週間
以内の日を理事会の日とする**理事会の招集の通知が発せられない場合**は、**その請求
をした監事は、理事会を招集することができる**〈同条7項〉。

☞ ❷分冊 p58 ❸～

ウ 不適切 理事会は、所定の招集手続を経た上で、理事の半数以上が出席すれば開
くことが可能であり、**監事が出席しなかったことは、理事会における決議等の有効性
には影響しない**〈標規(単)コ41条関係②〉。

☞ ❷分冊 p58 ❸～

エ 不適切 **副理事長は**、理事長を補佐し、理事長に事故があるときは、その職務を
代理し、**理事長が欠けたときは、その職務を行う**〈標規(単)39条〉。区分所有者が、
規約に違反したときは、理事長は、理事会の決議を経てその区分所有者に対し、
その是正等のため必要な勧告又は指示若しくは警告を行うことができる〈同67
条1項〉から、本肢の場合、副理事長が理事長に代わって、上記の勧告等を行い、
監事は、これを行うことができない。

☞ ❷分冊 p58 ❸～

以上より、適切なものはアとイであり、本問の正解肢は1となる。

正解 1
（正解率 **86%**）

肢別解答率
受験生は
こう答えた！

1	86%
2	1%
3	0%
4	12%

難易度 **易**

役員の選任についての、理事会における理事長の次の発言のうち、標準管理規約によれば、適切なものはどれか。

1 　会計担当理事が組合員でなくなったことにより任期中にその地位を失った場合には、理事会の決議により、会計業務に精通している監事2人のうちの1人を新たに会計担当理事に選任することができます。

2 　理事に欠員が生じた場合、理事会決議で補欠の理事を選任できるとする旨を管理規約で定めることはできません。

3 　任期の満了に伴う役員の選任に係る議案が総会で否決された場合、あらためて新役員が就任するまでの間、新役員の任期として予定されている期間になった後も、これまでの役員が引き続きその職務を行わなければなりません。

4 　外部専門家を役員として選任できることとした場合、外部専門家が役員に選任された後に組合員となり、その後、その外部専門家が組合員でなくなったときは、当然に役員としての地位を失います。

1　**不適切**　理事長、副理事長及び会計担当理事は、理事会の決議によって、**理事のうちから**選任し、又は解任する〈標規(単)35条3項〉。したがって、監事を会計担当理事に選任することはできない。

2　**不適切**　組合員である役員が転出、死亡その他の事情により任期途中で欠けた場合には、**組合員から補欠の役員を理事会の決議で選任することができる**と、規約に規定することもできる〈標規(単)コ36条関係④〉。

☞　**②分冊 p58 ❸〜**

3　**適切**　**任期の満了又は辞任**によって退任する役員は、**後任の役員が就任するまでの間引き続きその職務を行う**〈標規(単)36条3項〉。本肢の場合、これまでの役員は、任期の満了によって退任することになるが、新役員の就任までは、引き続きその職務を行わなければならない。

☞　**②分冊 p58 ❸〜**

4　**不適切**　**選任(再任を除く。)の時に組合員であった役員**が組合員でなくなった場合には、その役員はその地位を失う〈標規(単)36条4項〉。本肢の役員は、選任時には外部専門家であり、組合員ではなく、「選任(再任を除く。)の時に組合員であった役員」ではないので、組合員でなくなったとしても、当然には役員としての地位を失わない。

☞　**②分冊 p58 ❸〜**

正解 ③
（正解率**89%**）

肢別解答率
受験生は
こう答えた！

1	4%	
2	4%	
3	89%	
4	3%	

難易度

易

管理組合が、外部専門家を理事長に選任しようとする場合の手続きに関する次の記述のうち、標準管理規約及びマンションにおける外部管理者方式等に関するガイドライン（国土交通省令和6年6月公表）によれば、適切でないものはどれか。ただし、当該管理組合の管理規約には、標準管理規約に沿って外部専門家を役員として選任できる旨が規定されているものとする。（改題）

1　外部専門家の選任方法については、細則に委任することが想定されており、あらかじめ細則等において、役職も含めて総会で決議する等の特別の手続きを定めておくことが考えられる。

2　マンション管理士の登録の取消し又はマンション管理に関する分野に係る資格についてこれと同様の処分を受けた者は、役員になることはできないことを細則で定めることができる。

3　外部専門家を理事長とするためには、管理組合の内部での手続きとあわせ、管理組合と外部専門家との間で、理事長業務の委託契約を締結する必要がある。

4　外部専門家の導入のための総会決議において、選任方法について細則を定める場合には、組合員総数及び議決権総数の各4分の3以上の多数による決議が必要となる。

1　**適切**　組合員以外の者から理事又は監事を選任する場合の選任方法については**細則で定める**〈標規(単)35条4項〉。このように、外部専門家の選任方法については、細則に委任することが想定されており、あらかじめ細則等において、特別の手続(役職も含めて総会で決議する等)を定めておくことが考えられる〈マンションにおける外部管理者方式等に関するガイドライン2章2(2)②〉。

☞ **②分冊 p58 ③~**

2　**適切**　外部の専門家からの役員の選任について、細則で選任方法を定めることとする場合、細則において、マンション管理に関する各分野の専門的知識を有する者から役員を選任しようとする場合にあっては、**マンション管理士の登録の取消し又は当該分野に係る資格についてこれと同様の処分を受けた者は役員となることができない旨を定める**こととする〈標規(単)コ36条の2関係②〉。

☞ **②分冊 p58 ③~**

3　**適切**　外部専門家に理事長の業務を委託する場合、管理組合内部での手続と併せて、管理組合と外部専門家との間で、理事長業務の**委託契約を締結する必要がある**。

4　**不適切**　総会の議事は、**出席組合員の議決権の過半数**で決する〈標規(単)47条2項〉。したがって、外部専門家の選任方法についての細則を定める場合、出席組合員の議決権の過半数による総会の決議で足りる。

☞ **②分冊 p67 ④~**

正解 ④
（正解率**72%**）

肢別解答率
受験生はこう答えた！

1	5%
2	3%
3	20%
4	72%

難易度 **易**

議決権に関連する次の記述のうち、標準管理規約によれば、適切なものはいくつあるか。

ア　専有部分の価値の違いに基づく価値割合を基礎とした議決権割合を定める場合には、分譲契約等によって定まる敷地等の共有持分についても、価値割合に連動させることができる。

イ　専有部分の価値の違いに基づく価値割合を基礎とした議決権割合を定める場合において、事後的にマンションの前方に建物が建築され、眺望の変化等により価値割合に影響を及ぼす変化があったときは、議決権割合の見直しを行う必要がある。

ウ　組合員が代理人によって議決権を行使する場合において、その組合員の住居に同居する親族を代理人として定めるときは、二親等の親族を代理人とすることができる。

エ　組合員が代理人によって議決権を行使する場合において、他の組合員を代理人として定めるときは、当該マンションに居住する他の組合員の中から定めなければならない。

1　一つ

2　二つ

3　三つ

4　四つ

ア 適切 価値割合による議決権割合を設定する場合には、分譲契約等によって定まる敷地等の共有持分についても、**価値割合に連動させることが考えられる**〈標規（単）コ 10 条関係③〉。

☞ ②分冊 p14 **1**〜

イ 不適切 前方に建物が建築されたことによる眺望の変化等の各住戸の価値に影響を及ぼすような事後的な変化があったとしても、**それによる議決権割合の見直しは原則として行わない**ものとする〈標規（単）コ 46 条関係③〉。

☞ ②分冊 p67 **4**〜

ウ 適切 組合員が代理人により議決権を行使しようとする場合において、その代理人は、①その組合員の配偶者（婚姻の届出をしていないが事実上婚姻関係と同様の事情にある者を含む。）又は一親等の親族、②**その組合員の住戸に同居する親族**、③他の組合員でなければならない〈標規（単）46 条 5 項〉。**②の親族は一親等である必要はない**ので、二親等の親族でもよい。

☞ ②分冊 p67 **4**〜

エ 不適切 組合員が代理人により議決権を行使しようとする場合において、その代理人は、①その組合員の配偶者（婚姻の届出をしていないが事実上婚姻関係と同様の事情にある者を含む。）又は一親等の親族、②その組合員の住戸に同居する親族、③**他の組合員**でなければならない〈標規（単）46 条 5 項〉。③の組合員は、**マンションに居住するものである必要はない**。

☞ ②分冊 p67 **4**〜

以上より、適切なものはア、ウの二つであり、本問の正解肢は 2 となる。

正解 **2**
（正解率 44%）

肢別解答率 受験生はこう答えた！

1	29%
2	44%
3	22%
4	4%

難易度 **難**

総会の決議に関する次の記述のうち、標準管理規約によれば、適切なものはどれか。

1　敷地及び共用部分等の変更を決議するに際し、その変更が専用使用部分の使用に特別の影響を及ぼすべきときは、その専用使用部分の専用使用を認められている組合員の承諾を得なければならず、この場合において、当該組合員は正当な理由がなければこれを拒否してはならない。

2　マンション敷地売却決議は、組合員総数の5分の4以上及び議決権総数の5分の4以上で行うことができる。

3　建物の価格の2分の1以下に相当する部分が滅失した場合の滅失した共用部分の復旧の決議は、組合員総数の4分の3以上及び議決権総数の4分の3以上で行わなければならない。

4　総会においては、あらかじめ組合員に目的等を示して通知した事項のほか、出席組合員の過半数が同意した事項について決議することができる。

1 **適切** 敷地及び共用部分等の変更が、専有部分又は専用使用部分の使用に特別の影響を及ぼすべきときは、その専有部分を所有する組合員又はその専用使用部分の専用使用を認められている組合員の承諾を得なければならない〈標規(単)47条8項前段〉。この場合において、その組合員は**正当な理由がなければこれを拒否してはならない**〈同条項後段〉。

2 **不適切** マンション敷地売却決議は、**組合員総数、議決権総数及び敷地利用権の持分の価格の各5分の4以上**で行う〈標規(単)47条5項〉。
👉 **②分冊 p67 4~**

3 **不適切** **建物の価格の2分の1を超える部分が滅失した場合の滅失した共用部分の復旧**を総会で決議する場合、組合員総数の4分の3以上及び議決権総数の4分の3以上で決する〈標規(単)47条3項4号〉。本肢の議事は、上記にあたらず、出席組合員の議決権の過半数で決する〈同条2項〉。
👉 **②分冊 p67 4~**

4 **不適切** 総会においては、総会の招集の通知により**あらかじめ通知した事項についてのみ**、決議することができる〈標規(単)47条10項〉。
👉 **②分冊 p67 4~**

正解 1
（正解率62%）

肢別解答率
受験生はこう答えた！

肢	解答率
1	62%
2	22%
3	12%
4	3%

難易度 普

管理組合の総会の議長に関する次の記述のうち、標準管理規約によれば、適切なものはどれか。

1 組合員が管理規約に定められた手続に従い総会の招集を請求したにもかかわらず、理事長が招集通知を発しない場合、当該組合員は臨時総会を招集することができるが、その臨時総会では、理事長が議長となることはできない。

2 監事が管理組合の業務の執行に係る不正を報告するために招集した臨時総会では、総会を招集した監事が総会の議長となる。

3 理事長が臨時総会を招集したが、臨時総会の当日に理事長に事故があって総会に出席できない場合には、副理事長が理事長を代理して総会の議長となる。

4 外部専門家が理事長となっている管理組合において、その外部専門家を役員に再任する議案を審議する通常総会では、総会の決議により理事長以外の議長を選任しなければならない。

1 **不適切** 組合員が組合員総数の5分の1以上及び議決権総数の5分の1以上に当たる組合員の同意を得て、会議の目的を示して総会の招集を請求した場合には、理事長は、臨時総会の招集の通知を発しなければならない〈標規(単)44条1項〉。理事長が、上記通知を発しない場合には、上記請求をした組合員は、臨時総会を招集することができる〈同条2項〉。この臨時総会においては、議長は、総会に出席した組合員(書面又は代理人によって議決権を行使する者を含む。)の議決権の過半数をもって、**組合員の中から選任する**〈同条3項〉。理事長であっても、上記手続により、議長に選任されれば、その臨時総会の議長となることができる。
☞ ②分冊 p67 4~

2 **不適切** 監事は、管理組合の業務の執行及び財産の状況について不正があると認めるときは、臨時総会を招集することができる〈標規(単)41条3項〉。この臨時総会の議長は、**理事長が務める**〈同42条5項〉。

3 **適切** 副理事長は、理事長を補佐し、**理事長に事故があるときは、その職務を代理し、**理事長が欠けたときは、その職務を行う〈標規(単)39条〉。総会の議長は、原則として、理事長が務める〈同42条5項〉が、理事長に事故があり、臨時総会に出席できない場合には、副理事長は、理事長を代理して議長としての職務を行う。
☞ ②分冊 p67 4~

4 **不適切** 総会の議長は、原則として、**理事長が務める**〈標規(単)42条5項〉。したがって、本肢の通常総会の議長も、理事長が務める。
☞ ②分冊 p67 4~

正解 3
(正解率81%)

肢別解答率
受験生はこう答えた！

1	8%
2	8%
3	81%
4	4%

難易度
易

管理組合の総会において、総会を開催することに代えて、書面又は電磁的方法による決議（この問いにおいて「書面等による決議」という。）をしようとする場合に係る次の記述のうち、区分所有法及び標準管理規約によれば、**適切でないもの**はどれか。ただし、当該管理組合の管理規約において、書面等による決議が可能である旨規定されているものとする。

1　規約により総会において決議をすべき場合において、組合員全員の承諾があるときは、書面等による決議をすることができる。

2　書面等による決議をすることの承諾を得た議案について、当該議案が可決されるためには、すべての組合員が賛成することが必要とされる。

3　規約により総会において決議すべき事項につき、組合員全員の書面等による合意があったときは、改めて決議を行わなくても、書面等による決議があったものとみなされる。

4　書面等による決議がなされた場合には、理事長は、各組合員から提出された書面等を保管し、組合員又は利害関係人の請求があれば、その書面等を閲覧に供しなければならない。

1 **適切** 規約により総会において決議をすべき場合において、**組合員全員の承諾があるとき**は、書面による決議をすることができる〈標規（単）50条1項〉。
☞ ❷分冊 p67 **4**〜

2 **不適切** 書面による決議とは、集会を開催しないで、各区分所有者が、各議案ごとの賛否を記載した書面を提出し、決議をすることである。書面による決議によることは、組合員全員の承諾を要するが、その議事は、原則として、**書面を提出した組合員の議決権の過半数で決する**〈標規（単）50条5項、47条2項〉。
☞ ❷分冊 p67 **4**〜

3 **適切** 規約により総会において決議すべきものとされた事項については、**組合員全員の書面による合意があったときは、書面による決議があったものとみなす**〈標規（単）50条2項〉。
☞ ❷分冊 p67 **4**〜

4 **適切** 理事長は、**書面による決議に係る書面を保管**し、組合員又は利害関係人の書面による請求があったときは、**この書面の閲覧をさせなければならない**〈標規（単）50条4項、49条3項前段〉。
☞ ❷分冊 p67 **4**〜

正解 2
（正解率 **77%**）

肢別解答率 受験生はこう答えた！

1	3%
2	77%
3	6%
4	15%

難易度 **易**

総会における議決権行使書の取扱いに関する理事長の次の発言のうち、区分所有法の規定及び標準管理規約によれば、適切なものはどれか。

1 住戸1戸を2人が共有している場合において、共有者それぞれから賛否の異なる議決権行使書が提出されている場合には、あらかじめ2人のうち1人を議決権を行使する者として届出があったとしても、それらの議決権行使書は2通とも無効票として取り扱わなければなりません。

2 マンション管理業者との間で管理委託契約を締結する旨の議案に係る決議に際しては、当該マンション管理業者の役員でもある組合員については、議案に利害関係を有することから、その者から提出された議決権行使書は、当該議案の賛否の計算からは排除しなければなりません。

3 規約の変更の議案に係る決議に際し、マンション内に複数の住戸を区分所有している組合員からその有する専有部分の数の議決権行使書が提出された場合でも、「組合員総数」においては1人として賛否を計算しなければなりません。

4 総会の招集通知に添付した委任状及び議決権行使書を使用せず、組合員から「すべての議案に反対する」と記載した書面が提出されていますが、これは無効票として取り扱うことになります。

1 **不適切** 住戸1戸が数人の共有に属する場合、その議決権行使については、これら共有者をあわせて**一の組合員とみなす**〈標規（単）46条2項〉。この一の組合員とみなされる者は、**議決権を行使する者1人を選任し**、その者の氏名をあらかじめ総会開会までに**理事長に届け出なければならない**〈同条3項〉。議決権を行使する者に選任された組合員は、議決権を行使することができるので、この組合員が提出した議決権行使書は無効票として扱う必要はない。

☞ ❷分冊 p67 **4**〜

2 **不適切** **組合員は、総会で議決権を行使することができる**。したがって、マンション管理業者との間で管理委託契約を締結する旨の議案に係る総会において、管理委託契約の相手方となるマンション管理業者の役員である組合員も、組合員として、議決権を行使することができることから、その者から提出された議決権行使書を、当該議案の賛否の計算に含めなければならない。

☞ ❷分冊 p67 **4**〜

3 **適切** 規約の制定、変更又は廃止に関する総会の議事は、組合員総数の4分の3以上及び議決権総数の4分の3以上で決する〈標規（単）47条3項1号〉。この「**組合員総数」は、組合員の頭数によって算定する**。したがって、**複数の住戸を所有している組合員**であっても、「組合員総数」の算定においては、**1人として数える**。

4 **不適切** 書面による議決権行使とは、**総会には出席しないで**、総会の開催前に**各議案ごとの賛否を記載した書面**を総会の招集者に提出することをいう〈標規（単）コ46条関係⑥〉。本肢の場合、総会の招集通知に添付した議決権行使書は用いていないが、各議案ごとの賛否が明記された書面が提出されているので、これを無効票として扱う理由はない。

☞ ❷分冊 p67 **4**〜

正解 3
（正解率 87%）

肢別解答率 受験生はこう答えた！

肢	解答率
1	2%
2	7%
3	87%
4	4%

難易度 **易**

WEB 会議システム等を用いた総会の招集等に関する次のマンション管理士の意見のうち、標準管理規約によれば、適切なものはいくつあるか。

ア　総会を招集するには、少なくとも総会開催の日の 2 週間前までに日時、WEB 会議システム等にアクセスする方法及び会議の目的を示して組合員に通知を発しなければなりません。

イ　管理者である理事長が総会で管理組合の業務執行に関する報告をするときは、各組合員からの質疑に対して適切に応答する必要があるので、理事長自身は WEB 会議システム等により報告することはできません。

ウ　総会の目的が建替え決議や敷地売却決議であるときは、それらの説明会は WEB 会議システム等で行うことができますが、決議そのものは WEB 会議システム等で行うことはできません。

エ　総会において議決権を行使することができない傍聴人として WEB 会議システム等を用いて議事を傍聴する組合員については、定足数の算出においては出席組合員には含まれないと考えられます。

1 一つ
2 二つ
3 三つ
4 四つ

ア 適切 総会を招集するには、少なくとも会議を開く日の**2週間前**（会議の目的が建替え決議又はマンション敷地売却決議であるときは2か月前）までに、会議の日時、場所（**WEB会議システム等を用いて会議を開催するときは、その開催方法**）及び目的を示して、組合員に通知を発しなければならない〈標規（単）43条1項〉。WEB会議システム等を用いて会議を開催する場合における通知事項のうち、「開催方法」については、当該WEB会議システム等にアクセスするためのURLが考えられ〈同コ43条関係〉、WEB会議システム等へのアクセス方法を示して組合員に通知を発しなければならない。

☞ ②分冊 p67 **4**～

イ 不適切 理事長は、通常総会において、組合員に対し、前会計年度における管理組合の業務の執行に関する報告をしなければならない〈標規（単）38条3項〉。**WEB会議システム等を用いて開催する通常総会において**、理事長が当該システム等を用いて出席し報告を行うことも可能である〈同コ38条関係②〉。

☞ ②分冊 p58 **3**～

ウ 不適切 会議の目的が**建替え決議又はマンション敷地売却決議**であったとしても、WEB会議システム等を用いて会議を開催し、**決議をすることができる**〈標規（単）47条参照〉。

☞ ②分冊 p67 **4**～

エ 適切 総会の会議（WEB会議システム等を用いて開催する会議を含む。）は、議決権総数の半数以上を有する組合員が出席しなければならない〈標規（単）47条1項〉。**議決権を行使することができない傍聴人**としてWEB会議システム等を用いて議事を傍聴する組合員については、**出席組合員には含まれない**と考えられる〈同コ47条関係①〉。

☞ ②分冊 p67 **4**～

以上より、適切なものはア、エの二つであり、本問の正解肢は2となる。

正解 **2**
（正解率**75%**）

肢別解答率
受験生はこう答えた！

1	16%
2	75%
3	7%
4	1%

難易度 **易**

甲マンション103号室については、当該住戸に居住しているAと、外部に居住しているBの共有となっている。また、総会に先立ち、あらかじめBを議決権行使者とする理事長への届出がなされている。この場合において、総会運営における103号室の取扱いに関する次の記述のうち、標準管理規約によれば、適切でないものはどれか。

1 Bが通知先としてその住所を管理組合に届け出ていない場合には、総会の招集の通知は103号室あてに発することで、招集手続として有効である。

2 A及びBがともに総会を欠席したが、Aが議決権行使書を提出していた場合には、定足数の確認においては、103号室の組合員を「出席」と扱ってよい。

3 Aが総会に出席し、Bが議決権行使書を提出していた場合には、Aの総会の場での賛否の意思表示にかかわらず、Bが提出した議決権行使書の内容を、103号室の賛否とする。

4 甲マンションの他の組合員Cを代理人として議決権を行使しようとする場合には、Bを委任者、Cを受任者とする委任状を作成し、理事長に提出する必要がある。

1 **適切** 総会の招集の通知は、管理組合に対し組合員が届出をしたあて先に発するものとする〈標規（単）43条2項本文〉。もっとも、その届出のない組合員に対しては、**対象物件内の専有部分の所在地あてに**発するものとする〈同条項ただし書〉。Bは、総会の招集の通知の通知先を管理組合に届け出ていないので、Bに対する総会の招集の通知は、103号室あてに発すれば、招集手続として有効である。
☞ ❷分冊 p67 **4**～

2 **不適切** 総会の会議（WEB会議システム等を用いて開催する会議を含む。）は、**議決権総数の半数以上**を有する組合員が出席しなければならない〈標規（単）47条1項〉。出席組合員の算定において、**書面又は代理人によって議決権を行使する者は、出席組合員とみなす**〈同条6項〉。ここで、103号室の組合員の議決権はBが行使するから、Aが提出した議決権行使書は有効なものとして扱われず、定足数の確認においては、103号室の組合員を出席として扱わない。
☞ ❷分冊 p67 **4**～

3 **適切** **103号室の組合員の議決権はBが行使する**から、Bが提出した議決権行使書の内容を、103号室の組合員の賛否とする。
☞ ❷分冊 p67 **4**～

4 **適切** **組合員又は代理人は、代理権を証する書面を理事長に提出しなければならない**〈標規（単）46条6項〉。103号室の組合員の議決権はBが行使するから、代理人により議決権を行使する場合には、Bを委任者、Cを受任者とする委任状を作成し、理事長に提出する。
☞ ❷分冊 p67 **4**～

正解 2
（正解率**73%**）

肢別解答率
受験生は
こう答えた！

1	5%
2	73%
3	16%
4	6%

難易度 **易**

ITを活用した管理組合の運営や手続きに関する次の記述のうち、標準管理規約によれば、適切なものはどれか。

1 組合員が総会において議決権を行使する場合、書面による議決権の行使に代えて、電磁的方法によって行使することは認められていない。

2 電磁的記録で作成された議事録の閲覧請求があったときは、当該電磁的記録に記録された情報の内容を紙面又は出力装置の映像面に表示する方法により表示したものを請求者の自宅において閲覧させることとなる。

3 あらかじめ管理規約でWEB会議システム等を用いて総会が開催できる旨定めている場合に限り、当該方法により総会を開催することができる。

4 住戸が売買されて組合員の変動が生じた場合の組合員の資格の得喪の届出は、電磁的方法により行うことができる。

1 　**不適切**　組合員は、書面による議決権の行使に代えて、**電磁的方法によって**議決権を行使することができる〈標規（単）46条7項〉。

☞ ❷分冊 p67 **4**〜

2 　**不適切**　理事長は、総会の議事録を保管し、組合員又は利害関係人の書面又は電磁的方法による請求があったときは、議事録の閲覧（議事録が電磁的記録で作成されているときは、当該**電磁的記録に記録された情報の内容を紙面又は出力装置の映像面に表示する方法により表示したものの当該議事録の保管場所における閲覧**をいう。）をさせなければならない〈標規（単）49条5項前段〉。また、理事会の議事録については、総会の議事録についての上記規定が準用される〈同53条4項〉。したがって、電磁的記録で作成された議事録の閲覧請求があったとしても、請求者の自宅においてこれを閲覧させることにはならない。

☞ ❷分冊 p67 **4**〜

3 　**不適切**　WEB会議システム等を用いた総会の開催は、あらかじめ管理規約でWEB会議システム等を用いて総会が開催できる旨**定めることなく**行うことができる。

☞ ❷分冊 p67 **4**〜

4 　**適切**　新たに組合員の資格を取得し、又は喪失した者は、直ちにその旨を書面又は**電磁的方法により**管理組合に届け出なければならない〈標規（単）31条1項〉。

☞ ❷分冊 p56 **2**〜

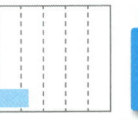

正解 **4**
（正解率**63%**）

肢別解答率
受験生は
こう答えた！

1	4%
2	6%
3	27%
4	63%

難易度 **普**

専有部分の占有者や同居人等に関する次の記述のうち、標準管理規約によれば、適切なものはいくつあるか。

ア 管理費等を上乗せして家賃を支払っている賃借人は、大幅な修繕積立金値上げを議題とする場合には、利害関係人として総会に出席し意見を述べることができる。

イ 区分所有者は、同居している姪を代理人として議決権を行使させることができる。

ウ 長期海外勤務の区分所有者から住戸の売却の媒介依頼を受けた宅地建物取引業者は、管理組合の帳簿の閲覧を請求することができる。

エ 区分所有者と同居している親族が規約違反行為の是正の対象者になっている場合には、当該親族は、規約や総会決議の議事録の閲覧を請求することができる。

1 一つ
2 二つ
3 三つ
4 四つ

ア 不適切 区分所有者の承諾を得て専有部分を占有する者は、**会議の目的につき利害関係を有する場合**には、総会に出席して意見を述べることができる〈標規（単）45条2項〉。ここで、「利害関係」とは、法律上の利害関係をいう。賃借人は、管理費等債務の債務者ではなく、修繕積立金の値上げにつき**法律上の利害関係を有していない**ので、本肢のような事情があり事実上の利害関係を有していたとしても、利害関係人として総会に出席し意見を述べることはできない。

☞ ②分冊 p67 **4**~

イ 適切 組合員が代理人により総会の議決権を行使しようとする場合においては、その代理人は、①その組合員の**配偶者**（婚姻の届出をしていないが事実上婚姻関係と同様の事情にある者を含む。）又は**1親等の親族**、②その組合員の住戸に**同居する親族**、③**他の組合員**のいずれかでなければならない〈標規（単）46条5項〉。区分所有者の同居の姪は、②にあたり、区分所有者は、これを代理人として議決権を行使させることができる。

☞ ②分冊 p67 **4**~

ウ 適切 理事長は、会計帳簿、什器備品台帳その他の帳票類を作成して保管し、組合員又は**利害関係人の理由を付した書面による請求**があったときは、これらを**閲覧させなければならない**〈標規（単）64条1項〉。区分所有者から住戸の売却の媒介依頼を受けた宅地建物取引業者は、「利害関係人」にあたり〈同コ64条関係①〉、管理組合の帳簿の閲覧を請求することができる。

☞ ②分冊 p98 **3**~

エ 適切 **規約原本**は、理事長が保管し、区分所有者又は**利害関係人の書面による請求**があったときは、規約原本の**閲覧をさせなければならない**〈標規（単）72条2項〉。また、理事長は、**総会の議事録**を保管し、組合員又は**利害関係人の書面による請求**があったときは、総会の議事録の**閲覧をさせなければならない**〈同49条3項〉。区分所有者と同居している親族が規約違反行為の是正の対象者になっている場合、当該親族は、反論をするため、規約に規定されている内容を確認する必要があることから、「利害関係人」にあたり、規約や総会決議の議事録の閲覧を請求することができる。

☞ ②分冊 p67 **4**~

以上より、適切なものはイ、ウ、エの三つであり、本問の正解肢は3となる。

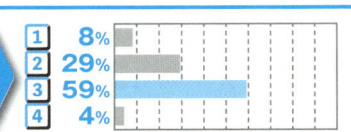

正解 **3**
（正解率**59%**）

肢別解答率
受験生は
こう答えた！

1	8%	
2	29%	
3	59%	
4	4%	

難易度 **普**

28 総会

管理組合が、集会所における集会と WEB 会議システムを併用して総会を行おうとする場合の取扱いに関する次の記述のうち、標準管理規約によれば、適切なものはどれか。

1 WEB 会議システムにより出席する組合員の議決権行使の取扱いを、あらかじめ管理規約に定めておく必要がある。

2 理事長は、前会計年度における管理組合の業務の執行に関し報告をして各組合員からの質疑への応答等に適切に対応する必要があることから、集会所における集会に出席しなければならない。

3 いずれの方法によっても総会に出席できない組合員は、その配偶者が集会所における集会に出席できる場合であっても、WEB 会議システムにより出席を予定している他の組合員を代理人として議決権を行使することができる。

4 理事長は、WEB 会議システムにより出席することを予定している組合員に個別の ID 及びパスワードを送付する必要があるため、緊急を要する場合であっても、少なくとも会議を開く日の 2 週間前までに招集通知を発しなければならない。

1 **不適切** WEB会議システム等を用いて総会に出席している組合員が議決権を行使する場合の取扱いは、WEB会議システム等を用いずに総会に出席している組合員が議決権を行使する場合と**同様**であり、電磁的方法による議決権行使の場合のような**規約の定めや集会の決議は不要**である〈標規(単)コ46条関係⑧〉。

☞ **❷分冊 p67 4~**

2 **不適切** 理事長は、通常総会において、組合員に対し、前会計年度における管理組合の業務の執行に関する報告をしなければならない〈標規(単)38条3項〉。**WEB会議システム等を用いて開催する通常総会において、理事長が当該システム等を用いて出席し報告を行うことも可能である**〈同コ38条関係②〉。なお、WEB会議システム等を用いない場合と同様に、各組合員からの質疑への応答等について適切に対応する必要があることに留意すべきである。

☞ **❷分冊 p58 3~**

3 **適切** 組合員が代理人により総会の議決権を行使しようとする場合においては、その代理人は、①その組合員の**配偶者**（婚姻の届出をしていないが事実上婚姻関係と同様の事情にある者を含む。）又は**1親等の親族**、②その組合員の住戸に**同居する親族**、③**他の組合員**のいずれかでなければならない〈標規(単)46条5項〉。WEB会議システム等により出席を予定している他の組合員は③にあたるから、総会に出席できない組合員は、これを代理人として議決権を行使することができる。

☞ **❷分冊 p67 4~**

4 **不適切** 総会を招集するには、少なくとも会議を開く日の**2週間前**（会議の目的が建替え決議又はマンション敷地売却決議であるときは2か月前）までに、会議の日時、場所（WEB会議システム等を用いて会議を開催するときは、その開催方法）及び目的を示して、組合員に通知を発しなければならない〈標規(単)43条1項〉。もっとも、**緊急を要する場合**には、理事長は、**理事会の承認**を得て、**5日間を下回らない範囲において、上記期間を短縮することができる**〈同条9項〉。したがって、集会所における集会とWEB会議システム等を併用して総会を行う場合においても、緊急を要するときには、会議を開く日の2週間までに総会の招集の通知を発しなくてもよい。

☞ **❷分冊 p67 4~**

正解 3
（正解率**68%**）

肢別解答率
受験生はこう答えた！

肢	解答率
1	19%
2	5%
3	68%
4	8%

難易度 普

総会において議長が議決権行使を有効と判断した取扱いに関する次の記述のうち、民法の規定及び標準管理規約によれば、適切でないものはどれか。ただし、当該管理組合の管理規約では、外部専門家を役員として選任できない旨が規定されているものとする。

1 総会の招集通知に添付してある一連の出席票・委任状・議決権行使書において、出席とした上で、余白に「万一欠席した場合は、議長に一任する」という手書きの文章が追加されて返信され、総会当日は欠席であったので議長が代理人として議決権を行使した。

2 自分のパソコンで「全ての議案に反対する」と部屋番号と氏名を記載した議決権行使書を作成し印刷されたものが提出された。

3 外国居住の区分所有者に住戸購入を媒介した日本の不動産業者が、自らを受任者とする委任状に記名押印して管理組合に郵送してきた。

4 議決権行使書に、「議案に賛成する」の箇所を○で囲んでいたが、署名のみで住戸番号の記載がなかった。

1 適切　本肢の出席票は、その記載から、**欠席した場合、議長を受任者として議決権行使を委任する意思**が読み取れるので、**条件付きの委任状**であると考えることができる。総会当日に委任者である区分所有者が欠席しているので、議長は、委任に基づいて、代理人として有効に議決権を行使することができる。
❷分冊 p67 4～

2 適切　本肢の議決権行使書は、添付した議決権行使書のひな形を用いるものではないものの、**区分所有者と議案に対する賛否が明確**であるから、**有効な議決権行使書**である。したがって、この議決権行使書による議決権行使は、有効である。
❷分冊 p67 4～

3 不適切　組合員が代理人により総会の議決権を行使しようとする場合においては、その代理人は、①その組合員の**配偶者**（婚姻の届出をしていないが事実上婚姻関係と同様の事情にある者を含む。）又は**1親等の親族**、②その組合員の住戸に**同居する親族**、③**他の組合員**のいずれかでなければならない〈標規（単）46条5項〉。本肢の不動産業者は、**上記のいずれにもあたらず**、議決権行使の代理人となることはできないから、本肢の不動産業者が代理人としてした議決権行使は有効とはいえない。
❷分冊 p67 4～

4 適切　本肢の議決権行使書は、住戸番号の記載はないものの、**区分所有者と議案に対する賛否が明確**であるから、**有効な議決権行使書**である。したがって、この議決権行使書による議決権行使は、有効である。
❷分冊 p67 4～

正解 3
（正解率83%）

肢別解答率
受験生はこう答えた！

肢	解答率
1	8%
2	7%
3	83%
4	2%

難易度
易

理事会運営に関する次の記述のうち、標準管理規約によれば、適切なものはどれか。

1　理事会に理事がやむを得ず欠席する場合において、事前に議決権行使書又は意見を記載した書面を出すことができる旨を認めるときは、あらかじめ通知された事項について、書面をもって表決することを認める旨を、理事会の決議によって定めることが必要である。

2　理事会において外部専門家である理事の代理出席を認める場合には、あらかじめ総会において、外部専門家の理事としての職務を代理するにふさわしい資質・能力を有するか否かを審議の上、その職務を代理する者を定めておくことが望ましい。

3　理事会が正式な招集手続に基づき招集され、理事の半数以上が出席していれば、監事が出席していなくても、理事会を開催することができる。

4　理事会で専有部分の修繕に係る申請に対する承認又は不承認の決議を行う場合には、理事全員の承諾がなければ書面又は電磁的方法による決議を行うことができない。

1 **不適切** 理事がやむを得ず理事会を欠席する場合において、事前に議決権行使書又は意見を記載した書面を出すことができる旨を認めるときには、理事会に出席できない理事が、あらかじめ通知された事項について、書面をもって表決することを認める旨を、**規約の明文の規定で定めることが必要である**〈標規（単）コ 53 条関係④〉。理事会の決議によって定めるだけでは足りない。

☞ **②分冊 p82 5〜**

2 **不適切** 外部専門家など当人の個人的資質や能力等に着目して選任されている理事については、**代理出席を認めることは適当でない**〈同コ 53 条関係③〉。

☞ **②分冊 p82 5〜**

3 **適切** 監事は、理事会に出席し、必要があると認めるときは、意見を述べなければならない〈標規（単）41 条 4 項〉。もっとも、**理事会は、所定の招集手続を経た上で、理事の半数以上が出席すれば開くことが可能であり**、監事が出席しなかったことは、理事会における決議等の有効性には影響しない〈同コ 41 条関係②〉。

☞ **②分冊 p58 3〜**

4 **不適切** 理事会の会議（WEB 会議システム等を用いて開催する会議を含む。）は、理事の半数以上が出席しなければ開くことができず、その議事は出席理事の過半数で決する〈標規（単）53 条 1 項〉。もっとも、専有部分の修繕等、敷地及び共用部分等の保存、窓ガラス等の改良に関する承認又は不承認については、**理事の過半数の承諾があるとき**は、書面又は電磁的方法による決議によることができる〈同条 2 項〉。

☞ **②分冊 p82 5〜**

理事会

正解 3 （正解率**77%**）

肢別解答率 受験生はこう答えた！

1	5%
2	12%
3	77%
4	5%

難易度 易

手続上、総会決議を経ることなく、理事会の決議又は承認により行うことができる事項は、標準管理規約によれば、次のうちどれか。

1 敷地及び共用部分等（駐車場及び専用使用部分を除く。）の一部を第三者に使用させること。

2 役員活動費の額及び支払方法を定めること。

3 理事会の運営について細則を定めること。

4 規約に違反した区分所有者に対し、理事長が行為の差止訴訟を提起すること。

1 **総会の決議を経なければならない** 　管理組合は、**総会の決議を経て**、敷地及び共用部分等（駐車場及び専用使用部分を除く。）の一部について、第三者に使用させることができる〈標規（単）16条2項〉。
👉 ②分冊 p25 **4**~

2 **総会の決議を経なければならない** 　役員の選任及び解任並びに役員活動費の額及び支払方法については、**総会の決議を経なければならない**〈標規（単）48条2号〉。
👉 ②分冊 p67 **4**~

3 **総会の決議を経なければならない** 　規約及び使用細則等の制定、変更又は廃止については、**総会の決議を経なければならない**〈標規（単）48条1号〉。
👉 ②分冊 p67 **4**~

4 **理事会の決議により行うことができる** 　区分所有者等が規約又は使用細則等に違反したときは、理事長は、**理事会の決議を経て**、行為の差止め、排除又は原状回復のための必要な措置の請求に関し、管理組合を代表して、訴訟その他法的措置を追行することができる〈標規（単）67条3項1号〉。
👉 ②分冊 p102 **1**~

正解 4
（正解率69%）

肢別解答率
受験生はこう答えた！

1	6%
2	5%
3	20%
4	69%

難易度 普

理事会に関する次の記述のうち、標準管理規約によれば、適切なものはどれか。ただし、会議の目的が建替え決議又はマンション敷地売却決議ではない場合とする。

1　理事長が理事会を招集するためには、少なくとも会議を開く日の2週間前までに会議の日時、場所及び目的を示して理事に通知すれば足りる。

2　組合員が組合員総数及び議決権総数の5分の1以上に当たる組合員の同意を得て、会議の目的を示して総会の招集を請求した場合は、理事長は、臨時総会の招集の通知を発しなければならないが、通知を発することについて理事会の決議を経ることを要しない。

3　理事会の招集手続については、総会の招集手続の規定を準用することとされているため、理事会においてこれと異なる定めをすることはできない。

4　理事会には理事本人が出席して、議論に参加し、議決権を行使することが求められているので、理事会に出席できない理事について、書面をもって表決することを認める旨を規約で定めることはできない。

1 **不適切** 理事会を招集するには、少なくとも会議を開く日の2週間前までに、会議の日時、場所（WEB会議システム等を用いて会議を開催するときは、その開催方法）及び目的を示して、**理事及び監事に**通知を発しなければならない〈標規（単）52条4項本文、43条1項〉。

☞ ❷分冊 p82 **5**〜

2 **適切** 組合員が組合員総数の5分の1以上及び議決権総数の5分の1以上に当たる組合員の同意を得て、会議の目的を示して総会の招集を請求した場合には、理事長は、2週間以内にその請求があった日から4週間以内の日（会議の目的が建替え決議又はマンション敷地売却決議であるときは、2か月と2週間以内の日）を会日とする臨時総会の招集の通知を発しなければならない〈標規（単）44条1項〉。**この招集の通知を発するのに、理事会の決議を経る必要はない。**

☞ ❷分冊 p67 **4**〜

3 **不適切** 理事会の招集手続については、総会の招集手続に関する規定の一部が準用される〈標規（単）52条4項本文〉。もっとも、**理事会において別段の定めをすることができる**〈同条項ただし書〉。

☞ ❷分冊 p82 **5**〜

4 **不適切** 理事は、総会で選任され、組合員のため、誠実にその職務を遂行するものとされているため、理事会には本人が出席して、議論に参加し、議決権を行使することが求められる〈標規（単）コ53条関係①〉。もっとも、**理事がやむを得ず欠席する場合には、事前に議決権行使書又は意見を記載した書面を出せるようにすることが考えられる**〈同コ53条関係④〉。これを認める場合には、理事会に出席できない理事が、あらかじめ通知された事項について、書面をもって表決することを認める旨を、**規約の明文の規定で定めることが必要である**〈同コ53条関係④〉。

☞ ❷分冊 p82 **5**〜

理事会

正解 2
（正解率 **67%**）

肢別解答率
受験生は
こう答えた！

肢	解答率
1	20%
2	67%
3	3%
4	10%

難易度

普

1棟300戸の住宅のみで構成されるマンションの管理組合で、理事の定数が25名である理事会の効率的な運営の在り方として理事会の中に部会を設置することについて理事長から相談を受けたマンション管理士の次の発言のうち、標準管理規約によれば、適切でないものはどれか。

1　貴マンションのような大規模なマンションの管理組合では、理事会のみで実質的検討を行うのが難しくなるので、理事会の中に部会を設け、各部会に理事会の業務を分担して実質的な検討を行うことが考えられます。

2　部会を設ける場合、理事会の運営方針を決めるため、理事長及び副理事長により構成される幹部会を設けることが考えられます。

3　部会を設ける場合、部会の担当業務とされた事項の決議は、そのまま理事会決議に代えることができます。

4　部会を設ける場合、副理事長が各部の部長を兼任するような組織体制を構築することが考えられます。

1 **適切**　200戸を超え、役員数が20名を超えるような大規模なマンションでは、理事会のみで、実質的検討を行うのが難しくなるので、**理事会の中に部会を設け、各部会に理事会の業務を分担して、実質的な検討を行うような**、複層的な組織構成、役員の体制を検討する必要がある〈標規（単）コ35条関係③〉。
👉 ②分冊 p58 **3**～

2 **適切**　理事会の中に部会を設ける場合、理事会の運営方針を決めるため、**理事長、副理事長による幹部会**を設けることも有効である〈標規（単）コ35条関係③〉。
👉 ②分冊 p58 **3**～

3 **不適切**　理事会運営細則を別途定め、部会を設ける場合は、**理事会の決議事項につき決定するのは、あくまで、理事全員による理事会である**ことを明確にする必要がある〈標規（単）コ35条関係③〉。
👉 ②分冊 p58 **3**～

4 **適切**　理事会の中に部会を設ける場合、**副理事長は、各部の部長と兼任するような組織構成が望ましい**〈標規（単）コ35条関係③〉。
👉 ②分冊 p58 **3**～

正解 3
（正解率 **89%**）

肢別解答率
受験生はこう答えた！

1	2%
2	3%
3	89%
4	6%

難易度 **易**

理事会の運営に係る次の記述のうち、標準管理規約によれば、適切なものはいくつあるか。（改題）

ア 理事本人が理事会に出席できない場合に備え、規約に代理出席を認める旨を定めるとともに、理事の職務を代理するにふさわしい資質・能力を有するか否かを考慮して、その職務を代理する者を定めておくことができる。

イ 総会での決議に4分の3以上の賛成を必要とする総会提出議案についても、理事会で議案の提出を決議する場合は、出席理事の過半数の賛成があれば成立する。

ウ 管理組合と理事との間の利益相反取引に係る承認決議に際しては、当該理事を除く理事の過半数により決議する。

エ 専門委員会のメンバーは、理事会から指示された特定の課題の検討結果を理事会に対して具申することはできるが、理事会決議に加わることはできない。

1 一つ

2 二つ

3 三つ

4 四つ

ア `適切`　理事本人が理事会に出席できない場合に備え、「理事に事故があり、理事会に出席できない場合は、その配偶者又は一親等の親族（理事が、組合員である法人の職務命令により理事となった者である場合は、法人が推薦する者）に限り、代理出席を認める」旨を定めることができる〈標規（単）コ53条関係③〉。このような定めをした場合においても、あらかじめ、**理事の職務の代理をするにふさわしい資質・能力を有するか否かを考慮して、その職務を代理する者を定めておくことが望ましい**〈同コ53条関係③〉。
☞ ❷分冊 p82 ⑤〜

イ `適切`　理事会の会議（WEB会議システム等を用いて開催する会議を含む。）は、理事の半数以上が出席しなければ開くことができず、その議事は**出席理事の過半数で決する**〈標規（単）53条1項〉。
☞ ❷分冊 p82 ⑤〜

ウ `不適切`　理事会の会議（WEB会議システム等を用いて開催する会議を含む。）は、理事の半数以上が出席しなければ開くことができず、その議事は**出席理事の過半数で決する**〈標規（単）53条1項〉。理事会の決議について特別の利害関係を有する理事は、議決に加わることができない〈同条3項〉ので、本肢の承認決議に際しては、利益相反関係にある理事を除く出席理事の過半数により決議する。
☞ ❷分冊 p82 ⑤〜

エ `適切`　専門委員会は、調査又は検討した結果を**理事会に具申する**〈標規（単）55条2項〉。しかし、専門委員会のメンバーは、理事会の構成員というわけではないので、**理事会の決議に加わることはできない**。
☞ ❷分冊 p82 ⑤〜

以上より、適切なものはア、イ、エの三つであり、本問の正解肢は3となる。

正解 ③
（正解率42%）

肢別解答率
受験生はこう答えた！

1	3%
2	15%
3	42%
4	40%

難易度 **難**

管理組合の理事会に関する次の記述のうち、標準管理規約によれば、適切なものはどれか。ただし、使用細則や理事会決議で特段の取扱いは定めていないものとする。

1 理事会に理事長及び副理事長のいずれもが欠席した場合には、理事の半数が出席した場合であっても、その理事会を開催することはできない。

2 理事が不正の行為をしたと認める場合には、監事は、理事長に対し理事会の招集を請求することができ、請求があった日から5日以内に、その請求があった日から2週間以内の日を理事会の日とする理事会の招集の通知を理事長が発しない場合には、その請求をした監事が理事会を招集することができる。

3 区分所有者から敷地及び共用部分等の保存行為を行うことの承認申請があった場合の承認又は不承認について、書面又は電磁的方法により決議をするためには、理事全員の同意が必要である。

4 緊急を要する場合において、理事の過半数の承諾があれば、理事長は、会日の5日前に理事会の招集通知を発することにより、理事会を開催することができる。

1 **不適切** 理事会の会議(WEB 会議システム等を用いて開催する会議を含む。)は、**理事の半数以上が出席しなければ**開くことができない〈標規(単)53 条1項〉。したがって、理事長及び副理事長が欠席したとしても、理事の半数以上が出席すれば、理事会を開くことができる。

👉 **②分冊 p82 5〜**

2 **適切** 監事は、理事が不正の行為をし、若しくは当該行為をするおそれがあると認める場合、又は法令、規約、使用細則等、総会の決議若しくは理事会の決議に違反する事実若しくは著しく不当な事実があると認める場合において、必要があると認めるときは、**理事長に対し、理事会の招集を請求することができる**〈標規(単)41 条6項〉。この**請求があった日から5日以内**に、その請求があった日から**2週間以内の日を理事会の日とする理事会の招集の通知が発せられない場合**は、その請求をした監事は、**理事会を招集することができる**〈同条7項〉。

👉 **②分冊 p58 3〜**

3 **不適切** 専有部分の修繕等、敷地及び共用部分等の保存行為又は窓ガラス等の改良についての承認又は不承認については、**理事の過半数の承諾**があるときは、書面又は電磁的方法による決議によることができる〈標規(単)53 条2項〉。理事全員の同意は不要である。

👉 **②分冊 p82 5〜**

4 **不適切** 理事会を招集するには、少なくとも会議を開く日の**2週間前**までに、会議の日時、場所(WEB 会議システム等を用いて会議を開催するときは、その開催方法)及び目的を示して、理事及び監事に通知を発しなければならない〈標規(単)52 条4項、43 条1項〉。もっとも、**緊急を要する場合**には、理事長は、**理事及び監事の全員の同意を得て**、**5日間を下回らない範囲**において、上記期間を短縮することができる〈同 52 条4項、43 条9項〉。したがって、会日の5日前に理事会の招集を発することは可能であるが、理事の過半数の承諾で行うことはできない。

👉 **②分冊 p82 5〜**

正解 2
(正解率 **68%**)

肢別解答率
受験生は
こう答えた!

1	5%
2	68%
3	8%
4	19%

難易度 **普**

第3編 マンション標準管理規約

理事会

理事、理事会等に関する次の記述のうち、標準管理規約によれば、適切なものはどれか。

1 理事会で、理事長、副理事長及び会計担当理事の役職解任の決議をする場合、WEB会議システム等によって行うことはできない。

2 総会提出議案は、理事の過半数の承諾があれば、書面又は電磁的方法により理事会で決議することができる。

3 理事が止むを得ず理事会を欠席する場合には、規約の明文の規定がなくても、あらかじめ通知された事項について書面で賛否を記載し意思表示することが認められる。

4 理事長は、未納の管理費等及び使用料の請求に関し、管理組合を代表して訴訟を追行する場合には、理事会の決議を経ることが必要である。

1 不適切　理事会は、WEB 会議システム等を用いて開催することができる〈標規（単）53 条 1 項〉。WEB 会議システム等を用いて開催した理事会においても、特に議決事項を制限されることはなく、理事長、副理事長及び会計担当理事の解任も、WEB 会議システム等を用いて開催した理事会において決議することができる。

👉 **②分冊 p82 5〜**

2 不適切　専有部分の修繕等、敷地及び共用部分等の保存並びに窓ガラス等の改良の承認又は不承認については、理事の過半数の承諾があるときは、書面又は電磁的方法による決議によることができる〈標規（単）53 条 2 項〉。総会提出議案は、上記のいずれにもあたらないので、書面又は電磁的方法による決議によることはできない。

👉 **②分冊 p82 5〜**

3 不適切　理事がやむを得ず欠席する場合には、代理出席によるのではなく、事前に議決権行使書又は意見を記載した書面を出せるようにすることが考えられ、これを認める場合には、理事会に出席できない理事が、あらかじめ通知された事項について、書面をもって表決することを認める旨を、規約の明文の規定で定めることが必要である〈標規（単）コ 53 条関係④〉。

👉 **②分冊 p82 5〜**

4 適切　理事長は、未納の管理費等及び使用料の請求に関して、理事会の決議により、管理組合を代表して、訴訟その他法的措置を追行することができる〈標規（単）60 条 4 項〉。

👉 **②分冊 p91 1〜**

正解 **4**
（正解率 **77%**）

肢別解答率
受験生は
こう答えた！

1	3%
2	14%
3	5%
4	77%

難易度 **易**

マンションの管理組合において専門家を活用する場合に関する次の記述のうち、区分所有法の規定及び標準管理規約によれば、適切でないものはどれか。

1 専門委員会に組合員以外の外部の専門家を参加させることができる。

2 外部専門家を役員として選任できる規約を定め、組合員ではないマンション管理士が理事長に就任している場合において、管理組合が、当該理事長に管理計画認定を受けるための作業の委託をし、その契約を締結するには、監事又は当該理事長以外の理事が管理組合を代表しなければならない。

3 管理組合が、管理組合の運営その他のマンション管理に関し継続的に相談をするために、マンション管理士との間で顧問契約を締結することは、総会決議を経なくても理事会決議で決定できる事項である。

4 マンション管理士が役員に就任している場合において、当該マンション管理士が自己又は第三者のために管理組合と取引するときは、理事会において、当該取引につき重要な事実を開示し、その承認を受けなければならない。

1 **適切** 専門委員会は、検討対象に関心が強い組合員を中心に構成されるものである。必要に応じ**検討対象に関する専門的知識を有する者（組合員以外も含む。）**の参加を求めることもできる〈標規(単)コ 55 条関係②〉。したがって、専門委員会に組合員以外の外部の専門家を参加させることができる。

☞ **②分冊 p82 5～**

2 **適切** 管理組合と理事長との利益が相反する事項については、**監事又は理事長以外の理事**が管理組合を代表する〈標規(単)38 条 6 項〉。本肢の委託は、理事長がその地位を利用して委託料を吊り上げ、管理組合に損害を被らせるおそれがあり、「管理組合と理事長との利益が相反する事項」にあたることから、本肢の委託契約を締結するには、監事又は理事長以外の理事が管理組合を代表しなければならない。

☞ **②分冊 p58 3～**

3 **不適切** **管理組合の業務に関する重要事項**については、総会の決議を経なければならない〈標規(単)48 条 17 号〉。マンション管理士との間で顧問契約を締結することはこれにあたり、総会の決議を経なければならない。

☞ **②分冊 p67 4～**

4 **適切** **役員は、自己又は第三者のために管理組合と取引をしようとするときは、理事会において、当該取引につき重要な事実を開示し、その承認を受けなければならない**〈標規(単)37 条の 2 第 1 号〉。本肢のマンション管理士は、役員であるから、自己又は第三者のために管理組合と取引をしようとするときは、理事会において、当該取引につき重要な事実を開示し、その承認を受けなければならない。

☞ **②分冊 p58 3～**

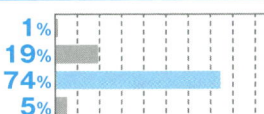

正解 3 （正解率74%） **肢別解答率** 受験生はこう答えた！

肢	解答率
1	1%
2	19%
3	74%
4	5%

難易度 **易**

理事会及び理事長の権限等に関する次のマンション管理士の意見のうち、区分所有法の規定及び標準管理規約によれば、適切なものはいくつあるか。

ア 小型犬を飼育している賃借人は、「ペット飼育細則改定の件」が議題になっている総会で意見を述べる旨あらかじめ理事長に通知すれば、理事会の承認なしに総会に出席して意見を述べることができます。

イ 理事長は、共用部分に関する損害保険契約に基づく保険金額の請求及び受領について、理事会の承認を経なければ区分所有者を代理することができません。

ウ 窓ガラスの断熱性能を向上させる改良工事について区分所有者が自己の責任と負担で行う旨を理事長に申請してきた場合、管理組合が当該工事を速やかに実施できないときは、理事会は、理事の過半数の承諾があれば書面又は電磁的方法による決議で承認・不承認を決めることができます。

エ 集中豪雨により、窓が開いたままの専有部分が水浸しになり、放置すると下階にも重大な影響が出るおそれがある場合、理事長は、理事会の決議なしにその専有部分に立ち入ることができます。

1 一つ
2 二つ
3 三つ
4 四つ

ア `適切`　区分所有者の承諾を得て専有部分を占有する者は、**会議の目的につき利害関係を有する場合**には、総会に出席して意見を述べることができる〈標規(単)45条2項前段〉。この場合において、総会に出席して意見を述べようとする者は、**あらかじめ理事長にその旨を通知**しなければならない〈同条項後段〉。本肢の賃借人は、小型犬を飼育しており、ペット飼育細則が改定された場合、その定めに従わなければならないので、「会議の目的につき利害関係を有する場合」にあたり、総会で意見を述べる旨をあらかじめ理事長に通知すれば、理事会の承認なしに総会に出席して意見を述べることができる。

☞ **②分冊 p67 4〜**

イ `不適切`　理事長は、共用部分等に関する火災保険、地震保険その他の**損害保険の契約に基づく保険金額の請求及び受領**について、区分所有者を代理する〈標規(単)24条2項〉。したがって、理事長は、上記の定めに基づいて、理事会の承認を経ずに、共用部分に関する損害保険契約に基づく保険金額の請求及び受領について、区分所有者を代理することができる。

☞ **②分冊 p36 1〜**

ウ `適切`　理事会は、窓ガラスの改良等に関して区分所有者から申請があった場合における承認又は不承認を決議することができる〈標規(単)54条1項5号、22条〉。この事項については、**理事の過半数の承諾**があるときは、書面又は電磁的方法による決議によることができる〈同53条2項〉。

☞ **②分冊 p36 1〜**

エ `適切`　理事長は、災害、事故等が発生した場合であって、**緊急に立ち入らないと共用部分等又は他の専有部分に対して物理的に又は機能上重大な影響を与えるおそれがあるとき**は、専有部分又は専用使用部分に自ら立ち入り、又は委任した者に立ち入らせることができる〈標規(単)23条4項〉。本肢の場合、専有部分の窓が開いたまま放置すると下階にも重大な影響が出るおそれがあるので、「緊急に立ち入らないと…他の専有部分に対して物理的に又は機能上重大な影響を与えるおそれがあるとき」にあたり、理事長は、理事会の決議なしにその専有部分に立ち入ることができる。

☞ **②分冊 p36 1〜**

以上より、適切なものはア、ウ、エの三つであり、本問の正解肢は3となる。

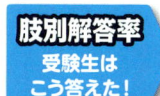

正解 3　（正解率59%）

肢別解答率　受験生はこう答えた！

1	5%
2	31%
3	59%
4	5%

難易度　**普**

理事会

管理組合の会計に関する次の記述のうち、標準管理規約によれば、適切なものはいくつあるか。

ア　理事長は、未納の管理費等及び使用料の請求に関し、管理組合を代表して訴訟を追行する場合には、総会の決議を経ることが必要である。

イ　組合員は、納付した管理費等及び使用料について、その返還請求又は分割請求をすることができない。

ウ　管理組合は、未納の管理費等及び使用料への請求に係る遅延損害金及び違約金としての弁護士費用などに相当する収納金については、その請求に要する費用に充てるほか、修繕積立金として積立てる。

エ　管理組合は、管理費に不足を生じた場合には、通常の管理に要する経費に限り、必要な範囲内において、借入れをすることができる。

1　一つ
2　二つ
3　三つ
4　四つ

ア 　**不適切**　理事長は、未納の管理費等及び使用料の請求に関して、**理事会の決議により**、管理組合を代表して、訴訟その他法的措置を追行することができる〈標規(単)60条4項〉。したがって、総会の決議を経る必要はない。

☞ **②分冊 p91 ❶~**

イ 　**適切**　組合員は、納付した管理費等及び使用料について、**その返還請求又は分割請求をすることができない**〈標規(単)60条7項〉。

☞ **②分冊 p91 ❶~**

ウ 　**不適切**　組合員が期日までに納入すべき金額を納入しない場合には、管理組合は、その未払金額について、年利○%の遅延損害金と、違約金としての弁護士費用等並びに督促及び徴収の諸費用を加算して、その組合員に対して請求することができる〈標規(単)60条2項〉。この遅延損害金、弁護士費用等並びに督促及び徴収の諸費用に相当する収納金は、**通常の管理に要する経費に充当する**〈同条6項〉。

☞ **②分冊 p91 ❶~**

エ 　**不適切**　管理組合は、**標準管理規約(単棟型)28条1項に定める業務を行うため必要な範囲内において**、借入れをすることができる〈標規(単)63条〉。「標準管理規約(単棟型)28条1項に定める業務」とは、①一定年数の経過ごとに計画的に行う修繕、②不測の事故その他特別の事由により必要となる修繕、③敷地及び共用部分等の変更、④建物の建替え及びマンション敷地売却に係る合意形成に必要となる事項の調査、⑤その他敷地及び共用部分等の管理に関し、区分所有者全体の利益のために特別に必要となる管理である。したがって、管理費に不足が生じたとしても、借入れをすることはできない。

☞ **②分冊 p97 ❷~**

以上より、適切なものはイの一つであり、本問の正解肢は1となる。

正解 1 (正解率64%)	肢別解答率 受験生はこう答えた！	1	64%		難易度 普
		2	26%		
		3	9%		
		4	1%		

団地管理組合や各棟の区分所有者が行うことができる行為に係る次の記述のうち、「マンション標準管理規約（団地型）及びマンション標準管理規約（団地型）コメント」（最終改正平成 30 年 3 月 30 日 国住マ第 60 号）によれば、適切でないものはどれか。

1 団地内の A 棟内で、A 棟の区分所有者が騒音、臭気等により共同の利益に反する行為を行っている場合に、区分所有法第 57 条により当該行為の停止を求める訴訟を提起する際には、訴えの提起及び訴えを提起する者の選任を、A 棟の棟総会で決議する必要がある。

2 団地管理組合の使用細則で、共用廊下には団地管理組合の承諾なく物置を設置することが禁止されている場合、当該行為をしている B 棟の区分所有者に対しては、理事長が、理事会の決議を経て、その是正等のため必要な勧告又は指示若しくは警告を行うことができる。

3 バルコニーを無断改造してサンルームを設置している C 棟の区分所有者に対し、共同の利益に反する行為を停止させるための訴訟を提起する場合、その訴訟の実施に必要となる弁護士費用を団地管理組合の管理費から拠出することについては C 棟の棟総会の決議で足りる。

4 団地の近所に住んでいる者が、団地管理組合の許可なく団地内の敷地に不法駐車をしているときは、理事長は、理事会の決議を経て、その自動車の撤去及び損害賠償を請求する訴訟を提起することができる。

1 **適切** 区分所有法57条2項（共同の利益に反する行為の停止等の請求）、58条1項（使用禁止の請求）、59条1項（区分所有権の競売の請求）又は60条1項（占有者に対する引渡し請求）の訴えの提起及びこれらの訴えを提起すべき者の選任については、**棟総会の決議を経なければならない**〈標規(団)72条2号〉。したがって、A棟の区分所有者に対して、区分所有者の共同の利益に反する行為の停止を求める訴えを提起する場合には、訴えの提起及び訴えを提起する者の選任を、A棟の棟総会で決議する必要がある。

☞ **②分冊 p115 ③〜**

2 **適切** 団地建物所有者等が、法令、規約又は使用細則等に違反したとき、又は対象物件内における共同生活の秩序を乱す行為を行ったときは、理事長は、**理事会の決議を経て**その団地建物所有者等に対し、その是正等のため必要な勧告又は指示若しくは警告を行うことができる〈標規(団)77条1項〉。したがって、B棟の区分所有者が使用細則に違反する場合、「団地建物所有者等が、…使用細則等に違反したとき」にあたり、理事長は、理事会の決議を経て、その是正等のため必要な勧告又は指示若しくは警告を行うことができる。

3 **不適切** 本肢の訴訟の実施に必要となる弁護士費用を団地管理組合の管理費から拠出しようとする場合、収支予算上、これが計上されていなければ、収支予算を変更する必要がある。ここで、収支予算を変更しようとするときは、理事長は、その案を**臨時総会に提出し、その承認を得なければならない**〈標規(団)60条2項〉。臨時総会は団地総会である〈同44条2項〉から、C棟の棟総会の決議では足りない。

4 **適切** 団地建物所有者等又は団地建物所有者等以外の第三者が土地、団地共用部分及び附属施設において不法行為を行ったときは、理事長は、**理事会の決議を経て**、①行為の差止め、排除又は原状回復のための必要な措置の請求に関し、管理組合を代表して、訴訟その他法的措置を追行すること、②土地、団地共用部分及び附属施設について生じた損害賠償金又は不当利得による返還金の請求又は受領に関し、団地建物所有者のために、訴訟の原告又は被告となること、その他法的措置をとることができる〈標規(団)77条3項〉。本肢の場合、理事長は、理事会の決議を経て、不法駐車されている自動車の撤去及び損害賠償を請求する訴訟を提起することができる。

	肢別解答率	受験生はこう答えた！		難易度
正解 3 (正解率**76%**)	**1** 5%	**2** 10%	**3** 76%	**4** 9%	**易**

専有部分のある建物であるA棟、B棟及びC棟並びに集会所からなる団地における総会決議に関する次の記述のうち、「マンション標準管理規約（団地型）及びマンション標準管理規約（団地型）コメント」（最終改正平成30年3月30日 国住マ第60号）によれば、適切なものはどれか。

1 集会所を大規模に増改築する場合には、各棟の棟総会での決議が必要である。

2 A棟の建替えに係る合意形成に必要となる事項の調査の実施及びその経費に充当する場合のA棟の修繕積立金の取崩しをするときは、団地総会での決議が必要である。

3 B棟の階段室部分を改造し、エレベーターを新たに設置する場合には、B棟の棟総会での決議が必要である。

4 計画修繕工事によりC棟の外壁補修を行う場合には、団地総会での決議が必要である。

1 **不適切**　土地、附属施設及び団地共用部分の変更については、**団地総会の決議**を経なければならない〈標規(団)50条10号、28条1項3号〉。

2 **不適切**　建替え等に係る合意形成に必要となる事項の調査の実施及びその経費に充当する場合の各棟修繕積立金の取崩しについては、**棟総会の決議**を経なければならない〈標規(団)72条6号〉。

☞ **②分冊 p115 3～**

3 **不適切**　棟の共用部分の変更については、**団地総会の決議**を経なければならない〈標規(団)50条10号、29条1項3号〉。

4 **適切**　棟の共用部分につき一定年数の経過ごとに計画的に行う修繕の実施については、**団地総会の決議**を経なければならない〈標規(団)50条10号、29条1項1号〉。

正解 4
（正解率**23%**）

肢別解答率
受験生はこう答えた！

肢	解答率
1	3%
2	13%
3	62%
4	23%

難易度 難

専有部分のある建物であるA棟、B棟、C棟及びD棟からなる団地における団地総会の決議に関する次の記述のうち、「マンション標準管理規約（団地型）及びマンション標準管理規約（団地型）コメント」（最終改正平成30年3月30日国住マ第60号）によれば、適切なものはどれか。

1　A棟の区分所有者が行った共同利益背反行為に対し、その行為の停止請求に係る訴訟を提起するとともに訴えを提起すべき者の選任をする場合には、団地総会の決議が必要である。

2　B棟の建物の一部が滅失した場合において、滅失したB棟の共用部分の復旧を行うときは、団地総会の決議が必要である。

3　C棟の屋上の補修を、一定年数の経過ごとに計画的に行う修繕により行う場合には、団地総会の決議が必要である。

4　D棟の建替え等に係る合意形成に必要となる事項の調査の実施及びその経費に充当する場合のD棟の修繕積立金の取崩しを行うときは、団地総会の決議が必要である。

1　**不適切**　区分所有法57条2項に規定する区分所有者の共同の利益に反する行為の停止等を請求する訴えの提起及びこの訴えを提起すべき者の選任については、**棟総会の決議**を経なければならない〈標規(団)72条2号〉。団地総会の決議を経る必要はない。

👉　❷分冊 p115 **3**〜

2　**不適切**　建物の一部が滅失した場合の滅失した棟の共用部分の復旧については、**棟総会の決議**を経なければならない〈標規(団)72条3号〉。団地総会の決議を経る必要はない。

👉　❷分冊 p115 **3**〜

3　**適切**　一定年数の経過ごとに計画的に行う各棟の共用部分の修繕の実施並びにそれに充てるための資金の借入れ及び各棟修繕積立金の取崩しについては、**団地総会の決議**を経なければならない〈標規(団)50条10号、29条1項1号〉。

👉　❷分冊 p112 **2**〜

4　**不適切**　建替え等に係る合意形成に必要となる事項の調査の実施及びその経費に充当する場合の各棟修繕積立金の取崩しについては、**棟総会の決議**を経なければならない〈標規(団)72条6号〉。団地総会の決議を経る必要はない。

👉　❷分冊 p115 **3**〜

団地型

正解 3
（正解率**60%**）

肢別解答率
受験生はこう答えた！

1	6%
2	12%
3	60%
4	22%

難易度　**普**

団地管理組合の運営に関する次の記述のうち、「マンション標準管理規約（団地型）及びマンション標準管理規約（団地型）コメント」（最終改正令和3年6月22日国住マ第33号）によれば、適切なものはどれか。

1　団地内のA棟の棟総会について、A棟から選出されている理事が招集できるようにするための規約の変更は、A棟の棟総会の決議のみで行うことができる。

2　団地総会が成立するためには、それぞれの棟の議決権総数の過半数を有する区分所有者が出席する必要がある。

3　敷地内に設置している駐車場の使用料は、駐車場の管理に要する費用に充てるほか、団地修繕積立金として積み立てる必要がある。

4　棟総会の議事録は、各棟において保管者を決めて保管し、他の棟の区分所有者を含めた団地管理組合の組合員又はその利害関係人からの請求があれば、閲覧させなければならない。

1 **適切**　棟総会に関する管理規約の変更は、棟総会のみで議決できる〈標規(団)コ68条関係②〉。したがって、A棟の棟総会の招集権者を変更する規約の変更は、A棟の棟総会の決議のみで行うことができる。
☞ ❷分冊 p115 **3**~

2 **不適切**　団地総会の会議(WEB会議システム等を用いて開催する会議を含む。)は、**議決権総数の半数以上を有する組合員が出席しなければならない**〈標規(団)49条1項〉。したがって、それぞれの棟の議決権総数の過半数を有する区分所有者が出席する必要はない。
☞ ❷分冊 p115 **3**~

3 **不適切**　駐車場使用料その他の土地及び共用部分等に係る使用料は、それらの管理に要する費用に充てるほか、団地建物所有者の土地の共有持分に応じて棟ごとに**各棟修繕積立金として積み立てる**〈標規(団)31条〉。
☞ ❷分冊 p112 **2**~

4 **不適切**　**理事長は、棟総会の議事録を保管**し、その棟の区分所有者又は利害関係人の書面による請求があったときは、議事録の閲覧をさせなければならない〈標規(団)74条4項〉。
☞ ❷分冊 p115 **3**~

正解 1
（正解率**35%**）

肢別解答率
受験生は
こう答えた！

1	35%
2	6%
3	24%
4	35%

難易度　難

団地管理組合の運営に関する次の記述のうち、マンション標準管理規約（団地型）及びマンション標準管理規約（団地型）コメント（最終改正令和 3 年 6 月 22 日国住マ第 33 号）によれば、適切なものはどれか。

1　駐車場使用料は、駐車場の管理に要する費用に充てるほか、各棟の区分所有者の数に応じて、棟ごとに各棟修繕積立金として積み立てる。

2　各棟修繕積立金は各棟の共用部分の特別の管理のために徴収されているため、滞納となっている管理費等の請求に関し、訴訟その他の法的措置を講ずるときは、滞納が発生している棟の総会の決議が必要である。

3　専ら団地内の特定の棟の区分所有者や占有者の通行の用に供されている敷地内の通路であっても、その修繕工事の実施は、団地総会において決議し、その費用は団地修繕積立金から支出する。

4　団地において大規模修繕工事を実施する場合、各棟修繕積立金は各棟で積み立て、区分経理していることから、各棟の工事の実施については、棟総会における決議が必要である。

1 **不適切**　駐車場使用料その他の土地及び共用部分等に係る使用料は、それらの管理に要する費用に充てるほか、**団地建物所有者の土地の共有持分に応じて**棟ごとに各棟修繕積立金として積み立てる〈標規(団)31 条〉。

☞ **❷分冊 p112 2~**

2 **不適切**　理事長は、未納の管理費等及び使用料の請求に関して、**理事会の決議**により、管理組合を代表して、訴訟その他法的措置を追行することができる〈標規(団)62 条 4 項〉。したがって、滞納が発生している棟の総会の決議は要しない。

3 **適切**　土地、附属施設及び団地共用部分についての一定年数の経過ごとに計画的に行う修繕や不測の事故その他特別の事由により必要となる修繕については、**団地総会の決議**を経なければならない〈標規(団)50 条 10 号、28 条 1 項 1 号、2 号〉。また、これらの修繕に要する経費には、**団地修繕積立金を充当する**〈同 28 条 1 項 1 号、2 号〉。敷地内の通路は、「附属施設」にあたる〈同別表第 1 〉から、その修繕工事の実施は、団地総会において決議し、その費用は団地修繕積立金から支出する。

☞ **❷分冊 p112 2~**

4 **不適切**　それぞれの棟の共用部分についての一定年数の経過ごとに計画的に行う修繕については、**団地総会の決議**を経なければならない〈標規(団)50 条 10 号、29 条 1 項 1 号〉。**棟総会の決議は要しない**。

☞ **❷分冊 p112 2~**

団地型

正解 3

（正解率**37**%）

肢別解答率　受験生はこう答えた！

肢	解答率
1	22%
2	34%
3	37%
4	6%

難易度 難

専有部分のある建物である**A棟、B棟及びC棟からなる団地**における団地総会又は棟総会に関する次の記述のうち、**区分所有法の規定及び標準管理規約（団地型）**によれば、**適切なものはどれか。**

1　一括建替え決議においては、組合員総数の5分の4以上及び議決権（各団地内建物の共用部分の共有持分割合による。）総数の5分の4以上の賛成がなければならない。

2　A棟の棟総会は、A棟の区分所有者が当該棟の区分所有者の総数の5分の1以上及び当該棟における議決権総数の5分の1以上に当たる区分所有者の同意を得て、招集する。

3　B棟の建替えを行うための建替え承認決議においては、団地総会の出席組合員の4分の3以上及び出席組合員の議決権の4分の3以上の賛成を要する。

4　C棟の各棟修繕積立金の滞納者に対して、当該滞納金を請求する訴訟を提起する場合には、C棟の棟総会の決議を要する。

1 **不適切**　一括建替え決議は、団地総会において、組合員総数の5分の4以上及び議決権（**当該団地内建物の敷地の持分の割合による。**）総数の5分の4以上の多数で行う〈標規(団)49条7項〉。

👉 **①分冊 p357 5 ～**

2 **適切**　棟総会は、その棟の区分所有者が**当該棟の区分所有者総数の5分の1以上及び議決権総数の5分の1以上**に当たる区分所有者の同意を得て、招集する〈標規(団)68条2項〉。

👉 **②分冊 p115 3 ～**

3 **不適切**　建替え承認決議は、団地総会において、**議決権（建替えを行う団地内の特定の建物の所在する土地（これに関する権利を含む。）の持分の割合による。）総数の4分の3以上**で行う〈標規(団)49条4項〉。したがって、B棟の建替えを行うための建替え承認決議においては、議決権総数の4分の3以上の賛成を要し、出席組合員の議決権の4分の3以上では足りない。また、出席組合員の4分の3以上の賛成を要しない。

4 **不適切**　理事長は、未納の管理費等及び使用料の請求に関して、**理事会の決議**により、管理組合を代表して、訴訟その他法的措置を追行することができる〈標規(団)62条4項〉。したがって、C棟の各棟修繕積立金の滞納者に対して、当該滞納金を請求する訴訟を提起する場合には、理事会の決議があれば足り、C棟の棟総会の決議を要しない。

👉 **②分冊 p115 3 ～**

正解 2
（正解率**55%**）

肢別解答率
受験生はこう答えた！

肢	解答率
1	14%
2	55%
3	5%
4	27%

難易度 普

A棟、B棟及びC棟の３棟で構成されている団地管理組合における理事会の開催及び運営に関する次の記述のうち、標準管理規約（団地型）によれば、適切なものはどれか。

1　団地管理組合では、団地内の区分所有者の意向を公平に反映するような方法について配慮する必要があるため、各棟から同一数の理事を選出しなければならない。

2　団地管理組合の理事会は、理事の過半数が出席するとともに、それぞれの棟に住戸を有する理事の１名以上が出席することにより成立する。

3　災害によりA棟のみに応急的な修繕工事を実施する必要が生じたが、団地総会の開催が困難であるときは、団地管理組合の理事会の決議により当該工事を実施し、かつ、A棟の各棟修繕積立金を取り崩して当該工事費用に充当することができる。

4　A棟の区分所有者のみが使用するA棟エントランスホールの使用細則の改正については、団地管理組合の理事の過半数が賛成しても、A棟に住戸を有する理事が反対した場合には、団地総会提出議案とすることができない。

1 **不適切**　理事及び監事は、団地総会の決議によって、組合員のうちから選任し、又は解任する〈標規(団)37条2項〉。各棟から、役員を1名以上選出することが望ましい〈同コ37条関係③〉が、**各棟から同一数の理事を選出することまでは義務づけられていない。**

2 **不適切**　理事会の会議(WEB会議システム等を用いて開催する会議を含む。)は、**理事の半数以上**が出席しなければ開くことができず、その議事は出席理事の過半数で決する〈標規(団)55条1項〉。したがって、団地管理組合の理事会は、理事の半数以上が出席すれば成立する。

3 **適切**　**理事会**は、災害等により団地総会の開催が困難である場合における応急的な修繕工事の実施等を決議する〈標規(団)56条1項12号〉。また、理事会は、上記の決議をした場合においては、当該決議に係る**応急的な修繕工事の実施に充てるための資金の借入れ及び団地修繕積立金及び各棟修繕積立金の取崩し**について決議することができる〈同条2項〉。

4 **不適切**　理事会の会議(WEB会議システム等を用いて開催する会議を含む。)は、理事の半数以上が出席しなければ開くことができず、その議事は**出席理事の過半数**で決する〈標規(団)55条1項〉。したがって、本肢の使用細則の改正については、団地管理組合の理事の過半数が賛成すれば、団地総会提出議案とすることができる。

正解 3
（正解率**85%**）

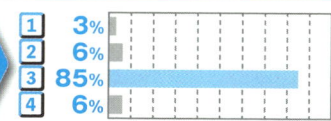

肢別解答率
受験生は
こう答えた！

1	3%
2	6%
3	85%
4	6%

難易度
易

複合用途型マンションの管理組合の理事長から、管理規約の変更に係る相談を受けたマンション管理士が行った次の回答のうち、「マンション標準管理規約（複合用途型）及びマンション標準管理規約（複合用途型）コメント」（最終改正平成 29 年 8 月 29 日 国住マ第 33 号）によれば、適切でないものはどれか。

1　総会の議決権については、住戸部分、店舗部分それぞれの中で持分割合があまり異ならない場合は、住戸、店舗それぞれの中では同一の議決権により対応することが可能です。また、住戸又は店舗の数を基準とする議決権と専有面積を基準とする議決権を併用することも可能です。

2　当該規約を変更するに当たっては、住宅の区分所有者のみの共有に属する一部共用部分の管理に関する条項を変更する場合であっても、区分所有者全員で構成される総会の決議で行うことになります。

3　住宅、店舗各々から選出された管理組合の役員が、住宅部会、店舗部会の役員を兼ねるようにすることができます。

4　店舗共用部分の修繕は、店舗部会の決議があれば、総会の決議がなくても、店舗一部修繕積立金を取り崩してその費用を拠出することができます。

1 **適切** 住戸部分、店舗部分それぞれの中で持分割合があまり異ならない場合は、**住戸、店舗それぞれの中では同一の議決権により対応することも可能である**〈標規（複）コ 50 条関係②〉。また、住戸又は店舗の数を基準とする議決権と専有面積を基準とする議決権を**併用することにより対応することも可能である**〈同コ 50 条関係②〉。

2 **適切** 標準管理規約（複合用途型）では、区分所有者全員の共有物である敷地、全体共用部分及び附属施設のほか、一部の区分所有者の共有物である**一部共用部分についても全体で一元的に管理する**ものとし、管理組合は全体のものを規定し、一部管理組合は特に規定していない〈標規（複）コ全般関係⑤〉。したがって、住宅の区分所有者のみの共有に属する一部共用部分の管理に関する規約の条項を変更する場合であっても、**区分所有者全員で構成される総会の決議で行う**〈同 52 条 1 号〉。

☞ ❷分冊 p118 **1**〜

3 **適切** 住宅、店舗おのおのから選出された管理組合の役員が、**住宅部会、店舗部会の役員を兼ねるようにし**、各部会の意見が理事会に反映されるような仕組みが有効であると考えられる〈標規（複）コ 60 条関係②〉。したがって、住宅、店舗各々から選出された管理組合の役員が、住宅部会、店舗部会の役員を兼ねるようにすることも可能である。

☞ ❷分冊 p122 **3**〜

4 **不適切** 店舗一部共用部分の修繕の実施並びにそれに充てるための資金の借入れ並びに店舗一部修繕積立金の取崩しは、**総会の決議を経なければならない**〈標規（複）52 条 10 号、31 条 2 項 1 号、2 号〉。**店舗部会は管理組合としての意思を決定する機関ではない**〈同コ 60 条関係①〉ため、店舗部会の決議によっては、店舗一部修繕積立金の取崩しをすることはできない。

☞ ❷分冊 p122 **3**〜

正解 4
（正解率 **70%**）

肢別解答率
受験生はこう答えた！

肢	解答率
1	11%
2	15%
3	5%
4	70%

難易度 **易**

複合用途型マンションの管理に関する次の記述のうち、「マンション標準管理規約（複合用途型）及びマンション標準管理規約（複合用途型）コメント」（最終改正平成 29 年 8 月 29 日国住マ第 33 号）によれば、適切でないものはどれか。

1 店舗部分の区分所有者は、店舗のシャッターに、その店舗の名称、電話番号その他営業に関する広告を掲示することができる。

2 店舗のシャッターの破損が第三者による犯罪行為によることが明らかである場合のシャッターの修復の実施については、その店舗の区分所有者がその責任と負担においてこれを行わなければならない。

3 店舗部分の区分所有者は、店舗前面敷地について、通路として使用するほか、営業用看板を設置することができる。

4 管理組合が規約で定めれば、店舗のシャッターについてはすべて専有部分とし、利用制限を付すこともできる。

1 **適切**　店舗部分の区分所有者は、**店舗のシャッターにつき専用使用権を有する**〈標規（複）14条1項〉。シャッターは、営業用広告掲示場所として使用することができる〈同別表第4〉。

2 **不適切**　敷地及び共用部分等の管理については、管理組合がその責任と負担においてこれを行うものとする〈標規（複）21条1項本文〉。もっとも、バルコニー、玄関扉、シャッター、窓枠、窓ガラス、1階に面する庭、店舗前面敷地及び屋上テラス（以下「バルコニー等」という。）の保存行為のうち、通常の使用に伴うものについては、専用使用権を有する者がその責任と負担においてこれを行わなければならない〈同条項ただし書〉。バルコニー等の破損が**第三者による犯罪行為等によることが明らかである場合の保存行為の実施**については、通常の使用に伴わないものであるため、**管理組合がその責任と負担においてこれを行う**〈同コ21条関係⑥〉。したがって、本肢の場合、シャッターの修復の実施は、管理組合の責任と負担において行う。

3 **適切**　店舗部分の区分所有者は、**店舗前面敷地につき専用使用権を有する**〈標規（複）14条1項〉。店舗前面敷地は、営業用看板等の設置場所及び通路として使用することができる〈同別表第4〉。

4 **適切**　標準管理規約（複合用途型）上、玄関扉及びシャッターは、錠及び内部塗装部分を専有部分とする〈標規（複）7条2項2号〉。もっとも、シャッターについては**すべて専有部分とし、利用制限を付すことも可能である**〈同コ7条関係④〉。

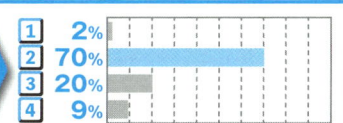

正解 2　（正解率**70%**）

肢別解答率　受験生はこう答えた！

1	2%
2	70%
3	20%
4	9%

難易度　**易**

複合用途型マンションの管理に関する次の記述のうち、「マンション標準管理規約（複合用途型）及びマンション標準管理規約（複合用途型）コメント」（最終改正平成29年8月29日国住マ第33号）によれば、適切なものはどれか。（改題）

1　建物のうち店舗部分の屋上を店舗の来客者専用駐車場として使用する場合、店舗部分の区分所有者から管理組合に対し支払われる駐車場使用料は、当該駐車場の管理費に充てるほか、全体修繕積立金、住宅一部修繕積立金又は店舗一部修繕積立金として積み立てる必要がある。

2　住宅一部共用部分の修繕積立金を取り崩す場合には、総会決議において、全区分所有者の過半数の賛成とともに、住宅部分の区分所有者の過半数の賛成を得る必要がある。

3　複合用途型マンションでは、全体共用部分、住宅一部共用部分及び店舗一部共用部分ごとに管理費及び修繕積立金があることから、会計担当理事を少なくとも3人選任し、それぞれの部分の会計業務にあたらせる必要がある。

4　住宅部分の区分所有者から、店舗一部管理費及び店舗一部修繕積立金に係る会計帳簿や帳票について理由を付した書面による閲覧の請求があった場合、理事長は、請求者が、帳票類に関し利害関係を有するかを確認する必要がある。

1 **適切** 駐車場使用料その他の敷地及び共用部分等に係る使用料は、それらの管理に要する費用に充てるほか、**全体修繕積立金、住宅一部修繕積立金又は店舗一部修繕積立金**として積み立てる〈標規（複）33条〉。

☞ ②分冊 p44 **2**〜

2 **不適切** 住宅一部修繕積立金の取崩しについては、総会の決議を経なければならない〈標規（複）52条10号〉。この議事は、**出席組合員の議決権の過半数で決する**〈同51条2項〉。したがって、全区分所有者の過半数の賛成や、住宅部分の区分所有者の過半数の賛成を得る必要はない。

☞ ②分冊 p118 **2**〜

3 **不適切** 管理組合には、会計担当理事を置くが、標準管理規約（複合用途型）上、その**人数は定められていない**〈標規（複）39条1項3号〉。したがって、会計担当理事は、少なくとも1人置けば足りる。

☞ ②分冊 p118 **1**〜

4 **不適切** 理事長は、会計帳簿、什器備品台帳、組合員名簿及びその他の帳票類を作成して保管し、**組合員又は利害関係人**の理由を付した書面による請求があったときは、これらを閲覧させなければならない〈標規（複）69条1項〉。住宅部分の区分所有者は組合員であり〈同34条〉、閲覧を請求することが可能であるから、別途「利害関係人」にあたるかを判断するため、帳票類に関し利害関係を有するか確認する必要はない。

正解 1
（正解率74%）

肢別解答率
受験生は
こう答えた！

1	74%
2	5%
3	2%
4	19%

難易度 **易**

管理組合の書類等について閲覧請求があった場合の理事長の対応に関する次の記述のうち、標準管理規約によれば、適切でないものはいくつあるか。

ア 専有部分の賃借人から、総会議事録の閲覧請求があったが、理由を付した書面による請求ではなかったため、閲覧を認めなかった。

イ 組合員から、修繕工事の契約方法に疑問があるためとの理由を付した書面により、修繕工事請負契約書の閲覧請求があったので、閲覧を認めた。

ウ 組合員から、役員活動費に係る会計処理を詳しく調べたいためとの理由を付した書面により、会計帳簿に加えこれに関連する領収書や請求書の閲覧請求があったが、会計帳簿のみの閲覧を認めた。

エ 組合員から、理事長を含む理事全員の解任を議題とする総会招集請求権行使のためとの理由を付した書面により、組合員名簿の閲覧請求があったが、閲覧を認めなかった。

1 一つ
2 二つ
3 三つ
4 四つ

ア `不適切` 理事長は、総会の議事録を保管し、**組合員又は利害関係人の書面による請求があったとき**は、総会の議事録の閲覧をさせなければならない〈標規（単）49条3項前段〉。総会の議事録の閲覧請求は、理由を付した書面によることは義務づけられていないため、理事長は、理由を付した書面による請求でないことを理由に、総会の議事録の閲覧を拒むことはできない。

👉 **②分冊 p98 ❸〜**

イ `適切` 理事長は、会計帳簿、什器備品台帳**その他の帳票類**を作成して保管し、組合員又は利害関係人の理由を付した書面による請求があったときは、これらを閲覧させなければならない〈標規（単）64条1項前段〉。「帳票類」としては、領収書や請求書、管理委託契約書、**修繕工事請負契約書**、駐車場使用契約書、保険証券などを挙げることができる〈同コ64条関係②〉。したがって、理事長は、修繕工事請負契約書の閲覧を認めなければならない。

👉 **②分冊 p98 ❸〜**

ウ `不適切` 理事長は、**会計帳簿**、什器備品台帳**その他の帳票類**を作成して保管し、組合員又は利害関係人の理由を付した書面による請求があったときは、これらを閲覧させなければならない〈標規（単）64条1項前段〉。「帳票類」としては、**領収書や請求書**、管理委託契約書、修繕工事請負契約書、駐車場使用契約書、保険証券などを挙げることができる〈同コ64条関係②〉。したがって、理事長は、会計帳簿に関連する領収書や請求書の閲覧を拒むことはできない。

👉 **②分冊 p98 ❸〜**

エ `不適切` 理事長は、**組合員名簿**及び居住者名簿を作成して保管し、**組合員の相当の理由を付した書面による請求があったとき**は、これらを閲覧させなければならない〈標規（単）64条の2第1項前段〉。したがって、理事長は、組合員名簿の閲覧を拒むことはできない。

👉 **②分冊 p98 ❸〜**

以上より、適切でないものはア、ウ、エの三つであり、本問の正解肢は3となる。

正解 ③ （正解率**52%**）

肢別解答率 受験生はこう答えた！

1	12%	
2	35%	
3	52%	
4	1%	

難易度 **普**

マンションの敷地内に設置された集会室において、管理規約に定める使用方法に反する利用を繰り返し、集会室内の共用設備を破損する行為を行っている者（この問いにおいて「迷惑行為者」という。）に対する管理組合の対応に関する次の記述のうち、区分所有法の規定及び標準管理規約によれば、適切でないものはどれか。

1 　迷惑行為者が区分所有者である場合、当該破損する行為は建物の管理又は使用に関し区分所有者の共同利益に反する行為であるとして、他の区分所有者の全員が区分所有法第57条に基づきその停止等を請求する訴訟を提起するときは、総会決議が必要である。

2 　迷惑行為者が近隣の住民である場合、理事長がその者に対し、設備の破損に係る損害賠償を請求する訴訟を提起するためには、総会決議が必要である。

3 　迷惑行為者が賃借人である場合、賃貸人である区分所有者がその者に対し何ら是正措置を講じなかったときは、理事長は、理事会の決議を経て、その区分所有者に対しても設備の破損に係る損害賠償を請求することができる。

4 　迷惑行為者が賃借人の同居人である場合、理事長は、理事会の決議を経て、その者に対し、当該行為の差止めを請求することができる。

1 **適切** 共同の利益に反する行為の停止等を請求する訴訟を提起するには、**集会の決議**によらなければならない〈区57条2項〉。
☞ **①分冊 p267 3~**

2 **不適切** 区分所有者等又は区分所有者等以外の第三者が敷地及び共用部分等において不法行為を行ったときは、理事長は、**理事会の決議**を経て、敷地及び共用部分等について生じた損害賠償金の請求又は受領に関し、区分所有者のために、訴訟において原告又は被告となること、その他法的措置をとることができる〈標規(単)67条3項2号〉。したがって、理事長が、近隣の住民に対し、設備の破損に係る損害賠償を請求する訴訟を提起するためには、理事会の決議があれば足りる。
☞ **②分冊 p102 1~**

3 **適切** 区分所有者等又は区分所有者等以外の第三者が敷地及び共用部分等において不法行為を行ったときは、理事長は、理事会の決議を経て、敷地及び共用部分等について生じた損害賠償金の請求又は受領に関し、区分所有者のために、訴訟において原告又は被告となること、その他法的措置をとることができる〈標規(単)67条3項2号〉。賃貸人である区分所有者は、**その同居人又はその所有する専有部分の貸与を受けた者若しくはその同居人が法令、規約又は使用細則等に違反した場合**には、その**是正等のため必要な措置を講じなければならない**〈同条2項〉ところ、賃借人に対し何ら是正措置を講じなかったときは、設備の破損につき過失があり、不法行為を構成する。したがって、本肢の場合、賃貸人である区分所有者が不法行為を行ったといえるので、理事長は、理事会の決議を経て、その区分所有者に対しても設備の破損に係る損害賠償を請求することができる。
☞ **②分冊 p102 1~**

4 **適切** 区分所有者若しくはその同居人又は**専有部分の貸与を受けた者若しくはその同居人**が、法令、規約又は使用細則等に違反したとき、又は対象物件内における共同生活の秩序を乱す行為を行ったときは、理事長は、理事会の決議を経てその区分所有者等に対し、その是正等のため必要な勧告又は指示若しくは警告を行うことができる〈標規(単)67条1項〉。本肢の場合、「専有部分の貸与を受けた者…の同居人が、…規約…に違反したとき」にあたるので、理事長は、理事会の決議を経て、管理規約に定める使用方法に反する利用を繰り返し、集会室内の共用設備を破損する行為の差止めを請求することができる。
☞ **②分冊 p102 1~**

正解 2
（正解率 **63%**）

肢別解答率 受験生はこう答えた！

1	12%
2	63%
3	14%
4	11%

難易度 普

管理組合の書類の保管及び閲覧等に関する次の記述のうち、標準管理規約によれば、適切なものはどれか。ただし、電磁的方法が利用可能ではない場合とする。

1 理事長は、利害関係人から、大規模修繕工事の実施状況や今後の実施予定に関する情報についての書面交付について、理由を付した書面による請求があったときは、当該利害関係人が求める情報を記入した書面を交付することができる。

2 理事長は、総会議事録、理事会議事録及び会計帳簿を保管し、これらの保管場所を所定の掲示場所に掲示しなければならない。

3 理事長は、組合員から、理由を付した書面による会計帳簿の閲覧請求があった場合には、これを閲覧させなければならないが、利害関係人からの会計帳簿の閲覧請求については、閲覧させることを要しない。

4 規約が総会決議により変更されたときは、理事長は、変更前の規約の内容及び変更を決議した総会の議事録の内容を1通の書面に記載し、保管しなければならない。

1 `適切`　理事長は、閲覧の対象とされる管理組合の財務・管理に関する情報については、組合員又は利害関係人の理由を付した書面による請求に基づき、**当該請求をした者が求める情報を記入した書面を交付することができる**〈標規（単）64 条 3 項前段〉。この対象となる情報としては、**大規模修繕工事等の実施状況、今後の実施予定**、その裏付けとなる修繕積立金の積立ての状況（マンション全体の滞納の状況も含む）や、ペットの飼育制限、楽器使用制限、駐車場や駐輪場の空き状況等が考えられる〈同コ 64 条関係④〉。したがって、理事長は、本肢の書面を交付することができる。

☞ ❷分冊 p98 **3**〜

2 `不適切`　理事長は、理事会議事録を保管しなければならない〈標規（単）53 条 4 項、49 条 3 項前段〉。しかし、理事長は、**その保管場所を所定の掲示場所に掲示することは義務づけられていない**〈同 53 条 4 項参照〉。

☞ ❷分冊 p67 **4**〜

3 `不適切`　理事長は、会計帳簿、什器備品台帳その他の帳票類を作成して保管し、**組合員又は利害関係人の理由を付した書面による請求があったときは**、これらを閲覧させなければならない〈標規（単）64 条 1 項前段〉。したがって、理事長は、利害関係人が理由を付した書面により、会計帳簿の閲覧を請求した場合にも、これを閲覧させなければならない。

☞ ❷分冊 p98 **3**〜

4 `不適切`　規約が規約原本の内容から総会決議により変更されているときは、理事長は、1 通の書面に、**現に有効な規約の内容と、その内容が規約原本及び規約変更を決議した総会の議事録の内容と相違ないこと**を記載し、署名した上で、この書面を保管する〈標規（単）72 条 3 項〉。

☞ ❷分冊 p106 **3**〜

正解 1
（正解率**69%**）

肢別解答率
受験生は
こう答えた！

1	69%
2	6%
3	8%
4	16%

難易度 **普**

53 総合

2017年度 問31　Check □□□　重要度 ▶ A

理事長がその職務を行うに当たって、理事会の決議又は承認を経ることなく、単独で行うことができる事項は、標準管理規約によれば、次のうちいくつあるか。

ア　長期修繕計画書、設計図書及び修繕等の履歴情報の保管

イ　災害等の緊急時における敷地及び共用部分等の必要な保存行為

ウ　理事長の職務の他の理事への一部委任

エ　臨時総会の招集

1 一つ
2 二つ
3 三つ
4 四つ

ア 単独で行うことができる　理事長は、長期修繕計画書、設計図書及び修繕等の履歴情報を保管しなければならない〈標規(単)64条2項前段〉。

👉 ②分冊 p98 **3**〜

イ 単独で行うことができる　理事長は、災害等の緊急時においては、総会又は理事会の決議によらずに、敷地及び共用部分等の**必要な保存行為を行うことができる**〈標規(単)21条6項〉。

👉 ②分冊 p36 **1**〜

ウ 単独で行うことはできない　理事長は、**理事会の承認を受けて**、他の理事に、その職務の一部を委任することができる〈標規(単)38条5項〉。

👉 ②分冊 p58 **3**〜

エ 単独で行うことはできない　理事長は、必要と認める場合には、**理事会の決議を経て**、いつでも臨時総会を招集することができる〈標規(単)42条4項〉。

👉 ②分冊 p67 **4**〜

以上より、理事会の決議又は承認を経ることなく、単独で行うことができる事項はア、イの二つであり、本問の正解肢は2となる。

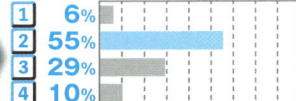

正解 2
（正解率**55%**）

肢別解答率
受験生は
こう答えた！

1	6%	
2	55%	
3	29%	
4	10%	

難易度

普

甲マンションの 105 号室を所有している組合員 A の取扱いに係る次の記述のうち、標準管理規約によれば、適切なものはいくつあるか。ただし、甲マンションの規約には外部専門家を役員として選任できることとしていない場合とする。

ア A が区分所有する 105 号室に A の孫 B が居住していない場合であっても、B は A の代理人として総会に出席して議決権を行使することができる。

イ A が区分所有する 105 号室に A と同居している子 C は、A に代わって管理組合の役員となることができる。

ウ A が区分所有する 105 号室の 2 分の 1 の持分を配偶者 D に移転して共有とした場合、議決権は A と D がそれぞれの持分に応じて各々が行使することとなる。

エ A が甲マンション外に居住しており、自身の住所を管理組合に届け出ていない場合には、管理組合は、総会の招集の通知の内容をマンション内の所定の掲示場所に掲示することによって、招集の通知に代えることができる。

1 一つ
2 二つ
3 三つ
4 四つ

ア **不適切** 組合員が代理人により議決権を行使しようとする場合において、その代理人は、①その組合員の配偶者(婚姻の届出をしていないが事実上婚姻関係と同様の事情にある者を含む。)又は**1親等の親族**、②**その組合員の住戸に同居する親族**、③他の組合員でなければならない〈標規(単)46条5項〉。Bは、Aの孫で2親等の親族であるから、①に該当しない。また、Bは、Aと同居していないから、②にも該当しない。したがって、Bは、Aの代理人となることはできない。

👉 **②分冊 p67 4~**

イ **不適切** 理事及び監事は、総会の決議によって**組合員のうちから**選任し、又は解任する〈標規(単)35条2項〉。Cは、Aと同居しているものの、組合員ではないから、管理組合の役員となることはできない。

👉 **②分冊 p58 3~**

ウ **不適切** 住戸1戸が数人の共有に属する場合、その議決権行使については、これら共有者をあわせて一の組合員とみなす〈標規(単)46条2項〉。この共有者は、**議決権を行使する者1人を選任**し、その者の氏名をあらかじめ総会開会までに理事長に届け出なければならない〈同条3項〉。したがって、AとDは、議決権を行使する者1人を選任し、その者が議決権を行使する。

👉 **②分冊 p67 4~**

エ **適切** 総会の招集の通知は、対象物件内に居住する組合員及び**総会の招集の通知のあて先の届出のない組合員に対しては**、その内容を所定の掲示場所に掲示することをもって、これに代えることができる〈標規(単)43条3項〉。Aは、自身の住所を管理組合に届け出ておらず、「総会の招集の通知のあて先の届出のない組合員」にあたるから、総会の招集の通知の内容を所定の掲示場所に掲示することによって、総会の招集の通知に代えることができる。

👉 **②分冊 p67 4~**

以上より、適切なものはエの一つであり、本問の正解肢は1となる。

正解 1
(正解率64%)

肢別解答率
受験生はこう答えた!

1	64%
2	29%
3	5%
4	1%

難易度 **普**

管理組合の総会及び理事会の決議に関する次の記述のうち、標準管理規約によれば、適切なものはどれか。

1　理事会において総会に提出する規約変更案を決議する場合には、理事総数の4分の3以上の賛成が必要である。

2　総会の前の日に共用部分の漏水で緊急に工事が必要となった場合、理事長が、総会当日に理事会を開催し、工事の実施等を議案とする旨の決議を経て総会に提出したとしても、その総会で緊急の工事の実施を決議することはできない。

3　各戸の議決権割合が同一である管理組合で、書面決議をすることにつきあらかじめ全員の承諾を得ている普通決議事項の議案は、総戸数の過半数の賛成書面が集まらなければ可決とはならない。

4　理事長は、通常総会を、毎年1回新会計年度開始以後1か月以内に招集しなければならない。

1 **不適切**　理事会の会議（WEB会議システム等を用いて開催する会議を含む。）は、理事の半数以上が出席しなければ開くことができず、その議事は、**出席理事の過半数で決する**〈標規（単）53条1項〉。

☞ ②分冊 p82 **5**～

2 **適切**　総会においては、**総会の招集の通知によりあらかじめ通知した事項についてのみ**、決議することができる〈標規（単）47条10項〉。本肢の工事の実施の議案は、総会の招集の通知によりあらかじめ通知されていないので、これをその総会で決議することはできない。

☞ ②分冊 p67 **4**～

3 **不適切**　書面による決議の場合、**書面を提出した組合員の議決権の過半数で決する**〈標規（単）50条5項、47条2項〉。

☞ ②分冊 p67 **4**～

4 **不適切**　理事長は、通常総会を、毎年1回**新会計年度開始以後2か月以内**に招集しなければならない〈標規（単）42条3項〉。

☞ ②分冊 p67 **4**～

正解 2
（正解率 **45**%）

肢別解答率
受験生はこう答えた！

肢	解答率
1	6%
2	45%
3	44%
4	4%

難易度 **難**

管理組合における組合員の氏名等の取扱いに関する次の記述のうち、標準管理規約及び個人情報の保護に関する法律（平成15年法律第57号）によれば、適切なものはどれか。

1　組合員の氏名は個人情報の保護に関する法律で保護される個人情報に当たることから、新たに区分所有権を取得して組合員となった区分所有者は、その氏名を管理組合に届け出ることを拒否することができる。

2　高齢者等の災害弱者に係る情報は、個人のプライバシーに深く関わるため、災害時等の、人の生命、身体又は財産の保護のために必要がある場合であっても、あらかじめ本人の同意を得ていない限り、地域の防災関係組織等に提供することはできない。

3　組合員名簿の管理を管理会社に委託するに当たっては、氏名の届出の際に、管理会社に対し情報提供することの同意をあらかじめ得ていない区分所有者の氏名については、第三者提供に当たるので、管理会社に提供することはできない。

4　区分所有者の親族を名乗る者から組合員名簿につき閲覧請求を受けた理事長は、その者が親族関係にあることが確認できた場合においても、直ちに閲覧請求に応じることはできない。

1 **不適切** 新たに組合員の資格を取得し又は喪失した者は、直ちにその旨を書面により管理組合に**届け出なければならない**〈標規(単)31条1項〉。
👉 **②分冊 p56 2〜**

2 **不適切** 個人情報取扱事業者は、原則として、あらかじめ本人の同意を得ないで、個人データを第三者に提供してはならない〈個27条1項〉。もっとも、**人の生命、身体又は財産の保護のために必要がある場合であって、本人の同意を得ることが困難であるとき**は、例外的に、本人の同意を得ずに、個人データを第三者に提供することができる〈同条項2号〉。したがって、本人の同意を得ることが困難であれば、本肢の情報を提供することも可能である。
👉 **③分冊 p83 3〜**

3 **不適切** 個人情報取扱事業者は、原則として、あらかじめ本人の同意を得ないで、個人データを第三者に提供してはならない〈個27条1項〉。ここで、**個人情報取扱事業者が利用目的の達成に必要な範囲内において個人データの取扱いの全部又は一部を委託することに伴って当該個人データが提供される場合**、その提供を受ける者は、「第三者」に当たらない〈同条5項1号〉。したがって、本肢の場合、本肢の区分所有者の氏名の提供は、第三者提供にあたらず、管理会社に提供することができる。

4 **適切** 理事長は、**組合員名簿**及び居住者名簿を作成して保管し、**組合員の相当の理由を付した書面による請求があったとき**は、これらを閲覧させなければならない〈標規(単)64条の2第1項前段〉。本肢の閲覧請求をした者は、区分所有者の親族を名乗る者であり、組合員ではないので、直ちに閲覧請求に応じることはできない。
👉 **②分冊 p98 3〜**

正解 **4**
（正解率**74**%）

肢別解答率
受験生は
こう答えた！

1	1%
2	8%
3	16%
4	74%

難易度 **易**

2020年度 問25 Check ☐☐☐ 重要度 ▶ A

専有部分の賃借人に関する次の記述のうち、標準管理規約によれば、適切でないものはどれか。

1 組合員が総会で代理人により議決権を行使する場合において、その住戸の賃借人は、当該代理人の範囲には含まれない。

2 組合員は、専有部分の賃貸をする場合には、組合員が管理組合と駐車場使用契約を締結し自らが使用している駐車場を、引き続きその賃借人に使用させることはできない。

3 組合員は、専有部分の賃貸をする場合には、規約及び使用細則に定める事項を賃借人に遵守させる旨の誓約書を管理組合に提出しなければならない。

4 賃借人は、会議の目的につき利害関係を有するときは、総会に出席して意見を述べることができる。この場合において、当該賃借人はあらかじめ理事長にその旨を通知しなければならない。

1 **適切** 組合員が代理人により議決権を行使しようとする場合において、その代理人は、①**その組合員の配偶者（婚姻の届出をしていないが事実上婚姻関係と同様の事情にある者を含む。）又は1親等の親族、②その組合員の住戸に同居する親族、③他の組合員**でなければならない〈標規(単)46条5項〉。したがって、住戸の賃借人は、議決権行使の代理人の範囲には含まれない。

☞ **②分冊 p67 4〜**

2 **適切** 区分所有者がその所有する専有部分を、他の区分所有者又は第三者に譲渡又は貸与したときは、**その区分所有者の駐車場使用契約は効力を失う**〈標規(単)15条3項〉。したがって、本肢の場合、組合員の駐車場使用契約は効力を失い、駐車場を賃借人に使用させることはできない。

☞ **②分冊 p23 3〜**

3 **不適切** 区分所有者は、**契約の相手方**に規約及び使用細則に定める事項を遵守する旨の**誓約書を管理組合に提出させなければならない**〈標規(単)19条2項〉。組合員自身が本肢のような誓約書を提出することは義務づけられない。

☞ **②分冊 p31 7〜**

4 **適切** 区分所有者の承諾を得て専有部分を占有する者は、**会議の目的につき利害関係を有する場合**には、総会に出席して意見を述べることができる〈標規(単)45条2項前段〉。この場合において、総会に出席して意見を述べようとする者は、**あらかじめ理事長にその旨を通知しなければならない**〈同条項後段〉。

☞ **②分冊 p67 4〜**

正解 3
（正解率 **62%**）

肢別解答率
受験生はこう答えた！

肢	解答率
1	11%
2	8%
3	62%
4	19%

難易度 **普**

専用使用料等の取扱いに関する次の記述のうち、「マンション標準管理規約（団地型）及びマンション標準管理規約（団地型）コメント」（最終改正平成30年3月30日 国住マ第60号）及び「マンション標準管理規約（複合用途型）及びマンション標準管理規約（複合用途型）コメント」（最終改正平成29年8月29日 国住マ第33号）によれば、適切なものはどれか。（改題）

1 　団地型マンションにおいて、団地敷地内の駐車場使用料は、その管理に要する費用に充てるほか、全体修繕積立金として積み立てる。

2 　団地型マンションにおいて、団地内の各棟の1階に面する庭の専用使用料は、その管理に要する費用に充てるほか、団地建物所有者の土地の共有持分に応じて棟ごとに各棟修繕積立金として積み立てる。

3 　規約に屋上テラスの専用使用料の徴収の定めがある複合用途型マンションにおいて、屋上テラスの専用使用料は、その管理に要する費用に充てるほか、住宅一部修繕積立金として積み立てることはない。

4 　複合用途型マンションにおいて、店舗前面敷地の専用使用料は、その管理に要する費用に充てるほか、店舗一部修繕積立金として積み立てることはない。

標準管理規約(団地型)では、駐車場使用料その他の土地及び共用部分等に係る使用料は、それらの管理に要する費用に充てるほか、団地建物所有者の土地の共有持分に応じて棟ごとに**各棟修繕積立金として積み立てる**こととしている〈標規(団)31条〉。

また、標準管理規約(複合用途型)では、駐車場使用料その他の敷地及び共用部分等に係る使用料は、それらの管理に要する費用に充てるほか、**全体修繕積立金、住宅一部修繕積立金又は店舗一部修繕積立金として積み立てる**こととしている〈標規(複)33条〉。

1 **不適切** 団地敷地内の駐車場使用料は、**全体修繕積立金としては積み立てない。**

2 **適切** 団地内の各棟の1階に面する庭の専用使用料は、「土地…に係る使用料」にあたり、その管理に要する費用に充てるほか、団地建物所有者の土地の共有持分に応じて棟ごとに**各棟修繕積立金として積み立てる。**

3 **不適切** 屋上テラスの専用使用料は、**住宅一部修繕積立金として積み立てることがある。**

4 **不適切** 店舗前面敷地の専用使用料は、**店舗一部修繕積立金として積み立てることがある。**

正解 2
（正解率**31%**）

肢別解答率 受験生はこう答えた！

肢	解答率
1	56%
2	31%
3	5%
4	8%

難易度 難

管理組合の組合員の氏名等の情報提供及び提供された情報に基づき作成する組合員名簿の管理に関するマンション管理士の次の発言のうち、標準管理規約及び個人情報の保護に関する法律（平成15年法律第57号）によれば、適切なものはどれか。

1　数年前に区分所有者が亡くなって以降、遺産分割につき相続人間で争いが継続している場合には、区分所有権の帰属が確定するまでの間は、組合員の得喪の届出を求めることはできません。

2　組合員総数及び議決権総数の5分の1以上に当たる組合員の同意による総会招集を行うことを理由として組合員の一人から組合員名簿の閲覧請求があった場合、改めて組合員全員の同意を得るまでの間、その閲覧を拒否することができます。

3　大規模災害が発生してマンション内の組合員や居住者の生命や財産が失われるおそれがあり、直ちに自治体や関係機関による救助救援が必要なときであっても、管理組合は、組合員の同意を得なければ、自治体等の要請に基づき組合員名簿を提供することはできません。

4　管理組合は、組合員から提供された情報等に基づいて作成した組合員名簿について、当初の目的には掲げていなかった目的のためであっても、改めて組合員の同意が得られれば利用することができます。

1 **不適切**　新たに組合員の資格を取得し又は喪失した者は、**直ちに**その旨を書面により管理組合に届け出なければならない〈標規(単)31条1項〉。組合員の資格は、区分所有者となったときに取得し、区分所有者でなくなったときに喪失する〈同30条〉から、区分所有者が死亡し、相続があったときに、組合員の資格の得喪が生じ、この時点で、直ちに組合員の得喪の届出をしなければならない。したがって、本肢の場合、管理組合は、区分所有権の帰属が確定するのを待たずに、組合員の得喪の届出を求めることができる。

👉 **②分冊 p56 ②〜**

2 **不適切**　理事長は、**組合員名簿**及び居住者名簿を作成して保管し、**組合員の相当の理由を付した書面による請求があったとき**は、これらを閲覧させなければならない〈標規(単)64条の2第1項前段〉。したがって、組合員が、理由を付した書面により組合員名簿の閲覧を請求した場合には、組合員全員の同意を得ていないからといって、これを拒むことはできない。

👉 **②分冊 p98 ③〜**

3 **不適切**　個人情報取扱事業者は、原則として、あらかじめ本人の同意を得ないで、個人データを第三者に提供してはならない〈個27条1項〉。もっとも、**人の生命、身体又は財産の保護のために必要がある場合であって、本人の同意を得ることが困難であるとき**は、本人の同意を得ずに、個人データを第三者に提供することができる〈同条項2号〉。したがって、本肢の場合には、本人の同意を得ることが困難であるときは、組合員の同意を得ずに、組合員名簿を提供することも可能である。

👉 **③分冊 p83 ③〜**

4 **適切**　個人情報取扱事業者は、**あらかじめ本人の同意を得ないで**、特定された利用目的の達成に必要な範囲を超えて、個人情報を取り扱ってはならない〈個18条1項〉。したがって、あらかじめ組合員の同意を得られれば、当初の目的には掲げられていなかった目的のためでも、組合員名簿を利用することができる。

👉 **③分冊 p83 ③〜**

正解 4
（正解率 **88%**）

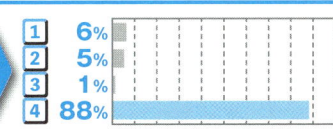

肢別解答率
受験生は
こう答えた！

1	6%
2	5%
3	1%
4	88%

難易度　**易**

災害や感染症拡大の影響などで管理組合の運営が困難となっている場合における次の記述のうち、区分所有法の規定及び標準管理規約によれば、適切でないものはどれか。

1 共用部分の応急的な修繕工事が必要となった場合、理事会も開催できないようなときには、理事長が単独の判断で工事を実施することができる旨を、規約で定めることができる。

2 書面又は電磁的方法により理事全員の同意を得れば、理事長は、管理費等を長期にわたって滞納している区分所有者に対し、区分所有法第 59 条に基づき区分所有権及び敷地権に係る競売を申し立てることができる。

3 任期の満了により退任する役員は、総会が開催されて新役員が就任するまでの間は、引き続きその職務を行うことになる。

4 災害避難により連絡がつかない区分所有者Aの専有部分内で漏水事故が発生し、至急対応しなければ階下の専有部分等に重大な影響が生じるおそれがあるときは、理事長は、Aの専有部分内に立ち入ることができる。

1 **適切** 大規模な災害や突発的な被災では、理事会の開催も困難な場合があることから、そのような場合には、保存行為に限らず、**応急的な修繕行為の実施まで理事長単独で判断し実施することができる旨を、規約において定めることも考えられる**〈標規（単）コ21条関係⑩〉。
☞ **②分冊 p36 1〜**

2 **不適切** 区分所有者が区分所有者の共同の利益に反する行為をした場合又はその行為をするおそれがある場合において、その行為による区分所有者の共同生活上の障害が著しく、他の方法によってはその障害を除去して共用部分の利用の確保その他の区分所有者の共同生活の維持を図ることが困難であるときは、他の区分所有者の全員又は管理組合法人は、**集会の決議に基づき**、訴えをもって、当該行為に係る区分所有者の区分所有権及び敷地利用権の競売を請求することができる〈区59条1項〉。したがって、区分所有法59条に規定する競売の請求は、集会の決議によって行うものであり、書面又は電磁的方法による理事全員の同意によっては行うことはできない。
☞ **①分冊 p271 5〜**

3 **適切** **任期の満了又は辞任によって退任する役員**は、後任の役員が就任するまでの間**引き続きその職務を行う**〈標規（単）36条3項〉。
☞ **②分冊 p58 3〜**

4 **適切** 理事長は、**災害、事故等が発生した場合であって、緊急に立ち入らないと共用部分等又は他の専有部分に対して物理的に又は機能上重大な影響を与えるおそれがあるとき**は、専有部分又は専用使用部分に**自ら立ち入り**、又は委任した者に立ち入らせることができる〈標規（単）23条4項〉。したがって、本肢の場合、理事長は、Aの専有部分内に立ち入ることができる。
☞ **②分冊 p36 1〜**

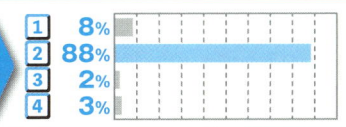

正解 2（正解率88%）

肢別解答率 受験生はこう答えた！

1	8%
2	88%
3	2%
4	3%

難易度 **易**

区分所有者が住戸（専有部分）を賃貸している場合における管理組合の運営上の取扱いに関する次の記述のうち、標準管理規約によれば、適切でないものはどれか。

1 総会の招集通知は、管理組合に対し区分所有者から届出がなされず、転居先が不明である場合には、現在賃借人が居住している専有部分宛てに送付すればよい。

2 管理規約でペットの飼育が禁止されているにもかかわらず、賃借人がペットを飼育したときは、理事長は、賃貸人である区分所有者又は賃借人いずれに対しても勧告や指示等をすることができ、区分所有者は、その是正等のために必要な措置を講じなければならない。

3 賃借人が区分所有者の子である場合には、マンション外に居住している区分所有者の委任により、当該賃借人が区分所有者を代理して、総会において議決権を行使することができる。

4 賃借人は、会議の目的につき利害関係を有するときは、総会に出席して意見を述べることができる。この場合において、当該賃借人はあらかじめ理事長からその旨の承諾を得ておかなければならない。

1 **適切** 総会の招集の通知は、管理組合に対し組合員が届出をしたあて先に発するものとする〈標規(単)43条2項本文〉。もっとも、その届出のない組合員に対しては、**対象物件内の専有部分の所在地あて**に発するものとする〈同条項ただし書〉。
☞ ❷分冊 p67 **4**〜

2 **適切** 区分所有者若しくはその同居人又は専有部分の貸与を受けた者若しくはその同居人が、法令、規約又は使用細則等に違反したときは、理事長は、理事会の決議を経てその区分所有者等に対し、**その是正等のため必要な勧告又は指示若しくは警告を行うことができる**〈標規(単)67条1項〉。本肢の賃借人は、規約に違反してペットを飼育していることから、理事長は、理事会の決議を経てその賃借人に対し、勧告や指示等をすることができる。また、区分所有者は、その同居人又はその所有する専有部分の貸与を受けた者若しくはその同居人が法令、規約又は使用細則等に違反した場合には、**その是正等のため必要な措置を講じなければならない**〈標規(単)67条2項〉。本肢の区分所有者は、賃借人の規約違反を放置していることから、標準管理規約(単棟型)67条2項に違反しているので、標準管理規約(単棟型)67条1項に基づいて、理事長は、理事会の決議を経てその区分所有者に対し、勧告や指示等をすることができる。また、区分所有者は、賃借人による規約違反の是正等のために必要な措置を講じなければならない。
☞ ❷分冊 p102 **1**〜

3 **適切** 組合員が代理人により議決権を行使しようとする場合において、その代理人は、①その組合員の配偶者(婚姻の届出をしていないが事実上婚姻関係と同様の事情にある者を含む。)又は**1親等の親族**、②その組合員の住戸に同居する親族、③他の組合員のいずれかでなければならない〈標規(単)46条5項〉。区分所有者の子は、区分所有者の1親等の親族であるから、①にあたり、区分所有者に代理して、総会において議決権を行使することができる。
☞ ❷分冊 p67 **4**〜

4 **不適切** 区分所有者の承諾を得て専有部分を占有する者は、会議の目的につき利害関係を有する場合には、総会に出席して意見を述べることができる〈標規(単)45条2項前段〉。この場合において、総会に出席して意見を述べようとする者は、あらかじめ理事長に**その旨を通知しなければならない**〈同条項後段〉。したがって、理事長の承諾を得ることは要しない。
☞ ❷分冊 p67 **4**〜

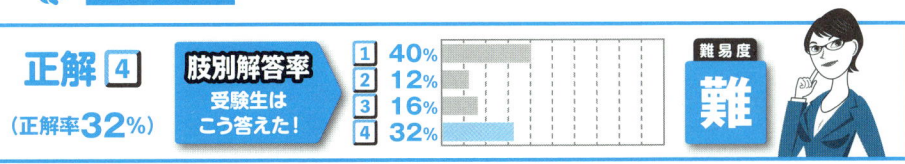

正解 4
（正解率 **32**%）

肢別解答率 受験生はこう答えた！
1 40%
2 12%
3 16%
4 32%

難易度 **難**

62 総合

組合員の配偶者に関する次の記述のうち、標準管理規約によれば、適切なものはいくつあるか。ただし、外部専門家を役員として選任できることとしていない場合とする。

ア 組合員の配偶者は、その組合員の住戸に同居していても、役員になることができない。

イ 組合員の配偶者は、その組合員の住戸に同居していなくても、その組合員の代理人として総会に出席することができる。

ウ 組合員が代理人により議決権を行使する場合には、他の組合員の同居する配偶者を代理人に選任することができる。

エ 組合員の住戸に同居する配偶者がマンション内で共同生活の秩序を乱す行為を行った場合において、理事長が是正等のため必要な勧告を行うときは、その組合員に対して行う必要があり、直接その配偶者に対して行うことはできない。

1 一つ

2 二つ

3 三つ

4 四つ

ア `適切` 理事及び監事は、総会の決議によって、**組合員のうちから**選任し、又は解任する〈標規(単)35条2項〉。したがって、組合員の配偶者は、その組合員の住戸に同居していても、組合員でなければ、役員となることはできない。

👉 ②分冊 p58 **3**〜

イ `適切` 組合員の配偶者は、**議決権行使の代理人となることができる**〈標規(単)46条5項1号〉。組合員の住戸に同居していない配偶者も、組合員の配偶者であるから、その組合員の代理人として、総会に出席することができる。

👉 ②分冊 p67 **4**〜

ウ `不適切` 組合員が代理人により議決権を行使しようとする場合において、その代理人は、①その**組合員の配偶者**(婚姻の届出をしていないが事実上婚姻関係と同様の事情にある者を含む。)又は**1親等の親族**、②その組合員の住戸に**同居する親族**、③**他の組合員**のいずれかでなければならない〈標規(単)46条5項〉。他の組合員の同居する配偶者は、上記のいずれにもあたらないので、この者を議決権行使の代理人に選任することはできない。

👉 ②分冊 p67 **4**〜

エ `不適切` 区分所有者若しくはその同居人又は専有部分の貸与を受けた者若しくはその同居人が、法令、規約又は使用細則等に違反したとき、又は対象物件内における**共同生活の秩序を乱す行為を行ったとき**は、理事長は、**理事会の決議**を経てその**区分所有者等に対し**、その是正等のため必要な勧告又は指示若しくは警告を行うことができる〈標規(単)67条1項〉。本肢の配偶者は、区分所有者の同居人であるから、理事長は、本肢の配偶者に対し、その是正等のため必要な勧告又は指示若しくは警告を行うことができる。

👉 ②分冊 p102 **1**〜

以上より、適切なものはア、イの二つであり、本問の正解肢は2となる。

正解 2
(正解率71%)

肢別解答率
受験生はこう答えた！

1	18%
2	71%
3	11%
4	1%

難易度 易

総会決議と管理費等に関する次の記述のうち、「マンション標準管理規約（団地型）及びマンション標準管理規約（団地型）コメント」及び「マンション標準管理規約（複合用途型）及びマンション標準管理規約（複合用途型）コメント」（最終改正令和3年6月22日国住マ第33号）によれば、適切でないものはどれか。

1 1、2階が店舗、3階以上が住宅の複合用途型マンションの住宅だけに設置されているバルコニーの床の防水工事を計画修繕として行う場合には、総会で決議し、その費用は全体修繕積立金を充当する。

2 団地型マンションにおいて、一つの棟の耐震性能が低いため耐震改修工事をすることは、当該棟の共用部分の変更ではあるが、団地総会で決議し、その費用は当該棟の修繕積立金を充当する。

3 1、2階が店舗、3階以上が住宅の複合用途型マンションで、店舗の外壁はタイル張り、住宅の外壁はモルタル仕様である場合において、計画修繕として外壁の改修工事を行うときは、店舗部会及び住宅部会でそれぞれの決議をした上で総会で決議し、その費用は店舗一部修繕積立金及び住宅一部修繕積立金を充当する。

4 団地型マンションにおいて、マンション管理適正化法第5条の3第1項に基づく管理計画の認定の申請を行う場合には、各棟ごとの決議を経る必要はなく、団地総会で決議し、その費用は管理費を充当する。

1 **適切** 全体共用部分について行う一定年数の経過ごとに計画的に行う修繕については、**総会の決議**を経なければならない〈標規(複)52条10号、30条1項1号〉。また、上記修繕に要する費用には、**全体修繕積立金を充当**する〈同30条1項1号〉。バルコニーは全体共用部分にあたり〈同別表第2〉、本肢の防水工事を計画修繕として行う場合には、総会で決議し、その費用は全体修繕積立金を充当する。
☞ ❷分冊 p118 **1**〜

2 **適切** 棟の共用部分の変更については、**団地総会の決議**を経なければならない〈標規(団)50条10号、29条1項3号〉。上記変更に要する費用は、**各棟修繕積立金を充当**する〈同29条1項3号〉。ある棟の耐震改修工事は、棟の共用部分の変更にあたり、これを行うには、団地総会で決議し、その費用は当該棟の修繕積立金を充当する。
☞ ❷分冊 p112 **2**〜

3 **不適切** 全体共用部分について行う一定年数の経過ごとに計画的に行う修繕については、総会の決議を経なければならない〈標規(複)52条10号、30条1項1号〉。また、上記修繕に要する費用には、全体修繕積立金を充当する〈同30条1項1号〉。外壁は全体共用部分にあたり〈同別表第2〉、本肢の改修工事を計画修繕として行う場合には、総会で決議し、その費用は全体修繕積立金を充当する。他方、**住宅部会及び店舗部会は管理組合としての意思を決定する機関ではない**〈同コ60条関係①〉ので、改修工事を行うに際し、これらの決議を要しない。
☞ ❷分冊 p122 **3**〜

4 **適切** マンション管理適正化法5条の3第1項に基づく管理計画の認定の申請については、**団地総会の決議**を経なければならない〈標規(団)50条8号〉。申請に要する費用には、**管理費を充当**する〈同27条11号、34条15号〉。したがって、これを、団地総会で決議し、その費用は管理費を充当する。他方、これは棟総会の議決事項となっておらず〈同72条参照〉、本肢の申請を行うのに、各棟ごとの棟総会の決議を経る必要はない。
☞ ❷分冊 p112 **2**〜

正解 3
（正解率**68%**）

肢別解答率
受験生はこう答えた！

1	15%	
2	11%	
3	68%	
4	6%	

難易度
普

管理組合が実施する災害への備えのための活動に関する次の記述のうち、標準管理規約によれば、**適切でないもの**はどれか。

1 　管理組合は、近隣の自治会とも連携して地域住民と一体的に行われる防災訓練の費用について、マンション住民の避難訓練に相当する分を、管理費から拠出することができる。

2 　管理組合は、組合員名簿とは別に、災害発生時に特別な支援を要する者に係る名簿を備えることとし、該当する組合員や居住者に当該名簿への記載の協力を求めることができる。

3 　災害発生時に共用部分や他の専有部分に対して物理的に又は機能上重大な影響を与えるおそれがあるとして、理事長が緊急に専有部分や専用使用部分に立ち入るため、管理組合が各住戸の合い鍵を預かっておくことを定めることもできる。

4 　組合員総数及び議決権総数の各4分の3以上の多数による決議で管理規約を改正することにより、災害が発生して総会が開催できない場合には、全員の承諾を要せずに書面決議をすることができる。

1 **適切** マンション及び周辺の**風紀、秩序及び安全の維持、防災並びに居住環境の維持及び向上**に関する業務は管理組合の業務にあたり〈標規（単）32条12号〉、これに要する費用には、**管理費を充当することができる**〈同27条11号〉。近隣の自治会とも連携して地域住民と一体的に行われる防災訓練の費用のうちマンション住民の避難訓練に相当する分は、上記にあたり、管理費を充当することができる。
👉 **②分冊 p44 2〜**

2 **適切** **管理組合**は、マンション及び周辺の**風紀、秩序及び安全の維持、防災並びに居住環境の維持及び向上に関する業務を行う**〈標規（単）32条12号〉。災害発生時に特別な支援を要する者に係る名簿を備えることは上記にあたり、これを作成するため、該当する組合員や居住者に当該名簿への記載の協力を求めることができる。

3 **適切** 理事長は、**災害、事故等が発生した場合**であって、緊急に立ち入らないと共用部分等又は他の専有部分に対して**物理的に又は機能上重大な影響を与えるおそれがあるとき**は、専有部分又は専用使用部分に**自ら立ち入り、又は委任した者に立ち入らせることができる**〈標規（単）23条4項〉。これを実効的に行うため、管理組合が各住戸の合い鍵を預かっておくことを定めることも考えられる〈同コ23条関係②〉。
👉 **②分冊 p36 1〜**

4 **不適切** 規約により総会において決議をすべき場合において、**組合員全員の承諾があるとき**は、書面による決議をすることができる〈標規（単）50条1項〉。この規定は、**強行規定**である区分所有法45条1項を確認したものであって、全員の同意を要せずに書面による決議をすることができるとすることはできない。
👉 **②分冊 p67 4〜**

正解 4
（正解率**59%**）

肢別解答率
受験生は
こう答えた！

1	8%
2	2%
3	31%
4	59%

難易度
普

管理組合の役員及び理事会に関する次の記述のうち、標準管理規約によれば、適切なものはどれか。

1　区分所有者が、管理組合を原告とする滞納管理費等請求訴訟において被告となっていることは、役員の欠格事由に当たる。

2　監事は、業務監査及び会計監査の権限を有しており、業務の執行又は財産の状況を理事に報告するために、いつでも、自ら理事会の招集をすることができる。

3　大規模修繕工事の内容の検討のために建物診断を業者に依頼する場合、管理組合の理事会は、総会の決議を経ずに、理事会のみの判断で、建物診断の発注をすることができる。

4　マンション管理士が外部専門家として理事に就任している管理組合において、当該組合が当該管理士との間で長期修繕計画作成のための契約を締結する場合には、当該管理士は理事会の承認を得なければならない。

1 `不適切`　①**精神の機能の障害**により役員の職務を適正に執行するに当たって必要な認知、判断及び意思疎通を適切に行うことができない者又は**破産者で復権を得ない者**、②**禁錮以上**の刑に処せられ、その執行を終わり、又はその執行を受けることがなくなった日から**5年を経過しない者**、③**暴力団員等**は、役員となることができない〈標規(単)36条の2〉。管理組合を原告とする滞納管理費等請求訴訟において被告となっている者は、**上記のいずれにもあたらず**、本肢の事由は役員の欠格事由に当たらない。

　👉 **②分冊 p58 3〜**

2 `不適切`　監事は、理事が不正の行為をし、若しくは当該行為をするおそれがあると認めるとき、又は法令、規約、使用細則等、総会の決議若しくは理事会の決議に違反する事実若しくは著しく不当な事実があると認めるときは、遅滞なく、その旨を**理事会に報告**しなければならない〈標規(単)41条5項〉。監事は、必要があると認めるときは、**理事長に対し、理事会の招集を請求することができ**〈同条6項〉、この請求があった日から**5日以内**に、その請求があった日から**2週間以内の日**を理事会の日とする理事会の招集の通知が発せられない場合は、**理事会を招集することができる**〈同条7項〉。したがって、監事は、自ら理事会の招集をするには、まず、理事長に対し、理事会の招集を請求する必要があるから、いつでも、自ら理事会を招集することができるわけではない。

　👉 **②分冊 p58 3〜**

3 `不適切`　大規模修繕工事の内容の検討のための建物診断は、**大規模修繕工事の一環**として行われるものであるから、これを発注するには、**総会の決議を経なければならない**〈標規(単)48条10号、28条1項1号〉。

　👉 **②分冊 p82 5〜**

4 `適切`　役員は、**自己又は第三者のために管理組合と取引をしようとするときは、理事会において**、当該取引につき重要な事実を開示し、その**承認を受けなければならない**〈標規(単)37条の2第1号〉。したがって、マンション管理士である理事は、管理組合との間で長期修繕計画作成のための契約を締結しようとする場合、理事会の承認を得なければならない。

　👉 **②分冊 p58 3〜**

正解 4
（正解率 **57%**）

肢別解答率
受験生はこう答えた！

肢	解答率
1	11%
2	14%
3	18%
4	57%

難易度 普

管理組合において、次のことを行うために管理規約の改正が必要なものはどれか。ただし、現行の管理規約は、標準管理規約と同様であるものとする。

1 総会提出議案の役員候補として立候補しようとする組合員は、理事会決議で決められた所定の期間内に届け出なければならないとすること。

2 理事の立候補の届出がない場合に、輪番制で理事の候補者を選任するとすること。

3 総会の議長は、出席組合員の中から選任するとすること。

4 役員選任は、役員全員を一括で選任する一括審議ではなく、それぞれの役員について個別に選任する個別信任方式とすること。

1 **不要**　標準管理規約（単棟型）上、**役員に立候補する場合の手続については規定されていない**ため、本肢の届出を行うとするのに、管理規約を改正する必要はない。

2 **不要**　標準管理規約（単棟型）上、**役員の候補の選定の手続については規定されていない**ため、理事の立候補がない場合に輪番制で理事の候補者を選任するとするのに、管理規約を改正する必要はない。

3 **必要**　標準管理規約（単棟型）上、**総会の議長は、理事長が務める**との定めがある〈標規（単）42 条 5 項〉。したがって、総会の議長は、出席組合員の中から選任するとする場合、管理規約の改正が必要となる。

　☞ ❷分冊 p67 **4**〜

4 **不要**　標準管理規約（単棟型）上、**役員選任の審議方式については規定されていない**ため、個別信任方式とするのに、管理規約を改正する必要はない。

正解 **3**
（正解率 **19%**）

肢別解答率
受験生は
こう答えた！

1	12%
2	51%
3	19%
4	18%

難易度
難

居住者の高齢化が進んでいるマンションに関する次の記述のうち、適切なものはどれか。ただし、当該マンションの管理規約は、外部専門家を役員として選任できることとはしていない標準管理規約と同一の内容であるものとする。

1 　住戸を単独で所有している高齢の組合員が精神の機能の障害により役員の職務を適正に執行するに当たって必要な認知、判断及び意思疎通を適切に行うことができないときは、同居している配偶者が理事又は監事となることができる。

2 　共用部分のバリアフリー化を図るため、建物の基本的構造部分の加工を伴わずに階段にスロープを併設し、手すりを追加する工事は、総会における普通決議により実施することができる。

3 　区分所有者が従前の浴室をリフォームして高齢者仕様のユニットバスを設置しようとするときは、あらかじめ理事長の承認を得ることなく、当該設置工事を実施することができる。

4 　住戸を単独で所有し、単身で居住している高齢の組合員が総会に出席できないときは、外部に居住している孫を代理人として議決権を行使することができる。

1 **不適切**　理事及び監事は、総会の決議によって、**組合員のうちから**選任し、又は解任する〈標規(単)35条2項〉。したがって、組合員と同居しているにすぎず、組合員でない配偶者は理事又は監事となることはできない。
👉 **②分冊 p58 3〜**

2 **適切**　バリアフリー化の工事に関し、建物の基本的構造部分を取り壊す等の**加工を伴わずに**階段にスロープを併設し、手すりを追加する工事は普通決議により実施することができる〈標規(単)コ47条関係⑥ア〉。
👉 **②分冊 p67 4〜**

3 **不適切**　区分所有者は、その専有部分について、修繕等であって**共用部分又は他の専有部分に影響を与えるおそれのあるもの**を行おうとするときは、あらかじめ、理事長にその旨を申請し、書面による承認を受けなければならない〈標規(単)17条1項〉。「修繕等であって共用部分又は他の専有部分に影響を与えるおそれのあるもの」の具体例としては、**床のフローリング、ユニットバスの設置、主要構造部に直接取り付けるエアコンの設置**、配管(配線)の枝管(枝線)の取付け・取替え、間取りの変更等がある〈同コ17条関係②〉。したがって、区分所有者が本肢の設置工事をしようとするときは、あらかじめ理事長の承認を得て、これを実施しなければならない。
👉 **②分冊 p26 5〜**

4 **不適切**　組合員が代理人により議決権を行使しようとする場合において、その代理人は、①その組合員の配偶者(婚姻の届出をしていないが事実上婚姻関係と同様の事情にある者を含む。)又は**一親等の親族**、②**その組合員の住戸に同居する親族**、③他の組合員のいずれかでなければならない〈標規(単)46条5項〉。外部に居住している孫は、組合員の2親等の親族であるから①にあたらず、また、組合員と住戸に同居していないから②にあたらないので、これを議決権行使の代理人とすることはできない。
👉 **②分冊 p67 4〜**

正解 2（正解率90%）

肢別解答率 受験生はこう答えた！

肢	解答率
1	4%
2	90%
3	3%
4	4%

難易度 **易**

駐車場の使用等に関する次の記述のうち、標準管理規約並びに区分所有法及び民法の規定によれば、適切なものはどれか。

1　機械式立体駐車場を撤去し、そこに平面駐車場を設けるには、区分所有者全員の賛成が必要である。

2　管理組合と駐車場使用契約を締結している区分所有者が他に転居し、その専有部分に新たに入居してきた第三者は、当該契約に基づき、自ら所有する車両のために、駐車場を使用することができる。

3　空いている駐車場に無断で駐車し続けている近隣住民に対し、管理組合は、区分所有法第57条に基づいてその無断駐車に対する法的措置を採ることはできない。

4　管理組合との駐車場使用契約に基づき平面駐車場の所定の区画に駐車していた車両が盗難にあった場合、管理組合は責任を負わなければならない。

1 **不適切** 集会室、駐車場、駐輪場の増改築工事などで、**大規模なものや著しい加工を伴うものは特別多数決議**により行う〈標規(単)コ 47 条関係⑥ク〉。機械式立体駐車場を撤去し、そこに平面駐車場を設けることは、上記にあたり、集会の決議によるので、区分所有者全員の賛成は不要である。

👉 **❷分冊 p67 4〜**

2 **不適切** 区分所有者がその所有する専有部分を、他の区分所有者又は第三者に譲渡又は貸与したときは、その区分所有者の**駐車場使用契約は効力を失う**〈標規(単)15 条 3 項〉。したがって、転居した区分所有者が締結していた駐車場使用契約は効力を失うので、入居してきた第三者は、新たに駐車場使用契約を締結しなければ、自ら所有する車両のために、駐車場を使用することはできない。

👉 **❷分冊 p23 3〜**

3 **適切** **区分所有者**が区分所有者の共同の利益に反する行為をした場合又はその行為をするおそれがある場合には、**他の区分所有者の全員又は管理組合法人**は、区分所有者の共同の利益のため、その行為を停止し、その行為の結果を除去し、又はその行為を予防するため必要な措置を執ることを請求することができる〈区 57 条 1 項〉。したがって、区分所有法 57 条に規定する共同の利益に反する行為の停止等の請求は、区分所有者に対してするものであるから、区分所有者でない近隣住民に対し、区分所有法 57 条に基づいてその無断駐車に対する法的措置を採ることはできない。

👉 **❷分冊 p102 1〜**

4 **不適切** 車両の保管責任については、**管理組合が負わない旨**を駐車場使用契約又は駐車場使用細則に規定することが望ましい〈標規(単)コ 15 条関係⑦〉。したがって、管理組合との駐車場使用契約に基づき平面駐車場の所定の区画に駐車していた車両が盗難にあったとしても、管理組合はその責任を負わなければならないわけではない。

👉 **❷分冊 p23 3〜**

正解 3
（正解率**52%**）

肢別解答率 受験生はこう答えた！

1	19%
2	12%
3	52%
4	18%

難易度 普

次の記述のうち、標準管理規約（団地型）及び標準管理規約（複合用途型）によれば、適切なものはどれか。

1　A棟からD棟の4棟からなる団地型マンションの団地共用部分である集会所がA棟内にある場合、当該集会所の改修工事費は、A棟修繕積立金から支出する。

2　A棟からD棟の4棟からなる団地型マンションの駐車場使用料は、その管理に要する費用に充てるほか、各棟の住戸の戸数に応じて棟ごとに各棟修繕積立金として積み立てる。

3　複合用途型マンションにおいて、1階店舗のショーウィンドーのガラスが台風による飛来物で破損し、店舗の使用に支障が生じた場合、当該店舗を所有する区分所有者は、理事会の承認なしに破損したものと同様の仕様のガラスに取替えることができる。

4　複合用途型マンションの使用細則で定めた店舗の営業時間を超過して営業しているテナントに対し、管理組合の店舗部会は、勧告、指示、警告を行うことができる。

1 **不適切** 土地、附属施設及び団地共用部分の変更に要する経費には、**団地修繕積立金を取り崩して充当する**〈標規(団)28条1項3号〉。本肢のA棟内の集会所は団地共用部分であるから、その改修工事に要する費用は、団地修繕積立金から支出する。

☞ **❷分冊 p112 ❷〜**

2 **不適切** 駐車場使用料その他の土地及び共用部分等に係る使用料は、それらの管理に要する費用に充てるほか、**団地建物所有者の土地の共有持分に応じて**棟ごとに各棟修繕積立金として積み立てる〈標規(団)31条〉。

☞ **❷分冊 p112 ❷〜**

3 **適切** 区分所有者は、原則として、敷地及び共用部分等の保存行為を行うことができない〈標規(複)21条3項本文〉。もっとも、**専有部分の使用に支障が生じている場合**に、当該専有部分を所有する区分所有者が行う保存行為の実施が、**緊急を要するものであるとき**は、この限りでない〈同条項ただし書〉。例えば、台風等で住戸の窓ガラスが割れた場合に、専有部分への雨の吹き込みを防ぐため、割れたものと同様の仕様の窓ガラスに張り替えるというような場合は、ただし書に規定する場合にあたる〈同コ21条関係⑧〉。したがって、本肢の場合、ショーウインドーのガラスが破損した店舗を所有する区分所有者は、理事会の承認なしに破損したものと同様の仕様のガラスに取り替えることができる。

4 **不適切** 区分所有者、その同居人若しくは店舗勤務者又は専有部分の貸与を受けた者、その同居人若しくは店舗勤務者が、法令、規約又は使用細則等に違反したとき、又は対象物件内における共同生活の秩序を乱す行為を行ったときは、理事長は、理事会の決議を経てその区分所有者等に対し、その是正等のため必要な勧告又は指示若しくは警告を行うことができる〈標規(複)72条1項〉。住宅部会及び店舗部会は、住宅部分、店舗部分の一部共用部分の管理等について**協議する組織である**〈標規(複)コ60条関係①〉から、勧告、指示、警告を行うことはできない。

正解 3 （正解率**63%**） **肢別解答率** 受験生はこう答えた！

1	1%
2	18%
3	63%
4	18%

難易度 **普**

memo

第4編

マンション
管理適正化法

年度別出題論点一覧

第4編 マンション管理適正化法	2015 H27	2016 H28	2017 H29	2018 H 30	2019 R1	2020 R2	2021 R3	2022 R4	2023 R5	2024 R6
定義	1			1		1				
マンション管理士	1	1	1	1	1	1	3	1		1
マンション管理業者	1	2	2	2	1	1	2	1	2	1
管理業務主任者					1					
基本方針		2	1	1	1	1		1	1	1
その他	2		1		1			2	2	2
総合						1				
計	5	5	5	5	5	5	5	5	5	5

※表内の数字は出題問題数を指します。
※2015、2016年度は購入者特典の「分野別過去問題集プラス2」に掲載しています。
※管理業務主任者試験合格者は、本編「マンション管理適正化法」の5問は免除となります。

マンション管理適正化法の規定によれば、次の記述のうち、正しいものはどれか。

1　「マンション管理業」とは、管理組合から委託を受けて管理事務を行うものであり、マンションの区分所有者等が当該マンションについて行うものも含む。

2　「マンション管理業者」とは、国土交通省に備えるマンション管理業者登録簿に登録を受けて、マンション管理業を営む者をいう。

3　「管理組合」は、マンションの管理を行う区分所有法第3条に規定する団体に限られる。

4　「マンション管理士」とは、国土交通大臣（指定登録機関が登録の実務に関する事務を行う場合は指定登録機関）の登録を受け、マンション管理士の名称を用いて、専門的知識をもって、管理組合の運営その他マンションの管理を行うことを業務とする者をいう。

1 誤　マンション管理業とは、管理組合から委託を受けて管理事務を行う行為で業として行うもの（**マンションの区分所有者等が当該マンションについて行うものを除く。**）をいう〈適2条7号〉。

☞ ❷分冊 p154 **1**〜

2 正　マンション管理業者とは、国土交通省に備える**マンション管理業者登録簿に登録を受けてマンション管理業を営む者**をいう〈適2条8号〉。

☞ ❷分冊 p158 **1**〜

3 誤　管理組合とは、**マンションの管理を行う管理組合（区分所有法3条の団体）、管理組合法人、団地管理組合（区分所有法65条の団体）又は団地管理組合法人**をいう〈適2条3号〉。したがって、管理組合とは、区分所有法3条に規定する団体に限られない。

4 誤　マンション管理士とは、国土交通大臣の登録を受け、マンション管理士の名称を用いて、専門的知識をもって、**管理組合の運営その他マンションの管理に関し、**管理組合の管理者等又はマンションの区分所有者等の**相談に応じ、助言、指導その他の援助を行うこと**を業務（他の法律においてその業務を行うことが制限されているものを除く。）とする者をいう〈適2条5号〉。したがって、マンション管理士は、マンションの管理自体を行うとは定義されていない。

☞ ❷分冊 p144 **1**〜

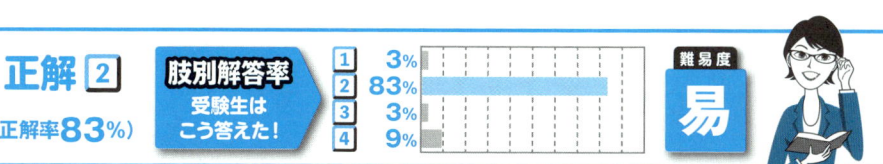

正解 **2**
（正解率**83%**）

肢別解答率　受験生はこう答えた！

肢	解答率
1	3%
2	83%
3	3%
4	9%

難易度　**易**

2 定義

マンションに関する次の記述のうち、マンション管理適正化法の規定によれば、正しいものはどれか。

1 　木造で2階建て以下の建物は、マンションに該当しない。

2 　マンションとは、2以上の区分所有者がいる建物のことであり、その敷地や附属施設は含まれない。

3 　2以上の区分所有者がいる建物において、人の居住の用に供する専有部分がすべて長期間空室となって使用されていないときは、その期間はマンションに該当しない。

4 　2以上の区分所有者がいる建物において、人の居住の用に供する専有部分のすべてを賃貸しているときであっても、その建物はマンションに該当する。

マンションとは、次に掲げるものをいう〈適2条1号〉。

① **2以上の区分所有者が存する建物**で**人の居住の用に供する専有部分のある**もの並びにその**敷地及び附属施設**

② 一団地内の土地又は附属施設（これらに関する権利を含む。）が当該団地内にある①の建物を含む数棟の建物の所有者（専有部分のある建物にあっては、区分所有者）の共有に属する場合における当該土地及び附属施設

1 誤 木造で2階建て以下の建物であっても、上記の定義にあたれば、マンションに該当する。
👉 **②分冊 p137 2〜**

2 誤 上記①のとおり、マンションとは、2以上の区分所有者がいる建物であるだけでなく、人の居住の用に供する専有部分がなければならない。また、この要件をみたす建物の敷地及び附属施設もマンションに含まれる。
👉 **②分冊 p137 2〜**

3 誤 本肢の建物は、上記①をみたすので、マンションに該当する。**人の居住の用に供する専有部分が使用されているかどうか**は、マンションにあたるかとは無関係である。
👉 **②分冊 p137 2〜**

4 正 本肢の建物は、上記①をみたすので、マンションに該当する。**人の居住の用に供する専有部分が賃貸されているかどうか**は、マンションにあたるかとは無関係である。
👉 **②分冊 p137 2〜**

正解 4
（正解率**93%**）

肢別解答率
受験生はこう答えた！

1	2%
2	1%
3	1%
4	93%

難易度 易

マンション管理士に関する次の記述のうち、マンション管理適正化法の規定によれば、誤っているものはどれか。

1 マンション管理士は、マンション管理士の信用を傷つけるような行為をしてはならないが、国土交通大臣は、これに違反した者に対し、登録の取消し、又は期間を定めてマンション管理士の名称使用の停止を命ずることができる。

2 マンション管理士は、正当な理由がなく、その業務に関して知り得た秘密を漏らしてはならないが、これに違反した者に対し、国土交通大臣は、登録の取消し、又は期間を定めてマンション管理士の名称使用の停止を命ずることができるほか、1年以下の懲役又は30万円以下の罰金に処する旨の罰則の規定がある。

3 マンション管理士の登録を取り消された者は、その通知を受けた日から起算して10日以内に、登録証を国土交通大臣（指定登録機関が登録の実務に関する事務を行う場合は指定登録機関）に返納しなければならない。

4 マンション管理士でない者は、マンション管理士又はこれに紛らわしい名称を使用してはならないが、これに違反した者に対しては、1年以下の懲役又は50万円以下の罰金に処する旨の罰則の規定がある。

1 **正** マンション管理士は、マンション管理士の信用を傷つけるような行為をしてはならない〈適40条〉。国土交通大臣は、マンション管理士がこの規定に違反したときは、その**登録を取り消し、又は期間を定めてマンション管理士の名称の使用の停止を命ずることができる**〈適33条2項〉。

☞ **②分冊 p222 ①~**

2 **正** マンション管理士は、正当な理由がなく、その業務に関して知り得た秘密を漏らしてはならない〈適42条前段〉。国土交通大臣は、マンション管理士がこの規定に違反したときは、**その登録を取り消し、又は期間を定めてマンション管理士の名称の使用の停止を命ずることができる**〈適33条2項〉。また、この規定に違反した者は、**1年以下の懲役又は30万円以下の罰金に処する**〈適107条1項2号〉。

☞ **②分冊 p228 ④~**

3 **正** マンション管理士の登録を取り消された者は、**その通知を受けた日から起算して10日以内に**、登録証を国土交通大臣に**返納しなければならない**〈適規30条2項〉。

☞ **②分冊 p222 ①~**

4 **誤** マンション管理士でない者は、マンション管理士又はこれに紛らわしい名称を使用してはならない〈適43条〉。この規定に違反した者は、**30万円以下の罰金**に処する〈適109条1項3号〉。

☞ **②分冊 p228 ④~**

正解 4

（正解率**62%**）

肢別解答率 受験生はこう答えた！

1	9%
2	7%
3	19%
4	62%

難易度 普

マンション管理適正化法の規定によれば、マンション管理士に関する次の記述のうち、誤っているものはいくつあるか。

ア マンション管理士でない者は、マンション管理士又はこれに紛らわしい名称を使用してはならない。

イ マンション管理士は、マンション管理士登録簿に登載された事項に変更があったときは、遅滞なく、その旨を国土交通大臣（指定登録機関が登録の実務に関する事務を行う場合は指定登録機関）に届け出なければならない。

ウ マンション管理士は、5年ごとに、国土交通大臣の登録を受けた者が国土交通省令で定めるところにより行う講習を受けなければならない。

エ マンション管理士は、正当な理由がなく、その業務に関して知り得た秘密を漏らしてはならないが、マンション管理士でなくなった後においては、その限りでない。

1 一つ
2 二つ
3 三つ
4 四つ

ア　**正**　マンション管理士でない者は、**マンション管理士又はこれに紛らわしい名称を使用してはならない**〈適43条〉。

☞　**②分冊 p144 ■~**

イ　**正**　マンション管理士は、**マンション管理士登録簿に登載された事項に変更があったとき**は、遅滞なく、その旨を国土交通大臣に**届け出なければならない**〈適32条1項〉。

☞　**②分冊 p149 ②~**

ウ　**正**　マンション管理士は、**5年ごとに、**国土交通大臣の登録を受けた者が国土交通省令で定めるところにより行う講習を受けなければならない〈適41条、適規41条〉。

☞　**②分冊 p145 ②~**

エ　**誤**　マンション管理士は、正当な理由がなく、その業務に関して知り得た秘密を漏らしてはならない〈適42条前段〉。**マンション管理士でなくなった後においても、同様とする**〈同条後段〉。

☞　**②分冊 p145 ②~**

以上より、誤っているものはエの一つであり、本問の正解肢は1となる。

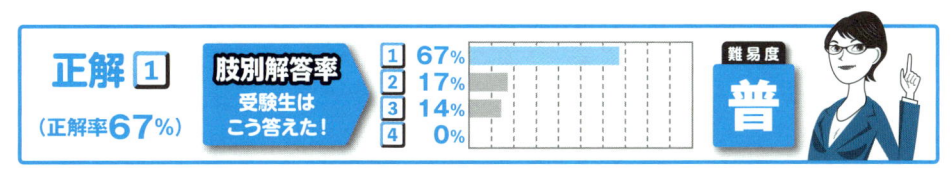

正解 **1**（正解率67%）

肢別解答率　受験生はこう答えた！

1	67%
2	17%
3	14%
4	0%

難易度　**普**

マンション管理士に関する次の記述のうち、マンション管理適正化法の規定によれば、正しいものはいくつあるか。

ア マンション管理士は、正当な理由がなく、その業務に関して知り得た秘密を漏らしてはならない。マンション管理士でなくなった後においても、同様とする。

イ マンション管理士でない者は、マンション管理士又はこれに紛らわしい名称を使用してはならない。

ウ マンション管理士試験に合格しても、国土交通大臣(指定登録機関が登録の実施に関する事務を行う場合は指定登録機関。この問いにおいて同じ。)の登録を受けなければ、マンション管理士の名称を使用することはできない。

エ 国土交通大臣は、マンション管理士登録簿に、氏名、生年月日、事務所の所在地その他国土交通省令で定める事項を登載してマンション管理士の登録をする。

1 一つ

2 二つ

3 三つ

4 四つ

ア　**正**　マンション管理士は、正当な理由がなく、その業務に関して知り得た秘密を漏らしてはならない〈適42条前段〉。マンション管理士でなくなった後においても、同様とする〈同条後段〉。

☞ ❷分冊 p145 ❷~

イ　**正**　マンション管理士でない者は、マンション管理士又はこれに紛らわしい名称を使用してはならない〈適43条〉。

☞ ❷分冊 p144 ❶~

ウ　**正**　マンション管理士とは、マンション管理士の登録を受け、マンション管理士の名称を用いて、専門的知識をもって、管理組合の運営その他マンションの管理に関し、管理組合の管理者等又はマンションの区分所有者等の相談に応じ、助言、指導その他の援助を行うことを業務(他の法律においてその業務を行うことが制限されているものを除く。)とする者をいう〈適2条5号〉。したがって、登録を受けなければ、マンション管理士の名称を使用することはできない。

☞ ❷分冊 p148 ❶~

エ　**誤**　国土交通大臣は、マンション管理士登録簿に、①氏名、②生年月日、③住所、④本籍(日本の国籍を有しない者にあっては、その者の有する国籍)及び性別、⑤試験の合格年月日及び合格証書番号、⑥登録番号及び登録年月日を登載してマンション管理士の登録をする〈適30条2項、適規26条1項〉。したがって、事務所の所在地は、マンション管理士登録簿に登載しない。

☞ ❷分冊 p149 ❷~

以上より、正しいものはア、イ、ウの三つであり、本問の正解肢は3となる。

正解 3
（正解率**75%**）

肢別解答率
受験生はこう答えた！

1	1%
2	1%
3	75%
4	18%

難易度 **易**

マンション管理士に関する次の記述のうち、マンション管理適正化法の規定によれば、正しいものはいくつあるか。

ア マンション管理士は、3年ごとに、国土交通大臣の登録を受けた者が行う講習を受けなければならない。

イ マンション管理士は、正当な理由がなく、その業務に関して知り得た秘密を漏らした場合は、国土交通大臣により、その登録を取り消され、又は期間を定めてマンション管理士の名称の使用の停止を命じられる場合がある。

ウ マンション管理士が、国土交通大臣により、その登録を取り消された場合は、その通知を受けた日から起算して10日以内に、登録証を国土交通大臣（指定登録機関が登録の実施に関する事務を行う場合は指定登録機関）に返納しなければならない。

エ マンション管理士の登録を取り消された者は、取り消された日から1年を経過しなければ、その登録を受けることができない。

1 一つ
2 二つ
3 三つ
4 四つ

ア 　誤　　マンション管理士は、**5年ごとに**、国土交通大臣の登録を受けた者が行う講習を受けなければならない〈適41条、適規41条〉。

　　②分冊 p145 2 ～

イ 　正　　マンション管理士は、正当な理由がなく、その業務に関して知り得た秘密を漏らしてはならない〈適42条前段〉。マンション管理士がこの規定に違反したときは、国土交通大臣は、**その登録を取り消し、又は期間を定めてマンション管理士の名称の使用の停止を命ずることができる**〈適33条2項〉。

　　②分冊 p222 1 ～

ウ 　正　　マンション管理士の登録を取り消された者は、**その通知を受けた日から起算して10日以内に**、登録証を国土交通大臣に返納しなければならない〈適規30条2項〉。

　　②分冊 p222 1 ～

エ 　誤　　所定の事由に該当し**マンション管理士の登録を取り消され、その取消しの日から2年を経過しない者**は、マンション管理士の登録を受けることができない〈適30条1項3号〉。したがって、マンション管理士の登録を取り消された者は、取り消された日から1年を経過したからといって、その登録を受けることができるとは限らない。

　　②分冊 p149 2 ～

以上より、正しいものはイ、ウの二つであり、本問の正解肢は2となる。

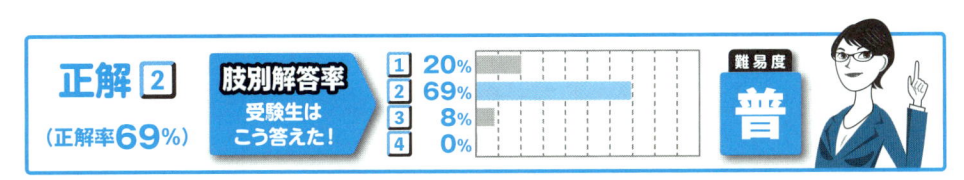

Aは、マンション管理士試験に合格し、マンション管理士となる資格を有する者である。この場合におけるマンション管理士の登録に関する次の記述のうち、マンション管理適正化法の規定によれば、正しいものはいくつあるか。

ア Aは、国土交通大臣（指定登録機関が登録の実施に関する事務を行う場合は指定登録機関）の登録を受けていないが、マンション管理士となる資格を有しているため、マンション管理士の名称を使用することができる。

イ Aが禁錮以上の刑に処せられ、その執行を終わり、又は執行を受けることがなくなった日から2年を経過していなければ、マンション管理士の登録を受けることができない。

ウ Aは、マンション管理士試験の合格日から1年以内にマンション管理士の登録の申請を行わなければ、登録を受けることができない。

エ Aは、マンションの管理事務に関して2年以上の実務を経験した後にマンション管理士の登録を受けた場合であっても、登録講習機関が行う講習の受講義務は免除されない。

1 一つ
2 二つ
3 三つ
4 四つ

ア 誤　マンション管理士でない者は、マンション管理士又はこれに紛らわしい名称を使用してはならない〈適43条〉。ここで、マンション管理士とは、**マンション管理士の登録を受け**、マンション管理士の名称を用いて、専門的知識をもって、管理組合の運営その他マンションの管理に関し、管理組合の管理者等又はマンションの区分所有者等の相談に応じ、助言、指導その他の援助を行うことを業務（マンション管理適正化法以外の法律においてその業務を行うことが制限されているものを除く。）とする者をいう〈適2条5号〉。Aは、マンション管理士の登録を受けておらず、マンション管理士ではないので、マンション管理士の名称を使用することはできない。

☞ **②分冊 p148 ❶～**

イ 正　**禁錮以上の刑に処せられ、その執行を終わり、又は執行を受けることがなくなった日から2年を経過しない者**は、マンション管理士の登録を受けることができない〈適30条1項1号〉。したがって、Aは、禁錮以上の刑に処せられている場合、その執行を終わり、又は執行を受けることがなくなった日から2年を経過していなければ、マンション管理士の登録を受けることはできない。

☞ **②分冊 p149 ❷～**

ウ 誤　**マンション管理士となる資格を有する者は、マンション管理士の登録を受けることができる**〈適30条1項〉。Aは、マンション管理士試験に合格しており、マンション管理士となる資格を有する〈適6条〉から、合格日から1年を超えた日にマンション管理士の登録の申請を行っても、登録を受けることができる。

☞ **②分冊 p149 ❷～**

エ 正　マンション管理士は、**5年ごとに**、登録講習機関が行う講習を受けなければならない〈適41条、適規41条〉。Aは、マンション管理士であるから、登録講習機関が行う講習を受講しなければならない。

☞ **②分冊 p145 ❷**

以上より、正しいものはイ、エの二つであり、本問の正解肢は2となる。

正解 2
（正解率60%）

肢別解答率
受験生はこう答えた！

1	33%
2	60%
3	3%
4	0%

難易度　普

マンション管理士に関する次の記述のうち、マンション管理適正化法の規定によれば、誤っているものはいくつあるか。

ア マンション管理士は、5年ごとに、登録講習機関が行う講習を受けなければならず、当該講習の課程を修了した者は、修了証の交付を受け、その修了証と引換えに新たなマンション管理士登録証の交付を受けることができる。

イ マンション管理士の名称の使用の停止を命ぜられた者が、当該停止を命ぜられた期間中に、マンション管理士の名称を使用したときは、30万円以下の罰金に処せられる。

ウ マンション管理士は、管理組合の管理者等の相談に応じ、助言、指導その他の援助を行うに際し、当該管理者等から請求があったときは、マンション管理士登録証を提示しなければならない。

エ マンション管理士が死亡し、又は失踪の宣告を受けた場合には、戸籍法（昭和22年法律第224号）に規定する届出義務者又は法定代理人は、遅滞なく、マンション管理士登録証を添え、その旨を国土交通大臣に届け出なければならない。

1 一つ
2 二つ
3 三つ
4 四つ

ア 誤 **国土交通大臣は、マンション管理士の登録をしたときは、マンション管理士登録証を交付する**〈適31条〉。登録講習機関が行う講習は、登録後に受けるものであり、登録証の交付とは無関係である。

☞ ②分冊 p149 2〜

イ 正 マンション管理士の名称の使用の停止を命ぜられた者が、当該停止を命ぜられた期間中に、マンション管理士の名称を使用したときは、その違反行為をした者は、**30万円以下の罰金に処する**〈適109条1項2号〉。

☞ ②分冊 p228 4〜

ウ 誤 **マンション管理士登録証の提示義務は定められておらず**、マンション管理士は、管理組合の管理者等の相談に応じ、助言、指導その他の援助を行うに際し、当該管理者等から請求があったとしても、マンション管理士登録証を提示することは義務づけられない。

☞ ②分冊 p149 2〜

エ 正 **マンション管理士が死亡し、又は失踪の宣告を受けた場合**には、戸籍法に規定する届出義務者又は法定代理人は、遅滞なく、マンション管理士登録証を添え、その旨を**国土交通大臣に届け出なければならない**〈適規31条1号〉。

☞ ②分冊 p149 2〜

以上より、誤っているものはア、ウの二つであり、本問の正解肢は2となる。

正解 2
（正解率45%）

肢別解答率 受験生はこう答えた！

肢	解答率
1	23%
2	45%
3	23%
4	5%

難易度 **難**

甲マンションの区分所有者Aとマンション管理士Bに関する次の記述のうち、マンション管理適正化法の規定によれば、正しいものはどれか。

1　Bが甲マンションの区分所有者である場合、マンション管理士として甲マンション管理組合に対し、助言、指導等を行うことはできない。

2　Bがマンション管理士登録証を亡失し、国土交通大臣（指定登録機関が登録の実施に関する事務を行う場合は指定登録機関）に再交付を申請している期間中であっても、マンション管理士の名称を使用し、Aからの個別の相談について助言、指導を行うことができる。

3　Bが、Aから受けた相談に関し知り得た秘密を漏らした場合、Aに金銭的損害が生じていなければ、マンション管理士の登録の取消しや名称の使用停止処分を受けることはない。

4　Bは、Aからの個別の相談について助言、指導を行っている場合は、その業務が終了するまでは、甲マンションの他の区分所有者から新たな依頼を受けることができない。

1 **誤**　マンション管理士とは、マンション管理士の登録を受け、マンション管理士の名称を用いて、専門的知識をもって、管理組合の運営その他マンションの管理に関し、**管理組合の管理者等又はマンションの区分所有者等の相談に応じ、助言、指導その他の援助を行うこと**を業務(マンション管理適正化法以外の法律においてその業務を行うことが制限されているものを除く。)とする者をいう〈適2条5号〉。甲マンションの管理組合に対し、助言、指導等を行うことは、マンション管理士の業務の範囲内であり、特段の事情のない限り、これを行っても差し支えない。

☞ **②分冊 p144 ■～**

2 **正**　**マンション管理士でない者は、マンション管理士又はこれに紛らわしい名称を使用してはならない**〈適43条〉。マンション管理士登録証を亡失したとしても、マンション管理士の登録を取り消されない〈適33条参照〉ので、本肢のBは、マンション管理士であり、マンション管理士の名称を使用して、Aからの個別の相談について助言、指導等を行うことができる。

☞ **②分冊 p148 ■～**

3 **誤**　マンション管理士は、正当な理由がなく、その業務に関して知り得た秘密を漏らしてはならない〈適42条前段〉。国土交通大臣は、マンション管理士がこの規定に違反したときは、その**登録を取り消し、又は期間を定めてマンション管理士の名称の使用の停止を命ずることができる**〈適33条2項〉。

☞ **②分冊 p222 ■～**

4 **誤**　マンション管理士とは、マンション管理士の登録を受け、マンション管理士の名称を用いて、専門的知識をもって、管理組合の運営その他マンションの管理に関し、**管理組合の管理者等又はマンションの区分所有者等の相談に応じ、助言、指導その他の援助を行うこと**を業務(マンション管理適正化法以外の法律においてその業務を行うことが制限されているものを除く。)とする者をいう〈適2条5号〉。甲マンションの区分所有者に対し、助言、指導等を行うことは、マンション管理士の業務の範囲内であり、特段の事情のない限り、その依頼を受けても差し支えない。

☞ **②分冊 p144 ■～**

正解 ②
（正解率89%）

肢別解答率
受験生は
こう答えた！

肢	解答率	
1	5%	
2	89%	
3	1%	
4	1%	

難易度
易

マンション管理士に関する次の記述のうち、マンション管理適正化法の規定によれば、正しいものはいくつあるか。

ア　マンション管理士という名称を使用して区分所有者の相談に応じるためには、マンション管理士試験に合格するほか、国土交通大臣（指定登録機関が登録の実施に関する事務を行う場合は指定登録機関）の登録を受ける必要がある。

イ　マンション管理士は、マンション管理士の信用を傷つけるような行為をした場合は、その登録が取り消されるほか、30万円以下の罰金に処される。

ウ　マンション管理士は、5年ごとに、国土交通大臣の登録を受けた者が行う講習を受講しなければならない義務があり、受講しない場合は、マンション管理士の登録の取消し又は期間を定めたマンション管理士の名称の使用停止命令を受けることがある。

エ　マンション管理士は、その事務を行うに際し、マンションの区分所有者から請求があったときは、マンション管理士登録証を提示しなければならない義務がある。

1 一つ

2 二つ

3 三つ

4 四つ

ア 正 　マンション管理士とは、マンション管理士の**登録を受け**、マンション管理士の**名称を用いて**、専門的知識をもって、管理組合の運営その他マンションの管理に関し、管理組合の管理者等又はマンションの区分所有者等の相談に応じ、助言、指導その他の援助を行うことを業務(他の法律においてその業務を行うことが制限されているものを除く。)とする者をいう〈適2条5号〉。マンション管理士試験に合格した者は、マンション管理士となる資格を有し〈適6条〉、マンション管理士の登録を受けることができる〈適30条〉。したがって、マンション管理士という名称を使用して区分所有者の相談に応じるためには、マンション管理士試験に合格するほか、国土交通大臣の登録を受ける必要がある。

　👉 **②分冊 p148 1~**

イ 誤 　マンション管理士は、マンション管理士の信用を傷つけるような行為をしてはならない〈適40条〉。もっとも、これに違反しても、**刑罰は科されない**。なお、マンション管理士が上記規定に違反したときは、国土交通大臣は、その**登録を取り消し**、又は期間を定めてマンション管理士の**名称の使用の停止**を命ずることができる〈適33条2項〉。

　👉 **②分冊 p145 2~**

ウ 正 　マンション管理士は、**5年ごと**に、国土交通大臣の登録を受けた者が国土交通省令で定めるところにより行う講習を受けなければならない〈適41条、適規41条〉。マンション管理士がこの規定に違反したときは、国土交通大臣は、その**登録を取り消し**、又は期間を定めてマンション管理士の**名称の使用の停止**を命ずることができる〈適33条2項〉。

　👉 **②分冊 p222 1~**

エ 誤 　マンション管理士は、その事務を行うに際し、マンション管理士登録証を提示することを**義務づけられていない**。

　👉 **②分冊 p149 2~**

以上より、正しいものはア、ウの二つであり、本問の正解肢は2となる。

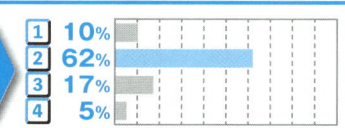

正解 2（正解率**62%**）

肢別解答率 受験生はこう答えた！

1	10%
2	62%
3	17%
4	5%

難易度 **普**

マンション管理士に関する次の記述のうち、マンション管理適正化法の規定によれば、正しいものはいくつあるか。

ア マンション管理士は、5年ごとに国土交通大臣の登録を受けた者（この問いにおいて「登録講習機関」という。）が行う講習を受けなければならず、これに違反したときは、国土交通大臣は、その登録を取り消すことができる。

イ マンション管理士の登録を取り消された者は、取消しの通知を受けた日から起算して10日以内に、登録証を国土交通大臣（指定登録機関が登録の実施に関する事務を行う場合は指定登録機関）に返納しなければならない。

ウ マンション管理士が登録証の交付を受けようとするときは、交付の申請前6月以内に行われる登録講習機関が行う講習を受講しなければならない。

エ マンション管理士の試験に合格した者であっても、偽りその他不正の手段により管理業務主任者の登録を受け、その登録を取り消された者は、当該取消しの日から2年を経過しなければ、マンション管理士の登録を受けることができない。

1 一つ
2 二つ
3 三つ
4 四つ

ア 　**正** 　マンション管理士は、**5年ごとに**、登録講習機関が国土交通省令で定める
ところにより行う講習を受けなければならない〈適41条、適規41条〉。マンショ
ン管理士がこの規定に違反したときは、国土交通大臣は、**その登録を取り消すこと
ができる**〈適33条2項〉。

☞ **②分冊 p222 ❶～**

イ 　**正** 　マンション管理士の登録を取り消された者は、**登録の取消しの通知を受けた
日から起算して10日以内**に、登録証を国土交通大臣に返納しなければならない〈適
規30条2項〉。

☞ **②分冊 p222 ❶～**

ウ 　**誤** 　国土交通大臣は、マンション管理士の登録をしたときは、申請者にマンショ
ン管理士登録証を交付する〈適31条〉。したがって、**マンション管理士は、その登
録を受ければ、登録証の交付を受けることができる**ので、本肢のような講習などを受
ける必要はない。

☞ **②分冊 p149 ❷～**

エ 　**正** 　マンション管理士となる資格を有する者は、偽りその他不正の手段により
管理業務主任者の登録を受け、その登録を取り消され、その取消しの日から**2年**
を経過しない者であるときは、マンション管理士の登録を受けることができない
〈適30条1項4号、65条1項2号、2項2号〉。マンション管理士試験に合格し
た者は、マンション管理士となる資格を有する〈適6条〉。したがって、マンショ
ン管理士試験に合格した者であっても、偽りその他不正の手段により管理業務主
任者の登録を受け、その登録を取り消された者は、当該取消しの日から**2年**を経
過しなければ、マンション管理士の登録を受けることができない。

☞ **②分冊 p149 ❷～**

以上より、正しいものはア、イ、エの三つであり、本問の正解肢は3となる。

正解③
（正解率**50%**）

肢別解答率
受験生は
こう答えた！

1	6%
2	21%
3	50%
4	20%

マンション管理業者の業務に関する次の記述のうち、マンション管理適正化法の規定によれば、正しいものはいくつあるか。

ア 国土交通大臣は、マンション管理業者が業務に関し他の法令に違反し、マンション管理業者として不適当であると認められるときは、当該マンション管理業者に対し、1年以内の期間を定めて、その業務の全部又は一部の停止を命ずることができる。

イ 国土交通大臣は、マンション管理業の登録申請者が、禁錮以上の刑に処せられ、その執行を終わり、又は執行を受けることがなくなった日から2年を経過しない者である場合は、その登録を拒否しなければならない。

ウ 国土交通大臣は、マンション管理業者が業務に関し、その公正を害する行為をしたとき、又はその公正を害するおそれが大であるときは、その旨を公告しなければならない。

エ 国土交通大臣は、マンション管理業の適正な運営を確保するため必要があると認めるときは、その必要な限度で、その職員に、マンション管理業を営む者の事務所その他その業務を行う場所に立ち入り、帳簿、書類その他必要な物件を検査させ、又は関係者に質問させることができる。

1 一つ
2 二つ
3 三つ
4 四つ

ア **正**　国土交通大臣は、マンション管理業者が業務に関し他の法令に違反し、マンション管理業者として不適当であると認められるときは、当該マンション管理業者に対し、**1年以内の期間を定めて、その業務の全部又は一部の停止を命ずることができる**〈適82条1号、81条3号〉。
❷分冊 p223 ❷～

イ **正**　国土交通大臣は、マンション管理業の登録申請者が**禁錮以上の刑に処せられ、その執行を終わり、又は執行を受けることがなくなった日から2年を経過しない者であるとき**は、その登録を拒否しなければならない〈適47条5号〉。
❷分冊 p159 ❷～

ウ **誤**　国土交通大臣は、マンション管理業者が業務に関し、その公正を害する行為をしたとき、又はその公正を害するおそれが大であるときは、当該マンション管理業者に対し、**必要な指示をすることができる**〈適81条2号〉。しかし、マンション管理業者が業務に関し、その公正を害する行為をした旨又はその公正を害するおそれが大である旨を公告をすることは義務づけられていない。

エ **正**　国土交通大臣は、マンション管理業の適正な運営を確保するため必要があると認めるときは、その必要な限度で、その職員に、マンション管理業を営む者の事務所その他その業務を行う場所に**立ち入り、帳簿、書類その他必要な物件を検査させ、又は関係者に質問させることができる**〈適86条1項〉。
❷分冊 p223 ❷～

以上より、正しいものはア、イ、エの三つであり、本問の正解肢は3となる。

正解 3（正解率59%）

肢別解答率 受験生はこう答えた！
1　3%
2　20%
3　59%
4　14%

難易度 **普**

マンション管理業者の業務に関する次の記述のうち、マンション管理適正化法の規定によれば、誤っているものはどれか。ただし、記述の中で「マンションの区分所有者等」とあるのは、同法第2条の規定によるものとする。

1 マンション管理業者の使用人その他の従業者は、当該従業者でなくなった後5年を経過するまでは、正当な理由がなく、マンションの管理に関する事務を行ったことに関して知り得た秘密を漏らしてはならない。

2 マンション管理業者は、使用人その他の従業者に、その従業者であることを証する証明書を携帯させなければ、その者をその業務に従事させてはならない。

3 マンション管理業者の使用人その他の従業者は、マンションの管理に関する事務を行うに際し、マンションの区分所有者等その他の関係者から請求があったときは、当該マンション管理業者の従業者であることを証する証明書を提示しなければならない。

4 マンション管理業者の登録がその効力を失った場合には、当該マンション管理業者であった者又はその一般承継人は、当該マンション管理業者の管理組合からの委託に係る管理事務を結了する目的の範囲内においては、なおマンション管理業者とみなす。

1 誤　マンション管理業者の使用人その他の従業者は、正当な理由がなく、マンションの管理に関する事務を行ったことに関して知り得た秘密を漏らしてはならない〈適87条前段〉。**マンション管理業者の使用人その他の従業者でなくなった後においても、同様とする**〈同条後段〉。したがって、マンション管理業者の使用人その他の従業者は、従業者でなくなった後に5年を経過した後も、同様の義務を負う。

👉 **❷分冊p193 ❸〜**

2 正　マンション管理業者は、国土交通省令で定めるところにより、使用人その他の従業者に、その従業者であることを証する証明書を**携帯させなければ**、その者をその業務に**従事させてはならない**〈適88条1項〉。

👉 **❷分冊p194 ❺〜**

3 正　マンション管理業者の使用人その他の従業者は、マンションの管理に関する事務を行うに際し、マンションの区分所有者等その他の**関係者から請求があったときは**、その従業者であることを証する証明書を**提示しなければならない**〈適88条2項〉。

👉 **❷分冊p194 ❺〜**

4 正　マンション管理業者の登録がその効力を失った場合には、当該マンション管理業者であった者又はその一般承継人は、当該マンション管理業者の管理組合からの委託に係る**管理事務を結了する目的の範囲内においては、なおマンション管理業者とみなす**〈適89条〉。

👉 **❷分冊p164 ❸〜**

正解 1
（正解率90%）

肢別解答率
受験生はこう答えた！

1	90%
2	3%
3	1%
4	3%

難易度　易

次の記述は、マンション管理適正化法において定められている、マンション管理業者が新たに管理事務の委託を受ける場合に関係する条文を抜粋したものである。空白となっている A ～ D に下欄のア～クの語句を選んで文章を完成させた場合において、正しい組合せは、1～4のうちどれか。なお、語句の定義については、同法第2条の規定によるものとする。

　マンション管理業者は、管理組合から管理事務の委託を受けることを内容とする契約を締結しようとするときは、あらかじめ、国土交通省令で定めるところにより説明会を開催し、当該管理組合を構成するマンションの A 及び当該管理組合の管理者等に対し、 B をして、管理受託契約の内容及びその履行に関する事項であって国土交通省令で定めるもの（以下「重要事項」という。）について説明をさせなければならない。この場合において、マンション管理業者は、当該説明会の日の C までに、当該管理組合を構成するマンションの A 及び当該管理組合の管理者等の全員に対し、重要事項並びに説明会の日時及び場所を記載した書面を D しなければならない。

[語　句]　ア　管理業務主任者　　　イ　二週間前　　　ウ　掲示

　　　　　エ　マンション管理士　　オ　区分所有者等　カ　交付

　　　　　キ　役員　　　　　　　　ク　一週間前

[組合せ]　**1**　Aはオ、Bはア、Cはイ、Dはカ

　　　　　2　Aはキ、Bはア、Cはイ、Dはウ

　　　　　3　Aはオ、Bはア、Cはク、Dはカ

　　　　　4　Aはキ、Bはエ、Cはク、Dはカ

完成文は以下のとおりである。

> マンション管理業者は、管理組合から管理事務の委託を受けることを内容とする契約を締結しようとするときは、あらかじめ、国土交通省令で定めるところにより説明会を開催し、当該管理組合を構成するマンションの A＝オ　区分所有者等 及び当該管理組合の管理者等に対し、を B＝ア　管理業務主任者 をして、管理受託契約の内容及びその履行に関する事項であって国土交通省令で定めるもの(以下「重要事項」という。)について説明をさせなければならない。この場合において、マンション管理業者は、当該説明会の日の C＝ク　一週間前 までに、当該管理組合を構成するマンションの A＝オ　区分所有者等 及び当該管理組合の管理者等の全員に対し、重要事項並びに説明会の日時及び場所を記載した書面を D＝カ　交付 しなければならない。

以上より、Aはオ、Bはア、Cはク、Dはカとなり、本問の正解肢は3となる。

 ❷分冊 p169 ❷～

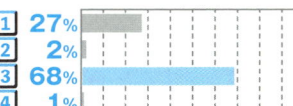

正解 3 （正解率68%）

肢別解答率　受験生はこう答えた！

肢	解答率
1	27%
2	2%
3	68%
4	1%

難易度 普

マンション管理適正化法の規定によれば、マンション管理業者に関する次の記述のうち、正しいものはいくつあるか。

ア マンション管理業者は、国土交通省令で定めるところにより、当該マンション管理業者の業務及び財産の状況を記載した書類をその事務所ごとに備え置き、その業務に係る関係者の求めに応じ、これを閲覧させなければならない。

イ マンション管理業者は、自己の名義をもって、他人にマンション管理業を営ませてはならない。

ウ マンション管理業者は、管理組合から委託を受けた管理事務のうち基幹事務については、これを一括して他人に委託することができる。

エ マンション管理業者は、管理組合から委託を受けて管理する修繕積立金その他国土交通省令で定める財産については、整然と管理する方法として国土交通省令で定める方法により、自己の固有財産及び他の管理組合の財産と分別して管理しなければならない。

1 一つ
2 二つ
3 三つ
4 四つ

ア 　**正** 　マンション管理業者は、国土交通省令で定めるところにより、**当該マンション管理業者の業務及び財産の状況を記載した書類をその事務所ごとに備え置き**、その業務に係る関係者の求めに応じ、これを**閲覧させなければならない**〈適79条〉。
　👉 **②分冊p192 2**〜

イ 　**正** 　マンション管理業者は、**自己の名義をもって、他人にマンション管理業を営ませてはならない**〈適54条〉。
　👉 **②分冊p158 1**〜

ウ 　**誤** 　マンション管理業者は、管理組合から委託を受けた管理事務のうち**基幹事務**については、これを**一括して他人に委託してはならない**〈適74条〉。
　👉 **②分冊p189 5**〜

エ 　**正** 　マンション管理業者は、管理組合から委託を受けて管理する修繕積立金その他国土交通省令で定める財産については、整然と管理する方法として国土交通省令で定める方法により、**自己の固有財産及び他の管理組合の財産と分別して**管理しなければならない〈適76条〉。
　👉 **②分冊p181 1**〜

以上より、正しいものはア、イ、エの三つであり、本問の正解肢は3となる。

正解 3
（正解率 **71%**）

肢別解答率 受験生はこう答えた！

1	3%
2	22%
3	71%
4	2%

難易度 **易**

マンション管理業者に関する次の記述のうち、マンション管理適正化法の規定によれば、誤っているものはどれか。

1 マンション管理業者は、管理組合から委託を受けた管理事務について、国土交通省令で定めるところにより、帳簿を作成し、これを保存しなければならない。

2 マンション管理業者は、従前の管理受託契約と同一の条件で管理組合との管理受託契約を更新しようとするときは、あらかじめ、国土交通省令で定めるところにより、区分所有者等全員に対し、説明会を開催しなければならない。

3 マンション管理業者は、管理事務の委託を受けた管理組合に管理者等が置かれているときは、国土交通省令で定めるところにより、定期に、当該管理者等に対し、管理業務主任者をして、当該管理事務に関する報告をさせなければならない。

4 管理業務主任者は、重要事項について説明をするときは、説明の相手方に対し、管理業務主任者証を提示しなければならない。

1 **適切** マンション管理業者は、管理組合から委託を受けた管理事務について、国土交通省令で定めるところにより、**帳簿を作成し、これを保存しなければならない**〈適75条〉。

☞ ❷分冊 p192 **1**〜

2 **不適切** マンション管理業者は、従前の管理受託契約と同一の条件で管理組合との管理受託契約を更新しようとするときは、あらかじめ、当該管理組合を構成するマンションの区分所有者等全員に対し、**重要事項を記載した書面を交付しなければならない**〈適72条2項〉。説明会の開催は義務づけられていない。

☞ ❷分冊 p169 **2**〜

3 **適切** マンション管理業者は、管理事務の委託を受けた管理組合に管理者等が置かれているときは、国土交通省令で定めるところにより、定期に、当該管理者等に対し、**管理業務主任者をして、当該管理事務に関する報告をさせなければならない**〈適77条1項〉。

☞ ❷分冊 p176 **4**〜

4 **適切** 管理業務主任者は、重要事項の説明をするときは、説明の相手方に対し、**管理業務主任者証を提示しなければならない**〈適72条4項〉。

☞ ❷分冊 p198 **2**〜

正解 2
（正解率**87%**）

肢別解答率 受験生はこう答えた！

1	3%
2	87%
3	5%
4	0%

難易度 **易**

マンション管理業者に関する次の記述のうち、マンション管理適正化法の規定によれば、誤っているものはいくつあるか。

ア マンション管理業を営もうとする者は、国土交通省に備えるマンション管理業者登録簿に登録を受けなければならず、その登録の有効期間は5年である。

イ マンション管理業者は、その事務所ごとに、事務所の規模を考慮して国土交通省令で定める数の成年者である専任の管理業務主任者を置かなければならないが、人の居住の用に供する独立部分が5以下であるマンションの管理組合からの委託を受けて行う管理事務のみを業務とする事務所については、この限りでない。

ウ マンション管理業者は、自己の名義をもって、他人にマンション管理業を営ませることができる。

エ マンション管理業者は、事務所の所在地に変更があったときは、その日から30日以内に、その旨を国土交通大臣に届け出なければならない。

1 一つ
2 二つ
3 三つ
4 四つ

ア 　**正**　　マンション管理業を営もうとする者は、国土交通省に備える**マンション管理業者登録簿に登録を受けなければならない**〈適44条1項〉。このマンション管理業者の登録の有効期間は、**5年**である〈同条2項〉。
　　👉 **❷分冊 p159 ②~**

イ 　**正**　　マンション管理業者は、その事務所ごとに、事務所の規模を考慮して国土交通省令で定める数の成年者である専任の管理業務主任者を置かなければならない〈適56条1項本文〉。もっとも、**人の居住の用に供する独立部分が6以上である建物の区分所有者を構成員に含む管理組合から委託を受けて行う管理事務を、その業務としない事務所**については、この限りでない〈同条項ただし書、適規62条〉。したがって、人の居住の用に供する独立部分が5以下であるマンションの管理組合からの委託を受けて行う管理事務のみを業務とする事務所については、成年者である専任の管理業務主任者を置くことは義務づけられない。
　　👉 **❷分冊 p196 ①~**

ウ 　**誤**　　マンション管理業者は、**自己の名義をもって、他人にマンション管理業を営ませてはならない**〈適54条〉。
　　👉 **❷分冊 p228 ④~**

エ 　**正**　　マンション管理業者は、**登録申請書に記載した登録事項に変更があったときは、その日から30日以内に、**その旨を国土交通大臣に届け出なければならない〈適48条1項〉。事務所の所在地は、登録申請書に記載した登録事項である〈適45条1項2号〉から、マンション管理業者は、その日から30日以内に、その旨を国土交通大臣に届け出なければならない。
　　👉 **❷分冊 p164 ③~**

以上より、誤っているものはウの一つであり、本問の正解肢は1となる。

正解 1
（正解率61%）

肢別解答率
受験生はこう答えた！

肢	解答率
1	61%
2	30%
3	7%
4	0%

難易度 **普**

マンション管理業者が締結する管理受託契約に関する次の記述のうち、マンション管理適正化法の規定によれば、正しいものはいくつあるか。

ア マンション管理業者は、管理組合との管理受託契約を締結するときに遅滞なく交付する書面に代えて、当該管理組合を構成するマンションの区分所有者等又は当該管理組合の管理者等の承諾を得た場合は、当該書面に記載すべき事項を電子情報処理組織を使用する方法その他の情報通信の技術を利用する方法により提供することができる。

イ マンション管理業者が、管理組合との管理受託契約を更新する場合において、従前の管理受託契約と比べ管理事務の内容及び実施方法の範囲を拡大し、管理事務費用の額を減額することは、従前の管理受託契約と同一の条件での更新に含まれる。

ウ マンション管理業者は、従前の管理受託契約と同一の条件で管理組合との管理受託契約を更新しようとするときは、あらかじめ、当該管理組合を構成するマンションの区分所有者等全員に対して、説明会を開催し、管理業務主任者をして、重要事項について説明させなければならない。

エ マンション管理業者は、管理組合から管理事務の委託を受けることを内容とする契約を締結するに当たって、新たに建設されたマンションが分譲され、住戸部分の引渡しの日のうち最も早い日から1年以内に当該契約期間が満了する場合には、あらかじめ説明会を開催して重要事項の説明をすることは不要となる。

1 一つ
2 二つ
3 三つ
4 四つ

ア **正** マンション管理業者は、管理組合との管理受託契約を締結するときに遅滞なく交付する書面の交付に代えて、政令で定めるところにより、当該管理組合を構成するマンションの**区分所有者等又は当該管理組合の管理者等の承諾を得て**、当該書面に記載すべき事項を電子情報処理組織を使用する方法その他の情報通信の技術を利用する方法であって管理業務主任者の記名の措置に代わる措置を講ずるものとして国土交通省令で定めるものにより提供することができる〈適72条6項〉。

☞ ❷分冊 p175 **3**～

イ **正** マンション管理業者は、従前の管理受託契約と同一の条件で管理組合との管理受託契約を更新しようとするときは、あらかじめ、当該管理組合を構成するマンションの区分所有者等全員に対し、重要事項を記載した書面を交付しなければならない〈適72条2項〉。ここで、従前の管理受託契約に比して**管理事務の内容及び実施方法の範囲を拡大し、管理事務に要する費用の額を同一とし又は減額しようとする場合**は、「従前の管理受託契約と同一の条件で管理組合との管理受託契約を更新しようとするとき」に**あたる**〈平成14年国総動309号〉。

☞ ❷分冊 p169 **2**～

ウ **誤** マンション管理業者は、**従前の管理受託契約と同一の条件で**管理組合との管理受託契約を更新しようとするときは、あらかじめ、当該管理組合を構成するマンションの区分所有者等全員に対し、**重要事項を記載した書面を交付しなければならない**〈適72条2項〉。したがって、説明会を開催することは義務づけられていない。

☞ ❷分冊 p169 **2**～

エ **正** マンション管理業者は、管理受託契約を締結しようとするときは、あらかじめ、国土交通省令で定めるところにより説明会を開催し、当該管理組合を構成するマンションの区分所有者等及び当該管理組合の管理者等に対し、管理業務主任者をして、重要事項について説明をさせなければならない〈適72条1項前段〉。ここで、「管理受託契約」とは、管理組合から管理事務の委託を受けることを内容とする契約をいうが、**新たに建設されたマンションを分譲した場合**、上記契約のうち当該マンションの**人の居住の用に供する独立部分の引渡しの日のうち最も早い日から1年の期間中に契約期間が満了するもの**は「管理受託契約」に**あたらない**〈同条項かっこ書、適規82条1号〉。本肢の契約は、管理受託契約に当たらず、あらかじめ説明会を開催して重要事項の説明をすることは義務づけられない。

☞ ❷分冊 p169 **2**～

以上より、正しいものはア、イ、エの三つであり、本問の正解肢は3となる。

正解 **3**
（正解率 **51％**）

肢別解答率 受験生はこう答えた！

1	14%
2	30%
3	51%
4	0%

難易度 **普**

マンション管理業者に関する次の記述のうち、マンション管理適正化法の規定によれば、誤っているものはいくつあるか。

ア マンション管理業者は、管理組合から委託を受けて管理する修繕積立金及び管理組合又はマンションの区分所有者等から受領した管理費用に充当する金銭又は有価証券については、整然と管理する方法として国土交通省令で定める方法により、自己の固有財産及び他の管理組合の財産と分別して管理しなければならない。

イ マンション管理業者は、管理者等が置かれていない管理組合で、管理者等が選任されるまでの比較的短い期間に限り保管する場合を除き、保管口座又は収納・保管口座に係る管理組合等の印鑑、預貯金の引出用のカードその他これらに類するものを管理してはならない。

ウ マンション管理業者は、毎月、管理事務の委託を受けた管理組合のその月における会計の収入及び支出の状況に関する書面を作成し、当月末日に、当該書面を当該管理組合の管理者等に交付しなければならない。

エ マンション管理業者が管理する保管口座とは、マンションの区分所有者等から徴収された修繕積立金又はマンションの区分所有者等から受領した管理費用に充当する金銭等を預入し、一時的に預貯金として管理するための口座で、管理組合等又は管理業者を名義人とするものをいう。

1 一つ

2 二つ

3 三つ

4 四つ

ア 　**正**　マンション管理業者は、管理組合から委託を受けて管理する修繕積立金及び管理組合又はマンションの区分所有者等から受領した管理費用に充当する金銭又は有価証券については、整然と管理する方法として国土交通省令で定める方法により、**自己の固有財産及び他の管理組合の財産と分別して管理しなければならない**〈適 76 条、適規 87 条 1 項〉。
　👉 **②分冊 p181 ■〜**

イ 　**正**　マンション管理業者は、修繕積立金等金銭を管理するときは、**管理組合に管理者等が置かれていない場合において、管理者等が選任されるまでの比較的短い期間に限り保管する場合を除き**、保管口座又は収納・保管口座に係る管理組合等の印鑑、預貯金の引出用のカードその他これらに類するものを管理してはならない〈適規 87 条 4 項〉。
　👉 **②分冊 p182 ■〜**

ウ 　**誤**　マンション管理業者は、毎月、管理事務の委託を受けた管理組合のその月における会計の収入及び支出の状況に関する書面を作成し、**翌月末日までに**、当該書面を当該管理組合の管理者等に交付しなければならない〈適規 87 条 5 項前段〉。
　👉 **②分冊 p188 ■〜**

エ 　**誤**　保管口座とは、マンションの区分所有者等から徴収された修繕積立金を預入し、又は修繕積立金等金銭若しくは管理費用に充当する金銭の残額を収納口座から移し換え、**これらを預貯金として管理するための口座**であって、管理組合等を名義人とするものをいう〈適規 87 条 6 項 2 号〉。
　👉 **②分冊 p182 ■〜**

以上より、誤っているものはウ、エの二つであり、本問の正解肢は 2 となる。

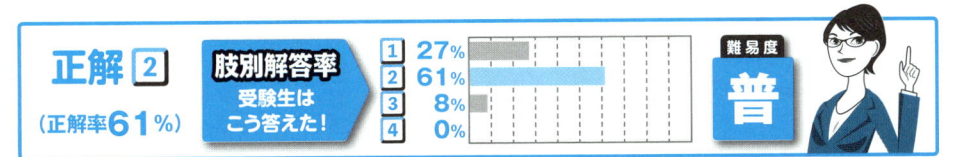

正解 **2**
（正解率 **61%**）

肢別解答率
受験生は
こう答えた！

肢	解答率
1	27%
2	61%
3	8%
4	0%

難易度 **普**

重要事項の説明等について説明した次の文章について、マンション管理適正化法の規定によれば、〔 ア 〕〜〔 エ 〕の中に入るべき用語の組合せとして、正しいものはどれか。

　マンションの管理業者は、管理組合から管理事務の委託を受けることを内容とする契約を締結しようとするときは、あらかじめ、説明会を開催し、管理組合を構成するマンションの〔 ア 〕に対し、管理業務主任者をして、重要事項について説明させなければならない。説明会の開催に際し、マンション管理業者は、できる限り説明会に参加する参集の便を考慮して開催の日時及び場所を定め、開催日の〔 イ 〕前までに説明会の日時及び場所についてマンションの〔 ア 〕の見やすい場所に掲示するとともに、併せて重要事項を記載した書面を〔 ア 〕の全員に対し交付しなければならない。

　また、マンションの管理業者は、従前の管理受託契約と同一の条件で管理組合との管理受託契約を更新しようとするときは、あらかじめ、マンションの〔 ウ 〕全員に重要事項を記載した書面を交付し、また管理者等が置かれている管理組合の場合は、管理業務主任者をして、管理者等に交付・説明させなければならない。ただし、〔 エ 〕から重要事項について説明を要しない旨の意思表明があったときは、重要事項を記載した書面の交付をもって、これらの説明に代えることができる。

	〔 ア 〕	〔 イ 〕	〔 ウ 〕	〔 エ 〕
1	区分所有者等及び管理組合の管理者等	10日	区分所有者等	理事会等
2	区分所有者等及び管理組合の管理者等	1週間	区分所有者等	認定管理者等
3	区分所有者等	10日	区分所有者等及び管理組合の管理者等	認定管理者等
4	区分所有者等	1週間	区分所有者等及び管理組合の管理者等	理事会等

完成文は以下のとおりである。

> マンションの管理業者は、管理組合から管理事務の委託を受けることを内容とする契約を締結しようとするときは、あらかじめ、説明会を開催し、管理組合を構成するマンションの〔**ア＝区分所有者等及び管理組合の管理者等**〕に対し、管理業務主任者をして、重要事項について説明させなければならない。説明会の開催に際し、マンション管理業者は、できる限り説明会に参加する参集の便を考慮して開催の日時及び場所を定め、開催日の〔**イ＝１週間**〕前までに説明会の日時及び場所についてマンションの〔**ア＝区分所有者等及び管理組合の管理者等**〕の見やすい場所に掲示するとともに、併せて重要事項を記載した書面を〔**ア＝区分所有者等及び管理組合の管理者等**〕の全員に対し交付しなければならない。
>
> また、マンションの管理業者は、従前の管理受託契約と同一の条件で管理組合との管理受託契約を更新しようとするときは、あらかじめ、マンションの〔**ウ＝区分所有者等**〕全員に重要事項を記載した書面を交付し、また管理者等が置かれている管理組合の場合は、管理業務主任者をして、管理者等に交付・説明させなければならない。ただし、〔**エ＝認定管理者等**〕から重要事項について説明を要しない旨の意思表明があったときは、重要事項を記載した書面の交付をもって、これらの説明に代えることができる。

以上より、ア＝区分所有者等及び管理組合の管理者等、イ＝１週間、ウ＝区分所有者等、エ＝認定管理者等であり、本問の正解肢は２となる。

ア 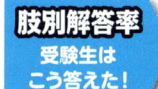 ❷分冊 p169 **2**～

イ ❷分冊 p169 **2**～

ウ ❷分冊 p169 **2**～

エ ❷分冊 p169 **2**～

正解 ②
（正解率 **67%**）

肢別解答率 受験生はこう答えた！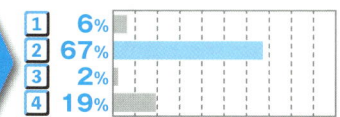

肢	解答率
1	6%
2	67%
3	2%
4	19%

難易度 普

マンション管理業者の業務に関する次の記述のうち、マンション管理適正化法（この問いにおいて「法」という。）によれば、正しいものはいくつあるか。

ア マンション管理業者は、管理組合から委託を受けた管理事務のうち基幹事務について、複数の者に分割して委託する場合は、その全てを再委託することができる。

イ マンション管理業者は、法第77条に定める管理事務報告を行うに際して、管理組合に管理者等が置かれていない場合は、当該管理組合を構成するマンションの区分所有者等に対し、管理事務に関する報告を記載した書面を交付すれば足りる。

ウ マンション管理業者は、管理受託契約を締結したとき、管理組合に管理者等が置かれている場合は、当該管理者等に対し、法第73条に定める契約成立時の書面を交付しなければならない。

エ マンション管理業者は、管理事務の委託を受けた管理組合における会計の収入及び支出の状況に関する書面を作成し、管理組合の管理者等に交付するときは、管理業務主任者をして記名させなければならない。

1 一つ
2 二つ
3 三つ
4 四つ

ア　**誤**　マンション管理業者は、管理組合から委託を受けた管理事務のうち**基幹事務については、これを一括して他人に委託してはならない**〈適 74 条〉。この規定は、基幹事務を全て一括で再委託することの禁止を規定したものであるが、**基幹事務の全てを複数の者に分割して委託**する場合についても**再委託を禁止**するものである〈平成 13 年国総動 51 号〉。

👉 **❷分冊 p189 ⑤〜**

イ　**誤**　マンション管理業者は、管理事務の委託を受けた管理組合に**管理者等が置かれていない**ときは、管理事務を委託した管理組合の事業年度の終了後、遅滞なく、当該期間における管理受託契約に係るマンションの管理の状況について管理事務報告書を作成し、**説明会を開催**し、管理業務主任者をして、これを当該管理組合を構成する**マンションの区分所有者等に交付して説明をさせなければならない**〈適 77 条 2 項、適規 89 条 1 項〉。

👉 **❷分冊 p176 ④〜**

ウ　**正**　マンション管理業者は、**管理組合から管理事務の委託を受けることを内容とする契約を締結したとき**は、当該管理組合の**管理者等**（当該マンション管理業者が当該管理組合の管理者等である場合又は当該管理組合に管理者等が置かれていない場合にあっては、当該管理組合を構成するマンションの区分所有者等全員）に対し、遅滞なく、**契約成立時の書面を交付しなければならない**〈適 73 条 1 項〉。

👉 **❷分冊 p175 ③〜**

エ　**誤**　マンション管理業者は、毎月、管理事務の委託を受けた管理組合の**その月における会計の収入及び支出の状況に関する書面**を作成し、翌月末日までに、当該書面を当該管理組合の管理者等に交付しなければならない〈適規 87 条 5 項〉。管理業務主任者は、この書面に記名することを**義務づけられていない**。

👉 **❷分冊 p198 ②〜**

以上より、正しいものはウの一つであり、本問の正解肢は 1 となる。

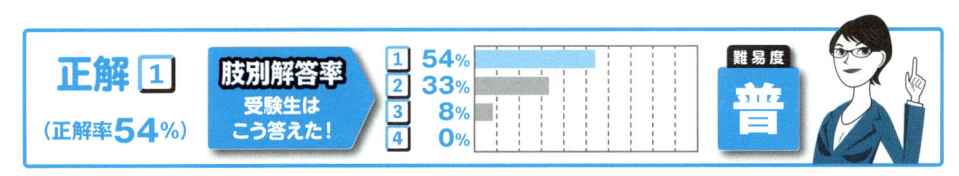

正解 1　（正解率 **54%**）

肢別解答率　受験生はこう答えた！

1	54%
2	33%
3	8%
4	0%

難易度　**普**

マンション管理業者が行うマンション管理適正化法第72条の規定に基づく重要事項の説明等に関する次の記述のうち、**誤っているもの**はいくつあるか。

ア 管理業務主任者は、重要事項の説明を行うに当たり、説明の相手方から要求があった場合は、説明の相手方に対し管理業務主任者証を提示しなければならない。

イ マンション管理業者は、管理受託契約を更新する場合において、従前の管理受託契約に比して管理事務の内容及び実施方法の範囲を拡大し、管理事務に要する費用の額を同一とする場合、あらかじめ、重要事項の説明会を開催する必要はない。

ウ マンション管理業者は、従前の管理受託契約と同一の条件で管理組合との契約を更新しようとするとき、当該管理組合の認定管理者等から重要事項について説明を要しない旨の意思の表明があったときは、当該認定管理者等に対して重要事項を記載した書面の交付を行えばよい。

エ マンション管理業者は、管理組合から管理事務の委託を受けることを内容とする契約に係る説明会の日の5日前までに、当該管理組合を構成するマンションの区分所有者等及び当該管理組合の管理者等の全員に対し、重要事項並びに説明会の日時及び場所を記載した書面を交付しなければならない。

1 一つ

2 二つ

3 三つ

4 四つ

ア 　**誤**　　管理業務主任者は、重要事項の説明をするときは、説明の相手方に対し、**管理業務主任者証を提示しなければならない**〈適72条4項〉。
☞ **②分冊 p198 ②〜**

イ 　**正**　　マンション管理業者は、従前の管理受託契約と**同一の条件**で管理組合との管理受託契約を更新しようとするときは、あらかじめ、当該管理組合を構成するマンションの区分所有者等全員に対し、**重要事項を記載した書面を交付しなければならない**〈適72条2項〉。ここで、従前の管理受託契約に比して管理事務の内容及び実施方法の範囲を**拡大**し、管理事務に要する費用の額を**同一とし又は減額しようとする**場合は、「従前の管理受託契約と同一の条件で管理組合との管理受託契約を更新しようとするとき」に**あたる**〈平成14年国総動309号〉。したがって、本肢の場合、重要事項の説明会を開催する必要はない。
☞ **②分冊 p169 ②〜**

ウ 　**誤**　　マンション管理業者は、従前の管理受託契約と**同一の条件**で管理組合との管理受託契約を更新しようとするときは、あらかじめ、当該管理組合を構成する**マンションの区分所有者等全員**に対し、**重要事項を記載した書面を交付しなければならない**〈適72条2項〉。したがって、本肢の場合、マンション管理業者は、認定管理者等だけでなく、管理組合を構成するマンションの区分所有者等全員に対しても、重要事項を記載した書面を交付しなければならない。
☞ **②分冊 p169 ②〜**

エ 　**誤**　　マンション管理業者は、説明会の開催日の**1週間前**までに説明会の開催の日時及び場所について、当該管理組合を構成するマンションの区分所有者等及び当該管理組合の管理者等の**見やすい場所に掲示しなければならない**〈適規83条2項〉。
☞ **②分冊 p169 ②〜**

以上より、誤っているものはア、ウ、エの三つであり、本問の正解肢は3となる。

正解 3
（正解率 **19%**）

肢別解答率
受験生はこう答えた！

1	19%	
2	55%	
3	19%	
4	3%	

難易度 **難**

マンション管理業者の業務に関する次の記述のうち、マンション管理適正化法（この問いにおいて「法」という。）の規定によれば、正しいものはいくつあるか。ただし、当該マンション管理業者は、電子情報処理組織を使用する方法その他の情報通信の技術を利用する方法を用いないものとする。

ア　マンション管理業者は、法第72条に定める重要事項を記載した書面を作成するときは、マンション管理士をして、当該書面に記名させなければならない。

イ　マンション管理業者は、管理組合から管理事務の委託を受けることを内容とする契約を締結したとき、当該マンション管理業者が当該管理組合の管理者等である場合には、法第73条に定める契約成立時の書面を交付する必要はない。

ウ　マンション管理業者は、管理事務の委託を受けた管理組合に管理者等が置かれているときは、毎月、当該管理者等に対し、法第77条に定める管理事務の報告を行わなければならない。

エ　マンション管理業者は、国土交通省令で定めるところにより、当該マンション管理業者の業務及び財産の状況を記載した書類をその事務所ごとに備え置き、その業務に係る関係者の求めに応じ、これを閲覧させなければならない。

1 一つ
2 二つ
3 三つ
4 四つ

ア　**誤**　マンション管理業者は、重要事項を記載した書面を作成するときは、**管理業務主任者**をして、当該書面に記名させなければならない〈適72条5項〉。
☞ ②分冊 p169 ②～

イ　**誤**　マンション管理業者は、管理組合から管理事務の委託を受けることを内容とする契約を締結したときは、当該管理組合の管理者等（**当該マンション管理業者が当該管理組合の管理者等である場合**又は**当該管理組合に管理者等が置かれていない場合**にあっては、**当該管理組合を構成するマンションの区分所有者等全員**）に対し、遅滞なく、契約成立時の書面を交付しなければならない〈適73条1項〉。したがって、マンション管理業者は、管理組合から管理事務の委託を受けることを内容とする契約を締結した場合において、当該マンション管理業者が当該管理組合の管理者等であるときは、当該管理組合を構成するマンションの区分所有者等全員に対し、遅滞なく、契約成立時の書面を交付しなければならない。
☞ ②分冊 p175 ③～

ウ　**誤**　マンション管理業者は、管理事務の委託を受けた管理組合に管理者等が置かれているときは、管理事務を委託した管理組合の**事業年度終了後、遅滞なく**、当該期間における管理受託契約に係るマンションの管理の状況について管理事務報告書を作成し、管理業務主任者をして、これを管理者等に交付して説明をさせなければならない〈適77条1項、適規88条1項〉。したがって、マンション管理業者は、管理事務を委託した管理組合の事業年度ごとに、管理事務の報告を行うので、毎月これを行うとは限らない。
☞ ②分冊 p176 ④～

エ　**正**　マンション管理業者は、国土交通省令で定めるところにより、当該マンション管理業者の業務及び財産の状況を記載した書類を**その事務所ごとに**備え置き、その業務に係る関係者の求めに応じ、これを閲覧させなければならない〈適79条〉。
☞ ②分冊 p192 ②～

以上より、正しいものはエの一つであり、本問の正解肢は1となる。

正解 1
（正解率39%）

肢別解答率
受験生はこう答えた！

肢	解答率
1	39%
2	45%
3	13%
4	0%

難易度　難

管理業務主任者に関する次の記述のうち、マンション管理適正化法の規定によれば、誤っているものはどれか。

1 マンション管理業者は、既存の事務所がマンション管理適正化法第56条第1項の管理業務主任者の設置に関する規定に抵触するに至ったときは、3月以内に、同項の規定に適合させるため必要な措置をとらなければならない。

2 管理業務主任者は、管理組合に管理事務に関する報告をするときは、説明の相手方に対し、管理業務主任者証を提示しなければならない。

3 管理業務主任者は、その事務を行うに際し、マンションの区分所有者等その他の関係者から請求があったときは、管理業務主任者証を提示しなければならない。

4 管理業務主任者としてすべき事務を行うことを禁止された場合において、その管理業務主任者がその事務の禁止の処分に違反したときは、国土交通大臣は、その登録を取り消さなければならない。

1 誤　マンション管理業者は、マンション管理適正化法56条1項の規定に抵触する事務所を開設してはならず、既存の事務所が同項の規定に抵触するに至ったときは、**2週間以内に**、同項の規定に適合させるため必要な措置をとらなければならない〈適56条3項〉。

👉 ❷分冊 p196 **1**〜

2 正　管理業務主任者は、管理組合に管理事務に関する報告をするときは、説明の相手方に対し、**管理業務主任者証を提示しなければならない**〈適77条3項〉。

👉 ❷分冊 p176 **4**〜

3 正　管理業務主任者は、**その事務を行うに際し、マンションの区分所有者等その他の関係者から請求があったとき**は、管理業務主任者証を提示しなければならない〈適63条〉。

👉 ❷分冊 p198 **2**〜

4 正　国土交通大臣は、管理業務主任者が事務の禁止の処分に違反したときは、その**登録を取り消さなければならない**〈適65条1項4号、64条2項〉。

👉 ❷分冊 p226 **3**〜

正解 1　（正解率**80%**）

肢別解答率　受験生はこう答えた！

1	80%
2	3%
3	3%
4	9%

難易度 **易**

「マンションの管理の適正化の推進を図るための基本的な方針」（令和3年 国土交通省告示第1286号）において定められている「三　管理組合によるマンションの管理の適正化の推進に関する基本的な方針　2　マンションの管理の適正化のために管理組合が留意すべき事項」に関する次の記述のうち、適切なものはいくつあるか。（改題）

ア　管理組合の自立的な運営は、マンションの区分所有者等の全員が参加し、その意見を反映することにより成り立つものである。そのため、管理組合の運営は、情報の開示、運営の透明化等を通じ、開かれた民主的なものとする必要がある。また、集会は管理組合の最高意思決定機関である。

イ　長期修繕計画の作成及び見直しにあたっては、「長期修繕計画作成ガイドライン」を参考に、必要に応じ、マンション管理士等専門的知識を有する者の意見を求め、また、あらかじめ建物診断等を行って、その計画を適切なものとするよう配慮する必要がある。

ウ　管理業務の委託や工事の発注等については、説明責任等に注意して、適正に行われる必要があるが、とりわけ外部の専門家が管理組合の管理者等又は役員に就任する場合においては、マンションの管理業者から信頼されるような発注等に係るルールの整備が必要である。

エ　管理費の使途については、マンションの管理と自治会活動の範囲・相互関係を整理し、管理費と自治会費の徴収、支出を分けて適切に運用することが必要である。なお、このように適切な峻別や代行徴収に係る負担の整理が行われるとしても、自治会費の徴収を代行することは差し控えるべきである。

1 一つ
2 二つ
3 三つ
4 四つ

ア `適切` 管理組合の自立的な運営は、マンションの区分所有者等の全員が参加し、その意見を反映することにより成り立つものである。そのため、管理組合の運営は、情報の開示、運営の透明化等を通じ、**開かれた民主的なものとする必要がある**。また、集会は、**管理組合の最高意思決定機関**である〈基本方針三2(1)〉。

☞ **②分冊 p239 2~**

イ `適切` 長期修繕計画の作成及び見直しにあたっては、「長期修繕計画作成ガイドライン」を参考に、必要に応じ、**マンション管理士等専門的知識を有する者の意見を求め**、また、**あらかじめ建物診断等を行って**、その計画を適切なものとするよう配慮する必要がある〈基本方針三2(5)〉。

☞ **②分冊 p239 2~**

ウ `不適切` 管理業務の委託や工事の発注等については、事業者の選定に係る意思決定の透明性確保や**利益相反等**に注意して、適正に行われる必要があるが、とりわけ外部の専門家が管理組合の管理者等又は役員に就任する場合においては、**マンションの区分所有者等**から信頼されるような発注等に係るルールの整備が必要である〈基本方針三2(6)〉。

☞ **②分冊 p239 2~**

エ `不適切` 管理費の使途については、マンションの管理と自治会活動の範囲・相互関係を整理し、管理費と自治会費の徴収、支出を分けて適切に運用することが必要である。なお、このように適切な峻別や、代行徴収に係る負担の整理が行われるのであれば、自治会費の徴収を代行することや、防災や美化などのマンションの管理業務を自治会が行う活動と連携して行うことも**差し支えない**〈基本方針三2(7)〉。

☞ **②分冊 p239 2~**

以上より、適切なものはア、イの二つであり、本問の正解肢は2となる。

正解 2 （正解率42%） **肢別解答率** 受験生はこう答えた！

1	1%
2	42%
3	37%
4	16%

難易度 難

次の記述は、「マンションの管理の適正化の推進を図るための基本的な方針」（令和3年国土交通省告示第1286号）において定められている「三　管理組合によるマンションの管理の適正化の推進に関する基本的な方針　2　マンションの管理の適正化のために管理組合が留意すべき事項」に関するものであるが、適切でないものはどれか。（改題）

1 　管理費等の滞納など管理規約又は使用細則等に違反する行為があった場合、管理組合の管理者等は、その是正のため、必要な勧告、指示等を行うとともに、法令等に則り、少額訴訟等その是正又は排除を求める法的措置をとることが重要である。

2 　管理組合の管理者等は、マンション管理の目的が達成できるように、法令等を遵守し、マンションの区分所有者等のため、誠実にその職務を執行する必要がある。

3 　管理規約は、マンション管理の最高自治規範であることから、管理組合として管理規約を作成する必要がある。その作成にあたっては、管理組合は、建物の区分所有等に関する法律に則り、「マンション標準管理規約」を参考として、当該マンションの実態及びマンションの区分所有者等の意向を踏まえ、適切なものを作成し、必要に応じてその改正を行うこと、これらを十分周知することが重要である。

4 　管理組合の管理者等は、管理組合の最高意思決定機関である。したがって、管理組合の管理者等は、その意思決定にあたっては、事前に必要な資料を整備し、適切な判断が行われるよう配慮する必要がある。

1 **適切** 管理費等の滞納など管理規約又は使用細則等に違反する行為があった場合、管理組合の管理者等は、その是正のため、**必要な勧告、指示等を行う**とともに、法令等に則り、少額訴訟等**その是正又は排除を求める法的措置をとる**ことが重要である〈基本方針三2(2)〉。

👉 **②分冊 p239 2〜**

2 **適切** 管理組合の管理者等は、マンション管理の目的が達成できるように、**法令等を遵守し**、マンションの区分所有者等のため、**誠実にその職務を執行する**必要がある〈基本方針三2(1)〉。

👉 **②分冊 p239 2〜**

3 **適切** **管理規約は、マンション管理の最高自治規範である**ことから、管理組合として管理規約を作成する必要がある。その作成にあたっては、管理組合は、建物の区分所有等に関する法律に則り、「マンション標準管理規約」を参考として、当該マンションの実態及びマンションの区分所有者等の意向を踏まえ、**適切なものを作成し、必要に応じてその改正を行う**こと、これらを十分周知することが重要である〈基本方針三2(2)〉。

👉 **②分冊 p239 2〜**

4 **不適切** **集会は、管理組合の最高意思決定機関である。**したがって、管理組合の管理者等は、その意思決定にあたっては、事前に必要な資料を整備し、集会において適切な判断が行われるよう配慮する必要がある〈基本方針三2(1)〉。

👉 **②分冊 p239 2〜**

正解 4
（正解率**83%**）

肢別解答率
受験生はこう答えた！

肢	解答率
1	5%
2	3%
3	7%
4	83%

難易度 **易**

「マンションの管理の適正化の推進を図るための基本的な方針」（令和3年 国土交通省告示第1286号）において定められている「三　管理組合によるマンションの管理の適正化の推進に関する基本的な方針　2　マンションの管理の適正化のために管理組合が留意すべき事項」に関する次の記述のうち、適切なものはいくつあるか。（改題）

ア　管理組合は、専有部分と共用部分の範囲及び管理費用を明確にすることにより、トラブルの未然防止を図ることが重要であり、併せて、これに対する区分所有者等の負担も明確に定めておくことが望ましい。

イ　管理組合の管理者等は、管理組合の経理に必要な帳票類を作成してこれを保管するとともに、マンションの区分所有者等からの請求があった時は、これを速やかに開示することにより、経理の透明性を確保する必要がある。

ウ　建設後相当の期間が経過したマンションにおいては、長期修繕計画の検討を行う際には、必要に応じ、建替え等についても視野に入れて検討することが望ましい。建替え等の検討にあたっては、その過程をマンションの区分所有者等に周知させるなど透明性に配慮しつつ、各区分所有者等の意向を十分把握し、合意形成を図りながら進める必要がある。

エ　管理業務の委託や工事の発注等については、事業者の選定に係る意思決定の透明性確保や利益相反等に注意して、適正に行われる必要があるが、とりわけ外部の専門家が管理組合の管理者等又は役員に就任する場合においては、マンションの区分所有者等から信頼されるような発注等に係るルールの整備が必要である。

1 一つ
2 二つ
3 三つ
4 四つ

ア `適切` 管理組合は、マンションの快適な居住環境を確保するため、あらかじめ、**共用部分の範囲及び管理費用を明確にし**、トラブルの未然防止を図ることが重要である。特に、専有部分と共用部分の区分、専用使用部分と共用部分の管理及び駐車場の使用等に関してトラブルが生じることが多いことから、適正な利用と公平な負担が確保されるよう、各部分の範囲及びこれに対するマンションの区分所有者等の負担を明確に定めておくことが望ましい〈基本方針三2(3)〉。

☞ **②分冊 p239 2〜**

イ `適切` 管理組合の管理者等は、必要な帳票類を作成してこれを保管するとともに、マンションの区分所有者等の請求があった時は、これを速やかに開示することにより、**経理の透明性を確保する必要がある**〈基本方針三2(4)〉。

☞ **②分冊 p239 2〜**

ウ `適切` 建設後相当の期間が経過したマンションにおいては、長期修繕計画の検討を行う際には、必要に応じ、**建替え等についても視野に入れて検討することが望ましい**。建替え等の検討にあたっては、その過程をマンションの区分所有者等に周知させるなど**透明性に配慮しつつ、各区分所有者等の意向を十分把握し、合意形成を図りながら進める**ことが必要である〈基本方針三2(5)〉。

☞ **②分冊 p239 2〜**

エ `適切` 管理業務の委託や工事の発注等については、事業者の選定に係る意思決定の透明性確保や**利益相反等に注意して、適正に行われる必要がある**が、とりわけ外部の専門家が管理組合の管理者等又は役員に就任する場合においては、**マンションの区分所有者等から信頼されるような発注等に係るルールの整備が必要である**〈基本方針三2(6)〉。

☞ **②分冊 p239 2〜**

以上より、適切なものはア、イ、ウ、エの四つであり、本問の正解肢は4となる。

正解 4
（正解率**68%**）

肢別解答率
受験生は
こう答えた！

1	0%	
2	2%	
3	24%	
4	68%	

難易度 **普**

次の記述は、「マンションの管理の適正化の推進を図るための基本的な方針」（令和3年 国土交通省告示第1286号）において定められている「三　管理組合によるマンションの管理の適正化の推進に関する基本的な方針　1　管理組合によるマンションの管理の適正化の基本的方向」に関するものであるが、適切なものはいくつあるか。（改題）

ア　マンションの管理の主体は、マンションの区分所有者等で構成される管理組合であり、管理組合は、区分所有者等の意見が十分に反映されるよう、また、長期的な見通しを持って、適正な運営を行うことが必要である。

イ　管理組合を構成するマンションの区分所有者等は、管理組合の一員としての役割を十分確認して、管理組合の運営に関心を持ち、積極的に参加する等、その役割を適切に果たすよう努める必要がある。

ウ　マンションの管理には専門的な知識や信頼を要する事項が多いため、管理組合は、問題に応じ、マンション管理士等専門的知識を有する者の支援を得ながら、主体性をもって適切な対応をするよう心がけることが重要である。

エ　マンションの状況によっては、外部の専門家が、管理組合の管理者等又は役員に就任することも考えられるが、その場合には、マンションの区分所有者等が当該管理者等又は役員の選任や業務の監視等を適正に行うとともに、監視・監督の強化のための措置等を講じることにより適正な業務運営を担保することが重要である。

1 一つ

2 二つ

3 三つ

4 四つ

ア 適切 マンションの管理の主体は、**マンションの区分所有者等で構成される管理組合であり**、管理組合は、区分所有者等の意見が十分に反映されるよう、また、長期的な見通しを持って、適正な運営を行うことが必要である〈基本方針三1(1)〉。
☞ ②分冊 p239 2～

イ 適切 管理組合を構成するマンションの区分所有者等は、管理組合の一員としての役割を十分認識して、管理組合の運営に関心を持ち、積極的に参加する等、**その役割を適切に果たすよう努める必要がある**〈基本方針三1(2)〉。
☞ ②分冊 p239 2～

ウ 適切 マンションの管理には専門的な知識を要する事項が多いため、管理組合は、問題に応じ、マンション管理士等専門的知識を有する者の支援を得ながら、**主体性をもって適切な対応をするよう心がけることが重要である**〈基本方針三1(3)〉。
☞ ②分冊 p239 2～

エ 適切 マンションの状況によっては、外部の専門家が、管理組合の管理者等又は役員に就任することも考えられるが、その場合には、**マンションの区分所有者等が当該管理者等又は役員の選任や業務の監視等を適正に行うとともに**、**監視・監督の強化のための措置等を講じることにより適正な業務運営を担保することが重要である**〈基本方針三1(4)〉。
☞ ②分冊 p239 2～

以上より、適切なものはア、イ、ウ、エの四つであり、本問の正解肢は4となる。

正解 4
（正解率83%）

肢別解答率
受験生はこう答えた！

1	1%
2	1%
3	12%
4	83%

難易度 **易**

「マンションの管理の適正化の推進を図るための基本的な方針」（令和3年9月28日国土交通省告示第1286号）（この問いにおいて「基本的な方針」という。）における記載事項に関する次の記述のうち、適切なものはいくつあるか。

ア　基本的な方針では、管理規約や使用細則に違反する行為があった場合は、管理組合は、法令等に則り、少額訴訟等の方法によってその是正又は排除を求め法的措置をとることが重要であるとされている。

イ　基本的な方針では、管理組合によるマンション管理の適正化について定められており、新築分譲マンションについての記載はない。

ウ　基本的な方針では、住生活基本計画（全国計画）において25年以上の長期修繕計画に基づき修繕積立金を設定している管理組合の割合を国における目標として掲げている旨が記載されているが、地方公共団体における目標設定については言及していない。

エ　基本的な方針では、長期修繕計画の作成にあたっては、あらかじめ建物診断を行って計画を適切なものとする必要があるが、必要に応じ、建替えについても視野に入れて検討することが望ましいとされている。

1 一つ

2 二つ

3 三つ

4 四つ

ア 適切　管理費等の滞納など管理規約又は使用細則等に違反する行為があった場合、管理組合の管理者等は、その是正のため、**必要な勧告、指示等**を行うとともに、法令等に則り、少額訴訟等その是正又は排除を求める**法的措置**をとることが重要である〈基本方針三2(2)〉。

☞ ②分冊 p239 2 〜

イ 不適切　基本方針七2には、「国においては、既存マンションが対象となる管理計画認定制度に加え、マンションの適切な管理を担保するためには分譲時点から適切な管理を確保することが重要であることから、**新築分譲マンションを対象とした管理計画**を予備的に認定する仕組みについても、マンション管理適正化推進センターと連携しながら、必要な施策を講じていく必要がある。」との記載があり、新築分譲マンションについての記載もある。

☞ ②分冊 p234 2 〜

ウ 不適切　基本方針二には、「マンションの適切な管理のためには、適切な長期修繕計画の作成や計画的な修繕積立金の積立が必要となることから、国においては、住生活基本法(平成十八年法律第六十一号)に基づく住生活基本計画(全国計画)において、二十五年以上の長期修繕計画に基づき修繕積立金を設定している管理組合の割合を目標として掲げている。**地方公共団体においては**、国が掲げる目標を参考にしつつ、マンションの管理の適正化のために管理組合が留意すべき事項も考慮し、区域内のマンションの状況を把握し、地域の実情に応じた適切な目標を設定することが望ましい。」との記載があり、地方公共団体における目標設定についても言及している。

☞ ②分冊 p234 2 〜

エ 適切　長期修繕計画の作成及び見直しにあたっては、「長期修繕計画作成ガイドライン」を参考に、必要に応じ、マンション管理士等専門的知識を有する者の意見を求め、また、あらかじめ建物診断等を行って、その計画を適切なものとするよう配慮する必要がある〈基本方針三2(5)〉。建設後相当の期間が経過したマンションにおいては、長期修繕計画の検討を行う際には、必要に応じ、**建替え等についても視野に入れて検討**することが望ましい〈同三2(5)〉。

☞ ②分冊 p239 2 〜

以上より、適切なものはア、エの二つであり、本問の正解肢は2となる。

正解 2
（正解率**52%**）

肢別解答率
受験生はこう答えた！

1	33%	
2	52%	
3	8%	
4	2%	

難易度 **普**

「マンションの管理の適正化の推進を図るための基本的な方針」（令和 3 年 9 月 28 日国土交通省告示第 1286 号）に関する次の記述のうち、適切なものはいくつあるか。

ア 防災・減災、防犯に加え、日常的なトラブルの防止などの観点からも、マンションにおけるコミュニティ形成は重要なものであり、管理組合においても、区分所有法に則り、良好なコミュニティの形成に積極的に取り組むことが重要である。

イ 管理組合の自立的な運営は、マンションの区分所有者等の全員が参加し、その意見を反映することにより成り立つものであるため、管理組合の運営は、情報の開示、運営の透明化等を通じ、開かれた民主的なものとする必要がある。

ウ 管理組合の管理者等は、維持修繕を円滑かつ適切に実施するため、設計に関する図書等を保管することが重要であり、この図書等について、マンション建設業者や宅地建物取引業者の求めに応じ、閲覧できるように配慮することが望ましい。

エ 管理組合の経済的基盤を確立するため、管理費及び修繕積立金等について必要な費用を徴収するとともに、管理規約に基づき、これらの費目を帳簿上も明確に区分して経理を行い、適正に管理する必要がある。

1 一つ
2 二つ
3 三つ
4 四つ

ア `適切` 防災・減災、防犯に加え、日常的なトラブルの防止などの観点からも、マンションにおける**コミュニティ形成は重要**なものであり、管理組合においても、区分所有法に則り、良好なコミュニティの形成に積極的に取り組むことが重要である〈基本方針三2(7)〉。

👉 **❷分冊 p234 ☑~**

イ `適切` 管理組合の自立的な運営は、マンションの区分所有者等の全員が参加し、その意見を反映することにより成り立つものである。そのため、管理組合の運営は、**情報の開示、運営の透明化等**を通じ、**開かれた民主的なもの**とする必要がある〈基本方針三2(1)〉。

👉 **❷分冊 p234 ☑~**

ウ `不適切` 管理組合の管理者等は、維持修繕を円滑かつ適切に実施するため、設計に関する図書等を保管することが重要である。また、この図書等について、**マンションの区分所有者等の求めに応じ**、適時閲覧できるようにすることが重要である〈基本方針三2(5)〉。

👉 **❷分冊 p234 ☑~**

エ `適切` 管理組合がその機能を発揮するためには、その経済的基盤が確立されている必要がある。このため、管理費及び修繕積立金等について必要な費用を徴収するとともに、管理規約に基づき、これらの費目を**帳簿上も明確に区分して経理を行い、適正に管理する必要がある**〈基本方針三2(4)〉。

👉 **❷分冊 p234 ☑~**

以上より、適切なものはア、イ、エの三つであり、本問の正解肢は3となる。

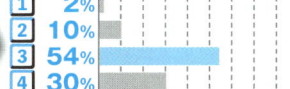  

正解 **3**
（正解率**54%**）

肢別解答率 受験生はこう答えた！

1	2%
2	10%
3	54%
4	30%

難易度 **普**

「マンションの管理の適正化の推進を図るための基本的な方針」（令和3年9月28日 国土交通省告示第1286号）に関する次の記述のうち、適切なものはいくつあるか。

ア マンションが団地を構成する場合には、各棟固有の事情があるため、団地全体としての管理より、各棟個別に適切な管理をしていくことが重要である。

イ マンションの状況によっては、外部の専門家が、管理組合の管理者等又は役員に就任することも考えられるが、その場合には、マンションの区分所有者等が当該管理者等又は役員の選任や業務の監視等を適正に行うとともに、監視・監督の強化のための措置等を講じることにより適正な業務運営を担保することが重要である。

ウ 管理組合を構成するマンションの区分所有者等は、管理組合の一員としての役割を十分認識して、管理組合の運営に関心を持ち、積極的に参加する等、その役割を適切に果たすよう努める必要がある。

エ マンションが建設後相当の期間が経過した場合等に、修繕等のほか、建替え時の容積率特例等を活用した建替え等を含め、どのような措置をとるべきか、様々な区分所有者等間の意向を調整し、合意形成を図っておくことが重要である。

1 一つ
2 二つ
3 三つ
4 四つ

ア **不適切** マンションが団地を構成する場合には、各棟固有の事情を踏まえつつ、**全棟の連携をとって、全体としての適切な管理がなされるように**配慮することが重要である〈基本方針三2(8)〉。
☞ ②分冊 p234 ②〜

イ **適切** マンションの状況によっては、外部の専門家が、管理組合の管理者等又は役員に就任することも考えられるが、その場合には、**マンションの区分所有者等が当該管理者等又は役員の選任や業務の監視等を適正に行う**とともに、**監視・監督の強化のための措置等を講じることにより適正な業務運営を担保する**ことが重要である〈基本方針三1(4)〉。
☞ ②分冊 p234 ②〜

ウ **適切** 管理組合を構成するマンションの区分所有者等は、管理組合の一員としての役割を十分認識して、管理組合の運営に関心を持ち、積極的に参加する等、**その役割を適切に果たすよう努める**必要がある〈基本方針三1(2)〉。
☞ ②分冊 p234 ②〜

エ **適切** マンションが建設後相当の期間が経過した場合等に、修繕等のほか、建替え時の容積率特例等を活用した建替え等を含め、どのような措置をとるべきか、様々な区分所有者等間の意向を調整し、**合意形成を図っておく**ことが重要である〈基本方針四〉。
☞ ②分冊 p234 ②〜

以上より、適切なものはイ、ウ、エの三つであり、本問の正解肢は3となる。

正解 3
（正解率**71%**）

肢別解答率 受験生はこう答えた！

1	2%
2	6%
3	71%
4	18%

難易度 **易**

「マンション管理適正化推進センター」が行うマンション管理適正化法第92条に規定された業務として、正しいものはいくつあるか。ただし、記述の中で「管理者等」とあるのは、同法第2条の規定によるものとする。

ア マンションの管理の適正化に関し、管理組合の管理者等その他の関係者に対し技術的な支援を行うこと。

イ マンションの管理に関する苦情の処理のために必要な指導及び助言を行うこと。

ウ マンションの管理の適正化に関し、管理組合の管理者等その他の関係者に対し講習を行うこと。

エ マンション管理業の健全な発達を図るための調査及び研究を行うこと。

1 一つ
2 二つ
3 三つ
4 四つ

マンション管理適正化推進センターは、以下の業務を行う〈適92条〉。

① マンションの管理に関する情報及び資料の収集及び整理をし、並びにこれらを管理組合の管理者等その他の関係者に対し提供すること。

② マンションの管理の適正化に関し、管理組合の管理者等その他の関係者に対し技術的な支援を行うこと。

③ マンションの管理の適正化に関し、管理組合の管理者等その他の関係者に対し講習を行うこと。

④ マンションの管理に関する苦情の処理のために必要な指導及び助言を行うこと。

⑤ マンションの管理に関する調査及び研究を行うこと。

⑥ マンションの管理の適正化の推進に資する啓発活動及び広報活動を行うこと。

⑦ 上記①～⑥に掲げるもののほか、マンションの管理の適正化の推進に資する業務を行うこと。

ア **正** 本肢の業務は、**②にあたる。**
　　❷分冊 p214 **1**～

イ **正** 本肢の業務は、**④にあたる。**
　　❷分冊 p214 **1**～

ウ **正** 本肢の業務は、**③にあたる。**
　　❷分冊 p214 **1**～

エ **誤** 本肢の業務は、**上記①～⑦のいずれにもあたらない。**
　　❷分冊 p215 **2**～

以上より、正しいものはア、イ、ウの三つであり、本問の正解肢は3となる。

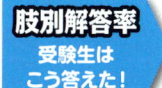

正解 3
（正解率52%）

肢別解答率
受験生はこう答えた！

1	3%
2	19%
3	52%
4	23%

難易度 **普**

第4編 マンション管理適正化法

その他

次の記述のうち、「マンション管理適正化推進センター」が行う業務として、マンション管理適正化法第 92 条に規定されていないものはどれか。

1 マンションの管理の適正化の推進に資する啓発活動及び広報活動を行うこと。

2 マンションの管理に関する情報及び資料の収集及び整理をし、並びにこれらを管理組合の管理者等その他の関係者に対し提供すること。

3 マンションの管理の適正化に関し、管理組合の管理者等その他の関係者に対し技術的な支援を行うこと。

4 マンションの管理に関する紛争の処理を行うこと。

マンション管理適正化推進センターは、以下の業務を行う〈適92条〉。

① マンションの管理に関する情報及び資料の収集及び整理をし、並びにこれらを管理組合の管理者等その他の関係者に対し提供すること。
② マンションの管理の適正化に関し、管理組合の管理者等その他の関係者に対し技術的な支援を行うこと。
③ マンションの管理の適正化に関し、管理組合の管理者等その他の関係者に対し講習を行うこと。
④ マンションの管理に関する苦情の処理のために必要な指導及び助言を行うこと。
⑤ マンションの管理に関する調査及び研究を行うこと。
⑥ マンションの管理の適正化の推進に資する啓発活動及び広報活動を行うこと。
⑦ 上記①〜⑥に掲げるもののほか、マンションの管理の適正化の推進に資する業務を行うこと。

1 **規定されている** 本肢の業務は、**上記⑥に該当する。**
☞ ❷分冊 p214 **1**〜

2 **規定されている** 本肢の業務は、**上記①に該当する。**
☞ ❷分冊 p214 **1**〜

3 **規定されている** 本肢の業務は、**上記②に該当する。**
☞ ❷分冊 p214 **1**〜

4 **規定されていない** 本肢の業務は、**上記①〜⑦に該当しない。**
☞ ❷分冊 p214 **1**〜

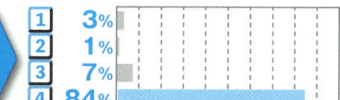

正解 **4**	肢別解答率 受験生はこう答えた！		
（正解率**84**％）		**1**	3%
		2	1%
		3	7%
		4	84%

難易度 **易**

マンション管理適正化法に関する次の記述のうち、正しいものはいくつあるか。

ア マンション管理適正化推進計画は、都道府県又は市の区域にあっては当該市が作成することとされており、町村は作成することができない。

イ 地方住宅供給公社は、管理計画認定マンションについて、委託により修繕に関する企画又は実施の調整に関する業務を行うことができる。

ウ 都道府県知事等は、管理組合の運営がマンション管理適正化指針に照らして著しく不適切であることを把握したときは、マンション管理業者に対し、マンション管理適正化指針に則したマンションの管理を行うよう勧告することができる。

エ 都道府県等は、マンション管理適正化推進計画に基づく措置の実施に関して特に必要があると認めるときは、関係地方公共団体や管理組合のほか、マンション管理業者に対しても調査を実施するために必要な協力を求めることができる。

1 一つ
2 二つ
3 三つ
4 四つ

ア 誤 　都道府県（市の区域内にあっては当該市、**町村であってマンション管理適正化推進行政事務を処理する町村の区域内にあっては当該町村**）は、基本方針に基づき、マンション管理適正化推進計画を作成することができる〈適3条の2第1項〉。したがって、町村のすべてが、マンション管理適正化推進計画を作成することができないわけではない。

　👉 ②分冊 p138 4〜

イ 正 　地方住宅供給公社は、地方住宅供給公社法に規定する業務のほか、委託により、**管理計画認定マンションの修繕に関する企画又は実施の調整に関する業務**を行うことができる〈適5条の11第1項〉。

ウ 誤 　都道府県知事等は、管理組合の運営がマンション管理適正化指針に照らして著しく不適切であることを把握したときは、当該**管理組合の管理者等**に対し、マンション管理適正化指針に即したマンションの管理を行うよう**勧告**することができる〈適5条の2第2項〉。

　👉 ②分冊 p138 5〜

エ 正 　都道府県等は、マンション管理適正化推進計画の作成及び変更並びにマンション管理適正化推進計画に基づく措置の実施に関して特に必要があると認めるときは、関係地方公共団体、管理組合、マンション管理業者その他の関係者に対し、調査を実施するため**必要な協力を求めることができる**〈適3条の2第6項〉。

以上より、正しいものはイ、エの二つであり、本問の正解肢は2となる。

正解 2
（正解率36%）

肢別解答率　受験生はこう答えた！

1	13%
2	36%
3	38%
4	7%

難易度 **難**

マンション管理適正化法に定める管理計画の認定に関する次の記述のうち、正しいものはどれか。

1　都道府県知事は、マンション管理適正化推進計画の策定の有無にかかわらず、管理計画の認定をすることができる。

2　管理計画の認定は、10年ごとにその更新を受けなければ、その期間の経過によって、その効力を失う。

3　管理計画を認定するためには、長期修繕計画の計画期間が30年以上であるか、又は長期修繕計画の残存期間内に大規模修繕工事が2回以上含まれるように設定されていることが必要である。

4　管理計画を認定するためには、管理組合が組合員名簿、居住者名簿を備えていることに加え、1年に1回以上は内容の確認を行っていることが必要である。

1 **誤** 管理組合の管理者等は、国土交通省令で定めるところにより、管理計画を作成し、**マンション管理適正化推進計画を作成した都道府県等の長**の認定を申請することができる〈適5条の3第1項〉。したがって、マンション管理適正化推進計画を作成していない都道府県の都道府県知事は、管理計画の認定をすることはできない。

☞ **❷分冊 p139 6~**

2 **誤** 管理計画の認定は、**5年ごと**にその更新を受けなければ、その期間の経過によって、その効力を失う〈適5条の6第1項〉。

☞ **❷分冊 p139 6~**

3 **誤** 管理計画の認定の基準の1つとして、長期修繕計画の実効性を確保するため、計画期間が**30年**以上で、**かつ**、残存期間内に大規模修繕工事が**2回**以上含まれるように設定されていることが挙げられている〈基本方針別紙二4(3)〉。

☞ **❷分冊 p139 6~**

4 **正** 管理計画の認定の基準の1つとして、管理組合がマンションの区分所有者等への平常時における連絡に加え、災害等の緊急時に迅速な対応を行うため、**組合員名簿、居住者名簿を備えている**とともに、**1年に1回**以上は内容の確認を行っていることが挙げられている〈基本方針別紙二5(1)〉。

☞ **❷分冊 p139 6~**

正解 **4**
（正解率**46%**）

肢別解答率 受験生はこう答えた！

1	5%
2	8%
3	35%
4	46%

難易度 **難**

マンションの管理に関する次の記述のうち、マンション管理適正化法の規定によれば、正しいものはいくつあるか。

ア 都道府県等は、マンション管理適正化指針に即し、管理組合の管理者等（管理者等が置かれていないときは、当該管理組合を構成するマンションの区分所有者等。）に対し、マンションの管理の適正化を図るために必要な助言及び指導をすることができる。

イ マンションの区分所有者等は、マンションの管理に関し、管理組合の一員としての役割を適切に果たすよう努めなければならない。

ウ マンション管理計画の認定は、5年ごとにその更新を受けなければ、その期間の経過によって、その効力を失う。

エ 都道府県等は、マンション管理適正化推進計画の作成及び変更並びにマンション管理適正化推進計画に基づく措置の実施に関して特に必要があると認めるときは、関係地方公共団体、管理組合、マンション管理業者その他の関係者に対し、調査を実施するため必要な協力を求めることができる。

1 一つ

2 二つ

3 三つ

4 四つ

ア 　**正**　都道府県等は、マンション管理適正化指針に即し、管理組合の管理者等（管理者等が置かれていないときは、当該管理組合を構成するマンションの区分所有者等）に対し、マンションの管理の適正化を図るために必要な**助言及び指導**をすることができる〈適5条の2第1項〉。
　👉 **②分冊 p138 ⑤〜**

イ 　**正**　マンションの区分所有者等は、マンションの管理に関し、**管理組合の一員としての役割を適切に果たす**よう努めなければならない〈適5条2項〉。

ウ 　**正**　マンション管理計画の認定は、**5年**ごとにその更新を受けなければ、その期間の経過によって、その効力を失う〈適5条の6第1項〉。
　👉 **②分冊 p139 ⑥〜**

エ 　**正**　都道府県等は、マンション管理適正化推進計画の作成及び変更並びにマンション管理適正化推進計画に基づく措置の実施に関して特に必要があると認めるときは、**関係地方公共団体、管理組合、マンション管理業者その他の関係者**に対し、**調査を実施するため必要な協力を求める**ことができる〈適3条の2第6項〉。

以上より、正しいものはア、イ、ウ、エの四つであり、本問の正解肢は4となる。

正解 4
（正解率 **57%**）

肢別解答率
受験生はこう答えた！

1	2%
2	5%
3	32%
4	57%

難易度 **普**

マンション管理適正化法第5条の4に基づく管理計画の認定基準に関する次の記述のうち、誤っているものはどれか。

1　監事が選任されていること。

2　長期修繕計画の実効性を確保するため、計画期間が30年以上で、かつ、残存期間内に大規模修繕工事が2回以上含まれるように設定されていること。

3　マンションの管理状況に係る書面の散逸、毀損防止のため、管理規約において、管理組合の管理に関する情報の保管等を電磁的方法によるものと定めていること。

4　管理組合がマンションの区分所有者等への平常時における連絡に加え、災害等の緊急時に迅速な対応を行うため、組合員名簿、居住者名簿を備えているとともに、1年に1回以上は内容の確認を行っていること。

管理計画の認定基準は以下のとおりである〈基本方針別紙2〉。
① 管理組合の運営
　ア　管理者等が定められていること
　イ　**監事が選任されていること**
　ウ　集会が年1回以上開催されていること
② 管理規約
　ア　管理規約が作成されていること
　イ　マンションの適切な管理のため、管理規約において災害等の緊急時や管理上必要なときの専有部の立ち入り、修繕等の履歴情報の管理等について定められていること
　ウ　マンションの管理状況に係る情報取得の円滑化のため、管理規約において、管理組合の財務・管理に関する情報の書面の交付（または電磁的方法による提供）について定められていること
③ 管理組合の経理
　ア　管理費及び修繕積立金等について明確に区分して経理が行われていること
　イ　修繕積立金会計から他の会計への充当がされていないこと
　ウ　直前の事業年度の終了の日時点における修繕積立金の3ヶ月以上の滞納額が全体の1割以内であること
④ 長期修繕計画の作成及び見直し等
　ア　長期修繕計画が「長期修繕計画標準様式」に準拠し作成され、長期修繕計画の内容及びこれに基づき算定された修繕積立金額について集会にて決議されていること
　イ　長期修繕計画の作成または見直しが7年以内に行われていること
　ウ　長期修繕計画の実効性を確保するため、**計画期間が30年以上で、**かつ、残存期間内に**大規模修繕工事が2回以上含まれる**ように設定されていること
　エ　長期修繕計画において将来の一時的な修繕積立金の徴収を予定していないこと
　オ　長期修繕計画の計画期間全体での修繕積立金の総額から算定された修繕積立金の平均額が著しく低額でないこと
　カ　長期修繕計画の計画期間の最終年度において、借入金の残高のない長期修繕計画となっていること
⑤ その他
　ア　管理組合がマンションの区分所有者等への平常時における連絡に加え、災害等の緊急時に迅速な対応を行うため、**組合員名簿、居住者名簿を備えているとともに、1年に1回以上は内容の確認を行っている**こと
　イ　都道府県等マンション管理適正化指針に照らして適切なものであること

1　**正**　本肢の事項は、**上記①イにあたり**、管理計画の認定基準である。
　👉 ②分冊 p139 **6**～

2　**正**　本肢の事項は、**上記④ウにあたり**、管理計画の認定基準である。
　👉 ②分冊 p139 **6**～

3　**誤**　本肢の事項は、**上記のいずれにもあたらず**、管理計画の認定基準ではない。
　👉 ②分冊 p139 **6**～

4　**正**　本肢の事項は、**上記⑤アにあたり**、管理計画の認定基準である。
　👉 ②分冊 p139 **6**～

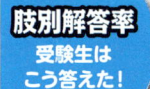
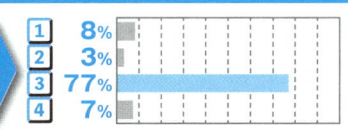

正解 3（正解率77%）

肢別解答率　受験生はこう答えた！
肢	割合
1	8%
2	3%
3	77%
4	7%

難易度　**易**

マンションの管理に関する次の記述のうち、マンション管理適正化法の規定によれば、誤っているものはどれか。

1 管理計画の認定は、5年ごとにその更新を受けなければ、その期間の経過によって、効力を失うとされており、認定の有効期間の満了の日までに更新の申請をし、その満了の日までにその申請に対する処分がされないときは、従前の認定は、その効力を失う。

2 計画作成都道府県知事等は、認定管理者等が認定管理計画に従って、管理計画認定マンションの管理を行っていないと認める場合、当該認定管理者等に対し、その改善に必要な措置を命ずることができ、認定管理者等がこの命令に違反したときは、管理計画の認定を取り消すことができる。

3 都道府県等は、マンション管理適正化推進計画に基づく措置の実施に関して特に必要があると認めるときは、マンション管理業者に対し、調査を実施するため必要な協力を求めることができる。

4 認定管理者等は、監事を変更した場合、管理計画の変更の認定の申請をする必要はない。

1 誤　管理計画の認定は、5年ごとにその更新を受けなければ、その期間の経過によって、その効力を失う〈適5条の6第1項〉。管理計画の認定の更新の申請があった場合において、認定の有効期間の満了の日までにその申請に対する処分がされないときは、従前の認定は、**認定の有効期間の満了後もその処分がされるまでの間は、なおその効力を有する**〈同条3項〉。

☞ ❷分冊 p139 **6**〜

2 正　計画作成都道府県知事等は、認定管理者等が認定管理計画に従って管理計画認定マンションの管理を行っていないと認めるときは、当該認定管理者等に対し、相当の期限を定めて、**その改善に必要な措置を命ずることができる**〈適5条の9〉。認定管理者等がこの命令に違反したときは、計画作成都道府県知事等は、**管理計画の認定を取り消すことができる**〈適5条の10第1項1号〉。

☞ ❷分冊 p139 **6**〜

3 正　都道府県等は、マンション管理適正化推進計画の作成及び変更並びにマンション管理適正化推進計画に基づく措置の実施に関して特に必要があると認めるときは、関係地方公共団体、管理組合、マンション管理業者その他の関係者に対し、**調査を実施するため必要な協力を求めることができる**〈適3条の2第6項〉。

4 正　認定管理者等は、認定を受けた管理計画の変更(**国土交通省令で定める軽微な変更を除く。**)をしようとするときは、国土交通省令で定めるところにより、計画作成都道府県知事等の認定を受けなければならない〈適5条の7第1項〉。**監事の変更は、国土交通省令で定める軽微な変更にあたり**〈適規1条の9第3号〉、認定管理者等は、監事を変更したとしても、管理計画の変更の認定の申請をする必要はない。

正解 1
（正解率 52%）

肢別解答率
受験生はこう答えた！

肢	解答率
1	52%
2	5%
3	18%
4	22%

難易度 **普**

マンション管理適正化法第5条の4に基づく管理計画の認定基準に関する次の記述のうち、誤っているものはどれか。

1 長期修繕計画の計画期間の最終年度において、借入金の残高のない長期修繕計画となっていること。

2 直前の事業年度の終了の日時点における管理費の3ヶ月以上の滞納額が全体の1割以内であること。

3 長期修繕計画の作成又は見直しが7年以内に行われていること。

4 管理規約において、管理組合の財務・管理に関する情報の書面の交付（又は電磁的方法による提供）について定められていること。

1 **正**　管理計画の認定基準として、長期修繕計画の計画期間の最終年度において、**借入金の残高のない長期修繕計画**となっていることが挙げられている〈基本方針別紙二 4 (6)〉。

　　☞ ❷分冊 p139 ❻〜

2 **誤**　管理計画の認定基準として、直前の事業年度の終了の日時点における**修繕積立金の 3 ヶ月以上の滞納額**が**全体の 1 割以内**であることが挙げられている〈基本方針別紙二 3 (3)〉。

　　☞ ❷分冊 p139 ❻〜

3 **正**　管理計画の認定基準として、長期修繕計画の作成または見直しが**7 年以内**に行われていることが挙げられている〈基本方針別紙二 4 (2)〉。

　　☞ ❷分冊 p139 ❻〜

4 **正**　管理計画の認定基準として、マンションの管理状況に係る情報取得の円滑化のため、管理規約において、**管理組合の財務・管理に関する情報の書面の交付（または電磁的方法による提供）**について定められていることが挙げられている〈基本方針別紙二 2 (3)〉。

　　☞ ❷分冊 p139 ❻〜

正解 2
（正解率 **18**%）

肢別解答率
受験生は
こう答えた！

1	14%
2	18%
3	41%
4	25%

難易度
難

マンションの管理に関する次の記述のうち、マンション管理適正化法の規定によれば、正しいものはいくつあるか。

ア　マンション管理業者の更新の登録を受けようとする者は、登録の有効期間満了の日の90日前から30日前までの間に登録申請書を提出しなければならない。

イ　マンション管理士は、国土交通大臣（指定登録機関が登録の実施に関する事務を行う場合は指定登録機関）の登録を受け、マンション管理士の名称を用いて、専門的知識をもって、管理組合の運営その他マンションの管理に関し、管理組合の管理者等又はマンションの区分所有者等の相談に応じ、助言、指導その他の援助を行うことを業務とする者をいう。

ウ　管理事務とは、マンションの管理に関する事務であって、管理組合の会計の収入及び支出の調定及び出納並びにマンション（専有部分を含む。）の維持又は修繕に関する企画又は実施の調整を内容とする基幹事務を含むものをいう。

エ　管理業務主任者が、マンション管理適正化法第72条第1項に基づく重要事項の説明をするときは、説明の相手方に対し、必ず管理業務主任者証を提示しなければならない。

1　一つ

2　二つ

3　三つ

4　四つ

ア 　**正**　　マンション管理業者の更新の登録を受けようとする者は、**登録の有効期間満了の日の90日前から30日前までの間に**登録申請書を提出しなければならない〈適規50条〉。

☞ ②分冊 p159 **2** ～

イ 　**正**　　マンション管理士とは、**国土交通大臣（指定登録機関が登録の実施に関する事務を行う場合は指定登録機関）の登録を受け、マンション管理士の名称を用いて、専門的知識をもって、管理組合の運営その他マンションの管理に関し、管理組合の管理者等又はマンションの区分所有者等の相談に応じ、助言、指導その他の援助を行うことを業務（他の法律においてその業務を行うことが制限されているものを除く。）とする者**をいう〈適2条5号〉。

☞ ②分冊 p137 **2** ～

ウ 　**誤**　　管理事務とは、マンションの管理に関する事務であって、基幹事務（管理組合の会計の収入及び支出の調定及び出納並びにマンション（**専有部分を除く。**）の維持又は修繕に関する企画又は実施の調整をいう。）を含むものをいう〈適2条6号〉。

☞ ②分冊 p137 **2** ～

エ 　**正**　　管理業務主任者は、マンション管理適正化法72条1項に基づく重要事項の説明をするときは、説明の相手方に対し、**管理業務主任者証を提示しなければならない**〈適72条4項〉。

☞ ②分冊 p169 **2** ～

以上より、正しいものはア、イ、エの三つであり、本問の正解肢は3となる。

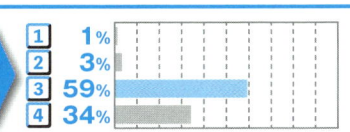

正解 **3**
（正解率 **59%**）

肢別解答率
受験生は
こう答えた！

1	1%
2	3%
3	59%
4	34%

難易度
普

memo

memo

解答かくしシート

持ち運びに便利な「セパレート方式」

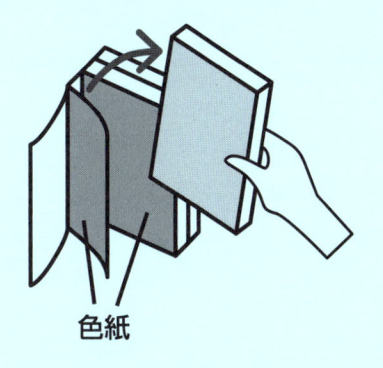

色紙

① この青色の厚紙を本体に残し、分冊冊子をつまんでください。
② 冊子をしっかりとつかんで手前に引っ張り、取り外してください。

※青色の厚紙と分冊冊子は、のりで接着されていますので、丁寧に分解・取り外してください。なお、分解・取り外しの際の破損等による返品・交換には応じられませんのでご注意ください。

使いやすさアップ！「分冊背表紙シール」

① 破線（----）を切り取る。
② 実線（—）を山折りに。
③ 分冊の背表紙に貼る。

持ち運びに便利！

出る順 マンション管理士

2025年版
Deru jun
Manslonkanrishi

合格の LEC

分野別 過去問題集

③分冊 管理実務・ 会計・設備系編

LEC東京リーガルマインド 編著

**2025年版
出る順マンション管理士 分野別過去問題集
管理実務・会計・設備系編**

第**③**分冊

第7編　建築・設備

第5編

管理実務

年度別出題論点一覧

第5編　管理実務	2015 H27	2016 H28	2017 H29	2018 H 30	2019 R1	2020 R2	2021 R3	2022 R4	2023 R5	2024 R6
標準管理委託契約書			1	1	1					
滞納対策										
不動産登記法	1	1	1	1	1	1	1	1		1
個人情報保護法										
消費者契約法										
計	1	1	2	2	2	1	1	1	0	1

※表内の数字は出題問題数を指します。
※2015、2016年度は購入者特典の「分野別過去問題集プラス2」に掲載しています。

甲管理組合と乙管理会社との間の管理委託契約に関する次の記述のうち、「マンション標準管理委託契約書及びマンション標準管理委託契約書コメント」（平成28年7月29日国土交通省土地・建設産業局長通達）によれば、適切なものはどれか。（改題）

1　甲は、乙に管理事務を行わせるために不可欠な管理事務室等を無償で使用させるものとし、乙は、乙が管理事務を実施するのに伴い必要となる水道光熱費、通信費、消耗品費等の諸費用を負担するものとする。

2　乙は、管理事務を行うため必要なときは、甲の組合員及びその所有する専有部分の占有者に対し、甲に代わって、所轄官庁の指示事項等に違反する行為又は所轄官庁の改善命令を受けるとみられる違法若しくは著しく不当な行為の中止を求めることができる。

3　乙は、甲の会計に係る帳簿等を整備、保管し、当該帳簿等を、甲の事業年度終了後、遅滞なく、甲に引き渡さなければならない。

4　宅地建物取引業者Bが、甲の組合員Aから、Aが所有する専有部分の売却の依頼を受け、その媒介業務のために標準管理委託契約書別表第5に掲げる事項の開示を求めてきた。この場合、乙は、甲に代わって、電磁的方法により、Bに提供しなければならない。

1 **不適切** 管理組合は、マンション管理業者に管理事務を行わせるために不可欠な管理事務室等を無償で使用させる〈標契7条1項〉。他方、**管理組合は、**委託業務費のほか、マンション管理業者が管理事務を実施するのに伴い必要となる水道光熱費、通信費、消耗品費等の諸費用を負担する〈同6条4項〉。したがって、乙は、本肢の諸費用を負担しない。

☞ **③**分冊 p40 **3**～

2 **適切** マンション管理業者は、管理事務を行うため必要なときは、管理組合の組合員及びその所有する専有部分の占有者に対し、管理組合に代わって、**所轄官庁の指示事項等に違反する行為又は所轄官庁の改善命令を受けるとみられる違法若しくは著しく不当な行為の中止を求めることができる**〈標契12条1項3号〉。

☞ **③**分冊 p43 **3**～

3 **不適切** マンション管理業者は、管理組合の会計に係る帳簿等を整備、保管し〈標契別表第一1(2)⑤一〉、この帳簿等を、**管理組合の通常総会終了後**、遅滞なく、管理組合に引き渡す〈同別表第一1(2)⑤二〉。

☞ **③**分冊 p10 **2**～

4 **不適切** マンション管理業者は、管理組合の組合員から当該組合員が所有する専有部分の売却等の依頼を受けた宅地建物取引業者が、その媒介等の業務のために、理由を付した書面の提出又は当該書面を電磁的方法により提出することにより、管理組合の管理規約、管理組合が作成し保管する会計帳簿、什器備品台帳及びその他の帳票類並びに管理組合が保管する長期修繕計画書及び設計図書の提供又は標準管理委託契約書別表第5に掲げる事項の開示を求めてきたときは、管理組合に代わって、当該宅地建物取引業者に対し、管理規約等の写しを提供し、同別表第5に掲げる事項について**書面をもって、又は電磁的方法により**開示するものとする(標準管理委託契約書15条1項前段)。したがって、電磁的方法により提供することが義務づけられているわけではない。

☞ **③**分冊 p24 **1**～

正解 2
(正解率44%)

肢別解答率
受験生はこう答えた！

1	13%	
2	44%	
3	27%	
4	15%	

難易度 **難**

甲管理組合と乙管理会社との間の管理委託契約に関する次の記述のうち、「マンション標準管理委託契約書及びマンション標準管理委託契約書コメント」（最終改正平成30年3月9日国土動指第97号）によれば、適切でないものはどれか。（改題）

1 乙は、管理事務のうち建物・設備等管理業務の全部を第三者に再委託した場合においては、再委託した管理事務の適正な処理について、甲に対して、責任を負う。

2 甲は、甲の組合員がその専有部分を第三者に貸与したときは、その月の月末までに、乙に通知しなければならない。

3 乙が実施する理事長・理事会支援業務については、基幹事務以外の事務管理業務に含まれている。

4 管理委託契約の更新について甲又は乙から申出があった場合において、その有効期間が満了する日までに更新に関する協議が調う見込みがないときは、甲及び乙は、従前の契約と同一の条件で、期間を定めて暫定契約を締結することができる。

1 適切　マンション管理業者は、事務管理業務の一部又は管理員業務、清掃業務若しくは建物・設備等管理業務の全部若しくは一部を、別紙1に従って第三者に再委託することができる〈標契4条1項〉。マンション管理業者が管理事務を第三者に再委託した場合においては、マンション管理業者は、**再委託した管理事務の適正な処理について、管理組合に対して、責任を負う**〈同条2項〉。

☞ ❸分冊 p24 **1**～

2 不適切　管理組合は、組合員がその専有部分を第三者に貸与したときは、**速やかに**、書面をもって、マンション管理業者に通知しなければならない〈標契13条2項2号〉。

☞ ❸分冊 p45 **4**～

3 適切　マンション管理業者は、理事長・理事会支援業務を実施する〈標契別表第一2(1)〉。理事長・理事会支援業務は、**基幹事務以外の事務管理業務に含まれている**〈同別表第一2(1)〉。

☞ ❸分冊 p18 **3**～

4 適切　管理委託契約の更新について申出があった場合において、その有効期間が満了する日までに**更新に関する協議が調う見込みがないとき**は、管理組合及びマンション管理業者は、**従前の管理委託契約と同一の条件で、期間を定めて暫定契約を締結することができる**〈標契23条2項〉。

☞ ❸分冊 p52 **3**～

正解 2（正解率73%）

肢別解答率 受験生はこう答えた！

1	6%
2	73%
3	17%
4	5%

難易度 **易**

甲管理組合と乙管理会社との間の管理委託契約に関する次の記述のうち、「マンション標準管理委託契約書及びマンション標準管理委託契約書コメント」（最終改正平成30年3月9日 国土動指第97号）によれば、適切でないものはいくつあるか。（改題）

ア 甲と乙は、その相手方に対し、少なくとも3月前に書面で解約の申入れを行うことにより、管理委託契約を終了させることができる。

イ 乙が反社会的勢力に自己の名義を利用させ管理委託契約を締結するものではないことを確約し、乙がその確約に反する事実が判明したときは、甲は何らの催告を要せずして、当該契約を解除することができる。

ウ 乙は、管理事務を行うため必要なときは、甲の組合員及びその所有する専有部分の占有者に対し、甲に代わって、組合員の共同の利益に反する行為の中止を求めることができる。

エ 乙が行う管理事務の内容は、事務管理業務、管理員業務、清掃業務及び建物・設備等管理業務となっているが、それぞれの業務について、管理事務の全部又は一部を第三者に再委託することができる。

1 一つ

2 二つ

3 三つ

4 四つ

ア 　**適切**　管理組合又はマンション管理業者は、その相手方に対し、**少なくとも3月前に書面で解約の申入れを行うことにより**、管理委託契約を終了させることができる〈標契21条〉。

👉 ③分冊 p50 **1**〜

イ 　**適切**　マンション管理業者は、管理組合に対し、反社会的勢力に自己の名義を使用させ、管理委託契約を締結するものではないことを確約する〈標契27条3号〉。マンション管理業者について、上記の確約に反する事実が判明した場合には、**管理組合は何らの催告を要せずして、管理委託契約を解除することができる**〈同20条2項5号〉。

👉 ③分冊 p47 **7**〜

ウ 　**適切**　マンション管理業者は、管理事務を行うため必要なときは、管理組合の組合員及びその所有する専有部分の占有者に対し、管理組合に代わって、組合員の共同の利益に反する行為の**中止を求めることができる**〈標契12条1項5号〉。

👉 ③分冊 p43 **3**〜

エ 　**不適切**　マンション管理業者は、**事務管理業務の一部**又は管理員業務、清掃業務若しくは建物・設備等管理業務の全部若しくは一部を、別紙1に従って第三者に再委託することができる〈標契4条1項〉。事務管理業務の全部を第三者に再委託することはできない。

👉 ③分冊 p24 **1**〜

以上より、適切でないものはエの一つであり、本問の正解肢は1となる。

正解 1
（正解率**64%**）

肢別解答率
受験生はこう答えた！

1	64%
2	22%
3	11%
4	2%

難易度　**普**

敷地権付き区分建物の登記等に関する次の記述のうち、不動産登記法（平成16年法律第123号）、区分所有法及び民法の規定によれば、正しいものはどれか。

1 　敷地権付き区分建物の敷地権が地上権である場合に、敷地権である旨の登記をした土地には、当該土地の所有権を目的とする抵当権の設定の登記をすることができない。

2 　敷地権付き区分建物には、建物のみを目的とする不動産の先取特権に係る権利に関する登記をすることができない。

3 　敷地権付き区分建物の所有権の登記名義人の相続人は、区分建物と敷地権とをそれぞれ別の相続人とする相続を原因とする所有権の移転登記をすることができる。

4 　規約敷地を新たに追加し、敷地権である旨の登記がなされた場合には、当該規約敷地に、既に区分建物に登記されている抵当権と同一の債権を担保する敷地権のみを目的とする抵当権設定の登記をすることができる。

1 **誤** 敷地権である旨の登記をした土地には、原則として、敷地権の移転の登記又は**敷地権を目的とする担保権に係る権利に関する登記をすることができない**〈不73条2項本文〉。本肢の敷地権は地上権であり、所有権ではないから、所有権を目的とする抵当権の設定の登記をすることは**禁止されない**。

☞ **❸分冊 p71 7~**

2 **誤** 敷地権付き区分建物には、原則として、当該建物のみの所有権の移転を登記原因とする所有権の登記又は当該建物のみを目的とする担保権に係る権利に関する登記をすることができない〈不73条3項本文〉。この「担保権」とは、一般の先取特権、質権又は抵当権をいい〈同条1項〉、**不動産の先取特権は「担保権」に含まれない**。したがって、敷地権付き区分建物に、建物のみを目的とする不動産の先取特権に係る権利に関する登記をすることは**可能である**。

☞ **❸分冊 p71 7~**

3 **誤** 敷地権である旨の登記をした土地には、原則として、**敷地権の移転の登記**又は敷地権を目的とする担保権に係る権利に関する登記**をすることができない**〈不73条2項本文〉。また、敷地権付き区分建物には、原則として、**当該建物のみの所有権の移転を登記原因とする所有権の登記**又は当該建物のみを目的とする担保権に係る権利に関する登記**をすることができない**〈不73条3項本文〉。本肢の敷地権の移転の登記及び区分建物の所有権の移転の登記は、上記にあたり、**これらをすることはできない**。

☞ **❸分冊 p71 7~**

4 **正** 敷地権である旨の登記をした土地には、原則として、敷地権の移転の登記又は敷地権を目的とする担保権に係る権利に関する登記をすることができない〈不73条2項本文〉。もっとも、当該土地が敷地権の目的となった後にその登記原因が生じたもの(分離処分禁止の場合を除く。)は、登記をすることができる〈同条項ただし書〉。本肢の抵当権設定の登記はこれにあたり、**禁止されない**。

☞ **❸分冊 p71 7~**

正解 4
（正解率**24%**）

肢別解答率
受験生はこう答えた！

1	17%
2	52%
3	6%
4	24%

難易度
難

区分建物の登記の申請に関する次の記述のうち、不動産登記法の規定によれば、正しいものはどれか。

1 区分建物の表題部所有者の持分についての変更は、表題部所有者が、当該区分建物について所有権の保存の登記をすることなく、その変更の登記を申請することができる。

2 区分建物の敷地権の更正の登記は、所有権の登記名義人について相続があったときは、相続人は、相続による所有権移転の登記をした後でなければ、その登記の申請をすることができない。

3 区分建物の所有者と当該区分建物の表題部所有者とが異なる場合に行う当該表題部所有者についての更正の登記は、当該表題部所有者以外の者は、申請することができない。

4 区分建物の表題部所有者の氏名又は住所の変更の登記は、表題部所有者について一般承継があったときは、その一般承継人は、その登記の申請をすることができる。

1 **誤**　表題部所有者又はその持分についての変更は、**当該不動産について所有権の保存の登記をした後において、その所有権の移転の登記の手続をするのでなければ、**登記することができない〈不32条〉。

2 **誤**　敷地権に関する更正の登記は、表題部所有者又は所有権の登記名義人以外の者は申請することができない〈不53条1項、44条1項9号〉。ここで、表題部所有者又は所有権の登記名義人が表示に関する登記の申請人となることができる場合において、当該表題部所有者又は登記名義人について相続その他の一般承継があったときは、**相続人その他の一般承継人は、当該表示に関する登記を申請することができる**〈不30条〉。したがって、本肢の相続人は、敷地権に関する更正の登記の申請をすることができる。

3 **誤**　不動産の所有者と当該不動産の表題部所有者とが異なる場合においてする当該表題部所有者についての更正の登記は、**当該不動産の所有者以外の者**は、申請することができない〈不33条1項〉。

4 **正**　表題部所有者の氏名若しくは名称又は住所についての変更の登記又は更正の登記は、表題部所有者以外の者は、申請することができない〈不31条〉。ここで、表題部所有者又は所有権の登記名義人が表示に関する登記の申請人となることができる場合において、当該表題部所有者又は登記名義人について相続その他の一般承継があったときは、**相続人その他の一般承継人は、当該表示に関する登記を申請することができる**〈不30条〉。したがって、本肢の一般承継人は、区分建物の表題部所有者の氏名又は住所の変更の登記の申請をすることができる。

正解 4
（正解率45%）

肢別解答率
受験生はこう答えた！

肢	解答率
1	12%
2	27%
3	16%
4	45%

難易度 難

敷地権付き区分建物に関する登記等に関する次の記述のうち、不動産登記法の規定によれば、正しいものはどれか。

1 敷地権付き区分建物について、敷地権の登記をする前に登記された抵当権設定の登記は、登記の目的等（登記の目的、申請の受付の年月日及び受付番号並びに登記原因及びその日付をいう。以下同じ。）が当該敷地権となった土地についてされた抵当権設定の登記の目的等と同一であっても、敷地権である旨の登記をした土地の敷地権についてされた登記としての効力を有しない。

2 敷地権付き区分建物について、敷地権の登記をした後に登記された所有権についての仮登記であって、その登記原因が当該建物の当該敷地権が生ずる前に生じたものは、敷地権である旨の登記をした土地の敷地権についてされた登記としての効力を有する。

3 敷地権付き区分建物について、当該建物の敷地権が生ずる前に登記原因が生じた質権又は抵当権に係る権利に関する登記は、当該建物のみを目的としてすることができる。

4 敷地権付き区分建物の敷地について、敷地権である旨の登記をした土地には、当該土地が敷地権の目的となった後に登記原因が生じた敷地権についての仮登記をすることができる。

1 誤　敷地権付き区分建物についての所有権又は担保権に係る権利に関する登記は、原則として、敷地権である旨の登記をした土地の敷地権についてされた登記としての効力を有する〈不73条1項本文〉。もっとも、敷地権付き区分建物についての所有権又は担保権に係る権利に関する登記であって、区分建物に関する敷地権の登記をする前に登記されたもの(担保権に係る権利に関する登記にあっては、**当該登記の目的等(登記の目的、申請の受付の年月日及び受付番号並びに登記原因及びその日付をいう。)が当該敷地権となった土地の権利についてされた担保権に係る権利に関する登記の目的等と同一であるものを除く。)**は、上記の効力を生じない〈同条項ただし書1号〉。本肢の登記は、敷地権である旨の登記をした土地の敷地権についてされた登記としての効力を有する。

👉 **❸分冊 p71 7～**

2 誤　敷地権付き区分建物についての所有権又は担保権に係る権利に関する登記は、原則として、敷地権である旨の登記をした土地の敷地権についてされた登記としての効力を有する〈不73条1項本文〉。もっとも、**敷地権付き区分建物についての所有権に係る仮登記であって、区分建物に関する敷地権の登記をした後に登記されたものであり、かつ、その登記原因が当該建物の当該敷地権が**生ずる前に生じたものは、上記の効力を生じない〈同条項ただし書2号〉。本肢の登記は、敷地権である旨の登記をした土地の敷地権についてされた登記としての効力を有しない。

👉 **❸分冊 p71 7～**

3 正　敷地権付き区分建物には、原則として、当該建物のみの所有権の移転を登記原因とする所有権の登記又は当該建物のみを目的とする担保権に係る権利に関する登記をすることができない〈不73条3項本文〉。もっとも、当該建物の敷地権が生じた後にその登記原因が生じたもの(分離処分禁止の場合を除く。)又は当該建物のみの所有権についての仮登記若しくは**当該建物のみを目的とする質権若しくは抵当権に係る権利に関する登記であって当該建物の敷地権が生ずる前にその登記原因が生じたもの**は、上記の登記をすることができる〈同条項ただし書〉。本肢の登記は、建物のみを目的としてすることができる。

👉 **❸分冊 p71 7～**

4 誤　敷地権である旨の登記をした土地には、原則として、敷地権の移転の登記又は敷地権を目的とする担保権に係る権利に関する登記をすることができない〈不73条2項本文〉。もっとも、当該土地が敷地権の目的となった後にその登記原因が生じたもの(分離処分禁止の場合を除く。)又は**敷地権についての仮登記**若しくは質権若しくは抵当権に係る権利に関する登記**であって当該土地が敷地権の目的となる前にその登記原因が生じたもの**は、上記の登記をすることができる〈同条項ただし書〉。本肢の場合、敷地権である旨の登記をした土地に本肢の仮登記をすることができない。

👉 **❸分冊 p71 7～**

正解 3
（正解率52%）

肢別解答率
受験生はこう答えた！

肢	解答率
1	10%
2	28%
3	52%
4	9%

難易度 **普**

区分建物の登記に関する次の記述のうち、不動産登記法（平成16年法律第123号）の規定によれば、正しいものはどれか。

1　共用部分である旨の登記がある区分建物について、共用部分である旨を定めた規約を廃止した後に当該区分建物の所有権を取得した者は、当該区分建物の表題部所有者の変更の登記の申請をしなければならない。

2　敷地権の登記のある区分建物について、敷地権の種類について変更があったときにする表題部の変更の登記の申請は、当該区分建物と同じ一棟の建物に属する他の区分建物についての表題部の変更の登記の申請と併せてしなければならない。

3　区分建物が表題登記のある区分建物でない建物に接続して新築された場合には、当該区分建物の所有者がする表題登記の申請は、表題登記のある建物についての表題部の変更の登記の申請と併せてしなければならない。

4　区分建物を新築して所有者となった法人が、建物の表題登記の申請をする前に合併により消滅したときは、当該法人の承継法人は、承継法人を表題部所有者とする当該建物についての表題登記の申請をしなければならない。

1 **誤** 共用部分である旨の登記がある建物について共用部分である旨を定めた規約を廃止した後に当該建物の所有権を取得した者は、その所有権の取得の日から1月以内に、**当該建物の表題登記**を申請しなければならない〈不58条7項〉。表題部所有者の変更の登記の申請をしなければならないわけではない。

☞ ❸分冊 p71 **7**〜

2 **誤** 建物が区分建物である場合において、敷地権の登記に関する変更の登記は、当該登記に係る区分建物と同じ一棟の建物に属する他の区分建物についてされた変更の登記としての効力を有する〈不51条5項、44条1項9号〉。この場合において、敷地権の登記に関する変更の登記がされたときは、登記官は、**職権で**、当該一棟の建物に属する他の区分建物について、当該登記事項に関する変更の登記をしなければならない〈不51条6項〉。したがって、本肢の場合、申請に係る区分建物と同じ一棟の建物に属する他の区分建物についての表題部の変更の登記は、職権で行われることから、その申請は不要である。

☞ ❸分冊 p71 **7**〜

3 **正** 表題登記がある建物(区分建物を除く。)に接続して区分建物が新築されて一棟の建物となったことにより当該表題登記がある建物が区分建物になった場合における当該表題登記がある建物についての表題部の変更の登記の申請は、当該新築に係る区分建物についての表題登記の申請と**併せてしなければならない**〈不52条1項〉。

☞ ❸分冊 p71 **7**〜

4 **誤** 区分建物である建物を新築した場合において、その所有者について相続その他の一般承継があったときは、相続人その他の一般承継人も、**被承継人を表題部所有者とする**当該建物についての表題登記を申請することができる〈不47条2項〉。区分建物を新築した法人の承継法人は、合併により区分建物を一般承継しているので、区分建物を新築した法人を表題部所有者とする当該建物についての表題登記を申請することができる。しかし、承継法人を表題部所有者とする当該建物についての表題登記の申請をすることはできない。

☞ ❸分冊 p71 **7**〜

正解 **3**
(正解率**27%**)

肢別解答率
受験生はこう答えた！

肢	解答率
1	15%
2	31%
3	27%
4	28%

難易度 **難**

区分建物の登記に関する次の記述のうち、不動産登記法（平成16年法律第123号）の規定によれば、正しいものはどれか。

1 　所有権の登記がある区分建物が、これと接続する所有権の登記がある区分建物と合体して一個の建物となった場合には、当該各区分建物の所有権の登記名義人は、合体前の区分建物について表題部の変更の登記を申請しなければならない。

2 　表題登記がある区分建物の部分であって区分建物に該当する建物を、登記記録上別の区分建物とする建物の区分の登記は、当該建物部分の所有権を新たに取得した者が、申請することができる。

3 　抵当権の登記がある区分建物の附属建物を、当該区分建物から分割して登記記録上別の一個の建物とする建物の分割の登記は、当該区分建物の抵当権の登記名義人が、申請することができる。

4 　表題登記がある区分建物を、これと接続する表題登記がある他の区分建物に合併して登記記録上一個の建物とする区分建物の合併の登記は、各区分建物の表題部所有者が相互に異なるときは、することができない。

1 **誤**　二以上の建物が合体して1個の建物となった場合において、合体前の二以上の建物がいずれも所有権の登記がある建物であるときは、当該建物の所有権の登記名義人は、当該合体の日から1月以内に、合体後の建物についての建物の表題登記及び**合体前の建物についての建物の表題部の登記の抹消**を申請しなければならない〈不49条1項5号〉。したがって、合体前の各区分建物の所有権の登記名義人は、合体前の区分建物について表題部の変更の登記を申請しなければならないわけではない。

2 **誤**　建物の区分の登記（表題登記がある建物又は附属建物の部分であって区分建物に該当するものを登記記録上区分建物とする登記をいう。）は、**表題部所有者又は所有権の登記名義人以外の者は、申請することができない**〈不54条1項2号〉。

3 **誤**　建物の分割の登記（表題登記がある建物の附属建物を当該表題登記がある建物の登記記録から分割して登記記録上別の1個の建物とする登記をいう。）は、**表題部所有者又は所有権の登記名義人以外の者は、申請することができない**〈不54条1項1号〉。したがって、当該区分建物の抵当権の登記名義人は、建物の分割の登記の申請をすることはできない。

4 **正**　**表題部所有者又は所有権の登記名義人が相互に異なる建物**の合併の登記は、することができない〈不56条2号〉。

正解 **4**
（正解率**29%**）

肢別解答率
受験生はこう答えた！

1	34%
2	29%
3	8%
4	29%

難易度
難

区分建物の敷地権の登記に関する次の記述のうち、区分所有法及び不動産登記法の規定によれば、正しいものはどれか。

1 地上権の敷地権が登記された土地については、当該土地の所有権を対象とする抵当権を設定してその登記を申請することはできない。

2 敷地権の登記された土地の一部が分筆により区分建物が所在しない土地となった場合、当該土地については、敷地権の一部抹消のため区分建物の表題部の変更登記を申請しなければならない。

3 敷地権付き区分建物について相続を原因とする所有権の移転の登記をする場合、同時に、敷地権の移転の登記をしなければならない。

4 規約により建物の敷地とされた所有権の敷地権が登記された土地につき、当該規約が廃止されて、敷地権の一部抹消のため区分建物の表題部の変更登記が申請された場合、登記官は、当該土地の登記記録に敷地権であった権利、その権利の登記名義人の氏名又は名称及び住所並びに登記名義人が二人以上であるときは当該権利の登記名義人ごとの持分を記録しなければならない。

1 誤　敷地権である旨の登記をした土地には、原則として、**敷地権の移転の登記又は敷地権を目的とする担保権に係る権利に関する登記をすることができない**〈不73条2項本文〉。本肢の場合、敷地権は地上権であり、所有権ではないから、土地の所有権を対象とする抵当権は「敷地権を目的とする担保権」にあたらないので、その登記を申請することは禁止されない。
☞ ❸分冊 p71 **7**〜

2 誤　敷地権とは、区分建物についての敷地利用権（登記されたものに限る。）であって、区分所有者の有する専有部分と分離して処分することができないものをいう〈不44条1項9号〉。ここで、建物が所在する土地の一部が分割により建物が所在する土地以外の土地となったときは、その土地は、**規約で建物の敷地と定められたものとみなされ**〈区5条2項後段〉、敷地権の要件をみたすので、敷地権の一部抹消のため区分建物の表題部の変更登記を申請することは義務づけられない。
☞ ❶分冊 p236 **1**〜

3 誤　敷地権である旨の登記をした土地には、原則として、**敷地権の移転の登記又は敷地権を目的とする担保権に係る権利に関する登記をすることができない**〈不73条2項本文〉。したがって、本肢の場合、敷地権の移転の登記をすることは義務づけられない。
☞ ❸分冊 p71 **7**〜

4 正　登記官は、敷地権付き区分建物について、敷地権であった権利が敷地権でない権利となったことによる建物の表題部に関する変更の登記をした場合には、敷地権の目的であった土地の登記記録の権利部の相当区に、敷地権であった権利、その権利の登記名義人の氏名又は名称及び住所並びに登記名義人が2人以上であるときは当該権利の登記名義人ごとの持分を記録し、**敷地権である旨の登記を抹消したことにより登記をする旨及び登記の年月日を記録**しなければならない〈不規124条2項〉。

正解 4（正解率55%）

肢別解答率　受験生はこう答えた！

1	14%
2	22%
3	10%
4	55%

難易度 **普**

不動産登記の権利部の所有権に関する次の記述のうち、民法、区分所有法及び不動産登記法（平成16年法律第123号）の規定によれば、誤っているものはどれか。

1 　区分建物の所有権の登記名義人が死亡し、相続による所有権の移転が生じた場合、当該区分建物の所有権を取得した相続人は、相続人名義への所有権移転の登記申請義務がある。

2 　区分建物の表題部所有者から当該区分建物の所有権を売買により取得した者が、自己名義の所有権保存登記未了の間に当該区分建物を転売した場合、転売により所有権を取得した者は、自己名義の所有権保存登記を申請することはできない。

3 　規約により一部共用部分とされ、共用部分である旨の登記がされた区分建物においては、当該一部共用部分を共用すべき区分所有者が所有権の登記名義人として登記される。

4 　区分建物の所有権の登記名義人が相続人無くして死亡した場合、相続財産清算人に就任した者は、当該区分建物につき、相続財産法人名義への所有権登記名義人表示変更の登記申請をすることができる。

1　**正**　所有権の登記名義人について相続の開始があったときは、当該相続により所有権を取得した者は、自己のために相続の開始があったことを知り、かつ、当該所有権を取得したことを知った日から3年以内に、**所有権の移転の登記を申請しなければならない**〈不76条の2第1項前段〉。
👉 **③分冊 p71 7〜**

2　**正**　区分建物にあっては、**表題部所有者から所有権を取得した者**は、所有権の保存の登記申請をすることができる〈不74条2項前段〉。本肢の転売により区分建物の所有権を取得した者は、表題部所有者から区分建物の所有権を取得した者からさらに区分建物の所有権を取得した者であるから、「表題部所有者から所有権を取得した者」にあたらず、所有権の保存の登記を申請することはできない。
👉 **③分冊 p71 7〜**

3　**誤**　登記官は、共用部分である旨の登記又は団地共用部分である旨の登記をするときは、職権で、当該建物について**表題部所有者の登記又は権利に関する登記を抹消しなければならない**〈不58条4項〉。したがって、共用部分である旨の登記がされた区分建物においては、所有権の登記名義人は登記されない。
👉 **③分冊 p68 5〜**

4　**正**　相続財産の清算人は、保存行為をする権限を有する。**相続財産法人への所有権登記名義人表示変更の登記の申請は保存行為にあたり**、相続財産の清算人は、これを行うことができる。

正解 3
（正解率 **49%**）

肢別解答率
受験生はこう答えた！

肢	解答率
1	6%
2	34%
3	49%
4	12%

難易度 **難**

memo

年度別出題論点一覧

第6編 会計	2015 H27	2016 H28	2017 H29	2018 H 30	2019 R1	2020 R2	2021 R3	2022 R4	2023 R5	2024 R6
仕訳		2	1		1	1			2	
計算書類	1		1	1		1	1	2		1
税務	1			1			1			1
総合					1					
計	2	2	2	2	2	2	2	2	2	2

※表内の数字は出題問題数を指します。
※2015、2016年度は購入者特典の「分野別過去問題集プラス2」に掲載しています。

① 仕訳

平成 29 年 3 月 25 日に、甲マンション管理組合の普通預金口座に、組合員Aから、管理費 450,000 円（月額 30,000 円）が入金された。450,000 円の内訳は、平成 28 年 2 月分から平成 29 年 4 月分までの 15 ヵ月分であった。平成 29 年 3 月に管理組合が行うべき仕訳として適切なものは次のうちどれか。ただし、会計処理は毎月次において発生主義の原則によるものとし、会計年度は平成 28 年 4 月 1 日から平成 29 年 3 月 31 日までとする。

（単位：円）

1

（借　方）		（貸　方）	
現金預金	450,000	未収金	30,000
		管理費収入	390,000
		前受金	30,000

2

（借　方）		（貸　方）	
現金預金	450,000	未収金	390,000
		管理費収入	30,000
		前受金	30,000

3

（借　方）		（貸　方）	
現金預金	450,000	未収金	360,000
		管理費収入	30,000
		前受金	60,000

4

（借　方）		（貸　方）	
現金預金	450,000	未収金	30,000
		管理費収入	360,000
		前受金	60,000

　発生主義の原則によると、**管理費はその月ごとに収入として計上し**、その収入に対応する入金がなかった場合には、未収金として処理する。また、その月よりも前に支払があった場合には、前受金として処理する。

【平成28年2月分から平成29年2月分までの管理費】
　平成29年3月25日に、平成28年2月分から平成29年2月分までの管理費が支払われているので、平成28年2月～平成29年2月には、管理費が支払われていない。そのため、その間の管理費390,000円と同額の**未収金が計上されている**。平成29年3月25日に、未収となっていた管理費が支払われたので、**未収金を減少させる**。

（借　方）		（貸　方）	…①
現金預金	390,000	未収金　　　　　　390,000	

【平成29年3月分の管理費】
　平成29年3月分の管理費は、管理費収入として計上する。

（借　方）		（貸　方）	…②
現金預金	30,000	管理費収入　　　　30,000	

【平成29年4月分の管理費】
　平成29年4月分の管理費は、平成29年3月の時点では、**前受金として処理する**。

（借　方）		（貸　方）	…③
現金預金	30,000	前受金　　　　　　30,000	

【まとめ】
　平成29年3月に管理組合が行うべき仕訳は①～③であり、これらを合算すると以下の仕訳となる。

（借　方）		（貸　方）	
現金預金	450,000	未収金	390,000
		管理費収入	30,000
		前受金	30,000

以上より、本問の正解肢は2となる。

👉 ③分冊 p140 ③～

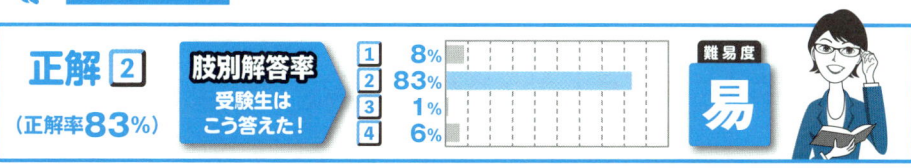

正解 ②（正解率83%）

肢別解答率　受験生はこう答えた！
1　8%
2　83%
3　1%
4　6%

難易度　易

甲マンション管理組合の平成30年度（平成30年4月1日から平成31年3月31日まで）の会計に係る次の仕訳のうち、適切なものはどれか。ただし、会計処理は毎月次において発生主義の原則によるものとする。

1 平成31年3月に、組合員Aから、平成29年10月分から平成31年4月分までの19ヵ月分の管理費総額38万円（月額2万円）が、甲の口座にまとめて入金された。

（単位：円）

（借　方）		（貸　方）	
現金預金	380,000	未収金	340,000
		管理費収入	40,000

2 平成31年3月末の帳簿上のB銀行預金残高よりB銀行発行の預金残高証明書の金額が5万円少なかったため調査したところ、同年3月に支払った損害保険料5万円の処理が計上漏れとなっていたためであることが判明した。このため、必要な仕訳を行った。

（単位：円）

（借　方）		（貸　方）	
未払金	50,000	保険料	50,000

3 平成29年度決算の貸借対照表に修繕工事の着手金60万円が前払金として計上されていたが、その修繕工事が平成30年6月に完了し、総額200万円の工事費の残額140万円を請負業者へ同月に支払った。

（単位：円）

（借　方）		（貸　方）	
修繕費	2,000,000	現金預金	1,400,000
		前払金	600,000

4 平成31年3月に、組合員Cから、3月分管理費2万円と3月分駐車場使用料1万円の合計3万円が甲の口座に入金されたが、誤って全額が管理費として計上されていた。このため、必要な仕訳を行った。

（単位：円）

（借　方）		（貸　方）	
駐車場使用料収入	10,000	管理費収入	10,000

1 **不適切** 発生主義の原則によると、**管理費はその月ごとに収入として計上し**、その収入に対応する入金がなかった場合には、未収金として処理する。また、その月より前に支払があった場合には、前受金として処理する。したがって、平成29年10月分から平成31年2月分までは計上済みの未収金を減少させ、平成31年4月分は前受金として処理することから、以下の仕訳を行う。

（借　方）		（貸　方）	
現金預金	380,000	未収金	340,000
		管理費収入	20,000
		前受金	20,000

👉 **③分冊 p140 3～**

2 **不適切** 平成31年3月末の帳簿上のB銀行預金残高よりB銀行発行の預金残高証明書の金額が5万円少なく、その原因が同年3月に支払った損害保険料5万円の処理が計上されていなかったことであるのであるから、**損害保険料を計上し、その分現金預金が減少した仕訳を行う**。したがって、以下の仕訳を行う。

（借　方）		（貸　方）	
損害保険料	50,000	現金預金	50,000

👉 **③分冊 p140 3～**

3 **適切** 発生主義によると、修繕工事の工事費は、**工事完了時に支出として計上し**、工事完了前に工事代金の全部又は一部を支払っている場合には、前払金として処理する。本肢の修繕工事は、平成30年6月に完了しているから、その時点で修繕費を計上し、現金預金のほか、支払済みの前払金を減少させる。したがって、以下の仕訳を行う。

（借　方）		（貸　方）	
修繕費	2,000,000	現金預金	1,400,000
		前払金	600,000

👉 **③分冊 p140 3～**

4 **不適切** 駐車場使用料1万円は駐車場使用料収入として計上されるべきであったが、誤って管理費として計上されたため、以下の仕訳がなされていた。

（借　方）		（貸　方）		
現金預金	10,000	管理費収入	10,000	…①

しかし、正しい仕訳は以下のとおりである。

（借　方）		（貸　方）		
現金預金	10,000	駐車場使用料収入	10,000	…②

したがって、修正仕訳は、**①の逆仕訳と②の仕訳を合算した**以下の仕訳となる。

（借　方）		（貸　方）	
管理費収入	10,000	駐車場使用料収入	10,000

👉 **③分冊 p140 3～**

 **正解 3**
（正解率 **73%**）

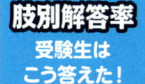 **肢別解答率**
受験生は
こう答えた！

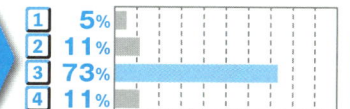
1	5%	
2	11%	
3	73%	
4	11%	

 難易度 **易**

甲マンション管理組合の 2019 年度（2019 年 4 月 1 日〜 2020 年 3 月 31 日）の会計に係る次の仕訳のうち、適切なものはどれか。ただし、会計処理は発生主義の原則によるものとする。

1 2018 年度の貸借対照表に計上されていた修繕費の前払金 10 万円に関して、2019 年度に行う予定であった修繕工事を中断し、2020 年度に修繕工事を再開し完了させることとした。 （単位：円）

（借　方）		（貸　方）	
修繕費	100,000	前払金	100,000

2 2018 年度の貸借対照表に計上されていた管理費の未収金 7 万円のうち、4 万円は 2019 年度に入金されたが、3 万円はまだ入金されていない。 （単位：円）

（借　方）		（貸　方）	
現金預金	40,000	管理費収入	70,000
未収金	30,000		

3 2018 年度の貸借対照表に計上されていた 2019 年 4 月分の管理費の前受金 5 万円の会計処理を 2019 年 4 月に行った。 （単位：円）

（借　方）		（貸　方）	
管理費収入	50,000	前受金	50,000

4 2018 年度の貸借対照表に計上されていた修繕費の未払金 8 万円に関して、2019 年度に追加工事を発注したため 1 万円増額となり、2019 年度に総額 9 万円を支払った。 （単位：円）

（借　方）		（貸　方）	
未払金	80,000	現金預金	90,000
修繕費	10,000		

1 **不適切**　発生主義の原則によると、修繕工事の工事費は、**工事完了時に支出として計上する**。本肢の修繕工事は、中断され、2019年度には完了していない。したがって、本肢の取引に関し、仕訳はしない。

☞ ❸分冊 p140 ❸～

2 **不適切**　発生主義の原則によると、**管理費はその月ごとに収入として計上し**、その収入に対応する入金がなかった場合には、未収金として処理する。未収分の管理費の入金があった場合には、計上した未収金を減少させる。したがって、本肢の場合、以下の仕訳を行う。

（借　方）		（貸　方）	
現金預金	40,000	未収金	40,000

☞ ❸分冊 p140 ❸～

3 **不適切**　発生主義の原則によると、**管理費はその月ごとに収入として計上し**、その月より前に支払があった場合には、前受金として処理する。その後、その月が到来したときは、収入を計上し、計上した前受金を減少させる。したがって、本肢の場合、以下の仕訳を行う。

（借　方）		（貸　方）	
前受金	50,000	管理費収入	50,000

☞ ❸分冊 p140 ❸～

4 **適切**　発生主義の原則によると、修繕工事の工事費は、**工事完了時に支出として計上する**。工事完了時に、工事費を支払っていない場合には、未払金を計上する。後に工事費を支払った場合には、計上した未払金を減少させる。したがって、本肢の場合、未払であった8万円の支払に関しては、以下の仕訳を行う。

（借　方）		（貸　方）		
未払金	80,000	現金預金	80,000	…①

また、追加工事の工事費用1万円の支払に関しては、追加工事が2019年度に完了している場合には、以下の仕訳を行う。

（借　方）		（貸　方）		
修繕費	10,000	現金預金	10,000	…②

①②を合算した以下の仕訳が2019年度に行う仕訳である。

（借　方）		（貸　方）	
未払金	80,000	現金預金	90,000
修繕費	10,000		

☞ ❸分冊 p140 ❸～

正解 **4**
（正解率 **74%**）

肢別解答率
受験生は
こう答えた！

1	3%	
2	10%	
3	13%	
4	74%	

難易度
易

仕訳

甲マンション管理組合の令和4年度決算（令和4年4月1日〜令和5年3月31日）に関して、会計担当理事が行った次の仕訳のうち、適切でないものはどれか。ただし、会計処理は発生主義の原則によるものとする。

1 令和4年7月に修繕工事が完了し、20万円を支払った。なお、令和4年2月に着手金5万円を支払っている。

（借　方）		（貸　方）	（単位：円）
修繕費	250,000	現金預金	200,000
		前払金	50,000

2 令和5年3月にA組合員から、令和4年3月分から令和5年5月分までの管理費30万円（月額2万円）が入金された。

（借　方）		（貸　方）	（単位：円）
現金預金	300,000	管理費収入	240,000
		未収金	20,000
		前受金	40,000

3 令和3年度の貸借対照表に計上されていた管理費の未収金20万円のうち、17万円が令和4年度に入金された。3万円はまだ入金されていない。

（借　方）		（貸　方）	（単位：円）
現金預金	170,000	未収金	200,000
管理費収入	30,000		

4 令和5年3月末の帳簿上の銀行預金残高より銀行発行の預金残高証明書の金額が5万円少なかったため調査したところ、支払った損害保険料5万円の処理が計上漏れとなっていたため、必要な仕訳を行った。

（借　方）		（貸　方）	（単位：円）
保険料	50,000	現金預金	50,000

1 適切 発生主義の原則によると、修繕工事の工事費は、**工事完了時**に支出として計上する。工事完了前に着手金を支払っている場合、**前払金**として処理し、**工事完了時に前払金を減少**させる。したがって、修繕工事が完了した令和4年7月に修繕費を計上し、前払金5万円を減少させる。

（借　方）		（貸　方）	
修繕費	250,000	現金預金	200,000
		前払金	50,000

☞ ❸分冊 p140 ❸～

2 適切 発生主義の原則によると、一般的には、管理費は**その月ごと**に収入として計上する。その収入に対応する入金がなかった場合には、**未収金**として処理する。また、その月より前に支払があった場合には、**前受金**として処理する。もっとも、年次で処理をすることとする場合、管理費はその年度ごとに収入として計上し、未収、前受けの処理をする。したがって、令和4年度分の管理費240,000円を管理費として計上する。前年度分である令和4年3月分は、前年度に未収金として処理されており、支払があったので、**未収金を減少**させる。また、令和5年4月分及び同年5月分は、前受金として処理する。

（借　方）		（貸　方）	
現金預金	300,000	管理費収入	240,000
		未収金	20,000
		前受金	40,000

☞ ❸分冊 p140 ❸～

3 不適切 発生主義の原則によると、一般的には、管理費は**その月ごと**に収入として計上する。その収入に対応する入金がなかった場合には、**未収金**として処理し、**入金時に減少**させる。もっとも、年次で処理をすることとする場合、管理費はその年度ごとに収入として計上し、未収、前受けの処理をする。令和3年度の管理費の未収金のうち17万円が令和4年度に入金されたので、その分を減少させる。

（借　方）		（貸　方）	
現金預金	170,000	未収金	170,000

☞ ❸分冊 p140 ❸～

4 適切 発生主義の原則によると、損害保険料は、**当期分**を支出として計上する。令和5年度分の損害保険料を支払った場合、**保険料**を支出として計上する。

（借　方）		（貸　方）	
保険料	50,000	現金預金	50,000

☞ ❸分冊 p140 ❸～

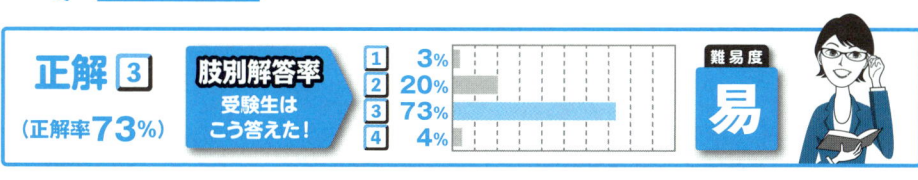

正解 3（正解率73%）

肢別解答率 受験生はこう答えた！

1	3%
2	20%
3	73%
4	4%

難易度 易

甲マンション管理組合の令和4年度決算（令和4年4月1日〜令和5年3月31日）に当たり、令和5年3月31日現在の会計帳簿の現金預金の金額と銀行の預金残高証明書の金額に2万円の差異があった。この差異原因の説明に関する次の記述のうち、適切なものはどれか。ただし、会計処理は発生主義の原則によるものとする。

1 令和5年4月分の管理費2万円が令和5年3月に銀行に入金されていたが、令和5年3月の仕訳で（貸方）管理費収入ではなく前受金で会計処理をしていたため、会計帳簿の現金預金の金額が2万円少ない。

2 令和5年3月分のエレベーター保守料2万円を令和5年3月の仕訳で（貸方）未払金で会計処理していたが、3月分の2万円は銀行から自動引き落としされていたため、会計帳簿の現金預金の金額が2万円少ない。

3 令和4年度分と令和5年度分の損害保険料4万円（年間2万円）を令和5年3月に支払ったが、令和5年3月の仕訳で令和5年度分の2万円は（借方）前払金として会計処理したため、会計帳簿の現金預金の金額が2万円少ない。

4 令和5年3月分の携帯電話基地局設置料収入2万円を令和5年3月の仕訳で（借方）未収金で会計処理していたが、令和5年3月末に銀行に入金されていたことが判明したため、会計帳簿の現金預金の金額が2万円少ない。

1 　**不適切**　　令和5年3月の仕訳で、貸方を管理費収入ではなく前受金で会計処理をしていたため、以下の仕訳がなされたことになる。

（借　方）		（貸　方）	
現金預金	20,000	前受金	20,000

この仕訳によっても、**借方に現金預金20,000円が計上される**ので、この仕訳は、会計帳簿の現金預金の金額と銀行の預金残高証明書の金額に2万円の差異が生じる**原因とはならない**。

👉 ❸分冊 p140 **❸**～

2 　**不適切**　　未払金として会計処理していた2万円が支払われたため、**未払金を減少**させる以下の仕訳を行わなければならない。

（借　方）		（貸　方）	
未払金	20,000	現金預金	20,000

上記の仕訳をしなければならないところ、これを行っていないので、会計帳簿の現金預金の金額は、銀行の預金残高証明書の金額より**2万円多い**ことになる。

👉 ❸分冊 p140 **❸**～

3 　**不適切**　　令和4年度と令和5年度の損害保険料4万円を令和5年3月に支払った場合、以下の仕訳を行う。

（借　方）		（貸　方）	
保険料	20,000	現金預金	40,000
前払金	20,000		

このように、令和5年度分の損害保険料2万円を前払金として会計処理したとしても、**貸方に、令和5年度分の支払に対応する現金預金20,000円が計上される**ので、この仕訳は、会計帳簿の現金預金の金額と銀行の預金残高証明書の金額に2万円の差異が生じる**原因とはならない**。

👉 ❸分冊 p140 **❸**～

4 　**適切**　　未収金として会計処理していた令和5年3月分の携帯電話基地局設置料収入2万円が令和5年3月末に入金されたので、**未収金を減少**させる以下の仕訳を行わなければならない。

（借　方）		（貸　方）	
現金預金	20,000	未収金	20,000

上記の仕訳をしなければならないところ、これを行っていないので、会計帳簿の現金預金の金額は、銀行の預金残高証明書の金額より**2万円少ない**ことになる。

👉 ❸分冊 p140 **❸**～

正解 4
（正解率64%）

肢別解答率
受験生は
こう答えた！

1	5%
2	23%
3	8%
4	64%

難易度　**普**

甲マンション管理組合の平成26年度から平成28年度までの3年間の管理費会計比較収支報告書（会計年度は4月から翌年3月まで）は下表のとおりである。これに関し、会計担当理事が理事会で行った次の説明のうち、適切なものはどれか。ただし、会計処理は発生主義の原則によるものとし、資金の範囲は、現金預金、未収金、未払金、前受金及び前払金とする。（表中の×××は、金額を表す。）

比較収支報告書

甲マンション管理組合（管理費会計）　　　　　　　　　　　　　　　　（単位：円）

科目	平成26年度	平成27年度	平成28年度
管理費収入	300,000	300,000	300,000
駐車場使用料収入	50,000	50,000	40,000
収入合計	350,000	350,000	340,000
委託業務費	250,000	260,000	220,000
水道光熱費	35,000	33,000	32,000
支払保険料	20,000	20,000	20,000
支出合計	305,000	313,000	272,000
当期収支差額	×××	×××	×××
前期繰越収支差額	290,000	×××	×××
次期繰越収支差額	×××	×××	×××

1 委託業務費が平成28年度に減少した理由は、平成29年3月17日に実施したエレベーター点検に係る費用を、平成29年4月10日に支払ったことによるものです。

2 平成28年度の次期繰越収支差額は、決算の結果、395,000円になりました。

3 平成28年度の駐車場使用料収入の減少は、平成28年度中に滞納金が発生し入金されなかったことによるものです。

4 平成29年3月24日に、組合員Aから、平成29年度の管理費1年分を前払する振込がありましたが、平成28年度の管理費収入には計上しないため、前期の額と変動がありませんでした。

1 **不適切**　発生主義の原則によると、エレベーター点検に係る費用は、**その点検を実施した時に支出として計上する**。この支出に対応する出金がない場合、未払金として処理する。エレベーター点検に係る費用は平成 29 年 4 月 10 日に支払っており、平成 29 年 3 月の時点では未払であるため、この時点では以下の仕訳を行う。

（借　方）		（貸　方）	
委託業務費	×××	未払金	×××

このように、エレベーター点検に係る費用を平成 29 年 4 月 10 日に支払ったとしても、**平成 29 年 3 月の時点で、委託業務費を計上する**ので、これは、委託業務費が平成 28 年度に減少した理由とはならない。
☞ ❸分冊 p140 ❸～

2 **不適切**　次期繰越収支差額は、前期繰越収支差額に当期収支差額(当期収入合計から当期支出合計を差し引いた額)を加えたものをいう。また、ある会計年度における次期繰越収支差額が、次の会計年度における前期繰越収支差額となる。したがって、平成 28 年度の次期繰越収支差額は、平成 26 年度前期繰越収支差額に、平成 26 年度当期収支差額、平成 27 年度当期収支差額及び平成 28 年度当期収支差額を加えた **440,000 円**となる。
☞ ❸分冊 p120 ❻～

3 **不適切**　発生主義の原則によると、駐車場使用料収入は、**毎月、その月分を収入として計上する**。この収入に対応する入金がない場合、未収金として処理する。したがって、平成 28 年度中に駐車場使用料に滞納金が発生している場合、以下の仕訳を行う。

（借　方）		（貸　方）	
未収金	×××	駐車場使用料収入	×××

このように、平成 28 年度中に駐車場使用料の滞納があったとしても、**平成 28 年度の時点で、駐車場使用料収入を計上する**ので、これは、平成 28 年度の駐車場使用料収入が減少した理由とはならない。
☞ ❸分冊 p140 ❸～

4 **適切**　発生主義の原則によると、**管理費はその月ごとに収入として計上する**。また、その月よりも前に支払があった場合には、前受金として処理する。したがって、平成 29 年 3 月 24 日に平成 29 年度の管理費 1 年分の前払を受けた場合、以下の仕訳を行う。

（借　方）		（貸　方）	
現金預金	×××	前受金	×××

このように、平成 29 年 3 月 24 日に平成 29 年度の管理費 1 年分の前払を受けたとしても、**平成 28 年度に管理費収入は計上されない**ので、これによっては、管理費収入は変動しない。
☞ ❸分冊 p140 ❸～

正解 4（正解率 72%）

肢別解答率　受験生はこう答えた！

1	4%
2	12%
3	11%
4	72%

難易度 易

平成 30 年 4 月に行われた甲マンション管理組合の理事会において、会計担当理事が行った平成 29 年度決算（会計年度は 4 月から翌年 3 月まで）に関する次の説明のうち、適切なものはどれか。ただし、会計処理は発生主義の原則によるものとし、資金の範囲は、現金預金、未収金、前払金、未払金及び前受金とする。

1 平成 28 年度決算の貸借対照表に計上されていた管理費の未収金 10 万円のうち、7 万円が平成 30 年 3 月に入金されましたが、平成 29 年度決算の貸借対照表の正味財産の増減には影響がありません。

2 平成 30 年 3 月に、組合員 A から翌 4 月分の管理費 4 万円が入金されたため、平成 29 年度決算の貸借対照表の正味財産が 4 万円増加しています。

3 平成 30 年 3 月に実施した植栽保守に要した費用 9 万円については翌 4 月に支払うこととしたため、平成 29 年度決算の貸借対照表の正味財産の増減には影響がありません。

4 平成 30 年 3 月に、翌 4 月実施予定の清掃費用 3 万円を支払ったため、平成 29 年度決算の貸借対照表の正味財産が 3 万円減少しています。

正味財産の額とは、**資産の部の総額から負債の部の総額を控除した額**をいう。

1 **適切** 平成28年度決算の貸借対照表に計上されていた管理費の未収金10万円のうち、7万円が平成30年3月に入金された場合、平成30年3月に以下の仕訳を行う。

(借　方)		(貸　方)	
現金預金	70,000	未収金	70,000

これにより、**資産項目(現金預金)が増加し、その同額だけ資産項目(未収金)が減少する**ものの、資産の部の総額に影響を与えるわけではない。したがって、資産の部の総額から負債の部の総額を控除した額に影響を与えるわけではないので、平成29年度決算の貸借対照表の正味財産の増減には**影響を与えない**。
☞ ❸分冊 p133 **2**〜

2 **不適切** 平成30年3月に、翌4月分の管理費4万円が入金された場合、平成30年3月に以下の仕訳を行う。

(借　方)		(貸　方)	
現金預金	40,000	前受金	40,000

これにより、**資産項目(現金預金)が増加し、その同額だけ負債項目(前受金)が増加する**。したがって、資産の部の総額から負債の部の総額を控除した額に影響を与えるわけではないので、平成29年度決算の貸借対照表の正味財産の増減には**影響を与えない**。
☞ ❸分冊 p133 **2**〜

3 **不適切** 平成30年3月に実施した植栽保守に要した費用9万円を翌4月に支払う場合、平成30年3月に以下の仕訳を行う。

(借　方)		(貸　方)	
植栽保守費	90,000	未払金	90,000

これにより、**支出項目(植栽保守費)が増加し、その同額だけ負債項目(未払金)が増加する**。したがって、資産項目の増減はないが負債項目が増加するので、資産の部の総額から負債の部の総額を控除した額に影響を与え、平成29年度決算の貸借対照表の正味財産は**9万円減少する**。
☞ ❸分冊 p133 **2**〜

4 **不適切** 平成30年3月に、翌4月実施予定の清掃費用3万円を支払った場合、平成30年3月に以下の仕訳を行う。

(借　方)		(貸　方)	
前払金	30,000	現金預金	30,000

これにより、**資産項目(前払金)が増加し、その同額だけ資産項目(現金預金)が減少する**ものの、資産の部の総額に影響を与えるわけではない。したがって、資産の部の総額から負債の部の総額を控除した額に影響を与えるわけではないので、平成29年度決算の貸借対照表の正味財産の増減には**影響を与えない**。
☞ ❸分冊 p133 **2**〜

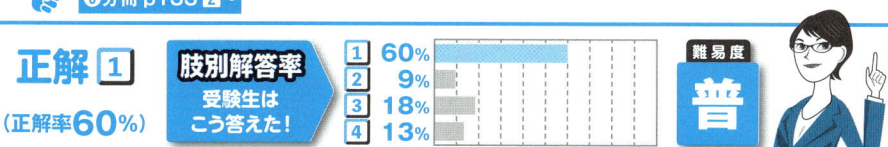

正解 1 (正解率60%)

肢別解答率 受験生はこう答えた！

1	60%
2	9%
3	18%
4	13%

難易度 普

甲マンション管理組合の理事会（2020年4月開催）において、会計担当理事が2019年度（2019年4月1日〜2020年3月31日）決算の管理費会計の比較貸借対照表について行った次の説明のうち、収支報告書又は貸借対照表に関する説明として適切でないものはどれか。ただし、会計処理は発生主義の原則によるものとし、資金の範囲は、現金預金、未収金、前払金、未払金及び前受金とする。

比較貸借対照表

甲マンション管理組合（管理費会計）　　　　　　　　　　（単位：千円）

項　　目	2019年度	2018年度	増減	項　　目	2019年度	2018年度	増減
現金預金	800	700	100	未払金	80	120	− 40
未収金	90	70	20	前受金	100	90	10
前払金	10	50	− 40	正味財産	720	610	110
計	900	820	80	計	900	820	80

1 　2019年度収支報告書に計上されている当期収支差額は、110千円のプラスでした。

2 　未払金の額が前年度より40千円減少していますが、これは現金預金が100千円増加した要因の一つになっています。

3 　2019年度収支報告書に計上されている前期繰越収支差額は、610千円です。

4 　2020年3月に発生した管理費の滞納額については、2019年度の収支報告書の管理費収入に計上されるとともに、貸借対照表上は未収金に計上されています。

1 **適切**　資金の範囲外の取引がなされていない場合、当期収支差額は、当期正味財産増減額に一致する。2018 年度貸借対照表、2019 年度貸借対照表いずれにも、資金の範囲外の勘定科目は含まれていないことから、資金の範囲外の取引はなされていない。したがって、2019 年度収支差額は、2019 年度当期正味財産増減額 110千円に一致する。

☞ ❸分冊 p140 **❸**～

2 **不適切**　未払金が減少する場合、以下の仕訳をし、未払金が減少すると、通常は、現金預金も減少する。

（借　方）		（貸　方）	
未払金	×××	現金預金	×××

☞ ❸分冊 p140 **❸**～

3 **適切**　資金の範囲外の取引がなされていない場合、前期繰越収支差額は、前期正味財産額に一致する。2018 年度貸借対照表、2019 年度貸借対照表いずれにも、資金の範囲外の勘定科目は含まれていないことから、資金の範囲外の取引はなされていない。したがって、2019 年度前期繰越収支差額は、2018 年度正味財産額610 千円に一致する。

☞ ❸分冊 p140 **❸**～

4 **適切**　発生主義の原則によると、管理費はその月ごとに収入として計上し、その収入に対応する入金がなかった場合には、未収金として処理する。

（借　方）		（貸　方）	
未収金	×××	管理費収入	×××

したがって、2020 年 3 月に発生した管理費の滞納額については、2019 年度の収支報告書の管理費収入に計上されるとともに、貸借対照表上は未収金に計上される。

☞ ❸分冊 p140 **❸**～

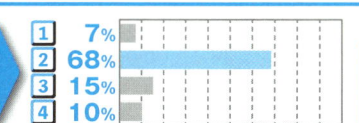

正解 **2**
（正解率 **68%**）

肢別解答率
受験生はこう答えた！

1	7%	
2	68%	
3	15%	
4	10%	

難易度
普

甲マンション管理組合の理事会（令和3年4月開催）において、会計担当理事が行った令和2年度決算（令和2年4月1日から令和3年3月31日まで）に関する次の説明のうち、適切なものはどれか。ただし、会計処理は発生主義の原則によるものとし、資金の範囲は、現金預金、未収金、前払金、未払金及び前受金とする。

1　令和3年3月に組合員Aから令和3年4月分の管理費2万円が入金されたため、令和2年度決算の貸借対照表の正味財産が2万円増加しています。

2　令和3年3月に行った修繕工事に係る費用8万円については令和3年4月に支払ったため、令和2年度決算の貸借対照表の正味財産の増減には影響がありません。

3　令和3年3月に令和3年4月分も含めた2ヵ月分のリース料6万円（月3万円）を支払ったため、令和2年度決算の貸借対照表の正味財産が3万円減少しています。

4　令和元年度決算の貸借対照表に計上されていた管理費の未収金7万円のうち、4万円が令和3年3月に入金されたため、令和2年度決算の貸借対照表の正味財産が4万円増加しています。

正味財産の額とは、**資産の部の総額から負債の部の総額を控除した額**をいう。

1 **不適切**　令和3年3月に、令和3年4月分の管理費2万円が入金された場合、令和3年3月に以下の仕訳を行う。

（借　方）		（貸　方）	
現金預金	20,000	前受金	20,000

これにより、**資産項目（現金預金）が増加し、その同額だけ負債項目（前受金）が増加する**。したがって、資産の部の総額から負債の部の総額を控除した額に影響を与えるわけではないので、令和2年度決算の貸借対照表の正味財産の増減には**影響を与えない**。

👉 ❸分冊 p133 **2**～

2 **不適切**　令和3年3月に実施した修繕工事に係る費用8万円を令和3年4月に支払う場合、令和3年3月に以下の仕訳を行う。

（借　方）		（貸　方）	
修繕費	80,000	未払金	80,000

これにより、**支出項目（修繕費）が増加し、その同額だけ負債項目（未払金）が増加する**。したがって、資産項目の増減はないが負債項目が増加するので、資産の部の総額から負債の部の総額を控除した額に影響を与え、令和2年度決算の貸借対照表の正味財産は**8万円減少する**。

👉 ❸分冊 p133 **2**～

3 **適切**　令和3年3月に令和4年分も含めた2か月分のリース料6万円を令和3年3月に支払う場合、令和3年3月に以下の仕訳を行う。

（借　方）		（貸　方）	
リース料	30,000	現金預金	60,000
前払金	30,000		

これにより、**資産項目（前払金）が3万円増加し、資産項目（現金預金）が6万円減少する**。したがって、資産項目が減少するので、資産の部の総額から負債の部の総額を控除した額に影響を与え、令和2年度決算の貸借対照表の正味財産は**3万円減少する**。

👉 ❸分冊 p133 **2**～

4 **不適切**　令和元年度決算の貸借対照表に計上されていた管理費の未収金7万円のうち、4万円が令和3年3月に入金された場合、令和3年3月に以下の仕訳を行う。

（借　方）		（貸　方）	
現金預金	40,000	未収金	40,000

これにより、**資産項目（現金預金）が増加し、その同額だけ資産項目（未収金）が減少する**ものの、資産の部の総額に影響を与えるわけではない。したがって、資産の部の総額から負債の部の総額を控除した額に影響を与えるわけではないので、令和2年度決算の貸借対照表の正味財産の増減には**影響を与えない**。

👉 ❸分冊 p133 **2**～

正解 3
（正解率 **42%**）

肢別解答率
受験生はこう答えた！

1	10%	
2	35%	
3	42%	
4	13%	

難易度 難

甲マンション管理組合の令和2年度と令和3年度の管理費会計比較収支報告書（会計年度は4月から翌年3月まで）は下表のとおりである。これに関し、会計担当理事が理事会で行った次の説明のうち、適切なものはどれか。ただし、会計処理は発生主義の原則によるものとし、資金の範囲は、現金預金、未収入金、前払金、未払金、前受金とする。（表中の×××は、金額を表す。）

比較収支報告書
甲マンション管理組合（管理費会計）　　　　　　　　　　　　（単位：円）

科　　　　目	令和2年度	令和3年度
管理費	300,000	310,000
駐車場使用料	100,000	110,000
収入合計	400,000	420,000
委託業務費	230,000	230,000
水道光熱費	×××	90,000
支払保険料	40,000	30,000
支出合計	×××	350,000
当期収支差額	×××	70,000
前期繰越収支差額	510,000	×××
次期繰越収支差額	×××	630,000

1 令和3年度の支払保険料が令和2年度より10,000円減少した理由は、令和2年度に令和3年度分の保険料10,000円を前払いしていたためです。

2 令和2年度の水道光熱費は、80,000円でした。

3 令和2年度には組合員Aの管理費の未収が10,000円ありましたが、令和3年度に回収されたため、管理費は10,000円増加しました。

4 令和2年度の次期繰越収支差額は、580,000円でした。

【比較収支報告書内の×××の金額の確定】
・令和3年度前期繰越収支差額
　令和3年度次期繰越収支差額 630,000 円
　＝令和3年度前期繰越収支差額×××円＋令和3年度当期収支差額 70,000 円
　これを解いて、令和3年度前期繰越収支差額×××円＝ 560,000 円

・令和2年度次期繰越収支差額
　令和2年度次期繰越収支差額＝令和3年度前期繰越収支差額＝ 560,000 円

・令和2年度当期収支差額
　令和2年度次期繰越収支差額 560,000 円
　＝令和2年度前期繰越収支差額 510,000 円＋令和2年度当期収支差額×××円
　これを解いて、令和2年度当期収支差額×××円＝ 50,000 円

・令和2年度支出合計
　令和2年度当期収支差額 50,000 円
　＝令和2年度収入合計 400,000 円－令和2年度支出合計×××円
　これを解いて、令和2年度支出合計×××円＝ 350,000 円

・令和2年度水道光熱費
　令和2年度支出合計 350,000 円
　＝令和2年度委託業務費 230,000 円＋令和2年度水道光熱費×××円＋令和2年度
　　支払保険料 40,000 円
　これを解いて、令和2年度水道光熱費×××円＝ 80,000 円

1 **不適切**　発生主義の原則によると、保険料は、その期間ごとに支出として計上する。したがって、令和3年度分の保険料は、令和2年度に前払いをしたとしても、**令和3年度に計上**されるので、令和3年度分の保険料の前払いは、令和3年度の支払保険料が減少した理由とはならない。

👉 ❸分冊 p140 ❸〜

2 **適切**　上記のとおり、**令和2年度水道光熱費は、80,000 円**である。

👉 ❸分冊 p120 ❻〜

3 **不適切**　発生主義の原則によると、管理費は、その月ごとに収入として計上する。したがって、令和2年度の管理費は、令和3年度に回収されたとしても、**令和2年度中に収入として計上される**ので、令和2年度の管理費の令和3年度での回収は、令和3年度の管理費が増加した理由とはならない。

👉 ❸分冊 p140 ❸〜

4 **不適切**　上記のとおり、**令和2年度の次期繰越収支差額は、560,000 円**である。

👉 ❸分冊 p120 ❻〜

正解 **2**
（正解率**84%**）

肢別解答率
受験生はこう答えた！

1	7%
2	84%
3	3%
4	6%

難易度 **易**

甲マンション管理組合の令和3年度（令和3年4月1日から令和4年3月31日まで）の収支予算案に関し、令和3年4月に開催された理事会において、会計担当理事が行った次の説明のうち、適切でないものはいくつあるか。なお、甲マンションの管理規約は標準管理規約の定めと同一であり、会計処理は発生主義の原則によるものとする。

ア　令和3年度の収支予算案は、通常総会で承認を得なければなりませんが、年度途中における収支予算の変更は、理事会限りで承認することができます。

イ　令和3年2月の大雪による修繕費を令和2年度の決算処理で未払金に計上しましたが、実際の支払は令和3年4月になるため、この修繕費は令和3年度の収支予算案に入れることになります。

ウ　令和2年度に組合員Aの管理費が未納であったため未収金に計上しましたが、将来不足が生じないように令和3年度の収支予算案に令和2年度未収分を上乗せして管理費を予算化しています。

エ　令和2年度に大規模修繕工事が完了し、今後十数年は大規模修繕が見込まれないため、修繕積立金会計から生じる予定の余剰金を管理費会計の令和3年度収支予算案に繰り入れます。

1 一つ

2 二つ

3 三つ

4 四つ

ア **不適切** 理事長は、毎会計年度の収支予算案を通常総会に提出し、その承認を得なければならない〈標規(単)58条1項〉。また、**収支予算を変更**しようとするときは、理事長は、**その案を臨時総会に提出し、その承認を得なければならない**〈同条2項〉。

☞ **②分冊 p91 ■～**

イ **不適切** 発生主義の原則によると、修繕費は、**工事完了時に支出として計上**する。修繕は令和3年2月に行われているので、修繕費は令和2年度に計上すべきものであり、令和3年度の収支予算案には計上しない。

☞ **③分冊 p133 ■～**

ウ **不適切** 発生主義の原則によると、管理費は、**その月ごとに収入として計上**する。したがって、令和2年度未収分の管理費は、令和2年度に予算として計上されているので、これを令和3年度の収支予算案に上乗せすることはできない。

☞ **③分冊 p133 ■～**

エ **不適切** **修繕積立金については、管理費とは区分して経理しなければならない**〈標規(単)28条5項〉。したがって、修繕積立金会計から生じる予定の余剰金を管理費会計に繰り入れることはできない。

☞ **②分冊 p97 ■～**

以上より、適切でないものはア、イ、ウ、エの四つであり、本問の正解肢は4となる。

令和6年4月に行われた甲マンション管理組合の理事会において、会計担当理事が行った令和5年度決算（令和5年4月1日から令和6年3月31日まで）に関する次の説明のうち、適切でないものはどれか。ただし、会計処理は発生主義の原則によるものとする。

1　令和6年3月に令和6年3月分と4月分の管理費4万円（月2万円）が入金されたため、令和5年度決算の貸借対照表の正味財産額の金額は2万円増加しました。

2　令和4年度決算の貸借対照表に計上されていた管理費の未収金8万円のうち、4万円が令和6年3月に入金されましたが、令和5年度決算の貸借対照表の正味財産額の金額に影響がありませんでした。

3　令和6年3月に令和6年4月分も含めた2か月分の清掃費6万円（月3万円）を支払ったため、令和5年度決算の貸借対照表の正味財産額の金額は3万円減少しました。

4　令和6年3月に実施したエレベーター点検費用7万円については、令和6年4月に支払ったため、令和5年度決算の貸借対照表の正味財産額の金額に影響がありませんでした。

正味財産の額は、**資産の部の総額から負債の部の総額を控除した額**である。

1 **適切**　令和6年3月に令和6年3月分と4月分の管理費4万円（月2万円）が入金された場合、令和6年3月に以下の仕訳を行う。

（借　方）		（貸　方）	
現金預金	40,000	管理費収入	20,000
		前受金	20,000

これにより、**資産項目（現金預金）が 40,000 円増加し、負債項目（前受金）が 20,000 円増加する。**したがって、資産の部の総額から負債の部の総額を控除した額は 20,000 円だけ増加するので、令和5年度の貸借対照表の正味財産額の金額は **2 万円増加する。**
☞ ③分冊 p120 **6**〜

2 **適切**　令和4年度決算の貸借対照表に計上されていた管理費の未収金8万円のうち、4万円が令和6年3月に入金された場合、令和6年3月に以下の仕訳を行う。

（借　方）		（貸　方）	
現金預金	40,000	未収金	40,000

これにより、**資産項目（現金預金）が 40,000 円増加し、資産項目（未収金）が 40,000 円減少する。**したがって、資産の部の総額から負債の部の総額を控除した額の増減はないので、令和5年度の貸借対照表の正味財産額の金額に **影響はない。**
☞ ③分冊 p120 **6**〜

3 **適切**　令和6年3月に令和6年4月分も含めた2か月分の清掃費6万円（月3万円）を支払った場合、令和6年3月に以下の仕訳を行う。

（借　方）		（貸　方）	
清掃費	30,000	現金預金	60,000
前払金	30,000		

これにより、**資産項目（前払金）が 30,000 円増加し、資産項目（現金預金）が 60,000 円減少する。**したがって、資産の部の総額から負債の部の総額を控除した額は 30,000 円だけ減少するので、令和5年度の貸借対照表の正味財産額の金額は **3 万円減少する。**
☞ ③分冊 p120 **6**〜

4 **不適切**　令和6年3月に実施したエレベーター点検費用7万円を、令和6年4月に支払い、令和6年3月に支払っていない場合、令和6年3月に以下の仕訳を行う。

（借　方）		（貸　方）	
点検費	70,000	未払金	70,000

これにより、**資産項目の増減がなく、負債項目（未払金）が 70,000 円増加する。**したがって、資産の部の総額から負債の部の総額を控除した額は 70,000 円だけ減少するので、令和5年度の貸借対照表の正味財産額の金額は **7 万円減少する。**
☞ ③分冊 p120 **6**〜

正解 **4**
（正解率 **53%**）

肢別解答率　受験生はこう答えた！

1	26%
2	12%
3	9%
4	53%

難易度 **普**

右欄外（縦書き）：第6編　会計　計算書類

管理組合及び管理組合法人の税金に関する次の記述のうち、適切なものはどれか。ただし、「収益事業」とは法人税法（昭和40年法律第34号）第2条第13号及び法人税法施行令（昭和40年政令第97号）第5条第1項に規定されている事業を継続して事業場を設けて行うものをいう。

1　管理組合法人の場合には、収益事業を行っているときは、課税売上高が1,000万円以下でも、消費税の納税義務は免除されない。

2　法人でない管理組合の場合には、移動体通信事業者との間でマンション屋上に携帯電話基地局設置のための建物賃貸借契約を締結し、その設置料収入を得ているときは、収益事業には該当しないため、法人税は課税されない。

3　管理組合法人の場合には、区分所有者のみに敷地内駐車場を使用させることができる旨規定されている管理規約に基づき区分所有者に同駐車場を使用させ、その使用料収入を得ているときは、収益事業に該当するため、法人税が課税される。

4　法人でない管理組合の場合には、収益事業を行っていないときは、地方税法上は法人とはみなされず、法人住民税（都道府県民税と市町村民税）の均等割額は課税されない。

1　**不適切**　事業者のうち、その課税期間に係る**基準期間における課税売上高が1,000万円以下である者**については、消費税法に特別の定めがある場合を除き、**消費税を納める義務を免除する**〈消税9条1項〉。本肢の管理組合法人は、基準期間における課税売上高が1,000万円以下であれば、消費税法に特別の定めがある場合を除き、消費税の納税義務を免除される場合がある。

☞ ③分冊 p156 **1**〜

2　**不適切**　**人格のない社団等は、収益事業から生じた所得に限り、法人税を課される**〈法税7条〉。ここで、「収益事業」とは、販売業、製造業その他の政令で定める事業で、継続して事業場を設けて行われるものをいう〈法税2条13号〉。管理組合の行う不動産貸付業はこれに該当し〈法税令5条1項5号〉、**本肢のマンション屋上の賃貸は、収益事業に該当し**、その設置料収入には法人税が課される。

☞ ③分冊 p156 **1**〜

3　**不適切**　**人格のない社団等は、収益事業から生じた所得に限り、法人税を課される**〈法税7条〉。ここで、「収益事業」とは、販売業、製造業その他の政令で定める事業で、継続して事業場を設けて行われるものをいう〈法税2条13号〉。**管理組合法人が本肢の管理規約に基づき区分所有者に対してのみ敷地内駐車場を貸し付けることは収益事業に該当しない場合があり**、その使用料収入には法人税は課されない場合がある。

☞ ③分冊 p156 **1**〜

4　**適切**　事務所又は事業所を有する**法人**には、法人住民税（都道府県民税と市町村民税）が均等割額によって課される〈地税24条1項3号、294条1項3号〉。ここで、都道府県民税及び市町村民税において、**法人でない社団又は財団で代表者又は管理人の定めがあり、かつ、収益事業を行うもの**は、法人とみなされる〈地税24条6項、294条8項〉。したがって、法人でない管理組合は、収益事業を行っていない場合、法人とみなされず、法人住民税（都道府県民税と市町村民税）の均等割額は課されない。

☞ ③分冊 p156 **1**〜

正解 4
（正解率 **78%**）

肢別解答率
受験生は
こう答えた！

1	13%
2	3%
3	6%
4	78%

難易度
易

管理組合及び管理組合法人の税金に関する次の記述のうち、適切でないものはどれか。ただし、「収益事業」とは法人税法（昭和40年法律第34号）第2条第13号及び法人税法施行令（昭和40年政令第97号）第5条第1項に規定されている事業を継続して事業場を設けて行うものをいう。（改題）

1 移動体通信事業者との間で携帯電話基地局設置のため、屋上の使用を目的とした建物賃貸借契約を結び設置料収入を得ている管理組合の行為は、収益事業の不動産貸付業に該当する。

2 収益事業を行っている管理組合法人は、法人税が課税されるが、管理組合法人の場合、法人税法上、公益法人等とみなされ、法人税率については、法人でない管理組合よりも低い税率が適用される。

3 駐車場が恒常的に空いているため、区分所有者及び区分所有者以外の者に対して、募集は両者を分けず広く行い、利用方法は区分所有者の優先性を設けず、常に同一条件で駐車場の賃貸を行っている管理組合の場合、区分所有者に対する賃貸及び区分所有者以外の者に対する賃貸は、すべてが収益事業に該当するため法人税が課税される。

4 消費税法（昭和63年法律第108号）上、適格請求書発行事業者でない管理組合は、課税期間の基準期間（前々事業年度）における課税売上高が1,000万円以下であっても、その課税期間の特定期間（前事業年度開始の日以後6月の期間）における課税売上高が1,000万円を超えた場合は、消費税の納税義務は免除されない。

1 適切　人格のない社団等は、収益事業から生じた所得に限り、法人税を課される〈法税6条〉。ここで、「収益事業」とは、販売業、製造業その他の政令で定める事業で、継続して事業場を設けて行われるものをいう〈法税2条13号〉。管理組合の行う不動産貸付業はこれに該当し〈法税令5条1項5号〉、本肢のマンション屋上の賃貸は、**収益事業に該当**し、その設置料収入には法人税が課される。
☞ ③分冊 p156 **1**〜

2 不適切　管理組合法人は、法人税法その他法人税に関する法令の規定の適用については、法人税法上の公益法人等とみなす〈区47条13項〉。また、管理組合は、法人税法上、人格のない社団等であると解され、法人とみなす〈法税3条〉。法人税率は、いずれにも**同じ税率**が適用される。
☞ ③分冊 p156 **1**〜

3 適切　本肢のような条件で駐車場を使用させている場合、区分所有者に対する優先性がまったく見られず、管理業務の一環としての共済的事業とは認められず、市中の有料駐車場と同様の駐車場業を営んでいるものと解され、区分所有者に対する使用と区分所有者以外の者に対する使用を区分することなく、その**全体が収益事業たる駐車場業に該当し、法人税が課税される**〈国土交通省からの照会(マンション管理組合が区分所有者以外の者へのマンション駐車場の使用を認めた場合の収益事業の判定について(照会))に対する平成24年2月13日の国税庁の回答〉。
☞ ③分冊 p156 **1**〜

4 適切　事業者(適格請求書発行事業者を除く。)のうち、その課税期間に係る基準期間における課税売上高が1,000万円以下である者については、消費税を納める義務を免除する〈消税9条1項〉。もっとも、その事業年度の基準期間における課税売上高が1,000万円以下である場合において、その事業年度に係る**特定期間における課税売上高が1,000万円を超えるとき**は、消費税を納める義務を**免除されない**〈消税9条の2第1項〉。
☞ ③分冊 p156 **1**〜

甲マンション管理組合の消費税に関する次の記述のうち、適切でないものはどれか。ただし、「収益事業」とは法人税法（昭和40年法律第34号）第2条第13号及び法人税法施行令（昭和40年政令第97号）第5条第1項に規定されている事業を継続して事業場を設けて行うものをいう。

1 適格請求書発行事業者（いわゆるインボイスを発行する事業者）でない甲マンション管理組合は、収益事業を行っているため法人税の納税義務が生じるが、消費税は、その課税期間の基準期間における課税売上高が1,000万円以下であるため納税義務が免除される。

2 甲マンション管理組合が適格請求書発行事業者となった場合は、その課税期間の基準期間における課税売上高が1,000万円以下であっても消費税の納税義務が免除されない。

3 適格請求書発行事業者となった甲マンション管理組合に対して、組合員が支払う管理費には消費税が課されないが、組合員が支払う甲マンション敷地内の駐輪場使用料には消費税が課される。

4 適格請求書発行事業者となった甲マンション管理組合は、組合員以外の第三者に会議室を貸した場合の賃貸料収入には消費税が課されるが、甲マンション敷地内に電柱を建てさせた場合の敷地料収入には消費税が課されない。

1 適切　人格のない社団等は、収益事業を行う場合に限り、法人税を納める義務を負う〈法税4条1項ただし書〉。甲マンション管理組合は、人格のない社団等にあたり、収益事業を行っている場合、法人税の納税義務を負う。また、事業者のうち、その課税期間に係る**基準期間における課税売上高が1,000万円以下である者**（適格請求書発行事業者を除く。）については、消費税を納める義務が免除される〈消税9条1項本文〉。したがって、甲マンション管理組合の課税期間の基準期間における課税売上高が1,000万円以下である場合、消費税の納税義務を**免除される**。

👉 ❸分冊 p156 **1**〜

2 適切　事業者のうち、その課税期間に係る基準期間における課税売上高が1,000万円以下である者（**適格請求書発行事業者を除く。**）については、消費税を納める義務が免除される〈消税9条1項本文〉。したがって、甲マンション管理組合が適格請求書発行事業者となった場合は、その課税期間の基準期間における課税売上高が1,000万円以下であっても消費税の納税義務が**免除されない**。

👉 ❸分冊 p156 **1**〜

3 不適切　**組合員が支払う管理費**には消費税が課されない。また、**組合員が支払う駐輪場使用料**には消費税が課されない。

👉 ❸分冊 p156 **1**〜

4 適切　共用部分等を組合員以外の第三者に使用させた場合、当該**第三者が管理組合に支払う使用料**には消費税が課される。**土地の貸付けに係る対価**には消費税が課されない。

👉 ❸分冊 p156 **1**〜

正解 3
（正解率53%）

肢別解答率
受験生はこう答えた！

1	6%
2	9%
3	53%
4	33%

難易度 **普**

規約が標準管理規約の定めと同一である甲マンション管理組合の平成30年度（平成30年4月1日から平成31年3月31日まで）の収支予算案に関連し、平成30年4月に開催された理事会において、会計担当理事が行った次の説明のうち、適切なものはいくつあるか。ただし、会計処理は発生主義の原則によるものとする。

ア　平成29年度の管理費に未収金があったため、その未収金相当額については、平成30年度収支予算案の管理費に上乗せして計上し、不足が生じないようにしてあります。

イ　今年度は、管理規約改正原案の作成に係る業務で専門的知識を有する者の活用を予定していますので、それに必要な費用については平成30年度収支予算案の管理費会計に計上してあります。

ウ　平成29年度の総会で承認され平成29年11月に工事が開始された大規模修繕工事が、予定どおり平成30年4月20日に完了しました。前年度に前払した工事費の残額の支払を5月10日に予定していますが、5月27日に開催予定の通常総会で収支予算案の承認を得る前に支払う必要があるため、規約に基づき、理事会の承認を得てその支出を行うこととします。

エ　平成29年度収支決算の結果、管理費に余剰が生じましたが、その余剰は平成30年度の管理費会計に繰入れせずに、修繕積立金会計に繰入れすることとします。

1 一つ
2 二つ
3 三つ
4 四つ

ア 不適切　発生主義の原則によると、管理費はその月ごとに収入として計上し、その収入に対応する入金がなかった場合には、未収金として処理する。したがって、平成 29 年度の管理費に未収金がある場合には、以下の仕訳がなされる。

（借　方）		（貸　方）	
未収金	×××	管理費収入	×××

そうだとすると、平成 29 年度の管理費は、**平成 29 年度の収支決算に計上済みであるから**、重ねて平成 30 年度の管理費に上乗せして計上することは適当でない。
👉 ❷分冊 p97 ❷〜

イ 適切　専門的知識を有する者の活用に要する費用には、**管理費を充当する**〈標規（単)27 条 9 号〉。したがって、専門的知識を有する者の活用に要する費用を平成 30 年度収支予算案の管理費会計に計上することは適切である。
👉 ❷分冊 p97 ❷〜

ウ 適切　理事長は、会計年度の開始後、収支予算案の承認を得るまでの間に、**総会の承認を得て実施している長期の施工期間を要する工事に係る経費であって、収支予算案の承認を得る前に支出することがやむを得ないと認められるもの**の支出が必要となった場合には、理事会の承認を得てその支出を行うことができる〈標規（単)58 条 3 項 2 号〉。本肢の大規模修繕工事は、平成 29 年度の総会で承認されており、工事費の残額は収支予算案の承認を得る前の 5 月 10 日に支払うものであるから、「収支予算案の承認を得る前に支出することがやむを得ないと認められるもの」にあたり、理事長は、理事会の決議を経てこれを支払うことができる。
👉 ❷分冊 p91 ❶〜

エ 不適切　収支決算の結果、管理費に余剰を生じた場合には、その余剰は**翌年度における管理費に充当する**〈標規（単)61 条 1 項〉。
👉 ❷分冊 p97 ❷〜

以上より、適切なものはイ、ウの二つであり、本問の正解肢は 2 となる。

正解 2
（正解率 76%）

肢別解答率
受験生は
こう答えた！

1	11%
2	76%
3	12%
4	0%

難易度 **易**

memo

第7編

建築・設備

年度別出題論点一覧

第7編　建築・設備	2015 H27	2016 H28	2017 H29	2018 H 30	2019 R1	2020 R2	2021 R3	2022 R4	2023 R5	2024 R6
建築構造			1		1	1		1		
建築材料				1						
断熱									1	1
遮音	1									
給水	1	1	1	1	1	1		1	1	
排水・通気・浄化槽	1	1		1	1	1	1	1	1	1
電気										
消防用設備等							1			
昇降機										
長期修繕計画	1	1	1	1	1	1	2	1	2	
防犯			1	1	1	1			2	1
劣化・調査・診断	2	1	1	1	2	1	1	2	1	1
修繕工事・改修工事		2	1	1	1	1	1		1	
防水	1					1		1		
耐震	1	1							1	1
アフターサービス										
その他	1	3	1	3	2	2	2	2		1
総合	1		2	1	1	1	2	1	1	3
計	10	10	9	11	11	11	10	10	11	10

※表内の数字は出題問題数を指します。
※2015、2016年度は購入者特典の「分野別過去問題集プラス2」に掲載しています。

マンションの建物に用いられる構造形式に関する次の記述のうち、適切でないものはどれか。

1 ラーメン構造は、柱と梁を剛接合して建物の骨組みを構成し、荷重及び外力に対応する構造形式であり、構造耐力を増すために耐力壁を設ける場合もある。

2 壁式構造は、壁や床などの平面的な構造部材を一体として構成し、荷重及び外力に対応する構造形式であり、高層の建物より中低層の建物に採用されることが多い。

3 鉄筋コンクリート構造は、鉄筋とコンクリートのそれぞれの長所を活かすように組み合わせた構造形式であるが、施工現場において鉄筋及び型枠を組み立て、コンクリートを打つ必要があり、工業化はされていない。

4 鉄骨構造は、外力に対して粘り強い構造形式であるが、耐火被覆や防錆処理が必要となるだけでなく、鉄筋コンクリート構造に比べて揺れが大きくなりやすい。

1 適切 　ラーメン構造は、**柱と梁を剛接合して建物の骨組みを構成し、荷重及び外力に対応する構造形式**である。構造耐力を増すために**耐力壁を設けることもある**。
👉 ③分冊 p178 **1**〜

2 適切 　壁式構造は、**壁や床などの平面的な構造部材を一体として構成し、荷重及び外力に対応する構造形式**である。壁式構造は、一般に、**中低層の建物**に採用されることが多い。
👉 ③分冊 p178 **1**〜

3 不適切 　鉄筋コンクリート構造は、**鉄筋の引張強度の高さとコンクリートの圧縮強度の高さを活かすように組み合わせた構造形式**である。施工現場において鉄筋及び型枠を組み立ててコンクリートを打つものもあるが、**工業化したプレキャストコンクリートを用いたものもある**。
👉 ③分冊 p178 **1**〜

4 適切 　鉄骨構造は、**外力に対して粘り強い構造形式**である。しかし、鉄骨は、**耐火被覆や防錆処理が必要**となる。また、鉄筋コンクリート構造と比べると、**耐振動性に劣り、揺れが大きくなりやすい**。
👉 ③分冊 p178 **1**〜

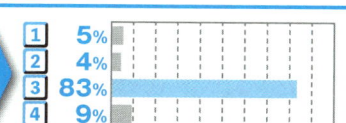

正解 **3**
（正解率 **83%**）

肢別解答率
受験生は
こう答えた！

1	5%
2	4%
3	83%
4	9%

難易度 **易**

マンションの構造に関する次の記述のうち、適切でないものはどれか。

1　鉄骨鉄筋コンクリート構造は、鉄骨の骨組みの周囲に鉄筋を配しコンクリートを打ち込んだものである。

2　建築物の地上部分に作用する地震力を計算する際に使われる地震層せん断力係数は、同じ建築物であれば上階ほど大きい。

3　耐震改修において、免震装置を既存建築物の柱の途中に設置する工法もある。

4　固定荷重とは、建築物に常時かかる躯体、内外装の仕上げ、家具等の重量の合計である。

1 適切　鉄骨鉄筋コンクリート造は、**鉄骨の骨組みの周囲に鉄筋を配しコンクリートを打ち込んだもの**である。
☞ ③分冊 p178 **1**〜

2 適切　建築物の地上部分に作用する地震力を計算する際に使われる地震層せん断力係数は、同じ建築物であれば上階ほど**大きい**。

3 適切　耐震改修において、免震装置を既存建築物の**柱の途中に設置する工法もある**。
☞ ③分冊 p352 **3**〜

4 不適切　固定荷重とは、躯体、仕上材料等、**建築物自体の重量**をいう。家具など比較的簡単に移動することができるものの重量は、含まれない。

正解 4
（正解率 **39%**）

肢別解答率
受験生は
こう答えた！

1	2%
2	33%
3	26%
4	39%

難易度　**難**

マンションの構造に関する次の記述のうち、適切でないものはどれか。

1 建築基準法によれば、建築物の基礎及び基礎ぐいは、主要構造部に含まれる。

2 免震装置には、建築物に伝わる地震の揺れを和らげる機能と揺れのエネルギーを減衰させる機能がある。

3 ラーメン構造において耐力壁を設ける場合は、その耐力壁は、柱や梁と構造的に一体となるようにする。

4 建築基準法において、建築物に作用する固定荷重のうち、屋根、床、壁等の建築物の部分については、部分別に定められた数値により計算することができる。

1 不適切　主要構造部とは、**壁、柱、床、はり、屋根又は階段をいい**、建築物の構造上重要でない間仕切壁、間柱、付け柱、揚げ床、最下階の床、回り舞台の床、小ばり、ひさし、局部的な小階段、屋外階段その他これらに類する建築物の部分を除くものとする〈建基2条5号〉。建築物の基礎及び基礎ぐいは、これに含まれない。
　　👉 ③分冊 p186 **2**〜

2 適切　免震装置には、**建築物に伝わる地震の揺れを和らげる機能と揺れのエネルギーを減衰させる機能がある。**
　　👉 ③分冊 p352 **3**〜

3 適切　ラーメン構造とは、**柱と梁をしっかり固定して建物の骨組みを構成し、荷重や外力に対応する構造形式**である。一般的に見られる耐力壁付きラーメン構造は、耐力壁をラーメンフレームに内包するもので、**耐力壁が柱や梁と構造的に一体となっている。**
　　👉 ③分冊 p178 **1**〜

4 適切　建築物の各部の固定荷重は、当該建築物の実況に応じて計算しなければならない〈建基令84条本文〉。もっとも、屋根、床、壁などの所定の表に掲げる建築物の部分の固定荷重については、**それぞれ同表の単位面積当たり荷重の欄に定める数値に面積を乗じて計算することができる**〈同条ただし書〉。

正解 1
（正解率 **71%**）

肢別解答率
受験生は
こう答えた！

1	71%	
2	14%	
3	9%	
4	7%	

難易度 **易**

マンションの構造などに関する次の記述のうち、適切でないものはどれか。

1 　鉄骨鉄筋コンクリート構造は、鉄骨を鉄筋コンクリートで被覆した構造形式であり、コンクリートの中性化が起きにくい。

2 　鉄筋コンクリート構造、鉄骨鉄筋コンクリート構造の施工には、多量の水を使用する湿式工法が用いられる。

3 　鉄骨構造は、地震力などに対して粘り強い構造であるが、鉄筋コンクリート構造と同等の耐火性を備えようとすると、耐火被覆や防錆処理が必要となる。

4 　地盤改良に用いられる工法は複数あるが、土の間隙部分、特に間隙水をどう処理するかということがポイントとなる。

1 不適切 鉄骨鉄筋コンクリート構造とは、**鉄骨を鉄筋コンクリートで被覆した構造形式**である。コンクリートの中性化が起きにくいとはいえない。

☞ ❸分冊 p331 **2**〜

2 適切 湿式工法とは、その施工に当たって多量の水を使用する工法をいう。**鉄筋コンクリート構造、鉄骨鉄筋コンクリート構造の施工**には、湿式工法が用いられる。

3 適切 鉄骨構造は、**地震力などに対して粘り強い構造**である。ただ、鋼材はコンクリートに比べ熱に弱いため、鉄筋コンクリート構造と同等の耐火性を備えようとすると、**耐火被覆や防錆処理が必要**となる。

☞ ❸分冊 p178 **1**〜

4 適切 地盤改良工法には複数の方法があるが、土の間隙部分、特に**間隙水をどのように処理するか**ということがポイントとなる。

正解 **1**
（正解率**63%**）

肢別解答率 受験生はこう答えた！

1	63%
2	29%
3	6%
4	2%

難易度 **普**

マンションの建物に使用される建築材料に関する次の記述のうち、適切でないものはどれか。

1 コンクリートは、調合の際に水セメント比を小さくすると強度が増すが、練り混ぜや打ち込みなどの作業性は低くなる。

2 セラミックタイルは、うわぐすりの有無により「施ゆうタイル」と「無ゆうタイル」に分類されるが、「無ゆうタイル」は、吸水率が高いので、外壁用のタイルには用いられない。

3 合板は、木材から切削した単板3枚以上を、主としてその繊維方向を互いにほぼ直角にして、接着したものである。

4 アスファルトルーフィングは、有機天然繊維を主原料とした原紙に、アスファルトを浸透、被覆し、表裏面に鉱物質粉末を付着させたものである。

1 適切 　水セメント比とは、**セメントに対する水の重量比**をいう。したがって、この値が小さくなる場合、調合の際に使用する水の重量が小さくなるということであり、**コンクリートの強度が増し**、他方、**練り混ぜや打ち込みなどの作業性は低くなる。**
👉 ❸分冊 p192 **1**〜

2 不適切 　セラミックタイルは、うわぐすりの有無により、施ゆうタイルと無ゆうタイルに分類される。**いずれも外壁用のタイルに用いられる。**

3 適切 　合板は、**木材から切削した単板3枚以上を、主としてその繊維方向を互いにほぼ直角にして、接着したもの**である。
👉 ❸分冊 p199 **2**〜

4 適切 　アスファルトルーフィングは、**有機天然繊維を主原料とした原紙に、アスファルトを浸透、被覆し、表裏面に鉱物質粉末を付着させたもの**である。

正解 2
（正解率**38%**）

肢別解答率
受験生はこう答えた！

1	9%	
2	38%	
3	27%	
4	26%	

難易度 難

マンションの省エネに関する次の記述のうち、適切でないものはどれか。

1 建築物のエネルギー消費性能の向上等に関する法律（平成27年法律第53号）において住宅に適用される基準は、建築物エネルギー消費性能基準と住宅事業建築主基準の2つである。

2 熱貫流率とは、熱伝導率と熱伝達率の2要素により決まり、値が大きい外壁は熱を通しやすく、値が小さい外壁は保温性が高いことを示す。

3 夏場の省エネ対策では、日射をいかに防ぐかがポイントとなり、ブラインドやルーバーを用いて直射光が室内に入らないようにすることは有効である。

4 外壁の仕様を熱伝導抵抗が高いものとしたり建具の気密性を高めることは、熱の出入りを低減し、断熱性能を高めるために有効である。

1 **不適切**　建築物のエネルギー消費性能の向上等に関する法律において住宅に適用される基準は、**建築物エネルギー消費性能基準、誘導基準及び住宅事業建築主基準の3つ**である。

2 **適切**　熱貫流率とは、熱の伝わりやすさを示す数値で、大きいほど熱を伝えやすい。**熱貫流率は、熱伝導率と熱伝達率の2要素によって決まる。** 熱貫流率が**大きい**外壁は、**熱を通しやすい**。また、熱貫流率の**小さい**外壁は、**熱を通しにくく**、保温性が高いことを示す。

☞ **❸分冊 p204 ❶〜**

3 **適切**　夏場の省エネ対策では、日射をいかに防ぐかが重要である。そのため、ブラインドやルーバーを用いて**直接光が室内に入らない**ようにすることは、夏場の**省エネ対策として有効**である。

4 **適切**　熱伝導抵抗とは、固体内部での熱の伝わりにくさを示す値であり、大きいほど熱が伝わりにくい。**外壁の仕様を熱伝導抵抗の高いものとすると**、熱が伝わりにくくなり、熱の出入りを低減し、断熱性能を高めることができる。また、**建具の気密性を高めると**、室内の暖かい空気が流出したりすることを防いで、**熱の出入りを低減し、断熱性能を高める**ことができる。

☞ **❸分冊 p204 ❶〜**

正解 1
（正解率 63%）

肢別解答率
受験生は
こう答えた！

肢	解答率
1	63%
2	24%
3	3%
4	9%

難易度 普

7 断熱

2024年度 問39　　Check ☐☐☐　重要度 ▶ A

マンションの外壁の断熱性能等に関する次の記述のうち、適切でないものはどれか。

1 熱伝導とは、壁の内部で一方の表面から他の表面へ、材料中を熱が移動することをいう。

2 熱伝達とは、空気から壁の表面へ、又は壁の表面から空気へ熱が伝わることである。

3 外壁に使用する断熱材の厚さと熱伝導率が同じであれば、外断熱か内断熱かにかかわらず、外壁の熱貫流率は等しくなる。

4 外壁の室内側に生じる表面結露は、防湿層を設けることにより防ぐことができる。

1 適切　熱伝導とは、壁の内部で一方の表面から他の表面へ、材料中を**熱が移動する**ことをいう。
☞ ❸分冊 p204 **1**～

2 適切　熱伝達とは、空気から壁の表面へ、又は壁の表面から空気へ**熱が伝わる**ことである。
☞ ❸分冊 p204 **1**～

3 適切　外壁に使用する断熱材の厚さと熱伝導率が同じであれば、**外断熱か内断熱かにかかわらず**、外壁の熱貫流率は等しくなる。

4 不適切　防湿層とは、断熱層の室内側に設けられ、防湿性が高い材料で構成される層であって、**断熱層への漏気や水蒸気の侵入を防止する**ものをいう（評価方法基準）。そのため、防湿層を設けても外壁の室内側に生じる表面結露を防ぐことはできない。
☞ ❸分冊 p204 **1**～

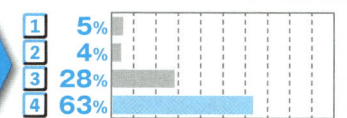

正解 **4**
（正解率**63%**）

肢別解答率
受験生は
こう答えた！

1	5%
2	4%
3	28%
4	63%

難易度
普

マンションの給水設備に関する次の記述のうち、適切でないものはどれか。

1 さや管ヘッダー工法では、専有部分に設置する配管として耐衝撃性及び耐食性に優れた水道用硬質塩化ビニルライニング鋼管を使用する。

2 水道直結増圧方式では、水道本管（配水管）が負圧になったときに、水道本管へ建物内の水が逆流しないように逆流防止装置を設ける。

3 ポンプ直送方式では、水道本管（配水管）から引き込んだ水を一度受水槽に貯水した後、加圧（給水）ポンプで加圧した水を各住戸に供給するため、高置水槽は不要である。

4 水栓を閉める際に生じるウォーターハンマーの防止策として、給水管内の流速を 1.5 ～ 2.0m/s とすることが有効である。

1 **不適切**　さや管ヘッダー工法では、専有部分に設置する配管として**水道用架橋ポリエチレン管や水道用ポリブテン管などの軟質の給水管**が使用される。

👉 ❸分冊 p238 **7**〜

2 **適切**　水道直結増圧方式では、水道本管（配水管）が負圧になったときに、水道本管へ建物内の水が逆流することを防止するため、**逆流防止装置を設ける必要がある**。

👉 ❸分冊 p232 **6**〜

3 **適切**　ポンプ直送方式とは、水道本管から引き込んだ水をいったん受水槽に貯水した後、加圧（給水）ポンプで加圧した水を各住戸に給水する方式である。そのため、**高置水槽を要しない**。

👉 ❸分冊 p232 **6**〜

4 **適切**　ウォーターハンマーの防止策として、給水管内の流速を **1.5 〜 2.0 m /s** とすることは有効である。

👉 ❸分冊 p238 **7**〜

正解 **1**	肢別解答率			難易度
（正解率**63%**）	受験生はこう答えた！	**1**	**63%**	**普**
		2	**17%**	
		3	**9%**	
		4	**10%**	

マンションの給水設備に関する次の記述のうち、適切でないものはどれか。

1 高置水槽方式の受水槽のオーバーフロー管を、オーバーフロー管の管径より太い径の排水管でトラップを有するものに直結させた。

2 ポンプ直送方式で用いる受水槽に、内部の保守点検のために、有効内径60cmのマンホールを設けた。

3 専有部分に設置する給水管として、耐衝撃性及び耐食性の高い水道用架橋ポリエチレン管を用いた。

4 20階以上の超高層マンションで、給水圧力が高い場合に、減圧弁の設置等により、専有部分の給水管の給水圧力が300～400kPaの範囲になるように調整した。

1 **不適切** 排水管は、給水タンク等の水抜管及びオーバーフロー管に**直接連結しない**〈昭和 50 年建設省告示 1597 号〉。
☞ ③分冊 p228 **5**~

2 **適切** 給水タンク等には、内部の保守点検が容易かつ安全に行うことができる位置に、**有効内径 60cm以上**のマンホールを設ける〈昭和 50 年建設省告示 1597 号〉。
☞ ③分冊 p228 **5**~

3 **適切** 水道用架橋ポリエチレン管は、**耐衝撃性、耐食性に優れた管**で、主に**専有部分で使用される**。
☞ ③分冊 p238 **7**~

4 **適切** マンションでは、一般的に、**専有部分内の給水管の給水圧力の上限を 300~400kPa に設定する**。超高層マンションなどで給水圧力が高い場合には、**減圧弁を設けたり、ゾーニングを行ったりするなどして、給水圧力を調整する**。
☞ ③分冊 p227 **4**~

第7編 建築・設備

給水

正解 1
（正解率**83%**）

肢別解答率
受験生は
こう答えた！

1	83%
2	3%
3	7%
4	7%

難易度 **易**

マンションの飲料水用の受水槽に関する次の記述のうち、適切でないものはどれか。

1 受水槽には、給水管への逆流が生じないように、吐水口空間を設けた。

2 受水槽を屋内に設置する場合に、受水槽の天井、底及び周壁と建築物との間に、保守点検ができるように、全ての躯体面で 60cm の空間を設けた。

3 受水槽内部の保守点検を行うためのマンホールは、ほこりその他衛生上有害なものが入らないように、受水槽の天井面より 10cm 以上立ち上げて設置した。

4 受水槽内へ排水が逆流しないように、受水槽の下部に設置する水抜き管と排水管との間に垂直距離で 15cm 以上の排水口空間を設けた。

1 **適切** 受水槽には、逆流を防止するため、**吐水口空間**を設ける。
☞ ❸分冊 p228 **5**～

2 **不適切** 受水槽は、周囲4面と上下2面の6面について点検できるように、周囲4面と下面は60cm以上、**上面については1m以上**の距離を点検スペースとして確保する。
☞ ❸分冊 p228 **5**～

3 **適切** 点検用マンホールは、ほこりその他衛生上有害なものが入らないように水槽の天井面より **10cm以上**立ち上げる。
☞ ❸分冊 p228 **5**～

4 **適切** オーバーフロー管及び水抜き管と排水管とは、逆流を防止するため、排水口空間を設けて間接排水とする。排水口空間は、**垂直距離で15cm以上**とする。
☞ ❸分冊 p228 **5**～

正解 2（正解率90%）

肢別解答率 受験生はこう答えた！

1	3%
2	90%
3	4%
4	3%

難易度 易

マンションの給水設備に関する次の記述のうち、適切でないものはどれか。

1 給水設備の計画において、居住者1人当たりの1日の使用水量を250ℓとした。

2 水道直結増圧方式における給水立て管の頂部に、吸排気弁を設けた。

3 高置水槽方式の給水方式における高置水槽の有効容量を、マンション全体の1日の使用水量の2分の1程度に設定した。

4 飲料用水槽の震災対策として、水槽からの給水分岐部に緊急遮断弁を設けた。

1 **適切**　給水設備の計画においては、居住者1人当たりの1日の使用水量は、200 〜 350ℓを想定する。本肢の場合、この枠内であり、適切である。
☞ ❸分冊 p227 **4**〜

2 **適切**　水道直結増圧方式における給水立て管の頂部には、**吸排気弁を設ける。**
☞ ❸分冊 p232 **6**〜

3 **不適切**　受水槽の有効容量は、マンション全体の1日の使用水量の2分の1程度、**高置水槽は、10分の1程度**で設定される。
☞ ❸分冊 p228 **5**〜

4 **適切**　受水槽は、地震時の基礎地盤の沈下等により傾斜してしまうおそれがある。これにより、周辺の配管が破断してしまうことがあるので、対策として、**緊急遮断弁を取り付けたりすることが考えられる。**
☞ ❸分冊 p228 **5**〜

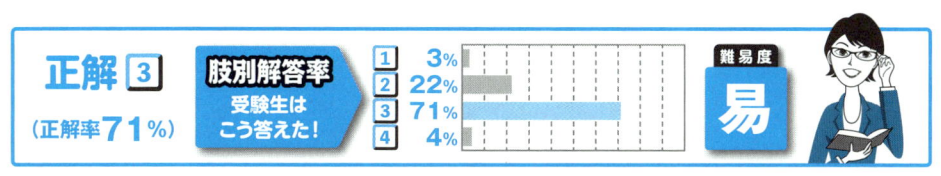

正解 3
（正解率 **71**%）

肢別解答率　受験生はこう答えた！

肢	解答率
1	3%
2	22%
3	71%
4	4%

難易度　**易**

2022年度 問44 Check ☐ ☐ ☐ 重要度 ▶ A

マンションの給水設備に関する次の記述のうち、適切なものはどれか。

1 水道用架橋ポリエチレン管は、耐衝撃性及び耐食性に優れており、主に共用部分に設置する給水立て管に用いられる。

2 給水立て管からの各住戸へ配水する分岐管には、専有部分の給水管の更新工事を行う際に、他の給水系統へ水が逆流しないように逆止弁を設ける。

3 ポンプ直送方式の給水方式における受水槽の有効容量を、マンション全体の1日の使用水量の2分の1程度に設定する。

4 専有部分のシャワー水栓の給水圧力を、給水に支障が生じないようにするため、30kPa とした。

1 **不適切** 水道用架橋ポリエチレン管は、耐衝撃性及び耐食性に優れた管で、主に**専有部分**の配管に用いられる。
👉 ❸分冊 p238 **7**～

2 **不適切** 給水配管において、給水立て管から各住戸へ配水する分岐管には、分岐点に近接した部分で、かつ、操作を容易に行うことができる箇所に**止水弁**を設ける。
👉 ❸分冊 p398 **5**～

3 **適切** 受水槽の有効容量は、一般に、マンション全体の1日の使用水量の**2分の1**程度に設定する。
👉 ❸分冊 p228 **5**～

4 **不適切** 専有部分のシャワー水栓の最低必要圧力は、**70kPa**である。
👉 ❸分冊 p227 **4**～

正解 3
（正解率 **75%**）

肢別解答率 受験生はこう答えた！

1	5%
2	17%
3	75%
4	4%

難易度 **易**

13 給水

2023年度 問43　Check □□□　重要度 ▶ A

マンションの給水設備及び飲料用の受水槽に関する次の記述のうち、適切でないものの組み合わせはどれか。

ア　専有部分の給水管の給水圧力の上限値は、一般的に 300 ～ 400kPa に設定する。

イ　さや管ヘッダー工法では、専有部分に設置する配管として、耐衝撃性及び強靭（じん）性に優れた水道用ポリエチレン粉体ライニング鋼管を使用する。

ウ　受水槽内に排水が逆流しないように、オーバーフロー管の下端と排水管との間に垂直距離 100mm の排水口空間を確保する。

エ　受水槽の点検用マンホール面は、受水槽上面より 10cm 以上立ち上げる。

1 アとイ
2 イとウ
3 ウとエ
4 エとア

ア 適切 マンションでは、一般的に、専有部分内の給水管の給水圧力の上限を 300〜400kPa に設定する。
👉 ③分冊 p227 4〜

イ 不適切 さや管ヘッダー方式とは、住戸内のヘッダーから水栓まで、先にさや管を施工し、その中に枝管を挿入する方式をいう。この方式では、耐食性、耐熱性、可とう性に優れた水道用架橋ポリエチレン管や水道用ポリブテン管が使用される。
👉 ③分冊 p238 7〜

ウ 不適切 オーバーフロー管及び水抜き管と排水管とは、逆流を防止するため、排水口空間を設けて間接排水とする。排水口空間は、垂直距離で 15cm 以上 とする。
👉 ③分冊 p228 5〜

エ 適切 点検用マンホールは、ほこりその他衛生上有害なものが入らないように水槽の天井面より 10cm 以上立ち上げる。
👉 ③分冊 p228 5〜

以上より、適切でないものの組み合わせはイとウであり、本問の正解肢は2となる。

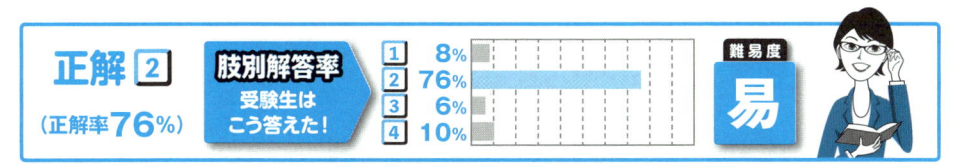

正解 **2**（正解率 76%）

肢別解答率　受験生はこう答えた！
1　8%
2　76%
3　6%
4　10%

難易度　易

マンションの排水設備に関する次の記述のうち、適切でないものはどれか。

1　雨水排水ますには、土砂が下水道などに直接流れ込まないよう、泥だまりを設けた。

2　台所流しに接続する排水トラップの深さ（封水深）を 150mm とした。

3　マンションの建物内の排水方式として、汚水と雑排水を同一の排水系統で排出させる合流式を採用した。

4　敷地内に設置する排水横主管の管径が 150mm の場合に、円滑に排水を流すために、勾配を 200 分の 1 以上とした。

1　適切　雨水排水ますには、**泥だまりを設置して、土砂が直接下水道に流れ込むことを防止する。**

　　🖝 **③分冊 p246 ❸〜**

2　不適切　排水トラップの深さは、**5cm以上10cm以下**（阻集器を兼ねる排水トラップにあっては、5cm以上）としなければならない〈昭和50年建設省告示1597号〉。

　　🖝 **③分冊 p246 ❸〜**

3　適切　マンションの建物内の排水方式には、合流式と分流式とがある。合流式とは、**汚水と雑排水とを同一の排水系統で排出させる排水方式**をいい、分流式とは、汚水と雑排水とを別の排水系統で排出させる排水方式をいう。

　　🖝 **③分冊 p244 ❷〜**

4　適切　排水横引管の管径が150〜300㎜である場合、その最小勾配は**200分の1**とする〈SHASE-S206〉。

　　🖝 **③分冊 p246 ❸〜**

正解 **2**
（正解率**58%**）

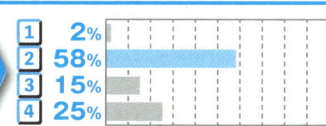

肢別解答率　受験生はこう答えた！

1	2%
2	58%
3	15%
4	25%

難易度　普

マンションの排水設備に関する次の記述のうち、適切でないものはどれか。

1　特殊継手排水システムは、排水立て管と通気立て管を接続することにより、管内の圧力を緩和する機能があるので、専有部分からの汚水系統や雑排水系統の排水を集約できる。

2　洗面台の洗面器にためた水を一気に流すと、接続された排水管を排水が満流状態で流れることにより、トラップ部の封水が流出してしまうことがある。

3　敷地内で雨水排水管と汚水排水横主管を接続する場合に、臭気が雨水系統へ逆流しないようにトラップを設けた。

4　台所に設置する食器洗い乾燥機の排水管に、高温の排水に耐えられるように耐熱性硬質（ポリ）塩化ビニル管を用いた。

1 不適切　特殊継手排水システムは、伸頂通気方式の一種である。伸頂通気方式とは、**通気立て管を設けず**、伸頂通気管によって通気を行う方式である。したがって、特殊継手排水システムでは、排水立て管と通気立て管を接続することはない。
👉 ③分冊 p246 ③〜

2 適切　洗面台の洗面器にためた水を一気に流すと、**排水終了時に器具排水管が満流状態となって流水の引張力が生じ、トラップに残留する封水が少なくなる現象**（自己サイホン作用）が生じることがある。
👉 ③分冊 p256 ③〜

3 適切　敷地内において雨水排水管と排水横主管を接続する場合には、臭気が雨水系統に逆流しないように**トラップ機能のある排水ますを設ける**。
👉 ③分冊 p246 ③〜

4 適切　台所系統に食器洗浄機がある場合は、高温の排水が流れるので、これに耐えられるように、**耐熱性硬質塩化ビニル管が用いられる**。
👉 ③分冊 p246 ③〜

正解 1
（正解率49%）

肢別解答率
受験生はこう答えた！

1	49%
2	4%
3	35%
4	11%

難易度 **難**

マンションの排水設備に関する次の記述のうち、適切でないものはどれか。

1 高層のマンションにおいて、10階間隔程度で通気立て管と排水立て管を接続する結合通気管は、下層階で生じた正圧及び上層階で生じた負圧の両方の緩和に効果がある。

2 高層のマンションの排水立て管では、3階以内ごと又は15m以内ごとに管内清掃用の掃除口を設置することが望ましい。

3 敷地内に埋設する排水横管の管径が150mmの場合、延長が18mを超えない範囲に、保守点検及び清掃を容易にするための排水ますを設置する。

4 排水立て管に用いる排水・通気用耐火二層管は、配管用炭素鋼鋼管を繊維モルタルで被覆したものである。

1 **適切** 高層のマンションにおいて、10階間隔程度で通気立て管と排水立て管を接続する結合通気管は、**下層階で生じた正圧と上層階で生じた負圧を緩和することができる。**

👉 **③分冊 p246 ③〜**

2 **適切** 高層のマンションの排水立て管では、**3階以内ごと又は15m以内ごとに管**内清掃用の掃除口を設置することが望ましい。

👉 **③分冊 p246 ③〜**

3 **適切** 敷地内の排水のために排水管を埋設する場合、**敷地排水管の延長が配管の内径の120倍を超えない範囲の適切な位置**に排水ますを設置する。管径が150mmの場合、18m（150mm × 120 = 18,000mm = 18m）を超えない範囲に、保守点検及び清掃を容易にするための排水ますを設置する。

👉 **③分冊 p246 ③〜**

4 **不適切** 排水・通気用耐火二層管は、**内張り管に硬質ポリ塩化ビニル管、外張り管にモルタル製耐火管を用いる**ことで、硬質ポリ塩化ビニル管に耐火性能を付与したものである。

👉 **③分冊 p246 ③〜**

第7編 建築・設備

排水・通気・浄化槽

正解 4
（正解率**32%**）

肢別解答率
受験生はこう答えた！

1	21%
2	10%
3	37%
4	32%

難易度 **難**

マンションの排水設備に関する次の記述のうち、適切でないものはどれか。

1 　敷地内に設置する排水横主管の管径が 125mm の場合、円滑な排水ができるための最小勾配は 1/200 である。

2 　排水立て管の頂部の伸頂通気管と排水立て管の基部とを接続する通気立て管方式は、下層階で生じた正圧を逃がすことができる。

3 　ポンプ直送方式の受水槽に設置するオーバーフロー管とその排水を受ける排水管との間には、最小距離 150mm の排水口空間を確保する。

4 　逆わんトラップは、洗濯機からの排水を受ける防水パンなどに設置する。

1 **不適切**　排水横引管の最小勾配は、管径が 125mm の場合、**150 分の 1** である〈SHASE-S206〉。

👉 **❸分冊 p246 ❸〜**

2 **適切**　通気立て管方式のうち、通気立て管を排水立て管と併設し、頂部の伸頂通気管と排水立て管の脚部で接続した方式は、主に**下層階で生じた正圧を逃がすことを目的とする**。

👉 **❸分冊 p246 ❸〜**

3 **適切**　排水口空間とは、飲料用の受水槽、高置水槽へ排水が逆流することを防止するため、受水槽等のオーバーフロー管、水抜き管と排水管との間に設ける空間をいい、その垂直距離を最小 **150mm** は確保する。

👉 **❸分冊 p228 ❺〜**

4 **適切**　逆わんトラップは、**洗濯機、浴室防水パン**などに用いられる。

👉 **❸分冊 p246 ❸〜**

正解 ①
（正解率 **80%**）

肢別解答率
受験生はこう答えた！

1	80%
2	10%
3	6%
4	4%

難易度 **易**

マンションの排水設備の清掃・維持管理に関する次の記述のうち、適切でないものはどれか。

1   高層のマンションの排水立て管では、最上部及び最下部とともに、3階以内ごと又は 15m 以内ごとに管内清掃用の掃除口を設置することが望ましい。

2   敷地内に埋設する排水横管の管径が 125mm の場合、汚水排水ますは、保守点検及び清掃を容易にするために延長が 20m の距離間を目安に設置する。

3   圧縮空気法による排水管の清掃では、付着物で閉塞した排水管内に水を送り、圧縮空気を放出してその衝撃で付着物を除去する。

4   高圧洗浄法による排水管の清掃では、高圧の水を洗浄ノズルから噴射し、噴射力で管内の汚れ、付着物を除去する。

1 **適切**　住宅性能評価制度における維持管理対策等級（共用配管）の等級3の基準の1つとして、共用の排水管には、共用立て管にあっては**最上階又は屋上、最下階及び3階以内**おきの中間階又は**15m以内**ごとに掃除口が設けられていることが挙げられている〈評価方法基準〉。

☞ **❸分冊 p246 ❸~**

2 **不適切**　敷地内の排水のために排水管を埋設する場合、**敷地排水管の延長が配管の内径の120倍を超えない範囲の適切な位置**に排水ますを設置する。管径が125mmの場合、15m（125mm × 120 ＝ 15,000mm ＝ 15m）を超えない範囲に、保守点検及び清掃を容易にするための排水ますを設置する。

☞ **❸分冊 p246 ❸~**

3 **適切**　圧縮空気法とは、**閉塞管内に水を送り、圧縮空気を一気に放出してその衝撃で閉塞物を除去する清掃方法**である。

4 **適切**　高圧洗浄法とは、**洗浄ノズルから高圧の水を噴射し、噴射力で管内の汚れ、付着物を除去する清掃方法**である。

正解 ②
（正解率**72%**）

肢別解答率
受験生はこう答えた！

肢	解答率
1	10%
2	72%
3	16%
4	1%

難易度 易

19 排水・通気・浄化槽

2023年度 問44　Check □□□　重要度 ▶ A

マンションの排水設備に関する次の記述のうち、適切なものの組み合わせはどれか。

ア　結合通気管は、排水横枝管から分岐して立ち上げ、通気立て管に接続し、排水横枝管内の圧力を緩和するために用いる。

イ　逆わんトラップは、わん部分を取り外し清掃が容易にできるため、台所流しの排水口に設置する。

ウ　専有部分の浴室系統の排水横枝管の管径が 50mm の場合、円滑に排水を行うために最小勾配は 1/50 とする。

エ　排水立て管の清掃時に清掃ノズルを挿入する掃除口を、3 ～ 5 階以内の間隔で設ける。

1 アとイ
2 イとウ
3 ウとエ
4 エとア

ア 不適切　結合通気管は、**排水立て管と通気立て管を接続**し、排水立て管の下層階で生じた正圧を逃がし、上層階で生じた負圧を緩和する。
☞ ❸分冊 p246 ❸～

イ 不適切　逆わんトラップは、**洗濯機、浴室防水パン**などに用いられる。

ウ 適切　適正な管内流速を確保するため、管径 **65mm 以下**の排水横引管の最小勾配は、**50 分の 1** とする〈SHASE-S206〉。
☞ ❸分冊 p246 ❸～

エ 適切　排水立て管の清掃時に清掃ノズルを挿入する掃除口を、**3～5 階以内**の間隔で設けることが適切である。

以上より、適切なものの組み合わせはウとエであり、本問の正解肢は 3 となる。

正解 **3**
（正解率 **61%**）

肢別解答率
受験生は
こう答えた！

1	11%	
2	12%	
3	61%	
4	15%	

難易度
普

マンションの排水管の清掃・維持管理に関する次の記述のうち、適切でないものはどれか。

1　高層のマンションの排水立て管には、掃除口を最上部、最下部及び途中階においては3〜5階以内ごと又は15m以内ごとに設ける。

2　排水管が45°を超える角度で方向を変える箇所には、掃除口を設ける。

3　圧縮空気法は、高圧ポンプを装備した高圧洗浄車、ホース、ノズル等からなる装置を用い、高圧の水を噴射させ、管内の汚れ、付着物を除去する方法である。

4　ワイヤ清掃は、ピアノ線をコイル状に巻いたものの先端に管内の付着物を除去するための専用用具を取り付けて、押し引きを繰り返す方法である。

1 **適切** 高層のマンションの排水立て管では、最上部や最下部、途中階においては**3〜5階以内ごと又は15m以内ごと**に管内清掃用の掃除口を設置することが望ましい。

👉 **③分冊 p398 5〜**

2 **適切** 排水管が**45°を超える角度**で方向を変える箇所には、掃除口を設ける。

👉 **③分冊 p398 5〜**

3 **不適切** 圧縮空気法とは、閉塞管内に水を送り、**圧縮空気を一気に放出してその衝撃で閉塞物を除去する**清掃方法である。

4 **適切** ワイヤ清掃法とは、ピアノ線をコイル状に巻いたものの先端に管内の付着物を除去するためにスクリュー形、ブラシ形などの専用用具を取り付けて**押し引きを繰り返して付着物を除去する**清掃方法である。

第7編 建築・設備

排水・通気・浄化槽

正解 3
（正解率**64%**）

肢別解答率
受験生は
こう答えた！

肢	解答率
1	7%
2	24%
3	64%
4	5%

難易度 **普**

マンションの消防用設備等に関する次の記述のうち、適切でないものはどれか。

1　地階を除く階数が7以上のマンションには、連結送水管を設置する必要がある。

2　建物の1階に床面積が300m²の屋内駐車場を設ける場合には、泡消火設備を設置する必要がある。

3　閉鎖型スプリンクラー設備には、配管内を常時充水しておく湿式と空管にしておく乾式などがあり、一般に寒冷地では乾式が使用される。

4　消防用設備等の総合点検は、1年に1回実施する必要がある。

1 **適切**　共同住宅で、地階を除く階数が**7以上**のものには、連結送水管を設置しなければならない〈消令29条1項1号〉。
☞ ❸分冊 p275 **2**～

2 **不適切**　共同住宅の駐車の用に供される部分が1階にあり、その部分の床面積が**500㎡以上**である場合、水噴霧消火設備、泡消火設備、不活性ガス消火設備、ハロゲン化物消火設備又は粉末消火設備のいずれかを設置しなければならない〈消令13条1項〉。本肢の屋内駐車場の床面積は300㎡であり、500㎡未満であるから、泡消火設備を設置することは義務づけられない。
☞ ❸分冊 p275 **2**～

3 **適切**　閉鎖型スプリンクラー設備には、湿式(配管内に常時充水しておく方式)、乾式(配管を空管にしておく方式)、予作動式がある。寒冷地では、配管内の水が凍結するおそれがあるので、一般に**乾式**が用いられる。
☞ ❸分冊 p275 **2**～

4 **適切**　総合点検とは、消防用設備等の全部若しくは一部を作動させ、又は当該消防用設備等を使用することにより、当該消防用設備等の総合的な機能を消防用設備等の種類等に応じ、別に告示で定める基準に従い確認することをいい、**1年に1回**実施する〈平成16年消防庁告示9号〉。
☞ ❸分冊 p284 **3**～

正解 **2**	肢別解答率			難易度
(正解率**64**%)	受験生はこう答えた！	**1** 23% **2** 64% **3** 5% **4** 8%		**普**

大規模修繕工事、長期修繕計画及び修繕積立金に関する次の記述のうち、「長期修繕計画作成ガイドライン及び同コメント」（平成20年6月国土交通省公表）及び「マンションの修繕積立金に関するガイドライン」（平成23年4月国土交通省公表）によれば、適切でないものはどれか。（改題）

1　2012年に見直した長期修繕計画を大規模修繕工事が完了した2017年に再度見直し、2047年までで大規模修繕工事が2回含まれる期間となる計画を作成した。

2　長期修繕計画の計画期間内に修繕周期に到達しない項目に係る工事について、参考情報として当該工事の予定時期及び推定修繕工事費を明示するとともに、多額の費用を要するものにつき推定修繕工事費に計上し、修繕積立金の算定根拠とした。

3　大規模修繕工事の実施の時期を長期修繕計画による実施時期にかかわらず、調査・診断結果に基づいて判断した。

4　20階未満のマンションにおける専有床面積当たりの修繕積立金の額の平均値は、建築延床面積が大きいほど高くなる。

1 **適切**　長期修繕計画は、**5年程度ごと**に調査・診断を行い、その結果に基づいて見直すことが必要である〈長ガ3章1節10〉。また、長期修繕計画の計画期間は、30年以上で、かつ大規模修繕工事が2回含まれる期間以上とする〈同3章1節5〉。2012年に見直した長期修繕計画を、その5年後である2017年に見直し、見直し後の長期修繕計画を、2017年から30年後である2047年までで大規模修繕工事が2回含まれる期間となるものとするのは適切である。
🖕 **3分冊 p308 2～**

2 **適切**　修繕周期が計画期間に含まれないため推定修繕工事費を計上していない項目は、その旨を明示する〈長ガ3章1節6〉。もっとも、計画期間内に修繕周期に到達しない項目に係る工事について、参考情報として当該工事の予定時期及び推定修繕工事費を明示するとともに、多額の費用を要するものは修繕積立金を計画的に積み立てる観点から、計画期間に応じた**推定修繕工事費を計上しておくことも考えられる**〈同コ3章1節6〉。

3 **適切**　長期修繕計画の作成にあたり、計画修繕工事の実施の要否、内容等は、**事前に調査・診断を行い、その結果に基づいて判断する**ことを前提としている〈長ガ2章1節2二〉。

4 **不適切**　20階未満のマンションにおける専有床面積当たりの修繕積立金の額の平均値は、建築延床面積が5,000㎡未満では335円／㎡・月、5,000㎡以上～10,000㎡未満では252円／㎡・月、10,000㎡以上～20,000㎡未満では271円／㎡・月、20,000㎡以上では255円／㎡・月、となっている〈修ガ3(2)②〉。したがって、建築延床面積が大きいほど高くなるとはいえない。
🖕 **3分冊 p315 3～**

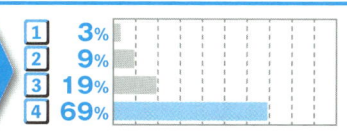

正解 4	肢別解答率		
（正解率69%）	受験生はこう答えた！	1	3%
		2	9%
		3	19%
		4	69%

難易度 **普**

長期修繕計画の作成・見直し及び修繕設計に関する次の記述のうち、適切でないものはどれか。

1 新築時の長期修繕計画において、建具の取替え工事が推定修繕工事項目に設定されていなかったが、計画を見直す際に項目の設定の要否を確認した。

2 長期修繕計画の作成・見直しに当たって、計画期間内における推定修繕工事費の総額を削減するために、推定修繕工事の時期を計画期間内で分散させた。

3 大規模修繕工事の修繕設計の内容を踏まえて、工事の実施前に長期修繕計画を見直すこととした。

4 修繕設計において、外壁補修など、設計段階では施工すべき数量が確定できず、工事が始まってから数量を確定させる工事項目について、調査や経験に基づいて数量を仮定した。

1 適切 　新築時に計画期間を 30 年とした場合において、例えば、建具関係の取替えは、修繕周期が 34 〜 38 年である〈長ガコ 3 章 1 節 7〉から、推定修繕工事項目に設定されていない。この修繕周期に照らし、見直し後の長期修繕計画の計画期間内に建具関係の取替えを行うべき場合には、これを推定修繕工事項目として新たに設定することになる。したがって、**計画を見直す際には、これを推定修繕工事項目として設定すべきかどうかを確認する必要がある。**

2 不適切 　**修繕工事を集約すると、**直接仮設や共通仮設の設置費用が軽減できるなどの**経済的なメリットがある**〈長ガコ 3 章 1 節 7〉。したがって、計画期間内における推定修繕工事費の総額を削減するためには、推定修繕工事の時期を同時期にすべきである。

👉 **③分冊 p308 2〜**

3 適切 　長期修繕計画の見直しは、大規模修繕工事と大規模修繕工事の中間の時期に単独で行う場合、**大規模修繕工事の直前に基本計画の検討に併せて行う場合**、又は大規模修繕工事の実施の直後に修繕工事の結果を踏まえて行う場合がある〈長ガコ 3 章 1 節 10〉。

👉 **③分冊 p308 2〜**

4 適切 　長期修繕計画は、作成又は見直し時点で、①計画期間において見込まれる推定修繕工事の内容、②おおよその時期の目安、③必要とする概算の費用、④修繕積立金との収支計画に関して定めるものである〈長ガコ 2 章 1 節 2 三〉。したがって、数量計算は、新築マンションの場合、設計図書、工事請負契約による請負代金内訳書、数量計算書等を参考として、また、既存マンションの場合、現状の長期修繕計画を踏まえ、保管している設計図書、数量計算書、修繕等の履歴、現状の調査・診断の結果等を参考として、「建築数量積算基準・同解説（平成 29年版）（（一財）建築コスト管理システム研究所発行）」等に準拠して、**長期修繕計画用に概算を算出する**〈長ガ 3 章 1 節 8 一〉。

正解 2
（正解率 **70%**）

肢別解答率
受験生はこう答えた！

1	2%	
2	70%	
3	8%	
4	20%	

難易度 **易**

24 長期修繕計画

2019年度 問36　Check □□□　重要度 ▶ C

長期修繕計画に関する次の記述のうち、「長期修繕計画作成ガイドライン及び同コメント」（平成 20 年6月国土交通省公表）によれば、適切でないものはいくつあるか。

ア　推定修繕工事は、建物及び設備の性能・機能を修繕工事実施時点の一般的住宅水準に向上させる工事を基本とする。

イ　修繕積立金の積立ては、長期修繕計画の作成時点において、計画期間に積み立てる修繕積立金の額を均等にする均等積立方式を基本とする。

ウ　計画期間における推定修繕工事には、法定点検等の点検及び経常的な補修工事を適切に盛り込む。

エ　推定修繕工事として設定した内容や時期等はおおよその目安であり、計画修繕工事を実施する際は、事前に調査・診断を行い、その結果に基づいて内容や時期等を判断する。

1 一つ
2 二つ
3 三つ
4 四つ

ア `不適切`　長期修繕計画の作成に当たっては、推定修繕工事は、**建物及び設備の性能・機能を新築時と同等水準に維持、回復させる**修繕工事を基本とすることを前提条件とする〈長ガ2章1節2二〉。
👉 **❸分冊 p308 ❷〜**

イ `適切`　修繕積立金の積立ては、長期修繕計画の作成時点において、計画期間に積み立てる修繕積立金の額を均等にする積立方式（**均等積立方式**）を基本とする〈長ガ3章2節1〉。
👉 **❸分冊 p308 ❷〜**

ウ `不適切`　組合管理部分の修繕工事には、①経常的な補修工事（管理費から充当）、②計画修繕工事及び③災害や不測の事故に伴う特別修繕工事があるが、長期修繕計画は、**計画修繕工事を対象としたものである**〈長ガコ2章1節2一〉。
👉 **❸分冊 p308 ❷〜**

エ `適切`　長期修繕計画の推定修繕工事は、設定した内容や時期はおおよその目安であり、費用も概算である〈長ガコ2章1節2二〉。そのため、計画修繕工事の実施の要否、内容等は、**事前に調査・診断を行い、その結果に基づいて判断する**ことを、長期修繕計画の作成の前提条件とする〈長ガ2章1節2二〉。
👉 **❸分冊 p308 ❷〜**

以上より、適切でないものはア、ウの二つであり、本問の正解肢は2となる。

正解 2
（正解率**25%**）

肢別解答率
受験生はこう答えた！

1　62%
2　25%
3　9%
4　3%

難易度
難

LEC東京リーガルマインド　2025年版 出る順マンション管理士　分野別過去問題集　❸分冊　**105**

長期修繕計画の見直しに関する次の記述のうち、「長期修繕計画作成ガイドライン及び同コメント」（平成20年6月国土交通省公表）によれば、適切なものはどれか。

1 長期修繕計画は、10年程度ごとに見直すことが必要である。

2 長期修繕計画の見直しに当たっては、入居率、賃貸化率、修繕積立金滞納率を考慮する。

3 長期修繕計画を見直すときには、外壁の塗装や屋上防水などを行う大規模修繕工事が2回含まれる期間以上の計画期間とする。

4 修繕周期は、既存マンションの場合、マンションの仕様、立地条件のほか、建物及び設備の劣化状況等の調査・診断の結果等に基づいて設定するため、経済性は考慮しない。

1 **不適切**　長期修繕計画は、建物及び設備の劣化の状況などの不確定な事項を含んでいることから、**5 年程度ごとに調査・診断を行い、その結果に基づいて見直すことが必要である**〈長ガ 3 章 1 節 10〉。
☞ ❸分冊 p308 ❷～

2 **不適切**　長期修繕計画の見直しに当たっては、**調査・診断を行った結果を考慮する**〈長ガ 3 章 1 節 10〉。
☞ ❸分冊 p308 ❷～

3 **適切**　外壁の塗装や屋上防水などを行う大規模修繕工事の周期は部材や工事の仕様等により異なるが、一般的に 12 ～ 15 年程度であるので、長期修繕計画の見直し時には、**これが 2 回含まれる期間以上の計画期間とする**〈長ガコ 3 章 1 節 5〉。
☞ ❸分冊 p308 ❷～

4 **不適切**　修繕周期は、新築マンションの場合、推定修繕工事項目ごとに、マンションの仕様、立地条件等を考慮して設定し、既存マンションの場合、さらに建物及び設備の劣化状況等の調査・診断の結果等に基づいて設定する。設定に当たっては、**経済性等を考慮し、推定修繕工事の集約等を検討する**〈長ガ 3 章 1 節 7〉。
☞ ❸分冊 p308 ❷～

正解 3
（正解率 **76%**）

肢別解答率
受験生はこう答えた！

1	3%
2	16%
3	76%
4	6%

難易度 **易**

「長期修繕計画作成ガイドライン」（平成20年6月国土交通省公表）に関する次の記述のうち、適切でないものはどれか。

1 長期修繕計画は、作成時点において、計画期間の推定修繕工事の内容、時期、概算の費用等に関して計画を定めるものである。

2 大規模修繕工事とは、建物の全体又は複数の部位について行う大規模な計画修繕工事をいう。

3 計画修繕工事における修繕工事には、補修工事（経常的に行う補修工事を除く。）が含まれる。

4 単棟型のマンションの場合、長期修繕計画の対象は、管理規約に定めた組合管理部分である敷地、建物の共用部分及び附属施設であり、専有部分が含まれることはない。

1 **適切** 長期修繕計画は、**作成時点**において、**計画期間の推定修繕工事の内容、時期、概算の費用等**に関して計画を定めるものである〈長ガ2章1節2三〉。

☞ ③分冊 p308 **2**〜

2 **適切** 大規模修繕工事とは、**建物の全体又は複数の部位**について行う大規模な計画修繕工事をいう〈長ガ1章4十五〉。

☞ ③分冊 p308 **2**〜

3 **適切** 計画修繕工事とは、長期修繕計画に基づいて計画的に実施する修繕工事（**補修工事（経常的に行う補修工事を除く。）を含む。**）及び改修工事をいう〈長ガ1章4十四〉。したがって、計画修繕工事における修繕工事には、補修工事（経常的に行う補修工事を除く。）が含まれる。

☞ ③分冊 p308 **2**〜

4 **不適切** 長期修繕計画は、単棟型のマンションの場合、管理規約に定めた組合管理部分である敷地、建物の共用部分及び附属施設（共用部分の修繕工事又は改修工事に伴って修繕工事が必要となる**専有部分を含む。**）を対象とする〈長ガ2章1節2一〉。

☞ ③分冊 p308 **2**〜

正解 4
（正解率 **76%**）

肢別解答率
受験生はこう答えた！

1	3%
2	6%
3	15%
4	76%

難易度
易

「マンションの修繕積立金に関するガイドライン」（平成 23 年 4 月国土交通省公表）に関する次の記述のうち、適切でないものはどれか。

1　修繕積立金の均等積立方式は、安定的な積立てが可能な方式であるが、段階増額積立方式と比べて多額の資金を管理する状況が生じる点に、留意が必要である。

2　段階増額積立方式は、計画どおりに増額しようとする際に区分所有者間の合意形成ができず修繕積立金が不足する場合がある点に、留意が必要である。

3　超高層マンション（一般に 20 階以上）は、戸数、面積が同程度のそれ以外のマンションと比べて、修繕工事費が安くなる傾向にある。

4　新築マンションにおいて、配管にステンレス管やプラスチック管を使用することは、給排水管に関する修繕工事費の抑制に有効である。

1 | **適切** 　均等積立方式とは、長期修繕計画で計画された修繕工事費の累計額を、計画期間中均等に積み立てる方式をいう〈修ガ4〉。この方式は、将来にわたり定額負担として設定するため、将来の増額を組み込んでおらず、**安定的な修繕積立金の積立てができる**〈同4〉。他方、修繕資金需要に関係なく均等額の積立金を徴収するため、段階増額積立方式に比べ、**多額の資金を管理する状況が生じる**〈同4〉。

👉 ❸分冊 p315 ❸〜

2 | **適切** 　段階増額積立方式とは、当初の積立額を抑え段階的に積立額を値上げする方式をいう〈修ガ4〉。この方式は、将来の負担増を前提としており、計画どおりに増額しようとする際に**区分所有者間の合意形成ができず修繕積立金が不足する場合がある**点に留意しなければならない〈同4〉。

👉 ❸分冊 p315 ❸〜

3 | **不適切** 　超高層マンション（一般に地上20階以上）は、外壁等の修繕のための特殊な足場が必要となるほか、共用部分の占める割合が高くなる等のため、**修繕工事費が増大する傾向にある**〈修ガ3(2)〉。

👉 ❸分冊 p315 ❸〜

4 | **適切** 　近年の新築マンションでは、ステンレス管やプラスチック管等の腐食しにくい材料が使われるようになり、それにより更生工事の必要性が低下し、取替え工事の実施時期も遅らせることができるようになっていることから、給排水管に関する**修繕工事費は少なくて済む**ようになる傾向がある〈修ガ5〉。

👉 ❸分冊 p315 ❸〜

正解 ❸
（正解率**84%**）

肢別解答率 受験生はこう答えた！

1	7%
2	2%
3	84%
4	7%

難易度 **易**

第7編 建築・設備

長期修繕計画

マンションの長期修繕計画に関する次の記述のうち、標準管理規約及び長期修繕計画作成ガイドライン（令和3年9月国土交通省公表）によれば、適切なものはどれか。

1 修繕工事の実施前に行う建物診断は、長期修繕計画の対象に含まれない。

2 窓及び玄関の扉などの開口部の改良工事は、長期修繕計画の対象となる工事に含まれる。

3 長期修繕計画の計画期間は、30年以上、又は大規模修繕工事が2回含まれる期間以上とする。

4 長期修繕計画の見直しに当たっては、空き住戸率、賃貸化率、修繕積立金滞納率を考慮する。

1 **不適切**　修繕工事の実施前に行う建物診断は、**長期修繕計画の対象に含まれる**〈長ガ・同コ別添長期修繕計画標準様式の記載例〉。
👉 **❸分冊 p308 2〜**

2 **適切**　長期修繕計画においては、計画修繕の対象となる工事として外壁補修、屋上防水、給排水管取替え、**窓及び玄関扉等の開口部の改良等**が掲げられ、各部位ごとに修繕周期、工事金額等が定められていることが必要である〈標規（単）コ32条関係②〉。したがって、窓及び玄関の扉などの開口部の改良工事は、長期修繕計画の対象となる工事に含まれる。
👉 **❸分冊 p308 2〜**

3 **不適切**　長期修繕計画の計画期間は、**30年以上**で、**かつ**大規模修繕工事が**2回**含まれる期間以上とする〈長ガ3章1節5〉。
👉 **❸分冊 p308 2〜**

4 **不適切**　長期修繕計画は、**5年程度**ごとに調査・診断を行い、その結果に基づいて見直す〈長ガ3章1節10〉。つまり、長期修繕計画の見直しに当たっては、**調査・診断の結果を考慮する**。
👉 **❸分冊 p308 2〜**

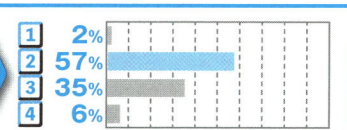
正解 **2**
（正解率**57%**）
肢別解答率
受験生はこう答えた！

1	2%	
2	57%	
3	35%	
4	6%	

難易度
普

長期修繕計画作成ガイドライン（令和3年9月国土交通省公表）の長期修繕計画の作成に関する次の記述のうち、適切でないものはどれか。

1　マンションの快適な居住環境を確保し、資産価値を維持するためには、適時適切な修繕工事を行うことが必要である。

2　長期修繕計画の目的の一つに、将来見込まれる修繕工事及び改修工事の内容、概算の費用等を明確にし、実施の時期を確定することがある。

3　長期修繕計画の目的の一つに、計画修繕工事の実施のために積み立てる修繕積立金の額の根拠を明確にすることがある。

4　長期修繕計画の目的の一つに、修繕工事及び改修工事に関する長期計画について、あらかじめ合意しておくことで、計画修繕工事の円滑な実施を図ることがある。

1 適切　マンションの**居住環境や資産価値を良好に維持**するためには、敷地、建物の共用部分及び附属施設について、法定点検などの保守点検や軽微な破損などに対して経常的な補修を行うほか、経年劣化に対応して**計画修繕工事を適時適切に実施することが不可欠である**〈長ガコ1章1〉。

☞ **③分冊 p308 ❶〜**

2 不適切　将来見込まれる修繕工事及び改修工事の内容、おおよその時期、概算の費用等を明確にすることは、長期修繕計画の目的の1つである〈長ガ2章1節1〉。長期修繕計画で定める修繕工事及び改修工事の時期は、**おおよその目安**であり、立地条件等により異なることがあるもので、**将来実施する計画修繕工事の時期を確定するものではない**〈同2章1節2三〉。

3 適切　計画修繕工事の実施のために積み立てる**修繕積立金の額の根拠を明確にする**ことは、長期修繕計画の目的の1つである〈長ガ2章1節1〉。

4 適切　修繕工事及び改修工事に関する長期計画について、**あらかじめ合意しておく**ことで、**計画修繕工事の円滑な実施を図る**ことは、長期修繕計画の目的の1つである〈長ガ2章1節1〉。

正解 2
（正解率 **62%**）

肢別解答率
受験生は
こう答えた！

肢	解答率
1	10%
2	62%
3	10%
4	18%

難易度 普

長期修繕計画作成ガイドラインによれば、マンションの長期修繕計画の作成方法に関する次の記述のうち、適切でないものはどれか。

1 　長期修繕計画の構成は、マンションの建物・設備の概要等、調査・診断の概要、長期修繕計画作成・修繕積立金の額の設定の考え方、長期修繕計画の内容、修繕積立金の額の設定の項目を基本とする。

2 　長期修繕計画の計画期間は、30 年以上で、かつ大規模修繕工事が 2 回含まれる期間以上とする。

3 　修繕工事を集約すると、直接仮設や共通仮設の設置費用が増加するなどの経済的なデメリットがある。

4 　推定修繕工事費は、長期修繕計画用に算出した概算の数量に、調査データや実績等を基に設定した単価を乗じて算定する。

1 **適切**　長期修繕計画の構成は、①マンションの**建物・設備の概要等**、②**調査・診断の概要**、③長期修繕計画の**作成**・修繕積立金の**額の設定の考え方**、④長期修繕計画の**内容**、⑤修繕積立金の**額の設定の項目**を基本とする〈長ガ3章1節1〉。
☞ **③分冊 p308 ②~**

2 **適切**　長期修繕計画の計画期間は、**30年以上**で、かつ**大規模修繕工事が2回含**まれる期間以上とする〈長ガ3章1節5〉。
☞ **③分冊 p308 ②~**

3 **不適切**　修繕工事を集約すると、直接仮設や共通仮設の設置費用が**軽減**できるなどの**経済的なメリットがある**〈長ガコ3章1節7〉。
☞ **③分冊 p308 ②~**

4 **適切**　**推定修繕工事費は、推定修繕工事項目の詳細な項目ごとに、算出した数量に設定した単価を乗じて算定する**〈長ガ3章1節8三〉。数量計算は、新築マンションの場合、設計図書、工事請負契約による請負代金内訳書、数量計算書等を参考として、また、既存マンションの場合、現状の長期修繕計画を踏まえ、保管している設計図書、数量計算書、修繕等の履歴、現状の調査・診断の結果等を参考として、「建築数量積算基準・同解説（平成29年版）（(一財)建築コスト管理システム研究所発行）」等に準拠して、長期修繕計画用に算出する〈同3章1節8一〉。単価は、修繕工事特有の施工条件等を考慮し、部位ごとに仕様を選択して、新築マンションの場合、設計図書、工事請負契約による請負代金内訳書等を参考として、また、既存マンションの場合、過去の計画修繕工事の契約実績、その調査データ、刊行物の単価、専門工事業者の見積価格等を参考として設定する〈同3章1節8二〉。
☞ **③分冊 p308 ②~**

正解 ③
（正解率**92%**）

肢別解答率
受験生はこう答えた！

肢	解答率
1	3%
2	4%
3	92%
4	2%

難易度 **易**

マンションの照明設備における、防犯上の設計に関する次の記述のうち、「共同住宅に係る防犯上の留意事項及び防犯に配慮した共同住宅に係る設計指針について」（平成13年3月国土交通省通達）によれば、適切でないものはどれか。

1 共用廊下・共用階段の照明設備は、極端な明暗が生じないよう配慮しつつ、床面において概ね20ルクス以上の平均水平面照度を確保することができるものとする。

2 駐車場の照明設備は、極端な明暗が生じないよう配慮しつつ、床面において概ね3ルクス以上の平均水平面照度を確保することができるものとする。

3 共用玄関の存する階のエレベーターホールの照明設備は、床面において概ね20ルクス以上の平均水平面照度を確保することができるものとする。

4 児童遊園、広場又は緑地等の照明設備は、極端な明暗が生じないよう配慮しつつ、地面において概ね3ルクス以上の平均水平面照度を確保することができるものとする。

1 `適切`　共用廊下・共用階段の照明設備は、極端な明暗が生じないよう配慮しつつ、床面において概ね **20 ルクス以上** の平均水平面照度を確保することができるものとする〈防犯指針第 3.2 (6) イ〉。

👉 ❸分冊 p322 **4**〜

2 `適切`　駐車場の照明設備は、極端な明暗が生じないよう配慮しつつ、床面において概ね **3 ルクス以上** の平均水平面照度を確保することができるものとする〈防犯指針第 3.2 (8) イ〉。

👉 ❸分冊 p322 **4**〜

3 `不適切`　共用玄関の存する階のエレベーターホールの照明設備は、床面において概ね **50 ルクス以上** の平均水平面照度を確保することができるものとする〈防犯指針第 3.2 (4) イ〉。

👉 ❸分冊 p322 **4**〜

4 `適切`　児童遊園、広場又は緑地等の照明設備は、極端な明暗が生じないよう配慮しつつ、地面において概ね **3 ルクス以上** の平均水平面照度を確保することができるものとする〈防犯指針第 3.2 (10) イ〉。

👉 ❸分冊 p322 **4**〜

正解 3
（正解率 **78%**）

肢別解答率
受験生はこう答えた！

1	5%
2	5%
3	78%
4	11%

難易度 **易**

「共同住宅に係る防犯上の留意事項及び防犯に配慮した共同住宅に係る設計指針について」（最終改正平成 18 年 4 月国住生第 19 号）によれば、マンションの A ～ C の場所において確保すべき照明設備の平均水平面照度に関し、適切なものの組合せは、1 ～ 4 のうちどれか。

[場所]

A　共用玄関内側の床面及び共用メールコーナーの床面

B　共用玄関以外の共用出入口床面

C　駐車場の床面及び自転車置場・オートバイ置場の床面

[確保すべき平均水平面照度の組合せ]

1　A は概ね 50 ルクス以上、B は概ね 10 ルクス以上、C は概ね 3 ルクス以上

2　A は概ね 40 ルクス以上、B は概ね 20 ルクス以上、C は概ね 10 ルクス以上

3　A は概ね 50 ルクス以上、B は概ね 20 ルクス以上、C は概ね 3 ルクス以上

4　A は概ね 40 ルクス以上、B は概ね 10 ルクス以上、C は概ね 3 ルクス以上

A 　概ね 50 ルクス以上　　共用玄関の照明設備は、その内側の床面においては概ね 50 ルクス以上の平均水平面照度を確保することができるものとする〈防犯指針第 3.2 (1)エ〉。また、共用メールコーナーの照明設備は、床面において概ね 50 ルクス以上の平均水平面照度を確保することができるものとする〈防犯指針第 3.2 (3)イ〉。
　　❸分冊 p322 ❹〜

B 　概ね 20 ルクス以上　　共用玄関以外の共用出入口の照明設備は、床面において概ね 20 ルクス以上の平均水平面照度を確保することができるものとする〈防犯指針第 3.2 (1)エ〉。
　　❸分冊 p322 ❹〜

C 　概ね 3 ルクス以上　　駐車場の照明設備は、極端な明暗が生じないよう配慮しつつ、床面において概ね 3 ルクス以上の平均水平面照度を確保することができるものとする〈防犯指針第 3.2 (8)イ〉。また、自転車置場・オートバイ置場の照明設備は、極端な明暗が生じないよう配慮しつつ、床面において概ね 3 ルクス以上の平均水平面照度を確保することができるものとする〈防犯指針第 3.2 (7)ウ〉。
　　❸分冊 p322 ❹〜

以上より、Aは概ね 50 ルクス以上、Bは概ね 20 ルクス以上、Cは概ね 3 ルクス以上であり、本問の正解肢は 3 となる。

第 7 編　建築・設備

防犯

正解 3
（正解率 91%）

肢別解答率
受験生はこう答えた！

肢	解答率
1	6%
2	1%
3	91%
4	2%

難易度　**易**

甲マンションの管理組合から、改修計画において、防犯に配慮した設計とする上で留意すべきことの相談を受けたマンション管理士の次の発言のうち、「共同住宅に係る防犯上の留意事項及び防犯に配慮した共同住宅に係る設計指針について」（最終改正平成18年4月20日 国住生第19号）によれば、適切なものはいくつあるか。

ア　甲マンションには、管理員室が設置されていることから、住戸内と管理員室の間で通話が可能な機能を有するインターホンを設置することが望ましいので、検討してください。

イ　エレベーターのかご内には、防犯カメラを設置するようにしてください。

ウ　接地階の住戸のバルコニーの外側等の住戸周りは、住戸のプライバシー確保及び防犯上の観点から、周囲から見通されないように配慮してください。

エ　居住者の意向による改修は、所有形態、管理体制等による制約条件を整理するとともに、計画修繕に併せて改修すべきものと緊急に改修すべきものとに分けて検討するようにしてください。

1 一つ
2 二つ
3 三つ
4 四つ

ア **適切** インターホンは、管理人室を設置する場合にあっては、**住戸内と管理人室との間で通話が可能な機能等を有するもの**とすることが望ましい〈防犯指針第4.3(2)イ〉。

👉 ❸分冊 p322 **4**〜

イ **適切** エレベーターのかご内には、**防犯カメラを設置する**〈防犯指針第4.2(5)ア〉。

👉 ❸分冊 p322 **4**〜

ウ **不適切** 接地階の住戸のバルコニーの外側等の住戸周りは、住戸のプライバシーの確保に配慮しつつ、**周囲からの見通しを確保したもの**とすることが望ましい〈防犯指針第4.3(4)ウ〉。

👉 ❸分冊 p322 **4**〜

エ **適切** 居住者の意向による改修は、所有形態、管理体制等による制約条件を整理するとともに、計画修繕等に併せて改修すべきものと緊急に改修すべきものとに**分けて検討する**〈防犯指針第4.1(1)エ〉。

👉 ❸分冊 p322 **4**〜

以上より、適切なものはア、イ、エの三つであり、本問の正解肢は3となる。

正解 3
（正解率 **55%**）

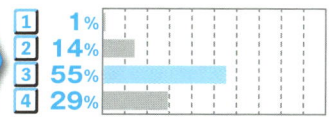

肢別解答率
受験生はこう答えた！

1	1%
2	14%
3	55%
4	29%

難易度 **普**

「共同住宅に係る防犯上の留意事項及び防犯に配慮した共同住宅に係る設計指針について」（最終改正平成18年4月20日 国住生第19号）によれば、新築住宅建設に係る設計指針に関する次の記述のうち、適切でないものはどれか。

1 　共用玄関には、玄関扉を設置することが望ましい。また、玄関扉を設置する場合には、外部から建物内部が見えないようにするとともに、オートロックシステムを導入することが望ましい。

2 　共用廊下・共用階段の照明設備は、極端な明暗が生じないよう配慮しつつ、床面において概ね20ルクス以上の平均水平面照度を確保することができるものとする。

3 　ゴミ置場は、道路等からの見通しが確保された位置に配置する。また、住棟と別棟とする場合は、住棟等への延焼のおそれのない位置に配置する。

4 　通路（道路に準ずるものを除く。以下同じ。）は、道路等、共用玄関又は居室の窓等からの見通しが確保された位置に配置する。また、周囲環境、夜間等の時間帯による利用状況及び管理体制等を踏まえて、道路等、共用玄関、屋外駐車場等を結ぶ特定の通路に動線が集中するように配置することが望ましい。

1 **不適切** 共用玄関には、**玄関扉を設置することが望ましい。**また、玄関扉を設置する場合には、**扉の内外を相互に見通せる構造とする**とともに、**オートロックシステムを導入することが望ましい**〈防犯指針第3.2(1)イ〉。

👉 **③分冊 p322 4~**

2 **適切** 共用廊下・共用階段の照明設備は、極端な明暗が生じないよう配慮しつつ、床面において**概ね20ルクス以上**の平均水平面照度を確保することができるものとする〈防犯指針第3.2(6)イ〉。

👉 **③分冊 p322 4~**

3 **適切** ゴミ置場は、**道路等からの見通しが確保された位置**に配置する。また、住棟と別棟とする場合は、**住棟等への延焼のおそれのない位置**に配置する〈防犯指針第3.2(12)イ〉。

👉 **③分冊 p322 4~**

4 **適切** 通路（道路に準ずるものを除く。以下同じ。）は、**道路等、共用玄関又は居室の窓等からの見通しが確保された位置**に配置する。また、周辺環境、夜間等の時間帯による利用状況及び管理体制等を踏まえて、道路等、共用玄関、屋外駐車場等を結ぶ特定の通路に**動線が集中するように配置する**ことが望ましい〈防犯指針第3.2(9)ア〉。

👉 **③分冊 p322 4~**

防犯

正解 1
（正解率 **59**%）

肢別解答率
受験生はこう答えた！

1	59%
2	9%
3	6%
4	27%

難易度 普

「共同住宅に係る防犯上の留意事項及び防犯に配慮した共同住宅に係る設計指針について」（最終改正平成18年4月20日国住生第19号）によれば、新築住宅建設に係る設計指針に関する次の記述のうち、適切でないものはどれか。

1　管理人室は、共用玄関、共用メールコーナー（宅配ボックスを含む。）及びエレベーターホールを見通せる構造とし、又はこれに近接した位置に配置する。

2　通路（道路に準ずるものを除く。以下同じ。）は、周辺環境、夜間等の時間帯による利用状況及び管理体制等を踏まえて、道路等、共用玄関、屋外駐車場等を結ぶ特定の通路に動線が集中しないように配置することが望ましい。

3　エレベーターのかご及び昇降路の出入口の扉に、エレベーターホールからかご内を見通せる構造の窓を設置しても、エレベーターのかご内には、防犯カメラを設置する必要がある。

4　集会所等の共同施設は、周囲からの見通しが確保されたものとするとともに、その利用機会が増えるよう、設計、管理体制等を工夫する。

1 適切 管理人室は、共用玄関、共用メールコーナー（宅配ボックスを含む。）及びエレベーターホールを見通せる構造とし、又はこれらに近接した位置に配置する〈防犯指針第 3.2(2)〉。

👉 ③分冊 p322 ❹〜

2 不適切 通路（道路に準ずるものを除く。以下同じ。）は、周辺環境、夜間等の時間帯による利用状況及び管理体制等を踏まえて、道路等、共用玄関、屋外駐車場等を結ぶ特定の通路に動線が集中するように配置することが望ましい〈防犯指針第 3.2(9)ア〉。

👉 ③分冊 p322 ❹〜

3 適切 エレベーターのかご及び昇降路の出入口の扉は、エレベーターホールからかご内を見通せる構造の窓が設置されたものとする〈防犯指針第 3.2(5)ウ〉。また、エレベーターのかご内には、防犯カメラを設置する〈同第 3.2(5)ア〉。

👉 ③分冊 p322 ❹〜

4 適切 集会所等の共同施設は、周囲からの見通しが確保されたものとするとともに、その利用機会が増えるよう、設計、管理体制等を工夫する〈防犯指針第 3.2(12)ウ〉。

👉 ③分冊 p322 ❹〜

正解 2
（正解率 68%）

肢別解答率 受験生はこう答えた！

1	3%
2	68%
3	15%
4	14%

難易度 普

マンションの防犯に関する次の記述のうち、適切でないものはどれか。

1　屋内の共用廊下の照明設備は、床面においておおむね 50 ルクス以上の平均水平面照度を確保するものとする。

2　屋外の共用階段について、住棟外部からの見通しが確保され、各住戸のバルコニーと近接している場合には当該バルコニーに侵入しにくい構造とする。

3　敷地内の通路は、共用玄関や居室の窓から見通しが確保され、路面においておおむね 3 ルクス以上の平均水平面照度を確保できる照明設備を設けるものとする。

4　共用玄関の照明設備は、その内側の床面においておおむね 50 ルクス以上、外側の床面においておおむね 20 ルクス以上の平均水平面照度をそれぞれ確保するものとする。

1 **不適切** 共用廊下・共用階段の照明設備は、極端な明暗が生じないよう配慮しつつ、床面において概ね **20 ルクス** 以上の平均水平面照度を確保することができるものとする〈防犯指針第 4.2(6)イ〉。
👉 **❸分冊 p322 4〜**

2 **適切** 共用階段のうち、屋外に設置されるものについては、住棟外部から**見通しが確保**されたものとすることが望ましい。また、共用廊下及び共用階段は、各住戸のバルコニー等に近接する部分については、当該バルコニー等に**侵入しにくい構造**とすることが望ましい〈防犯指針第 4.2(6)ア〉。
👉 **❸分冊 p322 4〜**

3 **適切** 通路は、道路等、共用玄関又は居室の窓等からの**見通しが確保**されたものとすることが望ましい〈防犯指針第 4.2(9)ア〉。通路の照明設備は、極端な明暗が生じないよう配慮しつつ、路面において概ね **3 ルクス** 以上の平均水平面照度を確保することができるものとする〈同イ〉。
👉 **❸分冊 p322 4〜**

4 **適切** 共用玄関の照明設備は、その**内側**の床面において概ね **50 ルクス** 以上、その**外側**の床面において、極端な明暗が生じないよう配慮しつつ、概ね **20 ルクス** 以上の平均水平面照度をそれぞれ確保することができるものとする〈防犯指針第 4.2(1)エ〉。
👉 **❸分冊 p322 4〜**

防犯

正解 **1**	肢別解答率		
（正解率**79%**）	受験生はこう答えた！	**1**	79%
		2	3%
		3	12%
		4	6%

難易度 **易**

次の記述は、「共同住宅に係る防犯上の留意事項及び防犯に配慮した共同住宅に係る設計指針について」（最終改正 平成18年4月20日 国住生第19号）の防犯に配慮した企画・計画・設計の基本原則の一部である。空白となっている ☐ A ☐ ～ ☐ C ☐ に下欄のア～カの語句を選んで文章を完成させた場合において、正しい組合せは、次のうちどれか。

⑴　敷地内の屋外各部及び住棟内の共用部分等は、☐ A ☐からの見通しが確保されるように、敷地内の配置計画、動線計画、住棟計画、各部位の設計等を工夫するとともに、必要に応じて防犯カメラの設置等の措置を講じたものとする。

⑵　共同住宅に対する居住者の☐ B ☐が高まるように、住棟の形態や意匠、共用部分の管理方法等を工夫する。

⑶　住戸の玄関扉、窓、バルコニー等は、犯罪企図者が、☐ C ☐しにくいように、敷地内の配置計画、動線計画、住棟計画、各部位の設計等を工夫したものとする。

[語句]　ア　周囲　　　　イ　住戸　　ウ　防犯意識
　　　　エ　帰属意識　　オ　接近　　カ　逃走

1　Aはア、Bはウ、Cはオ

2　Aはイ、Bはエ、Cはカ

3　Aはイ、Bはウ、Cはカ

4　Aはア、Bはエ、Cはオ

完成文は以下のとおりである。

---

(1) 敷地内の屋外各部及び住棟内の共用部分等は、**A＝ア 周囲**からの見通しが確保されるように、敷地内の配置計画、動線計画、住棟計画、各部位の設計等を工夫するとともに、必要に応じて防犯カメラの設置等の措置を講じたものとする。

(2) 共同住宅に対する居住者の**B＝エ 帰属意識**が高まるように、住棟の形態や意匠、共用部分の管理方法等を工夫する。

(3) 住戸の玄関扉、窓、バルコニー等は、犯罪企図者が、**C＝オ 接近**しにくいように、敷地内の配置計画、動線計画、住棟計画、各部位の設計等を工夫したものとする。

以上より、Aはア、Bはエ、Cはオとなり、本問の正解肢は4となる。

👉 ❸分冊 p322 **4**～

防犯

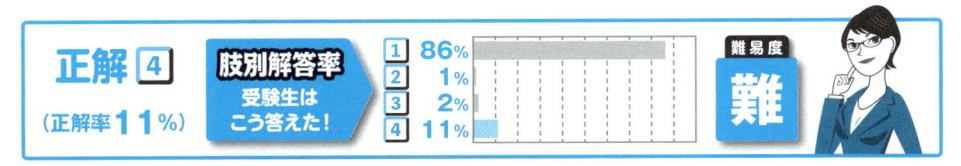

マンションの建物の調査機器と調査方法に関する次の記述のうち、適切なものはどれか。

1 クラックスケールを用いて、コンクリートのひび割れ深さの調査を行った。

2 タッピングマシンを用いて、外壁タイルの浮きの調査を行った。

3 電磁波レーダを用いて、給排水管内部の劣化状況の調査を行った。

4 無色透明な市販の粘着テープを用いて、仕上塗材の白亜化（チョーキング）の程度の調査を行った。

1 **不適切** クラックスケールは、**コンクリートのひび割れ幅の調査に用いる**ものであり、コンクリートのひび割れ深さの調査には用いない。
👉 ❸分冊 p331 **2**〜

2 **不適切** タッピングマシンは、**軽量床衝撃音の遮断力を評価する際に、軽量床衝撃音を発生させる**もので、外壁タイルの浮きの調査には用いない。
👉 ❸分冊 p207 **2**〜

3 **不適切** 電磁波レーダは、**鉄筋の位置の調査などに用いる**ものであり、給排水管内部の劣化状況の調査には用いない。
👉 ❸分冊 p331 **2**〜

4 **適切** 白亜化の調査方法には、**透明粘着テープに付着した白亜化物質の付着の程度を測定する**ものがある。
👉 ❸分冊 p331 **2**〜

正解 **4**
（正解率**49%**）

肢別解答率
受験生はこう答えた！

1	21%
2	17%
3	12%
4	49%

難易度
難

39 劣化・調査・診断

2018年度 問37　Check □□□　重要度 ▶ A

マンションの建物及び設備の劣化診断における調査の目的と使用する調査機器に係るア～エの組合せのうち、適切なものの組合せは、１～４のうちどれか。

	（調査の目的）		（調査機器）
ア	設備配管の継手の劣化状況	－	引張試験機
イ	コンクリートの塩化物イオン量	－	電磁誘導装置
ウ	設備配管（鋼管）の腐食状況	－	超音波厚さ計
エ	仕上塗材の劣化状況	－	分光測色計

1 アとイ

2 イとウ

3 ウとエ

4 エとア

ア 　**不適切**　引張試験機は、**外壁タイルや外壁モルタル塗りの付着強度**を調査する際に使用する。

イ 　**不適切**　電磁誘導装置は、**鉄筋の位置**などを調査する際に使用する。
👉 **❸分冊 p331 ❷〜**

ウ 　**適切**　超音波厚さ計は、**設備配管（鋼管）の腐食状況**を調査する際に使用する。

エ 　**適切**　分光測色計は、**仕上塗材の劣化状況**を調査する際に使用する。
👉 **❸分冊 p331 ❷〜**

以上より、適切なものの組合せはウとエであり、本問の正解肢は3となる。

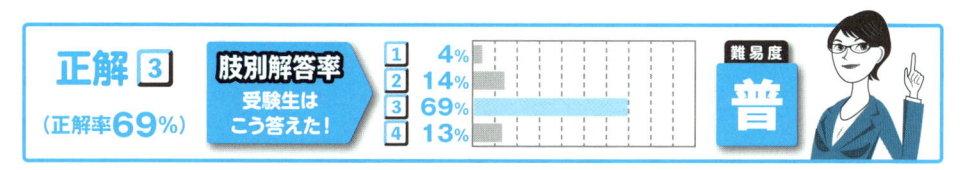

正解 **3**
（正解率**69%**）

肢別解答率
受験生は
こう答えた！

1	4%
2	14%
3	69%
4	13%

難易度
普

鉄筋コンクリート造のマンションの外壁に生じた劣化や不具合の現象とその原因に関する次の記述のうち、適切でないものはどれか。

1 ポップアウトは、アルカリ骨材反応が原因の一つと考えられる。

2 さび汚れは、コンクリートの中性化が原因の一つと考えられる。

3 白華（エフロレッセンス）は、紫外線が原因の一つと考えられる。

4 ひび割れは、コールドジョイントが原因の一つと考えられる。

1 **適切**　ポップアウトとは、**コンクリート内部の部分的な膨張圧によって、**コンクリート表面の小部分が円錐形のくぼみ状に破壊された状態をいう。ここで、アルカリ骨材反応とは、コンクリートの細孔溶液中の水酸化アルカリと骨材中の反応性鉱物との化学反応により生じた生成物が**膨張する現象**であり、ポップアウトの原因の1つと考えられる。

👉 ❸分冊 p331 **2**〜

2 **適切**　さび汚れは、**腐食した鉄筋のさびが**ひび割れ部から流出して、仕上げ材やコンクリートの表面に付着している状態をいう。コンクリートの中性化により、**鉄筋は腐食しやすくなる**ことから、これは、さび汚れの原因の1つと考えられる。

👉 ❸分冊 p331 **2**〜

3 **不適切**　白華（エフロレッセンス）とは、硬化したコンクリートの表面に出た白色の物質をいい、セメント中の石灰等が水に溶けて表面に染み出し、空気中の炭酸ガスと化合してできたものが主成分であり、**コンクリート中への水の浸透等が原因で発生する。**

👉 ❸分冊 p331 **2**〜

4 **適切**　コールドジョイントとは、**コンクリートの打ち継ぎ部に生じる不連続面で、**1回目のコンクリート打設から2回目の打設までに長い時間が経過し、コンクリートが一体化しない場合に生じる空隙をいい、ひび割れの原因の1つと考えられる。

👉 ❸分冊 p331 **2**〜

正解 3
（正解率**70%**）

肢別解答率
受験生は
こう答えた！

肢	解答率
1	6%
2	13%
3	70%
4	10%

難易度
易

マンションの建物の調査・診断に関する次の記述のうち、適切なものはどれか。

1　仕上げ塗材の付着の強さを調べるプルオフ法は、金属面への塗装及びコンクリート面への塗装のいずれにも用いることができる。

2　外壁タイルの調査に用いる赤外線調査は、壁面に赤外線を照射して、その反射量を測定する。

3　アスファルトルーフィングの使用状態での劣化度を測定するためには、現地で針入度試験を行う。

4　コンクリートの中性化の程度を調べるには、手持ち型の pH 測定器を用いることができる。

1 適切　仕上げ塗材の付着の強さを調べるプルオフ法は、**金属面への塗装やコンクリート面への塗装などに適用することができる。**
👉 ❸分冊 p331 **2**〜

2 不適切　赤外線法は、建物の外壁タイルなどの剥離部と健常部との熱伝導の違いによる**温度差**を赤外線映像装置によって測定する。
👉 ❸分冊 p331 **2**〜

3 不適切　アスファルトルーフィングの劣化状態につき針入度試験を行う場合、現物を切断してサンプリングして、**試験場において**試験を行う。
👉 ❸分冊 p331 **2**〜

4 不適切　コンクリートの中性化の程度を調べる場合、**コア抜きしたサンプルにフェノールフタレイン溶液を噴霧する方法**などによる。
👉 ❸分冊 p331 **2**〜

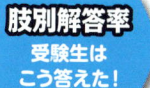
正解 1
（正解率 **13**%）

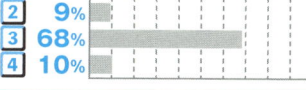
肢別解答率
受験生はこう答えた！

1	13%
2	9%
3	68%
4	10%

難易度 **難**

マンションの建物の調査・診断に関する次の記述のうち、適切でないものはどれか。

1　調査・診断のレベルにおける簡易診断とは、現状把握、本調査・診断の要否の判断を目的とした予備調査・診断のことである。

2　調査・診断のレベルにおける詳細診断とは、劣化の要因を特定し、修繕工事の要否や内容等を判断する目的で行う2次診断及び3次診断のことである。

3　2次診断で行われる非破壊試験とは、被検体である材料あるいは製品の材質や形状、寸法に変化を与えないで、その健全性を調べる試験のことである。

4　3次診断で行われる局部破壊試験には、鉄筋のはつり出し、コンクリートのコア抜き試験や配管の抜管試験などがある。

1 **不適切** 調査・診断のレベルにおける簡易診断とは、現状把握、劣化の危険性の判断を目的とする**本調査・診断**である。
☞ ③分冊 p329 **1**〜

2 **適切** 調査・診断のレベルにおける詳細診断とは、**劣化の要因を特定し、修繕工事の要否や内容等を判断する目的で行う2次診断及び3次診断**である。
☞ ③分冊 p329 **1**〜

3 **適切** 2次診断で用いられる非破壊試験とは、**被検体である材料あるいは製品の材質、形状や寸法に変化を与えずに、劣化具合や健全性を調べる試験**をいう。
☞ ③分冊 p329 **1**〜

4 **適切** 3次診断で用いられる局部破壊試験とは、**被検体に対し、曲げ、圧縮、引張等の力を加え、あるいはその他の塑性変形を与えて物性のデータをとる試験**をいう。具体例として、鉄筋のはつり出し、コンクリートのコア抜き試験、配管の抜管試験などを挙げることができる。
☞ ③分冊 p329 **1**〜

第7編 建築・設備

劣化・調査・診断

正解 1
（正解率**33%**）

肢別解答率
受験生はこう答えた！

1	33%
2	23%
3	20%
4	23%

難易度 難

鉄筋コンクリート造のマンションの建物の劣化原因と症状に関する次の記述のうち、適切でないものはいくつあるか。

ア ひび割れの原因の一つは、コンクリートの乾燥収縮である。

イ 剥落の原因の一つは、コンクリートの中性化による鉄筋の腐食である。

ウ ポップアウトの原因の一つは、コンクリートの内部の部分的な膨張圧である。

エ エフロレッセンスの原因の一つは、コンクリートのアルカリ骨材反応である。

1 一つ
2 二つ
3 三つ
4 四つ

ア `適切` コンクリートは、**乾燥収縮により**、ひび割れが生じる。
👉 ❸分冊 p331 **2**～

イ `適切` コンクリートの**中性化により、鉄筋は腐食しやすくなる**。鉄筋の腐食に伴って生じた錆の体積は、もとの鉄筋の数倍になるため、その**膨張圧によって剥落が生じる**おそれがある。
👉 ❸分冊 p331 **2**～

ウ `適切` ポップアウトとは、**コンクリート内部の部分的な膨張圧**によって、コンクリート表面の小部分が円錐形のくぼみ状に破壊された状態をいう。コンクリート内部の部分的な膨張圧は、ポップアウトの原因であるといえる。
👉 ❸分冊 p331 **2**～

エ `不適切` エフロレッセンスとは、硬化したコンクリートの表面に出た白色の物質をいい、セメント中の石灰等が水に溶けて表面に染み出し、空気中の炭酸ガスと化合してできたものをいう。したがって、エフロレッセンスの原因は、**コンクリート中への水の浸透等**であり、アルカリ骨材反応が原因であるとはいえない。
👉 ❸分冊 p331 **2**～

以上より、適切でないものはエの一つであり、本問の正解肢は 1 となる。

正解 1
（正解率 **63%**）

肢別解答率
受験生はこう答えた！

肢	解答率
1	63%
2	23%
3	12%
4	3%

難易度 普

マンションの建物の外壁に生じる劣化や不具合の状況と調査内容に関する次の記述のうち、適切でないものはどれか。

1 外壁の目地部分のシーリング材の劣化が心配されたので、シーリング材を部分的に切り取り、引張強度や伸びを調べた。

2 外壁タイルのひび割れは、その下地のモルタルやコンクリートが原因であることが多い。

3 外壁塗装の白亜化は、下地のコンクリート中の石灰等が水に溶けて塗装面にしみ出すことをいう。

4 外壁のコンクリートのひび割れの調査の結果、ひび割れ幅が 0.2mm 〜 0.4mm の範囲だったので、漏水の可能性があると判断した。

1 **適切** シーリング材の劣化は、現物を切り取り、試験場において**引張強度、伸び、成分等の試験**を行うことにより、診断することができる。

2 **適切** 外壁タイルのひび割れは、その**下地のモルタルやコンクリートが原因**であることが多い。
☞ ❸分冊 p331 **2**～

3 **不適切** 外壁塗装の白亜化は、**塗装の表面が粉状になる現象**である。
☞ ❸分冊 p331 **2**～

4 **適切** コンクリートのひび割れは、**その幅が 0.3mm 以下であっても**、内部に雨水などが入り、**漏水や鉄筋腐食の原因となり得る**。
☞ ❸分冊 p331 **2**～

第7編 建築・設備

劣化・調査・診断

正解 3
（正解率**67%**）

肢別解答率
受験生は
こう答えた！

1	10%
2	9%
3	67%
4	14%

難易度 **普**

45 劣化・調査・診断

2022年度 問39 Check □□□ 重要度 ▶ A

マンションの調査・診断方法とその目的に関する次の組合せのうち、適切でないものはどれか。

1 Ｘ線法　―　給水管の肉厚の減少や錆こぶの状態

2 ドリル削孔（粉末）法　―　コンクリートの強度

3 反発法　―　外壁タイルの浮き

4 電磁波レーダ法　―　コンクリート中の鉄筋の位置

1 適切 　X線法は、X線を配管に照射して、配管の後ろに置いたフィルムを感光させて、**配管の肉厚の減少や錆こぶの状態など内部を観察する調査方法**である。
👉 ❸分冊 p331 **2**〜

2 不適切 　ドリル削孔（粉末）法は、ドリルでコンクリートを粉末にしながら採取し、この粉末を用いて**中性化の深さや塩化物イオン量を測定する調査方法**である。コンクリートの強度は、リバウンドハンマー試験などによって調査する。
👉 ❸分冊 p331 **2**〜

3 適切 　反発法は、タイル・モルタル面に一定の打撃を加え、その衝撃により生じた跳ね返りの大きさを自動的に記録し、**タイル・モルタルの浮き等の程度を調査する調査方法**である。
👉 ❸分冊 p331 **2**〜

4 適切 　電磁波レーダ法は、電磁波レーダを用いて、**鉄筋の位置などを調査する調査方法**である。
👉 ❸分冊 p331 **2**〜

第7編　建築・設備

劣化・調査・診断

正解 2
（正解率65%）

肢別解答率
受験生はこう答えた！

肢	解答率
1	11%
2	65%
3	20%
4	4%

難易度 **普**

マンションの建物の調査機器と調査方法に関する次の記述のうち、適切でないものはどれか。

1 電磁波レーダを用いて、鉄筋のかぶり厚さの調査を行った。

2 クラックスケールを用いて、コンクリートのひび割れ幅の調査を行った。

3 タッピングマシンを用いて、外壁タイルの浮きの調査を行った。

4 針入度計を用いて、防水層の劣化度の調査を行った。

1 適切 　電磁波レーダは、**鉄筋の位置の調査**などに用いるものである。鉄筋の位置から**鉄筋のかぶり厚さ**を調べることができる。

☞ ❸分冊 p331 **2**~

2 適切 　クラックスケールは、**コンクリートのひび割れ幅の調査**に用いるものである。

☞ ❸分冊 p331 **2**~

3 不適切 　タッピングマシンは、**軽量床衝撃音の遮断力を評価する際に、軽量床衝撃音を発生させるもの**で、外壁タイルの浮きの調査には用いない。

☞ ❸分冊 p207 **2**~

4 適切 　針入度計は、アスファルトなどの**防水層の劣化度の調査**に用いるものである。

正解 3	肢別解答率			難易度
（正解率69%）	受験生はこう答えた！	1	10%	普
		2	2%	
		3	69%	
		4	18%	

第7編　建築・設備

劣化・調査・診断

47 劣化・調査・診断

2024年度 問38　Check □□□　重要度 ▶ A

マンションの建物の外壁の劣化診断における調査の目的と使用する調査機器に係るア～エの組合せのうち、適切なものの組合せは、1～4のうちどれか。

	（調査の目的）		（調査機器）
ア	タイルの浮き	—	リバウンドハンマー
イ	コンクリートの塩化物イオン量	—	電磁誘導装置
ウ	外壁コンクリートのひび割れ	—	クラックスケール
エ	仕上塗材の劣化状況	—	分光測色計

1. アとイ
2. イとウ
3. ウとエ
4. エとア

ア 不適切 リバウンドハンマーは、**コンクリートの圧縮強度**を調査する際に使用する。
👉 ❸分冊 p331 ❷〜

イ 不適切 電磁誘導装置は、**鉄筋の位置**などを調査する際に使用する。
👉 ❸分冊 p331 ❷〜

ウ 適切 クラックスケールは、**外壁コンクリートのひび割れの幅**を調査する際に使用する。
👉 ❸分冊 p331 ❷〜

エ 適切 分光測色計は、**仕上塗材の劣化状況**を調査する際に使用する。

以上より、適切なものの組合せはウとエであり、本問の正解肢は3となる。

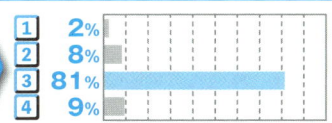
正解 3
（正解率 **81**%）

肢別解答率
受験生は
こう答えた！

1	2%
2	8%
3	81%
4	9%

難易度
易

マンションの外壁の補修工事に関する次の記述のうち、適切でないものはどれか。

1 外壁パネル等の目地のシーリング材の補修は、既存のシーリング材を除去して新規のシーリング材を施工するシーリング再充填工法（打替え工法）が一般的である。

2 モルタル塗り仕上げ部分に発生している幅が1.0㎜を超えるひび割れで、ひび割れ幅が変動する場合の補修は、Uカットシール材充填工法とし、充填材にシーリング材を用いるのが一般的である。

3 外壁複合改修構工法（ピンネット工法）は、既存のタイルやモルタル等の仕上げ層を撤去せずに、アンカーピンによる仕上げ層の剥落防止と繊維ネットによる既存仕上げ層の一体化により安全性を確保する工法である。

4 コンクリート部分に発生しているひび割れの補修工事で樹脂注入工法を行う場合、注入する圧力は、樹脂を行き渡らせるために、できるだけ高圧とすることが一般的である。

1 **適切**　シーリング再充填工法は、**既存シーリング材を除去して、シーリング材を再度充填する工法**であり、外壁パネル等の目地のシーリング材の補修方法として、最も一般的な工法である。

2 **適切**　Uカットシール材充填工法は、**ひび割れに沿ってU字形にカットして、その部分に補修材を充填する工法**である。ひび割れ幅が1mmを超え、変動する場合の補修は、Uカットシール材充填工法とし、充填材にシーリング材を用いるのが一般的である。
☞ ❸分冊 p331 **2**〜

3 **適切**　外壁複合改修構工法（ピンネット工法）は、**既存のタイルやモルタル等の仕上げ層の外側に、これと一体化した剥落防止層（繊維ネットと、ポリマーセメントモルタルや透明樹脂等により形成）を施工し、さらに既存仕上げ層、又は既存仕上げ層と剥落防止層をアンカーピンで固定して、施工範囲全体の剥落を防止する工法**である。

4 **不適切**　注入工法は、エポキシ樹脂などの注入材を、注入器具を用いてひび割れ深部まで充填させる工法である。注入する圧力は、**低圧**とすることが一般的である。
☞ ❸分冊 p331 **2**〜

正解 4
（正解率**79%**）

肢別解答率
受験生は
こう答えた！

肢	解答率
1	5%
2	8%
3	6%
4	79%

難易度
易

マンションの修繕工事に関する次の記述のうち、適切でないものはどれか。

1 タイル張り外壁の浮き部分の補修では、アンカーピンニング部分エポキシ樹脂注入工法の方が、注入口付きアンカーピンニング部分エポキシ樹脂注入工法よりも、ピンニングの箇所数が多くなる。

2 ポリマーセメントモルタル充てん工法は、コンクリート表面の剥がれや剥落の発生している欠損部の改修工法であり、表面の軽微な欠損部に適用する。

3 屋上の保護アスファルト防水の改修では、既存防水層を撤去し新たな防水層を施工することが一般的である。

4 ウレタンゴム系塗膜防水材を用いた塗膜防水は、開放廊下やバルコニーに適用することができる。

1 適切　アンカーピンニング部分エポキシ樹脂注入工法では、アンカーピンの本数は、**1㎡あたり16本**を標準とする。注入口付きアンカーピンニング部分エポキシ樹脂注入工法では、アンカーピンの本数は、**1㎡あたり9本**を標準とする。

2 適切　ポリマーセメントモルタル充てん工法は、**コンクリート表面の剥がれや剥落の発生している欠損部の改修工法**であり、**比較的軽微な剥がれや浅い欠損に対する工法**である。

3 不適切　建物に住民が居住している屋上の保護アスファルト防水の改修をする場合、保護コンクリートの撤去をすることは難しいので、**既存防水層を撤去し、新たな防水層を施工することは難しい。**
☞ **③分冊 p331 2~**

4 適切　ウレタンゴム系塗膜防水材を用いた塗膜防水には、**開放廊下やバルコニーに適用できるものもある。**
☞ **③分冊 p331 2~**

正解 3
（正解率**56%**）

肢別解答率
受験生は
こう答えた！

1	15%
2	9%
3	56%
4	20%

難易度
普

設計監理方式で実施したマンションの大規模修繕工事に関する次の記述のうち、適切でないものはどれか。

1 施工者が、工事工程計画、仮設計画、品質管理計画などの計画を作成した。

2 管理組合が主催者となって工事説明会を開催し、施工者と工事監理者が説明を行った。

3 工事監理者は、引渡し後に工事監理に関する瑕疵が判明した場合に対応するため、特定住宅瑕疵担保責任の履行の確保等に関する法律（平成19年法律第66号）に基づき、保険法人と住宅瑕疵担保責任保険契約を締結した。

4 工事完了時に竣工検査として、施工者検査、工事監理者検査、管理組合検査の順に行った。

設計監理方式とは、建築士を有する建築設計事務所・建設会社・管理会社等を選定し、合意形成までの段階では、調査診断・改修設計・施工会社の選定・資金計画等に係る専門的、技術的、実務的な業務を委託し、工事実施段階では工事監理を委託する方式をいう。

1 適切　設計監理方式による場合、本肢の計画は、**施工者が作成する**。

2 適切　工事説明会は、管理組合が主催し、**工事監理者と施工者が具体的な説明を行う**。

3 不適切　住宅瑕疵担保責任保険契約の締結は、**住宅を新築する建設工事の請負契約に基づき発注者に新築住宅を引き渡した建設業者**又は自ら売主となる売買契約に基づき買主に新築住宅を引き渡した宅地建物取引業者が行うべきことである〈特定住宅瑕疵担保責任の履行の確保等に関する法律3条、11条〉。工事監理者は、これを行う必要はない。

4 適切　工事完了時の竣工検査は、**施工者検査、工事監理者検査、管理組合検査の順で行う**。

第7編 建築・設備

修繕工事・改修工事

正解 **3**

（正解率**45**%）

肢別解答率
受験生はこう答えた！

1	35%
2	9%
3	45%
4	10%

難易度 **難**

マンションの大規模修繕工事における工事請負契約の締結に関する次の記述のうち、適切でないものはどれか。

1　工事請負契約の締結は、発注者である管理組合と選定された施工会社との間で行うが、マンション管理適正化法に定める基幹業務を管理会社に委託している場合は、当該管理会社と施工会社との間で行う。

2　工事請負契約書には、工事対象物件の所在地、工事内容、工期、工事代金、工事代金の支払い方法等の事項が記載される。

3　工事請負契約約款とは、工事請負契約に基づいて、発注者、工事請負者がそれぞれの立場で履行すべき事項を詳細に定めたものである。

4　工事請負契約上引き渡すべき図書とした工事保証書は、工事請負者と建築塗料等の材料製造会社との連名により作成される場合がある。

1 **不適切**　工事請負契約の締結は、マンション管理適正化法に規定する基幹業務を管理会社に委託している場合においても、**管理組合と施工会社との間で行う。**

2 **適切**　工事請負契約書には、**工事対象物件の所在地、工事の内容、工期、工事代金、工事代金の支払方法等の事項**が記載される。

3 **適切**　工事請負契約約款とは、**工事請負契約に基づいて、発注者、工事請負者等の関係者がそれぞれの立場で履行すべき事項を詳細に定めたもの**である。

4 **適切**　工事請負契約上引き渡すべき図書とした工事保証書は、工事請負者と建築塗料等の材料製造会社との**連名により作成される場合がある。**

正解 **1**　（正解率**92**%）

肢別解答率　受験生はこう答えた！

1	92%
2	1%
3	3%
4	4%

難易度 **易**

マンションの大規模修繕工事に関する次の記述のうち、適切でないものはどれか。

1 CM（コンストラクションマネジメント）方式とは、専門家が発注者の立場に立って、発注・設計・施工の各段階におけるマネジメント業務を行うことで、全体を見通して効率的に工事を進める方式をいう。

2 責任施工方式では、初期の段階から工事中の仮設計画や工事実施手順等に配慮した検討を行うことができる。

3 建築基準法の規定により、一級建築士が設計を行う必要がある工事を行う場合においては、責任施工方式の場合でも、一級建築士である工事監理者を定める必要がある。

4 設計監理方式は、責任施工方式に比べて、工事内容と費用内訳の関係が不明瞭となりやすい。

1 **適切**　CM（コンストラクションマネジメント）方式とは、コンストラクションマネージャー（CMR）と呼ばれる専門家が、**技術的な中立性を保ちつつ発注者の側に立って、設計・発注・施工の各段階において**、設計の検討や工事発注方式の検討、工程管理、品質管理、コスト管理などの各種のマネジメント業務の全部又は一部を行う方式をいう。

👉 **③分冊 p362 5～**

2 **適切**　責任施工方式とは、建築士を有する施工会社（設計・施工・監理部門を有する建設会社や管理会社等）を選定し、調査診断・改修設計・資金計画から工事の実施までの全てを請け負わせる方式をいう。この方式では、**初期の段階から施工性（工事中の仮設計画や工事実施手順等）に配慮した検討を行う**ことができる。

👉 **③分冊 p362 5～**

3 **適切**　建築士法3条1項に規定する建築物の工事は、一級建築士の設計によらなければすることができない〈建基5条の6第1項〉。また、建築士法3条1項に規定する建築物を新築する場合においては、一級建築士でなければ、その設計又は工事監理をしてはならない〈建築士法3条1項〉。したがって、建築基準法の規定により、一級建築士が設計を行う必要がある工事を行う場合においては、**一級建築士である工事監理者を定める必要がある**といえる。

👉 **③分冊 p362 5～**

4 **不適切**　設計監理方式とは、建築士を有する建築設計事務所・建設会社・管理会社等を選定し、合意形成までの段階では、調査診断・改修設計・施工会社の選定・資金計画等に係る専門的、技術的、実務的な業務を委託し、工事実施段階では工事監理を委託する方式をいう。この方式は、**診断・改修設計と施工が分離しているので、工事内容・工事費用の透明性の確保、責任所在の明確さなどの点で望ましい方式**であり、工事内容と費用内訳の関係が不明瞭となりやすいとはいえない。

👉 **③分冊 p362 5～**

正解 4
（正解率**90%**）

肢別解答率
受験生はこう答えた！

1	1%
2	3%
3	7%
4	90%

難易度 易

マンションの大規模修繕工事に関する次の記述のうち、適切でないものはどれか。

1 工事中の煙や臭いの発生を少なくするため、溶融温度が低い防水工事用改質アスファルトを用いた。

2 工事による騒音が、室内において 40dBA 程度になると、不快感を訴える人が多くなる。

3 モルタル塗り仕上げ部分に発生している幅が 1.0mm を超えるひび割れで、ひび割れ幅の変動がある場合の補修は、U カットシール材充填工法とし、充填材にシーリング材を用いるのが一般的である。

4 外壁複合改修構工法（ピンネット工法）は、既存のタイルやモルタル等の仕上げ層を撤去せずに、アンカーピンによる仕上げ層の剥落防止と繊維ネットによる既存仕上げ層の一体化により安全性を確保する工法である。

1 適切　改質アスファルトは、従来のアスファルトと比べると、**溶融温度が低く、工事中の煙・臭気を低減する**ことができる。

☞ **❸分冊 p331 ❷〜**

2 不適切　環境基本法16条1項に基づく騒音に係る環境基準は、療養施設、社会福祉施設等が集合して設置される地域など特に静穏を要する地域における夜間の基準値を、**40デシベル以下**としている。そうだとすると、工事による騒音が40dBA 程度になったとしても、不快感を訴える人が多くなるとは考えにくい。

☞ **❸分冊 p207 ❷〜**

3 適切　Uカットシール材充填工法は、ひび割れに沿ってU字形にカットして、その部分に補修材を充填する工法である。ひび割れ幅が1mm を超え、変動する場合の補修は、**Uカットシール材充填工法**とし、**充填材にシーリング材を用いる**のが一般的である。

☞ **❸分冊 p331 ❷〜**

4 適切　外壁複合改修構工法（ピンネット工法）は、**既存のタイルやモルタル等の仕上げ層の外側に**、これと**一体化**した剥落防止層（繊維ネットと、ポリマーセメントモルタルや透明樹脂等により形成）を施工し、さらに既存仕上げ層、又は既存仕上げ層と剥落防止層を**アンカーピンで固定**して、施工範囲全体の**剥落を防止する工法**である。

正解 2　（正解率 **48%**）

肢別解答率　受験生はこう答えた！

肢	解答率
1	31%
2	48%
3	15%
4	5%

難易度　**難**

マンションの大規模修繕における施工会社選定に関する次の記述のうち、適切でないものは
どれか。

1 施工会社の選定ポイントには、品質管理や現場代理人の経歴、居住者対応等の
施工会社の能力、適正な工事費用等がある。

2 施工会社の施工管理体制のチェックポイントには、工事工程計画、作業分担人
員計画、工事検査計画、安全管理計画、品質管理計画、居住者向けの連絡広報計画、
建設業法上の監理技術者の配置、現場代理人の選定、工事中の事故対策等がある。

3 アフターサービス体制のチェックポイントには、工事保証の内容、工事後の不
具合に対する即応体制、アフターサービスに関する担当体制の内容等がある。

4 工事保証には、工事中に施工会社が倒産した場合などに対応する完成保証と、
竣工後に工事の瑕疵が判明した場合に対応する瑕疵保証があり、さらに、マンショ
ンの大規模修繕については、瑕疵保険が義務化されている。

1 **適切** 施工会社の選定ポイントとして、**施工会社の能力（品質管理、現場代理人の経歴、居住者対応等）、適正な工事費用等**を挙げることができる。

2 **適切** 施工会社の施工管理体制のチェックポイントとして、**工事工程計画、作業分担人員計画、工事検査計画、工事現場仮設計画、安全管理計画、品質管理計画、居住者向けの連絡広報計画、建設業法上の監理技術者の配置、現場代理人の選定、工事中の事故対策の内容等**を挙げることができる。

3 **適切** アフターサービス体制のチェックポイントとして、**工事保証の内容、工事後の不具合に対する即応体制、アフターサービスに関する担当体制の内容等**を挙げることができる。

4 **不適切** 工事保証には、工事中に施工会社が倒産した場合などに対応する完成保証と、竣工後に工事の瑕疵が判明した場合に対応する瑕疵保証があり、さらにマンションの大規模修繕については、**任意加入**の瑕疵保険がある。瑕疵保険への加入は義務づけられていない。

正解 4
（正解率**85%**）

肢別解答率 受験生はこう答えた！

肢	%
1	11%
2	1%
3	2%
4	85%

難易度 易

マンションの建物の防水に関する次の記述のうち、適切でないものはどれか。

1　メンブレン防水の調査・診断では、竣工図で、防水材料、工法、納まりを確認し、漏水箇所の有無及び防水材料の劣化状況等の調査結果と照合して、漏水の原因や今後の耐久性を推定する。

2　室内への漏水は、屋根周辺からだけでなく、外壁やサッシまわりからの漏水の場合もある。

3　シーリング材の劣化症状であるチョーキングとは、シーリング材が収縮し、くびれる現象をいう。

4　シーリングの早期の剥離や破断の原因には、当初施工時のプライマー不良やシーリング厚さ不足等の施工不良がある。

1 **適切** メンブレン防水の調査・診断においては、**漏水箇所の調査、防水箇所の劣化等調査、防水層立上り端部の劣化等調査**を行うとともに、**竣工図で、防水材料、工法、納まりを確認**し、これらの調査結果を照合して**漏水の原因や今後の耐久性を推定**する。

👉 ❸分冊 p331 **2**〜

2 **適切** 室内への漏水は、屋根防水層の周りからだけでなく、**外壁やサッシ回りからの漏水**の場合もある。

👉 ❸分冊 p331 **2**〜

3 **不適切** シーリング材の劣化症状であるチョーキングとは、**表面が粉状になる現象**をいう。

👉 ❸分冊 p331 **2**〜

4 **適切** シーリングの早期の剥離や破断の原因は、**当初施工時の施工不良（プライマー不備、シーリング厚さ不備等）**によることが多い。

👉 ❸分冊 p331 **2**〜

正解 3

（正解率 **93%**）

肢別解答率

受験生はこう答えた！

1	4%
2	2%
3	93%
4	2%

難易度

易

マンションの防水施工に関する次の記述のうち、適切なものはどれか。

1 ウレタン系シーリング材は、耐候性が高いので屋外の金属と金属との接合部の目地に適したシーリング材である。

2 屋上の保護アスファルト防水の改修では、既存防水層を撤去し新たな防水層を施工することが一般的である。

3 露出アスファルト防水工法は、ルーフバルコニー等の日常的に使用する場所には採用されない。

4 シリコーン系シーリング材は、耐久性及び接着性が高く、目地周辺を汚染しないので、使用箇所が限定されない。

1 **不適切** ウレタン系シーリング材は、そのままでは**紫外線に弱く、劣化が速い**。

☞ ③分冊 p331 **2**~

2 **不適切** 保護アスファルト防水の改修方式としては、全面撤去方式（既存防水層を撤去し新たな防水層を施工する方式）のほか、**かぶせ方式**（既存防水層劣化部を除去し修繕を行った上で、既存防水層の平坦部を残した上に新たな防水層を施工する方式）を挙げることができる。

☞ ③分冊 p331 **2**~

3 **適切** 露出アスファルト防水工法は、**傷がつきやすく、強度も弱い**ため、ルーフバルコニー等の**日常的に使用する場所には採用されない**。

☞ ③分冊 p331 **2**~

4 **不適切** シリコーン系シーリング材は、**目地周辺を汚染させる傾向がある**ので、金属とガラスの間など、使用箇所が限定される。

☞ ③分冊 p331 **2**~

正解 3

（正解率 **67%**）

肢別解答率 受験生はこう答えた！

1	19%
2	7%
3	67%
4	7%

難易度 **普**

マンションの構造に関する次の記述のうち、適切でないものはどれか。

1　震度6強から震度7程度の地震がおきても、人命に危害を及ぼすような倒壊等を生じないことを目標として、建築基準法の耐震基準は定められている。

2　壁と床を鉄筋コンクリートで一体的につくり、様々な荷重や外力に対応する壁式構造は、中層や低層のマンションに適している。

3　多くのマンションで採用されている耐震構造は、建物の剛性を高めて地震力に抵抗する構造方式である。

4　チューブ状の鋼管の中にコンクリートを詰めて、柱などの主要構造材としたものを鉄骨鉄筋コンクリート構造（SRC造）といい、鉄筋コンクリート構造（RC造）と同様に、鉄とコンクリートの特性を補い合う優れた性能を持つ。

1 **適切** 建築基準法による耐震基準は、**震度6強から震度7程度の地震**に対して、**人命に危害を及ぼすような倒壊、崩壊等を生じない**ことを目標としている。

👉 **❸分冊 p352 ❸~**

2 **適切** 壁式構造は、**壁や床などの平面的な構造部材を一体として構成**し、荷重及び外力に対応する構造形式である。壁式構造は、一般に、**中低層の建物**に採用されることが多い。

👉 **❸分冊 p178 ❶~**

3 **適切** 耐震構造は、**建物の剛性を高めて地震力に抵抗する**構造形式である。

👉 **❸分冊 p352 ❸~**

4 **不適切** **チューブ状の鋼管の中にコンクリートを詰めて柱などの主要構造材**としたものを、鋼管コンクリート構造という。

👉 **❸分冊 p178 ❶~**

正解 4
（正解率 **63**%）

肢別解答率
受験生は
こう答えた！

1	7%	
2	7%	
3	23%	
4	63%	

難易度 **普**

マンションの耐震性能に関する次の記述のうち、適切でないものはどれか。

1 建築基準法に規定する現行の耐震基準は、震度6強から震度7程度の地震に対して、人命に危害を及ぼすような倒壊や崩壊などを生じないことを目標としている。

2 建築物の耐震改修の促進に関する法律（平成7年法律第123号）は、平成25年に一部改正され、要安全確認計画記載建築物及び特定既存耐震不適格建築物以外の既存耐震不適格建築物であるマンションには、耐震診断と必要に応じた耐震改修の努力義務が課せられている。

3 マンションの耐震性能は、構造耐震指標（Is）と構造耐震判定指標（Iso）との比較により評価することができ、Is＜Isoであれば「安全（想定する地震動に対して所要の耐震性を確保している。）」と判定される。

4 構造耐震指標（Is）は、建物の強さと粘りの指数である「保有性能基本指標」に、建物の形状やバランスの良さを示す指標「形状指標」と建物の経年劣化の指標「経年指標」を乗じて算定される。

1 **適切** 建築基準法に規定する現行の耐震基準は、震度6強から震度7程度の地震に対して、**人命に危害を及ぼすような倒壊や崩壊などを生じないこと**を目標としている。

☞ **③分冊 p352 ③〜**

2 **適切** 要安全確認計画記載建築物及び特定既存耐震不適格建築物以外の既存耐震不適格建築物の所有者は、当該既存耐震不適格建築物について耐震診断を行い、必要に応じ、当該既存耐震不適格建築物について耐震改修を行うよう**努めなければならない**〈耐16条1項〉。この規定は、平成25年の一部改正により新設された。

3 **不適切** 建物の保有する耐震性能は、構造耐震指標 Is という数値を算出し、構造耐震判定指標 Iso と比較することにより評価する。建物の耐震性の判定では、構造耐震指標 Is が構造耐震判定指標 Iso 値以上であれば、つまり、Is ≧ Iso であれば、「安全（想定する地震動に対して所要の耐震性を確保している）」とし、そうでなければ、つまり、**Is ＜ Iso であれば、耐震性に「疑問あり」**とすることによって、耐震化の必要性を確認する〈マンション耐震化マニュアル〉。

☞ **③分冊 p352 ③〜**

4 **適切** 構造耐震指標 Is は、**建物の強さと粘りの指標**（保有性能基本指標 E_0）に、建物の形状、**バランスの良さの指標**（形状指標 S_D）と**建物の経年劣化の指標**（経年指標 T）を乗じて算定される〈マンション耐震化マニュアル〉。

☞ **③分冊 p352 ③〜**

正解 ③
（正解率 **63%**）

肢別解答率
受験生は
こう答えた！

1	5%
2	8%
3	63%
4	23%

難易度
普

マンションの室内環境に関する次の記述のうち、**適切でないもの**はどれか。

1　建築基準法の規定による居室に設ける窓その他の開口部の採光に有効な部分の面積の算定方法は、開口部が設置されている壁面の方位により異なる。

2　低放射複層ガラス（Low-E複層ガラス）は中空層側のガラス面に特殊な金属膜をコーティングしたものであるが、金属膜を屋外側ガラスにコーティングした場合と室内側ガラスにコーティングした場合とでは、室内環境に及ぼす効果が異なる。

3　遮音対策としては、共用廊下やエレベーター、設備配管からの騒音にも配慮する必要がある。

4　壁下地材などの内装材として使用されているせっこうボードは、防火性だけではなく遮音性を有している。

1 **不適切**　居室の窓その他の開口部で採光に有効な部分の面積は、当該居室の開口部ごとの面積に、それぞれ採光補正係数を乗じて得た面積を合計して算定する〈建基令 20 条 1 項〉。算定方法は、**開口部が設置されている壁面の方位によらない。**
☞ ❸分冊 p398 **5**〜

2 **適切**　低放射複層ガラス（Low-E 複層ガラス）は、中空層のガラス面に特殊な金属膜をコーティングしたものである。金属膜を**室内側**のガラスに用いた場合、**暖房効果**を高める。他方、金属膜を**室外側**のガラスに用いた場合、**冷房効果**を高める。
☞ ❸分冊 p204 **1**〜

3 **適切**　マンションの遮音対策を考える場合、上下左右の住戸だけでなく、**廊下、階段、エレベーター、設備配管等といった共用部分からの騒音**にも配慮する必要がある。
☞ ❸分冊 p207 **2**〜

4 **適切**　せっこうボードは、壁下地材などの内装材として用いられる建築材料であり、**防火性及び遮音性に優れる。**
☞ ❸分冊 p199 **2**〜

正解 1
（正解率 **75%**）

肢別解答率
受験生は
こう答えた！

1	75%
2	12%
3	1%
4	11%

難易度 **易**

マンションの建物及び設備の維持管理に関する次の記述のうち、適切でないものはどれか。

1　大規模修繕工事前に実施する調査・診断の一環として、竣工図書、過去に行った調査・診断結果、修繕履歴等の資料調査を行う。

2　予防保全の考え方にたって、計画的に建物及び設備の点検、調査・診断、補修・修繕等を行い、不具合や故障の発生を未然に防止することとした。

3　建築基準法第12条第1項に規定する特定建築物の定期調査のうち、竣工後3年以内に実施する外壁タイルの調査は、目視により確認する方法で足りる。

4　中低層鉄筋コンクリート造の既存マンションに対して一般的に行われている耐震診断の評価方法には、計算のレベルが異なる第1次診断法、第2次診断法及び第3次診断法があるが、第1次診断法は、簡易な診断法であるため、耐震性能があると判定するための構造耐震判定指標の値が高く設定されている。

1 適切　大規模修繕工事の前には、調査・診断の一環として、予備調査・診断を行う。予備調査・診断に当たっては、建築物の状況を実地に確認するとともに、**設計図書及び過去の調査・診断や修繕等の記録なども調査する。**
☞ ③分冊 p329 **1**〜

2 適切　予防保全とは、**計画的に対象物の点検、調査・診断、補修、修繕等を行い、故障や不具合を未然に防止するために行う保全**である。
☞ ③分冊 p329 **1**〜

3 不適切　建築基準法 12 条 1 項に規定する特定建築物の定期調査のうち、外壁タイルの劣化及び損傷の状況の調査においては、**開口隅部、水平打継部、斜壁部等のうち手の届く範囲をテストハンマーによる打診等により確認し、**その他の部分は必要に応じて双眼鏡等を使用し目視により確認し、異常が認められた場合にあっては、落下により歩行者等に危害を加えるおそれのある部分を全面的にテストハンマーによる打診等により確認する〈平成 20 年国土交通省告示 282 号〉。したがって、本肢の調査においても、少なくとも、開口隅部、水平打継部、斜壁部等のうち手の届く範囲はテストハンマーによる打診等によって確認する。
☞ ③分冊 p396 **4**〜

4 適切　耐震診断は計算のレベルの異なる第 1 次診断法、第 2 次診断法及び第 3 次診断法がある。第 1 次診断法は、極めて簡易な診断法であるため、耐震性能があると判定するための構造耐震判定指標の値が、**第 2 次診断法及び第 3 次診断法よりも高く設定されている**〈耐マ〉。
☞ ③分冊 p352 **3**〜

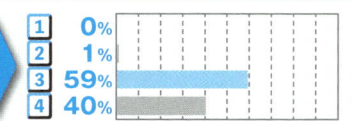

正解 **3**
（正解率 **59%**）

肢別解答率
受験生は
こう答えた！

1	0%
2	1%
3	59%
4	40%

難易度
普

マンションの共用部分のバリアフリー設計に関する次の記述のうち、住宅の品質確保の促進等に関する法律（平成11年法律第81号）に基づく住宅性能表示制度における高齢者等配慮対策等級の等級5の基準に適合しないものはどれか。

1 共用階段の両側に、踏面の先端からの高さが800mmの手すりを設けた。

2 エレベーターホールに、直径が1,200mmの円形が収まる広さの空間を確保した。

3 エレベーター出入口の有効な幅員を800mmとした。

4 エレベーターから建物出入口に至る共用廊下の幅員を1,400mmとした。

1 ┃適合する┃　住宅性能評価制度における高齢者等配慮対策等級の等級5の基準の1つとして、共用階段の手すりが、**両側に、かつ、踏面の先端からの高さが700mmから900mmの位置に設けられていること**が挙げられている〈評価方法基準〉。

2 ┃適合しない┃　住宅性能評価制度における高齢者等配慮対策等級の等級5の基準の1つとして、エレベーターホールに**一辺を1,500mmとする正方形の空間を確保できるものであること**が挙げられている〈評価方法基準〉。本肢の広さの空間を確保しても、上記基準に適合しない。

3 ┃適合する┃　住宅性能評価制度における高齢者等配慮対策等級の等級5の基準の1つとして、**エレベーターの出入口の有効な幅員が800mm以上であること**が挙げられている〈評価方法基準〉。

4 ┃適合する┃　住宅性能評価制度における高齢者等配慮対策等級の等級5の基準の1つとして、**評価対象住戸からエレベーターを経て建物出入口に至る少なくとも一の経路上に存する共用廊下の幅員が、1,400mm以上であること**が挙げられている〈評価方法基準〉。

正解 2
（正解率17%）

肢別解答率
受験生はこう答えた！

1	26%
2	17%
3	36%
4	21%

難易度　難

マンションの設備に関する次の記述のうち、適切でないものはどれか。

1 既存マンションのインターネットへの接続の方法として、光ファイバーを住棟内へ引き込み、各住戸までは既存の電話回線を利用して VDSL 方式により接続する方法がある。

2 高さ 20m を超えるマンションに設置する避雷設備を、受雷部システム、引下げ導線システム及び接地システムからなるシステムに適合する構造とした。

3 自然冷媒ヒートポンプ式給湯器は、二酸化炭素の冷媒を圧縮し高熱にして熱源としており、加熱効率が高い。

4 LED 照明は、白熱灯や蛍光灯とは発光原理が異なり、電源部からの発熱はあるが、LED 単体からの発熱はない。

1 **適切** VDSL方式とは、敷地内へのアクセスラインを**光ファイバー等**により、住棟内ネットワークを**既存の電話回線**による方式である。

2 **適切** 高さ20mを超える建築物には、周囲の状況によって安全上支障がない場合を除き、有効に避雷設備を設けなければならない〈建基33条〉。この避雷設備は、日本産業規格に規定する**外部雷保護システム（受雷部システム、引下げ導線システム及び接地システムからなるシステム）に適合する構造**としなければならない〈平成12年建設省告示1425号〉。

☞ ③分冊 p398 5~

3 **適切** 自然冷媒ヒートポンプ式給湯器は、二酸化炭素を圧縮し高熱にして熱源とするもので、**加熱効率が高い**。

4 **不適切** LED照明に投入された電力の一部は熱になり、**LED単体からの発熱もある**。

正解 **4**
（正解率**47%**）

肢別解答率 受験生はこう答えた！

1	25%
2	9%
3	19%
4	47%

難易度 **難**

マンションの住棟形式に関する次の記述のうち、適切でないものはどれか。

1 センターコア型は、住棟中央部に吹き抜けがあり、その吹き抜けに面した共用廊下より各住戸にアプローチできる。

2 中廊下型は、住棟を南北軸に配置することが多い。

3 タウンハウス型は、戸建て住宅の独立性と集合化することによる経済性を併せ持つ。

4 階段室型は、住棟に設けられた階段室から、直接各住戸にアプローチできるものをいい、その階段室にエレベーターが設置されるものもある。

1 **不適切** センターコア型は、**住棟中央部に共用廊下や階段室、エレベーターホールを配置した**住棟型式である。

2 **適切** 中廊下型は、日照の観点から、住棟を**南北軸に配置する**ことが多い。

3 **適切** タウンハウス型は、**一戸建て住宅の独立性**と**集住化することによる経済性**を併せ持つ。

4 **適切** 階段室型は、階段室から直接各住戸に入る型式である。中高層住宅の場合、**エレベーターが設置される例もみられる。**

正解 1
（正解率**31**%）

肢別解答率 受験生はこう答えた！

肢	解答率
1	31%
2	46%
3	5%
4	17%

難易度 難

マンションの各部の計画に関する次の記述のうち、下線部の数値が適切でないものはどれか。（改題）

1 車いす使用者の利用する平面駐車場において、1台当たりの駐車スペースの幅を、3.5m とした。

2 高低差が50mm ある共用部分の傾斜路の勾配を、1/8 とした。

3 住戸の床面積の合計が200㎡の階において、両側に居室がある共用廊下の幅を、1.6m とした。

4 階数が4のマンションにおいて、屋外に設ける避難階段の出口から道又は公園、広場その他の空地に通ずる通路の幅員を、1.4 m とした。

1 **適切**　不特定かつ多数の者が利用し、又は主として高齢者、障害者等が利用する駐車場を設ける場合には、そのうちの一以上に、車椅子使用者が円滑に利用することができる駐車施設を一以上設け〈バリアフリー令17条1項〉、その幅は、**350cm 以上**としなければならない〈同条2項1号〉。

2 **適切**　高齢者が居住する住宅の設計に係る指針では、共用廊下の床に高低差が生じる場合にあっては、勾配が12分の1以下（高低差が80mm以下の場合にあっては**8分の1以下**）の傾斜路が設けられているか、又は当該傾斜路及び所定の段が併設されていることが基本レベルとして設定されている。
　👉 **❸分冊 p398 5～**

3 **適切**　共同住宅の住戸又は住室の床面積の合計が100㎡を超える階における共用の廊下の幅は、その廊下の両側に居室がある場合には、**1.6 m以上**としなければならない〈建基令119条〉。

4 **不適切**　敷地内には、屋外に設ける避難階段及び避難階の屋外への出口から道又は公園、広場その他の空地に通ずる幅員が**1.5 m（階数が3以下で延べ面積が200㎡未満の建築物の敷地内にあっては、90cm）以上**の通路を設けなければならない〈建基令128条〉。
　👉 **❸分冊 p398 5～**

正解 4
（正解率84%）

肢別解答率
受験生はこう答えた！

1	4%	
2	8%	
3	4%	
4	84%	

難易度 易

マンションの室内環境に関する次の記述のうち、適切でないものはどれか。

1　窓サッシの遮音性能については、JIS（日本産業規格）で定められるT値が大きいほど、遮音性能が高い。

2　建築材料の熱の伝わりにくさを示す熱伝導抵抗（熱抵抗）は、熱伝導率の逆数に材料の厚さを掛けることで求めることができる。

3　換気計画上、居室と一体的に換気を行う廊下は、建築基準法のシックハウス対策に関わる内装仕上げ制限の対象となる。

4　建築物のエネルギー消費性能の向上等に関する法律（平成27年法律第53号）において、住宅に関する建築物エネルギー消費性能基準は、設備機器などの一次エネルギー消費量を評価する基準である。

1 適切　窓サッシの遮音性能については、日本産業規格（JIS）でT等級を定めている。**T値は大きいほど遮音性能が優れている。**

☞ ❸分冊 p207 **2**〜

2 適切　熱伝導抵抗は、熱の伝わりにくさを示す値であり、**熱伝導率の逆数に材料の厚さを掛けて算出する。**

☞ ❸分冊 p204 **1**〜

3 適切　ホルムアルデヒド発散建築材料は、居室の内装の仕上げに使用することにつき規制がある。この「居室」には、**常時開放された開口部を通じてこれと相互に通気が確保される廊下その他の建築物の部分が含まれる**〈建基令20条の7第1項1号〉。したがって、本肢の廊下も、建築基準法のシックハウス対策にかかわる内装仕上げ制限の対象となる。

☞ ❸分冊 p398 **5**〜

4 不適切　建築物のエネルギー消費性能の向上等に関する法律による住宅に関する建築物エネルギー消費性能基準は、**住宅の窓や外壁などの外皮性能を評価する基準と冷暖房、換気、給湯、照明などの設備機器等の一次エネルギー消費量を評価する基準**からなる。

正解 **4**（正解率40%）

肢別解答率　受験生はこう答えた！

1	33%
2	17%
3	10%
4	40%

難易度 **難**

マンションを計画する手法に関する次の記述のうち、適切でないものはどれか。

1 コーポラティブハウスは、組合を結成した人たちが共同して住宅を取得する方式のことをいう。

2 コンバージョンとは、既存のマンションにおいて居住性能の向上を目的に改修することをいう。

3 スケルトン・インフィル住宅は、建物各部の耐用年数や利用形態の違いを考慮して、スケルトンとインフィルを分離して計画する。

4 長期優良住宅の普及の促進に関する法律（平成20年法律第87号）による長期優良住宅は、構造及び設備の変更の容易性や維持保全の容易性などのほか、住宅の省エネルギー性能やバリアフリーなどの確保が求められる。

1 適切　コーポラティブハウスは、**組合を結成した人たちが共同して住宅を取得する方式のこと**をいう。

2 不適切　コンバージョンとは、一般的に、**既存建物の利用目的を別の用途に変えること**をいう。

3 適切　スケルトン・インフィル住宅は、建物躯体（スケルトン）と内装設備（インフィル）とに分離して計画する住宅をいう。計画では、**建物における部材等の耐用年数、意思決定の主体、空間利用形態の相違を考慮しスケルトンとインフィルとの分離が図られていること**が配慮される。

4 適切　長期優良住宅とは、住宅であって、その構造及び設備が長期使用構造等であるものをいう〈長期優良住宅の普及の促進に関する法律2条5項〉。ここで、長期使用構造等とは、住宅の構造及び設備であって、①当該住宅を長期にわたり良好な状態で使用するために所定の事項に関し誘導すべき国土交通省令で定める基準に適合させるための措置、②**居住者の加齢による身体の機能の低下、居住者の世帯構成の異動その他の事由による住宅の利用の状況の変化に対応した構造及び設備の変更を容易にするための措置として国土交通省令で定めるもの**、③**維持保全を容易にするための措置として国土交通省令で定めるもの**、④**日常生活に身体の機能上の制限を受ける高齢者の利用上の利便性及び安全性、エネルギーの使用の効率性その他住宅の品質又は性能に関し誘導すべき国土交通省令で定める基準に適合させるための措置**が講じられたものをいう〈同条4項〉。したがって、長期優良住宅では、構造及び設備の変更の容易性や維持保全の容易性などのほか、住宅の省エネルギー性能やバリアフリーなどの確保が求められるといえる。

第7編　建築・設備

その他

正解 2
（正解率50%）

肢別解答率
受験生はこう答えた！

1	16%
2	50%
3	29%
4	5%

難易度 **普**

マンション各部の計画に関する次の記述のうち、適切でないものはどれか。

1　直角駐車する平面駐車場において、普通自動車1台あたりの駐車スペースを幅2.5m×奥行き6.0mとした。

2　エレベーターの出入口の有効な幅員を80cmとした。

3　共用玄関の存する階のエレベーターホールの照明設備を、床面において20ルクスの平均水平面照度となるように設けた。

4　2階にあるバルコニーの周囲に、転落防止のため、高さ1.1mの手すり壁を設けた。

1 適切 　大規模の建築物に附置しなければならない駐車施設のうち自動車の駐車の用に供する部分の規模は、駐車台数 1 台につき **幅 2.3 m以上、奥行 5 m以上** とし、自動車を安全に駐車させ、及び出入りさせることができるものとしなければならない〈標準駐車場条例〉。

2 適切 　住宅性能評価制度における高齢者等配慮対策等級（共用部分）の等級 5 の基準の 1 つとして、エレベーターの出入口の有効な幅員が **800mm 以上** であることが挙げられている〈評価方法基準〉。

3 不適切 　共用玄関の存する階のエレベーターホールの照明設備は、床面において概ね **50 ルクス以上** の平均水平面照度を確保することができるものとする〈防犯指針第 3.2（4）イ〉。

☞ ❸分冊 p322 **4**～

4 適切 　屋上広場又は 2 階以上の階にあるバルコニーその他これに類するものの周囲には、安全上必要な高さが **1.1 m以上** の手すり壁、さく又は金網を設けなければならない〈建基令 126 条 1 項〉。

☞ ❸分冊 p398 **5**～

正解 **3**	肢別解答率				難易度
（正解率**80%**）	受験生はこう答えた！	**1**	9%		**易**
		2	9%		
		3	80%		
		4	3%		

マンションの計画に関する次の記述のうち、適切でないものはどれか。

1　片廊下型の住棟において、住戸のプライバシーに配慮し、共用廊下を住戸から離して設置した。

2　片廊下型の住棟において、採光に配慮し、居室数の多い大型住戸を端部に、居室数の少ない小型住戸を中間部に配置した。

3　2階建ての共同住宅（メゾネット型の住戸はなく、各階の居室の床面積の合計がそれぞれ250㎡）において、2階から避難階である1階に通ずる直通階段を1つ設けた。

4　共用ゴミ置き場は、防犯の観点から、道路からの見通しが確保できる場所に設けた。

1 適切　廊下型の住棟の場合、住戸は共用廊下に面していることから、プライバシーに配慮するため、**共用廊下を居室から離すなどの工夫をすることが望ましい。**

2 適切　一般に、**住棟の端部は採光しやすい。**そのため、居室数の多い大型住戸を端部に、居室数の少ない小型住戸を中間部に配置することは、採光の観点からは望ましい。

3 不適切　共同住宅の用途に供する階でその階における居室の床面積の合計が**100㎡を超える**場合においては、その階から避難階又は地上に通ずる**2以上の直通階段を設けなければならない**〈建基令121条1項5号〉。本肢の共同住宅の2階の居室の床面積の合計は250㎡であり、100㎡を超えるから、2階から避難階である1階に通ずる直通階段を2つ以上設けなければならない。

☞ ❸分冊 p398 **5**～

4 適切　**ゴミ置場は、道路等からの見通しが確保された位置に配置する**〈防犯指針第3.2（12）イ〉。

☞ ❸分冊 p322 **4**～

正解 **3**
（正解率**52%**）

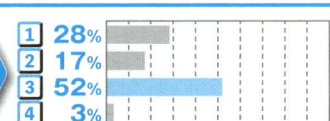

肢別解答率
受験生は
こう答えた！

1	28%	
2	17%	
3	52%	
4	3%	

難易度
普

マンションの各部の計画に関する次の記述のうち、適切でないものはどれか。

1 　中廊下型のマンションは、片廊下型のマンションに比べ、日照や通風などの居住性が劣っている。

2 　1階部分で壁がなく柱だけで構成された吹き抜け空間のことをピロティという。屋外であっても雨にさらされないため、駐輪場や駐車場として使われることが多い。

3 　マンションで火災が発生した場合、住戸から安全に避難できるよう計画されている必要があるため、避難経路となる全てのバルコニーには、避難器具を設けなければならない。

4 　マンションの管理員室は、管理員の管理事務の空間であるとともに、各種資料の保管場所でもあり、また、居住者から相談を受ける場所でもある。流しやトイレが設置されることもある。

1 適切 中廊下型のマンションは、共用廊下の両側に住戸を設けているため、片廊下型のマンション（共用廊下の片側に住戸を設けている）に比べると、**日照や通風などの居住性が劣っている**といえる。

2 適切 ピロティとは、**1階部分で壁がなく柱だけで構成された吹き抜け空間**をいう。2階以上の部分が屋根になり雨にさらされないため、駐輪場や駐車場として使われることが多い。

👉 ③分冊 p352 **3**~

3 不適切 避難経路となる連続した形状のバルコニーには、容易に破壊できる隔て板を設置し、**部分的にしか連続していないバルコニーには、避難器具を設けなければならない**。したがって、避難経路となる全てのバルコニーに避難器具を設ける必要はない。

👉 ③分冊 p275 **2**~

4 適切 管理員室は、**管理員の管理事務の空間**であるとともに、**各種資料の保管場所**でもあり、また、居住者から相談を受ける場所でもある。流しやトイレが設置されることもある。

正解 3
（正解率**63%**）

肢別解答率
受験生はこう答えた！

肢	%
1	20%
2	11%
3	63%
4	5%

難易度 **普**

マンションのバリアフリーに関する次の記述のうち、適切でないものはどれか。

1　高齢者、障害者等の移動等の円滑化の促進に関する法律（平成18年法律第91号）における建築物特定施設には、敷地内の通路や駐車場が含まれる。

2　高齢者が住むことが想定される住戸とエレベーターホールをつなぐ共用廊下は、仕上材を滑りにくい材料とし、段差のないつくりとした。

3　階段の代わりに設けた傾斜路の両側に、手が置きやすいように床面から85cmの位置に手すりを設けた。

4　建築物移動等円滑化基準に、不特定かつ多数の者が利用し、又は主として高齢者、障害者等が利用する階段は、踊場を含めて手すりを設けることが定められている。

1 適切 建築物特定施設とは、出入口、廊下、階段、エレベーター、便所、**敷地内の通路**、**駐車場**その他の建築物又はその敷地に設けられる施設で政令で定めるものをいい〈バリアフリー2条20号〉、敷地内の通路や駐車場もこれに含まれる〈バリアフリー令6条8号、9号〉。

2 適切 不特定かつ多数の者が利用し、又は主として高齢者、障害者等が利用する廊下等の表面は、**粗面とし、又は滑りにくい材料で仕上げなければならない**〈バリアフリー令11条1号〉。

3 適切 住宅性能評価制度における高齢者等配慮対策等級（共用部分）の等級5の基準の1つとして、手すりが、**傾斜路の両側**に、かつ、**床面からの高さ700mmから900mmの位置**に設けられていることが挙げられている〈評価方法基準〉。

4 不適切 不特定かつ多数の者が利用し、又は主として高齢者、障害者等が利用する階段は、**踊場を除き**、手すりを設けなければならない〈バリアフリー令12条1号〉。

正解 4
（正解率 **62%**）

肢別解答率
受験生はこう答えた！

肢	割合
1	4%
2	1%
3	33%
4	62%

難易度 **普**

管理組合が保管すべき設計図書に関する次の記述のうち、適切でないものはどれか。

1　付近見取図は、方位、道路、目標となる建物等を示す図面であり、縮尺は1/2500 程度である。

2　配置図は、敷地境界線、敷地と建築物の位置関係、土地の高低差、建物の各部分の高さ、道路の位置と幅員等を示すもので、縮尺は 1/100 〜 1/500 程度である。

3　仕様書（仕上げ表を含む。）は、設計図に表示しにくい施工方法、材料特性等を示すもので、その中の仕上げ表とは、建物の外部に関する仕上材料の種類や厚さ等を記載した一覧表である。

4　各階平面図は、間取り、各部屋の用途、柱、壁、開口部等を示す図面であり、縮尺は 1/50 〜 1/200 程度である。

1 　**適切**　付近見取図は、方位、道路、目標となる建物等を示す図面であり、縮尺は **2,500 分の 1** 程度である。

2 　**適切**　配置図は、敷地境界線、敷地と建築物の位置関係、土地の高低差、建物の各部分の高さ、道路の位置と幅員等を示すもので、縮尺は **100 分の 1 ～ 500 分の 1** 程度である。

3 　**不適切**　仕様書（仕上げ表を含む。）は、設計図には表示できない構造、施工方法、材料、仕上げ程度等を示すものである。また、仕上げ表は、**建物外部及び室内**の仕上材料の種類や厚さ等を記入した一覧表である。

4 　**適切**　各階平面図は、間取り、各部屋の用途、柱、壁、開口部等を示す図面であり、縮尺は **50 分の 1 ～ 200 分の 1** 程度である。

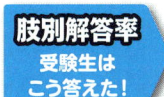

正解 **3**
（正解率**46%**）

肢別解答率
受験生は
こう答えた！

1	21%	
2	24%	
3	46%	
4	9%	

難易度 **難**

マンションの設備に関する次の記述のうち、適切でないものはどれか。

1　飲料用の受水槽の有効容量は、一般にマンション全体の一日の使用水量の2分の1程度に計画する。

2　屋内消火栓設備の広範囲型2号消火栓は、火災時に、一人でも操作ができる。

3　逆わんトラップは、清掃が容易にできるため、台所流しの排水口に設置する。

4　地震時のエレベーター内への閉じ込めの防止策の一つとして、初期微動（P波）を検知して運転を制御する地震時等管制運転装置を設置する。

1 　**適切**　飲料用の受水槽の有効容量は、一般に、**マンション全体の1日の使用水量の2分の1程度**とする。
　☞ ❸分冊 p228 **5**～

2 　**適切**　屋内消火栓設備の広範囲型2号消火栓は、火災時に、**1人でも操作ができる**。
　☞ ❸分冊 p275 **2**～

3 　**不適切**　逆わんトラップは、**洗濯機、浴室防水パン**などに用いられる。
　☞ ❸分冊 p246 **3**～

4 　**適切**　エレベーターには、地震その他の衝撃により生じた所定の加速度を検知し、自動的に、かごを昇降路の出入口の戸の位置に停止させ、かつ、当該かごの出入口の戸及び昇降路の出入口の戸を開き、又はかご内の人がこれらの戸を開くことができることとする装置（**地震時等管制運転装置**）を**設けなければならない**〈建基令129条の10第3項2号〉。
　☞ ❸分冊 p294 **1**～

正解 3
（正解率**62%**）

肢別解答率
受験生は
こう答えた！

1	10%
2	14%
3	62%
4	14%

難易度 **普**

マンションの設備の清掃及び保守点検に関する次の記述のうち、適切でないものはどれか。

1 共用部分の排水管に設置する掃除口は、排水の流れの方向又は流れと直角方向に開口するように設ける。

2 機械式立体駐車場は、機種、使用頻度等に応じて、1～3ヵ月以内に1度を目安として、専門技術者による点検を受ける。

3 消防用設備の点検において、誘導灯は、外観から又は簡易な操作により判別できる事項について点検を行う機器点検を、6ヵ月に1回実施する。

4 エレベーターの保守契約におけるPOG契約は、定期的な機器・装置の保守・点検のみを行う契約方式で、仕様書で定める消耗品を除き、劣化した部品の取替えや修理等を含まない。

1 **不適切**　排水管の掃除口は、排水の流れと**直角又は反対方向**に開口するように設ける。

2 **適切**　機械式立体駐車場の管理者は、装置が正常で安全な状態を維持できるよう、機種、使用頻度等に応じて、**1～3か月以内に1度を目安として**、専門技術者による点検を受け、必要な措置を講じる〈機械式立体駐車場の安全対策に関するガイドライン〉。

3 **適切**　誘導灯は、**6か月に1回**、機器点検を行う〈平成16年消防庁告示9号〉。機器点検では、消防用設備等の機能について、外観から又は簡易な操作により判別できる事項などを所定の基準に従い確認する。
　　　☞　❸分冊 p284 **3**～

4 **適切**　POG契約とは、**定期的な機器・装置の保守・点検のみを行う契約方式**で、仕様書において定める消耗品を除き、劣化した部品の取替えや修理等を含まないものをいう〈エレベーター保守・点検業務標準契約書2条4号〉。
　　　☞　❸分冊 p294 **1**～

正解 1
（正解率**48%**）

肢別解答率
受験生はこう答えた！

1	48%
2	25%
3	9%
4	17%

難易度
難

マンションの構造に関する次の記述のうち、適切でないものはどれか。（改題）

1　支持杭は、杭の先端を安定した支持層に到達させ、主に杭先端の支持力によって上部荷重を支えるものである。

2　防火地域内にある階数が2で延べ面積が500㎡の共同住宅は、耐火建築物に相当する技術的基準又はこの技術的基準による建築物と同等以上の延焼防止性能を確保するために必要となる技術的基準に適合させなければならない。

3　建築基準法上の主要構造部とは、建築物の自重若しくは積載荷重、風圧、土圧若しくは水圧又は地震その他の震動若しくは衝撃を支えるものをいう。

4　耐震改修工法には、柱のじん性（粘り強さ）を向上させることを目的として、柱に鋼板を巻きつけて補強する工法もある。

1 **適切**　支持杭とは、**杭の先端を安定した支持層に到達させ、主に杭先端の支持力によって**上部荷重を支えるものである。
☞ ❸分冊 p172 **2**～

2 **適切**　**防火地域内**にある建築物で階数が 3 以上のもの若しくは**延べ面積が 100㎡を超えるもの**又は準防火地域内にある建築物で地階を除く階数が 4 以上のもの若しくは延べ面積が 1,500㎡を超えるものは、耐火建築物に相当する技術的基準又はこの技術的基準による建築物と同等以上の延焼防止性能を確保するために必要となる技術的基準に適合させなければならない〈建基 61 条、建基令 136 条の 2 第 1 号〉。本肢の共同住宅は、防火地域内にあり、また、その延べ面積は 500㎡であるから、「延べ面積が 100㎡を超える建築物」にあたる。したがって、本肢の共同住宅は、上記技術的基準に適合させなければならない。
☞ ❸分冊 p422 **6**～

3 **不適切**　主要構造部とは、**壁、柱、床、はり、屋根又は階段**をいい、建築物の構造上重要でない間仕切壁、間柱、付け柱、揚げ床、最下階の床、回り舞台の床、小ばり、ひさし、局部的な小階段、屋外階段その他これらに類する建築物の部分を除くものとする〈建基 2 条 5 号〉。
☞ ❸分冊 p390 **2**～

4 **適切**　既存建物の柱に鋼板を巻き立てる耐震改修工法は、**柱のじん性を向上させることを目的とする工法**である。
☞ ❸分冊 p352 **3**～

正解 3
（正解率**67%**）

肢別解答率
受験生はこう答えた！

1	8%
2	19%
3	67%
4	7%

難易度 普

マンションの設備に関する次の記述のうち、適切でないものはどれか。

1 居室では、シックハウス対策として、換気回数2回／h以上の機械換気設備の設置が必要である。

2 圧縮空気法による排水管の清掃では、付着物で閉塞した排水管内に水を注入し、圧縮空気を放出してその衝撃で付着物を除去する。

3 専有部分に設置するさや管ヘッダー方式による給水・給湯システムには、耐食性、耐熱性、可とう性に優れた水道用架橋ポリエチレン管、水道用ポリブテン管等を使用する。

4 新設する乗用エレベーターに設置する地震時等管制運転装置には、予備電源を設ける。

1 **不適切** 住宅の居室には、原則として、シックハウス対策として、**換気回数 0.5 回／h 以上**の機械換気設備を設けなければならない〈建基令 20 条の 8〉。
☞ **❸分冊 p398 5～**

2 **適切** 圧縮空気法とは、**閉塞管内に水を送り、圧縮空気を一気に放出してその衝撃で閉塞物を除去する清掃方法**である。

3 **適切** さや管ヘッダー方式とは、住戸内のヘッダーから水栓まで、先にさや管を施工し、その中に枝管を挿入する方式をいう。この方式では、耐食性、耐熱性、可とう性に優れた**水道用架橋ポリエチレン管や水道用ポリブテン管が使用される**。
☞ **❸分冊 p238 7～**

4 **適切** エレベーターに設置する地震時等管制運転装置には、**予備電源を設ける**〈平成 20 年国土交通省告示 1536 号〉。
☞ **❸分冊 p398 5～**

第7編 建築・設備

総合

マンションの換気設備及び給湯設備に関する次の記述のうち、適切でないものはどれか。

1 ガス機器を使用する台所に設置する換気扇の必要換気量は、設置されているガス機器の燃料消費量に比例する。

2 熱交換型換気扇は、室内から排気する空気の熱を回収し、屋外から給気する空気に熱を伝えることで熱損失を少なくさせた第二種機械換気設備である。

3 家庭用燃料電池は、都市ガス等から水素を作り、それと空気中の酸素を反応させて電気を作るとともに、その反応時の排熱を利用して給湯用の温水を作る設備機器である。

4 ガス給湯器の能力表示には「号」が一般に用いられ、1号は流量1ℓ/minの水の温度を25℃上昇させる能力をいう。

1 **適切** ガス機器を使用する台所に設置する換気扇の必要換気量は、**設置されているガス機器の燃料消費量に比例する。**
👉 **❸分冊 p262 ❶~**

2 **不適切** 熱交換型換気扇は、外気の熱負荷を軽減するために、排出する室内空気の熱と屋外から取り入れる空気の熱とを熱交換器で中和する**第一種機械換気設備**である。
👉 **❸分冊 p262 ❶~**

3 **適切** 家庭用燃料電池は、**都市ガス等から水素を作り、それと空気中の酸素を反応させて電気を作るとともに、その反応時の排熱を利用して給湯用の温水を作る設備機器**である。
👉 **❸分冊 p240 ❽~**

4 **適切** ガス給湯器の出湯能力は、号数で表す。1号は、**流量 1ℓ/min の水の温度を 25℃ 上昇させる能力**をいう。
👉 **❸分冊 p240 ❽~**

正解 ②
（正解率**69%**）

肢別解答率
受験生は
こう答えた！

肢	解答率
1	7%
2	69%
3	19%
4	4%

難易度
普

マンションの室内環境に関する次の記述のうち、適切でないものはどれか。

1 窓サッシを二重化すると、窓の熱貫流率が小さくなり、室内の温度を安定させることができる。

2 建築基準法の規定によれば、採光に有効な窓その他の開口部（天窓を除く。）の面積の算定方法は、当該開口部が設けられている方位にかかわらず同じである。

3 ホルムアルデヒドを発散する建築材料を使用しない場合でも、居室には、原則として換気設備の設置が必要である。

4 重量床衝撃音に対する遮音性能は、同じ厚さのコンクリート床の場合、梁によって囲まれた正方形の床版においては、面積が大きいほど高くなる。

1 `適切` 窓サッシを二重化すると、**窓の熱貫流率が小さくなる**。熱貫流率とは、熱の伝わりやすさを示す数値で、大きいほど熱を伝えやすい。窓の熱貫流率が小さくなり、窓を通じて熱が伝わりにくくなると、**室内の温度は、窓を通じては外気の影響を受けにくくなり、安定する**。

☞ **③分冊 p204 1～**

2 `適切` 居室の窓その他の開口部で採光に有効な部分の面積は、当該居室の開口部ごとの面積に、それぞれ採光補正係数を乗じて得た面積を合計して算定する〈建基令20条1項〉。算定方法は、**開口部が設置されている壁面の方位によらない**。

☞ **③分冊 p398 5～**

3 `適切` ホルムアルデヒドを発散する建築材料を用いていない場合であっても、家具等からの発散が考えられるため、**すべての住宅の居室**には、原則として、**換気回数が1時間当たり0.5回以上の機械換気設備の設置が必要である**〈建基令20条の8〉。

4 `不適切` 重量床衝撃音の大きさは、躯体の特性によって決定され、柱や梁によって囲まれた床板の大きさや厚さ、密度、剛性等がその要因となり、面積が大きいほど大きくなる。したがって、重量床衝撃音の遮音性能は、梁によって囲まれた正方形の床版においては、**面積が大きいほど低くなる**。

☞ **③分冊 p207 2～**

正解 4
（正解率 **82%**）

肢別解答率
受験生はこう答えた！

1	2%
2	12%
3	4%
4	82%

難易度 **易**

マンションの設備に関する次の記述のうち、適切でないものはどれか。

1　ロータンクを持たない直圧方式の大便器の最低必要圧力は、一般水栓の30kPaに比べて高い。

2　屋上における雨水排水において、排水管への土砂、ゴミ、木の葉などの流入を防ぐため、ベントキャップを設置した。

3　自然冷媒ヒートポンプ式給湯器は、大気の熱を吸収した冷媒（二酸化炭素）を圧縮し、高温の湯を作り貯湯できる機器である。

4　小規模マンションで、各住戸の契約電力と共用部分の契約電力の総量が50kVA未満の場合には、原則として低圧引込みにより電気が供給される。

1 適切 ロータンクを持たない直圧方式の大便器の最低必要圧力は、**一般水栓の30kPa に比べて高い。**

☞ ③分冊 p227 **4**～

2 不適切 屋上における雨水排水において、排水管への土砂、ごみ、木の葉などの流入を防ぐため、**ルーフドレンを設置する。**

☞ ③分冊 p246 **3**～

3 適切 自然冷媒ヒートポンプ式給湯器は、**大気の熱を吸収した冷媒（二酸化炭素）を圧縮し、**高温の湯を作り貯湯できる機器である。

☞ ③分冊 p240 **8**～

4 適切 小規模マンションで、各住戸の契約電力と共用部分の契約電力の総量が**50kVA 未満**のときは、原則として、**低圧引込み**により電気が供給される。

☞ ③分冊 p266 **1**～

正解 2
（正解率**49%**）

肢別解答率
受験生はこう答えた！

1	13%
2	49%
3	14%
4	24%

難易度 **難**

マンションの建築設備に関する次の記述のうち、適切なものはどれか。

1 水栓を閉める際に生じるウォーターハンマーの防止策として、給水管内の流速の上限値を 2.5m/s とすることが有効である。

2 ガス給湯器の湯を供給する出湯能力は「号数」で表す。1 号は入水温度を 20℃上昇させた湯を毎分 1ℓ 出湯する能力を示す。

3 敷地内に設置する排水横主管の管径が 125mm の場合に、円滑に排水を流すために、勾配を 150 分の 1 以上とした。

4 建築基準法によれば、居室では、シックハウス対策として、換気回数 0.4 回 /h 以上の機械換気設備の設置が必要である。

1 **不適切** ウォーターハンマーを防止するには、給水管内の流速を **1.5 ～ 2.0m/s** とすることが有効である。

👉 ③分冊 p238 **7**～

2 **不適切** ガス給湯器の湯を供給する出湯能力は「号数」で表し、1号は入水温度を **25℃** 上昇させた湯を **毎分 1ℓ** 出湯する能力を示す。

👉 ③分冊 p240 **8**～

3 **適切** 排水横管の最小勾配は、**管径が 125mm** の場合、**150 分の 1** とする。

👉 ③分冊 p246 **3**～

4 **不適切** 住宅等の居室では、シックハウス対策として、換気回数 **0.5 回 /h** 以上の機械換気設備を設けなければならない〈建基令 20 条の 8 第 1 項 1 号イ〉。

👉 ③分冊 p398 **5**～

第7編 建築・設備

総合

正解 **3**	肢別解答率			難易度
（正解率 **82%**）	受験生はこう答えた！	**1** 13%		**易**
		2 4%		
		3 82%		
		4 2%		

マンションの設備に関する次の記述のうち、適切なものはどれか。

1　ガス給湯器の能力表示には「号」が一般に用いられ、1号は流量 1ℓ /min の水の温度を 20℃ 上昇させる能力をいう。

2　換気設備において、換気による外気の熱負荷を軽減するため、第1種換気方式となる熱交換型換気扇を用いた。

3　特殊継手排水システムは、排水立て管と通気立て管を併設し、それらを接続することにより、排水管内の圧力を緩和する機能があるので、専有部分からの汚水系統や雑排水系統の排水を集約できる。

4　給水設備において、水道水の水質を確保するためには、給水栓における遊離残留塩素の濃度を、通常 0.05mg/ℓ 以上にしなければならない。

1 **不適切** ガス給湯器の出湯能力は、号数で表す。1号は、流量 **1ℓ/min** の水の温度を **25℃上昇**させる能力をいう。

👉 **③分冊 p240 ⑧〜**

2 **適切** **熱交換型換気扇**は、外気の熱負荷を軽減するために、排出する室内空気の熱と屋外から取り入れる空気の熱とを熱交換器で中和する**第一種機械換気設備**である。

👉 **③分冊 p262 ①〜**

3 **不適切** 特殊継手排水システムは、伸頂通気方式の一種である。伸頂通気方式とは、**通気立て管を設けず、伸頂通気管によって通気を行う方式**である。したがって、特殊継手排水システムでは、排水立て管と通気立て管を併設することはない。

👉 **③分冊 p246 ③〜**

4 **不適切** 水道水の水質を確保するためには、給水栓における遊離残留塩素の濃度は通常 **0.1mg/ℓ以上**にしなければならない〈水規 17 条 1 項 3 号参照〉。

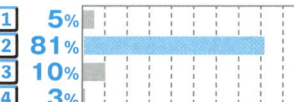

正解 **2**	肢別解答率		
（正解率**81%**）	受験生はこう答えた！		難易度 **易**

1	5%	
2	81%	
3	10%	
4	3%	

第7編 建築・設備

総合

マンションの駐車場に関する次の記述のうち、適切でないものはどれか。

1　マンションの駐車場計画は、敷地が十分に確保できれば車の出し入れがしやすい平面駐車で確保することが望ましく、動線はなるべく歩車分離となるよう努め、植栽等によって駐車場空間の印象を周囲に対して和らげる工夫が必要である。

2　車椅子利用者のための駐車スペースは、段差はないものとし、勾配がある場合は1/15以下とする。

3　機械式駐車設備は、定期的なメンテナンスが必要であり、特にピット式の駐車設備は豪雨時の冠水被害を避けるため、排水設備のメンテナンスが重要である。

4　機械式駐車場において、利用者が機械に挟まれて死亡する事故等が発生していることから、国土交通省は「機械式立体駐車場の安全対策に関するガイドライン」を策定し、その手引では「管理者向け自己チェックシート」が用意されている。

1 適切 　マンションの駐車場計画においては、敷地が十分に確保できれば車の出し入れがしやすい**平面駐車**で確保することが望ましい。また、動線はなるべく**歩車分離**となるよう努めるべきである。さらに、植栽等によって駐車場空間の印象を周囲に対して和らげる工夫が必要である。

2 不適切 　車椅子利用者のための駐車スペースは、段差がなく、勾配は**50分の1以下**の水平とする。

3 適切 　機械式駐車設備は、いずれも定期的なメンテナンスが必要である。特に、**ピット式の駐車設備**は、自動車の冠水などの被害を避けるため、**排水設備のメンテナンスが重要**である。

4 適切 　機械式駐車場においては、**利用者が機械に挟まれて死亡する事故等が発生している**ことから、国土交通省は、「機械式立体駐車場の安全対策に関するガイドライン」、同ガイドラインの手引きを公表している。手引きには、「管理者向け自己チェックシート」が用意されている。

正解 2
（正解率**81%**）

肢別解答率
受験生はこう答えた！

1	12%
2	81%
3	3%
4	5%

難易度 **易**

マンションの給排水設備及び換気設備に関する次の記述のうち、適切なものの組合せはどれか。

ア 熱交換型換気扇は、屋内から排気する空気の熱を回収し、屋外から給気する空気に熱を伝えることで熱損失を少なくさせた第三種機械換気設備である。

イ ディスポーザ排水処理システムを採用する場合、一般に、ディスポーザからの排水を含む台所流し排水を、他の雑排水と合流させて放流する。

ウ 建築基準法によれば、居室では、シックハウス対策として、換気回数 0.5 回/h 以上の機械換気設備の設置が必要である。

エ 給水設備の計画において、居住者 1 人当たりの 1 日の使用水量を 200 〜 350ℓ 程度とする。

1️⃣ アとイ
2️⃣ イとウ
3️⃣ ウとエ
4️⃣ エとア

ア 　**不適切**　**熱交換型換気扇**は、外気の熱負荷を軽減するために、排出する室内空気の熱と屋外から取り入れる空気の熱とを熱交換器で中和する**第一種機械換気設備**である。

　👉 ❸分冊 p262 **1**〜

イ 　**不適切**　ディスポーザ排水処理システムとは、ディスポーザを流しに取り付け、生ごみを破砕し、水とともに排水して排水処理システムに導き、公共下水道の排除基準に合致するように処理して放流するものである。ディスポーザ排水処理システムを設置する場合、台所流し排水管は、**専用配管として、排水処理槽に接続する**。

　👉 ❸分冊 p258 **4**〜

ウ 　**適切**　住宅の居室には、原則として、シックハウス対策として、換気回数 **0.5 回／h 以上**の機械換気設備を設けなければならない〈建基令 20 条の 8〉。

　👉 ❸分冊 p398 **5**〜

エ 　**適切**　給水設備の計画においては、居住者 1 人当たりの 1 日の使用水量は **200〜350ℓ** とする。

　👉 ❸分冊 p227 **4**〜

以上より、適切なものの組合せはウとエであり、本問の正解肢は 3 となる。

正解 3
（正解率 **89%**）

肢別解答率
受験生はこう答えた！

1	2%
2	5%
3	89%
4	3%

難易度 **易**

マンションの消防用設備及びエレベーター設備の保守点検に関する次の記述のうち、適切でないものはどれか。

1 消防用設備の点検において、誘導灯については、外観から又は容易な操作により判別できる事項について、機器点検を1年に1回実施する。

2 エレベーターの保守契約におけるPOG契約は、定期的な機器・装置の保守・点検のみを行う契約方式で、仕様書で定める消耗品を除き、劣化した部品の取替えや修理等を含まない。

3 消防用設備において、設置後10年を経過した連結送水管は、原則として、3年ごとに配管の耐圧性能試験を行わなければならない。

4 エレベーターの戸開走行保護装置は、駆動装置や制御器に故障が生じ、かご及び昇降路のすべての出入口の戸が閉じる前にかごが昇降した時などに、自動的にかごを制止する安全装置である。

1 **不適切** 誘導灯については、**6月に1回**機器点検を行う〈平成16年消防庁告示9号〉。機器点検では、消防用設備等の機能について、外観から又は簡易な操作により判別できる事項などについて、所定の基準に従い確認を行う。

☞ ❸分冊 p284 **3**～

2 **適切** POG契約とは、定期的な機器・装置の保守・点検のみを行う契約方式で、仕様書において定める消耗品を除き、**劣化した部品の取替えや修理等を含まない**ものをいう〈エレベーター保守・点検業務標準契約書〉。

☞ ❸分冊 p294 **1**～

3 **適切** 連結送水管では、**配管を設置した日から10年を経過した日以降**に機器点検を行う場合、**3年ごと**に、配管の耐圧性能を確認する〈昭和50年消防庁告示14号〉。

☞ ❸分冊 p275 **2**～

4 **適切** 戸開走行保護装置とは、駆動装置又は制御器に故障が生じ、**かご及び昇降路のすべての出入口の戸が閉じる前**にかごが昇降した場合などに自動的にかごを制止する装置をいう〈建基令129条の10第3項1号〉。

☞ ❸分冊 p294 **1**～

正解 1
（正解率**75%**）

肢別解答率
受験生はこう答えた！

肢	解答率
1	75%
2	8%
3	12%
4	4%

難易度 易

memo

第8編

設備系法令

※表内の数字は出題問題数を指します。
※2015、2016年度は購入者特典の「分野別過去問題集プラス2」に掲載しています。

地域地区に関する次の記述のうち、都市計画法（昭和43年法律第100号）の規定によれば、正しいものはどれか。

1 特定用途制限地域は、用途地域内の一定の地区における、当該地区の特性にふさわしい土地利用の増進、環境の保護等の特別の目的の実現を図るために、制限すべき特定の建築物等の用途の概要を定める地域である。

2 特定街区は、市街地の整備改善を図るため街区の整備又は造成が行われる地区について、その街区内における建築物の容積率並びに建築物の高さの最高限度及び壁面の位置の制限を定める街区である。

3 高度利用地区は、建築物の容積率の最高限度及び最低限度並びに建築物の高さの最高限度及び最低限度を定める地区である。

4 準都市計画区域については、都市計画に、用途地域を定めることができない。

1 誤　特定用途制限地域は、**用途地域が定められていない土地の区域（市街化調整区域を除く。）内において**、その良好な環境の形成又は保持のため当該地域の特性に応じて合理的な土地利用が行われるよう、制限すべき特定の建築物等の用途の概要を定める地域である〈都計9条15項〉。

👉 ❸分冊 p375 **5**〜

2 正　特定街区は、市街地の整備改善を図るため街区の整備又は造成が行われる地区について、その街区内における**建築物の容積率並びに建築物の高さの最高限度及び壁面の位置の制限**を定める街区である〈都計9条20項〉。

👉 ❸分冊 p375 **5**〜

3 誤　高度利用地区は、用途地域内の市街地における土地の合理的かつ健全な高度利用と都市機能の更新とを図るため、**建築物の容積率の最高限度及び最低限度、建築物の建蔽率の最高限度、建築物の建築面積の最低限度並びに壁面の位置の制限を定める地区である**〈都計9条19項〉。**建築物の高さの最高限度及び最低限度**を定めることは義務づけられていない。

👉 ❸分冊 p375 **5**〜

4 誤　準都市計画区域については、都市計画に、用途地域を**定めることができる**〈都計8条2項、1項1号〉。

👉 ❸分冊 p375 **5**〜

正解 2
（正解率 **49%**）

肢別解答率
受験生は
こう答えた！

1 23%
2 49%
3 16%
4 11%

難易度
難

地域地区に関する次の記述のうち、都市計画法（昭和43年法律第100号）の規定によれば、**誤っているもの**はどれか。

1 準住居地域は、道路の沿道としての地域の特性にふさわしい業務の利便の増進を図りつつ、これと調和した住居の環境を保護するため定める地域である。

2 田園住居地域は、農業の利便の増進を図りつつ、これと調和した低層住宅に係る良好な住居の環境を保護するため定める地域である。

3 高度地区は、用途地域内において市街地の環境を維持し、又は土地利用の増進を図るため、建築物の高さの最高限度又は最低限度を定める地区である。

4 特別用途地区は、用途地域が定められていない土地の区域（市街化調整区域を除く。）内において、当該地域の特性にふさわしい土地利用の増進、環境の保護等の特別の目的の実現を図るため定める地区である。

1 **正**　準住居地域とは、**道路の沿道としての地域の特性にふさわしい業務の利便の増進を図りつつ、これと調和した住居の環境を保護するため定める地域**をいう〈都計9条7項〉。

　☞ ❸分冊 p375 5~

2 **正**　田園住居地域とは、**農業の利便の増進を図りつつ、これと調和した低層住宅に係る良好な住居の環境を保護するため定める地域**をいう〈都計9条8項〉。

　☞ ❸分冊 p375 5~

3 **正**　高度地区とは、**用途地域内において**市街地の環境を維持し、又は土地利用の増進を図るため、建築物の高さの最高限度又は最低限度を定める地区をいう〈都計9条18項〉。

　☞ ❸分冊 p375 5~

4 **誤**　特別用途地区とは、**用途地域内の一定の地区**における当該地区の特性にふさわしい土地利用の増進、環境の保護等の特別の目的の実現を図るため当該用途地域の指定を補完して定める地区をいう〈都計9条14項〉。

　☞ ❸分冊 p375 5~

第8編　設備系法令

都市計画法

正解 **4**	肢別解答率 受験生は こう答えた！	**1**	6%	難易度 **易**
（正解率 **74%**）		**2**	5%	
		3	16%	
		4	74%	

地域地区に関する次の記述のうち、都市計画法（昭和43年法律第100号）の規定によれば、誤っているものはどれか。

1 市街化区域については、少なくとも用途地域を定めるものとし、市街化調整区域については、原則として用途地域を定めないものとされている。

2 特定街区については、市街地の整備改善を図るため街区の整備又は造成が行われる地区について、その街区内における建築物の容積率並びに建築物の高さの最高限度及び壁面の位置の制限を定めるものとされている。

3 第一種中高層住居専用地域においては、都市計画に、高層住居誘導地区を定めることができない。

4 準都市計画区域については、都市計画に、高度地区を定めることができない。

1 **正** 市街化区域については、**少なくとも用途地域を定める**ものとし、市街化調整区域については、**原則として用途地域を定めない**ものとする〈都計13条1項7号後段〉。
☞ **③分冊 p373 ④〜**

2 **正** 特定街区は、**市街地の整備改善を図るため街区の整備又は造成が行われる地区**について、その街区内における建築物の容積率並びに建築物の高さの最高限度及び壁面の位置の制限を定める街区とする〈都計9条20項〉。
☞ **③分冊 p375 ⑤〜**

3 **正** 高層住居誘導地区は、住居と住居以外の用途とを適正に配分し、利便性の高い高層住宅の建設を誘導するため、**第一種住居地域、第二種住居地域、準住居地域、近隣商業地域又は準工業地域**でこれらの地域に関する都市計画において建築基準法に規定する建築物の容積率が10分の40又は10分の50と定められたものの内において、建築物の容積率の最高限度、建築物の建蔽率の最高限度及び建築物の敷地面積の最低限度を定める地区とする〈都計9条17項〉。したがって、第一種中高層住居専用地域においては、都市計画に、高層住居誘導地区を定めることはできない。
☞ **③分冊 p375 ⑤〜**

4 **誤** 準都市計画区域については、都市計画に、**高度地区を定めることができる**〈都計8条2項、1項3号〉。
☞ **③分冊 p372 ③〜**

正解 ④
（正解率 **71**%）

肢別解答率
受験生はこう答えた！

1	4%
2	12%
3	13%
4	71%

難易度 **易**

地域地区に関する次の記述のうち、都市計画法（昭和43年法律第100号）の規定によれば、誤っているものはどれか。

1 準都市計画区域においては、都市計画に、用途地域を定めることができる。

2 市街化調整区域においては、都市計画に、特定用途制限地域を定めることができない。

3 第二種低層住居専用地域においては、都市計画に、特例容積率適用地区を定めることができる。

4 第一種住居地域においては、都市計画に、開発整備促進区を定めることができない。

1 **正**　準都市計画区域については、都市計画に、**用途地域を定めることができる**〈都計8条2項、1項1号〉。

　　📖 **❸分冊 p375 5~**

2 **正**　特定用途制限地域とは、**用途地域が定められていない土地の区域（市街化調整区域を除く。）内において**、その良好な環境の形成又は保持のため当該地域の特性に応じて合理的な土地利用が行われるよう、制限すべき特定の建築物等の用途の概要を定める地域をいう〈都計9条15項〉。したがって、市街化調整区域においては、都市計画に、特定用途制限地域を定めることはできない。

　　📖 **❸分冊 p375 5~**

3 **誤**　特例容積率適用地区とは、**第一種中高層住居専用地域、第二種中高層住居専用地域、第一種住居地域、第二種住居地域、準住居地域、近隣商業地域、商業地域、準工業地域又は工業地域内**の適正な配置及び規模の公共施設を備えた土地の区域において、建築物の容積率の限度からみて未利用となっている建築物の容積の活用を促進して土地の高度利用を図るため定める地区をいう〈都計9条16項〉。したがって、第二種低層住居専用地域においては、都市計画に、特例容積率適用地区を定めることはできない。

　　📖 **❸分冊 p375 5~**

4 **正**　開発整備促進区を都市計画に定めるには、その土地の区域が**第二種住居地域、準住居地域若しくは工業地域が定められている土地の区域又は用途地域が定められていない土地の区域（市街化調整区域を除く。）**であることを要する〈都計12条の5第4項4号〉。したがって、第一種住居地域においては、都市計画に、開発整備促進区を定めることはできない。

正解 3
（正解率**64%**）

肢別解答率
受験生は
こう答えた！

肢	解答率	
1	6%	
2	23%	
3	64%	
4	6%	

難易度 普

都市計画法（昭和43年法律第100号）に関する次の記述のうち、誤っているものはどれか。

1 都市計画区域については、都市計画に、当該都市計画区域の整備、開発及び保全の方針を定めるものとされている。

2 準都市計画区域については、都市計画に、地区計画を定めることができない。

3 市街化区域及び区域区分が定められていない都市計画区域については、少なくとも道路、公園及び医療施設を定めるものとされている。

4 促進区域は、市街化区域又は区域区分が定められていない都市計画区域内において、主として関係権利者による市街地の計画的な整備又は開発を促進する必要があると認められる土地の区域について定めることとされている。

1 **正**　都市計画区域については、都市計画に、**当該都市計画区域の整備、開発及び保全の方針**を定めるものとする〈都計6条の2第1項〉。

2 **正**　**都市計画区域については**、都市計画に、地区計画を定めることができる〈都計12条の4第1項1号〉。準都市計画区域については、都市計画に、地区計画を定めることはできない。

3 **誤**　都市計画区域について定められる都市計画（区域外都市施設に関するものを含む。）を定める場合において、市街化区域及び区域区分が定められていない都市計画区域については、少なくとも**道路、公園及び下水道**を定めるものとする〈都計13条1項11号〉。医療施設を定めるものとはされていない。

4 **正**　都市計画区域について定められる都市計画（区域外都市施設に関するものを含む。）を定めるとき、促進区域は、**市街化区域又は区域区分が定められていない都市計画区域内において、**主として関係権利者による市街地の計画的な整備又は開発を促進する必要があると認められる土地の区域について定めることとする〈都計13条1項8号〉。

正解 **3**　（正解率**42%**）

肢別解答率　受験生はこう答えた！

1	2%
2	48%
3	42%
4	8%

難易度　**難**

都市計画法（昭和43年法律第100号）に関する次の記述のうち、正しいものはどれか。

1 都市計画区域外においては、都市計画に、都市施設を定めることができる。

2 都市計画区域においては、都市計画に、地区計画を定めなければならない。

3 工業地域においては、都市計画に、建築物の建蔽率を定めるものとするとされているが、準工業地域においては、建築物の建蔽率を定めるものとするとはされていない。

4 現に土地の利用状況が著しく変化しつつあり、又は著しく変化することが確実であると見込まれる土地の区域における地区計画については、都市計画に、再開発等促進区を定めなければならない。

1 **正**　**都市計画区域外**においても、特に必要があるときは、都市計画に、**都市施設を定めることができる**〈都計11条1項後段〉。

2 **誤**　都市計画区域については、都市計画に、**地区計画を定めることができる**〈都計12条の4第1項1号〉。都市計画区域につき、都市計画に、地区計画を定めることは義務づけられていない。

3 **誤**　第一種中高層住居専用地域、第二種中高層住居専用地域、第一種住居地域、第二種住居地域、準住居地域、近隣商業地域、**準工業地域**、**工業地域**又は工業専用地域については、都市計画に、**建築物の建蔽率を定めるものとする**〈都計8条3項2号ハ〉。

　☞ **❸分冊 p375 5~**

4 **誤**　現に土地の利用状況が著しく変化しつつあり、又は著しく変化することが確実であると見込まれる土地の区域であることなどをみたす土地の区域における地区計画については、**再開発等促進区を都市計画に定めることができる**〈都計12条の5第3項1号〉。本肢の地区計画につき、都市計画に、再開発等促進区を定めることは義務づけられない。

正解 **1**	肢別解答率			難易度
（正解率**70%**）	受験生はこう答えた！	**1** 70%		**易**
		2 16%		
		3 4%		
		4 11%		

地区計画に関する次の記述のうち、都市計画法（昭和43年法律第100号）の規定によれば、正しいものはどれか。

1　地区計画については、地区計画の種類、名称、位置及び区域のほか、区域の整備、開発及び保全に関する方針を都市計画に定めなければならない。

2　地区計画は、市街化を抑制すべき区域である市街化調整区域には定めることができない。

3　地区整備計画においては、建築物等の用途の制限、建築物等の形態又は色彩その他の意匠の制限等について定めることができるが、建築物の緑化率の最低限度については定めることができない。

4　地区整備計画が定められている区域内において、土地の区画形質の変更や建築物の建築等を行おうとする者は、原則として、当該行為に着手する日の30日前までに、市町村長に届け出なければならない。

1 誤　地区計画等については、都市計画に、地区計画等の種類、名称、位置及び区域を定めるものとするとともに、区域の面積その他の政令で定める事項を定めるよう努めるものとする〈都計12条の4第2項〉。また、地区計画については、都市計画に、地区整備計画を定めるものとするとともに、当該地区計画の目標並びに当該**区域の整備、開発及び保全に関する方針を定めるよう努める**ものとする〈都計12条の5第2項〉。したがって、区域の整備、開発及び保全に関する方針を都市計画に定めなければならないわけではない。

2 誤　地区計画は、用途地域が定められていない土地の区域のうち、①住宅市街地の開発その他建築物若しくはその敷地の整備に関する事業が行われる、又は行われた土地の区域、②建築物の建築又はその敷地の造成が無秩序に行われ、又は行われると見込まれる一定の土地の区域で、公共施設の整備の状況、土地利用の動向等からみて不良な街区の環境が形成されるおそれがあるもの、③健全な住宅市街地における良好な居住環境その他優れた街区の環境が形成されている土地の区域のいずれかに該当するものに定めることができる〈都計12条の5第1項2号〉。これは、**市街化調整区域内に定めることを禁止していない**。

3 誤　地区整備計画においては、建築物等の用途の制限、建築物の容積率の最高限度又は最低限度、建築物の建蔽率の最高限度、建築物の敷地面積又は建築面積の最低限度、建築物の敷地の地盤面の高さの最低限度、壁面の位置の制限、壁面後退区域における工作物の設置の制限、建築物等の高さの最高限度又は最低限度、建築物の居室の床面の高さの最低限度、建築物等の形態又は色彩その他の意匠の制限、**建築物の緑化率の最低限度**その他建築物等に関する事項で政令で定めるものを**定めることができる**〈都計12条の5第7項2号〉。

4 正　地区計画の区域（再開発等促進区若しくは開発整備促進区（いずれも道路、公園その他の政令で定める施設の配置及び規模が定められているものに限る。）又は**地区整備計画が定められている区域**に限る。）内において、**土地の区画形質の変更、建築物の建築**その他政令で定める行為を行おうとする者は、原則として、**当該行為に着手する日の30日前までに**、国土交通省令で定めるところにより、行為の種類、場所、設計又は施行方法、着手予定日その他国土交通省令で定める事項を**市町村長に届け出なければならない**〈都計58条の2第1項〉。

正解 **4**
（正解率 **41%**）

肢別解答率
受験生は
こう答えた！

1	36%
2	18%
3	4%
4	41%

難易度
難

都市計画法（昭和43年法律第100号）に関する次の記述のうち、正しいものはどれか。ただし、本問においては、都市計画区域は2以上の都府県の区域にわたるものではないとする。

1 　都道府県又は市町村は、都市計画を決定しようとするときは、その旨を公告し、当該都市計画の案を当該公告の日から2週間公衆の縦覧に供したのち、その案について公聴会を開催することとされている。

2 　都市計画区域の整備、開発及び保全の方針に関する都市計画については都道府県が、区域区分に関する都市計画や都市再開発方針等に関する都市計画については市町村が、それぞれ定めるものとされている。

3 　都市計画区域においては、地域地区を重複して定めることがあり、例えば、高度地区や高度利用地区は用途地域内に定める地区である。

4 　都道府県は、一体の都市として総合的に整備し、開発し、及び保全する必要がある区域を、準都市計画区域として指定することができる。

1 **誤**　都道府県又は市町村は、都市計画の案を作成しようとする場合において**必要があると認めるとき**は、公聴会の開催等住民の意見を反映させるために必要な措置を講ずるものとする〈都計16条1項〉。また、都道府県又は市町村は、都市計画を決定しようとするときは、あらかじめ、国土交通省令で定めるところにより、その旨を公告し、当該都市計画の案を、当該都市計画を決定しようとする理由を記載した書面を添えて、当該公告の日から2週間公衆の縦覧に供しなければならない〈都計17条1項〉。したがって、都道府県又は市町村は、都市計画を決定しようとするときは、その案について公聴会を開催することは義務づけられていない。

2 **誤**　都市計画区域の整備、開発及び保全の方針に関する都市計画、**区域区分に関する都市計画並びに都市再開発方針等に関する都市計画は、都道府県**が定める〈都計15条1項1号〜3号〉。

3 **正**　高度地区とは、**用途地域内**において市街地の環境を維持し、又は土地利用の増進を図るため、建築物の高さの最高限度又は最低限度を定める地区をいう〈都計9条18項〉。また、高度利用地区とは、**用途地域内**の市街地における土地の合理的かつ健全な高度利用と都市機能の更新とを図るため、建築物の容積率の最高限度及び最低限度、建築物の建蔽率の最高限度、建築物の建築面積の最低限度並びに壁面の位置の制限を定める地区をいう〈同条19項〉。したがって、高度地区や高度利用地区は、用途地域内に定める地区であり、都市計画区域においては、地域地区を重複して定めることがある。
　　　　☞ **❸分冊 p375 ❺〜**

4 **誤**　都道府県は、市又は人口、就業者数その他の事項が政令で定める要件に該当する町村の中心の市街地を含み、かつ、自然的及び社会的条件並びに人口、土地利用、交通量その他国土交通省令で定める事項に関する現況及び推移を勘案して、一体の都市として総合的に整備し、開発し、及び保全する必要がある区域を**都市計画区域**として指定するものとする〈都計5条1項前段〉。したがって、都道府県は、本肢の区域を、準都市計画区域として指定することはできない。
　　　　☞ **❸分冊 p372 ❸〜**

正解 ❸
（正解率 **51%**）

肢別解答率
受験生はこう答えた！

1	25%	
2	8%	
3	51%	
4	15%	

難易度 普

建築基準法（昭和25年法律第201号）に関する次の記述のうち、誤っているものはどれか。（改題）

1　共同住宅に設ける昇降機の所有者（所有者と管理者が異なる場合においては、管理者）は、定期に、一級建築士若しくは二級建築士又は建築設備等検査員資格者証の交付を受けている者に検査をさせて、その結果を特定行政庁に報告しなければならない。

2　共同住宅の各戸の界壁は、その構造を隣接する住戸からの日常生活に伴い生ずる音を衛生上支障がないように低減するために界壁に必要とされる性能に関して政令で定める技術的基準に適合するもので、国土交通大臣が定めた構造方法を用いるもの又は国土交通大臣の認定を受けたものとしなければならない。

3　防火地域又は準防火地域内にある共同住宅で、外壁が耐火構造のものについては、その外壁を隣地境界線に接して設けることができる。

4　共同住宅の住戸及び住戸から地上に通ずる廊下、階段その他の通路には、非常用の照明装置を設けなければならない。

1 **誤** 特定建築設備等（昇降機及び特定建築物の昇降機以外の建築設備等をいう。）で安全上、防火上又は衛生上特に重要であるものとして政令で定めるものの所有者（所有者と管理者が異なる場合においては、管理者）は、これらの特定建築設備等について、国土交通省令で定めるところにより、定期に、一級建築士若しくは二級建築士又は建築設備等検査員資格者証の交付を受けている者に**検査をさせて、その結果を特定行政庁に報告しなければならない**〈建基12条3項〉。「建築設備等検査員資格者証」には、建築設備検査員資格者証、防火設備検査員資格者証及び昇降機等検査員資格者証があり〈建基規6条の5第2項〉、昇降機の検査を行うことができるのは、一級建築士又は二級建築士のほか、**昇降機等検査員資格者証の交付を受けた者のみ**である〈建基規6条の6〉。

🖙 ❸分冊 p396 **4**～

2 **正** 長屋又は共同住宅の各戸の界壁は、**その構造を隣接する住戸からの日常生活に伴い生ずる音を衛生上支障がないように低減するために界壁に必要とされる性能**に関して政令で定める技術的基準に適合するもので、国土交通大臣が定めた構造方法を用いるもの又は国土交通大臣の認定を受けたものとしなければならない〈建基30条1項1号〉。

🖙 ❸分冊 p398 **5**～

3 **正** 防火地域又は準防火地域内にある建築物で、外壁が耐火構造のものについては、その外壁を**隣地境界線に接して設けることができる**〈建基63条〉。

🖙 ❸分冊 p422 **6**～

4 **誤** 一戸建ての住宅又は長屋若しくは共同住宅の住戸には、非常用の照明装置を設けることは**義務づけられていない**〈建基令126条の4第1号〉。

🖙 ❸分冊 p398 **5**～

（※本解説は、公益財団法人マンション管理センターの発表のとおり正解肢を1及び4とし、解説を作成しております。）

正解 **1 4**	肢別解答率 受験生はこう答えた！	**1** 27% **2** 15% **3** 10% **4** 47%	難易度 ?
（正解率 **?** %）			

共同住宅に関する次の記述のうち、建築基準法（昭和25年法律第201号）の規定によれば、誤っているものはどれか。

1　建築主は、防火地域及び準防火地域外にある共同住宅を増築しようとする場合で、その増築に係る部分の床面積の合計が5㎡であるときは、建築確認を受ける必要はない。

2　政令で定める技術的基準に従って換気設備を設けた場合を除き、共同住宅の居室には換気のための窓その他の開口部を設け、その換気に有効な部分の面積は、その居室の床面積に対して、20分の1以上としなければならない。

3　主要構造部が準耐火構造である共同住宅の3階（避難階以外の階）については、その階における居室の床面積の合計が150㎡である場合、その階から避難階又は地上に通ずる2以上の直通階段を設けなければならない。

4　防火地域内にある共同住宅の屋上に設ける高さ2mの看板は、その主要な部分を不燃材料で造り、又はおおわなければならない。

1 **正** **防火地域及び準防火地域外**において建築物を**増築し、改築し、又は移転しよ**
うとする場合で、その増築、改築又は移転に係る部分の床面積の合計が**10㎡以内**
であるときは、建築確認を受けることを義務づけられない〈建基6条2項〉。
⇨ ③分冊 p396 **3**~

2 **正** 政令で定める技術的基準に従って換気設備を設けた場合を除き、居室には
換気のための窓その他の開口部を設け、その換気に有効な部分の面積は、その居
室の床面積に対して、**20分の1以上**としなければならない〈建基28条2項〉。
⇨ ③分冊 p398 **5**~

3 **誤** 主要構造部が準耐火構造であるか、又は不燃材料で造られている共同住宅
の用途に供する階でその階における居室の床面積の合計が**200㎡を超える場合**に
おいては、その階から避難階又は地上に通ずる2以上の直通階段を設けなければ
ならない〈建基令121条1項5号、2項〉。本肢の共同住宅は、主要構造部が準
耐火構造で、3階における居室の床面積の合計が150㎡であるから、3階から避
難階又は地上に通ずる2以上の直通階段を設けることは義務づけられていない。
⇨ ③分冊 p398 **5**~

4 **正** 防火地域内にある看板、広告塔、装飾塔その他これらに類する工作物で、
建築物の屋上に設けるもの又は高さ3mを超えるものは、その主要な部分を不燃
材料で造り、又は覆わなければならない〈建基64条〉。
⇨ ③分冊 p422 **6**~

第8編　設備系法令

建築基準法

正解 3
（正解率**44%**）

肢別解答率
受験生は
こう答えた！

1	20%	
2	3%	
3	44%	
4	33%	

難易度
難

建築基準法（昭和25年法律第201号）に関する次の記述のうち、誤っているものはどれか。

1　延べ面積が1,000㎡を超える耐火建築物は、防火上有効な構造の防火壁によって有効に区画し、かつ、各区画の床面積の合計をそれぞれ1,000㎡以内としなければならない。

2　1階及び2階が事務所で3階から5階までが共同住宅である建築物は、事務所の部分と共同住宅の部分とを1時間準耐火基準に適合する準耐火構造とした床若しくは壁又は特定防火設備で区画しなければならない。

3　建築物が防火地域及び準防火地域にわたる場合において、当該建築物が防火地域外において防火壁で区画されているときは、その防火壁外の部分については、準防火地域内の建築物に関する規定を適用する。

4　延べ面積が700㎡である共同住宅の階段の部分には、排煙設備を設ける必要はない。

1 **誤**　延べ面積が1,000㎡を超える建築物は、防火上有効な構造の防火壁又は防火床によって有効に区画し、かつ、各区画の床面積の合計をそれぞれ1,000㎡以内としなければならない〈建基26条1項本文〉。もっとも、建築物が、**耐火建築物又は準耐火建築物である場合**には、これを行う必要はない〈同条ただし書1号〉。
　③分冊 p398 5〜

2 **正**　3階以上の階を共同住宅の用途に供し、2階以下を他の用途に供する建築物においては、共同住宅の用途に供する部分とその他の部分とを1時間準耐火基準に適合する準耐火構造とした床若しくは壁又は特定防火設備で**区画しなければならない**〈建基令112条18項、同法27条1項1号〉。

3 **正**　建築物が防火地域及び準防火地域にわたる場合においては、その全部について防火地域内の建築物に関する規定を適用する〈建基65条2項本文〉。もっとも、建築物が防火地域外において防火壁で区画されている場合においては、その防火壁外の部分については、**準防火地域内の建築物に関する規定を適用する**〈同条項ただし書〉。
　③分冊 p422 6〜

4 **正**　共同住宅で延べ面積が500㎡を超えるものには、原則として、排煙設備を設けなければならない〈建基令126条の2第1項本文〉。もっとも、**階段の部分**、昇降機の昇降路の部分（当該昇降機の乗降のための乗降ロビーの部分を含む。）その他これらに類する建築物の部分には、**排煙設備を設ける必要はない**〈同条項ただし書3号〉。
　③分冊 p398 5〜

正解 1
（正解率**39%**）

肢別解答率
受験生は
こう答えた！

1	39%
2	34%
3	9%
4	17%

難易度　**難**

建築基準法（昭和25年法律第201号）に関する次の記述のうち、正しいものはどれか。

1 特定行政庁は、建築基準法令の規定に違反することが明らかな建築工事中の建築物については、当該建築物の建築主等に対して当該工事の施工の停止を命じなければならない。

2 幅が2.5mの共同住宅の階段で、けあげが10cm、かつ、踏面が25cmのものの中間には手すりを設けなければならない。

3 共同住宅の居住のための居室には、採光のための窓その他の開口部を設け、その採光に有効な部分の面積は、その居住の床面積に対して10分の1以上としなければならない。

4 高さ31mを超える共同住宅で、高さ31mを超える部分を階段室の用途に供するものには、非常用の昇降機を設ける必要はない。

1　**誤**　特定行政庁は、建築基準法令の規定又は建築基準法の規定に基づく許可に付した条件に違反した建築物又は建築物の敷地については、当該建築物の建築主等に対して、当該工事の施工の停止を命じ、又は、相当の猶予期限を付けて、当該建築物の除却、移転、改築、増築、修繕、模様替、使用禁止、使用制限その他これらの規定又は条件に対する違反を是正するために必要な措置をとることを**命ずることができる**〈建基9条1項〉。特に、特定行政庁は、**建築基準法令の規定又は建築基準法の規定に基づく許可に付した条件に違反することが明らかな建築、修繕又は模様替の工事中の建築物**については、緊急の必要があって意見の聴取等の手続によることができない場合に限り、**これらの手続によらないで**、当該建築物の建築主又は当該工事の請負人（請負工事の下請人を含む。）若しくは現場管理者に対して、当該工事の施工の停止を**命ずることができる**〈同条10項前段〉。したがって、本肢の場合、特定行政庁は、本肢の建築物の建築主等に対して当該工事の施工の停止を命ずることができるが、命ずることを義務づけられるわけではない。

2　**誤**　**階段の幅が3mを超える場合**においては、中間に手すりを設けなければならない〈建基令25条3項本文〉。本肢の階段の幅は2.5mであり、3mを超えないから、中間に手すりを設けることは義務づけられない。
　👉 **❸分冊 p398 5～**

3　**誤**　共同住宅の居住のための居室には、原則として、採光のための窓その他の開口部を設け、その採光に有効な部分の面積は、その居室の床面積に対して、**7分の1以上**としなければならない〈建基28条1項、建基令19条3項〉。
　👉 **❸分冊 p398 5～**

4　**正**　高さ31mを超える建築物（政令で定めるものを除く。）には、非常用の昇降機を設けなければならない〈建基34条2項〉。「政令で定める建築物」としては、**高さ31mを超える部分を階段室、昇降機その他の建築設備の機械室、装飾塔、物見塔、屋窓その他これらに類する用途に供する建築物**が挙げられている〈建基令129条の13の2第1号〉。したがって、本肢の共同住宅は、政令で定める建築物にあたり、**非常用の昇降機を設けることを義務づけられない。**
　👉 **❸分冊 p398 5～**

正解 4
（正解率 **72%**）

肢別解答率
受験生はこう答えた！

肢	解答率	
1	21%	
2	5%	
3	3%	
4	72%	

難易度
易

建築基準法（昭和 25 年法律第 201 号）に関する次の記述のうち、誤っているものはどれか。

1 準防火地域内にある共同住宅で、外壁が耐火構造のものについては、その外壁を隣地境界線に接して設けることができる。

2 高さ 25m の共同住宅について、周囲の状況によって安全上支障がない場合は、避雷設備を設ける必要はない。

3 共同住宅の住戸から地上に通ずる廊下及び階段で、採光上有効に直接外気に開放されていないものには、非常用の照明装置を設けなければならないが、共同住宅の住戸に非常用の照明装置を設ける必要はない。

4 延べ面積が 250m^2 の 2 階建て共同住宅の敷地内には、屋外に設ける避難階段から道又は公園、広場その他の空地に通ずる通路を設けなければならず、当該通路の幅員は 0.9m 確保すればよい。

1 **正** 　**防火地域又は準防火地域内にある建築物**で、**外壁が耐火構造のもの**については、その外壁を隣地境界線に接して設けることができる〈建基63条〉。本肢の建築物は、準防火地域内にあり、外壁が耐火構造のものであるから、その外壁を隣地境界線に接して設けることができる。

👉 ❸分冊 p422 **6**〜

2 **正** 　**高さ20ｍをこえる建築物**には、有効に避雷設備を設けなければならない〈建基33条本文〉。もっとも、**周囲の状況によって安全上支障がない場合**においては、この限りでない〈同条ただし書〉。本肢の共同住宅の高さは25ｍで20ｍを超えているものの、周囲の状況によって安全上支障がない場合は、避雷設備を設ける必要はない。

👉 ❸分冊 p398 **5**〜

3 **正** 　**共同住宅の居室から地上に通ずる廊下、階段その他の通路（採光上有効に直接外気に開放された通路を除く。）** には、非常用の照明装置を設けなければならない〈建基令126条の4本文〉。他方、**共同住宅の住戸**には、非常用の照明装置を**設ける必要はない**〈同条ただし書1号〉。

👉 ❸分冊 p398 **5**〜

4 **誤** 　共同住宅の敷地内には、屋外に設ける避難階段及び避難階の屋外への出口から道又は公園、広場その他の空地に通ずる幅員が1.5ｍ（**階数が3以下で延べ面積が200㎡未満の建築物**の敷地内にあっては、90cm）以上の通路を設けなければならない〈建基令128条〉。本肢の共同住宅の延べ面積は250㎡で、200㎡以上であるから、本肢の通路の幅員は1.5ｍ以上を確保しなければならない。

👉 ❸分冊 p398 **5**〜

正解 4
（正解率73%）

肢別解答率
受験生は
こう答えた！

1	5%
2	18%
3	5%
4	73%

難易度 **易**

建築基準法（昭和 25 年法律第 201 号）に関する次の記述のうち、誤っているものはどれか。

1 床面積の合計が 200㎡ を超える共同住宅（国、都道府県又は建築主事を置く市町村が所有し、又は管理するものを除く。）の場合、その所有者又は管理者は、その建築物の敷地、構造及び建築設備を常時適法な状態に維持するため、必要に応じ、その維持保全に関する準則又は計画を作成し、その他適切な措置を講じなければならない。

2 防火地域又は準防火地域において共同住宅を改築しようとする場合、その改築に係る部分の床面積の合計が 10㎡ 以内であれば、建築確認を受ける必要はない。

3 防火地域内にある共同住宅の屋上に高さ 2m の広告塔を設ける場合、その主要な部分を不燃材料で造り、又は覆わなければならない。

4 共同住宅の居室の天井の高さは、居室の床面から測り、一室で天井の高さが異なる部分がある場合、その平均の高さが 2.1m 以上でなければならない。

1 **正** 　共同住宅（国、都道府県又は建築主事を置く市町村が所有し、又は管理するものを除く。）でその用途に供する部分の床面積の合計が**100㎡を超える**もの（当該床面積の合計が**200㎡以下**のものにあっては、**階数が3以上**のものに限る。）の所有者又は管理者は、その建築物の敷地、構造及び建築設備を常時適法な状態に維持するため、必要に応じ、その建築物の維持保全に関する準則又は計画を作成し、その他適切な措置を講じなければならない〈建基8条2項1号、建基令13条の3第1項1号〉。本肢の共同住宅の床面積の合計は200㎡を超えるから、階数にかかわらず、その所有者又は管理者は、本肢の準則又は計画の作成等を義務づけられる。

☞ ❸分冊 p396 **4**〜

2 **誤** 　**防火地域及び準防火地域外**において建築物を増築し、改築し、又は移転しようとする場合で、その増築、改築又は移転に係る部分の床面積の合計が**10㎡以内**であるときは、建築確認を受けることは義務づけられない〈建基6条2項〉。本肢の改築は、防火地域又は準防火地域の共同住宅に係るものであるから、上記規定の適用はなく、建築確認の要件をみたす場合には、これを受けなければならない。

☞ ❸分冊 p396 **3**〜

3 **正** 　**防火地域内**にある看板、広告塔、装飾塔その他これらに類する工作物で、**建築物の屋上に設けるもの**又は高さ3mを超えるものは、その主要な部分を不燃材料で造り、又は覆わなければならない〈建基64条〉。本肢の看板は、防火地域内にある看板であって、共同住宅の屋上に設けるものであるから、その主要な部分を不燃材料で造り、又は覆わなければならない。

☞ ❸分冊 p422 **6**〜

4 **正** 　居室の天井の高さは、**2.1m以上**でなければならない〈建基令21条1項〉。この天井の高さは、室の床面から測り、1室で天井の高さの異なる部分がある場合においては、その**平均の高さ**によるものとする〈同条2項〉。

☞ ❸分冊 p398 **5**〜

正解 2
（正解率**78%**）

肢別解答率
受験生はこう答えた！

肢	解答率
1	7%
2	78%
3	12%
4	4%

難易度
易

建築基準法（昭和25年法律第201号）に関する次の記述のうち、誤っているものはどれか。

1　各階の床面積がそれぞれ300㎡の3階建ての共同住宅について、その1階部分の用途を事務所に変更しようとする場合は、建築確認を受ける必要はない。

2　床面積の合計が300㎡である共同住宅について、大規模の修繕をしようとする場合は、建築確認を受ける必要はない。

3　特定行政庁は、緊急の必要がある場合においては、建築基準法の規定に違反した共同住宅の所有者等に対して、当該者からの意見書の提出等の手続によらないで、仮に、当該共同住宅の使用禁止又は使用制限の命令をすることができる。

4　共同住宅の屋外に設ける避難階段に屋内から通ずる出口に設ける戸の施錠装置は、屋内からかぎを用いることなく解錠できるものとし、かつ、当該戸の近くの見やすい場所にその解錠方法を表示しなければならない。

1 **正**　建築主は、建築物の**用途を変更**して、所定の特殊建築物で、その用途に供する部分の床面積の合計が**200㎡を超える**もののいずれかとする場合においては、建築確認を受けなければならない〈建基87条1項、6条1項〉。ここで、特殊建築物とは、学校、体育館、病院、劇場、観覧場、集会場、展示場、百貨店、市場、ダンスホール、遊技場、公衆浴場、旅館、**共同住宅**、寄宿舎、下宿、工場、倉庫、自動車車庫、危険物の貯蔵場、と畜場、火葬場、汚物処理場その他これらに類する用途に供する建築物をいい〈建基2条2号〉、**事務所はこれに含まれない**ことから、本肢の場合、建築確認を受ける必要はない。

☞ **③分冊 p396 ③～**

2 **誤**　建築主は、所定の特殊建築物で、その用途に供する部分の床面積の合計が**200㎡を超える**ものの**大規模な修繕又は大規模の模様替**をしようとする場合においては、建築確認を受けなければならない〈建基6条1項1号〉。共同住宅で、その用途に供する部分の床面積の合計が200㎡を超えるものは、上記にあたり、建築主は、大規模の修繕をしようとする場合、建築確認を受けなければならない。

☞ **③分冊 p396 ③～**

3 **正**　特定行政庁は、**緊急の必要**がある場合においては、建築基準法令の規定又は建築基準法の規定による許可に付した条件に違反した建築物又は建築物の敷地の所有者等に対して、**当該者からの意見書の提出等の手続によらないで**、仮に、**使用禁止又は使用制限の命令をすることができる**〈建基9条7項〉。

4 **正**　屋外に設ける避難階段に屋内から通ずる出口に設ける戸の施錠装置は、当該建築物が法令の規定により人を拘禁する目的に供せられるものである場合を除き、**屋内からかぎを用いることなく解錠できるもの**とし、かつ、**当該戸の近くの見やすい場所にその解錠方法を表示**しなければならない〈建基令125条の2第1項1号〉。

☞ **③分冊 p398 ⑤～**

正解 2
（正解率50%）

肢別解答率　受験生はこう答えた！

肢	解答率
1	41%
2	50%
3	6%
4	3%

難易度　**普**

建築基準法（昭和25年法律第201号）に関する次の記述のうち、誤っているものはどれか。

1 共同住宅の維持管理上常時鎖錠状態にある出口で、火災その他の非常の場合に避難の用に供すべきものに設ける戸の施錠装置は、屋内からかぎを用いて解錠できるものとし、かつ、当該戸の近くの見やすい場所にその解錠方法を表示しなければならない。

2 建築主事が、使用制限その他保安上必要な措置の勧告等のために住居に立ち入る場合、あらかじめ、その居住者の承諾を得なければならない。

3 特別避難階段を設置する必要がある共同住宅において、当該階段の階段室の天井及び壁の室内に面する部分は、仕上げを不燃材料でし、かつ、その下地を不燃材料で造らなければならない。

4 一定の規模の共同住宅における特定建築物定期調査による報告は、建築物の用途、構造、延べ面積等に応じて、一部の場合を除き、おおむね6月から3年までの間隔をおいて特定行政庁が定める時期に行わなければならない。

1 　誤　　維持管理上常時鎖錠状態にある出口で、火災その他の非常の場合に避難の用に供すべきものに設ける戸の施錠装置は、当該建築物が法令の規定により人を拘禁する目的に供せられるものである場合を除き、**屋内からかぎを用いることなく解錠できるもの**とし、かつ、**当該戸の近くの見やすい場所にその解錠方法を表示**しなければならない〈建基令125条の2第1項3号〉。

　👉 **③分冊 p398 5～**

2 　正　　建築主事は、使用制限その他保安上必要な措置の勧告等のために必要な限度において、当該建築物、建築物の敷地、建築材料等を製造した者の工場、営業所、事務所、倉庫その他の事業場、建築工事場又は建築物に関する調査をした者の営業所、事務所その他の事業場に立ち入ることができる〈建基12条7項本文、10条1項〉。もっとも、**住居に立ち入る場合**においては、あらかじめ、その**居住者の承諾**を得なければならない〈同法12条7項ただし書〉。

3 　正　　**特別避難階段**の階段室及び付室の天井及び壁の室内に面する部分は、**仕上げを不燃材料**でし、かつ、その**下地を不燃材料**で造らなければならない〈建基令123条3項4号〉。

　👉 **③分冊 p398 5～**

4 　正　　特定建築物定期調査による報告の時期は、所定の場合を除き、建築物の用途、構造、延べ面積等に応じて、おおむね **6月から3年まで**の間隔をおいて特定行政庁が定める時期とする〈建基規5条1項〉。

　👉 **③分冊 p398 4～**

正解 1
（正解率**40%**）

肢別解答率
受験生は
こう答えた！

1	40%	
2	28%	
3	8%	
4	24%	

難易度 **難**

貯水槽水道に関する次の記述のうち、水道法（昭和 32 年法律第 177 号）の規定によれば、誤っているものはどれか。（改題）

1　貯水槽水道とは、水道事業の用に供する水道及び専用水道以外の水道であって、水道事業の用に供する水道から供給を受ける水のみを水源とするものをいう。

2　水道事業者は、その供給規程において、貯水槽水道の設置者の責任に関する事項を適正かつ明確に定めなければならない。

3　全ての貯水槽水道の設置者は、国土交通省令で定める基準に従い、その水道を管理しなければならない。

4　貯水槽水道のうち、水槽の有効容量の合計が 10㎥ を超えるものの設置者は、水槽の掃除を毎年 1 回以上定期に、行うこととされている。

1　**正**　貯水槽水道とは、**水道事業の用に供する水道及び専用水道以外の水道**であって、**水道事業の用に供する水道から供給を受ける水のみを水源とする**ものをいう〈水14条2項5号〉。

👉 **③分冊 p225 ③〜**

2　**正**　水道事業者は、料金、給水装置工事の費用の負担区分その他の供給条件について、供給規程を定めなければならない〈水14条1項〉。この供給規程は、貯水槽水道が設置される場合においては、貯水槽水道に関し、水道事業者及び当該**貯水槽水道の設置者の責任に関する事項**が、適正かつ明確に定められていなければならない〈同条2項5号〉。

👉 **③分冊 p225 ③〜**

3　**誤**　簡易専用水道の設置者は、国土交通省令で定める基準に従い、その水道を管理しなければならない〈水34条の2第1項〉。「簡易専用水道」とは、水道事業の用に供する水道及び専用水道以外の水道であって、水道事業の用に供する水道から供給を受ける水のみを水源とするもの（水道事業の用に供する水道から水の供給を受けるために設けられる水槽の有効容量の合計が10㎥以下であるものを除く。）をいう〈水3条7項、水令2条〉から、**全ての貯水槽水道の設置者にこの規定が適用されるわけではない**。

4　**正**　簡易専用水道の設置者は、水槽の掃除を**毎年1回以上定期に**、行わなければならない〈水34条の2第1項、水規55条1号〉。「簡易専用水道」とは、水道事業の用に供する水道及び専用水道以外の水道であって、水道事業の用に供する水道から供給を受ける水のみを水源とするもの（水道事業の用に供する水道から水の供給を受けるために設けられる水槽の有効容量の合計が10㎥以下であるものを除く。）をいう〈水3条7項、水令2条〉ことから、**本肢の貯水槽水道は、簡易専用水道にあたり**、その設置者は、水槽の清掃を毎年1回以上定期に、行うこととされているといえる。

👉 **③分冊 p225 ③〜**

正解 3
（正解率 **57%**）

肢別解答率
受験生は
こう答えた！

1　12%
2　12%
3　57%
4　19%

難易度
普

水道法（昭和 32 年法律第 177 号）の規定によれば、簡易専用水道の設置者が毎年 1 回以上受けなければならない検査に関する次の記述のうち、誤っているものはどれか。（改題）

1　簡易専用水道に係る施設及びその管理の状態に関する検査は、水槽の水を抜かずに実施する。

2　給水栓における、臭気、味、色、色度、濁度、残留塩素に関する検査は、あらかじめ給水管内に停滞していた水も含めて採水する。

3　書類の整理等に関する検査の判定基準は、簡易専用水道の設備の配置及び系統を明らかにした図面、受水槽の周囲の構造物の配置を明らかにした平面図及び水槽の掃除の記録その他の帳簿書類の適切な整理及び保存がなされていることと定められている。

4　検査者は設置者に対して、検査終了後に検査結果等を記した書類を交付するとともに、判定基準に適合しなかった事項がある場合には、当該事項について速やかに対策を講じるよう助言を行う。

1 **正** 簡易専用水道に係る施設及びその管理の状態に関する検査は、簡易専用水道に係る施設及びその管理の状態が、当該簡易専用水道の水質に害を及ぼすおそれがあるものであるか否かを検査するものであり、当該簡易専用水道に設置された**水槽の水を抜かずに**、所定の検査を行う〈平成 15 年厚生労働省告示 262 号〉。

2 **誤** 給水栓における水質の検査では、臭気、味、色、色度、濁度、残留塩素に関する検査を行う〈平成 15 年厚生労働省告示 262 号〉。これらの検査においては、あらかじめ給水管内に停滞していた水が**新しい水に入れ替わるまで放流してから採水をする**〈平成 15 年厚生労働省告示 262 号〉。

3 **正** 書類の整理等に関する検査の判定基準は、**簡易専用水道の設備の配置及び系統を明らかにした図面、受水槽の周囲の構造物の配置を明らかにした平面図及び水槽の掃除の記録その他の帳簿書類の適切な整理及び保存がなされている**ことと定められている〈平成 15 年厚生労働省告示 262 号〉。

4 **正** 検査者は、検査終了後、設置者に検査の結果等を記した検査済みを証する書類を**交付する**〈平成 15 年厚生労働省告示 262 号〉。また、検査者は、検査の結果、所定の判定基準に適合しなかった事項がある場合には、設置者に対し、当該事項について速やかに対策を講じるよう**助言を行う**〈平成 15 年厚生労働省告示 262 号〉。

水道法

正解 2
（正解率**56%**）

肢別解答率
受験生はこう答えた！

1	17%
2	56%
3	9%
4	18%

難易度 **普**

水道法（昭和32年法律第177号）に関する次の記述のうち、誤っているものはどれか。

1　水道事業の用に供する水道及び専用水道以外の水道であって、水道事業の用に供する水道から供給される水のみを水源とする水道は、水槽の有効容量を問わず、貯水槽水道である。

2　水道事業者は、供給規程に基づき、貯水槽水道の設置者に対して指導、助言及び勧告をすることができる。

3　簡易専用水道の設置者は、給水栓における水質について、定期に、都道府県知事（市又は特別区の区域においては市長又は区長。この問いにおいて同じ。）の登録を受けた者の検査を受けなくてはならない。

4　都道府県知事は、簡易専用水道の管理の適正を確保するために必要があると認めるときは、簡易専用水道の設置者から簡易専用水道の管理について必要な報告を徴することができる。

1 **正** 貯水槽水道とは、**水道事業の用に供する水道及び専用水道以外の水道であって、水道事業の用に供する水道から供給を受ける水のみを水源とするもの**をいう〈水14条2項5号〉。水槽の有効容量は、貯水槽水道にあたるかとは無関係である。

☞ **③分冊 p225 ③〜**

2 **正** 水道事業者は、供給規程を定めなければならない〈水14条1項〉。貯水槽水道が設置される場合においては、供給規程に、貯水槽水道に関し、水道事業者の責任に関する事項として、必要に応じて、**貯水槽水道の設置者に対する指導、助言及び勧告に関する事項**を定めなければならない〈同条2項、水規12条の5第1号イ〉。水道事業者は、この供給規程に基づき、貯水槽水道の設置者に対して指導、助言及び勧告をすることができる。

☞ **③分冊 p225 ③〜**

3 **誤** 簡易専用水道の設置者は、当該簡易専用水道の管理について、国土交通省令（簡易専用水道により供給される水の水質の検査に関する事項については、環境省令）の定めるところにより、定期に、**地方公共団体の機関又は国土交通大臣及び環境大臣の登録を受けた者の検査**を受けなければならない〈水34条の2第2項〉。ここで、上記検査では、給水栓における水質の検査が検査項目とされている〈平成15年厚生労働省告示262号〉。したがって、本肢の給水栓における水質については、地方公共団体の機関又は国土交通大臣及び環境大臣の登録を受けた者の検査を受けなければならない。

☞ **③分冊 p225 ③〜**

4 **正** 都道府県知事は、簡易専用水道の管理の適正を確保するために必要があると認めるときは、簡易専用水道の設置者から簡易専用水道の管理について**必要な報告を徴し**、又は当該職員をして簡易専用水道の用に供する施設の在る場所若しくは設置者の事務所に立ち入らせ、その施設、水質若しくは必要な帳簿書類を検査させることができる〈水39条3項〉。

☞ **③分冊 p225 ③〜**

正解 3
（正解率 **20%**）

肢別解答率
受験生はこう答えた！

1	65%
2	6%
3	20%
4	8%

難易度 難

簡易専用水道に関する次の記述のうち、水道法（昭和32年法律第177号）の規定によれば、誤っているものはどれか。（改題）

1 簡易専用水道は、貯水槽水道のうち、水道事業の用に供する水道から水の供給を受けるために設けられる水槽の有効容量の合計が10㎥を超えるものをいう。

2 簡易専用水道に係る検査項目の一つである給水栓における水質の検査では、臭気、味、色及び濁りに関する検査並びに残留塩素に関する検査を行い、異常が認められた場合は、翌日、改めて検査を行う。

3 市の区域にある簡易専用水道については、市長は簡易専用水道の管理が国土交通省令で定める基準に適合しないと認めるときは、設置者に対して、期間を定めて、清掃その他の必要な措置を採るべき旨を指示することができる。

4 簡易専用水道の設置者は、定期に、地方公共団体の機関又は国土交通大臣及び環境大臣の登録を受けた者の検査を受けない場合、罰金に処せられる。

1 **正**　簡易専用水道とは、**水道事業の用に供する水道及び専用水道以外の水道であって、水道事業の用に供する水道から供給を受ける水のみを水源とするもの**をいう〈水3条7項本文〉。もっとも、水道事業の用に供する水道から水の供給を受けるために設けられる水槽の有効容量の合計が**10㎥以下のものを除く**〈同条項ただし書、水令2条〉。他方、貯水槽水道とは、水道事業の用に供する水道及び専用水道以外の水道であって、水道事業の用に供する水道から供給を受ける水のみを水源とするものをいう〈水14条2項5号〉。したがって、簡易専用水道は、貯水槽水道のうち、水道事業の用に供する水道から水の供給を受けるために設けられる水槽の有効容量の合計が10㎥を超えるものといえる。
　　☞ ❸分冊 p225 **3**〜

2 **誤**　簡易専用水道の設置者は、当該簡易専用水道の管理について、国土交通省令（簡易専用水道により供給される水の水質の検査に関する事項については、環境省令）の定めるところにより、定期に、地方公共団体の機関又は国土交通大臣及び環境大臣の登録を受けた者の検査を受けなければならない〈水34条の2第2項〉。この検査中、給水栓における水質の検査として、臭気、味、色及び濁りに関する検査並びに残留塩素に関する検査を行う〈平成15年厚生労働省告示262号〉。給水栓における水質の検査において、異常が認められる場合には、検査を行った者は、設置者に対し、**直ちに当該簡易専用水道の所在地を管轄する都道府県知事（市又は特別区にあっては、市長又は区長）にその旨を報告するよう助言を行う**〈同告示〉。翌日、改めて検査を行うわけではない。
　　☞ ❸分冊 p225 **3**〜

3 **正**　市の区域においては、市長は、簡易専用水道の管理が国土交通省令で定める基準に適合していないと認めるときは、当該簡易専用水道の設置者に対して、期間を定めて、当該簡易専用水道の管理に関し、清掃その他の必要な措置を採るべき旨を**指示することができる**〈水36条3項、48条の2第1項〉。

4 **正**　簡易専用水道の設置者は、当該簡易専用水道の管理について、国土交通省令（簡易専用水道により供給される水の水質の検査に関する事項については、環境省令）の定めるところにより、定期に、地方公共団体の機関又は国土交通大臣及び環境大臣の登録を受けた者の検査を受けなければならない〈水34条の2第2項〉。この規定に違反した者は、**100万円以下の罰金に処する**〈水54条8号〉。

正解 2
（正解率**87%**）

肢別解答率 受験生はこう答えた！

肢	解答率
1	5%
2	87%
3	5%
4	4%

難易度 易

簡易専用水道の設置者の義務に関する次の記述のうち、水道法（昭和32年法律第177号）の規定によれば、**誤っているもの**はどれか。（改題）

1　水道の管理について、地方公共団体の機関又は国土交通大臣及び環境大臣の登録を受けた者の検査を、毎年1回以上定期に受けなければならない。

2　給水栓における水の色、濁り、臭い、味その他の状態により供給する水に異常を認めたときは、水質基準のうち必要な事項について検査を行わなければならない。

3　供給する水が人の健康を害するおそれがあることを知ったときは、直ちに給水を停止し、かつ、その水を使用することが危険である旨を関係者に周知させる措置を講じなければならない。

4　水道の管理について技術上の業務を担当させるため、水道技術管理者1人を置かなければならない。

1 **正** 簡易専用水道の設置者は、当該簡易専用水道の管理について、**毎年1回以上、**定期に、地方公共団体の機関又は国土交通大臣及び環境大臣の登録を受けた者の検査を受けなければならない〈水34条の2第2項、水規56条1項〉。

☞ ❸分冊 p225 ❸～

2 **正** 簡易専用水道の設置者は、**給水栓における水の色、濁り、臭い、味その他の状態により供給する水に異常を認めたとき**は、水質基準に関する省令の表の上欄に掲げる事項のうち必要なものについて**検査を行わなければならない**〈水34条の2第1項、水規55条3号〉。

☞ ❸分冊 p225 ❸～

3 **正** 簡易専用水道の設置者は、**供給する水が人の健康を害するおそれがあることを知ったとき**は、直ちに**給水を停止し、**かつ、その水を使用することが危険である旨を**関係者に周知させる措置**を講じなければならない〈水34条の2第1項、水規55条4号〉。

☞ ❸分冊 p225 ❸～

4 **誤** 簡易専用水道の設置者は、水道の管理について技術上の業務を担当させるため、水道技術管理者1人を置くことを**義務づけられていない**〈水34条の4、19条参照〉。

☞ ❸分冊 p225 ❸～

正解 ④
（正解率 **91**%）

肢別解答率
受験生はこう答えた！

肢	解答率
1	5%
2	3%
3	1%
4	91%

難易度 **易**

貯水槽水道に関する次の記述のうち、水道法（昭和 32 年法律第 177 号）の規定によれば、誤っているものはどれか。

1 水道事業者は、その供給規程において、貯水槽水道の設置者の責任に関する事項を適正かつ明確に定めなければならない。

2 水槽の有効容量の合計が 20㎥ の貯水槽水道の設置者は、水槽の掃除を毎年 1 回以上定期に行わなければならない。

3 貯水槽水道とは、水道事業の用に供する水道及び専用水道以外の水道であって、水道事業の用に供する水道から供給を受ける水のみを水源とするものをいう。

4 簡易専用水道の設置者は、給水栓における水質の検査として、給水栓における臭気、味、色及び大腸菌に関する検査を行わなければならない。

1 **正**　水道事業者は、料金、給水装置工事の費用の負担区分その他の供給条件について、供給規程を定めなければならない〈水 14 条 1 項〉。供給規程においては、貯水槽水道が設置される場合においては、貯水槽水道に関し、**水道事業者及び当該貯水槽水道の設置者の責任に関する事項**が、**適正かつ明確**に定められていなければならない〈同条 2 項 5 号〉。

☞ ❸分冊 p225 ❸〜

2 **正**　簡易専用水道の設置者は、水槽の掃除を**毎年 1 回以上定期**に行わなければならない〈水 34 条の 2 第 1 項、水規 55 条 1 号〉。ここで、簡易専用水道とは、水道事業の用に供する水道及び専用水道以外の水道であって、水道事業の用に供する水道から供給を受ける水のみを水源とするもの（水道事業の用に供する水道から水の供給を受けるために設けられる水槽の有効容量の合計が **10㎥以下のものを除く。**）をいい〈水 3 条 7 項、水令 2 条〉、貯水槽水道とは、水道事業の用に供する水道及び専用水道以外の水道であって、水道事業の用に供する水道から供給を受ける水のみを水源とするものをいう〈水 14 条 2 項 5 号〉から、本肢の貯水槽水道は簡易専用水道にあたり、その設置者は、水槽の掃除を毎年 1 回以上定期に行わなければならない。

☞ ❸分冊 p225 ❸〜

3 **正**　貯水槽水道とは、**水道事業の用に供する水道及び専用水道以外の水道であって、水道事業の用に供する水道から供給を受ける水のみを水源とするもの**をいう〈水 14 条 2 項 5 号〉。

☞ ❸分冊 p225 ❸〜

4 **誤**　簡易専用水道の設置者は、当該簡易専用水道の管理について、国土交通省令（簡易専用水道により供給される水の水質の検査に関する事項については、環境省令）の定めるところにより、定期に、地方公共団体の機関又は国土交通大臣及び環境大臣の登録を受けた者の検査を受けなければならない〈水 34 条の 2 第 2 項〉。この検査においては、給水栓における水質の検査として、**臭気、味、色及び濁り**に関する検査及び**残留塩素**に関する検査を行う〈平成 15 年厚生労働省告示 262 号〉。大腸菌に関する検査を行うことは義務づけられていない。

☞ ❸分冊 p225 ❸〜

正解 4
（正解率 **87%**）

肢別解答率
受験生は
こう答えた！

1	2%	
2	5%	
3	6%	
4	87%	

難易度
易

簡易専用水道に関する次の記述のうち、水道法（昭和32年法律第177号）の規定によれば、誤っているものはどれか。（改題）

1 簡易専用水道の設置者が、定期に、地方公共団体の機関又は国土交通大臣及び環境大臣の登録を受けた者の検査を受けない場合、罰金に処せられる。

2 簡易専用水道の設置者は、定期及び臨時の水質検査を行ったときは、これに関する記録を作成し、水質検査を行った日から起算して5年間保管しなければならない。

3 都道府県知事は、簡易専用水道の管理の適正を確保するために必要があると認めるときは、簡易専用水道の設置者からその管理について必要な報告を徴することができる。

4 簡易専用水道の設置者は、給水栓における水質について、臭気、味、色、濁り及び残留塩素に関する検査を受けなければならない。

1 **正** 簡易専用水道の設置者は、当該簡易専用水道の管理について、国土交通省令（簡易専用水道により供給される水の水質の検査に関する事項については、環境省令）の定めるところにより、**定期**に、地方公共団体の機関又は国土交通大臣及び環境大臣の登録を受けた者の**検査を受けなければならない**〈水34条の2第2項〉。**この規定に違反した者**は、100万円以下の**罰金に処する**〈水54条8号〉。

2 **誤** **専用水道の設置者**は、環境省令の定めるところにより、**定期及び臨時の水質検査を行わなければならず**〈水34条、20条1項〉、これらの水質検査を行ったときは、これに関する記録を作成し、水質検査を行った日から起算して**5年間**、これを保存しなければならない〈水34条、20条2項〉。簡易専用水道の設置者は、上記を義務づけられていない。

3 **正** 都道府県知事は、簡易専用水道の管理の適正を確保するために必要があると認めるときは、簡易専用水道の設置者から簡易専用水道の管理について**必要な報告を徴し**、又は当該**職員をして**簡易専用水道の用に供する施設の在る場所若しくは設置者の事務所に**立ち入らせ**、その施設、水質若しくは必要な帳簿書類を**検査させる**ことができる〈水39条3項〉。

4 **正** 簡易専用水道の設置者は、当該簡易専用水道の管理について、国土交通省令（簡易専用水道により供給される水の水質の検査に関する事項については、環境省令）の定めるところにより、**定期**に、地方公共団体の機関又は国土交通大臣及び環境大臣の登録を受けた者の**検査を受けなければならない**〈水34条の2第2項〉。この検査中、給水栓における水質の検査として、**臭気、味、色及び濁り**に関する検査並びに**残留塩素**に関する検査を行う〈平成15年厚生労働省告示262号〉。

👉 ③分冊 p225 **3**~

正解 2
（正解率**58%**）

肢別解答率
受験生は
こう答えた！

1	12%	
2	58%	
3	9%	
4	21%	

難易度 **普**

貯水槽水道に関する次の記述のうち、水道法（昭和 32 年法律第 177 号）の規定によれば、誤っているものはどれか。

1　簡易専用水道は、貯水槽水道のうち、水道事業の用に供する水道から水の供給を受けるために設けられる水槽の有効容量の合計が 10㎥を超えるものをいう。

2　簡易専用水道の設置者は、給水栓における水の色、濁り、臭い、味その他の状態により供給する水に異常を認めたときは、水質基準のうち必要な事項について検査を行わなければならない。

3　簡易専用水道の設置者は、地方公共団体の機関又は国土交通大臣及び環境大臣の登録を受けた者による検査を受けて結果に問題がない場合、定期の水槽の掃除を省略することができる。

4　水道事業者は、供給規程の定めに基づき、貯水槽水道の設置者に対する指導、助言及び勧告を行うことができる。

1 **正** 簡易専用水道とは、**水道事業の用に供する水道及び専用水道以外の水道であって、水道事業の用に供する水道から供給を受ける水のみを水源とするもの**をいう〈水3条7項本文〉。もっとも、水道事業の用に供する水道から水の供給を受けるために設けられる水槽の有効容量の合計が**10㎥以下のものを除く**〈同条項ただし書、水令2条〉。他方、貯水槽水道とは、水道事業の用に供する水道及び専用水道以外の水道であって、水道事業の用に供する水道から供給を受ける水のみを水源とするものをいう〈水14条2項5号〉。したがって、簡易専用水道は、貯水槽水道のうち、水道事業の用に供する水道から水の供給を受けるために設けられる水槽の有効容量の合計が10㎥を超えるものをいうことになる。
👉 ③分冊 p225 **3**～

2 **正** 簡易専用水道の設置者は、給水栓における水の色、濁り、臭い、味その他の状態により**供給する水に異常を認めたときは**、**水質基準に関する省令の表の上欄に掲げる事項のうち必要なもの**について検査を行わなければならない〈水34条の2第1項、水規55条3号〉。
👉 ③分冊 p225 **3**～

3 **誤** 簡易専用水道の設置者は、水槽の掃除を**毎年1回以上定期に**行わなければならない〈水34条の2第1項、水規55条1号〉。したがって、簡易専用水道の設置者は、地方公共団体の機関又は国土交通大臣及び環境大臣の登録を受けた者による検査を受けて結果に問題がない場合にも、定期の水槽の掃除を省略することはできない。
👉 ③分冊 p225 **3**～

4 **正** 水道事業者は、料金、給水装置工事の費用の負担区分その他の供給条件について、供給規程を定めなければならない〈水14条1項〉。貯水槽水道が設置される場合においては、**供給規程**に、貯水槽水道に関し、水道事業者の責任に関する事項として、必要に応じて、**貯水槽水道の設置者に対する指導、助言及び勧告に関する事項**を定めなければならない〈同条2項、水規12条の5第1号イ〉。したがって、水道事業者は、供給規程の定めに基づき、貯水槽水道の設置者に対する指導、助言及び勧告を行うことができる。
👉 ③分冊 p225 **3**～

正解 3 （正解率95%）

肢別解答率 受験生はこう答えた！
1 3%
2 2%
3 95%
4 0%

難易度 **易**

延べ面積 1,000㎡以上で消防長（消防本部を置かない市町村においては、市町村長。以下同じ。）又は消防署長が火災予防上必要があると認めて指定している共同住宅（以下「甲住宅」という。）及び延べ面積 1,000㎡未満の共同住宅（以下「乙住宅」という。）において、共同住宅の関係者（所有者、管理者又は占有者をいう。以下同じ。）が行う消防用設備等の点検等に関する次の記述のうち、消防法（昭和 23 年法律第 186 号）の規定によれば、誤っているものはどれか。

1 甲住宅については、消防設備士免状の交付を受けている者又は消防設備点検資格者に、定期に、消防用設備等の点検をさせなければならない。

2 乙住宅については、その関係者が、定期に、自ら点検し、その結果を消防長又は消防署長に報告しなければならない。

3 甲住宅については、1 年に 1 回、消防用設備等の点検の結果を消防長又は消防署長に報告しなければならない。

4 乙住宅については、消防長又は消防署長は、消防用設備等が適法に維持されていないと認めるときは、乙住宅の関係者で権原を有するものに対し、その維持のため必要な措置をなすべきことを命ずることができる。

1 **正** 延べ面積が **1,000㎡以上の共同住宅であって、消防長又は消防署長が火災予防上必要があると認めて指定するもの**の関係者は、その消防用設備等について、総務省令で定めるところにより、定期に、**消防設備士免状の交付を受けている者又は消防設備点検資格者に点検させ**、その結果を消防長又は消防署長に報告しなければならない〈消 17 条の 3 の 3、消令 36 条 2 項 2 号、消規 31 条の 6 第 7 項〉。
👉 **③分冊 p284 3~**

2 **正** 延べ面積が **1,000㎡未満の共同住宅**の関係者は、その消防用設備等について、総務省令で定めるところにより、定期に、**自ら点検し**、その結果を消防長又は消防署長に報告しなければならない〈消 17 条の 3 の 3〉。
👉 **③分冊 p284 3~**

3 **誤** 消防用設備等につき点検を行うべき共同住宅の関係者は、消防用設備等について点検を行った結果を、**3 年に 1 回**、消防長又は消防署長に報告しなければならない〈消規 31 条の 6 第 3 項 2 号〉。
👉 **③分冊 p284 3~**

4 **正** 消防長又は消防署長は、**共同住宅における消防用設備等が設備等技術基準に従って設置され、又は維持されていないと認めるとき**は、当該防火対象物の関係者で権原を有するものに対し、当該設備等技術基準に従ってこれを設置すべきこと、又は**その維持のため必要な措置**をなすべきことを命ずることができる〈消 17 条の 4 第 1 項、17 条 1 項、消令 6 条〉。

正解 3
（正解率 **64%**）

肢別解答率
受験生は
こう答えた！

1	2%	
2	30%	
3	64%	
4	3%	

難易度 **普**

消防法（昭和23年法律第186号）の規定によれば、居住者数50人以上のマンションの管理について権原を有する者によって定められた防火管理者が行うものではない業務は、次のうちのどれか。

1 消防用設備等について定期に点検を行い、その結果を消防長又は消防署長に報告すること。

2 防火対象物についての消防計画を作成すること。

3 消火、通報及び避難の訓練を実施すること。

4 避難又は防火上必要な構造及び設備について維持管理を行うこと。

防火管理者は、以下の業務を行う〈消8条1項〉。
① 防火対象物についての消防計画の作成
② 消防計画に基づく消火、通報及び避難の訓練の実施
③ 消防の用に供する設備、消防用水又は消火活動上必要な施設の点検及び整備
④ 火気の使用又は取扱いに関する監督
⑤ 避難又は防火上必要な構造及び設備の維持管理
⑥ 収容人員の管理
⑦ その他防火管理上必要な業務

1 **行うものではない** **共同住宅の関係者**は、当該共同住宅における消防用設備等について、総務省令で定めるところにより、定期に、当該共同住宅のうち政令で定めるものにあっては消防設備士免状の交付を受けている者又は総務省令で定める資格を有する者に点検させ、その他のものにあっては自ら点検し、その結果を消防長又は消防署長に報告しなければならない〈消17条の3の3〉。したがって、本肢の業務は、**本問のマンションの関係者が行う業務であり、防火管理者が行うものではない業務にあたる。**
👉 ③分冊 p284 **3**～

2 **行うものである** 本肢の業務は、上記①にあたり、**防火管理者が行う業務である。**
👉 ③分冊 p287 **5**～

3 **行うものである** 本肢の業務は、上記②にあたり、**防火管理者が行う業務である。**
👉 ③分冊 p287 **5**～

4 **行うものである** 本肢の業務は、上記⑤にあたり、**防火管理者が行う業務である。**
👉 ③分冊 p287 **5**～

第8編 設備系法令

消防法

正解 1
（正解率**55%**）

肢別解答率 受験生はこう答えた！

肢	解答率
1	55%
2	7%
3	6%
4	33%

難易度 **普**

共同住宅における消防用設備等に関する次の記述のうち、消防法（昭和23年法律第186号）の規定によれば、誤っているものはどれか。ただし、いずれも地階、無窓階はないものとし、危険物又は指定可燃物の貯蔵又は取扱いはないものとする。

1 地上2階建、延べ面積400㎡の共同住宅には、消火器又は簡易消火用具を、階ごとに、当該共同住宅の各部分からの歩行距離が20m以下となるよう設置しなければならない。

2 地上5階建、延べ面積3,000㎡の共同住宅には、避難が容易であると認められるもので総務省令で定めるものを除き、全ての階に非常電源を附置した誘導灯を設置しなければならない。

3 地上11階建の共同住宅においてスプリンクラー設備の設置義務があるのは、11階のみである。

4 高さ31mを超える共同住宅においては、階数にかかわらず、全ての住戸で使用されるカーテンは、政令で定める基準以上の防炎性能を有するものでなければならない。

1 **正**　消火器又は簡易消火用具は、**共同住宅で、延べ面積が150㎡以上のもの**に設置する〈消令10条1項2号イ〉。また、上記により設置する消火器又は簡易消火用具は、共同住宅の階ごとに、その各部分からそれぞれ一の消火器又は簡易消火器具に至る**歩行距離が20m以下**となるように配置しなければならない〈消規6条6項〉。本肢の共同住宅は延べ面積が400㎡であり、150㎡以上であるから、上記のように、消火器又は簡易消火用具を設置しなければならない。

☞ **❸分冊 p275 1～**

2 **誤**　誘導灯は、原則として、**共同住宅の地階、無窓階及び11階以上の部分**に設置しなければならない〈消令26条1項1号、2号〉。本肢の共同住宅は、地階、無窓階がなく、また、地上5階建てであるから、上記にあたらず、誘導灯を設置することは義務づけられない。

☞ **❸分冊 p275 2～**

3 **正**　スプリンクラー設備は、**共同住宅の11階以上の階（総務省令で定める部分を除く。）**に設置しなければならない〈消令12条1項12号〉。したがって、本肢の地上11階建の共同住宅の場合、スプリンクラー設備は、11階に設置することが義務づけられるが、他の階への設置は義務づけられない。

☞ **❸分冊 p275 2～**

4 **正**　**高層建築物（高さ31mを超える建築物をいう。）**若しくは地下街又は劇場、キャバレー、旅館、病院その他の政令で定める防火対象物において使用する防炎対象物品（どん帳、カーテン、展示用合板その他これらに類する物品で政令で定めるものをいう。）は、政令で定める基準以上の防炎性能を有するものでなければならない〈消8条の3第1項〉。本肢の共同住宅は高さ31mを超えるものであり、高層建築物にあたるから、階数にかかわらず、全ての住戸で使用されるカーテンは、政令で定める基準以上の防炎性能を有するものでなければならない。

正解 2
（正解率48%）

肢別解答率
受験生はこう答えた！

1	6%
2	48%
3	39%
4	7%

難易度 難

共同住宅の管理について権原を有する者（この問いにおいて「管理権原者」という。）、防火管理者等に関する次の記述のうち、消防法（昭和23年法律第186号）の規定によれば、誤っているものはどれか。

1 高さ31mを超える共同住宅で、その管理について権原が分かれているもののうち消防長又は消防署長が指定するものの管理権原者は、当該建築物の全体について防火管理上必要な業務を統括する防火管理者を協議して定めなければならない。

2 防火管理者は、消防計画を作成し、所轄消防長又は消防署長に届け出るとともに、これに基づいて消火、通報及び避難の訓練等を定期的に実施しなければならない。

3 防火管理者は、共同住宅の廊下、階段、避難口その他の避難上必要な施設について避難の支障になる物件が放置され、又はみだりに存置されないように管理し、かつ、防火戸についてその閉鎖の支障になる物件が放置され、又はみだりに存置されないように管理しなければならない。

4 延べ面積が1,000㎡以上の共同住宅のうち、消防長又は消防署長が火災予防上必要があると認めて指定するものの関係者は、当該共同住宅における消防用設備等について、機器点検は6ヵ月に1回、総合点検は1年に1回、消防設備士免状の交付を受けている者又は総務省令で定める資格を有する者に実施させなければならない。

1 **誤** 　高層建築物（高さ31mを超える建築物をいう。）その他政令で定める防火対象物で、その管理について権原が分かれているものの管理権原者は、政令で定める資格を有する者のうちからこれらの防火対象物の全体について防火管理上必要な業務を統括する防火管理者（以下「統括防火管理者」という。）を協議して定めなければならない〈消8条の2第1項〉。高層建築物である場合、統括防火管理者を定めなければならず、消防長又は消防署長の指定は要件となっていない。

👉 ③分冊 p290 **6**〜

2 **正** 　防火管理者は、総務省令で定めるところにより、当該防火対象物についての防火管理に係る消防計画を作成し、所轄消防長又は消防署長に届け出なければならない〈消令3条の2第1項〉。また、防火管理者は、上記の消防計画に基づいて、当該防火対象物について消火、通報及び避難の訓練の実施、消防の用に供する設備、消防用水又は消火活動上必要な施設の点検及び整備、火気の使用又は取扱いに関する監督、避難又は防火上必要な構造及び設備の維持管理並びに収容人員の管理その他防火管理上必要な業務を行わなければならない〈同条2項〉。

👉 ③分冊 p287 **5**〜

3 **誤** 　学校、病院、工場、事業場、興行場、百貨店、旅館、飲食店、地下街、複合用途防火対象物その他の防火対象物で政令で定めるものの管理について権原を有する者は、当該防火対象物の廊下、階段、避難口その他の避難上必要な施設について避難の支障になる物件が放置され、又はみだりに存置されないように管理し、かつ、防火戸についてその閉鎖の支障になる物件が放置され、又はみだりに存置されないように管理しなければならない〈消8条の2の4〉。防火管理者は、本肢の管理を義務づけられない。

👉 ③分冊 p287 **5**〜

4 **正** 　共同住宅で、延べ面積が1,000㎡以上のものであって、消防長又は消防署長が火災予防上必要があると認めて指定するものの関係者は、当該防火対象物における消防用設備等について、総務省令で定めるところにより、定期に、消防設備士免状の交付を受けている者又は総務省令で定める資格を有する者に点検させ、その結果を消防長又は消防署長に報告しなければならない〈消17条の3の3、消令36条2項2号〉。点検としては、機器点検及び総合点検があり、機器点検は6か月に1回行い、総合点検は1年に1回行う〈平成16年消防庁告示9号〉。

👉 ③分冊 p284 **3**〜

（※本解説は、公益財団法人マンション管理センターの発表のとおり正解肢を1及び3とし、解説を作成しております。）

正解 **1** **3**

肢別解答率
受験生はこう答えた！

1	20%
2	13%
3	20%
4	47%

（正解率 **?**%）

難易度 **?**

第8編　設備系法令

消防法

消防法（昭和23年法律第186号）の規定によれば、消防法施行令（昭和36年政令第37号。この問いにおいて「政令」という。）別表第一（五）項ロに掲げる防火対象物である共同住宅における防火管理等に関する次の記述のうち、誤っているものはどれか。

1 居住者が50人の共同住宅の管理について権原を有する者は、防火管理者を解任したときは、遅滞なくその旨を所轄消防長（消防本部を置かない市町村においては、市町村長。）又は消防署長に届け出なければならない。

2 その管理について権原が分かれている共同住宅にあっては、当該共同住宅の防火管理者は、消防計画に、当該共同住宅の当該権原の範囲を定めなければならない。

3 延べ面積が2,500㎡で、50人が居住する共同住宅における防火管理者には、当該共同住宅において防火管理上必要な業務を適切に遂行することができる管理的又は監督的な地位にあるもので、市町村の消防職員で管理的又は監督的な職に1年以上あった者を選任することができる。

4 高さが30mで、100人が居住する共同住宅の管理者、所有者又は占有者は、当該共同住宅において使用するカーテンについて、防炎性能を有しないカーテンを購入し、政令で定める基準以上の防炎性能を与えるための処理をさせたときは、総務省令で定めるところにより、その旨を明らかにしておかなければならない。

1 **正** 共同住宅で、収容人員が50人以上のものの管理について権原を有する者は、政令で定める資格を有する者のうちから、防火管理者を定めなければならない〈消8条1項、消令1条の2第3項1号ハ〉。上記の権原を有する者は、防火管理者を解任したときは、遅滞なくその旨を所轄消防長又は消防署長に**届け出なければならない**〈消8条2項後段〉。

☞ ❸分冊 p287 **5**〜

2 **正** その管理について権原が分かれている防火対象物にあっては、当該防火対象物の防火管理者は、消防計画に、**当該防火対象物の当該権原の範囲**を定めなければならない〈消規3条3項〉。

☞ ❸分冊 p287 **5**〜

3 **正** 延べ面積が500㎡以上の共同住宅であって、収容人員が50人以上のものにおける防火管理者には、当該共同住宅において防火管理上必要な業務を適切に遂行することができる**管理的又は監督的な地位にあるもの**であって、**市町村の消防職員で、管理的又は監督的な職に1年以上あった者**を選任することができる〈消令3条1項1号ハ〉。

☞ ❸分冊 p287 **5**〜

4 **誤** **高層建築物の関係者**は、当該防火対象物において使用する防炎対象物品について、当該防炎対象物品若しくはその材料に防炎性能を与えるための処理をさせ、又は政令で定める基準以上の防炎性能を有するものである旨の表示などが付されている生地その他の材料からカーテンその他の防炎対象物品を作製させたときは、総務省令で定めるところにより、その旨を明らかにしておかなければならない〈消8条の3第5項〉。ここで、高層建築物とは、**高さ31mを超える建築物**をいい〈消8条の2第1項〉、本肢の共同住宅は、これにあたらないので、その関係者は、政令で定める基準以上の防炎性能を与えるための処理をさせた旨を明らかにしておくことは義務づけられない。

☞ ❸分冊 p291 **7**〜

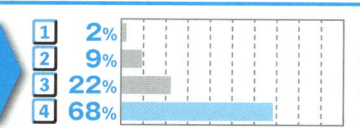

正解 **4**（正解率**68%**）

肢別解答率 受験生はこう答えた！
- **1** 2%
- **2** 9%
- **3** 22%
- **4** 68%

難易度 **普**

消防用設備等の設置及び点検に関する次の記述のうち、消防法（昭和 23 年法律第 186 号）の規定によれば、誤っているものはどれか。ただし、特定共同住宅等はないものとする。

1 避難口誘導灯及び通路誘導灯は、地階及び無窓階のない、9 階建ての共同住宅には設置する必要がない。

2 非常コンセント設備は、地階のない、10 階建ての共同住宅には設置する必要がない。

3 延べ面積が 500㎡ の共同住宅の消防用設備等に係る点検は、消防設備士免状の交付を受けている者又は総務省令で定める資格を有する者に行わせなければならない。

4 共同住宅に設置された消防用設備等の点検結果は、3 年に 1 回消防長（消防本部を置かない市町村においては、市町村長。）又は消防署長に報告しなければならない。

1 **正**　避難口誘導灯及び通路誘導灯は、共同住宅の**地階、無窓階及び11階以上**の部分に設置する〈消令26条1項1号、2号〉。本肢の共同住宅は、地階及び無窓階がなく、また9階建てであるから、避難口誘導灯及び通路誘導灯を設置することは義務づけられない。

☞ ③分冊 p275 **2**~

2 **正**　非常コンセント設備は、共同住宅で**地階を除く階数が11以上**のものに設置する〈消令29条の2第1項1号〉。本肢の共同住宅は、10階建てであるから、非常コンセント設備を設置することは義務づけられない。

☞ ③分冊 p275 **2**~

3 **誤**　共同住宅で延べ面積が**1,000㎡以上**のもののうち消防長又は消防署長が火災予防上必要があると認めて指定するものの関係者は、当該共同住宅における消防用設備等について、総務省令で定めるところにより、定期に、**消防設備士免状の交付を受けている者又は総務省令で定める資格を有する者**に点検させ、その結果を消防長又は消防署長に報告しなければならない〈消17条の3の3、消令36条2項2号〉。本肢の共同住宅の延べ面積が500㎡であるから、その消防用設備等に係る点検を、消防設備士免状の交付を受けた者又は総務省令で定める資格を有する者に行わせることは義務づけられていない。

☞ ③分冊 p284 **3**~

4 **正**　共同住宅の関係者は、消防用設備等に係る点検を行った結果を、維持台帳に記録するとともに、**3年に1回**、消防長又は消防署長に報告しなければならない〈消規31条の6第3項2号〉。

☞ ③分冊 p284 **3**~

第8編　設備系法令

消防法

正解 3
（正解率 **63%**）

肢別解答率 受験生はこう答えた！

1	19%
2	13%
3	63%
4	5%

難易度　**普**

高さ31mを超えるマンション（この問いにおいて「高層マンション」という。）における防炎対象物品の防炎性能に関する次の記述のうち、消防法（昭和23年法律第186号）の規定によれば、誤っているものはどれか。

1 高層マンションで使用するカーテンは、高さ31m以下の階の住戸であっても、政令で定める基準以上の防炎性能を有するものでなければならない。

2 高層マンションの屋上部分に施工する人工芝は、政令で定める基準以上の防炎性能を有するものである必要はない。

3 高層マンションで使用する防炎性能を有するカーテンには、総務省令で定めるところにより、政令で定める基準以上の防炎性能を有するものである旨の表示を付することができる。

4 高層マンションの管理者、所有者又は占有者は、当該高層マンションで使用するため、防炎性能を有しないカーテンを購入し、これを業者等に委託して政令で定める基準以上の防炎性能を与えるための処理をさせたときは、総務省令で定めるところにより、その旨を明らかにしておかなければならない。

1 **正** 高さ **31 mを超える**建築物において使用する防炎対象物品は、政令で定める基準以上の防炎性能を有するものでなければならない〈消8条の3第1項〉。**カーテン**は、防炎対象物品にあたり〈消令4条の3第3項〉、高さ31 mを超えるマンションで使用するカーテンは、高さ31 m以下の階の住戸であっても、政令で定める基準以上の防炎性能を有するものでなければならない。

☞ **③分冊 p291 7~**

2 **誤** 高さ **31 mを超える**建築物において使用する防炎対象物品は、政令で定める基準以上の防炎性能を有するものでなければならない〈消8条の3第1項〉。**人工芝**は、防炎対象物品にあたり〈消令4条の3第3項、消規4条の3第2項5号〉、政令で定める基準以上の防炎性能を有するものでなければならない。

☞ **③分冊 p291 7~**

3 **正** 防炎対象物品又はその材料で政令で定める基準以上の防炎性能を有するものには、総務省令で定めるところにより、政令で定める**基準以上の防炎性能を有するものである旨の表示を付することができる**〈消8条の3第2項〉。

☞ **③分冊 p291 7~**

4 **正** 高さ31 mを超える建築物の関係者は、当該建築物において使用する防炎対象物品について、当該防炎対象物品又はその材料に政令で定める**基準以上の防炎性能を与えるための処理をさせたとき**は、総務省令で定めるところにより、**その旨を明らかにしておかなければならない**〈消8条の3第5項〉。

☞ **③分冊 p291 7~**

正解 2
（正解率**67%**）

肢別解答率
受験生はこう答えた！

1	7%
2	67%
3	14%
4	12%

難易度 **普**

4階建ての耐火建築物である共同住宅における消防用設備等の設置の義務に関する次の記述のうち、消防法（昭和23年法律第186号）の規定によれば、正しいものはどれか。ただし、いずれも特定共同住宅等ではなく、地階又は無窓階はないものとし、危険物又は指定可燃物の貯蔵又は取扱いはないものとする。また、消防長又は消防署長が、防火対象物の位置、構造又は設備の状況から判断して、同法の規定による基準を適用しないと認める場合を除くものとする。

1 延べ面積が1,000㎡以上のものには、消防機関から著しく離れた場所その他総務省令で定める場所にあるものを除き、消防機関へ通報する火災報知設備を設置しなければならない。

2 延べ面積が1,500㎡以上のものには、携帯用拡声器、手動式サイレンその他の非常警報器具を設置しなければならない。

3 延べ面積が700㎡以上のものには、連結散水設備を設置しなければならない。

4 延べ面積が1,000㎡以上のものには、連結送水管を設置しなければならない。

1 **正**　共同住宅で延べ面積が**1000㎡以上**のものには、消防機関から著しく離れた場所その他総務省令で定める場所にあるものを除き、消防機関へ通報する火災報知設備を設置しなければならない〈消令23条1項3号〉。

☞ ❸分冊 p275 **2**～

2 **誤**　**共同住宅**には、非常警報器具を設置することは義務づけられない〈消令24条1項参照〉。

☞ ❸分冊 p275 **2**～

3 **誤**　共同住宅で**地階の床面積の合計が700㎡以上**のものには、連結散水設備を設置しなければならない〈消令28条の2第1項〉。本問の共同住宅には、地階がないので、連結散水設備を設置することは義務づけられない。

4 **誤**　共同住宅で**地階を除く階数が7以上**のものには、連結送水管を設置しなければならない〈消令29条1項1号〉。本問の共同住宅は、4階建てであるから、連結送水管を設置することを義務づけられない。

☞ ❸分冊 p275 **2**～

第8編　設備系法令

消防法

正解 1
（正解率**59%**）

肢別解答率
受験生は
こう答えた！

1	59%	
2	10%	
3	13%	
4	19%	

難易度
普

警備業務に関する次の記述のうち、警備業法（昭和 47 年法律第 117 号）の規定によれば、誤っているものはどれか。

1 事務所、住宅、興行場、駐車場、遊園地等における盗難等の事故の発生を警戒し、防止する業務であって、他人の需要に応じて行うものは警備業法に定める警備業務に該当する。

2 警備業を営もうとする者は、警備業務を開始した後、速やかに主たる営業所の所在地を管轄する都道府県公安委員会に対して、内閣府令で定める事項を記載した届出書を提出しなければならない。

3 警備業者は、自己の名義をもって他人に警備業を営ませてはならず、認定を受けていない者に名義を貸すことはもとより、他の警備業者に名義を貸すことをも禁止されている。

4 警備業者は、警備業務を行おうとする都道府県の区域を管轄する公安委員会に当該警備業務を行うに当たって携帯しようとする護身用具の種類、規格その他内閣府令で定める事項を記載した届出書を提出しなければならない。

1 **正** 警備業務とは、①**事務所、住宅、興行場、駐車場、遊園地等における盗難等の事故の発生を警戒し、防止する業務**、②人若しくは車両の雑踏する場所又はこれらの通行に危険のある場所における負傷等の事故の発生を警戒し、防止する業務、③運搬中の現金、貴金属、美術品等に係る盗難等の事故の発生を警戒し、防止する業務、④人の身体に対する危害の発生を、その身辺において警戒し、防止する業務のいずれかであって、**他人の需要に応じて行うもの**をいう〈警2条1項〉。本肢の業務は、①の警備業務にあたる。

👉 **③分冊 p432 ②〜**

2 **誤** 警備業を営もうとする者は、警備業法3条に規定する警備業を営んではならない者のいずれにも該当しないことについて、公安委員会の認定を受けなければならない〈警4条〉。この認定を受けようとする者は、その主たる営業所の所在地を管轄する公安委員会に、所定の事項を記載した**認定申請書**を提出しなければならない〈警5条〉。

👉 **③分冊 p433 ③〜**

3 **正** 警備業者は、自己の名義をもって、他人に警備業を営ませてはならない〈警13条〉。これは、認定を受けていない者に名義を貸すことのみならず、**認定を受けている者に名義を貸すことをも禁じた規定である**〈警備業法等の解釈運用基準について（通達）〉。

👉 **③分冊 p433 ③〜**

4 **正** 警備業者は、**警備業務（内閣府令で定めるものを除く。）を行おうとする都道府県の区域を管轄する公安委員会に**、当該公安委員会の管轄区域内において警備業務を行うに当たって携帯しようとする護身用具の種類、規格その他内閣府令で定める事項を記載した届出書を提出しなければならない〈警17条2項、16条2項前段〉。

👉 **③分冊 p434 ④〜**

正解 ②
（正解率85%）

肢別解答率 受験生はこう答えた！

1	9%
2	85%
3	2%
4	5%

難易度 易

第8編 設備系法令

警備業法

警備業に関する次の記述のうち、警備業法（昭和47年法律第117号）の規定によれば、誤っているものはどれか。

1　警備業を営もうとする者は、都道府県公安委員会から認定を受けなければならず、認定を受けないで警備業を営んだ者は、刑事処分の対象となる。

2　警備業法における警備業務とは、他人の需要に応じて盗難等の事故の発生を警戒し、防止する業務をいうが、例えば、デパートにおいて、その従業員が商品の万引き防止のために店内の警戒を行う業務も警備業務に該当する。

3　警備業法は、警備員又は警備員になろうとする者について、その知識及び能力に関する検定を行うことを定めているが、検定に合格したとしても、18歳未満の者は警備員となってはならない。

4　警備業者は、警備業務の依頼者と警備業務を行う契約を締結しようとするときは、当該契約をするまでに、その概要について記載した書面を交付しなければならず、契約を締結したときは、遅滞なく、当該契約の内容を明らかにする書面を依頼者に交付（電磁的方法による提供を含む。）しなければならない。

1 **正**　警備業を営もうとする者は、警備業法3条に規定する警備業を営んではならない者のいずれにも該当しないことについて、**公安委員会の認定**を受けなければならず〈警4条〉、この認定を受けようとする者は、その主たる営業所の所在地を管轄する公安委員会に、所定の事項を記載した認定申請書を提出しなければならない〈警5条1項〉。この認定の申請をしないで警備業を営んだ者は、100万円以下の**罰金**に処する〈警57条1号〉。

　☞ **❸分冊p433 ❸〜**

2 **誤**　警備業務対象施設における盗難等の事故の発生を警戒し防止する業務であって、**他人の需要に応じて**行うものは、警備業務に該当する〈警2条1項1号〉。「他人の需要に応じて行う」とは、他人との契約に基づき、他人のために行うことをいい、「他人」とは、当該業務を行う者以外の個人、法人等をいうことから、デパート等においてその従業員が通常必要とされる範囲で行う保安業務は、警備業務にあたらない〈警備業法等の解釈運用基準について（通達）〉。したがって、本肢の業務は、警備業務にあたらない。

　☞ **❸分冊p432 ❷〜**

3 **正**　公安委員会は、警備業務の実施の適正を図るため、その種別に応じ、警備員又は警備員になろうとする者について、その知識及び能力に関する検定を行う〈警23条1項〉。他方、**18歳未満の者は、警備員となってはならない**〈警14条1項〉。したがって、18歳未満の者は、上記検定に合格したとしても、警備員となってはならない。

　☞ **❸分冊p434 ❹〜**

4 **正**　警備業者は、警備業務の依頼者と警備業務を行う契約を締結しようとするときは、**当該契約を締結するまでに**、内閣府令で定めるところにより、**当該契約の概要について記載した書面をその者に交付**しなければならない〈警19条1項〉。また、警備業者は、警備業務を行う**契約を締結したとき**は、遅滞なく、内閣府令で定めるところにより、所定の事項について**当該契約の内容を明らかにする書面を当該警備業務の依頼者に交付**しなければならない〈同条2項〉。警備業者は、これらの書面の交付に代えて、政令で定めるところにより、当該警備業務の依頼者の承諾を得て、当該書面に記載すべき事項を電子情報処理組織を使用する方法その他の情報通信の技術を利用する方法であって内閣府令で定めるものにより提供することができる〈同条3項〉。

　☞ **❸分冊p434 ❹〜**

正解 ②
（正解率52%）

肢別解答率
受験生はこう答えた！

1	32%
2	52%
3	10%
4	6%

難易度
普

マンションの建物の維持保全に関する法令の規定に関する次の記述のうち、誤っているものはどれか。

1 マンション管理適正化法によれば、宅地建物取引業者は、管理組合の管理者等に対し、建築基準法第6条に規定される確認申請に用いた設計図書を交付しなければならない。

2 建築基準法第8条第2項に規定されている建築物の維持保全に関する計画には、維持保全の実施体制や資金計画等を定めることとされている。

3 長期優良住宅の普及の促進に関する法律（平成20年法律第87号）においては、長期優良住宅建築等計画の認定基準として、新築、増築又は改築のいずれの場合にあっても、新築後、増築後又は改築後の維持保全の期間は30年以上と定められている。

4 住宅の品質確保の促進等に関する法律（平成11年法律第81号）の規定による住宅性能表示制度において、鉄筋コンクリート造の既存住宅の劣化対策等級の評価基準には、コンクリートの中性化深さ及びコンクリート中の塩化物イオン量が含まれている。

1 誤　宅地建物取引業者は、自ら売主として人の居住の用に供する独立部分がある建物（新たに建設された建物で人の居住の用に供したことがないものに限る。）を分譲した場合においては、国土交通省令で定める期間内に当該建物又はその附属施設の管理を行う管理組合の管理者等が選任されたときは、速やかに、当該管理者等に対し、当該建物又はその附属施設の設計に関する図書で国土交通省令で定めるものを交付しなければならない〈適103条1項〉。「当該建物又はその附属施設の設計に関する図書で国土交通省令で定めるもの」は、**建築基準法7条1項又は7条の2第1項の規定による完了検査に用いた**、付近見取図、配置図、各階平面図、二面以上の立面図、断面図又は矩計図、基礎伏図、各階床伏図、小屋伏図、構造詳細図及び構造計算書と同じもの、並びに**建築基準法2条12号に規定する設計図書の一部として作成する**仕様書である〈適規102条、平成28年国土動指72号〉。
☞ ❷分冊 p219 ❸～

2 正　建築基準法8条2項に規定する建築物の維持保全に関する計画には、①建築物の利用計画、②**維持保全の実施体制**、③維持保全の責任範囲、④占有者に対する指導等、⑤点検、⑥修繕、⑦図書の作成、保管等、⑧**資金計画**、⑨計画の変更、⑩その他につき、それぞれ所定の事項を定める〈昭和60年建設省告示606号〉。
☞ ❸分冊 p396 ❹～

3 正　長期優良住宅建築等計画の認定の申請があった場合における認定基準として、**建築後の住宅の維持保全の期間が30年以上**であることが挙げられている〈長期優良住宅の普及の促進に関する法律6条1項5号ロ〉。ここで、**「建築」とは、住宅を新築し、増築し、又は改築することをいい**〈同法2条2項〉、上記の認定基準は、新築、増築又は改築のいずれの場合であっても、新築後、増築後又は改築後の維持保全の期間は30年以上と定められていることになる。

4 正　住宅性能表示制度において、既存住宅に係る表示すべき事項として、劣化対策等級が挙げられている〈日本住宅性能表示基準〉。これを評価するための評価基準には、鉄筋コンクリート造の場合、**コンクリートの中性化深さとコンクリート中の塩化物イオン量が含まれている**〈評価方法基準〉。

正解 ①（正解率 18%）
肢別解答率　受験生はこう答えた！
1	18%
2	7%
3	59%
4	15%

難易度 **難**

建築物のエネルギー消費性能の向上等に関する法律（平成27年法律第53号）に関する次の記述のうち、誤っているものはどれか。（改題）

1 建築主は、既存の住宅専用マンションにおいても、増築又は改築に係る部分の床面積の合計が300㎡以上となる場合は、当該増築又は改築をする建築物の部分を建築物エネルギー消費性能基準に適合させなければならない。

2 建築主は、その修繕等をしようとする建築物について、エネルギー消費性能の向上を図る努力義務が課せられている。

3 所管行政庁は、建築物のエネルギー消費性能の向上のため必要があると認めるときは、建築主等に対し、建築物の設計、施工及び維持保全に係る事項について必要な指導及び助言をすることができる。

4 建築物エネルギー消費性能基準に適合する建築物を新築する場合、当該建築物について、建築基準法による容積率制限及び高さ制限の特例が適用される。

1 **正** 建築主は、建築物の建築（建築物の建築に係る部分の床面積の合計が 10㎡以下のものを除く。）をしようとするときは、当該建築物（増築又は改築をする場合にあっては、当該増築又は改築をする建築物の部分）を**建築物エネルギー消費性能基準に適合させなければならない**〈建築物のエネルギー消費性能の向上等に関する法律 10 条 1 項、同法施行令 3 条〉。

2 **正** 建築主は、その修繕等（建築物の修繕若しくは模様替、建築物への空気調和設備等の設置又は建築物に設けた空気調和設備等の改修をいう。）をしようとする建築物について、建築物の所有者、管理者又は占有者は、その所有し、管理し、又は占有する建築物について、**エネルギー消費性能の向上を図るよう努めなければならない**〈建築物のエネルギー消費性能の向上等に関する法律 6 条 2 項〉。

3 **正** 所管行政庁は、建築物のエネルギー消費性能の向上のため必要があると認めるときは、建築主等に対し、建築物の設計、施工及び維持保全に係る事項について**必要な指導及び助言をすることができる**〈建築物のエネルギー消費性能の向上等に関する法律 7 条〉。

4 **誤** 所管行政庁の認定を受けた建築物エネルギー消費性能向上計画に係る建築物の床面積のうち所定の要件をみたすものは、容積率算定の基礎となる延べ面積に算入しないことができる〈建築物のエネルギー消費性能の向上等に関する法律 35 条 1 項〉。しかし、**高さ制限の特例は規定されていない**。

正解 **4**
（正解率**39%**）

肢別解答率
受験生は
こう答えた！

1	33%
2	2%
3	25%
4	39%

難易度
難

建築物のエネルギー消費性能の向上等に関する法律（平成 27 年法律第 53 号）に関する次の記述のうち、適切でないものはどれか。（改題）

1 外気に対して高い開放性を有する部分を除いた部分の床面積が300㎡のマンションについて、その床面積を 310㎡に増築するときは、当該増築をする建築物の部分を建築物エネルギー消費性能基準に適合させなければならない。

2 外気に対して高い開放性を有する部分を除いた部分の床面積が300㎡のマンションを新築する場合において、当該マンションが建築物エネルギー消費性能基準への適合義務に違反している事実があると所管行政庁が認めるときは、当該行政庁は、当該違反を是正するために必要な措置をとるべきことを命ずることができる。

3 所管行政庁から誘導基準に適合する省エネ性能を確保していると認められたマンションの容積率の算定の基礎となる延べ面積には、太陽光発電設備などの設備を設けることにより通常の建築物の床面積を超えることとなる部分の床面積を一定の限度まで算入しない特例がある。

4 市町村は、基本方針に基づき、建築物再生可能エネルギー利用促進区域について、建築物への再生可能エネルギー利用設備の設置の促進に関する計画を作成することができる。

1 不適切 　建築主は、建築物の建築（建築物の建築に係る部分の床面積の合計が10㎡以下のものを除く。）をしようとするときは、**当該建築物（増築又は改築をする場合にあっては、当該増築又は改築をする建築物の部分）を建築物エネルギー消費性能基準に適合させなければならない**〈建築物のエネルギー消費性能の向上等に関する法律10条1項、同法施行令3条〉。

2 適切 　所管行政庁は、建築物エネルギー消費性能基準への適合義務に違反している事実があると認めるときは、建築主に対し、相当の期限を定めて、**当該違反を是正するために必要な措置をとるべきことを命ずることができる**〈建築物のエネルギー消費性能の向上等に関する法律13条1項〉。

3 適切 　建築物の容積率の算定の基礎となる延べ面積には、認定建築物エネルギー消費性能向上計画に係る建築物の床面積のうち、**建築物エネルギー消費性能誘導基準に適合させるための措置をとることにより通常の建築物の床面積を超えることとなる場合**における政令で定める床面積は、算入しないものとする〈建築物のエネルギー消費性能の向上等に関する法律35条1項〉。

4 適切 　**市町村**は、基本方針に基づき、建築物再生可能エネルギー利用促進区域について、建築物への再生可能エネルギー利用設備の設置の促進に関する計画を作成することができる〈建築物のエネルギー消費性能の向上等に関する法律60条1項〉。

正解 1
（正解率72%）

肢別解答率
受験生はこう答えた！

1	72%
2	14%
3	7%
4	7%

難易度 **易**

memo

memo